민족문제와 사회민주주의

오토 바우어 지음
김 정 로 옮김

2006
백산서당

일러두기

1. 본서는 Otto Bauer, *Die Nationalitätenfrage und die Sozialdemokratie*, Wien 1924의 전역이다. 본서에는 1907년에 발행된 초판본이 있지만, 여기서는 제2판을 저본으로 한다. 왜냐하면 <제2판 서문>에 중요한 내용이 포함되어 있으며, 또한 제2판 서문 중에 바우어 자신이 "제1판을 자구상의 수정을 하지 않고" 제2판을 간행한다고 얘기하고 있기 때문이다. 또 <오토 바우어 저작집>(Otto Bauer, *Werkausgabe*, Bd. 1, Wien 1975, S. 49-622)도 출간되었는데, 제2판과 곳에 따라 표현상의 차이가 조금 있지만 내용상의 차이는 없다고 한다. 영역본(2000)과 일역본(2001)도 모두 제2판을 저본으로 하고 있다.

2. 주는 모두 일련번호로 매겼다. 다만 바우어 자신의 원주는 (원주)로 표기했고, 역자의 주는 (역주)로 표기했다.

3. 원문의 굵은 활자로 된 단어들은 역시 굵게 표시했다.

4. 본문의 책이나 논문, 잡지 제목, 작품이름 등은 < > 안에 표기했다.

5. 나머지는 가능한 한 관례에 따른다.

민족문제와 사회민주주의

역자 서문·7
제1판 서문·9
제2판 서문·11

제1부 민 족

제 1장 민족적 성격 ·· 32
제 2장 자연공동체로서 민족 ·· 41
제 3장 자연공동체와 문화공동체 ·· 53
제 4장 씨족공산주의시대 게르만인의 민족문화공동체 ···················· 57
제 5장 장원제 시대 기사들의 문화공동체 ·· 66
제 6장 상품생산과 시민적 문화공동체의 발생 ································ 83
제 7장 초기자본주의 시대 교양인의 문화공동체 ···························· 103
제 8장 근대 자본주의와 민족문화공동체 ·· 118
제 9장 사회주의를 통한 민족문화공동체의 실현 ···························· 128
제10장 민족의 개념 ··· 142
제11장 민족의식과 민족감정 ··· 169
제12장 민족적 가치에 대한 비판 ·· 177
제13장 민족정책 ··· 189

제2부 민족국가

제14장 근대국가와 민족 ·· 200
제15장 민족성원리 ·· 207

제3부 다민족국가

제16장 독일인국가로서 오스트리아 ································ 224
제17장 역사 없는 민족의 자각 ······································ 252
제18장 근대자본주의와 민족적 증오 ······························ 275
제19장 국가와 민족투쟁 ·· 304
제20장 노동자계급과 민족투쟁 ······································ 335

제4부 민족자치

제21장 지역원리 ··· 356
제22장 개인원리 ··· 386
제23장 유대인의 민족자치? ··· 400

제5부 오스트리아에서 민족투쟁의 발전경향

제24장 민족자치를 향한 오스트리아의 내적 발전 ············· 424
제25장 오스트리아와 헝가리 ·· 447

제6부 민족성원리의 전환

제26장 민족자치와 민족성원리 ······································ 484
제27장 자본주의적 확장정책의 뿌리 ······························ 505
제28장 노동자계급과 자본주의적 확장정책 ····················· 519
제29장 제국주의와 민족성원리 ······································ 534

제30장 사회주의와 민족성원리 ··· 551

제7부 오스트리아 사회민주당의 강령과 전술

제31장 사회민주노동자당의 민족강령 ··· 566
제32장 정치적 조직 ··· 578
제33장 노동조합에서의 민족문제 ·· 584
제34장 사회민주당의 전술 ·· 603

역자해설 · 621
찾아보기 · 633

역자 서문

작년 초부터 시작한 번역 작업이 이제 끝났다. 지난 시간 동안은 바우어와 함께 해서 퍽이나 즐거웠다. 내가 즐겁게 잘 할 수 있는 일을 매일 할 수 있었으니 그것으로 족하고 즐거웠다. 더욱이 바우어의 이 책을 한국의 독자들에게 바친다고 하니 기쁨은 더욱 크다.

출판된 지 100년 가까이 된 오토 바우어의 이 책이 고전의 반열에 오른 것은 많은 요인이 있겠지만, 결국 그의 위대한 '이상' 때문이라고 생각한다. 20세기 초 세계 최고의 학문 및 문화의 중심지이자, 수준 높은 정신과 예술을 구가하던 비엔의 지식인으로서 바우어가 가슴 속에 생각하고 기획했던 이상은 무엇이었을까. 한 마디로 말해 모든 대중이 진정한 민족의 일원이 되어 민족 및 인류의 문화유산을 함께 향유할 수 있는 사회, 더 많은 사람들이 정말 '사람'같이 살 수 있는 세상, 더 많은 사람들이 종교와 민족, 계급 등의 차이를 넘어 평화롭게 서로 사랑하며 살 수 있는 세상이었을 것이다. 민족과 종교, 계급 차이의 체현자로서 인간이 아니라 지식과 문화, 예술과 이상의 구현자로서 개성적인 인간을 공동으로 실현할 수 있는 세상이었을 것이다. 그리고 이것을 이루기 위한 현실적인 바탕은 경제적 수준의 발전과 그에 따른 문화적 수준의 향상이었을 것이다. 결국 모든 대중이 지배계급 수준 이상으로 의식주생활과 정신문화적 생활을 향유할 수 있는 사회를 만드는 것이다. 그 전제가 오토 바우어 자신이다. 바우어는 최고의 인류문화유산이다. 바우어는 모든 사람들이 최소한 바우어 자신의 수준으로 올라설 수 있는 세상을 꿈꾸었던 것이다. 이것이 바로 오토 바우어의 민족문제에 대한 사회민주주의적 해결방법이다. 그렇지 않았다면 이 책은 태어날 수 없었을 것이다.

한국에서도 오토 바우어가 번역되어 논의될 수 있다는 것은 우리도 먹고살만하게 되었음을 반영한다. 이제 우리도 물질적, 경제주의적 사고를 넘어 자유로운 인간세상을 기획해볼 때가 되었다는 것이다. 존재의 필연만을 법칙화하는 것은 과학일 수 없다. 과학은 지나간 것과 그 구속인 존재하는 것만을 이해하는 것으로 자신의 과제를 다 했다고 주장해서는 안 된다. 인류의 문화유산을 바탕으로 한 미래를 향한 이상과 그것을 펼칠 수 있는 가능한 조건에 대해서도 탐색해 보아야 할 것이다. 노동력의 담지자로서만 인간을 평가하는 현실에서 자유로운 상상력의 주체로서 인간의 의욕을 열고 펼쳐줄 수 있는 새로운 사회기획이 필요하다. 필연과 역사는 객관성과 법칙을 위해서가 아니라 자유를 위해 존재하는 것이다. 인종과 종교 그리고 국적과 계급 등, 온갖 칸막이로 단절된, 사람이 같은 사람일 수 없는, 결국 아무도 그냥 사람일 수 없는, 허구적인 필연의 역사에서 자유로운 개인들의 공동사회로 넘어가야 할 것이다. 그러한 비전을 생각할 수 없다면 한국에서 이 책은 필요 없을 것이다.

　마지막으로 감사의 말을 빼놓을 수 없을 것이다. 바우어야 저자니까 당연한 것이고, 우선 영어번역판과 일어번역판의 미지의 역자들에게 감사의 인사를 하고자 한다. 선행연구는 언제나 후학에게 큰 도움으로 남는 법이다. 특히 영어번역판의 역주는 큰 도움이 되었으며, 영어번역판의 서문이나 일어번역판의 해설도 많은 도움이 되었다. 한편 어려운 학술 활동과 한국에서의 희로애락을 함께하면서 많은 격려를 주고받은 주위의 여러 박사분들께 감사드린다. 일일이 거명할 수는 없지만 고행길에서 유일한 얘기를 나눌 수 있는 분들이기 때문이다. 특별히 번역원고를 교정봐주신 최호영박사와 양승옥님에게 감사한다. 이 두꺼운 책의 원고는 아무나 읽을 수 없고 많은 인내심을 요구하기 때문이다. 그리고 원고를 흔쾌히 맡아 출판해주신 백산서당의 이범-김철미 선생님께 감사드린다. 시대와 세월의 고뇌 속에서도 언제나 확신에 찬 밝은 모습을 보여주시는 두 분은 인생의 건강한 선배로서 편안함과 든든함으로 우리에게 와 닿는다. 마지막으로 무엇보다 오늘날까지 살고 공부할 수 있도록 뒷받침이 되어 주신 부모님과 가족들에게도 감사할 뿐이다. 그렇지 않다면 이 번역은 없었을 것이다.

2006. 7. 28
김 정 로

제1판 서문

유럽 문화권의 모든 나라에서 사회민주노동당이 민족문제(nationale Frage)에 대해 어떤 태도를 취하는가가 정치적 논의의 중심점이 되고 있다. **오스트리아**와 **러시아**에서는 민족문제가 **내**정의 가장 어려운 문제가 되었다. 서유럽과 중유럽의 **민족국가**들의 사회민주당도 또한 민족공동체와 국가 간의 관계에 대해 논의하지 않을 수 없다. 더욱이 민족문제는 대외정책 문제와 불가분하게 결합되어 있고, 이 대외정책은 만국의 노동자계급에게 해를 거듭할수록 더욱 중요해지고 있다.

사회민주주의의 민족정책(Nationalitätenpolitik)의 발전경향을 연구하고자 한다면, 우리는 수백만 명의 노동자대중과 수천 명의 활동가들에게 영향을 미치고, 노동자대중의 의식을 형성하고, 민족생활의 모든 문제에 대해 태도를 결정하도록 규정하는 많은 힘들을 추적해야 할 것이다. 그리하여 우리는 사회민주당의 민족정책을 시민사회(bürgerliche Gesellschaft)의 내부에서 노동자계급의 입장으로부터 이해하고, 민족문제를 사회문제로서 파악할 것을 배우게 된다. 여기서 중요한 점은 **맑스**의 사회연구의 방법을 새로운 연구 분야에 적용하는 것이다. 이런 의미에서 나의 저서는 일종의 <맑스-연구>[1]가 될 것이다.

민족공동체(nationale Gemeinschaft)는 매우 복잡한 사회현상의 하나이고, 여러 종류의 사회현상의 복합체이다. 따라서 하나의 민족공동체의 구성원이라

---

[1] 바우어는 여기서 자신의 저작이 원래 막스 아들러(Max Adler)와 루돌프 힐퍼딩(Rudolf Hilferding)이 당시 편집했던 *Marx-Studien* 시리즈로 출판되었다는 사실을 말하고 있다. (역주)

는 소속감이 투쟁하는 노동자계급의 의지를 어떻게 규정하고 있는지를 연구하고자 한다면, 다양한 측면으로부터 이 문제를 다루어야 할 것이다. 이러한 과제를 완전히 단념하지 않으려면, 우리는 자신의 좁은 연구 분야의 경계를 넘어 여기저기로 익숙하지 않은 영역으로 과감히 발을 옮겨야 할 것이다. 나 자신도 익숙하지 않고 자주 불완전한 연구에 의거한 다면적이고 복잡한 과제, 즉 개인의 노력과 지식으로는 결코 완전히 해결할 수 없는 과제를 다루기보다, 자신의 좁은 연구영역에서 익숙한 작업을 계속하는 편을 선택하기도 했다. 그러나 투쟁하는 노동자계급은 나중에 그것이 불완전한 것으로 밝혀지더라도, 지금 초미의 관심사를 논의하지 않을 수 없을 것이다. 그래서 계급들과 정당들의 투쟁에서 아직 분명한 방향을 갖고 있지 않은 수많은 사람들에게 우리가 정리하는 자료집이나 논의는, 비록 많은 결점을 갖고 있다 하더라도, 향후 연구를 위한 토대로서 환영받을 수 있을 것이다.

여기서 내가 제출한 결론과 주장에 관한 책임은 물론 내가 질 것이다. 사회민주당의 민족정책의 많은 문제에 관해서 당의 많은 동지들이 나와 다른 생각을 갖고 있음을 나는 알고 있다. 사물에 대해 적당히 생각하는 적일지라도 당원 개인의 견해를 전체당(Gesamtpartei)의 책임으로 돌리지는 않을 것이다.[2]

이 책의 대부분은 이미 1906년에 마무리되었고 인쇄에 부쳐졌다. 그러나 외적인 여러 사정으로 출판이 지연되었다.

1907년 5월 24일, 빈
오토 바우어

---

[2] 여기서 바우어가 '전체당'이라는 용어를 사용한 것은 합스부르크제국을 포괄하는 오스트리아 전체 조직으로서 당의 다민족적인 성격에 기초한 연합당 조직인 오스트리아 사회민주당을 언급하기 위한 것이다. 이것에 관해서는 제32장을 참고 (역주)

제2판 서문

나는 1906년에 <민족문제와 사회민주주의>라는 저서를 썼다. 내가 이 책을 썼을 때, 1905년의 러시아혁명은 아직 끝나지 않았었다. 나는 당시 러시아 혁명의 향후 발전이 합스부르크 군주국의[1] 국내적인 발전에도 영향을 미쳐 그러한 영향을 가속화할 것이라고 희망했다. 내가 이 책을 썼을 때, 왕조와 헝가리 귀족의회 사이의 분쟁은 아직 해결되지 않았다. 그래서 나는 군주국의 슬라브계 여러 민족을 혁명화시키는 러시아혁명의 압력 하에서, 황제와 헝가리 여당연합 사이의 분쟁이 제국의 내부적 쇄신을 가져오기를 희망했다.

그러나 나의 희망이 잘못된 전제 위에 서 있었음이 바로 분명해졌다. 이 책을 출판한 몇 주 후에 스톨리핀(Stolypin)의 쿠데타가 제1차 러시아혁명을 종식시켰다. 그 후 러시아에서는 반동이 10년에 걸쳐 지배했다. 합스부르크 왕조는 러시아혁명의 혁명화작용을 더 이상 두려워 할 필요가 없었다. 오히려 왕조는 러시아가 극동에서의 전쟁과 혁명으로 약화되었다는 상황을 이후 발칸반도에서의 확장정책에 이용할 수 있다고 생각했다. 보스니아(Bosnia)와 헤르체고비나(Herzegowina)의 병합(1908년 10월) 이후, 세르비아(Serbia)와 러시아에 대한 대립이 군주국의 모든 정책을 규정했다. 왕조는 그리하여 제국의 슬라브계 여러 민족과 심각한 대립에 빠지게 되었고, 따라서 역사적인 민족들, 즉 오스트리아의 독일인과 헝가리의 마자르인으로 구성된 지배계급의 수

---

1) 당시 오스트리아는 합스부르크 왕조가 지배하는 군주국의 형태를 띠고 있었다. 당시 오스트리아는 오늘날의 폴란드, 헝가리, 체코, 슬로바키아, 독일과 이탈리아의 일부까지 포괄한 광대한 제국을 형성하고 있었다. 따라서 오스트리아는 여러 민족들의 집합체로 이루어져 있었고, 여기서 '민족문제'가 발생했다. 1918년 1차세계대전의 패배로 오스트리아 국가는 여러 민족들의 독립국가로 나누어지게 된다. (역주)

중으로 다시 몸을 던져버리게 되었다. 1905년의 제국의 위기는 그렇게 청산되었다. 황제는 보스니아를 병합한 그 달에 안드라시(Andrássy)선거개혁안을 승인함으로써 헝가리에서의 보통선거권의 도입을 희생시켰다.2) 결과적으로 "위로부터의 혁명"이 오스트리아-헝가리의 민족문제를 해결할 것이라는 희망은 모두 묻혀버리고 말았다. 나는 1906년에 예상했던 것과는 전혀 다른 방향으로 사태가 발전할 것이라는 느낌을 이미 1908-09년 겨울에 갖게 되었다. 즉 전쟁으로의 발전과 그리고 전쟁을 통한 혁명으로의 발전은, 혁명을 통해 낡은 민족성원리(Nationalitätenprinzip)가 문제시되고, 그 결과 내가 1906년에 예상했던 것보다 훨씬 일찍 낡은 다민족국가(Nationalitätenstaat)가 붕괴될 것이라는 느낌을 갖게 되었다. 1909년 이래 <캄프 Kampf>3)지상의 일련의 논문에서 나는 이러한 생각을 표명해왔다. 그래서 그로부터 1914년의 전쟁과 그 결과로서 1917년 제2차 러시아혁명이 일어났을 때, 오스트리아-헝가리의 민족문제가 제국의 해체를 통해 해결될 수밖에 없다는 것이 나에게는 분명해졌다. 나는 1918년 1월에 내가 기초한 <좌익민족강령 Nationalitätenprogramm der Linken>에서 이러한 인식으로부터 최종적인 결론을 이끌어냈다.

1907년 이후, 즉 <민족문제와 사회민주주의>의 출판 이후의 이러한 전개의 모든 것을 — 그 경과를 보면서 나는 오스트리아-헝가리 군주국의 발전경향에 관한 나 자신의 견해를 수정했지만 — 최종적으로 나는 1923년 <오스트리아 혁명 Österreichischen Revolution>이라는 저서의 제1장의 네 개의 절에서 서술했다. 따라서 이 저서는 <민족문제와 사회민주주의>에서 주장한 나의 견해의 단순한 보충만이 아니라 수정도 의미한다.

1907년의 저서에서 내가 국내의 투쟁에 영향을 줄 것이라고 본 제국은 더

---

2) 바우어가 자신의 시대에 도입된 보통선거권에 관해 말할 때, 그것은 남성의 선거권을 말하는 것이다. 그러나 선거권과 민족적 공동체의 확대에 관한 그의 규범적 주장에서 바우어는 여성을 배제하지는 않는다. 어쨌든 보통선거권은 당시의 의미로 해석되어야 할 것이다. (역주)

3) *Der Kampf*는 1907년에서 1934년 사이에 비인에서 오토 바우어, 아돌프 브라운(Adolf Braun), 칼 레너(Karl Renner)가 편집하고 게오르그 에멀링(Georg Emmerling)이 출판한 사회민주주의적 월간지이다. 1934년부터 1938년까지 이 잡지는 프라하와 브륀(Brünn, Brno)에서 발간되었다. (역주)

이상 존재하지 않는다. 그래서 결국 제국을 타도한 이 투쟁에 대한 내 자신의 견해를 나는 이미 1909년 이후 수정했다. 그럼에도 불구하고 장기간 품절된 이 저서는 서점에서 여전히 구할 수 없었다. 그래서 <오스트리아 혁명>을 출판한 후에 처음으로 나는 더 이상 오해를 불러일으키지 않도록 이 저서의 신판을 발행할 것에 동의했다. 본서는 지금도 제1판을 자구상의 수정을 하지 않고도 간행할 수 있다. 왜냐하면 필요한 보완과 수정을 독자들은 이제는 <오스트리아 혁명>의 제1장에서 발견할 수 있기 때문이다.

1907년에 내가 옹호했던 오스트리아-헝가리의 민족문제를 해결하기 위한 **정치적** 강령은 역사에 의해 무시되었다. 그러나 문제의 발생과 전개에 관한 나의 **역사적** 서술은 그 후의 사건과 연구에 의해 수정되지 않고 오히려 확증되었다. 나는 특히 본서에서 처음으로 근대의 경제적, 사회적 발전의 가장 중요한 동반현상의 하나로서 "역사 없는 민족의 자각"에 관해 서술했는데, 실제로 이것은 우리 시대의 세계를 변혁하는 힘들의 하나라는 사실이 본서의 초판 간행 후 17년간의 역사에 의해 실증되었다.

그래서 마찬가지로 1906년에 내가 근대 제국주의의 발전경향에 관해 서술한 많은 사항들도 그 후의 대사건에 의해 실증되었다. 물론 나는 자본주의적 유통과정의 현상들로부터 자본주의적 확장정책을 이론적으로 설명한 부분에 대해서는 오늘날이라면 1906년과 동일하게 서술하지 않을 것이다. 당시 나는 투간-바라노프스키(Tugan-Baranowsky)[4] 저작들의 영향 아래 유통과정으로부터 유휴화폐자본이 일시적으로 분리되는 작용을 과대평가했다. 이러한 오류는 이미 루돌프 힐퍼딩(Rudolf Hilferding)의 <금융자본 Finazkapital>에서 정정되었다.[5]

---

[4] Mikhail Ivanovitch Tugan-Baranovski(1865-1919)는 페테르스부르크와 키에프에서 교수를 역임한 러시아의 경제학자이며 정치가로, 1917년에는 우크라이나 국민정부에서 얼마 동안 재무부장관을 지냈다. 그는 원래 맑스주의자였지만 나중에는 수정주의적 견해를 채택하여, 맑스주의적 견해와 역사법학파와 한계효용학파의 접근을 통합하려고 하였다. 1890년대 러시아의 자본주의적 발달에 관한 논쟁에서, 그는 러시아도 역시 사회주의로 향한 진보의 일부로서 자본주의적 국면을 겪을 필요가 있다고 주장하면서 '합법적 맑스주의'의 입장을 옹호하였다. (역주)

[5] 힐퍼딩(1877-1941)의 *Finanzkapital*은 1910년에 출간된 맑스주의의 최고의 고전 중 하

그러나 본서의 핵심부를 이루는 것은 맑스주의적 역사파악의 방법을 이용하여 운명공동체(Schicksalsgemeinschaft)로부터 성장한 성격공동체(Charaktergemeinschaft)6)로서 근대 민족을 파악하는 나의 시도였다. 그리고 본서의 이 부분은 결코 낡아 보이지 않는다고 생각한다.

나는 학생시절 — 졸업논문으로 나는 <민족문제와 사회민주주의>를 썼다 — 에 임마누엘 칸트(Immanuel Kant)의 비판철학의 옹호자였다. 칸트 인식론의 영향 아래에서 나는 사회학의 방법에 관한 견해를 획득하였고, 그것이 나의 민족이론의 기초가 되었다. 나는 1908년 <노이에 짜이트 Neue Zeit>7) 지상에 칼 카우츠키(Karl Kautsky)의 비판에 대해 나의 민족이론을 옹호할 때 이 견해를 상술했다.8) 그 후의 연구과정 중에 비로소 나는 비판철학 자체도 하나의 역사적 현상으로 파악할 것을 배우고, 그렇게 해서 나 자신의 칸트적 소아병을 극복하고, 그것과 관련해서 방법론적 견해를 수정했다. 따라서 오늘날 민족이론을 서술하고자 한다면, 나는 서술의 방식을 수정할 것이며, 많은 생각을 1906년과는 다르게 표현할 것이다. 그러나 변하는 것은 이론의 표현방법이지 이론 그 자체는 아니다.

운명공동체로부터 생겨난 성격공동체라는 민족에 관한 나의 정의는 맑스학파의 진영 가운데서도 강한 저항에 부딪혔다. 이 저항의 이유는 민족적 성격이라는 개념에 대한 맑스학파의 불신으로부터 설명될 수 있는데, 그것은

나이다. 힐퍼딩이 처음으로 발표한 '금융자본'의 개념에는 두 가지 중요한 특징이 담겨 있다. 첫째, 은행의 수중에 있는 금융자본과 산업자본의 은밀한 결합으로 형성된다. 둘째, 그것은 자본주의의 일정한 단계에서만 발생한다. 힐퍼딩이 생각하기에 금융자본의 존재는 독점의 발전과 제국주의, 그리고 자본주의의 사멸에 대한 전망 등에서 절대적인 요소로 보이기 때문에 자본주의에서는 매우 중요한 암시를 갖는다. 뒤에 레닌과 부하린의 '제국주의' 분석에 많은 영향을 미친다. (역주)

6) 한국의 박호성은 이러한 '민족문제' 논쟁에 관해 일찍이 논문을 썼는데, 이 개념을 '특성공동체'로 번역하였다. 여기서 역자는 '성격공동체'로 번역하기로 한다. 박호성, <사회주의와 민족주의>, 1989년 180-183쪽 (까지) 참고. (역주)

7) *Neue Zeit*는 1883년부터 1923년까지 칼 카우츠키가 편집하고 파울 싱거(Paul Singer)가 스투트가르트에서 출판한 독일 사회민주당의 주간지이다. (역주)

8) Otto Bauer, "Bemerkungen zur Nationalitätenfrage", *Neue Zeit*, XXVI(1908), 제1권. (원주)

특히 민족주의가 전시 중에 최악의 형태로 민족적 성격 개념을 악용한 것을 생각한다면 어렵지 않게 이해할 수 있을 것이다. 이러한 불신감을 극복하기 위해 나의 민족이론에서 민족적 성격공동체의 개념이 무엇을 의미하며 어떤 역할을 수행하는지에 관해 여기서 설명할 필요가 있을 것이다.

프랑스의 물리학자 피에르 듀엠(Pierre Duhem)은 그의 매우 자극적인 책 <물리학이론의 목표와 구조>에서 영국과 프랑스의 자연과학자의 연구방법을 비교하고 있다.9) 듀엠은 양 국민의 가장 중요한 물리학자의 연구 작업에 상당한 차이가 있음을 보여주었다. 프랑스인에게는 체계의 통일성이나 무모순성, 명료함이 중요하다. 프랑스인들의 오성의 요구(Verstandesbedürfnis)는 기본적인 가설에서 출발해서 설득력 있는 연역을 거쳐 경험적으로 검증된 법칙에 도달하기 전에는 결코 안심하지 않는다. 영국인들에게는 이러한 욕구가 결여되어 있다. 그에 반해 영국인들의 표상력(Vorstellungskraft)은 경험법칙의 어떤 복합체도 하나의 기계적인 모델에 의해 구체적으로 설명될 수 있는 경우에 비로소 만족된다. 영국인들은 개개의 모델을 구성할 때 기초가 되는 가설이 서로 관련이 없더라도, 또 서로 아예 모순되더라도, 개의치 않는다. 두 국민이 "엄밀한" 자연과학의 구축에서 만족하는 정신적 욕구는 매우 다르다. 프랑스인들은 질서와 명석함을 향한 오성의 욕구를 가지며, 영국인들은 자명함과 구체성, 구상성을 향한 표상력의 욕구를 가진다. 그러므로 물리학체계를 구축할 때 작용하는 것은 전혀 다른 능력이다. 프랑스인들은 추상과 일반화에서, 영국인들은 복잡한 집단들을 구상적으로 나타내고 구체적으로 설명하는 능력에서 우월함을 보인다.

듀엠은 문외한에게는 전혀 생각조차 할 수 없는 영역, 즉 물리학체계의 구축에서 수학의 사용과 같은 영역에서도 이러한 차이를 관찰했다. 듀엠이 생각하기에, 프랑스인들에게 물리학이론은 하나의 이론적 체계이며, 대수계산은 기본적인 가정으로부터 최종적인 결론에 이르는 일련의 추론을 가능한 가장 간단하게 표시하기 위한 종속적인 보조수단에 불과하다. 그러므로 프랑

---

9) Pierre Duhem, *Ziel und Struktur der physikalischen Theorien*, Friedrich Adler의 번역, Leipzig 1908 (원주)

스인들은 사고과정의 어떤 국면에서도 계산을 논리적 연역 — 그것의 축약된 표현이 계산이다 — 을 통해 치환할 수 있는지를 고려한다. 따라서 프랑스인들은 가설과 그것을 표현하는 방정식, 현상과 그것의 대수기호 사이의 대단히 엄격한 일치에 노력한다. 영국인들에게는 이러한 욕구가 없다. 그들에게는 대수계산이 하나의 기계적인 모델의 역할을 수행한다. 대수기호가 계산과정에서 겪는 변화가 관찰된 현상들의 운동법칙을 모사함으로써, 대수계산이 그들에게 현상들을 구체적으로 설명하는 것이다. 사고와 그것의 대수기호 사이의 엄격한 일치에 골몰하는 것은 영국의 물리학자에게는 어울리지 않는다. 그들은 양자의 가교를 직감에 맡겨버린다. 그러나 그 대신에 그들은 응축된 계산방법을 이용하여 대단히 복잡한 결합물을 재빨리 구체적으로 파악하는 우월한 능력을 발휘한다. 프랑스인들이 단지 몇 안 되는 기본적 조작밖에 인식하지 못하는 고전적인 대수를 선호하는 반면에, 영국인들은 최신의 대수기호를 즐겨 이용한다. 이러한 최신의 대수기호는 대수의 많은 중간 계산의 노력을 생략하지만, 그 대신 대단히 많은 다른 기호를 이용하여 그것들을 매우 복잡한 규칙에 따라 처리해야 하는 것이다.

듀엠 자신은 물리학이론의 구축에서 나타나는 이러한 차이가 정신생활의 다른 영역에서도 관찰될 수 있는 양 국민의 정신의 차이를 표현하지 않을까 하는 문제를 제기한다. 실제로 듀엠은 베이컨 이래의 영국철학을 데카르트 이래의 프랑스철학과 비교함으로써 철학에서도 동일한 차이를 발견하고 있다. 그는 코르네유(Corneille)와 셰익스피어(Shakespeare)를 서로 대비시킴으로써 시 속에서도 거의 같은 차이를 발견하고 있다. 그는 다음과 같이 쓰고 있다. "코르네유의 영웅들, 즉 복수와 자비 사이에서 동요하는 오귀스트(Auguste), 혹은 부모에 대한 외경의 마음과 사랑이라는 갈등을 보이는 로드리그(Rodrigue)를 예로 들어보자! 두 감정이 마음속에서 싸우고 있다. 그러나 이러한 대립 속에서도 얼마나 대단한 질서가 있는가! 그들은 순서가 되면, 마치 법정에서 훌륭한 최종변론으로 각각의 논거를 대치시키는 변호사인 것처럼, 차례로 발언을 한다. 그리하여 각각의 측에서 근거가 명백히 제시된다면, 법정의 판결 혹은 수학의 결론과 마찬가지로, 의지가 논쟁을 결정지어버리는 것이다." 듀엠은 그러한 작중인물과 대비해 맥베드 부인이나 햄릿을 예로 든다. 여기에는 인간을 요소로 분해하는 개념적인 분석은 없다. 여기에는 정신적으로 동요하고 있는 분할할 수 없는 그 자체의 인간이 있다!

그래서 듀엠은 마지막으로 프랑스와 영국의 법을 비교함으로써 유사한 차이를 발견하고 있다. 프랑스에서 법은 몇 개의 법전으로 통합되고 체계적으로 정리되어 명확하게 정의된 추상적 개념 위에 구축되어 있다. 이에 비해 영국에서 법은 몇 백 년의 시간 속에서 축적된 연관이 없고 서로 모순된 법률과 관습법의 축적으로서, 결코 성문화될 수 없고 체계화될 수 없지만, 그러나 법정의 생생한 실천과정에서 언제나 생생한 요구에 적합한 형태로 발전되어왔다. 바로 여기에 물리학, 철학. 시와 마찬가지로 프랑스인들에게는 체계성에 대한 요구, 명백하게 정의된 추상적 개념들로부터 엄격하게 연역할 것에 대한 욕구, 그래서 모순 없는 정리에 대한 욕구가 있다. 반면 영국인들에게는 유기적 생성물을 아주 모순에 가득 찬 다양성에서 개관하고, 불쾌감 없이 그리고 단순화와 분해에 대한 욕구도 없이 극히 복잡한 결합물을 잘 살펴서 모순에 가득 찬 것 그 자체를 실천적 요구에 실제적으로 도움이 되도록 만드는 탁월한 능력이 있다.

근대 자본주의는 다양한 민족문화의 물질적인 문화내용을 평준화시켰다. 그렇지만 동일한 물질적인 문화내용의 습득과 표현, 결합, 이용, 발전의 방식에서는 여전히 민족적 특수성이 작용하고 있다. 동일한 상대성이론이 모든 나라의 물리학에 침투해들어가고 있다. 그러나 그것은 독일에서는 영국과 매우 다른 지적 장애를 극복해야만 하며, 독일의 사상가에 의해 영국과 아주 다른 정신적 연관 속에서 다뤄져, 결국 다른 형태로 표현된다. 동일한 문학적 조류의 유행이 모든 나라의 문학에 관철되고 있다. 그러나 러시아 표현주의는 프랑스의 표현주의와는 다른 방식으로 동일한 현상을 표현한다. 동일한 노동운동이 모든 공업국가에서 일어나고 있다. 그러나 이탈리아의 노동자계급은 자본주의적 착취라는 동일한 사실에 대해 스칸디나비아 국가들의 노동자계급과는 다른 반응을 보인다. 내가 "민족적 성격"(Nationalcharakter)에 관해 말할 때, 고려하는 것은 바로 이것이다. 그것에 관해 말할 때, 나는 자민족에서는 영웅만을, 타민족에서는 순수 상인만을 발견하는 민족주의적 선동이라는 거짓상을 염두에 둔 것이 아니다. 내가 생각하는 것은 오히려 다음과 같은 것이다. 즉 다양한 민족의 정신생활, 과학, 철학, 시, 음악, 조형예술, 국가적 생활과 사회적 생활, 생활양식과 생활습관을 비교한다면, 정신의 기본구조, 지적 및 미학적 취향, 동일한 자극에 대한 반응방식에는 대단히 엄밀한 심리학적 분석에 의해서만 분명해질 수 있는 주목할 만한 차이가 존재한다는 사실이다.

민족주의적 역사 서술에는 "민족적 성격"이 서로 다른 실체로서 표현되고, 그것의 매력이나 동시에 그것에 대한 반발이 역사의 본래 내용을 이루고 있다. 우리는 민족적 특성이라는 부정할 수 없는 사실, "민족적 성격"의 차이라는 부정할 수 없는 사실을 반박하려는 노력으로는 이와 같은 민족주의적 역사관을 극복할 수 없다. 오히려 그 시대마다의 "민족적 성격"이란 과거 역사과정의 침전물일 뿐이고, 따라서 이후 역사의 발전과정에서 또한 변화할 것이라는 사실을 보여줄 때, 그래서 "민족적 성격"으로부터 그 실체적 외관을 벗겨낼 때 비로소 그 극복이 가능하다. 민족적 특성을 민족의 역사로부터 이끌어내는 과제를 제시하는 것이야말로 운명공동체로부터 발생한 성격공동체로서 민족을 정의한 나의 진실한 의도일 것이다. 이 과제를 하나의 예를 통하여 구체화해보자! 우리는 예를 들면 듀엠이 지적한 영국인들과 프랑스인들 사이의 "민족적 성격"의 차이를 어떻게 양 국민의 역사로부터 이끌어낼 수 있을까?

17, 18세기 프랑스에서는 국왕의 궁정이 교양 있는 국민 상층부의 도덕적 모범이자, 미적 유행의 형성자 노릇을 하였다. 경직되었지만 쾌활한 궁정예절의 형식들 속에서 생활해야 했던 궁정귀족들은 인민(Volk)의 노동에서 멀리 떨어져 있었고, 국가의 일상적인 행정활동에조차 적극적으로 참가하지 않은 채 세련된 여가의 향락으로 살았고, 당시 프랑스문화의 발전에 매우 강한 영향을 미쳤다. 그와 같은 궁정사회(Hofgesellschaft)의 문화는 오직 고도한 형식미의 문화일 수밖에 없었다. 아름답고 장중한 언어, 기지가 넘치고 우아한 표현형식, 세련된 서술, 분명하고 질서정연한 사고과정, 이런 요소들이 바로

당시 궁정사회의 프랑스인들이 선호한 것이었다. 강력하고 영광에 찬 궁정의 이러한 취향의 영향을 받은 문화가 처음에는 프랑스귀족에게 영향을 미쳤고, 나중에는 프랑스 시민계급의 정신적 유산이 되었다.

그에 비해 영국에서는 튜터왕조의 시대, 특히 17, 18세기에 국왕의 궁정은 생활양식과 취미의 발전에 프랑스만큼 지배적인 영향을 미치지 못했다. 지방귀족과 도시귀족이 영국문화의 담지자였다. 지방귀족은 분할된 교회농지나 봉건농지의 약탈자의 계승자로서 자신의 영지에서 생활했고, 이미 이른 시기부터 자본주의적으로 조직된 농업에 종사했고, 백작령(Grafschaft)의 귀족적 자기통치에 종사하는 등, 프랑스 궁정귀족과는 전혀 다른 미적 취향을 발전시켰다. 그들은 궁정도덕의 엄격한 형식들에 얽매이지 않고, 매우 조야한 오락에 몸을 맡기는 등 프랑스 궁정에서 선호한 것과 같은 고도한 형식미의 문화를 낳을 수 없었다. 그러나 그들은 훨씬 자연에 가까이 있었기 때문에 자연과 인간을 개별적으로 생생하게 볼 수 있었다. 그래서 그들은 경제와 행정을 자유로이 처리하는 데 익숙하게 되었고 훨씬 예리한 실천적 감각을 몸에 익히게 되었다. 지방귀족과 나란히 도시귀족은 국민(Nation), 즉 상인, 은행가, 운송업자, 선주, 공장주 등의 정신적 발전에 점점 더 강한 영향력을 미쳤다. 뒤엠이 서술한 바와 같이, "공업가(Industrielle)는 대부분 넓은 시야를 갖고 있다. 설비들을 관련시키고 사업을 추진하고 사람들을 다루기 위해 공업가는 얽혀있는 구체적 사태를 몇 개의 집단으로 나누어 빠르고 쉽게 파악하는 데 일찍부터 익숙해 있다. 따라서 그는 훌륭한 사상사와는 거리가 멀었다. 일상적인 작업에 파묻혀 추상적인 개념이나 일반원칙과는 거리가 멀 수밖에 없었다." 초기자본주의 시대에 서로 다른 특성을 가진 계급들의 취미가 국가별로 문화를 형성하고, 이 문화가 근대자본주의 시대에 양 국민에게 계승되었다는 사실로부터 이미 우리 시대의 프랑스와 영국의 정신생활의 서로 다른 특성을 이해할 수 있지 않을까?

국왕권력과 영주계급(지주계급 Grundherrenklasse)의 대투쟁에서 영국에서는 영주계급이 승리했고, 프랑스에서는 국왕권력이 승리했다. 영국에서는 신분제 의회제도와 신분제 지방행정이 파괴되지 않았다. 남작들이 플랜타지네트 왕가(Plantagenet)10)로부터 빼앗은 것은, 나중에 젠트리(Gentry)와 시민층, 그리고 마지막으로 노동자계급의 유산이 되었다. 어떤 신흥 계급도 눈앞에 있는 국가제도를 파괴하지 않은 채, 그것을 자신의 것으로 만들고 그것에 적응했다. 국가적 발전의 이러한 연속성이 영국의 전통주의를 설명한다. 어떤 신흥계급도 수중에 들어온 전통적 제도와 함께 그 전통도 상속했다. 프랑스에서는 전혀 다르다. 프랑스에서 국왕권력은 봉건적 제도를 폭력적으로 파괴하고 그 폐허 위에 절대군주제를 세웠다. 그러므로 마찬가지로 시민혁명도 눈앞에 있는 국가제도를 폭력적으로 파괴하고 그 폐허 위에 전혀 다른 국가제도를 세울 수밖에 없었던 것이다. 영국에서는 언제나 신흥집단이 옛집에 들어와 그것을 살기 좋게 고쳤다. 프랑스에서는 늘 옛집을 부수고 토대부터 새로 지었다. 따라서 서로 잇따른 계급투쟁은 양 국민의 정신생활에 전혀 다른 영상으로 각인되었다. 영국에서 계급투쟁은 개별적인 정책이나 개별적인 개혁을 둘러싼 투쟁으로 분해되었고, 어떤 신흥계급의 이데올로기도 전통적인 이데올로기와 결합했다. 새로운 이데올로기가 신흥계급의 욕구를 만족시키고 실천에 도움을 준다면, 새롭게 결합된 요소들이 다른 기원을 갖고 따라서 모순되더라도 조금도 불쾌한 일이 아니다. 이에 반해 프랑스에서는 투쟁하는 계급이 서로 전면적인 대립에 빠져, 하나의 추상적 원리에 다른 추상적 원리가, 하나의 완결된 체계에 다른 완결된 체계가 대치된다. 이러한 역사를 통해 양 국민에게는 다른 능력이 배양되었다. 영국에서는 구체적인 사실의 개별성과 다면성을 있는 그대로 파악하는 능력과 주어진 과제를 실제적으로 해결하는 능력이 배양되었다. 이에 반해 프랑스에서는 추상화와 일반화, 체계화, 논리적 엄격함에 대한 성향이 배양되었다.

프랑스에서는 절대주의가 종교개혁을 물리쳤고, 영국에서는 종교개혁이 승리했다. 프랑스의 정신적 발전은 도그마체계의 장려한 완성과 미적 욕구를 만족시키는 제례의 화려함을 갖고 있는 가톨릭교회의 영향 아래 머물렀다. 영국의 정신적 발전은 모든 미학에 의심을 품고 직업노동을 실제적으로 장려하는 프로테스탄티즘의 강력한 영향 아래 있었다. 프랑스에서 시민층의 정

---

10) 영국 역사에서 1154년부터 1485년까지 지속된 왕가의 이름. (역주)

신적 해방투쟁은 정신의 독점적 지배를 추구하는 가톨릭교회의 요구에 반대하는 투쟁의 형태로만 수행되었다. 가톨릭교회의 완결된 도그마체계에 대항하여 기독교 전통에서 완전히 해방된 계몽철학의 완결된 체계가 마찬가지로 등장해야만 했다. 영국에서는 이미 17세기에 프로테스탄티즘 내부에서 종교적 관용이 달성되었고, 개개인의 정서적 욕구는 가지각색의 기독교 교회와 종파 속에서 제각각 만족을 찾을 수 있었다. 개인이 인식의 욕구를 만족시키는 근대과학과, 정서적 욕구를 만족시키는 비 도그마적이고 인격적으로 채색된 기독교를 결합하는 것은 그리 어려운 일이 아니었다. 프랑스에서 근대과학은 생성기에 가톨릭교회의 도그마에 반대하는 세계관의 투쟁에 봉사하였다. 그 결과 프랑스의 근대과학의 관심은 궁극적이고 보편적인 추상화와 가설, 세계관의 요구에 도움이 되는 체계화에 집중되었던 것이다. 영국에서 기독교는 도그마적 형태를 적게 띠었기 때문에, 그것에 대해 체계적으로 대결할 필요가 크지도 않았고 보편적이지도 않았다. 따라서 과학의 관심은 오히려 실제적인 자연지배에 도움이 되는 경험적 자연법칙의 인식에 집중했고, 보편적 추상화와 가설은 아주 일찍부터 경험적 자연법칙의 설명과 총괄을 위한 단순한 보조수단이라고 생각되었다.

이제 우리는 듀엠이 주의를 환기시킨 양 국민의 정신적인 차이를 두 나라 역사의 차이로부터 이해할 수 있지 않을까? 아직 충분하지는 않다. 더욱 완전하게 이해하기 위해서 우리는 양 국민의 역사를 훨씬 거슬러 올라가 그것을 더욱 자세하게 분석해야 할 것이다. 그러나 그것은 여기서의 과제가 아니다. 여기서는 "운명공동체"로부터 "성격공동체"를 설명하기 위해 우리가 어떻게 해야만 하는지를 예시하는 것으로 만족하고자 한다. 민족에 대한 나의 정의가 무엇을 의미하는가는 충분히 이해되었을 것이다. 그것은 방법론적 가설일 뿐이다. 그것은 다음과 같이 민족의 현상을 파악하는 과제를 과학에 부여할 것이다. 즉 각 민족의 고유한 것들, 그리고 그 민족을 다른 민족으로부터 구별할 수 있게 해주는 모든 것들을 그 민족 역사의 특수성을 바탕으로 설명하고, 각 개인의 민족성을 그에게 첨가된 혹은 그에게 내재하는 역사적인 것으로서 드러내는 것이다. 즉 각 민족의 특성과 개인들의 특성 속에 있는 민족적 요소를 맑스주의적 역사관이라는 수단을 이용하여 파악하고, 모든 민족주의적 역사관에 공통된 민족의 실재성이라는 기만적 가면을 벗겨내는 것이 과제인 것이다.

민족에 관한 나의 정의는 칼 **카우츠키**의 두 논문에 의해 비판받았다.11) 카우츠키는 근대적 민족을 운명·문화·성격공동체로서가 아니라, 언어공동체로서 파악해야 한다고 생각한다. 따라서 우리는 언어공동체의 개념을 약간 자세하게 살펴보아야 할 것이다!

유목 및 수렵단계의 민족은 각기 나뉘어져 정착하고 경작으로 옮겨가면서 몇 개의 씨족으로 분열되어간다. 민족의 운명공동체는 해체된다. 민족이 분해되어온 어떤 종족도 다른 종족과 밀접한 교류를 하지 않고 독자적인 생활을 보낸다. 이전 운명공동체의 해체와 함께 문화의 분화(Differenzierung)과정이 시작된다. 몇 백 년이 지나면 민족이 분해되어온 종족들의 풍습이나 의상, 농민가옥의 건축양식은 매우 다르게 된다. 그래서 이러한 일반적, 문화적 분화에 나타나는 하나의 부분현상이 언어의 분화이다. 몇 백 년이 지나면 과거에 하나의 공통언어를 가졌던 종족들의 방언은 매우 다르게 된다. 이들 종족은 각각 이제 더욱 작은 운명공동체를 형성하게 되고, 그렇게 해서 또한 각자의 문화공동체와 언어공동체를 형성한다. 그리고 상품생산과 화폐경제로의 이행이 시작된다. 그와 함께 통합과정도 일어난다. 서로 다른 종족의 마을사람들은 동일한 시장의 흡인력에 이끌려 공동시장에서 서로 교류하게 된다. 화폐경제를 통해 결합된 새로운 운명공동체가 그들의 풍습이나 의상을 서로 접근시킨다. 이러한 문화적 통합(Integration)과 함께 언어의 통합도 진행된다. 다른 방언은 공동시장에서의 교류를 통해 서로 접근하고 하나의 방언으로 결합된다. 그러나 농민대중의 위에는 지배계급, 즉 귀족이나 도시시민계급이 있다. 그들은 종족의 경계를 넘어 교류하고 서로 문화재(Kulturgüter)를 교환하면서 정치공동체를 형성한다. 종족의 경계를 넘는 그들의 문화공동체는 하나의 언어공동체를 강력히 추구하며, 그러기 위해서는 당연히 방언의 차이가

---

11) Karl Kautsky, "Nationalität und Internationalität", Ergänzungshefte zur *Neuen Zeit*, Nr. 1(1908); Karl Kautsky, *Die Befreiung der Nationen*, Stuttgart 1917 (원주)

극복되어야 한다. 다양한 종족의 이들 지배계급은 우선 문학에 필요한 공통의 문장어를 형성하는데, 이것은 결국 지배계급의 일상적인 언어사용 속에서 방언과 혼합되거나 혹은 그것으로 대체된다. 마지막으로 근대자본주의는 민중(Volksmassen) 속에서도 종족을 분리시켰던 벽을 차츰 제거하고, 촌락에서도 노동방식이나 풍습, 의상 등의 차이를 없애고, 이제까지 분열되어 있던 종족들의 민중을 하나의 문화공동체로 결합한다. 민중에게도 문화적 통합은 언어적 통합을 수반한다. 공통의 문장어는 학교나 설교단 그리고 공무를 통해 민중의 언어에 주입되어 방언과 혼합되고 그것들을 더욱 더 서로 접근시킨다. 공통의 문장어를 통해 서로 결합된 종족들의 공동체는 이제 민족으로서 간주된다. 그러나 문장어는 운명공동체와 문화공동체가 하나의 공통언어에 대한 요구를 제기하는 한에서만 관철된다. 동일한 민족의 종족이라 하더라도 경제적, 문화적, 정치적으로 분리되어 고유한 생활을 영위하는 경우에는 다른 종족과 공통된 문장어를 받아들이지 않고 자신의 문장어를 형성한다. 운명공동체와 문화공동체가 결합되어 있는 종족들(혹은 그 지배계급)만이 언어공동체로 결합될 수 있다. 세 개의 독일계 종족의 갈래는 독일 문장어를 받아들이지 않고 자신에게 특수한 네덜란드 문장어를 창출했다. 마찬가지로 19세기 전반에 크로아티아 지식인에게 일리리아운동(illyrische Bewegung)은 매우 강력했기 때문에, 크로아티아인은 세르비아인과 같은 세르보-크로아티아어의 방언(schtokavischen Dialetik)을 문장어의 기초로 삼을 수가 있었다.[12] 이에 비해 슬로베니아인은 크로아티아인과 국경을 폐쇄하고 일리리아어 운동의 영향을 거의 받지 않았기 때문에 독자적인 문장어를 형성했다. 후에 러시아인과 우크라이나인, 덴마크인과 노르웨이인 사이의 문장어 차이에서도 유사한 사례를 볼 수 있다.

언어공동체는 이와 같이 매우 복잡한 분화과정과 통합과정의 산물이다. 운명공동체의 해체는 문화적 분화, 나아가 언어적 분화로 귀결된다. 한 운명공동체로의 결합은 문화적 통합, 나아가 언어적 통합으로 귀결된다. 이처럼

---

12) 일리리아운동은 1830-50년대의 민족적, 문화적 자각을 위한 크로아티아의 운동이다. 그것의 주요한 대상은 남부 슬라브의 동맹이었다. (역주)

언어공동체는 문화공동체의 부분적 현상일 뿐이고, 운명공동체의 산물에 불과하다.

근대언어학은 언어분열의 과정을 서술했다. 그것은 통속적 라틴어로부터 어떻게 다양한 로만어가 발전해왔는가, 혹은 앵글로색슨인(Angelsachsen)과 프리슬란트인(Friesen)의13) 언어가 어떻게 공통의 뿌리로부터 발전해서 차이가 나게 되었는가를 서술했다. 이와 같은 역사적 과정의 경과 속에서 동일한 음운이 다양한 언어에서 다른 방향으로 변화해왔다. 예를 들면 이전에 공통이었던 a는 어떤 언어에서는 i라는 방향으로, 또 다른 언어에서는 u라는 방향으로 변화했다. 공통의 뿌리로부터 생긴 다양한 언어에서 음운변화의 이와 같은 차이를 어떻게 설명할 것인가?

우선 언어들의 혼합으로부터 설명할 수 있다는 것은 분명하다. 앵글로색슨어와 프리슬란트어의 분화는 앵글로색슨인이 그들의 새로운 고향에서 마주쳐 살게 된 다른 민족들과 언어를 혼합시켰다는 사실로부터 확실히 일부 이해될 수 있다. 그러나 언어의 혼합만으로는 음운변화의 현상들을 완전히 설명할 수 없다. 여기에는 또 다른 설명의 근거가 필요하다.

예를 들어 나폴리시민과 같이 자유 시민(Freie)으로서 생활하고 있는 민족은 폐쇄적인 공간에 노동하는 민족과 다른 발음관습을 몸에 익힌다. 선원이나 어부로 이루어진 민족은 내륙의 민족과 다르다. 또 공장노동자로 이루어진 민족은 농민으로 이루어진 민족과 다른 발음을 관습으로 하게 된다. 달라진 발음관습이 결과적으로 다른 음운변화를 가져온다. 모든 노동은 그것의 특유한 리듬을 갖고 있다. 노동에 노래가 동반하는 곳에서는 노동의 리듬이 언어의 리듬에 영향을 준다. 언어의 다른 리듬이 다른 음운변화를 결과적으로 가져온다. 빌헬름 분트는 음운변화의 가장 중요하고 보편적인 몇 가지 현상을 유창한 회화의 가속화로부터 추론했다.14) 회화템포의 가속화는 발음형태에 일정한 변화를 가져다준다. 그런데 언어의 템포는 확실히 사회구성에 따라 좌우된다. 상인으로 이루어진 민족은 자연경제 속에서 생활하는 농민으로 이루어진 민

---

13) 북해 연안, 오늘날의 네덜란드 북부 지역에 살던 사람들을 가리킨다. (역주)

14) Wilhelm Max Wundt, *Völkerpsychologie*, 제1권, Leipzig 1900 (원주)

족보다 빠르게 말한다. 그래서 어떤 언어공동체 낱말들의 발음형태 속에는 그 언어가 유래한, 그러나 이미 사라져버린 세대들의 생활양식이나 직업노동, 사회구성이 반영되어 있다. 언어의 분화가 민족과 민족을 나누더라도, 분화 그 자체는 생활양식이나 직업노동 그리고 사회구성의 차이, 즉 공통의 뿌리로부터 생긴 민족들의 문화와 역사와 운명의 차이의 결과이다.

언어의 분화에 이어서 언어가 다른 종족들이 공통된 문장어의 끈을 통해 근대적 민족으로 결합되는 통합과정이 일어난다. 이러한 근대의 공통언어는 우선 교양인이나 상류계급 그리고 지배층에 의해 사용된다. 경제와 정치를 지배하고 문화를 주도하는 계급들의 발음관습이 이러한 공통어의 발음형태를 만든다. 학교, 설교단, 공무를 매개로 문장어가 민중에게 확산될 때, 민중은 지배계급의 발음습관을 모방하는 것도 배운다. 음운변화를 규정하는 것은 이러한 발음습관이다. 레오 요르단(Leo Jordan)은 다음과 같은 사례를 관찰했다. "영국인은 말하는 동작에서 아래턱을 약간 앞으로 내민다. 이러한 자세로부터 그들의 조용한 입술의 움직임을 설명할 수 있는데, 이것은 이차적으로 예절이 된다. 요컨대 독일인이 더블유(w)-입이라는 적절한 명칭으로 특징지은 외관이다. 이러한 발음의 기관위치를 모방하려는 사람은, 영국 음운의 음색, 무엇보다 협애부(Enge)로 향한 모든 모음의 끝없는 파열이 이 강제상태의 당연한 결과라는 사실을 바로 알게 된다. 프랑스인은 정반대로 한다. 프랑스인은 e와 i의 발음에서 마치 입술 끝이 귀에까지 닿을 정도로 입술을 크게 벌리며, o와 u(특히 ö와 ü)의 발음에서는 마치 토라져 있는 것처럼 입술을 구부린다. 우리는 프랑스인이 un pot-au-feu 라든가 c'est ici 를 음절을 분리해서 분명히 발음하는 것을 볼 수 있다. 그들의 얼굴은 격정적인 연기를 하는 듯 움직이고, 모든 작업은 전방의 듣고 있는 사람에게 보일 수 있는 근육조직에 집중된다. 그래서 우리는 모든 모음이 전방으로 이동하고 a가 e로, o가 ö로, u가 ü로 되더라도 이상하게 생각하지 않는다."15) 이렇게 다른 언어습관은 어디에서 유래하는 것일까? 요르단은 계속해서 말한다. "영국인이 말할 때 감

---

15) Leo Jordan, *Sprache und Gesellschaft. Hauptprobleme der Soziologie, Erinnerungsgabe für Max Weber*, 제1권, Leipzig 1923 (원주)

정 없는 표정을 지으려고 노력하는 것은 분명하다. 프랑스인이 자신의 감정을 연기하듯이 똑똑히 나타내는 것도 분명하다. 영국인은 몸짓을 될수록 억제하는 반면, 프랑스인은 몸짓을 강조하고, 경련을 일으킬 정도로 입술을 움직인다. 영국인은 무감정을 연출하는데, 이것은 무감정 자체가 사회적으로 그들의 이상이며 상인다운 방식이고, 결국 그들이 따를만한 관습을 이루기 때문이다. 그런데 프랑스인은 어떨까? 그들은 생생한 연기에서 볼 수 있듯이 너무 자주 솔직한 것이 아닐까, 혹은 활발하고 결코 소심하지 않은 재담가를 이상으로 하는 수 백 년 동안의 사회적 교육의 성과가 여기서 나타나고 있는 것은 아닐까? 프랑스인은 무대에 있는 것처럼 행동하려고 한다!" 이러한 차이는 듀엠이 과학, 철학, 문화, 법률에서 보여준 두 민족의 정신적 특성의 차이와 매우 유사한 것이 아닐까? 우리는 여기서 이러한 언어 자체, 입모양, 입술의 움직임, 또한 발음표현 속에 두 국민의 정신적 특성의 차이, 즉 "민족적 성격"의 차이가 작용하고 있음을 볼 수 있지 않을까? 언어공동체 자체 속에 성격공동체가 표현되어 있는 것이 아닐까?

이러한 회화방식의 차이는 어떻게 생긴 것일까? 이미 헤르만 파울(Hermann Paul)의 고전적 저작[16] 이래 언어학의 공유재산이 된 사고방식과 관련하여 요르단은 다음과 같이 대답한다. "역사적으로는 이미 서술한 음절습관으로 말하는 데 익숙해진 개인들이 일반적인 모범이 되어버렸다는 사실을 근거로 사태의 전개를 자연스럽게 이해할 수 있을 것이다." 그리고 그는 다음과 같이 덧붙이는데, 이 점에서 그는 파울을 넘어선다. "모범적인 신분층이 대부분의 경우 결정적인 영향을 주었다." 이러한 생각은 다윈주의의 영향을 받은 파울의 견해와 — 개체변이의 도태를 통한 언어의 발전! — 이 문제에 관한 다음과 같은 맑스주의적 견해를 명백히 연결하는 것이다. 즉 발음습관의 차이는 민족이 모범으로 간주하는, 따라서 민족이 언어방식을 모방하는, 계급들의 언어방식의 차이에서 이해될 수 있는 것이다. 예를 들면 프랑스인의 언어방식이 베르사유 궁전의 귀족의 언어방식을 상속했고, 영국인의 언어방식이 도시 런던의 신교도적 신조를 가진 상인의 언어방식을 상속했다고 생각

---

16) Hermann Paul, *Prinzipien der Sprachgeschichte*, Halle 1886 (원주)

할 수 있다면, 발음습관의 민족적 차이는 두 국민에게 그 당시에 모범으로 간주된, 따라서 두 국민의 언어방식에 매우 강한 영향을 준 계급들의 기본적인 차이로부터 적어도 부분적으로는 이해할 수 있을 것이다.

두 민족의 역사적 발전의 차이는 왜 동일한 시대에 다른 계급들이 국민의 생활양식이나 풍습 그리고 취향에 매우 강한 영향을 주었고, 그래서 왜 양국의 후세대가 전혀 다른 문화유산을 계승했는가를 설명해준다. 문화유산의 이러한 차이로부터 두 국민의 정신적 특성의 차이가 설명되는데, 이러한 차이는 과학, 예술, 법률의 차이와 마찬가지로 얘기방식의 차이 속에도, 또한 언어의 차이 속에도 각인되어 있다. 그래서 민족언어공동체는 민족성격공동체의 하나의 표현 형태를 이루고, 민족문화공동체의 하나의 부분현상, 민족운명공동체의 하나의 산물을 이루는 것이다.

민족은 언어공동체라고 카우츠키는 말한다. 확실히 그렇다. 그러나 우리는 이것을 확인하는 것만으로 만족할 수 있을까? 영국인이 영어를 말하고 프랑스인이 프랑스어를 말한다는 사실을 통해 양자를 구별할 수 있음을 확인하는 것만으로 우리가 민족에 관해 알고 싶다고 생각하는 모든 것이 밝혀졌다고 할 수 있을까? 이것은 우리에게 아직 너무 적다고 생각한다. 우리는 언어공동체 자체를 역사적 현상으로서, 언어 자체를 역사적 발전의 흐름에서 인식하고 싶다. 그것을 위해 우리는 언어공동체의 발생을 운명공동체와 문화공동체로부터 파악하고, 개별적 언어공동체의 특성을 문화공동체와 성격공동체의 특성으로부터 파악해야 한다. 이것이 민족을 언어공동체만으로 생각해서는 충분하지 못하다고 내가 주장하는 이유이다. 이것이 또한 내가 언어공동체 자체를 운명공동체나 문화공동체 그리고 성격공동체로부터 도출하려고 한 이유이다. 그러한 매개를 통해서만 한편으로 민족 언어의 발전 및 특성과, 다른 한편으로 민족의 운명을 결정하는 생산력과 생산관계의 발전 사이에 다리를 놓을 수 있고, 그럴 때만이 민족의 현상을 맑스주의적 역사관을 수단으로 해서 분석할 수 있다.

사실 나의 민족이론의 중점은 민족에 대한 정의에 있는 것이 아니라, 근대적 민족을 탄생시킨 통합과정에 대한 기술에 있다. 나의 민족이론에 어떤 공적이 있다면, 그것은 처음으로 경제적 발전으로부터, 사회구조와 사회의 계급구성의 변화로부터 이 통합과정을 해명한 점이다. 나는 봉건시대나 초기 자본주의시대에는 이러한 통합과정이 단지 지배계급만을 하나의 민족문화공동체로 결합시킨 데 불과하다는 사실, 그래서 이 시대에는 타민족의 지배계급에게 종속되어 생활하던 민족들의 내부에는 통합과정이 관철되지 않았다는 사실을 지적했다. 나아가 나는 어떻게 자본주의의 계속적 발전에 따라 비로소 이러한 통합과정이 인민대중을 사로잡게 되었는지를 지적했다. 나아가 나는 다음과 같은 사실들도 지적했다. 역사적 민족에게 이것은 원래 지배계급만을 포함하고 있었던 민족문화공동체를 인민대중에게까지 확대하고, 민족문화공동체에 인민대중을 편입시키는 것을 의미했다. 그러나 타민족의 지배계급에게 종속되어 생활하던 역사 없는 민족에게는 이 과정이 비로소 민족문화공동체의 발생, 즉 비로소 "역사 없는 민족의 자각"을 가져온 것이었다. 그리고 경제적, 사회적 발전으로부터 민족의 통합과정을 도출한 것은 우리에게는 이론적인 관심사일 뿐 아니라 실천적인 관심사인 것이다.

왜냐하면 노동운동은 민족문화공동체를 확대하고 인민대중을 민족문화공동체에 편입시킬 가장 강력한 지렛대이기 때문이다. 문화재에 대하여 적극적으로 관여할수록, 모든 국가에서 노동자계급은 자국에 특유한 민족문화유산, 자국에 특유한 문화적 전통의 영향을 받게 된다. 사회주의 이데올로기는 각 나라의 특유한 문화적 전통과 결합하여, 민족마다 다르게 된다. 민족의 정신적 개성과 특수성은 각 민족의 사회주의에 자신의 개성을 각인시킨다. 가톨릭교회가 로마의 통일적인 지도, 폐쇄적이고 경직된 교의체계, 나아가 전 세계의 성직자를 언어적으로 결합하는 라틴공용어에도 불구하고, 실제로는 민족마다 매우 뚜렷이 각인된 민족적 개성을 받아들인 것처럼, 국제사회주의도 민족적 분화과정을 피할 수 없다. 독일의 맑스주의, 영국의 노동당주의, 러시아의 볼쉐비즘을 서로 비교해보면, 각 민족 속에 계승된 민족적 개성이 국제사회주의 이데올로기에 특수한 민족적 형태를 부여하고 있음을 인식하지 않을 수 없다. 권력의 장악에 가까이 갈수록, 각 나라의 노동자계급도 역사적 실천에서 민족적 전장의 지형적 특수성에 투쟁방법을 적응시켜야 하듯이, 노동자계급의 사회주의적 이데올로기도 문화를 수중에 넣을수록 민족의 특수한 문화유산과 더욱 밀접하게 결합하게 된다. 민족적 노동자정당이 전장 지형의 민족적 차이를 고려하지 않은 채 자신의 투쟁방법을 다른 모두에게 강제하고, 또 문화적 전통의 특수성을 고려하지 않은 채 자신의 이데올로기를 경전적인 교의체계로서 강제하여 모든 민족의 노동자정당을 그러한 독재에 종속시키는 방법으로는 사회주의의 이러한 민족적 분화를 극복할 수 없다. 왜냐하면 이것은 특수한 민족사와 특수한 민족적 개성의 산물인 사회주의의 한 변종을 전혀 다른 역사나 개성을 가진 노동운동에 강제하는 공상적인 시도에 불과하기 때문이다. 국제사회주의는 오히려 자신의 태내에 간직한 투쟁방법과 이데올로기의 민족적 분화를 자신의 외적 및 내적 성장의 결과로 이해해야 한다. 그래서 국제사회주의는 인터내셔널[17] 내부에서 발전한 이러한 민족적 다양성 위에 서서, 실천방법과 이론적 사고과정의 민족적 특수성에도 불구하고, 공동의 목표를 쟁취하기 위해 협력하고 공동의 투쟁에서 힘을 합칠 수 있도록, 민족적으로 분화된 전투부대를 가르치는 법을 배워야 한다. 인터내셔날은 민족적 특수성을 평준화하는 것이 아니라, 민족적 다양성 속에서 국제적 통일을 만들어내는 것을 자신의 과제로 삼을 수 있으며 또한 삼아야만 한다.

1924년 4월 4일, 비인
오토 바우어

---

[17] 노동자운동의 국제적인 조직과 투쟁의 사례는 역사적으로 여러 차례 있었는데(지금도 물론 존재한다), 보통 '인터내셔날'하면 세 번의 경험을 지칭한다. 즉 1864년부터 1876년까지 맑스와 엥겔스가 지도적인 역할을 수행했던 '제1 인터내셔날'이 있고, 1889년부터 1914년까지 맑스주의에 기반을 두었고 독일의 사회민주당이 주도했던 '제2 인터내셔날'이 있다. 또 러시아혁명 후 소련의 주도로 1919년부터 1943년까지 활동했던 '제3 인터내셔날'이 있다. 제2 인터내셔날이 노동운동과 사회주의운동 역사상 가장 활발한 역할을 보였고 성과도 많았다. 바우어가 여기서 말하는 '인터내셔날'이 꼭 제2 인터내셔날을 지칭한다고 볼 수는 없지만(이미 제1차 세계대전과 함께 붕괴되었기 때문에), 분명히 바우어는 그 역사적 경험을 반추하면서 글을 썼을 것이고 또 인터내셔날의 정신을 강조하고자 했을 것이다. (역자)

제1부

민 족

제1장 민족적 성격

　　과학(Wissenschaft)은 이제까지 서정시인, 잡문가, 국민집회나 의회 그리고 술집탁자에서의 연사에게 민족문제를 거의 전적으로 맡겨왔다. 위대한 민족투쟁의 시기에1) 우리는 민족의 본질에 관한 만족할만한 이론의 맹아조차 창출하지 못했다. 그러나 우리는 이러한 이론을 필요로 하고 있다. 그러나 민족적 이데올로기와 민족적 낭만이 우리 모두에게 영향을 미치고 있기 때문에, 우리 중에는 그 민족이라는 단어를 유별난 감정의 톤으로 공명하지 않고 말할 수 있는 사람은 거의 없을 것이다. 민족이데올로기를 이해하고 비판하려는 사람이라면, 누구나 민족의 본질에 관해 묻지 않을 수 없을 것이다.

　　바게호트(Bagehot)는 민족을 간단명료하게 설명할 수는 없지만, 굳이 민족이란 무엇인가 하는 질문을 하지 않더라도 그것이 무엇인지 우리가 잘 알고 있는 여러 현상들 가운데 하나라고 말한다.2) 그러나 과학은 이러한 설명으로 만족할 수 없다. 과학이 민족에 관해 말하고자 한다면, 민족의 개념이 무엇인지 묻지 않을 수 없다. 그리고 이러한 질문은 얼핏 보아도 알 수 있듯이 그렇게 쉽게 대답될 수 있는 것이 아니다. 민족이란 같은 혈연을 가진 사람들의 공동체일까? 그러나 이탈리아사람은 에트루리아인(Etruskern), 로마인(Römern), 켈트인(Kelten), 게르만인(Germanen), 그리스인(Griechen), 사라센인(Sarazenen) 등에서 유래했고, 오늘날의 프랑스인은 갈리아인(Galliern), 로마인, 브리튼인(Briten), 게르만인(Germanen)에서 유래하였고, 또 오늘날의 독일인은

---

1) 18세기에 유럽에서 싹튼 민족주의가 19세기 중, 후반 각 민족들로 하여금 독자적인 민족국가의 수립투쟁으로 나가게 만든 운동을 말한다. (역주)
2) Walter Bagehot, *Der Ursprung der Nation*, Leipzig 1874, 25쪽 (원주)

게르만인, 켈트인, 슬라브인(Slaven)에서 유래하였다. 사람들을 한 민족으로 통합하는 것은 언어의 공통성일까? 그러나 영국인과 아일랜드인, 덴마크인과 노르웨이인, 세르비아인과 크로아티아인 등은 같은 언어를 말하지만, 한 민족을 이루지 않는다. 유대인은 공통의 언어를 갖고 있지 않지만 한 민족을 이루고 있다. 민족을 결합하는 것은 귀속의식일까? 그러나 티롤(Tirol)의 농민은 동프로이센인, 포메른인(Pommern), 튀링겐인, 알사스인 등과 공통성을 의식하지 않기 때문에 독일인이 아닌가? 그렇다면 자신이 독일인임(Deutschtum)을 머리에 떠올릴 때, 독일인이 의식하게 되는 것은 무엇일까? 무엇이 그를 독일민족으로 귀속시켜 다른 독일인과 일체감을 갖게 하는 것일까? 이러한 공통성을 의식하기 전에 우선 공통성의 객관적 특징이 있어야 할 것이다.

 민족의 문제는 **민족적 성격**의 개념으로부터 전개되어야 한다. 타향에 살고 있는, 예를 들어 영국인들 속에 살고 있는 임의의 독일인을 생각해보자. 그는 바로 다음과 같이 의식한다. 즉 그는 영국인에 대하여 다른 사람들, 다른 종류의 사고와 감정을 가진 사람들, 외부로부터의 동일한 자극에 대해 자신이 친숙한 주변의 독일인과 다른 반응을 보이는 사람들이라고 의식할 것이다. 한 민족을 다른 민족으로부터 구별하는 모든 육체적, 정신적 특징을 우리는 우선 민족적 성격이라고 부른다. 그것을 넘어 모든 사람들은 자신들을 인간으로 인식하는 특징을 갖고 있다. 그리고 다른 한편으로 각 민족의 개별적인 계급이나 직업, 개인 등은 자신들을 서로 구분하는 개별적인 특성, 즉 특수한 특징을 갖고 있다. 그러나 인간으로서, 동일한 계급 혹은 동일한 직업의 성원으로서 서로 많은 것을 공유하고 있더라도 평균적인 독일인이 평균적인 영국인과 다르다는 사실은 확실하며, 또한 한 사람의 영국인이 다른 영국인과 개인적 혹은 사회적인 차이에 의해 어느 정도 구분된다 하더라도 일련의 특징에서는 일치한다는 사실도 확실하다. 민족은 이러한 사실을 부정하려고 하는 사람에게는 아무 것도 아닐 것이다. 그렇다면 베를린에 살면서 독일어를 말할 수 있는 영국인은 독일인이 될 수 있을 것인가?

 민족의 차이를 그것의 운명과 생존투쟁, 사회구조의 차이에서 설명하려고 한다면, 예를 들어 카우츠키와 같이 러시아인의 완고함과 끈질김을 러시아민족의 대중이 농민으로 이루어져 있고 농업활동이 매우 둔중하지만 완고하고 끈질긴 성격을 만들어냈을 것이라는 사실에서 설명하려고 한다면,3) 민족적 성격이라는 개념에 대해 어떤 다른 논의도 할 수 없을 것이다. 왜냐하면 그러한 설명으로 러시아인 고유의 민족적 성격의 존재는 부정되지 않고, 오히려 러시아인의 민족적 개성을 설명하는 시도가 되어버리기 때문이다.

그러나 많은 사람들이 민족적 성격의 발생에 관해 매우 조급하게 설명하려고 하고, 또 민족적 성격에 스스로 한 순간도 만족하지 못하는 것은 이 개념의 오용 탓이다.

무엇보다 사람들은 부당하게도 민족적 성격에 **영속성**(Dauerhaftigkeit)을 부여하지만, 이것은 역사적으로 반박될 수 있다. 게르만인이 타키투스(Tacitus) 시대에 다른 민족들, 예를 들면 동시대의 로마인과 구별되는 일련의 공통된 성격적 특징을 갖고 있었다는 사실은 부정할 수 없다. 마찬가지로 현대 독일인의 특징이 어떻게 발생했든 간에 다른 민족과 다른 일정한 공통된 성격상의 특징을 보인다는 사실도 부정할 수 없다. 그러나 그렇다고 해도 아무리 지식이 많은 사람도 오늘날의 독일인이 타키투스 시대의 게르만인보다도 오늘날의 다른 문화민족들과 훨씬 많은 공통점을 갖고 있다는 사실을 부정할 수는 없을 것이다.

민족적 성격이란 일정 기간 동안 한 민족의 성원과 관계되는 **가변적인** 성격공동체이다. 즉 민족적 성격은 현대의 민족을 이천년 혹은 삼천년 전의 조상과 결부시키지 않는다. 독일인의 민족적 성격을 말하는 경우, 우리는 일정한 세기 혹은 수십 년 단위의 공통된 독일인의 성격적 특징을 생각하는 것이다.

부당하게도 우리는 다음과 같은 사실을 자주 간과한다. 즉 민족의 성격공동체와 나란히 일련의 다른 성격공동체가 있는데, 그 중 계급과 직업의 성격공동체가 가장 중요하다. 독일인 노동자는 일정한 특징에서 볼 때 다른 모든 독일인과 일치한다. 이것이 독일인을 하나의 민족적 성격으로 결합시킨다. 그러나 독일인 노동자는 다른 모든 민족의 계급적 동료들과 함께 공통의 특

---

3) *Neue Zeit*, XXIII(1914), 제2권, 464쪽 (원주)

징을 갖는다. 이것이 그를 민족을 초월하는 계급적 성격공동체의 구성원으로 만든다. 독일인 식자공은 의심할 바 없이 다른 모든 민족의 식자공과 일정한 공통된 성격상의 특징을 가지며, 민족을 초월한 직업공동체에 속하게 된다.

일반적으로 계급의 성격공동체가 민족의 성격공동체보다 강한지 안 그런지 묻는 것은 우문일 것이다. 왜냐하면 그러한 공동체의 강도를 측정할 수 있는 어떤 객관적 척도도 없기 때문이다.4)

그러나 또한 민족적 성격이란 개념은 사람이 민족적 성격 자체로부터 한 민족의 일정한 행동양식을 **설명할** 수 있다는 무비판적인 생각 때문에 웃음거리가 되고 있다. 예를 들어 프랑스에서 헌법이 급격히 교체된 이유가, 체자르(Cäsar)가 주장했듯이 언제나 "새로움을 지향하는" 프랑스인 조상인 갈리아인의 성향에서 유래한다고 설명하려는 식이다.

체자르는 갈리아인 종족집단과 개별적 갈리아인에 관해서 많은 행동을 관찰했다. 예를 들어 어떻게 그들이 주거지나 제도들을 바꾸고 우호관계와 동맹을 맺고 파기하는지를 관찰했다. 이렇게 일정한 시대와 일정한 장소에서 관찰된 각각의 행동 속에서 관찰자는 이제까지의 행동에서 이미 보아온 것을 재확인했다. 그래서 그들의 모든 행동으로부터 공통된 것을 끄집어내고, 체자르는 다음과 같이 말했다. "그들은 언제나 새로움을 지향하려고 노력한다." 따라서 이 판단에는 인과관계적인 설명은 없고, 다양한 구체적인 개별행동으로부터 끄집어낸 단순한 일반화, 공통된 특징에 대한 강조가 문제로 된다. 민족적 성격에 관해 진술할 때, 우리는 그것으로 어떤 행동의 원인을 설명하는 것이 아니라 민족과 민족동포의 많은 행동을 관철하는 공통 특질에 관해 진술하는 것에 불과하다. 1900년 후에 어느 역사가가 프랑스에서 헌법

---

4) 독일 노동자가 독일 부르주아지와 더 많은 성격특징을 공유하는가 아니면 프랑스 노동자와 더 많은 성격특징을 공유하는가의 문제는, 예를 들어 다음과 같은 문제, 즉 독일 노동자가 계급정책이나 민족정책을 추구해야만 하는가의 문제와, 또 독일 노동자가 국제자본에 대항해 만국의 프롤레타리아트와 연합해야 할지 아니면 다른 민족에 대항해 독일 부르주아지와 연합해야 할지의 문제와 동일시되어서는 안 된다. 왜냐하면 이러한 문제를 제기하기 위해서는 다양한 성격공동체의 강도에 관한 논의보다 훨씬 다른 충분한 고려가 필요하기 때문이다. (원주)

형태가 급격히 개정된 사실을 보고서 갈리아인은 "언제나 새로움을 지향하려고" 한다는 체자르의 판단을 기억한다고 하자. 이렇게 해서 그는 갈리아인으로부터 상속받은 프랑스인의 이러한 민족적 성격과 관련하여 예를 들면 프랑스혁명의 역사를 설명할 수 있을까? 결코 할 수 없을 것이다. 그는 오늘날의 프랑스인의 행동도 하나의 공통된 특질을 가지며, 이 특질은 체자르가 일찍이 갈리아인의 행동을 관철하는 공통된 특질로 관찰한 것과 동일하다는 사실을 확인한 것에 불과하다. 따라서 **인과율적 설명이 아니라 다양한 개별행동을 관철하는, 일찍이 관찰된 공통 특질에 대한 단순한 재확인이 문제가 되는 것에 불과하다.** 왜 갈리아인이 새로움을 지향하고, 왜 프랑스인이 헌법을 급격히 개정하는가는 물론 이것으로 설명되지 않는다. 민족적 성격으로부터 행동을 설명하려는 시도는 사고의 오류에 기초하고 있다. 즉 그는 부당하게도 다양한 개별행동에서 공통된 특질을 관찰한 것을 인과관계로 치환하고 있다.

개개인의 행동을 그 사람의 민족적 성격으로부터 "설명할" 수 있다고 믿는 사람은, 예를 들어 개별 유대인의 사고양식과 의지를 유대인의 민족적 성격으로부터 "설명하는" 사람은 동일한 사고의 오류를 범하고 있는 것이다. 모든 질적 규정성을 사상한 가치로서의 화폐를 평가할 때와 마찬가지로, 유대인은 유대교는 물론 유대인학자의 사고활동에서도 나타나는, 모든 질적 규정성을 사상한 특별한 무관심인 추상적 사고를 전제한다고 베르너 좀바르트가 생각했다면,[5] 그는 어디까지나 유대인 콘(Kohn) 혹은 유대인 마이어(Mayer)의 행동양식을 그렇게 인식된 유대인의 민족적 성격으로부터 "설명하는" 것이라고 누구나 믿을 것이다. 그러나 실제로는 전혀 다르다! 좀바르트는 역사적으로 혹은 개인적으로 알고 있는 개별 유대인의 무수한 개별행동을 관찰하고, 그들의 행동으로부터 하나의 공통된 특징을 강조하는 것이다.

---

[5] Werner Sombart, *Die deutsche Volkswirtschaft im 19. Jahrhundert*, Berlin 1903, 128쪽 이하 (원주). Werner Sombart(1863-1941)는 독일의 경제학자이며 사회학자로, 주저로는 1902년에 출간한 *Der Moderne Kapitalismus*가 있다. 좀바르트는 자본주의의 역사를 초기, 융성기, 말기로 나누었다. 또 그는 자본주의가 중세 말에 주로 유대인과 관련된 정신으로부터 형성되었다고 주장했다. (역주)

이제 개별 유대인을 관찰하고 추상적 사고에 대한 특별한 자질을 그들에게서 재발견한다면, 우리는 이것으로 개별 유대인의 행동양식을 설명하는 것이 아니라, 좀바르트가 일찍이 다른 유대인의 행동양식에서 관찰한 동일한 특질을 재인식한 것에 불과하다. 그러나 어디에서 이러한 일치가 생기는 것인가에 관해서는 전혀 아무 것도 말하지 않고 있다.

민족은 **상대적인 성격공동체이다.** 민족이 성격공동체라는 것은 일정한 시대의 민족동포의 대다수에게 일련의 공통된 특징이 관찰되고, 모든 민족이 인간으로서 일정한 특징을 공유함에도 불구하고 일련의 특징은 개별 민족에게 고유한 것으로서 다른 민족과 구별되기 때문이다. 민족이 절대적인 성격공동체가 아니라 상대적인 공동체라는 사실은, 개별 민족동포(Nationsgenosse)는 민족 전체에 공통된 특징에서 완전히 일치하더라도 이것 외에 개별적인 특징(지역, 계급, 직업 등의 특징)을 가지며 이것에 따라 서로 구별되기 때문이다. 민족은 하나의 민족적 성격을 가진다. 그러나 이 민족적 성격은 개개인의 행동양식의 특징에 나타나는 상대적인 공통성을 의미할 뿐이지, 일반적으로 개개인의 행동양식을 설명하는 것은 아니다. **민족적 성격이란 결코 설명이 아니라, 설명되어야 하는 어떤 것이다.** 민족적 성격의 차이를 확인함으로써 과학은 민족의 문제를 **해결한** 것이 아니라, 문제를 이제 **제기한** 것이다. 상대적인 성격공동체는 어떻게 발생하는가? 즉 모든 민족동포가 개인적인 차이에도 불구하고 일련의 특징에서 일치하고, 또 육체적, 정신적으로 동일함에도 불구하고 다른 민족성원과 구별된다는 사실은 모두 어디에서 생기는 것일까? 이것이야말로 과학이 이해해야 하는 사항인 것이다.

한 민족 혹은 민족동포의 행동을 비밀스런 **민족정신**(Volksgeist)이나 "**민족혼**"(Volksseele)으로 설명하려고 한다면, 민족동포의 성격의 상대적 공통성을 인과적으로 설명하는 과제는 해결되지 않고 지연될 것이다. 민족정신은 낭만주의자가 오랫동안 사랑해온 대상이다. 그것을 과학에 도입한 것은 **역사적 법학파**(historische Rechtsschule)이다. 이 학파는 민족정신이 이미 그 자체로서 법이거나 혹은 법을 제정하는 힘인 법신조의 공동체를 개개인 속에 창출했다고 주장한다.6) 나중에는 법 뿐 아니라 민족의 모든 행동과 운명을 민족정신의 표현 또는 구체화로 이해할 수 있다고 믿는다. 자신의 민족정신과 민족혼은 민족의 기초인 동시에 실체이며, 모든 변화 속에서도 불변하는 것이고 모든 개인적 차이 속에서도 통일된 것이다. 개인은 그러한 민족적 실체의 모형이며 현상양식일 뿐이다.7)

이러한 **민족적 유심론**(Spiritualismus)도 사고의 오류에 기초함이 분명하다. 나의 심리적인 현상, 나의 상념이나 감정, 의지는 나의 직접적 경험의 대상이다. 이전 시대의 합리주의적 심리학(rationale Psychologie)은 심리적인 현상을 변하지 않는 어떤 것의 현상, 즉 나의 혼이라는 특별한 대상의 활동이라고 생각했다. 그러나 **칸트**의 해체적인 비판은 합리주의적 심리학이 이러한 대상에 관해 주장하려고 생각한 모든 것이 잘못된 추론의 결과에 불과하다는 사실을 보여주었다. 그 이후 우리는 심리현상을 혼이라는 실체의 현상으로 파악하는 합리주의적 심리학을 버리고, 관념, 감정, 의지와 같은 경험에 의해 직접 주어진 심리적 현상들을 기술하고 그것들의 상호의존성을 파악하려는 경험주의적 심리학(empirische Psychologie)을 추구하게 되었다.

나 자신의 심리현상이 경험에 의해 직접적으로 주어질 수 있다면, 다른 사

---

6) 특히 법의 형성 문제와 관련하여 이러한 견해의 오류에 대해서는 Rudolf Stammler, *Wirtschaft und Recht*, Leipzig 1896을 참고. (원주)

7) 피히테(Fichte)는 다음과 같이 민족에 관한 형이상학적 개념을 더욱 심화시키고 있다. "사회 속에서 함께 지속적으로 생활하며 스스로 계속해서 자연적, 정신적으로 생산하고 있는 인간, 총체적으로 신성(Göttliche)의 발전의 어느 특별한 법칙 아래에서 자립해 있는 인간의 전체가 민족이다. 이 특별한 법칙의 공통성이야말로 영원한 세계와 그것을 통한 시간의 세계 속에서 인간 전체를 자연적 전체와 스스로 관철하는 전체와 결합시킨다."(Fichte, *Reden an die deutsche Nation*, Leipzig, Reclam, 116쪽) 피히테에 따르면 모든 인간은 신성의 무수한 현상양식의 하나에 불과하게 된다. 그러나 신성은 다양한 법칙 하에 있고, 그래서 동일한 법칙 하에 있는 신성의 현상형태만이 민족을 형성한다. 민족정신은 신성의 현상양식의 하나이며, 개인은 민족정신의 현상양식의 하나이다. 피히테는 비록 앞에서(같은 책, 52쪽) 민족에 관한 올바른 경험적 개념에 대단히 가깝게 접근했음에도 불구하고, 이러한 민족의 형이상학에 도달하고 말았다. 칸트 이후의 도그마적 관념론의 특징은 다음과 같은 사실이다. 즉 그러한 관념론은 한 현상을 경험적, 역사적으로 올바르게 파악하고 있는 경우에서도, 그것에 만족하지 않고 과학적으로 올바른 일정한 경험적 현상을 그것으로부터 구별되는 형이상학적 본질의 현상 형태로 만들려고 하는 것이다. (원주)

람의 심리현상도 그것에 비추어서 추론할 수 있다. 왜냐하면 나는 다른 사람을 생각하고 느끼고 욕구하는 존재로서가 아니라, 행동하는 즉 말하고 걷고 서고 싸우고 자는 존재로서 보기 때문이다. 그러나 나는 자신의 경험으로부터 신체의 동작은 심리현상의 결과임을 알고 있기 때문에, 다른 사람에게도 같을 것이라고 추론한다. 다른 사람의 신체적 동작은 나에게는 관념과 감정을 통해 규정된 의지의 행위로서 불가피한 것처럼 생각된다.

또한 합리주의적 심리학은 나 자신의 심리현상을 내 혼의 행위로 보듯이, 다른 사람의 심리현상을 특별한 대상의 산물로 간주한다. 따라서 합리주의적 심리학에서는 어떤 사람의 혼이라는 대상이 다른 사람의 혼이라는 대상과 어떤 관계에 있는가가 문제로 된다. 그래서 우리는 **개인주의적으로** 인간 서로의 경험적 관계들을 동일한 종류의 단순하고 불변하는 다른 존재에 대한 혼의 상관관계의 현상 형태로 간주하든지, 아니면 **보편주의적으로** 총체적인 혼, 즉 개개인의 혼에서만 현상하는 정신적 전체성을 구성하는 것으로 간주한다. 단지 개개인의 혼에서만 현상하는 이러한 전체정신(Gesamtgeist)을 물려받은 것이 또한 민족적 유심론의 민족정신이며 민족혼이다.

그러나 우리는 칸트의 이성비판 이래 정신적 현상을 위와 같은 작용으로 파악할 수 있게 해주는 혼이라는 실체를 더 이상 알지 못하며, 단지 상호의존성에서 이해되는 경험주의적 심리현상만을 알고 있다. 따라서 우리는 인간의 상호관계를 더 이상 단순한 혼이라는 실체의 상호관계로서, 또한 개별 혼 가운데 나타나는 세계정신이라는 실체의 현상들로서 이해할 수 없다. 우리 심리학의 과제는 직접적 경험을 통해 우리에게 주어지는 자신의 관념이나 감정 그리고 의지를, 나아가 또한 경험주의적으로 확인된 다른 개인들의 직접적 경험을 통해 주어진 관념과 감정 그리고 의지를 상호 의존관계에서 이해하는 것이다. 혼이라는 개념에 대한 칸트의 비판 이래 "민족정신"은 우리에게 낭만주의적 유령에 불과하다.

수많은 유대인의 행동양식을 보면, 나는 어떤 일치된 특징이 있는 것 같은 인상을 받는다. 민족적 유심론은 고유한 통일적이고 불변하는 실체, 즉 유대민족정신을 구상하고, 유대인 각자가 바로 이 민족정신을 체현하고 있다는 사실로부터 유대인 행동의 동일성을 파악함으로써 그러한 일치를 설명하려고 한다. 그러나 이러한 민족정신이란 무엇인가? 아무것도 설명할 수 없는, 혹은 적어도 누군가 예를 들어 콘(Kohn)씨의 행동과 같은 구체적인 것을 전혀 설명할 수 없는 내용이 없는 공허한 말이거나, 아니면 어떤 내용을 주려고 한다면 모든 유대인의 행동을 관찰해서 공통된 것을 발견하든가 하는 경우일 것이다. 그러나 유대 민족정신이 콘이나 마이어(Mayer), 레비(Löwy), 나아가 행동을 설명하려는 모든 사람들의 추상적 성향이라면, 그러한 과제는 올바르게 해결될 수 없다. 왜냐하면 콘이나 마이어는 유대 민족정신이 그들에게 체현되었기 때문에 추상적으로 사고하며, 그리고 유대 민족정신은 콘이나 마이어가 추상적으로 사고하기 때문에 추상적 사고의 성향을 이루고 있다는 식으로 설명되기 때문이다. 유대 민족정신에 기초한 설명은 이렇게 동어반복이 되고, 분석적 판단이 된다. 즉 설명되어야 하는 것이 설명 자체에 이미 포함되어 있고, **모든 원인이 설명되어야 하는 작용들로부터 이끌어낸 추상에 불과한 방식으로** 설명하려고 하는 것이다.

   민족정신은 민족적 공동체를 설명할 수 없다. 왜냐하면 그 자체가 형이상학적인 실체나 유령으로 변한 민족적 성격일 뿐이기 때문이다. 그러나 민족적 성격 자체는 우리가 이미 알고 있듯이 어떤 개인의 행동양식을 설명할 수 없고, 일정한 시대 민족동포의 행동양식의 상대적인 동질성을 인식하게 해주는 것에 불과하다. 그것은 설명이 아니라, 설명되어야 하는 것이다. 민족적 성격공동체에 관한 설명은 그것 자체가 과학의 과제이다.

제2장 자연공동체로서 민족

　자식들이 육체적, 정신적으로 부모와 비슷하고, 형제자매가 서로 비슷하다는 사실은 옛날부터 관찰되어왔다. 근대 자연과학은 생식과정에 관한 우리의 지식과 관련하여 이러한 사실을 이해하려고 노력한다. 수태는 남성 개인과 여성 개인으로부터 생긴 두 개의 세포가 합체된 것이다. 자식은 아버지와 어머니의 세포의 결합으로부터 생기기 때문에 아버지와 어머니를 닮는다. 형제자매는 동일한 유기체 세포의 결합으로부터 생기기 때문에 서로 닮는다.
　헤르트비히(Hertwig)가 성게 알의 발생과정을 관찰하는 데 성공한 이후, 새로운 생명체의 발생과정이 더욱 정확히 알려지고 있다.[1] 난자로 뛰어 들어간 정자는 꼬리를 자른 다음 머리가 난자 속에서 작은 세포, 즉 정자핵으로 변화한다. 새로운 정자핵과 난핵은 서로 다가선다. 둘은 난자의 중앙에서 서로 만나 접촉표면에서 함께 안정화되고 경계를 잃고 결국 하나의 공동 핵을 형성한다. 그리하여 정자핵과 난자핵은 하나의 단순한 배아핵으로 융합한다.
　우리는 무수한 개별적 관찰에 기초하여 옛날부터 경험적으로 자식이 부모와 닮았다는 사실을 알고 있다. 다양한 생물의 수태과정을 관찰하면 자식은 아버지와 어머니의 몸으로부터 분리된 세포의 융합에서 생겼음을 알 수 있다. 따라서 과학은 어떠한 생명체의 특성도 융합한 정자핵과 난자핵의 질을 통해 규정할 수 있다고 결론짓는다.

---

[1] Richard von Hertwig(1850-1937)은 독일의 생물학자로, 성게 알의 발생에 인위적인 자극을 줌으로써 단성생식과정을 관찰했다. 그의 형인 발생학자 Oskar Hertwig(1849-1922)는 정자의 핵과 난자의 핵의 결합이 임신에서 본질적인 사건임을 최초로 밝혀냈다. (역주)

정자핵과 난자핵이 분리된 개체의 속성들의 담지자(Träger)라는 사실은, 그래서 그것들이 융합을 통해 새로운 살아 있는 다른 유기체에 한 유기체의 속성들을 이전하는 능력을 가진다는 사실은 어디에서 유래하는 것일까? 과학은 이제까지 정확한 관찰에 기초하여 이 문제에 대답하는 데 결코 성공하지 못했다. 따라서 우리는 가설에 의존한다.

다윈(Darwin)은 신체의 모든 조직이 매우 작은 배아를 떨어뜨리고, 이것이 성세포 속에 쌓여서 결합한다고 가정했다. 그래서 자식을 출산하는 것은 간접적으로 아버지와 어머니의 신체 전체이다. 왜냐하면 아버지와 어머니의 신체의 각 부분이 하나의 작은 배아를 형성하기 때문이다. 이 배아는 성세포에서 결합하고, 이 성세포로부터 한편에서는 정자가, 다른 한편에서는 난자가 만들어진다. 그리고 정자핵과 난자핵의 융합으로부터 성장과 세포분열을 통해 자식이 생긴다. 이와 같이 아버지와 어머니의 신체가 배아를 만들고, 배아로부터 자식이 생긴다. 이것이 다윈의 **"범발생**(Pangenesis)**의 잠정가설"**이다.

근대의 자연연구는 다윈의 이러한 추론을 더 이상 타당하지 않게 만들었다.

성세포가 신체 조직에 의해 만들어지고 방출된 배아로부터 형성된다고 본 다윈의 범발생의 가설은 **바이즈만**(Weismann)**의 배아유전자**(Keimplasma)**의 영속성** 가설에 의해 대체되었다.2)

자식은 정자핵과 난자핵이 융합한 배아핵에서 생긴다. 이 배아핵의 실체인 배아유전자는 두 부분으로 나누어진다. **활동적인** 배아유전자인 제1부분은 우리에게는 부분적으로밖에 알려져 있지 않은 일련의 변화를 거쳐 자식의 몸이 된다. 이에 비해 **비활동적인** 배아유전자인 제2부분은 질적으로는 변하지 않은 채 머무르며, 자식의 성세포를 형성한다. 그러므로 자식의 성세포는 이 가설에 따르면 자식의 몸에서 형성되는 것이 아니라 직접 부모의 성세포에서 생긴다. 활동적인 배아유전자는 자식의 몸을 형성하고, 서서히 소

---

2) August Weismann(1834-1914)은 독일의 생물학자로, 유전에 관한 배아유전자 이론의 저자로 잘 알려져 있으며 획득형질의 이전을 부정했다. 이 이론은 정통 다윈주의자들의 격렬한 반대에 부딪혔다. (역주)

비되어 사멸한다. 이에 비해 비활동적인 배아유전자는 부모로부터 자식들에게 이전되고, 자식의 정자 혹은 난자에 포함되어 사멸하지 않는다. 시간이 지나더라도 세대가 서로 닮았다는 사실은, 이 가설에 따르면, 그들 모든 세대가 동일한 실체의 산물, 즉 부모로부터 자식에게 이전되어 성세포 속에서 사멸하거나 변하지 않은 채 계속 살아 있는 배아유전자의 산물이라는 사실에 기초하고 있다.

유전학설에서 볼 때, 민족의 본질을 규정하기 위해서 무엇을 말할 수 있을까? 우선 가장 간단한 경우를 생각해보자. 대부분의 민족의 창세신화가 얘기하듯이, 한 쌍의 남녀로부터, 아니면 최소한 하나의 혈족 혹은 집단으로부터 발생한 민족을 생각해보자. 여기서는 성격공동체가 형제자매의 문제일 뿐이다. 그것은 공통의 조상으로부터 동일한 속성들을 계승했다는 사실에 기초하고 있다. 그러므로 민족은 하나의 **물질적 기반**을 갖고 있다. 즉 배아유전자가 담지자가 된다. 다윈 가설의 관점에서 보면, 한 민족의 구성원은 신체조직으로부터 배아의 형성과 배아로부터 신체조직의 형성이라는 끊임없는 연쇄 과정을 통해 가장 오랜 조상과 결합되어 있다. 가장 간단하게 바이스만의 입장에서 보면, 신체가 민족적 성격의 담지자가 된다. 민족적 개성의 담지자는 세대에서 세대로, 성세포 속에서 불변한 채로 계승되는 배아유전자이다. 이러한 견해에 만족할 수 있다면, 우리는 이미 알고 있는 민족적 유심론에 대해 **민족적 유물론**(nationaler Materialismus)을 대치하게 되는 것이다.

민족적 성격, 즉 한 민족의 구성원이 갖는 성격의 공통성이라는 사실은 경험에 의해 주어질 수 있는 것이고, 과학이 그것을 설명할 수 있다. 민족적 **유심론**은 민족을 신비적인 "민족정신"의 체현으로 만든다. 이에 비해 민족적 **유물론**은 일정한 민족적 소재, 즉 세대에서 세대로 이행하는 배아유전자 속에서 민족의 토대를 본다. 민족적 유심론에서 민족의 역사는 민족정신 발전의 고유한 내재적 법칙의 현상 형태에 지나지 않는다. 이에 비해 민족적 유물론에게 민족의 역사는 배아유전자 변화의 현상 형태이다. 전체 세계사는 이제 배아유전자 운명의 단순한 반영인 것처럼 보인다. 종(Rasse)의 번식력이 민족의 역사를 결정한다. 피의 순결성을 보존하고 다양한 혈연공동체의 배아들을 혼합하는 것 — 이것이 개별 인간과 민족 전체의 사활이 걸린 운명에서 나타나는 세계사의 진실한 대사건이다.

민족적 유물론이 민족의 본질에 관해 민족적 유심론보다 더 높은 인식의 단계에 도달해 있다는 것은 부정할 수 없다. 왜냐하면 이미 확인했듯이 "민족정신"은 민족적 성격공동체를 설명하는 것이 아니라, 인과관계를 동어반복(Tautologie)을 통해 치환하는 형이상학적 왜곡에 불과하기 때문이다. 이에 비해 민족적 유물론은 경험적 사실, 즉 부모의 속성이 자식에게 신체적으로 유전된다는 사실과 결부되어 있다. 민족적 유심론에 대한 민족적 유물론의 우월성은 결국 다음의 사실에 기초한다. 즉 칸트의 이성비판 이래 심리학이 혼이라는 실체의 개념과 완전히 결별하는 동안에, 자연과학이 물질, 곧 자연대상의 변하지 않는 실체라는 개념을 사태(Geschehen)의 인과관계의 조건으로서 꼭 필요한 것으로 만들었다. 민족적 유물론은 자연과학에 없어서는 안 될 물질개념에 기초해 있고, 민족적 유심론은 심리학이 버린 혼이라는 실체개념에 기초해 있다. 그럼에도 불구하고 우리는 민족적 유물론에 만족할 수 없다.

물론 민족적 유물론은 근대 자연과학의 발전에 의해 극복된 인과율개념(Kausalbegriff)에 의거하고 있다. 원인과 결과라는 개념은 역사심리학적으로는 행동하는 인간의 직접 경험에 그 뿌리를 갖고 있다. 내가 돌을 하나 던지려고 하면, 이 행동은 나에 의해서 일어난다. 내가 원인이고 행동은 결과이다. 원인인 나는 계속 살아 있지만, 행동은 즉시 완료된다. 이러한 직접적 경험을 모델로 해서 원인과 결과의 모든 관계에 관한 가장 오래된 사고가 묘사되다. 어떤 것이 일어나는 곳에는 언제나 그 사태를 일으킨 살아 있는 존재가 — 신, 요정, 사티로스(Satyr)[3] — 숨어 있다. 인간은 서서히 **신화**의 인과율개념을 극복한다. 그러나 비록 더 이상 살아 있는 존재가 아니더라도, 변하지 않는 어떤 객체, 즉 불변의 존재가 일회적으로 지나가는 행동의 원인으로 된다. 이것이 **실체적 인과율개념**이다. 외적 대상은 일어나는 모든 것에 영향을 주는 힘들의 담지자이다. 태양은 빛과 열의 힘을 가지며, 돌은 떨어지는 힘을 가진다. 또 지구는 인력을 가진다는 사실이 후에 알려졌다 — 이것들은 영속

---

[3] 그리스 신화에 나오는 반인반수인 숲의 신. (역주)

적으로 일정불변하는 존재, 특정한 실체와 결합한 힘들이다.4)

민족적 유물론도 이러한 인과율개념에 기초해 있다는 것이 이제 분명해졌다. 민족적 유물론은 세대에서 세대로 이행하는 배아유전자 속에서 민족의 물질적 실체, 결국 하나의 원인을 발견하는 것으로 만족한다. 이와 같은 주목할 만한 실체는 모든 변화 속에서도 변하지 않으며, 모든 차이 속에서도 공통적이다. 이것은 특정한 개성을 가진 개체를 스스로 만들어내는 신비한 힘을 포함하고 있다. 유물론은 오직 **하나의 원인을 발견하고, 이것에 영속적인 힘을 부여하여**, 모든 생성물과 존재를 그 힘의 산물로 보는 것으로 만족한다. 그러나 근대과학은 이러한 인과율개념을 이미 극복했다. 우선 역학이 힘의 개념에 새로운 의미를 부여했다. 힘은 더 이상 유치한 민중 신앙에 존재하는 나무의 정령(Dryade)이나 물의 요정(Najade)처럼 특정한 실체 속에 숨은 신비한 존재가 아니라, 질량변화의 개념이다. 힘과 질량은 신화적 성격을 잃고 단순한 크기로 관찰되게 되었다. 힘은 특정한 크기의 질량에서 생긴 속도이다. 질량은 물체가 일정량의 힘에 대응하는 저항이다. 힘은 동일한 질량에 작용하는 다른 힘과 비교함으로써 계산할 수 있다. 질량은 동일한 힘이 작용하는 다른 질량과 비교함으로써 계산할 수 있다. 이렇게 처음으로 운동현상을 양적으로 비교할 수 있게 되었다. 이렇게 기초가 놓인 역학이 자연과학 전체의 토대가 되고 있다. 이제 우리는 실체적 인과율개념의 단계에서처럼 신비한 힘의 담지자로서 열, 소리, 빛, 전기 등의 현상들을 생기게 하는 특별한 성질을 가진 실체(Substanz)를 구하는 대신, 열, 소리, 빛, 전기를 동일한 물질적 기체(Substrat)의 운동과정으로 환원하여, 질적 차이를 양적 변화와 관련시켜 파악하게 되었다. 그래서 우리는 힘들의 담지자인 실체나 **원인**을 더 이상 문제 삼지 않고, 모든 생성을 에너지의 전환으로서 파악한다.5)

한편에 일정하게 작용하는 불변의 실체가 있고 다른 편에 그 실체의 다양

---

4) Wilhelm Max Wundt, *System der Philosophie*, Leipzig 1897, 280쪽 이하 (원주)
5) Wilhelm Max Wundt, 같은 책, 285쪽 이하 (원주)

한 작용들이 있는 것이 아니라, 어떤 것의 작용으로 나타난 현상 자체가 곧바로 다른 현상을 낳는 원인이 되고, 그 다른 현상은 다시 다른 것의 원인이 되는 무한연쇄가 있을 뿐이다. 오늘날 심리학은 혼의 힘을 가정하는 대신, 일어나는 심리현상의 상호 의존관계를 연구한다. 자연과학은 신비한 힘의 담지자이자 변화과정의 영속적 조건을 이루는 실체를 찾으려 하는 대신, 어떤 법칙에 따라 자연현상이 연쇄적으로 일어나는지를 탐구한다. (그러나 심리학이 혼이라는 실체 개념을 완전히 배제한 것에 반해, 자연과학에서는 모든 운동을 결국 실체 개념의 잔존형태인 최후의 통일된 물질의 운동으로 이해한다는 차이가 여전히 남아 있다.)

실체적 인과율 개념을 **현실적**(aktuell) **인과율개념**으로 바꾸는 것이 우리의 임무이다. 배아유전자 속에서 민족적 개성의 소재적(stofflich) 담지자를 발견하고, 그것에서 성장한 개인을 규정하는 신비한 힘 속에서 민족을 낳는 힘을 발견하는 것으로 우리는 만족할 수 없다. 우리는 **원인을 이루는 모든 것이 동시에 그 자체로 결과로서 이해되는** 생성의 체계 속으로 이러한 실체까지도 끌어넣을 것이다. 질적으로 규정된 배아유전자는 단순한 원인으로 그치는 것이 아니라, 그 자체가 결과로서 파악되어야 한다. 특정한 물질이 민족적 성격공동체의 소재적 기초라고 한다면, 우리는 이제 더 나아가 다른 한편에서 차례로 이어지는 세대를 결합하는 이 물질의 질을 규정하는 원인에 대해서 물어야 할 것이다. 민족동포를 물질적으로 결합하는 배아유전자의 특성을 어떻게 모든 자연생성(Naturgeschehen)과 관련하여 인과율적으로 파악할 수 있을까? 여기서 우선 우리에게 하나의 길을 제시하는 것은 **다윈**이 기초한 **자연도태설**이다.

다윈 학설의 출발점은 **개체변이**(individuelle Variation)라는 사실이다. 같은 부모를 가진 자식들은 서로 유사하지만, 결코 서로 완전히 동일하지 않다. 우리가 관찰하는 친족의 범위가 클수록, 또 한 가족의 가계도가 세분화될수록, 친족들의 개인적인 차이는 그 만큼 커진다. 친족들을 서로 구별하는 신체적, 정신적 특징은 부분적으로 **획득형질**이다. 즉 개개인은 서로 다른데, 그것은 환경이나 교육, 생활양식, 운명 등이 서로 다르기 때문이다. 이러한 변이에는 인간이 출생한 후에 획득한 것만이 포함되는 것이 아니다. 오히려 어머니 태내에서 자식의 생존조건이나 운명이 결코 완전히 동일하지 않기 때문에, 개개인은 이미 다른 것이다. 그럼에도 불구하고 친족들의 개인적 차이가 어머니의 태내와 출생 후의 운명의 차이로부터 모두 설명될 수 없는 것은 확실하다. 획득된 차이와 함께 **유전된** 개인적 차이도 있다. 친족들이 서로 유사하지만 결코 동일하지 않다는 사실은, 타고난 배아세포가 완전히 동일하지 않다는 사실에 기초한다. 이러한 현상을 설명하기 위하여 근대 자연과학은 **유전자 혼합**(Amphimixis)의 본질과 작용을 연구하고, **감수분열과정**(Reduktionsprozeß)을 관찰하고, 결국에는 배아유전자가 다양한 형태를 낳는 힘을 가진 근본적으로 다른 많은 요소들로 구성되어 있다고 늘 가정한다. 여기서 이러한 가설에 대해 자세히 논의할 필요는 없을 것이다. 그렇지만 개체변이는 그것을 어떻게 설명하든 결코 부정할 수 없는 경험적 사실이다. 이 개체변이가 바로 자연도태를 통한 선택의 전제를 이루는 것이다.

예를 들어 수렵과 목축으로 생활하는 유목민족을 관찰해보자. 초원이 풍부하게 존재하는 한, 식량공급원은 무제한이다. 그러나 유목민족의 인구가 증대하고 또 주변에 사는 다른 유목민족의 인구가 증대한다면, 이들 민족에게 토지는 협소해지고 민족들 사이에 목축지와 수렵지를 둘러싼 투쟁이 격렬하고 지속적으로 일어난다. 이러한 투쟁의 와중에서 우연히 개체변이를 통해 투쟁에 가장 적합한 성질을 가진 개체가 살아남고, 번식하는 데 유리한 것은 분명하다. 겁쟁이나 게으른 자, 주먹이 너무 약하거나 시력이 그리 좋지 않은 사람은 주변 민족들과 끊임없이 투쟁하는 가운데 가장 먼저 몰락하고 자식을 남길 기회도 거의 없을 것이다. 살아남아 종을 번식하는 것은 가장 전투력이 있는 개체이다. 투쟁에 그다지 적합하지 않은 사람은 몰락할 것이다. 이제 아버지의 종은 자식에게 유전된다. 민족의 번식이라는 점에서 전투력이 있는 개체가 전쟁 생활에 그다지 적합하지 못한 개체보다 더 높은 비율을 차지하게 되면, 다음 세대는 대부분 전투력이 있는 개체로 이루어질 것이다. 민족의 생활조건이 변하지 않는다면, 결국 전 민족은 전투력이 있는 개체에 의해 구성되고, 전투력이 별로 없는 개체는 전쟁 중에 끊임없이 탈락해서 거의 완전히 소멸할 것이다.

우리가 위의 사례에서 보았던 생존투쟁의 작용을 다윈은 축산업자의 의식적 행위와 비교하고 있다. 예를 들어 축산업자가 언제나 긴 꽁지깃을 가진 닭만을 사육하고, 짧은 꽁지깃을 가진 닭은 번식하지 못하게 한다면, 결국 세대 전체가 점점 더 긴 꽁지깃을 갖게 될 것이다. 이런 방식으로 6피트 길이의 꽁지깃을 가진 일본-한국적 닭의 변종이 만들어졌다. 인공적인 사육선별로 가축을 번식시키는 축산업자의 의도적인 조치를 통해 일어난 것은, 자연에서도 생존투쟁의 자연도태를 통해 의식적인 의지의 작용 없이도 유사하게 일어난다. 수렵과 유목 민족에서 생존의 조건들이 시간의 경과와 함께 전투력이 있는 종을 증식시키고 전투에 그다지 적합하지 않은 종을 배제한다면, 이것은 마치 어떤 축산업자가 번식을 감시하고 통제하여 전투력이 있는 것만을 번식시키는 것과 마찬가지이다. **자연도태**의 작용들은 **성적 도태**를 더욱 강화한다. 예를 들어 유목민족 중에는 특히 투쟁에 뛰어난 남자들이 선망을 많이 받는다. 민족 전체 중에서 가장 선망을 받는 사람, 즉 가장 전투력이 있는 남자에게 여자들은 가장 사랑스러운 호의를 보인다. 따라서 이러한 이유에서도 전투능력이 있는 사람은 종을 번식시키는 데 특히 유리한 입장에 놓이게 될 것이다.

자연도태라는 다윈의 유용한 생각을 잘 활용한다면, 유전학설은 우리에게 아주 새로운 의미로 다가올 것이다. 민족적 유물론은 이러저러한 민족이 유전에 기초하여 서로 다른 특징을 보이는 것을 확인하는 데 만족한다. 그래서 이러한 특징이 결국 이러저러한 속성의 담지자인 형성 원형질(bildender Plasma)에서 모든 민족성원이 생겨났다는 사실을 확인하는 데 만족한다. 다윈의 자연도태설을 활용할 줄 안다면, 더 많은 것이 분명해진다. 이러저러한 민족이 특별히 전투력이 있다는 사실은 실제로 생리학적 과정이기도 한 유전에 기인할 수도 있다. 그러나 여기서 왜 전투력이 유전되는 것일까? 아마 수 세기 전에 이들 민족의 조상이 틀림없이 호전적인 유목민 생활을 영위했을 것이고, 전투력이 없는 자들은 점점 더 번식을 못하게 되고, 따라서 전투능력이 있는 자들만이 종을 번식시켰기 때문일 것이다.

그러므로 민족의 유전된 전투력은 과거 수세기에 걸친 **역사의 침전물**이자, 이 민족이 생계를 꾸려왔던 생존조건들의 결과이다. 부모의 성격상 특징이 자식에게 유전되는 것은, 단지 **민족이 생계를 꾸려가기 위해 노동하고 투쟁하는 민족의 생존조건들을 후세대에게도 여전히 유효하게 만드는 한 가지 수단일 뿐이다.** 이러한 속성들의 유전에 관한 학설은 칼 맑스의 이른바 **유물사관**(materialistische Geschichtsauffaschung)과 모순되는 것이 아니라 그것에 새로운 의미를 부여한다. 한 민족의 생활수단을 생산하는 조건들이 그 민족의 자연선택을 규제한다. 이러한 조건들에 가장 적합한 사람들이 살아남고 종을 번식시켜 그들의 속성들을 후세대에게 유전시킨다. 한편 그다지 적합하지 않은 사람들은 동일한 생산조건이 오래 지속되는 동안에 점차 탈락된다. **따라서 유전된 후세대의 성격적 특징 속에는 이전 세대의 생산조건이 반영되어 있다.**

그러나 이러한 생산조건은 특정한 성질의 물질이 아니라 다양한 **사회적** 현상의 총체이다. 이들 현상은 **역사**에 의해 기술되고, **사회과학**에 의해 법칙의 개별 사례로서 이해되며, 상호 의존관계에서 설명된다. 민족적 유물론은 민족의 역사를 질적으로 규정된 신비한 힘을 가진 물질, 즉 배아유전자의 결과로 돌리는 데 만족한다. 민족적 유물론은 배아유전자 속에서 불변의 실체를 발견함으로써, 변화하는 사태를 설명할 수 있다고 믿는다. 그러나 우리에게 자연적인 유전은 변화하는 조상의 운명이 모든 자손의 성격을 규정하고, 그리하여 자손을 하나의 성격공동체인 민족으로 결합시키는 하나의 **수단**에 불과하다. 따라서 우리에게 민족적 성격공동체란 더 이상 모든 민족동포를 형성하고 그들 속에 살아 있는 실체의 신비한 힘이 단순히 표현된 것이 아니라, 원인이 되는 모든 것이 또한 다른 것의 결과로 이해되고 지금 바로 결과로 나타난 모든 것이 다시 원인이 되는 세계생성과정(Weltgeschehen)의 일부이다.6)

---

6) 유물사관은 유전학설과 모순되지는 않지만, 그러나 민족적 유물론과는 대립한다. 민족적 유물론은 '유전실체'인 배아유전자를 조상의 역사를 통한 물적 규정성에서 이해하는 대신에, 민족의 소재적 기초를 확인함으로써 모든 수수께끼를 풀었다고 생각한

이제까지 우리는 한 민족 안에서 다양하게 유전된 개체변이들 가운데서 자연적, 성적 선택이 이루어진다고 가정하였다. 이미 서술했듯이 어떤 속성이 계속 유전되는가를 결정하는 것이 자연선택임은 확실하다. 반면에 여전히 논란거리가 되는 점은, 선천적이거나 유전된 것이 아니라 일정한 생활양식을 통해 **획득된** 속성들이 자손에게 계승되느냐의 문제이다.

우리의 유목민족이 인구수의 증가에 따라 인접 민족들과 끊임없는 투쟁에 휘말려들었던 당시 이 민족은 전투력이 강한 자들과 전투력이 약한 자들로 이루어져 있었다. 이러한 차이는 선천적인 것이고, 감수분열과정과 유전자혼합의 작용에 의해 일어난다. 여기서 확실한 것은 많은 개인들이 가진 이러한 유전된 전투력은 특정한 생활조건에서 생존투쟁에 이점이 되고, 따라서 이 생존투쟁 자체를 통해 민족의 생활조건에 가장 적합한 사람들이 선택됨으로써, 전투력이 있는 한 민족이 형성된다는 점이다. 그러나 라마르크와 다윈은 생활양식 자체를 통해 형성된 전투력의 증대도 자손에게 유전된다고 가정하였다. 즉 전투력이 약한 자들이 점차 몰락하고 번식에서 탈락되기 때문만이 아니라, 또한 아버지가 많은 전투 속에서 익히고 획득한 강력한 군사전략과 용맹성, 날카로워진 눈과 강화된 팔이 — 즉 배아의 개체변이에 의해 상속된 것이 아니라 생활양식에 의해 획득된 속성이 — 자손에게 계승되기 때문에, 후세대가 이전 세대보다 더 큰 전투력을 갖추게 된다고 가정하였다. 만약 이것이 옳다면, 유전된 속성만 상속되고 또 어떤 속성이 상속되는지는 오로지 특정 생활조건에 별로 적응하지 못한 자들이 번식을 못하게 되는 방식으로만 결정되는 경우보다, 특정 생활조건이 후세의 유전된 속성에 미치는 영향은 당연히 더욱 더 중요하고 빠를 것이다.

어떤 획득형질은 확실히 유전되지 않는다. 일상경험에서 알 수 있듯이, 예컨대 아버지나 어머니가 부상으로 입은 상처는 결코 자식에게 유전되지 않는다. 그런가 하면 유전된 것이 아니라 생활에서 획득된 특정 속성들, 즉 배아에 직접적인 영향을 주는 속성들은 자식에게 유전된다는 점도 마찬가지로

다. 여기서 칼 맑스의 역사관이 — 오늘날 과학의 용어법의 의미에서 — 얼마나 유물론적인가를 다시 볼 수 있다. (원주)

확실하다. 그래서 예를 들어 음주에 의해 획득된 증상은 의심할 바 없이 자식에게 상속된다. 왜냐하면 알코올에 의해 배아세포의 배양액(Flüssigkeit)과 배아유전자 자체가 중독되기 때문이다. 이에 반해 한 번의 우연한 결과가 아니라 장기적인 영향에 의해 획득되었지만 배아유전자의 생육에 직접적으로 영향을 주지 않는 신체상의 변이가 유전되는가의 여부에 관해서는 여전히 논란이 되고 있다.

그러나 논란이 어떻게 끝을 맺건, 자연적 유전이 민족의 본질에 대해 갖는 의미에 관한 우리의 견해는 원칙적으로 바뀌지 않을 것이다.

민족의 유전된 속성은 민족의 과거의 침전물이고 마찬가지로 민족의 **응고된 역사**일 뿐이다. 자식의 성격에 대한 조상의 생활조건의 영향은 **어떤 경우에서든**, 자연도태의 과정을 통하여 조상의 생활조건에 의해 어떤 속성이 유전되고 또 어떤 속성이 점차 배제되는가가 결정되는 방식으로 이루어진다. 조상의 특정한 생활조건에 의해 획득된 형질이 자손에게 이전되는 것을 통해서 자연도태의 작용은 **아마** 더욱 커질 것이다. 어쨌든 상속된 성격을 규정하는 것은 바로 조상의 역사, 즉 과거이다. 즉 민족의 구성원이 신체적, 정신적으로 서로 유사한 까닭은 그들이 동일한 조상에서 유래했고, 조상이 생존투쟁을 통해 자연적, 성적인 도태를 통해 배양한 속성들과 아마도 조상이 생계를 꾸려가기 위한 노력 속에서 획득한 속성들까지도 상속받았기 때문이다. 그래서 우리는 **민족을 역사의 산물로서** 파악한다. 민족을 자연공동체로서 연구하려고 하는 사람은 특정한 물질을 — 예를 들어 부모로부터 자식에게 계승된 배아유전자를 — 민족의 기반으로 보는 것에 만족하지 않고, 조상의 생산 및 교환 규정관계들의 역사를 연구하고 조상의 생존투쟁을 바탕으로 자손의 상속된 속성들을 파악하려고 시도할 것이다.

우리는 물론 오늘날 어떤 속성이 유전될 수 있는지, 또 생활조건의 변화가 유전속성에 미치는 영향이 얼마나 빨리 나타나는지 아직 많이 알지 못한다. 따라서 우리는 우선 작용관계가 확실한 현재의 생활습관을 바탕으로 민족의 행위를 설명하려고 시도할 것이다. 그리고 이 결과가 신통치 않을 때 비로소 유전을 통해 자손에게도 효력을 미치는 조상의 생활조건의 작용에 관해 물을 것이다. 그러나 이와 같은 작용이 존재한다는 사실, 조상의 역사가 자손의 유전된 형질 속에 살아있다는 사실에는 의심의 여지가 없다.

 한 쌍의 부모, 한 혈족 혹은 일군의 사람들로부터 유래한 민족에게 타당한 것은 여러 민족의 피가 섞인 조상을 가진 민족에게도 타당하다. 예를 들어 프랑스인은 갈리아인과 로마인과 게르만인의 특정 속성들을 상속했다. 이것은 바로 이들 세 민족이 각자의 방식으로 생존투쟁을 통해 배양한 속성이 프랑스인의 성격에서 재현되고 있다는 사실, 따라서 이들 세 민족의 역사가 프랑스인 개개인에게 오늘도 여전히 작용하고 살아 있다는 사실을 의미하는 것이다. 조상이 생계를 위해 노동하고 투쟁했던 조건들이 자손의 유전된 속성들을 규정하는 것이다.

제3장 자연공동체와 문화공동체

엄청난 재난으로 모든 독일 사람이 죽어서 독일민족 중에는 아주 어린 아이들 몇 명만이 살아남게 되었다고 가정해보자. 나아가 독일인과 함께 독일의 모든 문화유산도 — 모든 공장과 학교, 도서관, 박물관도 — 없어져 버렸다고 가정해보자. 그러나 다행히 이 불행한 민족의 아이들이 성장하여 새로운 민족을 형성하게 되었다고 가정해보자. 그렇다면 과연 이 민족은 독일민족일까? 확실히 이 아이들은 독일민족의 유전된 자연소질을 갖고 태어났고, 이러한 소질은 사라지지 않을 것이다. 그러나 이들이 서서히 발전시켜야 할 언어는 독일어가 아닐 것이다. 또 이 새로운 민족은 도덕과 법, 종교와 과학, 예술과 시를 점진적인 발전과정을 통해 새롭게 만들어야 할 것이다. 이렇게 아주 다른 상황에서 사는 사람들은 오늘날의 독일인과 전혀 다른 성격특징들을 갖게 될 것이다.

하첵(Hatschek)의 강연에서 이끌어낸 이러한 사례는, 민족을 단순히 자연공동체, 즉 혈연에 의해 결합된 사람들의 공동체로 이해할 경우 민족의 본질을 완전히 이해한 것이 아님을 명확히 보여준다.[1] 왜냐하면 개개인의 개성은 결코 유전적 소질에 의해서만 규정되는 것이 아니라, 생활환경에 의해서도 규정되기 때문이다. 다시 말해 생계를 꾸려가는 방식, 노동의 결과인 재화의 양과 종류, 풍습, 옷 입는 법, 세계관과 시와 예술의 영향 등에 의해서도 규정된다. 동일한 유전적 소질을 가진 사람들이라도 아주 일찍 어린 시절부터 다른 문화적 조건들 아래 놓여 있었다면 다른 민족이 될 것이다. 민족은 결코 자연공동체에 그치지 않고 언제나 **문화공동체이기도 하다**.

---

1) 여기서 언급하고 있는 사람은 생물학자 Barthold Hatschek이다. (역주)

그러나 이것이 전부가 아니다! 민족적 개성의 명확한 경계는 자연공동체만으로 결코 파악할 수 없다. 왜냐하면 **모든 자연공동체는 지속적인 분화 경향의 지배를 받기 때문이다.** 모리츠 바그너(Moritz Wagner)는 지역적인 차이가 어떻게 새로운 종의 발생을 가져오는지에 관해 언급했다.2) 예를 들면 독일의 종족들은 확실히 하나의 공통된 줄기민족(Stammvolk)에서 유래했다.3) 그러나 이 줄기민족의 자손들은 이주를 통해 넓은 영역으로 분산되었고, 그 결과 개별 종족이 생활하는 생존조건은 아주 다른 것으로 되었다. 즉 알프스지방 주민의 생존조건은 저지대 주민의 생존조건과 다르며, 뵈멘(Böhmen)의4) 산지 주변 주민의 생활조건은 "해안지방 주민"(Waterkant)의 생활조건과 다르다.5) 서로 다른 생존조건 때문에 종족들에게 서로 다른 개성이나 성격이 배양된다. 지역적인 차이가 서로 다른 종족들 간의 통혼을 방해하기 때문에 이러한 차이는 조정되지 않는다. 이러한 방식으로 마침내 유전된 개성이 아주 다른 다양한 민족이 종족들로부터 생긴다. 고대에 하나의 공통된 줄기민족에서 켈트인, 게르만인, 슬라브인이 생긴 것처럼, 결국 독일민족도 일정한 수의 자립한 민족들로 갈라지고, 이들도 바로 분화과정에 휩싸이게 되어 수세기를 지나면서 서로 아주 다른 부분민족(Teilvölker)으로 나누어질 것이다. 그러나 역사가 우리에게 가르치듯이 이러한 분화과정에는 반대되는 통합과정이 또한 일어난다. 그래서 독일인은 오늘날 예를 들어 중세 때와 완전히 다른 의미에서 하나의 민족임이 틀림없다. 오늘날 발트해 연안의 독일인은 알프스지방

---

2) Moritz Wagner(1813-1897)는 동물학자이며 탐험가로, 이동과 지리적 차이에 기초하여 다윈의 도태이론에 관한 글을 썼다. (역주)

3) Urvolk를 '원(原)민족'으로(원래의 민족, 즉 뿌리란 의미) 번역했듯이, Stammvolk는 '줄기민족'으로(기본줄기가 된 민족이라는 의미) 번역한다. (역주)

4) Böhmen은 주로 오늘날의 체코지방을 말한다. 독일의 바이에른 동부와 맞닿아 있는 체코의 산악지방이다. 뵈멘은 독일어식 표기이며, 체코어로는 Bohemia이다. 본서에서 가장 많이 언급되는 단어가 뵈멘과 체코인데, 뵈멘은 지역을 가리키고 체코는 민족을 가리킨다. 따라서 뵈멘인은 뵈멘의 거주자를, 체코인은 체코민족의 사람을 가리킨다. 321쪽 주 15 참고 (역주)

5) 'Waterkant'는 글자 그대로 '물의 가장자리'라는 의미로 독일의 북해 연안 지방을 가리킨다. 이 지역은 저지 독일어를 말한다. (역주)

의 독일인과 14세기 때보다 훨씬 밀접하게 결합되어 있다. 이렇게 종족들이 민족으로 통일된 것은 유전의 자연적 사실로 이해할 수 없다. 유전은 늘 하나의 민족으로부터 부분민족들이 떨어져 나오는 것을 설명할 뿐, 다양한 종족으로부터 민족이 발생하는 것을 설명할 수 없다. 민족의 통일은 오로지 **공통된 문화**의 영향을 근거로 해서만 이해될 수 있다. 이처럼 서로 다른 생존조건에서 생활하고 어떤 통혼에 의해서도 결합되지 않은 **종족들로부터 통일된 민족이 발생**하는 과정을 아래에서 좀 더 상세하게 서술하도록 하겠다.

그래서 **민족을 한편으로는 자연공동체로서, 다른 한편으로는 문화공동체로서 이해한다는 것은, 곧 민족적 성격을 규정하는 서로 다른 원인이 있다고 보는 것은 아니다.** 사람들의 성격을 규정하는 것은 다른 어떤 것이 아니라, 바로 그 사람들의 운명 자체이다. 민족의 성격이란 민족역사의 침전물일 뿐, 결코 다른 어떤 것이 아니다. 사람들이 생활재료를 생산하고 수익을 분배하는 조건들이 모든 민족의 운명을 결정한다. 생활재료의 생산과 분배의 일정한 방법을 기반으로 해서 일정한 정신문화가 생긴다. 이렇게 규정된 민족의 역사는 두 가지 방식으로 자손들에게 작용한다. 한편으로 생존투쟁을 통해 특정한 신체적 속성들을 배양하고 자연적 유전에 의해 자손에게 이러한 속성들을 이전함으로써 작용하며, 다른 한편으로 특정한 문화유산을 만들고 그것을 교육, 도덕, 법, 인간교류의 상호작용 등을 통해 자손에게 계승해 줌으로써 작용한다. **민족은 운명공동체일 뿐이다. 그러나 운명공동체는 한편으로 민족의 공통 운명에 의해 배양된 속성들을 자연적으로 유전함으로써 작용하며, 다른 한편으로 민족의 운명을 통해 개성적으로 규정된 문화유산을 계승함으로써 작용한다.** 따라서 민족을 우선 자연공동체로, 다음에 문화공동체로 관찰한다면, 우리는 인간의 성격을 규정하는 다양한 원인들을 고찰하고 있는 것이 아니라, 통일적으로 작용하는 원인이 — 즉 조상의 생존투쟁의 조건들이 — 자손의 성격에 영향을 주는 **다양한 수단들**을 고찰하고 있는 것이다. 결국 한편으로 일정한 속성들의 자연적 유전을 통해, 다른 한편으로 일정한 문화유산의 계승을 통해, 조상의 운명이 자손의 성격을 규정하는 것이다.

이렇게 **민족을 문화공동체로서** 고찰한다면, 즉 민족적 성격이 어떻게 이전 세대들로부터 계승된 문화유산의 공통된 전통을 통해 규정되는가를 보여준다면, 우리는 신체적 속성들의 자연적 유전으로부터 민족적 성격공동체의 발생을 설명하려는 시도보다도 훨씬 확실한 기반 위에 서게 될 것이다. 왜냐하면 후자에서는 비교적 확실하지 않은 관찰에만 그치고 더욱이 가설에 의거할 뿐이지만, 전자에서는 인류사의 확실한 기반에 서 있기 때문이다. 우리는 지면이 허락하는 한, 하나의 사례 특히 독일 문화공동체의 발생 사례를 이용하여 민족의 본질을 문화공동체로서 상세히 제시해보려고 한다.

여기서는 그러나 내용적으로 규정된 독일인의 민족적 성격이 어떻게 생긴 것인가를 확인하는 것이 문제인 것은 아니다. 그러므로 예를 들어 어떤 속성들이 독일인의 민족적 성격을 구성하고, 또 이러한 각각의 속성들이 독일민족의 역사를 통해 어떻게 생긴 것인가를 연구하는 것도 문제가 아니다. 오히려 독일민족을 예로 들어 일반적으로 민족적 성격이 ― 그것이 어떻게 구성되든 상관없이 ― 역사적으로 형성된 문화유산의 계승을 통해 어떻게 규정될 수 있는지가 중요한 것이다. 다시 말해 자연공동체로서 민족을 서술할 때, 어떤 **특정한** 민족적 성격의 발생을 선택과 유전이라는 방식으로 이해하려는 것이 아니라, 민족적 성격 일반의 발생을 생존투쟁 속에서 배양된 속성들의 자연적 유전을 통해 이해하려는 것과 마찬가지이다. **특정한 민족적 성격의 발생을 설명하는 것이 아니라, 문화유산의 계승을 통해 민족적 성격공동체를 만들어내는 수단을 증명하는 것**이 우리의 과제이다. 즉 어떤 특정한 내용을 가진 민족적 성격을 이끌어내는 것이 아니라, 하나의 문화공동체로부터 민족적 성격이 발생하는 **형식적** 과정을 밝혀야 하는 것이다.

제4장 씨족공산주의시대 게르만인의 민족문화공동체

 게르만인의 사회제도의 기초는 **씨족제**(Sippschaft) 혹은 친족제(Magschaft)였다.1) 게르만인에 관해 가장 오래된 상세한 보고를 한 로마인 저술가가 게르만인의 생활을 보던 시대는, 한 남자로부터 유래한 많은 남자들을 거쳐 생긴 다수의 혈족들로 이루어진 씨족제였다.
 씨족제는 무엇보다도 게르만 **경제조직**의 기초였다. 체자르가 게르만인과 싸운 시대에 그들은 **이동경작**의 경제단계에 도달해 있었다. 아직 그들은 매년 동일한 토지에서 경작하지 못했고, 해마다 새로운 미개척지로 옮겨 경작을 했다. 왜냐하면 지주가 없는 미경지가 풍부했기 때문이다. 종족집단(Völkerschaften)2)의 정점에 있는 부족장이 매년 개별 씨족에게 공동으로 경작할 토지를 분배했다. 그러므로 씨족은 매년 새로운 토지를 손에 넣을 수 있었고, 씨족의 동료들은 경작 초기에는 공동으로 토지를 경작했다.
 또한 게르만인의 **군대제도**도 씨족에 기초한다. 씨족의 남자들은 전투에서 함께 싸웠다.
 씨족제는 또 개인들에게 **평화**를 보장해주는 것이었다. 어느 게르만인이 다른 사람을 해치거나 살해한다면, 당한 사람의 씨족 전체는 범인을 추적했다. 그러나 범인의 씨족은 추적되는 사람을 보호했다. 그래서 어떤 평화파괴

---

1) 씨족제란 부계 후손의 측면에서 규정되는 개념이고, 친족제란 자매관계를 중심으로 해서 후손을 규정하는 개념이다. 그러므로 바우어는 뒤에서 모계친족의 중요성에 관해 언급한다. (역주)
2) 종족집단이란 용어는 여기서 바우어가 구별되는 영토적, 인종적 정체성(바우어의 의미로는 구별되는 성격)에 의해 명확히 규정되는 부족의 출현에 역사적으로 선행하는 것으로 본 씨족들의 느슨한 연합을 가리킨다. (역주)

자도 결과적으로는 두 씨족의 불화를 초래했다. 불화는 두 씨족의 화해계약으로 끝났다. 범인의 혈족은 당한 사람의 씨족에게 벌금을 지불했다. 그래서 후에 씨족들의 자유로운 화해계약 대신 법정의 화해계약이 등장했을 때, 원고 및 피고와 함께 그들의 친족이 선서보조자로서 법정에 나타났다.

게르만인이 갈라져서 생활하던 작은 공동체들, 즉 **종족집단**들은 바로 이러한 씨족들로 구성되었다. 종족집단은 토지에 대해 고정된 관계를 갖지 않았다. 종족집단은 영토적 단체, 즉 일정한 면적의 토지에 정주하는 모든 사람의 단체가 아니라 — 게르만인이 유목생활의 문화단계를 아직 완전히 극복하지 못한 시대에 어찌 그럴 수 있었겠는가 — 공동으로 속한 씨족의 한 단체이다. 우리가 종족집단 내부에서 발견하는 단체들, 즉 군대를 구성하는 그래서 씨족 간의 불화에서 성장한 재판제도의 기초가 된 백인대(Hundertschaft)나 천인대(Tausendschaft) 또한 영토적으로 한정되지 않았으며 재판소 관할구나 모병 영역이 아니라, 종족집단 내부의 씨족들의 긴밀한 단체였다.

종족집단들 사이에는 어떤 연합도 없었다. 그들은 독립된 정치공동체였고, 독립적으로 전쟁을 수행했고, 독립국가와 같이 서로 동맹을 체결하거나 싸웠다.

그렇다면 이 시대에 민족이 존재하는가? 우리는 당연히 하나의 민족국가를 찾을 수 없다. 종족집단들은 공통의 정치권력으로 통일되어 있지 않았기 때문이다. 그렇다면 어디서 민족을 발견할 수 있을까?

공통의 혈족은 무엇보다도 이 시대의 게르만인을 하나의 민족으로 만든 것이었다. 모든 사회적 연합은 공통의 혈통에 기초한다. 씨족은 모든 사회적 연합의 확실한 기초를 이룬다. 일련의 같은 계열의 씨족이 종족집단을 형성하고, 모든 종족집단이 민족을 형성한다. 민족은 말하자면 종족집단의 씨족으로서, 하나의 게르만 원민족(Urvolk)이라는 공통의 혈연으로 이루어진 모든 종족집단의 연합으로서 간주되었다. 이것이 고대 게르만인의 관념이었다. 타키투스(Tacitus)는 다음과 같이 설명했다. "이 역사적 전승의 유일한 형태인 오래되고 존경스러운 노래 속에서 그들은 대지의 아들인 치스토(Tuisto) 신과 민족의 창시자로서 그 아들인 마누스(Mannus)를 숭배한다."

당연히 게르만인은 다른 인도-게르만계 민족들과 공통의 혈연으로 연결되어 있다. 그 중 가장 가까운 혈연은 아마 켈트인과 슬라브인일 것이다. 그러나 태고 시대, 역사가 깊은 어둠 속에 빠져있을 때, 먼저 켈트인이 공통으로 유래한 민족에서 분리되었을 것이다. 그리고 훨씬 후에 게르만인이 슬라브인에서 분리되었다. 그리고 우선 오데르(Oder)강과 바익젤3)(Weichsel)강 사이의 토지와 발트해 연안에서 공통의 생활을 영위했을 것이다. 공통의 게르만 원민족으로부터 체자르와 타키투스가 기술했던 종족집단이 생기기까지는 아주 많은 세월이 흘러야 했을 것이다.

그리고 공통의 혈연은 공통의 문화를 만들었다. 줄기민족(Stammvolk)으로부터 생긴 다양한 게르만인 종족집단은 모두 조상으로부터 전승한 언어를 공유하고, 도덕 및 부도덕의 관념, 법과 종교적 관념, 전승된 생산형태 등을 공유했다. 발트해 연안에 살던 줄기민족의 운명은 특정한 문화를 만들었고, 이 문화는 이들 종족집단 모두의 유산이 되었다. 왜냐하면 이들 모든 종족집단의 생활은 전승 속에 제한되어 있었기 때문이다. 종족들의 법은 아주 천천히 변한다. 이들 종족은 입법체계를 가지고 있지 않았으며, 전승된 법을 인간이 만든 것이 아니라 무장한 남자들의 집회에서 종족의 동포에게만 나타나는 신들의 선물로 간주하였다. 종족들의 토지경작과 재화가공의 기술 또한 아주 천천히 변한다. 왜냐하면 그들은 인간의 목적을 위해 자연력의 합목적적인 지배를 추구하고 계획적으로 연구하는 과학을 알지 못했고, 그저 자식이 아버지나 삼촌으로부터 단순한 기술을 배웠기 때문이다. 이렇게 사람들의 전체 문화가 세대에서 세대로 전해진다. 그리고 이들 모든 민족 집단은 이미 서로 완전히 분리되고 다른 영역에서 다른 운명을 체험하고 있지만, **이들의 전승된 문화적 요소들 속에는 줄기민족의 시대로부터 상속되고 전승된, 모두에게 공통된 문화요소들이 여전히 압도적이다.**

그래서 모든 게르만인은 같은 종류의 성격을 가진다. 타키투스에 의하면, 그들 모두 강건한 육체, 적갈색의 머리카락, 푸른 눈 등 신체적으로 매우 비슷한 것처럼, 표현하고, 생각하고, 느끼고, 욕구하는 방식에서도 그들은 서로 비슷하다. 우리는 당시 **게르만인의 민족적 성격**에 관해 말할 수 있을 것이

---

3) 바익젤강은 현재의 폴란드에 있는 강의 이름, 폴란드어로는 비스와(Wista)강 (역주)

다. **이러한 성격은 그들 모두의 조상이었던 사람들의 공통된 운명을 통해 만들어졌다.** 줄기민족의 공통된 운명이 공통된 성격을 낳고, 이러한 성격은 모든 게르만인의 친족제와 종족집단에게 상속되었다. 자식들이 아버지, 어머니와 유사한 것처럼, 이러한 성격은 자연적인 길을 통해 유전되며, 자손 모두의 문화의 기초가 된 줄기민족의 문화를 계승함으로써 상속되었다. 당시 게르만인은 하나의 **자연공동체**이고, 이 공동체의 성격 속에는 아버지와 어머니로부터 자식에게 이전된 배아의 지속적인 힘을 통해 줄기민족의 운명이 모든 종족집단에 반영되어 있다. 그들은 또한 **문화공동체**이기도 하다. 왜냐하면 그들의 모든 종족집단의 문화 속에는 줄기민족의 문화가 아직 살아 있고, 따라서 이들 모든 종족은 같은 종류의 노동, 사회관계, 법, 종교관념, 언어, 생활습관으로 둘러싸여 있기 때문이다. 공통의 혈연과 같은 종족으로부터 전승된 공통의 문화는 그들 모두 속에 성격의 공동체를 만들고, 이 성격공동체가 그들을 한 민족으로 만든다. 이렇게 여기서 게르만인의 성격공동체는 공통의 혈연에 확실히 기초한 것이고, 그래서 이 혈연은 게르만인의 각 개인에게 영향을 미치며, 같은 종류의 자연적 소질을 가져오고, 같은 종류의 문화전승을 통해 개개인의 성격을 형성한다.

그리고 이러한 문화전승은 사실상 **모든** 게르만인에게 공통적이다. 공통적이라는 말은 우선 종족집단 내부에서 **아무도 문화전승에서 배제되지 않고**, 모두 문화전승에 동등하게 참여한다는 의미에서다. 왜냐하면 씨족제의 공동소유에 기초한 종족집단에는 문화적 차별을 가져오는 어떤 사회적 차별도 없기 때문이다. 다시 말해 어떤 게르만인도 민회(Thing), 즉 전쟁과 평화, 이동과 이주를 결정하는 인민집회에 참가하기 때문이다. 또 누구나 재판집회에도 참가한다. 재판집회는 어둠 속에서 보낸 먼 옛날의 시대에 그 기원을 잃어버렸기 때문에 신적인 것으로서 간주되었던 태고로부터 계승된 원칙들에 따라 씨족 간의 불화를 조정하는 것이었다. 또한 어떤 게르만인도 경작기술을 동등하게 습득하며, 축산과 재료의 가공, 수렵 등의 규칙들을 부모로부터 동일하게 배운다. 옛날부터 종족집단 내의 동일한 씨족이 왕을 추대하고, 어느 때는 이 씨족에서, 또 어느 때는 저 씨족에서 가장 용감한 사람을 장군으로 선출한다. 그리고 민족의 원초적(primitive) 문화에 모두가 참여하고, 전승된 문화요소들이 모두에게 동일한 힘으로 작용한다. 즉 이들 요소는 모두에게 동일한 강도로 작용하고, 모든 사람 속에서 동일한 힘으로 그 사람 전체의 지속적인 존재, 즉 그 사람의 성격을 낳는다.

그래서 당시 게르만 민족문화에는 또 다른 의미가 있다. 왜냐하면 후에 독일 민족의 조상이 되는 종족은 아직 다른 게르만 종족들로부터 어떤 고정적인 경계에 의해 구분되지 않았기 때문이다. 씨족공산주의 시대에 하나의 독일민족에 관해 말한다면, 그것은 훨씬 뒤의 발전 결과를 이 시대에 억지로 주입하는 것이다. 공통의 혈연에 확실히 기초해 있는 문화공동체가 아직 모든 게르만인을 하나의 민족으로 묶고 있었다.

그러나 당연히 공통의 혈연과 줄기민족으로부터 공통으로 전승한 문화를 고리로 하는 어떤 민족도 **분열**의 싹을 포함하고 있으며, 먼 옛날의 공통 민족으로부터 다양한 민족으로 분리되는 경향을 포함하고 있다. 이것은 일반적인 법칙이다. 즉 **공통의 혈연에만 기초한 문화공동체로 이루어진 모든 민족은 민족 분화의 위험에 처해 있는 것이다.**

흔한 가족의 예를 통해 이 점을 분명히 해보자. 같은 아버지와 어머니의 자식들은 형제자매로서 서로 잘 안다. 그들은 신체적으로도 서로 유사하다. 그들의 성격은 부모 집에서의 동일한 체험, 부모의 동일한 영향, 그리고 유사한 운명을 통해 규정된다. 다음 세대에도 공통성은 여전히 유지될 것이다. 자매들 사이에서도 혈연의 공통성과 동일한 종류의 영향을 통해 아직 많은 유사성이 존재한다. 그러나 세대의 추이에 따라 이 유사성은 점점 사라져간다. 현대 독일어에는 형제자매의 자식이 같은 혈연임을 가리키는 명사조차 없다. 또 살면서 우연히 마주친 사람과 6세대나 8세대 혹은 10세대의 조상이 같다고 해서, 우리 중 누가 거기서 자신과 타인을 결합하는 혈연공동체를 인식하겠는가?

민족의 경우도 이와 아주 유사하다. 이 민족을 하나로 묶는 것이 정말로 오직 공통의 기원뿐이라면, 그것이 배아의 공통성뿐 아니라 전승된 문화요소들의 공통성을 통해서도 작용한다고 치더라도 사정은 마찬가지다.

우선 **자연공동체** 자체가 서서히 이완된다. 확실히 게르만인의 공통 줄기

민족에서는 동일한 운명이 동일한 성격을 만들었다. 생존투쟁 속에서 이 민족의 생활조건에 적응하지 못한 사람은 탈락했고, 그러므로 동일한 종류의 생활조건은 동일한 종류의 개체의 존속을 유리하게 만들어 자손의 동종성(Gleichartigkeit)을 낳는다. 그리고 거기서 발생한 동일한 종류의 유형이 계속 유전된다. 이 유형은 라인강 상류의 게르만인과 마찬가지로 북해 연안의 게르만인 속에 잘 살아 있다. 그러나 그 후 떨어진 장소에서 거주하는 종족집단들에게 다른 힘들이 작용하기 시작했다. 종족집단들의 외적 생존조건은 매우 달라졌다. 생존투쟁의 영향은 여전했지만, 해안에 거주하는 프리슬란트인(Friesen)에게 미친 영향은 카테인(Chatten)이나 헤루스케인(Cheruskern)[4]에게 미친 영향과 전혀 달랐다. 서방 사람은 동방 사람과 다른 영향을 받았으며, 로마인과 끊임없이 전투를 했던 게르만인은 무한한 원시림을 통해 로마 군대를 방어한 종족집단들과 다른 영향을 받았다. 그리하여 종족집단들의 **자연적 소질** 자체가 분화한다. 수백 년을 지나면서 이미 그들의 자식들도 서로 더욱 더 달라진다. 그리고 이러한 차이는 더 이상 통혼이 없기 때문에 극복되지 않는다. 왜냐하면 드넓은 지역이 이미 게르만인의 종족들을 분리시켰고, 그 후 어떤 교통도 그들 모두를 결합시킬 수 없었다.

그러나 자연적 소질의 유전에 관해서 타당한 것은 **문화의 계승**에 관해서는 더욱 타당하다. 수세기가 지나는 동안에 종족집단의 문화를 규정하는 영향들이 얼마나 무한히 다양해졌겠는가! 이러한 사실은 또한 수세기가 지나는 동안에 틀림없이 종족집단의 문화를 분화시켰을 것이다. 물론 공통의 핵은 수세기를 통해서도 전해지고 존속할 것이다. 그러나 수세기의 역사는 공통의 핵을 점차 파괴할 것이고, 거의 느낄 수는 없을 정도의 끊임없는 발전과정 속에서 더 이상 같은 종류가 아니라 분화되고 달라진 새로운 문화요소들을 개별 종족집단에게 하나씩 하나씩 선사할 것이다. 카테인과 프리슬란트인 사이에는 어떤 교통도 없었다. 양자의 체험이나 운명은 완전히 서로 다른 것이었다. 점차 카테인의 언어는 프리슬란트인의 언어와 더욱 더 다르게 되지 않았을까? 양자의 노동양식, 법제도, 의견, 풍습, 종교적 관념 등도 더욱 더

---

[4] 고대 서게르만의 한 종족. (역주)

다르게 되지 않았을까? 그래서 게르만인의 통일적 민족에게는 현실적인 붕괴의 위험이 생긴다. 게르만인이 영역을 넓히는 만큼, 정주경작으로 이행하여 토지와 밀접히 결합하는 만큼, 그들 사이의 공통성이나 교통 그리고 통혼은 점점 줄어든다. 그들의 운명이 다르면 다른 만큼, 그들의 성격도 달라진다. 그들에게 작용하는 외적 영향들의 차이가 커지고 그들을 나누는 토지의 넓이가 커지는 만큼, 점차 언어도 다르게 될 것이고, 그 결과 그들 자신은 공통된 교통의 도구를 점차 잃는다. 그래서 게르만 민족은 일련의 독립된 민족들로 해체될 위험에 처한다.

　게르만 민족이 해체되기 시작하는 이들 민족은 그러나 대개 게르만인의 무수한 공동체, 즉 종족집단들이 아니라 **부족들**(Stämme)을 이루고 있다. 압도적으로 공통의 혈연으로 구성되고, 인접해서 살고, 큰 강이나 산맥에 의해 서로 분리되지 않고, 동일한 문화적 영향을 받고, 많은 운명을 공유하고, 서로 빈번하게 교통을 지속하고, 특히 통혼에 의해 결합되어 있는 종족집단들은 서로 더욱 동일한 종류의 집단이 되고 동일한 종류의 **부족적 성격**을 형성한다. 계속되는 교통 속에서 공통언어가 유지된다. 계속되는 통혼은 혈연공동체를 형성한다. 동일한 토지에 정주하고, 동일한 적에 투쟁하고, 동일한 운명을 갖는 것은 동일한 종류의 성격을 형성한다. 계속되는 교통은 혈족과 가까이 거주하는 종족집단 서로의 경험을 전달하고, 한층 통일적인 부족문화를 각인해간다. 모든 게르만인을 결합하는 끈이 점점 이완되는 한편으로, 부족은 인접한 부족들로부터 점점 명확히 분리되고, 동일한 혈연과 의식을 가진 종족집단들의 공동체로서 나타난다. 게르만인은 알레만인(Alemannen), 프랑크인(Franken), 작센인(Sachsen), 바이에른인(Bayern), 고트인(Goten), 반달인(Vandalen)으로 된다.

　부족들의 분화는 우선 **정주경작으로의 이행**과 종족집단들의 지역적 고립화 그리고 게르만 민족 전체의 내부에서 세대가 겹치면서 커지는 분화 작용 등에 의해 촉진된다. 분화는 동일한 경제적 변혁에 그 궁극적 원인을 가진 **정치조직**에서의 중요한 변화를 통해 촉진된다. 게르만인의 낡은 정치조직을 바꾼 것은 두 가지 커다란 역사적 현상 때문이다. 한편으로는 정주경작으로의 이행 자체이고, 다른 한편으로는 동방의 민족들로부터 받은 위협적인 압박과 인구증가의 압력 아래에서 생긴 게르만인의 토지기근(Landhunger)이다.

타키투스의 시대에는 아직 토지가 부족하지 않았다. "토지는 풍부했다"고 타키투스는 말한다. 그러나 인구의 증대에 따라 점차 토지도 고갈되고, 조방농업(extensive) 문화 때문에 게르만인의 원래 토지로는 증대하는 인구수를 부양할 수 없게 되었다. 토지기근이 전쟁에 익숙한 부족들을 자각시킨 것은 당연하다. 무너져가는 국경의 벽으로는 더 이상 야만인의 습격에 저항할 수 없었던 노쇠한 로마제국의 오랜 문화가 지배하는 광대한 영역만큼 손쉽게 토지를 획득할 수 있는 곳이 또 있을까? 그러나 로마인과 투쟁하기에는 개별 종족집단은 너무 약했다. 그래서 혈연공동체를 이루고 동일한 종류의 문화로 서로 인접한 종족집단들은 우선 군사동맹을 통해 단결하고, 이 동맹에서 점차 하나의 영속적인 공동체를 만들었다. 한 사람의 부족왕 밑에서 부족이 게르만 공동체로서 발생한다. 그러나 로마인과의 투쟁에 의해서 부족의 정치적 통일을 추구하지 못한 게르만인도 정주는 종족집단들을 필연적으로 부족으로 결합하게 만든다. 왜냐하면 유목생활의 시대처럼 더 이상 무장한 남자들 전체가 전쟁에 이끌려나가지 않게 되었기 때문이다. 그래서 각 종족집단은 군사적으로 너무 약하게 되었다. 무장부대의 일부가 경작노동을 위해 언제나 고향으로 돌아갔기 때문이다. 적에 대한 투쟁에서 자신을 방위하려면, 각 종족집단은 인근의 종족집단들과 하나가 되어 정치적으로 통일된 부족으로 결합할 필요가 있었다. 정주에 의해 군사적으로 약해진 종족집단들은 종족집단 동맹으로 결집하고, 거기서 정치적 공동체로서 부족이 성장했다. 350년경 알레만인은 적어도 열 명의 왕의 지배하에 있었다. 그로부터 1세기 후 그들은 통일된 공동체를 형성했다. 얼마 후에 프랑크족의 클로비스(Chlodwig)는[5] 책

---

[5] 5세기에 로마제국은 거대한 위기에 직면하고, 마침내 게르만족의 대이동을 통해 고대가 막을 내리고 중세가 시작된다. 로마제국 영내에 정주한 게르만족은 원시신앙을 버리고 점차 기독교에 귀의했다. 라틴화한 게르만사회가 형성되기 시작한다. 특히 클로비스 1세(재위 481-511)는 프랑크족 전체에 대해 권위를 확립하고 이민족을 정복하고 대부분의 갈리아지방을 영향력 하에 두었다. 클로비스 역시 기독교로 개종하였고, 따라서 그의 왕국은 이제 기독교국가가 되었다. (역주)

략과 폭력으로 종족집단들의 소왕들을 물리치고 자기 일족의 부족왕국을 세웠다.6)

　민족이동의 폭풍은 이들 부족을 더욱 확고하게 결합시켰다. 어느 전쟁시대의 동일한 운명이 점차 부족 내부의 종족집단 간 경계를 지워버리고 부족을 하나의 민족으로 만들었다. 동시에 매우 급속하게 게르만인의 오랜 문화적 공통성은 사라져버렸다. 구 로마제국의 붕괴된 부분을 정복하는 행운을 얻은 부족들은 오랜 우월한 문화의 한가운데로 들어갔고, 곧 고향에 남아있던 부족들과는 완전히 소원해졌다. 게다가 남아있던 부족들도 정주하게 되면서 균열은 더 커졌다. 이것은 **음운의 변화**로 고지 독일어인과 저지 독일어인이 분리되기 시작한 시대이다. 이 시대는 또한 옛 고향에 남은 민족의 양 부분 사이에 언어적 균열이 생기던 시대인데, 이러한 균열은 오늘날에도 여전히 극복되지 않고 있다. 언어의 분열만큼 부족들 간의 소원화가 진전되고 어떤 교통공동체도 존재하지 않는다는 사실을 명백히 특징짓는 것이 있을까? 정주가 게르만인을 서로 점점 더 분리하고 또 장원제(Grundherrschaft)의 기초 위에서 지배계급의 공통문화가 형성되던 이 시대에, **게르만 민족은 더 이상 존재하지 않게 되었고, 지금의 독일민족도 아직 등장하지 않았다.** 구 민족은 서로 소원하게 된 다수의 민족으로 나누어졌다. 이들 부족의 자식들은 조상의 다른 운명의 침전물로서, 태어나면서 다른 소질을 갖게 되고, 부모로부터 다른 종류의 문화를 계승했다. 그리고 이들 부족은 서로 통혼을 거의 하지 않았고, 어떤 교통공동체도 더 이상 형성하지 않았으며, 따라서 곧 인접한 부족과 다른 자신만의 언어를 만들었다. 독일민족의 조상이라고 간주되는 부족들이 다시 하나의 **민족으로 통일**되기 위해서는, **게르만 줄기민족의 공통 혈연에 기초한 옛 문화공동체로는 이제 충분하지 않고**, 하나의 새로운 문화공동체로 다시 결합해야 한다. 이 새로운 문화공동체는 무엇보다도 **장원제**를 기초로 해서 형성되었다.

---

6) Karl Lamprecht, *Deutsche Gschichte*, 제1권(1891), 276쪽 이하 (원주)

제5장 장원제 시대 기사들의 문화공동체

구릉 위에 하나의 성이 있고, 이 성 주위에 성주의 토지가 있다. 멀리 떨어져서 농민들의 마을이 있다. 농민은 성주의 토지에서 무보수노동, 즉 부역(Fron, Robot)을 할 의무가 있다. 그리고 정기적으로, 그리고 또 장례식이나 결혼식 때에도 영주(Grundherr)에게 납세할 의무가 있다. 영주는 영지재판소에서 농민을 재판한다. 그 자신 혹은 대리인인 가신이 공동농장이나 산림, 목초지의 이용을 규제한다. 적이 영지에 습격하면 영주는 민회를 소집한다. 이것이 대략 중세시대 독일인 사회체제의 기초를 이루었던 **장원제(Grundherrschaft)**의 상이다.

장원제는 부불노동(ungezahlte Arbeit), 즉 농민의 착취에 기초한다. 하지만 이 착취에는 분명한 한계가 있다. 왜냐하면 농민이 영주를 위해 영주지에서 수확하는 곡물과 조세로서 납부해야 하는 가축은 보통 판매되지 않기 때문이다. 아직 농산물시장은 존재하지 않았고, 각자 자신이 소비하는 곡물을 재배했다. 그래서 농민도 영주가 가족 및 하인들(Gesinde)과 함께 소비하는 것 이상으로 영주를 위해 노동할 필요는 없었다. "영주의 위벽이 농민 착취의 한계였다."

영주계급은 그러나 농민의 노동에 대한 반대급부로 하나의 사회적 임무, 즉 외적에 대하여 영지를 방위하는 임무를 맡는다. 이것은 **군대제도의 변혁**과 밀접히 연결되어 있다. 그리고 이 변혁은 정주경작으로 이행한 이래 농민이 토지에 점점 더 긴밀하게 결합한 결과로 일어난 일이었다. 우리는 이미 종족집단들이 부족으로 결합하는 과정 속에서 하나의 추진력으로서 이러한 변혁을 발견했다. 경작이 집약적으로 될수록, 농민을 먼 행군에 소집하는 것은 더욱 불가능하게 되었다. 그리하여 농민은 더 이상 전쟁에 소집되지 않고, 그 대신에 노동을 통해 영주와 그의 하인들을 부양하게 되었다. 그는 전장 대신 밭으로 출정했다. 옛 군대제도는 새로운 경제제도에 의해서 파괴되었다. 적이 영지에 침입한 경우에만 농민은 스스로 무기를 들었다. 공격군은 타키투스의 시대 게르만군이 주로 그랬던 것과는 달리, 더 이상 보병이 아니다. 프랑스와 독일, 이탈리아를 넘어서까지 확장한 카롤링(Karolinger) 왕조의[1] 광대한 제국 속에서, 저 교통이 나쁜 시대에, 영주와 그의 하인들이 공통의 적과 싸우기 위해 도보로 전투를 수행할 수 없었을 것이다. 이러한 적들이 ― 아라비아인(Araber), 아바르인(Avaren), 마자르인(Magyaren) ― 주로 말을 타고 왔기 때문에, 영주와 그를 따르는 하인들로 이루어진 군대도 당연히 기사군 (Reiterheer)으로 편성되었다. 그래서 **생활양식**의 특징은 민족을 두 부분으로 분할한다. 한편으로는 **농민**인데, 자신의 토지에 오래 전부터 정주해 있었다. 다른 한편으로는 **기사생활을 하는** 영주와 그의 하인들로, 그들의 유일한 사회적 사명은 적에 대하여 영토를 방위하는 것이다. 그러나 기사계급은 당연히 지배계급이다. 그들에게 무기의 사용을 맡긴 농민은 그렇게 그들에게 권력의 도구를 인도하고 그들의 지배에 복종한다.

우리의 관심사는 게르만인의 옛 사회체제로부터 장원제가 생기고, 그와 함께 기사와 농민으로의 분화가 생기는 오랜 역사과정이 아니다. 또한 우리의 관심사는 중세 동안 장원제 자체가 겪는 변화도 아니다. 여기서 우리가 다루는 문제는 단지 다음의 물음이다. 즉 장원제 시대에 민족은 어디에 있는가?

우리는 우선 민족을 모든 측면에서 결합시키는 것을 여전히 공통의 혈연 속에서 찾지 않도록 주의해야 한다. 왜냐하면 오래 전에 한편으로는 부족들

---

[1] 카롤링 왕조는 피핀 3세가 프랑크제국의 왕이 됨으로써 시작되었고(751년), 그의 아들 칼 대제(Karl der Große, 재위 768-814)를 통해 발전되었다. 카롤링 왕조는 오늘날의 프랑스, 이탈리아, 독일을 포괄하는 대제국을 건설하였고, 로마에서 황제로 대관하였다. 카롤링 왕조는 셋으로 분열되어 몰락하는데, 이탈리아계는 875년에, 동프랑크계는 911년에, 서프랑크계는 987년에 각각 분할되었다. 동프랑크는 콘라트 1세를 거쳐 작센조 독일제국으로 발전한다. (역주)

의 지역적 분리가, 다른 한편으로는 다른 요소들의 흡수가 게르만 문화공동체의 기초를 이루었던 구 자연공동체를 파괴해버렸기 때문이다.

우선 **지역적 고립화!** 이것은 농민에게 가장 강하게 작용한다. 다른 영역에 사는 다른 부족의 농민들을 결합하는 교통의 끈은 더 이상 없게 되었다. 통혼으로 피가 섞이는 일도 더 이상 없다. 지역마다 농민의 상태나 운명 그리고 생존투쟁이 다양하며, 따라서 자연도태도 다르게 작용한다. 그리고 이렇게 생긴 차이가 혼혈로 상쇄되지도 않는다. 그래서 농민들은 거의 모든 계곡마다 고유한 인종이 된다. 즉 인근 민족과 혼혈로 섞이지 않은 고유한 유형이 생존투쟁을 통해 생겨난 것이다. 이미 오래 전에 다른 지방의 농민으로부터 떨어져 나와 독립된 생활을 영위하게 된 다양한 부족에서 유래한 혈연의 차이가 수세기에 걸쳐 하나의 원민족에서 유래한 혈연의 공통성보다 훨씬 강하게 작용한다. 상프랑크인(Oberfranke)은 작센인은 물론 하프랑크인과 공통된 어떤 것을 갖고 있을까?

부족들을 점점 더 분화시켜 통일된 민족으로부터 혈연이나 자연적 소질면에서 다른 무수한 소민족을 발생시키는 지역적 고립 외에도, **다른 민족들과의 혼혈**이 또한 영향을 미친다. 이 혼혈은 독일의 여러 지방마다 아주 다양했던 만큼, 구 자연공동체의 성격도 더욱 더 희미해져버렸다.

게르만인의 외부에서 오늘날의 독일민족에게 피를 공급한 첫 번째 민족은, 역사적 전승을 통해 우리가 알고 있는 한, **켈트인**이었다. 켈트인과 게르만인 사이의 가장 오래된 교통관계에 관한 탐구는 역사의 어둠 속에 묻혀버렸다. 묘지의 발굴자료는 게르만인이 켈트인으로부터 온갖 종류의 무기와 가구를 교환했고, 소재가공 특히 금속가공의 기술을 여러 가지 배웠음을 증명하고 있다. 멀리 북방에서조차 게르만인이 켈트인 문화권의 영향 아래에 있었다는 사실은 할슈타트(Hallstatt)와 라테네(La Tène)의 발굴물을 보면 알 수 있다.[2] 또 언어를 비교해보면 많은 켈트인의 단어가 일찍부터 게르만인의

---

2) 상오스트리아의 할슈타트와 스위스의 라테네에서의 발굴물은 두 지역이 초기 철기시대와 그리고 철기시대발전의 정점과 각각 관련된다는 사실을 보여주었다. 특히 라테네는 이 지역 거주자들에게 광범한 사람들이(켈트인, 스키타이인, 그리스인, 에트루리

어휘에 부가되었음을 알 수 있다. 게르만인이 켈트인의 영역에 침입해 들어갔을 때, 양 민족의 관계는 매우 밀접하게 되었다. 오데르강과 바익젤강 사이에는 거의 확실히 게르만인의 가장 오래된 거주지가 있었을 것이다. 여기서부터 게르만인은 라인강과 오데르강 사이의 땅으로 천천히 진입해갔고, 곧 이어서 라인강도 넘었다. 그러나 이 땅은 무주공간이 아니었다. 거기에는 그들보다 오래 전부터 켈트인이 거주하고 있었다. 양 민족의 상호 관계가 원래 어떻게 형성되었는지에 관해서 우리는 알지 못한다. 우리는 결국 게르만인이 켈트인을 지배하게 되었다는 사실만을 알고 있다. 이것은 아마 기원전 4세기에는 이탈리아로, 기원전 3세기에는 트라키아, 마케도니아, 그리스 그리고 소아시아로 침입해 들어갔던 켈트인의 대이동과 관련해서이다. 오늘날의 서독일 지역에 거주했던 민족의 대부분이 밖으로 이동함으로써 약화된 켈트인의 종족집단들은 아마 게르만인에게 복속되었을 것이다. 체자르도 게르만인이 독일 땅을 지배하기 전에 켈트인이 게르만인보다 군사적, 정치적으로 강했던 시기가 있었다고 보고했다.3)

게르만인이 켈트인의 땅으로 이동한 것은 어떻게 해서 생긴 것일까? 켈트인 종족집단이 이전에 버렸던 지역을 게르만인이 자주 침입했던 것은 분명하다. 그래서 게르만인은 오늘날의 뷔르템베르크(Württemberg)와 바덴(Baden)에 일찍이 헬베티아인(Helvetiern)에게 속했지만 비어있던 토지를 발견했다. 게르만인이 토지를 점거했을 때, 동시에 벨거인(Belger)도 이동했다. 그러나 켈트민족의 일부가 잔존해있던 켈트인의 지역을 게르만인이 정복했고 그들 켈트인을 다양한 종속관계에 두었다는 것도 확실하다. 켈트인의 장소이름과 하천이름에서 우리는 오늘날 이곳이 무인지경의 황야가 아니라 켈트인이 거주했고 이어서 게르만인이 점거했던 지역임을 추측한다. 또한 이주와 경지분배의 방법에서도 우리는 켈트인의 기원을 확인할 수 있다.

그런데 게르만인이 토지에 침입한 이후 켈트인의 운명은 어떻게 되었을

아인) 영향을 미쳤다는 다양한 증거를 보여주었다. (역주)
3) Otto Bermer, "Ethnographie der germanischen Stämme", *Grundriß der germanischen Philologie*, Hermann Paul 편, 제3권(1899), 787쪽 이하 (원주)

까? 게르만 씨족들이 켈트인과 혼혈했다고 생각할 수 있을까? 후에, 특히 대이동의 시대에 이러한 일은 확실히 종종 일어났다. 침벨인(Zimbern)의 군대에는 다수의 켈트인 군단도 발견된다. 로마제국을 몰락시킨 동게르만인의 종족집단에는 예외 없이 이질적인 요소, 매우 흔하게 켈트인 요소가 확실히 포함되어 있었다. 게르만 씨족들에 동화되지 않은 경우에 켈트인은 비자유인이나 반자유인으로서 격리되어 생활했다.4) 지역에 정착하면 그들은 게르만인에게 공납을 지불했고 게르만 공동체의 힘에 복종했다. 반자유인이나 비자유인 중에서, 타키투스가 보고한 것처럼, 상당히 많은 켈트인이 발견되는 것은 확실하다. 게르만인의 혈연을 인식하기 위해서 이것은 중요한 것이다. 왜냐하면 이들 반자유인과 비자유인은 후에 완전히 독일민족에 동화되기 때문이다. 게르만인의 대이동의 시대까지 켈트인 요소를 완전히 흡수하지 못한 곳에서는, 중세 계급형성의 큰 과정이 비자유인을 편입시킴으로써 — 기사와 농민의 — 양대 사회계급으로 켈트인 요소를 완전하게 동화시켰다. 그래서 비자유인과 켈트인 요소는 양대 계급, 즉 **농민계급**과 **기사계급**으로 침투해 들어갔다.

게르만인이 켈트인의 땅으로 이주하고 대이동 중에 다른 종족집단과 피를 섞으면서 이미 시작된 과정은 중세의 계급형성과 함께 완료되었다. 즉 **켈트인 요소가 완전히 동화된 것이다**. 그러나 그 외에도 비자유인 중에는 비록 수가 매우 작지만 게르만인과 켈트인 요소와 병존하는 또 다른 요소가 있었다. 로마인의 전쟁포로도 게르만인의 노예가 되었다. 게르만인의 국경지역으로 이주한 로마인 재향군인들도 차츰 게르만인이 지배하게 되었다. 그렇다면 얼마나 잡다한 요소가 게르만인의 노예로 되고 점차 섞이게 된 것일까? 왜냐

---

4) '비자유인'의 지위는 전쟁포로들에게 주어진 것이다. 이들은 비자유인으로서 태어나며, 신분을 바꾸기 위해 부채를 갚을 수 없었다. 이것은 비자유인에 대한 모든 사법적 문제에서 책임을 지는 주인과의 주종관계를 포함한다. '반자유인'의 지위는 자유를 양도하게 된 사람들로 이루어지며, 이들은 제한된 권리를 가진 사법적인 사람들로 인정된다. 반자유인은 씨족의 일원으로 인정받지는 못했고, 따라서 후원자의 보호에 의존해야 했다. 그리고 후원자는 그 보호의 대가로 다양한 정도의 노동이나 용역을 요구할 수 있었다. '자유인'은 무기를 가질 수 있었고 정치적 권리를 가지고 있었다. (역주)

하면 체자르 시대 로마인 군단은 지중해의 모든 민족으로 구성되었기 때문이다! 이러한 모든 민족의 요소들은, 비록 옛날에는 그렇지 않았을지라도, 확실히 중세의 계급형성 과정을 통해 독일 민족으로 편입되었다.

그러나 이러한 다른 요소들에 더해 중세에 독일인의 피 속에 역시 흡수된 또 다른 요소가 있다. 즉 **슬라브인**이다. 이것은 독일인 기사와 농민에 의한 동방식민과 관련이 있다. 이것은 독일민족이 슬라브 출신의 많은 사람들을 자신에게 편입시킨 **동방 및 남방 식민**의 대 과정이었다.

독일민족의 전체 역사는 타키투스가 보고한 것처럼, 토지가 아직 충분히 존재했던 시대부터 중세의 마지막 세기에 이르기까지, 일단 자신의 토지를 오래 힘겹게 경작하는 일로 가득 찼다. 농업기술이 느리게 발전했기 때문에, 오직 좁은 한계 내에서만 경지의 분할이 가능했다. 왜냐하면 농민들과 그 가족이 자신의 조그만 토지로도 먹고 살 수 있어야 했기 때문이다. 그러나 상속재산이 없는 농민의 자식은 우선 산림이 풍부한 고향에서 주인이 없거나 장원의 황무지를 개간해서 농가를 형성했다. 그러나 오래된 고향에는 토지가 점차 고갈되었다. 그 이후 동북쪽과 남동쪽으로 농민의 자식들의 대규모 이동이 시작되었고, 그 결과 오늘날의 독일 영토의 5분의 3을 망라하는 토지를 독일민족이 점령하게 되었다. 이러한 식민과정을 이끈 것은 대부분 기사 귀족들이었다. 그들은 먼저 슬라브인 종족집단을 군사적으로 굴복시켜 그들에게 지대납부 의무를 부과하고, 독일인의 백작제도에 복종시켰다. 그러한 보호 아래 독일인 농민의 자식들은 (그리고 이후 독일인 시민들도) 점차 그 토지로 이주해갔다. 광활한 공동체의 산림을 슬라브인으로부터 탈취해 개간하였다. 점차 독일인 식민자가 슬라브인 주민보다 많아졌다. 그래서 결국 슬라브인이라는 존재를 독일인으로 흡수하는 혼혈과정이 시작되었다. 게르만 문화를 슬라브인에게 이식한 가장 중요한 도구는 여기서 교회였다. 슬라브인을 기독교로 개종하는 것은 당시 독일적 교화를 위해 슬라브인을 정복하는 것을 의미했다. 주임신부관은 점진적 게르만화를 위한 공격거점이 되었다. 이 교도 슬라브인을 기독교로 개종시켜 독일적이고 기독교적인 영향에 종속시킴으로써 그들을 점차 독일인 식민자에 적응하게 만들었다. 통혼이 양 민족을 결합시켰다. 그렇게 해서 점차적으로 튀링겐(Thüringen)의 변경지방(Mark)과 마이센(Meissen)의 변경백작영토(Markgrafschaft)5), 오늘날의 작센(Sachsen)왕국 전체, 마인(Mein)강 유역의 과거 벤드인(Wende)6) 지역 등에서 원래의 슬라브인은 독일인에 흡수되었다. 메클렌부르크(Mecklenburg)나 포메른(Pommern), 슐레지엔(Schlesien), 뵈멘(Böhmen)의 변경지역 등에서의 식민과정도 그것과 전혀 다르지 않았다. 다른 점이 있다면 거기서는 이미 자리 잡은 슬라브인 영주들이 독일인 식민자를 불러들였다는 것이다. 그리고 독일인이 브란덴부르크(Brandenburg)와 같이 미경작지를 취득한 것이 아니라 슬라브인을 내쫓고 빼앗은 경지를 자신의 것으로 만든 곳과, 나아가 새로운 경작지를 거의 갖고 있지 않았던 벤드인에게도 토지를 빼앗고 심한 탄압으로 슬라브인 거주자의 상당 부분을 확실하게 근절시켰던 곳에서조차, 슬라브인 요소는 결코 완전히 소멸되지 않았다. 비록 수가 줄어들었지만, 그들은 서서히 토지를 정복한 독일인에게 흡수되었다. 그래서 독일의 북동부 및 남동부에서 독일인의 요소는 도처에서 슬라브인의 피와 섞였다. 그리하여 중세의 독일인 식민자는 일찍이 게르만인에 의한 켈트인 땅의 정복에서 이미 나타났던 광경을 또 한 번 반복했다. 즉 게르만인 정복자에 의해 일부 내쫓긴 땅의 원래 정착자는 우선 정복된 다음에 정복자의 새로운 후예들보다 점차 수적으로 적게 되고, 결국 흡수되어 피가 섞인다. 그러므로 오늘날 아무리 사려 깊은 사람일지라도 게르만인의 피와 다른 종족의 피를 구별하는 시도를 더 이상 감행하려 하지 않을 것이다. 어쨌든 부르주아 시대에 독일민족에게 생긴 나중의 모든 혼혈은, 켈트인과 슬라브인의 혈통이 독일인의 육체라는 직물 속에 짜여 들어갔던 두 가지 역사적 대과정과 비교할 때 하찮은 것이다. 오늘날 독일인의 육체에는 명백히 이러한 결과의 흔적이 남아 있다. 프로이센과 바이에른의 초등학교 학생들 400만 명에 대해 조사한 통계에 따르면, 순수게르만인 유형은 — 하

---

5) Mark는 역사적으로 게르만 시대와 중세 초기의 촌락공동체이다. 그래서 변경지방으로 옮겼다. Markgraf는 변경지방의 백작이나 후작(동양의 방백이나 태수라고 보면 된다)을 가리킨다. 따라서 Markgrafschaft는 변경 백작의 영토를 말한다. (역주)
6) 벤드인은 과거 북부 독일 지역에 흩어져 살던 슬라브족 사람들로 오늘날에는 동부 작센의 많은 주민들을 구성하고 있다. (역주)

얀 피부, 금발의 머리카락, 푸른 눈 — 프로이센에서는 학생의 35.47%, 바이에른에서는 20.36%였다! 그러나 여기서 무엇보다도 우리의 흥미를 끄는 것은 **타민족 요소의 흡수라는 이 역사적 대과정은 필연적으로 분화작용을 했고, 독일인의 오래되고 통일된 공동체를 파괴했다는** 사실이다. 왜냐하면 타민족의 요소가 독일 지역마다 다양하게 나타났고, 또 그것이 같은 곳에서는 다양한 강도로 나타났기 때문이다.

그래서 독일인의 혈통이 독일 지역마다 점점 더 다르게 되었듯이, 문화도 점점 더 다르게 될 수밖에 없었다. 물론 문화사가는 독일인의 중세문화 속에서도 하나의 줄기민족으로부터 유래한 공통의 기원을 나타내는 문화요소들을 도처에서 발견한다. 그러나 다른 많은 세대와 마찬가지로 호엔슈타우펜시대(Hohenstaufenzeit)7)의 독일 농민은 공통의 뿌리에서 갈라져 나왔다! 공통의 전통적 문화요소들은 여러 지역에서 서서히 발생한 새롭고 다양한 문화요소들을 통해 점점 융성해졌다. 분화와 문화적 지역분립주의의 급격한 진행이 중세를 특징지었다. 우리의 법의 원천은 어떻게 통일적인 게르만법으로부터 더욱 많은 다양한 종류의 지방법이 생겼는지를 보여준다. 언어는 오래전부터 무수히 다양한 방언으로 나누어졌다. 생활습관이나 풍습은 거의 장원마다, 계곡마다 달랐다. 그러나 **바로 이러한 분화의 시대에 통일적인 독일민족이 형성되었다!** 그러나 독일민족을 결합시킨 계기는 더 이상 공통의 줄기민족으로부터 전승된 공통문화가 아니라, 새롭게 형성된 문화공동체였다. 그러나 이것은 일단 모든 독일인을 통일한 것이 아니라 모든 독일인의 지배계급을 통일한 문화공동체였다. **모든 기사생활자의 문화공동체가 처음으로 모든 독일인의 지배계급을 결합시킨 것이었다. 이것이 비로소 독일인을 민족으로 함께 결합시켰다.**

농민은 정주경작으로 이행한 이래 토지에 단단히 결박되어 있었고 향촌의

---

7) 슈타우펜 혹은 호엔슈타우펜은 1138년에서 1254년까지 게르만 국왕에 의해 성립된 슈바벤 혈통을 말한다. 콘라트 3세(Conrad 3세, 재위 1138-1152)와 프리드리히(Frederick 1세, 재위 1152-1190)인 바르바로사(Barbarossa) 치하에서 슈타우펜은 독일제국을 남쪽으로 확장하여, 결국 대부분의 이탈리아와 시칠리아를 장악했다. 호엔슈타우펜 시대는 또한 중세 최고의 문화적 성취를 이루었다. (역주)

이웃이나 마르크공동체 및 농장의 동료들과 밀접한 끈으로 결합되어 있었지만, 광범위한 민족동포들과는 어떤 공동체를 통해서도 결합되지 못했다. 한편 독일민족을 구성하는 부족들의 모든 기사계급들 사이에는 하나의 밀접한 **교통공동체**가 형성되었다.

기사계급은 우선 제국의 군대였다. 황제와 제국은 제국의 제후들, 제국의 봉토소유자들(Lehensmannen), 제국의 가신들을 전쟁에 소집했다. 그리고 제국의 제후들과 봉토소유자들은 그들대로 자신의 가신과 하인들에게 출정을 명령했다.8) 그래서 군대에는 제국의 모든 지역에서 온 기사계급들이 모였다. 마찬가지로 초기에는 마이펠트(Maifeld)의9) 군대집회가, 나중에는 제국의회가 기사계급의 대부분을 집합시켰다. 더욱이 봉건국가의 국가생활이 기사계급에게 제공한 교류의 기회를 제외하더라도, 자발적인 교류가 기사생활자들을 결합시켰다. 반목과 당파형성은 때에 따라 여기저기에서, 기사계급을 통일하여 하나의 기사단체로 결집시켰다. 대개는 궁정의 성스런 교회축제 시기에 대 봉토영주(Lehensherren)들의 봉토회의(Lehenstage)가 큰 지역의 기사생활자들을 통일시켰다. 사교는 성(Burg)과 성을, 또 이웃과 이웃을 결합시켰는데, 이것은 오늘날에도 아직 지방에서 생활하는 고위귀족들이 사교를 통해 성끼리 결합하는 사례에서도 볼 수 있다. 농민은 동네의 이웃밖에 알 수가 없었던데 반해, 기사계급의 생활은 제한된 영역의 경계를 넘어 다양한 교류를 경험할 수 있는 매우 많은 기회를 제공했다. 새로운 관념이나 풍습이 성에서 성으로 빠르게 퍼졌다. 반면에 작은 지역적 공동체의 제한된 영역에 갇힌 농민은 완전히 전통의 결박 속에 있었다.

그러나 사람과 사람의 교류, 즉 다양한 기회의 육체적 접촉만이 독일민족

---

8) 가신(Ministerials)은 토지의 구성원으로, 공통된 특징은 영주에 봉사하는 의무였다. 이들의 지위는 영주에 따라 변하기는 했지만, 넓게 말해 노예전사와 장교 계급으로 구성되었고, 귀족과는 명백히 구별되었다. (역주)

9) 마이펠트는 메로빙(Merovingian) 왕조(486-751)의 초기에 확립된 프랑크왕국 내에서 가장 권위 있는 연차총회와 군사퍼레이드를 벌이던 곳이었다. 여기서는 전쟁과 평화 그리고 법률 등이 토론되었다. 원래는 3월 광장(Märzfeld)이었다가 755년에 총회시기가 5월로 바뀜에 따라 5월 광장으로 이름을 바꾸었다고 한다. (역주)

으로 될 부족들의 기사계급 전체의 내부에서 밀접한 공동체를 낳은 것은 아니다. 수준 높은 **정신문화**도 이미 결합의 끈으로서 등장하고 있었다.

수준 높은 정신문화, 즉 과학과 예술과 시의 역사는 **여가**(Musse)의 역사이다. 토지경작의 중노동에 엄격히 결박되어 있던 농민은 어떤 수준 높은 정신문화도 가질 수 없었다. 따라서 민족이 이미 정주경작으로 이행했지만 장원제의 발전이 아직 가수의 노래를 즐길 수 있는 다수의 여가계급을 낳지 못했던 시대에, 정신문화는 모두 외부의 권력, 즉 교회의 수중에 장악되어 있었다. 수도원과 교구는 일찍이 수백 명의 농민에게 세금과 부역의무를 부과한 풍요로운 장원이었다. 그래서 그들은 육체적 중노동으로부터 해방되었다. 라틴어의 연구는 ― 비록 조야할지라도 ― 고대의 전통적인 정신적 보물을 이해할 도구를 그들에게 부여했다. 그리고 교회는 이 정신적 보물을 지키고, 민족 스스로 ― 혹은 오히려 독일민족의 지배계급 ― 이 보물을 손에 넣을 수 있는 더 좋은 시대까지 이것을 구제해온 것이다. 수도원과 주교의 궁정에서 우리는 독일시의 시작을 발견한다. 수도원학교는 독일 땅에서는 가장 오래된 학교이다. 어느 베네딕트 수도원에서 베소브룬 기도서(Wessobrunner Gebot)가 만들어졌다. 바이센부르크 수도원의 어느 수도사가 가장 오래된 독일 복음서의 저자였다. 어느 플랑드르 지방 수도원의 수도사는 루트비히노래(Ludwigslied)를 불렀다. 잔크트 갈렌(Sankt Gallen)[10]은 에케하르트(Ekkehard)의 발타리노래(Waltharilied)를 만들었고, 여기서 노트커 라베오(Notker Labeo)는 시편을 독일어로 번역했다.[11] 간더스하임(Gandersheim)의 어느 여수도사는 최초의 독일 여류시인인 듯하다. 그러나 이러한 모든 것은 아직 독일의 수준 높은 정신적 발전의 미미한 시작에 불과했다. 독일시와 독일예술이 생기기 위해서

---

10) 스위스의 도시 칸톤(Kanton) (역주)

11) 베소브룬 기도서(Wessobrunner Gebot)는 고지독일어(800년에서 1100년간에 사용된 중세 독일어)로 씌어진 9세기 초의 문서이다. 루트비히노래(Ludwigslied)는 역시 고지독일어로 씌어진 독일 최초의 송시로, 881년 Saucourt 근처에서 노르만에 대한 서프랑크 Louis 3세의 승리를 찬양한 것이다. 발타리노래(Waltharilied)는 수도사인 Eckehart 1세가 작곡했다고 추정되는 영웅서사시로, 리듬이 없는 라틴어 6보격으로 씌어졌다. 이 시는 Walter von Aquitaine에 관한 이야기이다. (역주)

는, 이것을 즐기고 자체에서 시인을 낳을 수 있는 다수로 구성된 한 계급이 존재해야만 했다. 이 계급은 자신의 정신생활을 영위할 수 있고, 교회와 같이 외국의, 특히 이탈리아의 영향을 너무 강하게 받지 않은 계급이다. 독일의 정신생활의 발전은 그러므로 장원제의 발전, 다시 말해 장원제에 기초한 다수의 기사생활자 계급의 발전과 결부되어 있었다. 최초의 독일시는 **기사의 시**였다. 대이동의 시대에 고대 게르만의 신화를 다른 형태로 만든 영웅시(Heldenlieder)는 이 마을에서 저 마을을 떠돌아다니는 "방랑시인"(varnden liuten)에 의해 과거에 이미 보존되었다. 그러나 영웅시는 기사의 가수가 성에서 성으로 주유하고, 이르는 곳에서 영주의 "자비"에 의해 보호받고, 기사와 부인이 그들의 노래로 여유로운 시간을 치장할 때 비로소, 우리에게 전해진 것과 같은 **서사시**로 되었다. 그리고 이어서 기사의 가수는 청중을 위해 새로운 예술을 창조했다. 이 예술은 신분의 구별 없이 전체 민족이 문화공동체를 형성한 옛 시대와 더 이상 결부되지 않고, 완전히 기사계급의 특수한 도덕, 특수한 기쁨 그리고 특수한 슬픔에서 생긴 것이었다. 이것이 **기사의 노래**와 **궁정서사시**이다. 이 새로운 예술은 특히 지역에 결박되지 않았고, 기사의 성에서 성으로 모든 독일 땅을 통해 전파되었다.

이렇게 밀접한 교통이 모든 기사계급을 결합시켰다. 군의 출정과 제국의회, 봉토집회와 맹약, 사교는 기사계급을 아주 직접적으로 인적으로 서로 가깝게 만들었다. 기사의 성에서 성으로, 궁정에서 궁정으로 주유하는 동일한 가수의 노래에 대한 동일한 즐거움이 눈에 보이지 않는 끈으로 그들을 결합시켰다. 그러나 어떤 밀접한 교류도 **공통의 언어** 없이는 불가능하다. 그래서 물론 처음에는 지배적인 기사계급에게만 해당되는 것이지만, 수백 년 동안이나 작용한 지역적 방언의 더욱 심해진 분화 경향에 대한 강력한 반대 경향이 시작되었다. 아마 독일 기사계급은 현실적으로 완전한 통일 궁정어, 즉 독일의 모든 영방(Länder)의12) 모든 기사의 성에서 사용되는 궁정관용어까지는

---

12) 중세 유럽의 각 지역 영주들은 상대적인 자율성을 갖고 지배하였다. 따라서 오늘날의 국가와 같은 수준은 아니지만, 나름대로 독자적인 통치권을 유지했다는 의미에서 영방(Länder, 領邦)(근대국가에서 Länder는 주를 가리킨다)으로 부를 수 있을 것이다.

결코 이르지 못했을지 모르지만, 그러나 밀접한 교류는 모든 면에서 틀림없이 농민의 방언보다 훨씬 기사의 언어를 서로 접근시켰을 것이다. 농민들은 완전히 지역적으로 격리되고 어떤 교통공동체를 통해서도 결합되지 못하고 완전히 토지에 결박된 채, 전혀 다른 생활을 보냈던 것이다. 그래서 궁정시의 언어들은 전통적인 민중노래의 언어들에 비해 그다지 서로 차이가 나지 않았다. 그리고 독일 부족들의 지배가 슈바벤(Schwaben)지방으로 옮겨진 호엔슈타우펜 시대에 기사의 존재는 전성기를 맞게 되는데, 이때 고지 독일(oberdeutsche)의 땅에서 슈바벤의 뿌리로부터 — 비록 프랑크족 특징을 갖고 있지만 — 그러한 궁정어가 자라났다. 즉 이 궁정어에서 기사시대의 시인은 말하고 노래했으며, 가장 오래된 독일 문서가 씌어졌고, 곧 이어 저지 독일(niederdeutsche)의 가수조차 이것을 말하려고 시도했다. 또한 저지 독일의 방언에 그 많은 단어가 차용되고 어휘로 편입된 사실에서 이 궁정어의 우월성은 명백히 나타난다. 언어는 여기서 명백히 민족의 운명을 반영한다. 게르만 원민족이 종족집단들로 분해된 시대 이후, 수백 년의 세월이 흐르는 동안 더욱 더 원래의 공통언어는 서로 전혀 다르고 한층 명백히 상이한 방언으로 무수히 분열되었지만, 다른 한편으로 기사생활자의 교통공동체와 문화공동체는 이러한 분화에 반대로 작용하여 모든 독일 부족들에게 공통언어를 선물하기 시작했다.

그리고 기사 문화공동체의 성립이 공통 독일어를 형성하는 경향을 낳았듯이, 또한 그것은 **공통 독일법**의 발전도 개척했다. 중세는 일반적으로 오로지 지방분립주의적으로 법이 발전했던 시대이다. 개별 지방의 법은 더욱 달라졌는데, 연구자가 개별 주법의 다양성 속에서 공통의 게르만법을 인식하기는 쉽지 않다. 특히 농민계급의 특수한 특별법은 지방분립주의의 발전을 나타낸다. 지방마다, 골짜기마다, 장원마다 전승된 판례집은 더욱 증대하는 법의 분

이미 상품생산과 함께 장원제, 즉 토지영주제가 농장영주제로 변화되면서 영주의 세력은 더욱 커지고, 왕과 갈등하게 된다(다음 장 87쪽 이하 참고). 또 본서의 3부에서도 자세한 서술이 나오겠지만, 그래서 절대주의 시대에 최대 사회적 갈등은 국가(왕)와 신분들(영주 및 귀족 등) 사이의 투쟁과정이 된다. 그리고 다민족으로 이루어진 오스트리아에서 이러한 신분투쟁은 곧 민족투쟁이기도 했다. (역주)

화를 나타낸다. 그러나 여기서 중요한 것은, 모든 지방적 차이를 넘어서 개별 지역에서는 일정한 차이가 있더라도 기사계급이 전체적으로 독일민족법이 될 특별법을 서서히 형성하고 있었다는 사실이다. 중세에는 공통적인 게르만법이 더 이상 존재하지 않았고, 지방법이나 도시법, 공무법, 궁정법의 분야에서 통일적인 독일법을 아직 알 수 없었지만, 봉토법에서, 즉 기사법 형성의 극히 고유한 분야에서 사실상의 통일적인 발전을 인식할 수 있다. 다시 말해 통일적인 독일 봉토법(Rehensrecht)이 존재한 것이다.13)

그러나 기사법제도의 이러한 중앙집권적 경향보다 훨씬 중요한 것은 통일적인 독일 **기사도**(ritterliche Sitte)의 성립이다. 물론 바로 여기서 표면적으로 관찰하는 사람은 우리에게 반론을 제기할 것이다. 중세에는, 일반적으로 독일적 기사생활이 존재했다면, 누구라도 면제될 수 없는 확고한 생활관습과 생활도덕 그리고 인습적인 예의가 지배했었다는 사실은 확실히 옳다. 그러나 이 기사의 "규율"(zuht)이 민족적 성격을 갖는다는 주장은 아마 논쟁의 여지가 있을 것이다. 왜냐하면 독일 기사계급은 다른 나라의 기사계급, 특히 십자군원정의 시대에 의심할 바 없이 독일의 기사생활에 큰 영향을 준 프랑스의 기사계급으로부터 이러한 기사도를 여러모로 넘겨받았기 때문이다. 그러나 독일 기사도가 다른 나라에 기원을 가진다고 해서 통일적 독일민족의 성립에서 갖는 그 의의는 변할 수 없는 것이다.

아마 우리는 개별적 개인들의 사례에서 이것을 가장 잘 설명할 수 있을 것이다. 전혀 다른 두 개인, 즉 출신이나 교육, 감정이나 지식 등에서 서로 다른 개인을 예로 들어, 그들에게 동일한 영향을 주는 여행을 함께 시켜보자. 이 공동의 여행에서 그들은 동일한 것, 동일한 풍경이나 동일한 문화적 기념비를 보게 될 것은 의심의 여지가 없다. 그들이 받아들이는 의식이나 관념의 내용은 동일할 것이다. 그러나 그렇다고 해서 그들이 동일한 인간이 될까?

---

13) 이 법은 1037년과 1136년, 각각 콘라트 2세(Conrad II, 재위 1027-1039)와 로타르 3세(Lothair III, 재위 1133-1137)세의 지배 하에서 도입되었으며, 제후(봉신)의 재산에 대한 세습권과 절대권을 허락하였다. 또 비어 있는 세속적 봉토는 다른 제후에게 주었으며 그래서 자유로운 사유지의 수가 증가했다. (역주)

결코 그렇지 않을 것이다. 왜냐하면 인간 유기체가 신체의 영양을 단순히 섭취하는 것이 아니라 가공하고 소화하는 것과 마찬가지로, 새로운 관념도 인간의 의식 속에서 밖으로부터 불변인 채로 들어오는 것이 아니라 의식을 통해 흡수되고 가공되고 소화된다. 결국 **통각되는**(apperzipieren)14) 것이다. 그래서 함께 여행한 두 사람은 당연히 동일한 것을 보고 동일한 관념을 받아들일 것이다. 그러나 받아들여 가공한 두 사람의 의식은 각각 전혀 다른 종류의 것이기 때문에, 그들은 받아들인 관념을 전혀 다른 형태로 가공할 것이다. 두 사람은 이 여행에서 각각 어떤 다른 것을 배우고, 눈으로 본 사물로부터 다른 것을 느낄 것이다. 동일한 관념이 두 사람에게 다른 형태로 작용할 것이다. 순수하게 내용적으로 생각해보면, 양자의 관념 양의 증가는 거의 동일할 것이다. 그러나 의식 전체와 사고, 감정, 의지에 대한 그것의 작용은 전혀 다를 것이다.

동일한 문화내용이 다양한 민족에게 받아들여질 경우에도 완전히 비슷한 일이 일어난다. 기사도의 내용은 독일인과 프랑스인에게는 거의 다르지 않을 것이다. 그러나 프랑스의 기사로부터 생활관습이나 인습을 전해 받은 독일의 기사는, 혈통과 문화적 전통에서 볼 때, 프랑스인과는 다른 인간이었다. 그는 프랑스의 기사도를 단순히 계승한 것이 아니라, 자신의 존재에 편입해서 자신의 의식 속에서 그때까지의 의식내용과 기사도를 결합시키지 않을 수 없었다. 그래서 프랑스의 기사도는 독일에서는 프랑스의 것과는 다른 별개의 것으로 되었다. 동일한 예의의 문화적 발전은 틀림없이 독일 기사의 경우에는 프랑스의 경우와 다르게 되었을 것이다. 프랑스의 기사도와 독일적 존재의 결합으로부터 이미 명백히 프랑스의 경우와 구별되는 새로운 기사의 존재가 분명히 발생했다. 그러나 이 새로운 독일 기사의 존재는 모든 독일에서 대체로 공통적이었다. 그것은 모든 독일의 성에서 지배적으로 되었고, 모든 곳에서 동일한 방식으로 남녀의 존재양식 전체와 성격 전체에 영향을 주었다. 그래서 다른 민족의 요소를 독일의 민족적 성격 속에서 받아들여 독일적

---

14) "민족적 통각(統覺)"의 설명에 대해서는 본서 140쪽과 150, 173, 190쪽 등을 참고 (역주)

존재를 통해 가공한 것이 바로 민족의 강력한 결합수단으로 되었고, 독일민족의 당시 지배계급의 성격에 통일적인 영향을 주고 그때까지의 모든 차이를 넘어 그들을 결합시킨 통일적인 독일의 생활도덕으로 되었다.

독일의 기사계급도 다른 민족의 문화공동체와 자신의 문화공동체를 비교할 기회를 갖게 되자마자, 이러한 민족적 공동 속성을 틀림없이 의식하게 되었다. 이것은 발터 폰 데어 포겔바이데(Walter von der Vogelweide)의 유명한 시가 명백히 말해주고 있다.

> 많은 나라들을 나는 구경했다,
> 가는 곳마다 최상의 것을 찾아가 보았다,
> 내 맘에 든 다른 나라의 풍습이 있다고,
> 내가 믿게 된다면,
> 재앙이 나를 덮칠 것이다,
> 내가 거짓말을 한들 무슨 이익이 있을까?
> 독일 문화가 세계에서 최고다.15)

람프레히트(Lamprecht)는 정당하게 "이것은 전반적인 민족의식이 아니라 기사의 인습 및 직업과 결합된 민족의식이며, 그것이 발터의 입을 통해 노래로 불려진" 것인데, 그것이 곧 "다른 민족의 도덕"에 대한 독일 **궁정** 규율의 차이에 관한 의식이라는 사실에 주의를 돌렸던 것이다.16)

그러나 람프레히트에게 민족이란 마치 이 시대에는 한정된 정도로만 민족적으로 특별한 존재라고 자각한 것처럼 보인다. 이러한 잘못된 문제설정은 람프레히트로 하여금 독일민족의 생성사를 설명하기 위해 바로 그가 수집한 풍부한 자료로부터 완전한 결론을 이끌어내지 못하게 만들었다. 문제는 민족이 어떻게 점차 자신이 특별한 존재라고 자각하게 되었는가가 아니라, 대체

---

15) Walter von der Vogelweide(1168-1228)는 중세의 가장 중요한 독일 시인 중 한 명으로, 정치와 당대의 생활 그리고 궁정 풍습과 사랑 등을 주제로 하여 작품을 생산했다. 바우어가 본문에서 인용한 구절은 "Preis der Deutschen"(독일인 찬양)이라는 시에서 가져온 것이다. (역주)

16) Lamprecht, 같은 책, 16쪽 (원주)

어떻게 민족 자체가 발생했는가이다. **민족의식은 민족의 존재를 바탕으로 해서만 이해될 수 있는 것이지, 그 역은 아니다.** 호엔슈타우펜 시대의 민족의식이 기사적-인습적이었다고 람프레히트가 지적했을 때, 그는 확실히 옳다. 그러나 이 단계를 넘어 민족의식의 진보는 모든 민족의식에 내재하는 법칙에 따라 모든 곳에서 낮은 단계로부터 더 높은 단계로 진행하는 민족의식의 내재적 발전에서 파악될 수 있는 것이 아니라, 변화하는 민족적 존재의 반영으로서만 파악될 수 있는 것이다. **슈타우펜 시대에 민족은 기사의 문화공동체 이외의 다른 양식으로는 존재할 수 없었다.** 그리고 이 공동체는 모든 독일 부족의 — 자유인과 비자유인의 — 기사계급을 통일하고, 동시에 다른 모든 민족으로부터 그들을 구별하는 것이었다. 다른 형태의 독일 민족의식이 발생한다면, 그것은 독일민족이 다른 의미에서 민족으로 발생하는 경우에만 일어날 수 있다. 발터 폰 데어 포겔바이데가 도달한 단계를 넘는 독일 민족의 민족의식의 후기 발전을 위한 설명은, 모든 정신적 존재의 어떤 일반적인 발전법칙 속에서가 아니라, **상품생산**의 발전 속에 놓여 있다.

이제 우리는 독일민족이 어떻게 형성되었는가를 이해할 수 있다. 게르만 원민족의 공통 혈연이나 이 원민족으로부터 계승한 문화의 공통 전통 속에 그 뿌리가 있는 것이 아니다. 왜냐하면 다른 민족들과의 혼혈과 영토적 고립이 이미 옛 공동체를 파괴했고, 개별 민족분파들의 전혀 다른 종류의 운명이 상속된 속성들을 신체적, 정신적으로 변화시켰기 때문이다. 마찬가지로 기술이나 언어, 도덕이나 법에서의 전통적인 문화도 더욱 더 분화 되었다. 공통의 게르만적 전통의 위에서, 게르만 민족의 각 분파에게는 이미 다른 성질을 가진 그 후에 형성된 새로운 전통의 두꺼운 층이 축적되어 있었다. 공통의 혈연이 아니라 전혀 새롭게 발생한 공통문화가, 독일 부족들을 최종적으로는 필연적으로 다양한 민족으로 만들어버린 분화 경향을 제한했고, 독일인을 하나의 민족으로 통일했다. 그러나 이 문화는 무엇보다도 **한 지배계급의 문화**, 즉 기사계급의 문화에 불과했다. **이 문화적 영향의 동질성이 낳은 통일적인 민족적 성격은 한 민족계급의 성격에 불과했다.**

이 기사계급의 문화는 물론 농민의 착취에 기초했다. 그러나 농민은 기사문화에 관여하지 않았다. 일찍부터 사람들은 궁정적 존재와 농민적 존재로 나누어졌다. 기사도에 관여하지 않는 농민은 지배계급에게는 조야하고 무지하다고 간주되었으며 조롱의 대상이었다. 궁정시인은 농민을 조롱했고, 융커(Junker)가 마을의 미인을 뒤따라가는 것을 탐탁지 않게 여긴 "촌놈"(Dörper)을 웃음거리로서 만들었다. 그래서 넓은 문화적 심연이 이미 기사와 농민을 분리시켰다. **그리고 농민은 민족을 통일한 모든 것에 관여하지 않았다.** 궁정어가 기사를 통일한 반면에, 농민의 방언은 더욱 더 차이가 나게 되었다. 궁정도덕이 독일 기사계급을 일치된 끈으로 결합시킨 반면에, 농민의 농촌도덕은 지방마다 달랐다. 기사계급이 통일적인 봉토법을 만든 반면에, 농민의 장원법은 더욱 더 지방분립주의로 발전하였다. **그래서 독일 농민은 당시 민족을 이루지 못하고, 단지 민족의 예속민을 이루었을 뿐이다.** 민족은 문화의 공통성을 통해서만 존재한다. 그러나 이것은 지배계급에 한정된다. 자신의 노동으로 지배계급을 부양하는 광범한 대중은 문화공동체로부터 배제된다. 여기서 확실히 확인해야 할 것은 바로 민족문화공동체의 개념이다. 왜냐하면 민족적으로 통일된, 즉 부족과 지방을 하나로 통일시키고 다른 민족들로부터 구분하는, 민족문화에 참가하는 사람들의 범위가 슈타우펜 시대와 비교할 때 그 뒤 훨씬 넓어졌지만, 기본적으로는 오늘날도 역시 **민족문화는 지배계급의 문화**이기 때문이다. 대다수 대중은 문화공동체로 파악될 수밖에 없는 민족에 속하지 않으며, 단지 민족의 **예속민**(Hintersassen)17)일 뿐이고, 그들의 착취 위에 민족문화의 자랑스러운 건물이 세워졌지만 그들은 여전히 여기서 배제되어 있다.

---

17) 예속민(Hintersassen)은 중세적 어원으로는 소작농으로 생활하던 사람들을 말한다. 즉 소유권이 없고 따라서 봉건 영주에 대한 의존관계 속에서 존재하던 사람들이다. 이 용어는 19세기까지 자주 사용되었고, 이후에는 하층 및 빈민계급을 가리키는데 사용되었다. 바우어는 이 용어를 여기서 "민족동포" 혹은 "민족의 구성원"(Nationsgenossen)에 반대되는 개념으로 사용하고 있으며, 역사적이고 정치적인 그리고 무엇보다 문화적인 배제와 관련되는 넓은 의미로 사용하고 있다. (역주)

제6장 상품생산과 시민적 문화공동체의 발생

중세의 영주와 농민은 상품생산자가 아니며, 상품이 될, 즉 교환과 판매에 쓰일 재화를 생산하지 않았다. 토지에서 수확한 곡물을 농민은 처자식과 함께 스스로 소비했다. 농민은 아마포에 필요한 아마를 스스로 재배하여 실을 뽑고, 기나긴 겨울밤에 처와 하녀가 옷감을 짰다. 영주지에서 부역하는 농민이 수확하여 영주의 창고에 저장한 곡물은 판매되지 않고 영주와 가신들의 생활에 사용되었다. 농업생산물의 적은 잉여만이 가끔씩 판매되고, 그렇게 획득된 화폐로 농민과 영주는 자신의 농장에서 생산할 수 없는 몇 가지 재화를 구입했다. 이렇게 상품생산과 상품교환은 중세의 전반부에 거의 역할을 하지 못했다. 그래서 상품생산자와 ― 수공업자 ― 상품교환의 중개자의 ― 상인 ― 의미도 민중의 전체 생활 속에서는 보잘 것 없었다. 인구가 적은 몇몇 도시는 장원과 주변 마르크공동체의 바다 속에서 거의 사라져버렸다. 중세의 세계에서 장원에 기초한 사회를 전복하게 될 힘은 아직 소도시에서 작용할 수 없는 것처럼 보인다. 중세의 세계에서 시민(Bürger)은 아직 신분제도 속에 편입되어 있고, 성직자나 기사, 농민과 함께 여러 신분 중 하나일 뿐이었다. 도시의 시민계급은 아직 자신의 문화를 형성하지 못했고, 수준 높은 교양을 몸에 익힌 한에서만 기사문화공동체에 참가할 수 있었다. 도시귀족(Patrizier, 명문시민)과 옛 세습귀족이 다른 한편의 기사집안과 친척이 되는 사실을 우리는 자주 발견한다. 남부 독일의 도시들에서 많은 도시 명문시민은 기사들과 우의를 다지고, 그들의 교양을 계승하고 모방했다. 궁정서사시를 지은 대시인 중에서 기사의 존재에 열광한 시민인 대가(Meister) 고트프리트 폰 스트라스부르크(Gottfried von Strassburg)를 찾을 수 있다.[1]

상품생산의 의의가 커지고, 또 그것과 함께 도시의 의의도 점차 커졌는데, 이것은 **농업노동의 생산성 증가**와 결부되어 있다. 농민은 고향의 토지, 무엇보다 새로 획득한 식민지의 더욱 큰 농지에서 점점 풍부한 수확을 얻을 수 있게 되었다. 그래서 농민은 노동수익의 일부를 다른 재화와 교환할 수 있게 되었다. 그러나 노동수익의 증가만이 아니라, 분배의 방식도 상품생산의 발전에 유리한 조건을 형성했다. 식민의 시대는 어떤 농민에게도 동방의 넓은 들판을 열어 주었고, 이것은 고향에서의 장원의 압력을 완화시켰다. 영주에게 지불하는 조세는 전통적인 비율로 고정되어 있었기 때문에, 농업수익의 증가분은 무엇보다 농민의 몫이 되었다. 옛날에는 상품구매자로서 농민은 거의 무시해도 될 만한 정도였고 영주는 제법 많은 양을 구매할 수 있었지만, 13세기에는 부유한 농민의 한 계급이 노동수익의 적지 않은 잉여를 공업생산물과 기꺼이 교환하는 광경을 볼 수 있게 되었다. 이러한 발전은 직접적으로 독일 **상인**을 유리하게 만들었다. 그리고 국내 수요의 증가를 위해 매우 중요한 중계무역이 늘어나면서 독일 상인의 수가 증가하고 영업범위도 확대되었다. 북부 도시들은 동부와 서부 사이에서, 즉 한편으로는 고도로 발전된 네덜란드와 영국과, 다른 한편으로는 스칸디나비아 여러 나라들과 동방의 슬라브계 나라들 사이에서 교환을 중개했다. 남부 독일의 도시들은 동방의 보물을 유럽으로 가져와 초기 자본주의적으로 발전된 이탈리아의 도시들과 북방 도시들과의 무역을 중개했다. 그래서 독일 상인은 이탈리아 도시들의 초기 자본주의적 발전을 통해 중요한 위치를 차지하게 되었다. 그러나 상인뿐만 아니라, **수공업자**의 의의도 이러한 발전을 통해 커졌다. 아직 대다수의 독일 농민의 자식들이 슬라브 땅으로 들어가기 위해 독일의 동북으로 이주했던 반면에, 이미 도시로의 이주도 시작되었다. 이주한 농민의 자식들은 수공업자가 되었다. 도제였던 사람은 직인이 되고, 직인이었던 사람은 장인이 되었다. 아직 이 시대에는 평생 임금노동으로 살아야만 하는 계급은 존재하

---

1) Gottfried von Strassburg는 중세 전성기에 활동했던 독일의 위대한 서사시인으로, 그의 주요한 작품인 "Tristan und Isolde"는 1210년경에 만들어진 궁정 서사시이다. (역주)

지 않았다. 직인의 높은 임금은 장인이 자립하는데 필요한 적은 자본의 저축을 가능하게 해주었다. 그래서 이렇게 서서히 성장한 수공업자계급에게 상품의 판로는 확실한 것이었다. 즉 도시의 부유해진 상인과 농촌의 부유한 농민이 그들의 고객이었다.

그때까지 도시의 발전은 상당히 통일적이었다. 우리가 이제까지 말했던 시대는 바로 수공업자의 동업조합(Zunft)과 구 문벌귀족 사이에 도시의 정치권력을 둘러싼 대투쟁이 벌어진 시대였다. 그러나 그렇다고 해서 도시 주민의 두 계층 사이의 문화적 거리가 매우 깊었다고 생각할 필요는 없다. 수공업자는 전체 도시를 지배했지만, 문화적으로는 문벌귀족과 수공업장인 사이의 거리는 그다지 크지는 않았다. 그때는 ― 노동수단도 생산자에게 속했던 ― **단순상품생산**을 기반으로 한 도시문화의 분화가 작은 시기였다.

그러나 서서히 더 많은 발전이 시작되었다. "독일민족의 거대한 저장실"을 이루는 미답의 토지는 점차 고갈되었고, 옛 농경지에서는 인구가 더욱 과밀하게 되었다. 농민가족의 옛 통일재산인 경지는 더욱 분할되었다. 많은 지방에서 15세기에는 이미 경지가 보통 4분의 1로 줄어들었다. 그리고 그밖에도 나중에 태어난 많은 농민의 자식들로부터 소작인(Häusler) 혹은 소농(Kossäten) 계급이 형성되었다. 소토지소유는 농민가족에게 더 이상 일상의 양식을 보장할 수 없었다. 농민이 자신의 소유로부터 얻는 매우 부족한 양식을 보충하기 위해서는 두 가지 길이 있었다.

우선 농민은 이제까지 놀고 있던 많은 시간에 자신과 가족의 노동력을 이용하려고 생각할 수 있다. 농민은 본래 많은 생업노동에 숙련되어 있다. 농민은 수백 년 동안이나 "모든 것을 스스로 완성해왔고", 자신의 집에서 실을 잣고, 아마포를 직조하고, 자신의 옷과 세탁물을 재봉질 하는 데 익숙해 있다. 전통적 가내공업에서 이제까지 자기 필요만을 위해 사용했던 숙련을, 돈을 벌고 소농경제의 궁핍한 수익을 보충할 목적으로 자본가를 위해 사용하는 것보다 더 좋은 길이 있을까? 그리하여 농촌에 **자본주의적 가내공업**, 그 중에서도 자본주의적 도매상인(Verleger)에게 봉사하는 옛 농민과 일용소작인에 의해 경영되는 방적업과 직물업이 발생한다.

그러나 농민이 자신과 가족의 노동력을 도매상인을 위해 이용하더라도, 그는 작아진 농지로는 많은 자식들을 부양할 수 없었다. 그러나 상속재산이 없는 농민의 자식들에게는 동방으로의 문도 더 이상 열리지 않았다. 그들은 **도시로 이주했다**. 매년 도시로 향하는 농민 자식들의 무리가 늘어났다. 동방으로의 식민이 끝난 이후 이주자의 증대는, 이주자 속에서 경쟁상대를 염려해야 하는, 도시의 세습적 수공업자를 경악시켰다. 곧바로 수공업자는 탄식한다.

> 이제 농민이 자식을 가지면
> 모두 수공업자로 만든다 —
> 누가 괭이질을 하고 또 개간할 것인가?

그래서 수공업자의 조직, 즉 동업조합은 생업으로서 수공업자와 장인이 되는 길을 점점 더 제한하기 시작한다. 도시로 이주한 농민의 자식들은 더 이상 언젠가 독립된 장인이 될 것이라는 희망을 가질 수 없었다. 이것은 두 가지 작용을 한다. 한편으로 수공업직인이 미래의 장인이 될 꿈을 접고 장인과의 대립을 의식하게 되고, 그 결과 전투적인 **직인운동**(Gesellen- bewegung)이 발생한다. 다른 한편으로 수공업의 기회를 얻지 못해 오직 목숨만 부지할 정도의 임금을 위해 노동력을 팔아야만 하는 프롤레타리아의 수가 도시근교에서 증가한다. 15세기 후반 함부르크 주민의 20%가, 아우구스부르크 주민의 12~15%가 프롤레타리아였다. 자본가는 — 상인, 대금업자, 도시의 지대 상승으로 부유해진 토지소유자는 — 곧바로 이것을 기회로 포착한다. 자본가는 그들을 노동자로 고용한다. 자본주의적 공장이 생긴다. 남부 독일의 도시에서는 처음으로 **자본주의적 매뉴팩처**가 등장한다.

그러나 도시의 성장은 이제 천천히 오랜 농촌체제에도 영향을 주기 시작한다. 왜냐하면 이제 농산물을 위한 거대한 시장이 생겼기 때문이다. 즉 도시의 곡물과 고기 수요를 이제 농촌이 만족시켜야만 했다. 자본주의적 매뉴팩처는 아마와 양모를 농촌에서 구입해야 한다. 더 많은 곡물과 가축, 아마와 양모를 판매함으로써 경영의 수익을 높일 수 있다면, 더 많은 이득이 봉건영주에게 손짓한다. 그것을 위해 두 가지가 필요하다. 하나는 더 많은 토지이고, 다른 하나는 더 많은 사람들, 즉 노동력을 손에 넣는 것이다. 그래서 영주는 농민의 토지를 횡령하기 시작한다. 먼저 영주는 오랜 공유지에 울타리를 친다.

> 영주는 폭력으로
> 논밭과 돌, 물과 숲을 약탈한다.

후에 영주는 더욱 사악한 짓을 하기 시작한다. 영주는 소작지를 "몰수하고"(legen), 수백 년 동안 조상이 살아왔던 세습의 집과 농지에서 농민과 그 처자식을 추방한다. 이렇게 영주는 자신의 토지를 확대한다. 그러나 남은 농민 수가 적을수록, 그들은 확대된 영주지에서 더 많은 부역노동을 해야만 한다. 그래서 단지 영주의 욕망 충족에만 봉사했던 구 **토지영주제**(Grundherrschaft)는[2] 근대적 **농장영주제**(Gutsherrschaft)로 변형된다. 이 농장영주제는 상품, 즉 판매목적의 농산물을 생산하고, 낡은 봉건적 형태에 새로운 자본주의적 내용을 주입한 것이다. 그러나 우리는 쫓겨나고 추방된 농민을 우선 거리에서 거지나 강도, 도둑으로서 발견한다. 이에 대항해 카롤링 왕조 시대 피의 형법(Carolina)[3]이 생겼지만 쓸모없는 일이었다. 그러나 점차 사회는 그들을 도시로 밀어 넣는다 ― 범죄와 매춘, 기껏해야 새로운 착취의 품 안으로 밀어 넣는다. 왜냐하면 도시에서는 자본가가 그들을 기다리고 있기 때문이다. "농지가 몰수된" 농민의 자식들은 도시에서 노동자가 된다.

우리가 여기서 대강 묘사한 이러한 발전 전체는 어떤 변화를 의미하는 것일까? **초기 자본주의적** 발전은 수공업자와 수공업적으로 상업을 운영하는 상인이 살고 있던 작고, 인구가 적은 도시를 대신하여, 냉혹한 사회적 차별을 수반하는 도시를 출현시켰다. 정점에는 자본가가 ― 상인이나 대금업자, 더

---

2) 구 토지영주제는 바로 장원제를 가리킨다. (역주)

3) 여기서 Carolina는 "Constitutio Criminalis Carolina"의 축약으로, 이것은 1532년 Charles V세 하에서 공포된 최초의 보편적 독일 형법이었다. 이 법은 오랫동안 독일의 형법 및 소송법의 기초로서 활용된다. 로마법의 영향을 받아 체계적인 절차적 규칙들을 도입했지만, 중세적 처벌의 잔인함을 많이 유지하고 있었다. (역주)

욱이 매뉴팩처로 도시노동자를 착취하고 가내공업으로 농촌의 일용농민을 착취하는 자본가가 — 서 있었다. 그 다음에는 외부로부터의 모든 유입에 대해 확실히 자신을 막아놓은 동업조합, 언제나 장인들과 투쟁하는 수공업직인, 도시 매뉴팩처의 노동자층, 그리고 마지막으로 노동과 범죄 사이를 왔다 갔다 하는 다수의 룸펜프롤레타리아트가 있었다. 그러나 농촌에서의 변화도 적지 않게 활발했다. 가내공업은 농촌을 도시에 가깝게 만들었다. 농민은 수백 년 동안 농촌의 경계 안에서 지냈고, 외부로부터의 모든 문화적 영향에서 벗어나 있었는데, 광부와 직인은 새로운 시대가 도시에서 만든 신사고와 새로운 욕망의 세계에 이들 농민을 밀접히 관련시켰다. 그래서 농민의 조상들은 13세기와 14세기 전반부에는 아직 행복한 시간을 보낼 수 있었지만, 농장영주제가 발달하기 시작하고 이제까지의 영주의 압박을 농민에게 더욱 강하게 느끼게 만들고, 또한 영주가 여기저기서 이미 공유지를 강탈하고 과세와 부역을 증가시켰을 때, 농민은 더욱 탐욕스럽게 새로운 가치를 받아들였다. 초기 자본주의적 발전이 도시와 농촌에 가져다준 것은 정말 엄청난 혁명(Revolution)이었다!

그러나 이러한 전체 변혁은 도시와 농촌의 사회적 관계를 직접 변화시킴으로써만이 아니라, 새로운 근대 **국가**를 만들면서 간접적으로도 국가를 변화시킴으로써 더욱 중요한 의미를 갖게 된다. 중세의 공동사회는 봉건적 결합에 기초한다. 백작의 지위와 함께 봉토를 수여받은 사람은 자식들에게 그것을 상속한다. 백작의 수입은 — 무엇보다도 농민이 납부하는 백작세금은 — 백작 자신의 것이지, 제국의 것이 아니다. 백작은 제국의회에 출석하고 제국의 군역에 참가할 의무가 있을 뿐, 그 밖의 의무는 없다. 그는 행정관이 아니라 책임 없는 부왕(Vizekönig)으로서 자신의 관구에 거주한다. 어떤 교통수단이나 뉴스보도도 없고 봉건군대 이외의 어떤 군대도 없으며, 제국에 대한 봉사에는 제국 토지의 봉토 이외에 다른 보상이 없었던 시대에, 어떻게 다른 것이 있을 수 있겠는가? 공무가 봉토로 되었다는 사실은 구 제국의 통일을 파괴했다. 영주들은 우선 그들의 영토에서 가장 중요한 권력을 통일하려고 배려했다. 영주의 토지에서는 영주 이외의 누구도 백작의 권력을 가질 수 없었다. 그 자신 이외에 어떤 봉건 영주도 자신의 땅에 거주하는 기사 위에 군림할 수 없었고, 자신의 땅의 가신에게 군림하는 어떤 영주도 없었으며, 농민 위에 군림하는 대지주도 없었다. 그래서 매우 다양한 종류의 권리들이 **토지지배**를 위해 한 사람에게 통일되었다. 그리고 점차 영주의 모든 다양한 권한의 다양한 기원이 망각되었다. 이러한 모든 사실로부터 국내에 거주하는 모든 기사, 시민, 농민에 관한 통일적인 권리가 생기고, 토지지배권은 **영방군주권**(Landeshoheit)으로 되고, 제국은 다수의 영방으로 해체된다. 이들 영방은 오늘날 상품생산의 새로운 발전을 이용하기 시작한다. 왜냐하면 상품생산은 토지영주제 시대와는 전혀 다른 권력수단을 국가에게 주었기 때문이다. 상품생산은 먼저 더 이상 봉건적 결합에 기초하지 않은 행정과 군대제도를 가능하게 만든다. 중세의 부는 — 곡물, 양모, 아마, 가축 같은 — 사용가치의 형태로 존재했다. 상품생산의 발전은 모든 사람들의 손에 **화폐**를 가져다주었다. 무엇보다 도시의 상품생산자의 수중에, 더욱이 농장주와 농민의 수중에도 화폐를 가져다주었다. 영주는 **조세**를 통해 이 새로운 부에 참여할 수 있다. 이 조세는 모든 계급의 화폐소득의 상당 부분을 그의 금고로 수납시킨다. 그리고 이 조세가 영주에게는 가장 우월한 권력수단이 된다. 영주는 화폐로 **관리**를 고용하는데, 이 관리는 일찍이 백작이 상속적인 봉토영주로서 백작 지위를 부여한 제국에 대해 취했던 태도와는 전혀 달리, 언제라도 위임이 취소될 수 있고 또 이 새로운 영주의 의지 문제로 된다. **영주**는 화폐로 프롤레타리아와 농민의 자식을 군대에 고용하고, 그래서 용병군대의 정점에 서서 구 기사군대의 종군의무로부터 완전히 독립할 수 있게 된다. 더욱이 근대국가도 민족문화공동체의 발전에서 매우 중요한 의의를 획득한다. 근대국가는 먼저 화폐임금을 위해 정신노동을 판매하는 한 계급을 형성한다. **관료기구** 즉 새로운 공무원제도이다. 근대국가는 동시에 용병군대의 창설을 통해 민족의 구 지배계급인 기사계급으로부터 존재기반을 빼앗는다. 근대국가는 **화폐경제** 위에 설립된 조세제도를 기반으로 이러한 모든 것을 이룰 수 있었는데, 이 화폐경제 자체는 확산되던 **상품생산**의 한 현상이며, 맑스의 말에 따르면, 이러한 **자본주의적** 상품생산은 점점 더 사회적 생산의 일반 형태로 된다.[4)]

그러나 용병군대의 발전은 기사계급에게는 당연히 엄청난 파국을 의미한다. 식민의 시대에 지대의 저하는 기사계급에게 **경제적으로** 손해를 끼쳤다. 영방군주권의 발전은 **정치적으로** 기사계급을 영주의 발아래 굴복시켰다. 용병군대의 발전은 기사계급으로부터 **군사적** 권력도 빼앗았다. 이러한 모든 사실 때문에 민족문화공동체에서 기사계급이 차지하는 의의도 작아진다. 기사계급의 의의가 작아지는 것과 동일한 정도로 한편으로는 **도시 시민계급**의 수와 부유함이 증대한다. **독일의 문화적 주도권은 시민계급의 수중으로 넘어간다.**

기사문화의 근원은 농민에 대한 착취 덕분에 노동의 노고로부터 해방된 기사계급의 **여가**였다. 이와 반대로 시민계급의 문화는 바로 시민계급의 노동에 뿌리를 가진다. 그래서 이 문화는 처음부터 근본적으로 다른 성격을 가진다. 궁정작법이 아니라, 상인이나 수공업자가 영업에 필요로 하는 지식과 능력이 우선 이 문화의 요소를 이룬다. 그래서 먼저 읽고 쓰고 계산할 수 있는 수준 높은 교육이 첫 번째로 요구되었다. 기사계급에게는 그러한 기술은 거리가 먼 것이었다. 볼프람 폰 에센바하(Wolfram von Eschenbach)조차 이렇게 고백한다.5)

> 장부에 쓰인 것에 관해서
> 나는 아무것도 몰랐다.

어느 기사가 사후에 이렇게 칭송받는다면, 그것은 이미 이상한 일이다.6)

> 기사는 매우 높은 학식이 있었고
> 장부를 읽을 수 있었다.

---

4) Karl Marx, *Das Kapital*, 제1권, 132쪽 ; 제2권, 13쪽 ; 제3권, 87쪽 (원주)
5) Wolfram von Eschenbach(1170-1220)는 서사시인이며 기사로, 그의 주요작품은 "Parzival"이다. (역주)
6) 저자는 Hartmann von Aue(1168-1210)이다. 이 사람은 서사시인이면서 지역 영주와 가신에게 봉사한 하급 관리로 추측된다. (역주)

그러나 시민에게는 이러한 기술이 필수불가결한 것이었다. 그래서 시민의 발전과 함께 동시에 **학교제도**의 발전이 이루어졌다. 도시 상인의 학생이 읽고 쓸 뿐만 아니라 라틴어도 배우는 고등학교가 설립되었다. 라틴어는 지방의 방언을 넘어 거래가 이루어지는 곳에서는 어디서든지 소통의 수단이었고, 서류와 상업통신의 언어였다. 이것은 도시가문의 자식이 폭넓게 상업을 추구하고, 또한 도시행정을 수행하고 영주의 관청과 전면적으로 교류할 수 있게 만들었다. 그러나 동시에 수공업자의 자식들이 독일어의 읽기와 쓰기를 배우는 독일어 필기학교가 생겼다.

읽는 기술은 수준 높은 정신문화의 기초가 된다. 이미 활판인쇄술의 발명 이전에 임금을 받는 대서인에게 고서를 필사시키는, 자본주의적으로 경영된 **필사사무실**이 있었다. 이미 15세기에 사본을 영업적으로 대량 필사한 사무실이 있었다. 이들의 일부는 "공동생활의 형제"라는 필사사무실과 같이 협동조합적으로 조직되어 있었다. 또 일부는 이미 출판목록을 독일 대부분의 지역에 유포시킨 디폴트 라우버(Diepold Lauber) 출판사를 위해 일하는 하게나우(Hagenau)의 필사사무실과 같이 자본주의적으로 조직되어 있었다.[7] **활판인쇄술**은 오늘날 광범한 대중 속에서 판로를 찾을 수 있는 책을 저렴하게 생산할 수 있게 만들었다. 루터의 번역성서의 가격은 1.5굴덴(Gulden)[8]에 지나지 않았다. 또한 저렴한 활판은 포스터와 저렴하고 다양한 판화로 포장된 팜플렛을 통해 광범한 대중에게 영향을 줄 수 있게 만들었다.

시민계급이 아직 그다지 분화하지 않았고, 수공업자와 상인 사이의 문화적 거리가 아직 크지 않았던 이 시대에는 시민적인 예술과 문학의 맹아도 나타났다. 시는 기사의 성에서 끌어내려져 수공업자에게 **장인노래**(Meistersang)의 형태로 친숙하게 되었다. 소시민적 세계의 투쟁은 풍자시에 반영되었는데, 이 시는 시민적 드라마의 시작과 밀접히 관련되어 있다. 수공업은 곧 이어 미술공예품으로, 그리고 결국은 진정한 예술로 확대될 수가 있었다. 이러한 전체 정신문화는 사실 기사문화보다 빈약하고 소박했지만, 그 대신 기사

---

[7] Georg Steinhausen, *Geschichte der deutschen Kultur*, Leipzig 1903, 461쪽 (원주)
[8] 굴덴은 역사적으로 14세기부터 19세기까지 독일에서 통용되던 금화의 단위. (역주)

라는 지배계급에 한정되지 않고 넓은 계층들을 포괄하는 도시 주민의 재산이 되었다.

그러나 자본주의적 발전이 곧바로 단순상품생산의 시대에 사회적으로 통일된 시민계급을 자본가, 수공업장인, 수공업직인, 자본주의적 임금노동자. 룸펜프롤레타리아트 등의 계급들로 예리하게 분화시켰듯이, 한편으로 **시민문화도** 점점 더 **분화해갔다**. 상층의 시민계급은 수준 높은 문화를 창조한다. 당시 가장 발전했던 민족, 즉 이탈리아인의 문화가 독일 시민계급의 상층에 영향을 주기 시작했다. **르네상스**와 **인간주의**(Humanismus)가 독일에 들어왔다. 자본주의적으로 발전된 이탈리아는 자본가들 속에서, 그리고 거기서 이미 고도로 발전된 근대국가에 의해 형성된 궁정 및 관료의 계층들 속에서 고전고대의 고급문화를 부흥시키고 있었다. 이 문화는 오늘날 독일에서도 시민세계의 상층에 영향을 미치기 시작했다. 부유한 시민계급의 학교인 라틴어학교는 고급문화의 중개자가 되었다. 이탈리아의 새로운 예술은 이 시민층의 예술에 영향을 미치기 시작했다. 중세의 모든 전통으로부터 해방된 인간주의적 과학은 독일에서도 유복한 시민층의 재산이 되었다. 시민계급의 상층이 받아들인 이 고급한 문화와 함께 수공업의 빈약한 문화는 사라졌다. **"교양인"과 "비교양인" 사이의 구별**, 즉 이탈리아 땅에서 독일로 이식된 새로운 문화에 관여하는 사람과 엄격한 육체노동과 학문적 빈곤 때문에 이러한 문화로부터 배제된 사람 사이의 구별이 도시 내부에서 일어난다.

독일 시민계급의 이 새로운 문화에 관해 상술하는 것은 우리의 과제가 아니다. 여기서 우리의 관심을 끄는 것은 **어떻게 이 문화가 독일민족을 결합하는 고리가 되었는가** 하는 것뿐이다. 상품생산은 **사람들을 서로 가깝게** 만들었다. 상인은 자신의 상품을 팔기 위하여 도시에서 도시로 이동했다. 또 우리는 낯선 시장에서 즉각 수공업자를 발견한다. 쾰른의 직물업자는 프랑크푸르트의 시장에서 직물을 판다. 수공업직인은 독일 대부분을 돌아다닌다. 전쟁의 변화무쌍한 운명은 용병을 여기저기에 던져 넣는다. 또한 자본주의는 얼마나 강력하고 급속하게 사람들을 장소적으로 이동시킬 수 있을까를 이미 고민하기 시작한다. 자본주의적 광산의 번영은 겨우 몇 년 동안 많은 지역에서 모집된 잡다한 주민으로 새롭게 개발된 광구를 넘쳐나게 만든다. 또한 농민도 도시의 시민과 더욱 밀접하게 교류하게 된다. 그는 도시의 시장을 방문하고, 노동의 성과 일부를 시민에게 판매하며, 대금업자인 도시의 자본가를 알고, 또 도시의 도매상에게 가내공업자로서 봉사한다. 그러므로 도시에서 일어나는 사건 모두가 과거와는 전혀 다른 방식으로 농민에게 영향을 준다.

그러나 이러한 동시적이고 직접적인 신체적 접촉보다 더 효과적인 것은 독일인, 특히 독일 시민계급을 모든 면에서 결합시키는 눈에 보이지 않는 **정신적 끈**이다. 새롭게 생긴 독일 문학은 "독일인 학교"에서 읽기를 배운 대중에게 영향을 미친다. 책이나 저렴한 가격의 소책자가 광범한 도시 대중과 간접적으로는 일부 농민에까지 미친 거대한 힘이 없었다면, 종교개혁에서 성직자가 행사한 크고 급속한 변화가 어떻게 가능할 것인가! 게다가 새로운 국가는 우선 자신의 목적을 위해 규칙적인 **우편제도**를 발전시켰는데, 이것은 곧 대중도 이용할 수 있게 되었다. 그래서 비로소 광범하게 규칙적인 편지왕래가 가능하게 되었고, 또 독일 **신문업**의 맹아도 비로소 등장한다. 16세기에는 독일의 대도시에 세계로부터 뉴스를 모아 편지형식으로 이것을 판매하는 대리점이 나타난다. 활판인쇄기술의 발명 후에 이 뉴스는 인쇄로 복사되어, 더 저렴하게 되고 더 넓은 민중에게 침투할 수 있게 된다. 16세기 후반부터 이와 같은 뉴스모음집의 인쇄물이 이미 규칙적으로 반년 간으로, 그리고 곧 이어 월간으로 발행되었다고 한다. 그래서 대부분의 민중이 좁은 지역적 고립을 깨고나와, 책이나 소책자, 편지, 신문을 통해 다른 지역과 더욱 밀접하게 교통하게 되었다.9)

과거 수 세기 동안 기사층 사이의 밀접한 교통이 독일어 통일의 경향을 만들어냈듯이, 상품생산과 근대국가의 시대에 비교할 수 없을 정도의 밀접한 교통은 훨씬 큰 힘으로 새롭게 그러한 경향을 틀림없이 만들어낸다. 새로운 표준 독일어인 **통일어**(Einheitssprache)를 낳는 것은 장소적 제한의 극복이다. 그것은 기사계급의 경제적, 정치적, 군사적 몰락과 함께 잊었던 중세의 표준 독일어인 궁정어를 잇는 것은 아니다. 기사문학의 전성기에 통일적 독일 궁

---

9) Lamprecht, 같은 책, 제4권, 8쪽 이하 (원주)

제6장 상품생산과 시민적 문화공동체의 발생 __ 93

정어를 형성하는 경향이 분명히 보이지만, 기사계급의 몰락 이후에는 다시 독일 방언들이 첨예하게 분화되었다. 상품생산의 발전이 처음으로 언어의 통일을 위한 아주 새로운 경향을 낳는다. 서로 왕래하는 국가와 도시들의 관리, 상업통신을 통해 독일 땅의 광대한 부분을 결합한 상인, 저작을 통해 모든 장소적, 부족적 경계를 넘어 독일인에게 영향을 주기를 희망하는 작가 등에게 독일인이 방언으로 분산되어 있다는 사실은 중대한 장애였다. 독일 통일어의 대용으로서 사용된 라틴어의 생명력은 이러한 사정에 적지 않게 기초하고 있었다.

그러나 독일 문화가 시민적으로 되고 광범한 대중이 여기에 참가하기를 바랄수록, 독일의 도시들과 지역들의 유일한 결합수단으로서 외래의 라틴어를 사용하는 것은 점점 불합리해졌다. 시민계급이 두각을 나타내고 독일어의 힘도 한층 강화되면서, 13세기에는 법생활의 분야를 정복하게 되었다. 도시들의 사무실로부터 영주들은 독일 관청어와 독일어 문서를 넘겨받았다. 정치적 선동가는 광범한 대중을 움직이게 하려면 독일어가 필요했다. 일찍이 울리히 폰 후텐(Ulrich von Hutten)은 이렇게 말했다.[10]

"이제까지 나는 라틴어로 써 왔지만,
누구도 라틴어를 알지 못한다;
이제 나는 조국에 호소한다,
독일민족에게 독일어로,
그러한 것들에겐 복수를."

독일 상인의 편지와 사무실의 언어가 먼저 언어통일운동의 담지자가 된다. 특히 큰 국가들의 관청은 다르고 서로 거의 이해할 수 없는 방언을 사용하는 영역들을 통일하고, 전혀 다른 부족 영역의 독일인 도시들과 독일인 국가들과 교류해야 하기 때문에, 방언의 차이를 줄이려는 노력을 강화해야 했다. 그래서 동시에 저지 독일어와 중부 독일어 그리고 고지 독일어를 함께

---

[10] Ulrich von Hutten(1488-1523)은 독일의 기사이자 시인으로, Franz von Sickingen과 함께 종교개혁을 지원했다고 한다. (역주)

사용하는 룩셈부르크가는[11] 어떤 특수 방언으로부터도 구별되는 관청어를 발전시켰다. 1330년에 트리어(Trier) 대주교청은 순수 토착적인 방언과 결별했다. 14세기 중엽 막데부르크(Magdeburg) 대주교청이 동일한 일을 시행했다. 합스부르크가의 프리드리히 3세(Friedrich III)는 관청에서 방언의 특수성을 없애려고 시도했다. 막시밀리안 1세(Maximilian I) 이래 황제의 궁정문서는 독일의 어느 지방에서 작성되더라도 동일한 언어로 씌어졌다. 15세기에 쿠르작센(Kursachen) 관청은 자신의 언어를 황제궁정의 언어에 가깝게 만들었다.[12] 큰 영방의 관청은 우선 모든 지방의 독일인에게 영향을 주기를 바라는 독일인 작가가 기꺼이 사용하는 인공적인 문장어를 발전시켰다. 그래서 마르틴 루터(Martin Luther)는 이렇게 썼다. "나는 독일어에서 어떤 특수한 고유 언어를 사용하지 않고, 고지 주들과 저지 주들 모두가 나를 이해할 수 있도록 공통 독일어를 사용한다. 나는 작센의 공용어에 따라서 말하는데, 이 언어에 독일의 모든 영주와 왕이 따르는 것이다. 모든 제국의 도시들과 영주 그리고 궁정은 작센관청과 우리 영주의 궁정언어에 따라서 쓴다. 그러므로 이것이 가장 공통된 독일어인 것이다." 루터의 언어는 먼저 **저술가**의 언어가 되었다. 루터의 번역성서에 기초한 최초의 독일어 **문법가**는 독일어의 법칙을 발전시켰다. 그래서 최초의 독일어 문법서의 하나는 다음과 같은 제목을 붙였다. <독일어문법 ― M. Johannis Claji Hirtzbergensis : **루터의** 성서 독일어역 기타 저작집으로부터>(라이프치히 1578). 이 문법서는 학교에서 사용되었고, 후에 독일어 교과서의 기초가 되었다.[13] 루터의 언어는 곧 바로 다른 독일의 여러

---

11) 호엔슈타우펜 왕조의 몰락과 함께 독일 역사는 중세 후기로 접어든다. 중세 후기에 독일은 왕권이 약화되고 지방 영주의 세력이 강해진다. 왕권의 약화는 제후권의 강화를 의미하는데, 여기서 합스부르크가가 등장한다(Rudolf I, 재위 1273-91). 합스부르크가는 스위스를 비롯해 엘자스와 슈바르츠발트에 걸쳐 광범위한 영지를 갖고 있었다. 1308년 선제후들은 합스부르크가의 팽창을 견제하기 위해 룩셈부르크가의 하인리히를 왕으로 선출한다(Heinrich VII, 재위 1308-14). 룩셈부르크가의 거점은 뵈멘이었다. (역주)

12) Otto Behaghel, "Geschichte der deutschen Sprache", in *Grundriss der germanischen Philologie*, Hermann Paul 편, 682쪽 (원주)

13) Herman Paul, "Geschichte der germanischen Philologie". in *Grundriss der geramnischen*

주에서도 관청어가 되었다. 예를 들면 1560년에 슐레스비히 홀슈타인(Schleswig-Holstein)에서 그러했다. 이것은 학교나 저술가의 언어 그리고 교회에서 설교의 언어가 되었다. 대략 1600년 이후 저지 독일 전체에서 새로운 표준 독일어로 설교가 이루어졌다. 대략 동일한 시대에 모든 독일의 저작물 중에서 새로운 표준 독일어가 결정적으로 승리하였다.14) 그리고 학교, 관청, 문학, 상인의 편지 등에서 사용된 이 언어는 결국 필연적으로 독일민족 "교양인"의 통일어가 되었다.

독일 통일어가 루터의 번역성서의 언어와 명백히 연결되어 있다는 사실은 이미 다음을 시사한다. 즉 상품생산과 근대국가에 의해 형성된 힘들은 하나의 민족으로 독일인의 결합을 가져왔고, 한 공동체의 성립을 가져왔다. 이 공동체 속에서는 개별 성원에게 끊임없는 교통을 통해 체험되는 동일한 종류의 문화의 영향이 공통의 민족적 성격을 낳는다. **이 모든 힘들이 종교개혁이라는 대사건 속에서 처음으로 만개되었다.**

이탈리아는 풍부한 자본주의적 발전을 처음으로 체험하고, 근대국가를 처음으로 형성하고, 자본주의와 국가 속에 인간주의적 교양인의 근대적 상층을 낳은 국가였다. 이탈리아는 이러한 점에서 가톨릭 뿐만 아니라 기독교 일반으로부터 처음으로 대량 이탈을 체험하였다. 기독교는 중세에 세대에서 세대를 이어 서서히 발전해온 것이고, 바로 토지에 결박되어 넓은 세계와의 모든 관계로부터 단절되었던 농민의 신앙이었다. 전통에 결박된 농민에게는 우선 자신의 진리에 대한 의심은 생기지 않았다. 이탈리아 자본주의사회의 새로운 사람들에게는 사정이 달랐다. 그들에게는 다른 종교 — 비잔틴 종교나 마호메트교 — 에 대한 정보가 활발하게 들어왔다. 그들은 다시 고대의 고전철학 책을 철저히 연구했다. 그래서 그들에게 오랜 전통적인 것에 대한 의심이 생긴 것이고, 그 결과 기독교는 그것의 진리가치를 검증할 수 있도록 다른 종교 및 철학 체계와 비교해야 하는 하나의 교리로 되었다. 이러한 새로운 사람들은 믿기 어려운 짧은 시간 속에서 경제적, 정치적 혁명이 이루어지고, 이 혁

　　Philologie, Hermann Paul 편, 23쪽 (원주)
　14) Behaghel, 같은 책, 673쪽 (원주)

명에 의해 매일매일 과거의 모든 것이 버려지고 새로운 세계가 세워지는 것을 눈앞에서 보아왔다. 그들에게 옛 것, 전통적인 것은 더 이상 신성하지 않았다. 그들은 감히 모든 것을 그들의 이성의 척도로 쟀다. 그들은 젊은 열정으로 "세계를 심오하게 결합하고 있는 것"을 연구하고 해명하고 고민했지만, 그들에게 기독교 교양의 전통적인 세계상은 도대체 무엇을 의미하는 것일까? 엄청난 착취의 수익으로 먹고살고, 모든 문화재를 지나치게 향유하는 그들에게 기독교의 전통적인 도덕은 무엇을 의미하는 것일까? 그래서 기독교가 서양을 정복한 이래 르네상스 이탈리아의 영주와 궁정, 부유한 자본가, 학자, 예술가, 시인만큼 사고와 생활양식에서 기독교적이지 않은 사회는 전혀 없었다. 그런데 그럼에도 불구하고 이탈리아인은 조직으로서 가톨릭교를 공격하지 않았다. 다음과 같은 명확한 이유에서였다. 그들에게 가톨릭신앙은 그것만이 고도한 경제적, 정신적 문화를 가능하게 하는 착취도구의 하나였다. 서구 기독교의 민중이 영혼의 구제를 위해 수백만의 재물을 로마로 송금하지 않았다면, 레오 10세(Leo X) 궁전의 화려함이 가능했을까? 마호메트교도나 이교도에 대한 기독교인의 지배의 필연성을 제외한다면, 지중해의 이탈리아 식민지에서 예속된 민족들에 대한 한없는 착취가 정당화될 수 있을까? 기독교적 순종의 경건한 교의로 대처할 수 없었다면, 이탈리아 국내 바로 거기서 정치적으로 억압되고 경제적으로 착취되는 자국의 민중이 압제자에 대항해서 일어서는 것을 무엇으로 저지할 수 있었을까?

독일에서 사정은 전혀 달랐다. 독일의 경제적, 정치적 발전은 이탈리아보다 훨씬 뒤쳐져 있었다. 그 결과 독일에서 정신혁명도 이탈리아에 비해 비교할 수 없을 만큼 약했다. 독일의 가장 화려한 궁전이라고 하더라도 메디치가의 교황의 화려함이나 메디치가의 피렌체의 영광 그리고 베네치아의 화려함에 맞설 수 있을까? 그리고 15세기와 16세기의 독일은 이탈리아 르네상스문화의 담지자였던 이제까지의 모든 전통으로부터 해방된 부유한 자본주의적, 궁정적 상층을 만들어내지 못했을 뿐 아니라, 한편으로 또한 독일은 전통적 기독교의 교의와 완전한 단절도 경험하지 못했다. 그러나 물론 독일이 비기독교적인 인간주의를 산출할 수 없었지만, 그러나 독일에서도 초기 자본주의적 발전은 모든 전통적 관계를 전복하고 그것을 혁명으로 추진하기 위해서는 충분히 강했다. 독일에서도 도시의 상품생산자는 자기의 의지로 운명을 개척하는 것을 배워야 했다. 또한 그의 시야는 매우 넓어졌고, 지역적 제한을 극복했다. 그는 전통의 사슬을 끊어버린 전체 사회적 존재의 변혁을 체험했다. 그래서 그에게 전통적 기독교의 교의는 그의 이성이 시도할 수 없는 어떤 신성불가침한 것은 더 이상 아니었다. 그리고 정신적 교류의 새로운 수단이 이미 광범한 대중에게 부여한 것과 밀접히 관련해서, 현재에 대한 온갖 비판은 새로운 변혁과정의 희생물이었던 사회계층들 속에서 어떻게 반향을 발견했던 것일까? 즉 자본가가 압박한 동업조합의 수공업자, 그리고 이미 사회적 투쟁에 나선 수공업직인과 노동자, 광범한 도시프롤레타리아 대중 속에서. 또한 인간주의적 영향에 의해 신사고에 민감하게 된 동일한 시대에 새로운 사물의 질서가 과거의 영광을 빼앗아버린 농촌의 기사층 속에서 반향을 발견했다. 그리고 농민층은 도시와 밀접한 교통을 통해 모든 새로운 것을 쉽게 느끼게 되었고, 수백 년 동안의 조상보다 상품생산자가 된 영주의 압박을 혹독하게 받았지만, 이 광범한 농민층 속에서조차 반향을 발견했던 것이다. 그리고 이탈리아로부터의 문헌과 순례자, 상인, 병사 등이 가져온 소식과, 교황의 궁정에서 벌어진 비기독교적으로 호화롭고 고약한 행동에 관한 소식을 이들 모든 계층은 어떻게 받아들여야만 했던 것일까! 그리고 독일인은 로마의 화려함과 영광을 가능하게 만든 부가 어디에서 온 것인가를 잘 알고 있었다. "보라 저기"라며 울리히 폰 후텐(Ulrich von Hutten)은 다음과 같이 썼다. "모든 나라에서 빼앗고 약탈한 것을 모은 세계의 거대한 곡물창고, 그리고 한가운데서 먼저 우리의 피를 빨고 고기를 먹고, 더욱이 골수까지 빼먹고, 아직 남아있는 저 깊은 곳의 해골을 부수고 분쇄하여, 수많은 공동 포식자들이 둘러싸고 거대한 과실더미를 게걸스럽게 먹어치우고 있는 탐욕스러운 바구미들을 보라." 여기 독일에서는 모든 전통적 신앙 교의의 동요는 종교에 대한 비기독교적 무관심에서 끝날 수 없었다. 독일에서는 교황권을 벗어나 공공연한 반역으로까지 추구되어야 했다. 왜냐하면 민중에 대한 착취의 도구로서 가톨릭교를 포기할 수 없었기 때문에 이교도적인 이탈리아가 가톨릭으로 머물러 있어야 하는 것이라면, 독일에서는 많은 사람이 이탈리아의 부의 비용을 부담했기 때문에 혁명적 기운이 교황권을 벗어나 공공연한 반역으로까지 나아갔던 것이다. 독일의 경제적 이해는 가톨릭교로부터의 이탈의 형태로 사회변혁을 완수하게 했다. 독일과 달리 이탈리아의 경제적 이해는 성직자의 강력한 방해로 혁명의 귀결까지 이르지 못했던 것이다.

그래서 독일은 민족의 문화에 관여하는 전체 민족에게 깊은 충격을 준 **유일하고 거대한 문제**에 갑자기 부딪히게 되었다. 그리고 거기서 전체 독일을 둘러싸고 공동체, 교통, 상호작용의 끈을 결합한 모든 힘들이 활성화되었음이 틀림없다! 이제 독일의 **책 생산**은 급속히 확대되어 거대한 규모를 이루게 되었다. 이제 인쇄된 **전단지**가 광범위하게 퍼졌다. 이제 종교적, 정치적, 사회적 **선동가**가 지방에서 지방으로 이동하였다. 이제 고등**학교**가 종교투쟁의 도구가 되고, 한편으로는 종교개혁가에 의해, 다른 한편으로는 예수회(Jesuiten)에 의해 조직되고 보급되었다. 종교개혁이 국민을 가톨릭교도와 신교도로 분열시켜, 정치적 분열이 촉진되었다고 사람들은 자주 탄식하였다! 그러나 **종교개혁의 태풍 속에서 독일인은 비로소 하나의 문화공동체가 되었다!** 당시 독일 땅에서 **당파형성**의 거대한 문화적 의의가 처음으로 나타났다. 이것은 각 사람으로 하여금 모든 수단으로써 각 사람에게 영향을 주기 위해 투쟁하도록 당파들에게 강제했고, 그래서 당파의 양 측면으로부터 각 사람에게 동일한 종류의 문화적 영향을 줌으로써 비로소 민족공동체를 형성하였다! 자본주의적 상품생산과 근대국가의 발전은 직접적, 간접적인 정신교류를 통해 광범한 층을 하나의 문화공동체로 결합하는 수단을 창조했다. 그러나 이러한 수단을 현실적으로 완전히 이용하기 위해서는, 결국 민족의 문화가 모든 독일인에게 작동하여 영향을 주고 그들을 투쟁하도록 강제하기 위해서는, 전체 민족을 일깨우는 대투쟁이 필요하였다. 민족의 생성을 위한 종교개혁의 의의는 이탈리아의 교황권에서 이탈하여 독일의 교회가 독립했다는 사실에 있는 것이 아니며, 더욱이 독일인 신교도 사이에서 독일인과 타자라는 존재의 대립의식이 높아졌다는 사실에 있는 것도 아니다. 그것은 오히려 대투쟁이 ─ 바로 독일인을 당파들로 분열시킨 투쟁이었기 때문에! ─

새로운 상황이 형성한 모든 문화적 수단을 이용하고, 그래서 이전과는 아주 다른 의미에서 독일문화공동체를 형성하도록 당파들 모두를 강제했다는 사실에 있다. 종교개혁이야말로 독일 통일어의 형성을 위한 경향이 승리하도록 도왔다는 사실보다, 또 종교개혁이야말로 비로소 가톨릭교도와 신교도에게 학교제도를 — 물론 처음에는 단지 고등학교제도를 — 수립하도록 강제했다는 사실보다, 더 분명하게 증명하는 것이 있을까! 또한 종교개혁이야말로 양 당파로 하여금 웅변가를 통해 광범한 대중을 움직이도록 강제했다! 종교개혁이야말로 양 당파로 하여금 책과 전단지를 새로운 투쟁수단으로서 이용하도록 강제했다!

　그러나 물론 종교개혁 자체는 **그렇게 해서 민족문화공동체로 된 것이 결코 전체 민족은 아니었다**는 사실도 보여준다. 사회적 비판은 우선 전통적인 종교에 대한 비판의 형태로 물론 광범한 대중에게 침투했다. 그러나 광범한 대중은 인간주의적으로 교육된 종교개혁가의 말을 이해할 수 없었다. 그래서 종교개혁은 농민이나 도시 프롤레타리아, 농촌의 수공업자나 가내공업자의 수중에서는 종교개혁가가 생각했던 것과는 다르게 되었다. 그러나 이들 계급이 이러한 대변혁 속에서 **자신들의** 혁명을 이루려고 했을 때, 종교개혁의 대변자는 그들에게 반대해야 했다. 마르틴 루터만큼 봉기한 농민에 반대하여 잔혹하게 화를 낸 사람은 없었다. 농민이 압제자에 반대하여 봉기했을 때, 루터는 "찌르고, 때리고, 할 수 있으면 여기서 목을 졸라라!"고 썼다. "여기서 죽어라. 아마 여러분들은 그보다 지복한 죽음을 더 이상 만날 수 없을 것이다. 여러분은 하나님의 말에 순종하여 이웃을 구하려는 사랑 때문에 죽는 것이기 때문이다." 그리고 후에 그는 또 이렇게 떠벌렸다. "나, 마르틴 루터는 폭동이 일어났을 때 모든 농민을 살해했다. 왜냐하면 내가 그들을 때려 죽이라고 명을 받았기 때문이다. 그들의 모든 피가 내 머리를 적시고 있다. 그러나 나는 나에게 이것을 말하라고 명한 우리 주 하나님에게 의지하고 있다." 그리고 매우 잔혹하고 사정없이 루터는 사회혁명적, 공산주의적 당파에 반대했는데, 이들 당파 속에서 도시 프롤레타리아트와 소규모 수공업자, 광부, 농촌의 직인 등이 자신들의 혁명을 이루고자 했던 것이다! 루터는 부유한 교회의 재산을 자신의 목적에 도움이 되도록 하기 위해 종교개혁을 이용한 영주들의 사람이었고, 교육을 통해 자신이 속하게 된 상류시민층의 사람이었다. 그는 농민과 프롤레타리아로부터 얼마나 먼 문화적 거리를 느꼈을까! 종교개혁이 보급하고 통일하려고 했던 문화야말로 바로 이 상류층의 문화였던 것이다. 그들을 위해 종교개혁가와 예수회는 책을 쓰고, 그들을 위해 양자는 그들의 학교를 세우고, 새로운 복음교회와 트리엔트 종교회의(Tridentinum)15) 및 예수회의 가톨릭교의 정신생활에 그들의 문화생활을 반영시켰다. 단지 비교적 작은 계층만을 민족문화의 담지자로 만든다는 이러한 편협함을 가능하게 한 것은 반종교개혁이었다. 종파를 둘러싼 투쟁이 현실적으로 민족 전체, 무엇보다도 광범한 농민대중의 문제였다고 한다면, 어떻게 영주가 가신의 종파를 규정하는 것이 그 당시 가능할 수 있었을까!

이것은 명백히 **시민적 문화공동체의 한계**를 나타낸다. 이 공동체는 영주의 궁정에서의 가신들과 궁정귀족, 관청의 관료들, 유복한 시민계급, 도시의 신흥 자유업자를 포괄한다. 프롤레타리아만이 아니라 거칠고 무지하고 힘든 노동을 행하는 농민도 이 공동체로부터 제외되었다. 이들 농민에 관해 시민의 농담은 이렇게 비꼬았다.

> 농민이 황소를 대신한다,
> 그러나 머리에 뿔이 없을 뿐.

시민적 발전은 확실히 기사적 문화공동체보다도 넓은 계층을 문화공동체 속으로 끌어들였다. 그러나 그것은 단지 사람들을 두 개의 커다란 부분으로 분열시켰을 뿐이다. 그 중 한편만이 민족문화를 갖고 동일한 종류의 문화적

---

15) 트리엔트 종교회의는 1545년에 트리엔트에서 열린 회의로, 루터의 종교개혁 이후 신, 구교파로 갈려 갈등했던 종교상황을 Karl V가 기독교세계의 수호자로서 신앙을 재통일하기 위해 소집하였다. 1548년에는 속인의 성직 서임과 성직자의 결혼을 허용하는 아우구스부르크 잠정조치가 발표되어 타협책을 모색하기도 했지만, 성과는 별로 없었다. 오히려 1618년부터 30년 전쟁이 일어나 반종교개혁의 경향이 거세지기도 한다. 트리엔트 종교회의의 결과는 당시에는 다른 나라들에 영향을 주지 못하다가, 후에 종교개혁과 함께 가톨릭교의 내부 쇄신이 시작되는데 반영된다. (역주)

영향을 통해 민족공동체를 결합할 수 있었다. 반면, 다른 한편에 노동하는 계급들이 있고, 그들에 대한 착취 위에서 수준 높은 문화가 만들어졌지만, 그들 자신은 문화로부터 배제되고 문화의 창조력에 도달하지 못했으며, 따라서 또한 문화의 영향을 받지도 못했다. 노동하는 계급들은 더욱 차이가 나게 된 방언을 말하고, 더 이상 서로 이해할 수 없었다. 반면에 교양인들은 이미 통일독일어를 가졌다. 책과 전단지는 노동하는 계급들을 통일하지 못했다. 그들은 읽을 수 없었기 때문이다. 그들은 민족의 학교와 교육에 전혀 관여하지 못했다. 그들은 민족을 구성하지 못했고, 장원제의 농민과 마찬가지로, 여전히 **민족의 예속민**일 뿐이었다. 물론 그들의 노동이야말로 민족문화를 더욱 가능하게 만들었지만, 자신들을 위해서가 아니라 자신들을 착취하고 억압하는 계급들을 위해서 그렇게 만들었던 것이다.

제7장 초기자본주의 시대 교양인의 문화공동체

　초기 자본주의시대가 전진을 향한 통일적인 발전을 나타내지 못하고, 주목할 만한 후퇴운동을 통해 저지되었다는 사실은, 독일민족의 발전사에서 하나의 특징이다. 독일에서는 이미 상술했던 초기 자본주의적 발전이 비교적 이른 시기에 시작되었지만, 그러나 경제적 대변동의 결과로 하나의 반동이 나타났다. 그리고 이 반동은 16세기 후반부터 18세기 중엽까지 민족문화공동체의 모습을 특징지었다. 이 반동은 **통상로의 대이동**과 함께 등장했다.
　최초로 급속한 자본주의적 발전을 경험했던 민족인 이탈리아인은 착취 영역을 점점 더 확대하려는 모든 자본주의에 내재한 충동을 처음으로 느낀 사람들이었다. 이탈리아인이야말로 지리상의 발견의 위대한 시대를 가져왔다. 이미 15세기에 제노바인은 카나리아군도를 발견했다. 그들은 또한 동인도항로를 발견하려고 시도했던 최초의 사람들이었다. 그리고 대서양 연안의 민족들이 탐험 항해를 시도했을 때, 그들은 이탈리아인을 이용했다. 아메리카의 발견자인 "크리스토프 콜럼부스는 미지의 바다의 항해로 서구 민족들에게 공헌한 모든 이탈리아인 중 가장 위대한 인물이었다."1) 유럽 서해안의 민족들 중 포르투칼인은 성공적으로 최초의 대담한 탐험 항해를 시도했다. 그들은 1484년 콩고의 해안을 발견했고, 이어서 1498년 마침내 오랫동안 추구해 온 동인도항로를 발견했다. 그와 함께 지중해 연안에서 대서양 연안으로 세계무역의 중심이 이동하기 시작했다. 자본주의 민족들의 주도권은 이탈리아인의 손에서 포르투칼인과 스페인인, 네덜란드인, 프랑스인, 영국인의 손으로 순차적으로 이동했다.

---

1) Jakob Burckhardt, *Kultur der Renaissance*, Leipzig 1904, 제2권, 4쪽 (원주)

우리는 남부 독일의 자본주의적 발전이 이탈리아와 북방 여러 나라 사이에서 극동의 값비싼 보물의 중계무역을 지배한 것에 적지 않게 의거했다는 사실을 알고 있다. 포르투칼인은 일련의 전쟁으로 인도로부터 아라비아를 경유하여 이탈리아에 이르는 통상로를 파괴했다. 더 이상 중근동을 통한 육로가 아니라 해로로 타국의 상품이 유럽으로 운송되었다. 지금은 북부 이탈리아의 대도시들 대신에 리스본이 인도와의 무역중심지로서 등장했다.

남부 독일의 대상인들은 물론 무엇보다 새로운 관계에 적응하는 기술을 알고 있었다. 우리는 스페인과 포르투칼에서 그들의 거점을 금방 발견하며, 통상로의 이동에도 불구하고 인도무역도 여전히 그들의 수중에 있었다. 그래서 푸거가(die Fugger)는 리스본에서 몰루카무역(Molukkenhandel)[2]을 했고, 스페인이 개발한 아메리카의 부(Reichtümer)도 독일 자본에 도움이 되었다. 그래서 벨저가(die Welser)는 베네수엘라를 착취했다. 벨저가와 엘링거가(die Ellinger)는 산도밍고(San Domingo)의 구리광산을 임차했다. 1576년부터 1580년까지 인도의 향료무역은 독일인의 수중에 있었다. 그리고 흑인노예거래도 경건한 독일인이 일시 독점했다. 그러나 스페인의 지배와 착취에 대한 독일 자본의 풍부한 몫은 독일 자본주의의 몰락을 일시적으로 제한할 수 있었지만, 저지할 수는 없었다. 1575년 스페인인은 국가적 파산을 체험했다. 스페인 국왕에 대한 외국인 채권자들의 요구는 무효라고 선언되었다. 그로 인해 이탈리아인 자본가와 함께 누구보다도 독일인 자본가가 타격을 입었고, 거대한 독일 자본은 그렇게 사라져버렸다.

그래서 고지 독일의 자본주의의 당당한 건물은 무너져버렸다. 1611년 존경받던 벨저상가가 파산했고, 1653년 푸거가가 스페인의 영업소를 해산했다. 1581년에 한 설교사는 고지 독일의 경제적 몰락을 매우 분명하게 묘사했다. "상인층과 거래상에서 불행의 불행이 쌓이는 탄식소리가 방문하는 곳마다 들리고, 그래서 일찍이 우수한 신분이나 부유함, 유복함, 높은 선망이었던 많은 사람들이 가난해지고 파산하는 것을 본다. 상인이나 수공업자, 시참사위

---

[2] Molukken은 인도네시아의 동쪽에 있는 향료의 원산지로 유명한 곳을 말한다. 따라서 몰루카무역은 향료의 무역을 가리킨다. (역주)

원, 상류가문, 백작과 귀족 사이에 날마다 이러한 일이 눈앞에서 일어나고 있다."3)

오랫동안 스칸디나비아 여러 나라들, 북부 슬라브 여러 나라들, 영국과 네덜란드의 무역을 중계해온 남부 독일 상업의 후퇴와 거의 동시에 저지 독일 상업의 후퇴도 나타났다. 이미 헨리 7세(Heinrich VII)는 영국 상인을 위해 영국에서의 한자동맹의 특권을 공격했다. 1491년 한자동맹은 영국에서의 특권을 유지하는 데는 성공했지만, 그러나 그것은 영국인에게 발트해로의 진입과 무엇보다 단치히(Danzig)와의 자유무역을 승인함으로써만 가능하게 되었다. 헨리 7세가 시작한 일은 엘리자베스 치하에서 완료되었다. 1550년경 한자동맹은 아직 영국으로부터 옷감을 수입할 때 높은 특혜를 유지했고, 매년 약 43,000매의 조포와 기타 모직물, 아연, 주석을 수입하는 대가로 밀랍과 옷감, 아마포, 타르 그리고 남방의 산물을 영국으로 가져갔다. 1567년 이미 당시 영국의 대외무역의 선구자였던 모험상인들(merchant adventurers)이 함부르크로 이주하는데 성공했다. 그들은 곧 해약 통보를 받고 함부르크를 다시 떠나야 했지만, 그러나 영국도 영국에서의 한자상인의 특권을 폐지하는 것으로 대응했다. 동시에 영국은 한자동맹의 함대를 공격했다. 스페인에 전시통제품을 공급했다는 구실로 영국인은 60척의 한자동맹의 배를 순식간에 나포하였다. 그 이후 1598년 제국이 독일 땅에 모험상인들의 진입을 금지했을 때, 영국인은 오랜 전통이 있는 런던의 길드할레(Gildhalle)로부터 한자상인을 추방하는 것으로 이에 대응했다. 그리고 영국의 상인은 이미 1611년 함부르크로 복귀할 수 있게 되었고, 함부르크가 독일에 대한 영국 상품의 돌파구가 된 반면 독일인의 추방은 계속되었다.

영국인과 동시에 스칸디나비아인도 한자상인에 의한 착취에 저항했다. 스칸디나비아 여러 나라들과 수익 많은 무역은 독일 상인의 손에서 네덜란드인의 손으로 옮겨졌다. 그러나 네덜란드는 더 이상 독일에 속하지 않았다. 전체 독일에 손해를 입힌 통상로의 거대한 이동은 일시적으로 네덜란드를 유럽 자본주의의 가장 발전된 나라로 만들었다. 밀접한 문화공동체가

---

3) Steinhausen, 같은 책, 540쪽 (원주)

세 개의 서로 다른 독일 종족으로부터 발생한 오늘날의 네덜란드 주민을 결합시켰다. 네덜란드인의 상이한 정치적, 종교적 발전과 민족적인 과학과 예술은 풍부한 경제적 문화의 토대 위에 서 있으며, 더욱 밀접한 문화공동체의 도구로서 공통독일어와는 다른 독자적인 통일어를 발생시켰다. 그래서 네덜란드인은 독일 민족의 총체(Gesamtkörper)로부터 분리되어 자신의 국가를 형성했을 뿐 아니라 하나의 고유한 민족으로 되었다. 그리하여 세계무역의 새로운 발전이 네덜란드인들에게 가져온 경제적 수익도 독일민족에게는 도움이 되지 않았다.

독일 대상업의 파멸과 대자본의 붕괴 그리고 상업이윤의 폐지는 곧 바로 상업생산과 관련된 독일 주민의 모든 계층 속에서 감지되었다. 광업과 농촌 가내공업의 발전은 방해받고, 수공업자는 가장 지불능력이 있는 고객을 빼앗겼다. 거기에 또 다른 사태가 추가되었다. 유럽에서 화폐경제에 기초한 새로운 국가들의 발전은 우선 많은 파멸적인 **전쟁**을 가져왔다. 서구 민족들이 이미 거대한 국민국가를 형성했던 반면에, 영토적 분산에서 무관심했던 민족들은 먼저 이러한 전쟁의 희생자가 되었다. 이탈리아인이 당시 다른 나라의 지배 아래 종속되었듯이, 독일은 유럽의 모든 대국의 군대가 우열을 다투는 전쟁무대가 되었다. 특히 30년전쟁을 통한 황폐함은 독일의 발전을 방해했다. 게다가 많은 영방에서 바로 가장 자본력이 있고 가장 영업에 열심인 계층들을 국가로부터 추방시킨 **반종교개혁**이 아직 폭력적으로 관철되고 있었다.

독일의 자본주의적 발전을 방해한 이러한 모든 사태는 일시적으로 자연경제적인 후퇴를 가져왔고, **민족문화공동체를 협소하게 만들었고**, 본질을 변화시켰다.

민족문화공동체의 정점에는 우선 독일 **영주들의 궁정**과 **귀족**이 서있었다. 그러한 발전은 귀족들에게 결코 **경제적으로** 불리한 것은 아니었다. 오히려 바로 반종교개혁의 대격변과 30년전쟁의 참혹함은 농민의 착취를 전대미문으로 강화하고 황폐화된 농민의 토지를 영주지로 바꾸고 또 무방비 상태인 농민의 부역을 무제한으로 확대할 기회를 제공했다. 그러나 그럼에도 불구하고 국가의 **정치적** 발전은 귀족에게 불리하였다. 귀족의 군사적 의미는 회복할 수 없는 과거사가 되었고, 그래서 강력한 용병군대, 후에는 징병제에 기초한 상비군에 뒷받침되어, 군주는 신분제의회로 재통합된 귀족의 정치권력을 영속적으로 굴복시켰다. 귀족은 더 이상 자립적인 봉건영주로 존재할 수 없었다. 새로운 국가는 관료제와 군대의 최고위직을 귀족을 위해 남겨두었고, 귀족은 그러한 새로운 지배의 수단을 제공받는 것에 만족해야 했다. 귀족은 더 이상 — 중세에서와 같이 — 자립적으로, 자기 자신의 경제적, 정치적 권력을 통해 유지될 수 없었다. 귀족은 더 이상 국가에 **적대해서** 지배할 수 없었고, 단지 국가를 **통해서**만 지배할 수 있었다. 그러나 문화적으로 이것은 커다란 차이를 의미했다. 왜냐하면 귀족의 새로운 문화는 이제 궁정방식으로 되기 때문이다. 전국의 귀족은 영주의 궁정예법을 모방했고, 군주의 기분은 유행으로서 국내의 모든 성에서 법이 되었다. 독일의 소국들의 이러한 궁정예법은 그러나 당시 가장 발전했던 절대주의국가의 귀족, 즉 프랑스 국왕의 화려한 궁정 속에서 필연적인 모범을 발견했을 것이다. 그래서 프랑스의 예법과 유행, 프랑스적 경박함과 예술이 독일로 들어오게 되었고, 이것은 옛 독일적인 모든 존재를 없애버렸다. 프랑스에 머무르는 것은 젊은 귀족의 교육에서 가장 필수적인 구성부분이 되었다. 프랑스어는 궁정인과 귀족의 사회에서 독일어를 완전히 몰아냈다. 프리드리히 2세(Friedrich II)는 고트쉐트(Gottsched)에게 일찍이 이렇게 고백했다. "나는 청년 시절부터 독일어책을 읽은 적이 없고, 독일어를 마부처럼 말한다. 그러나 이제 나는 46세의 남자이고 독일어를 배울 시간은 더 이상 없다." 프랑스 귀족의 변화되는 유행은 독일에서 급속히 유행한다. 사교계의 사람이 귀족층의 교육의 이상형이 된다. 귀족의 정신적 존재가 그것을 통해 내면적으로 어떻게 변화되었는가는 동시대인에게 이미 나타나 있었다.

"유행의 의상에, 유행의 마음 —
외면이 변하는 것처럼 내면도 변한다."

궁정귀족과 나란히 자유업의 계층, 즉 **인간주의적 교양인**(humanistisch Gebildeten)이 이 시대 "교양인"의 두 번째 구성부분을 이룬다. 그 중심에는 근대국가에 의해 발전된 관료가 있다. 거기에 성직자, 고등학교 교사, 의사 등이 추가된다. 이들은 궁정귀족에 비해 적지 않게 외국의 영향을 받았지만, 그러나 그들에게 프랑스의 영향은 인간주의적 교육의 영향만큼 강한 것은 아니었다. 고등교육은 독일어를 보호하지 않았다. 쿠르작센(Kursachsen)의 학교지침은 고등학교에서 모국어의 사용을 금지했다. 특별 감독관이 학생들 스스로가 서로 라틴어만으로 대화하는지를 감시했고, 독일어 회화는 처벌받았다. 라틴어를 유창하게 사용하는 것과 고전적 고대 저술가의 지식에 정통하는 것이, 이때 물론 역사적 관심은 문헌학적 관심의 배후로 훨씬 후퇴한 것이 틀림없지만, 그러한 "인간주의적" 교육의 이상이었다. 모든 과학적 문헌과 학교규범에 어울리는 아름다운 문학은 라틴어에 의한 것이었다.

귀족과 인간주의적으로 교육된 자유직업인과 함께, 생산과 상업에 종사하는 **시민계급**은 민족문화공동체에 관여하는 경우가 매우 적었기 때문에 자신의 고유한 민족교육을 창출할 수 없었다. "교양인"과 "상류사회"에 속하고 싶은 사람은 프랑스-궁정적인 교육과 라틴어 교육을 몸에 익혀야 했다. 그것을 지향하는 것은 사실상 독일의 대도시, 즉 영국과의 무역으로 부유하게 된 함부르크, 슬라브 여러 나라들과의 무역으로 커진 라이프치히, 그리고 프랑스의 풍부한 발전으로부터 많은 기회를 얻은 스위스의 도시들과 같은 비교적 소수의 도시귀족에 불과했다.

이러한 "교양 있는 상류사회"의 계층 아래 **수공업자, 농민, 노동자**의 광범한 대중이 존재한다. 그들은 공통의 민족문화의 끈으로 결합되어 있지 않았다. 그들은 거의 어떤 학교교육도 받지 못하고 자랐다. 그들은 공적 생활에 관여하지 않았다. 시와 예술은 그들에게 다가오지 않았다 — 당시에는 독일 극장의 "대소동"(die Haupt- und Staatsaktion)[4])이나 익살극과 같은 저급한 형태로만 가능했을 뿐이다. 거대한 세계의 사건들이나 서구의 경제적, 정치적 혁명들, 자연과학과 국가학의 위대한 진보는 그들에게 알려지지 않았다.

---

4) "die Haupt- und Staatsaktion"는 17세기와 18세기 전반 독일의 유랑극단에 의해 공연된 대중적인 연극을 말하며, 주로 어릿광대극이나 익살극을 공연하였다. 심각한 정치적 주제도 익살적인 요소로 해석되어 공연되었다. (역주)

단지 서서히 독일 자본주의는 세계경제의 대변혁과 반종교개혁 그리고 30년전쟁의 잔학행위로부터 받은 심각한 타격을 회복해갔다. 이것은 국가의 의식적인 뒷받침을 통해서 이루어졌다. 근대국가는 상품생산을 기초로 해서 성장했다. 인민의 노동수익의 일부가 조세로서 화폐형태로 징수되어, 두 개의 커다란 권력수단인 관료기구와 군대를 형성하고 유지하는 도구가 되지 않는다면, 근대국가는 발생할 수도 없고 존재할 수도 없다. 필연적으로 국가는 상품생산의 지속적 발전을 위해 노력해야 했다. 그러나 상품생산은 자본주의적 상품생산으로서만 사회적 생산의 일반적 형태로 존재할 수 있다. 그래서 자본주의적 발전을 장려하는 것이 필연적으로 국가의 임무가 되었다. 이러한 목적에 봉사한 것이 **중상주의정책**이었다. 물론 서구의 강대국에 알려져 있는 대규모적인 중상주의정책을 독일의 작은 영방들이 그대로 받아들이기에는 역부족이었다. 그러나 최소한 이들 영방도 자본주의적 발전의 장려를 이해했다. 공업제품에 대한 수입관세와 원료에 대한 수출관세를 통해 이들은 공업의 발전을 장려했다. 이들의 영업입법(Gewerbegesetzgebung)은 동업조합이 자본주의의 발전을 방해하는 것을 저지하려고 시도한 것이다. 또 이들의 농업입법(Agrargesetzgebung)은 영주들이 농촌 노동자가 공업으로 이동하는 것을 방해하지 못하도록 하려고 시도한 것이었다. 이들 영방은 때로 야비하고 잔인한 수단을 사용하여 인위적으로 공업생산물에 대한 수요를 창출했다. 또 외국의 자본가와 공장장을 초빙하여 발전을 촉진시키려고 시도했다. 이들 영방은 노동자의 욕망이 자본가에게 불쾌하지 않도록 최고임금과 최저노동시간을 확정하고, 인간적인 상태를 위해 투쟁하는 노동자의 어떤 시도에 대해서도 잔혹하게 처벌했다. 이렇게 이들 영방은 모든 수단을 통해 자본주의의 발전을 장려했다. 이러한 지지를 받아 독일 자본주의는 차츰 회복되었다. 독일인 상인의 수와 부가 증가하고, 다시 매뉴팩쳐와 가내공업이 확대되고, 광산도 번영하기 시작했다. 그리고 시민층의 증가와 함께, 언제나 자본주의적 발전과 동행하는 사람들, 즉 고급직장인과 자유직업인의 수와 부도 증가했다. **독일의 시민사회**는 다시 형성되기 시작했다. 시민의 자각도 높아졌다. 20, 30년 전만해도 루트비히 폰 바덴(Ludwig von Baden)은 "주눅 들고 소심한 것이 시민들 사이에 일반적으로 보이는 병"5)이라고 황제에게 썼던 반면에, 고트쉐트(Gottsched)의 주간지 <정직한 사람>(Der Biedermann) 중에는 이미 다음과 같이 서술되어 있었다. "신용과 명망 있는 상인은 의심의 여지없이 조잡하고 낭비가 심한 융커(Junker)보다 훨씬 대단한 영예를 가진 진정한 귀족이다."6)

이러한 시민사회는 점차 자신의 문화도 창조했다. **독일어**는 귀족의 프랑스어, 법률가나 신학자의 라틴어에 대해 다시 자신의 지반을 확보하기 시작했다. 1570년 독일에서 인쇄된 책의 70%가 라틴어로 서술된 것인 반면, 1730년 독일에서 인쇄된 라틴어 책은 전체 독일 서적출판의 30%에 불과했다. 대략 1680년 이래 시는 이미 압도적으로 독일어로 씌어졌다. 1687년 토마시우스(Thomasius)7)는 처음으로 독일어로 대학의 강의를 실행했다. 크리스티안 프리드리히 볼프(Christian Friedrich Wolff)8)의 영향 아래 철학도 독일어를 사용하기 시작했다. 대략 동시에 의학도 그러했다. 법률가가 애용한 라틴어가 가장 오래 계속 사용되었다. 비로소 1752년 독일어로 인쇄된 법률의 서적수가 라틴어 서적수보다 많아졌다. 이러한 독일어의 새로운 사용은 기본적으로 지식의 영역에 대한 독일어의 정복과 통일독일어의 형성을 의미하는 것이고, 지식의 영역에서 통일독일어가 이제 **형성되어야** 했던 것이다. 그러나 민족의 문화공동체에 참가하기를 바라는 넓은 시민층의 수가 증대한 것은, 민중의 언어가 외래어를 몰아내야 하는 것으로 귀결되었을 뿐만 아니라, 동시에 확

---

5) Ludwig von Baden(1655-1707)은 파리에서 태어나 독일 제국군대의 군인으로서 터키와 프랑스에 대적하여 싸웠다. (역주)
6) Steinhausen, 같은 책, 643쪽 (원주)
7) Christian Thomasius(1655-1728)는 라이프치히의 법학 교수로, 독일어로 개설된 최초의 강의를 했다. 자유주의적 성향 때문에 라이프치히로부터 추방되어, 할레로 가서 1690년 할레대학의 설립에 참여했다. 그는 종교적 마녀사냥과 고문에 대한 반대자로 알려졌다. (역주)
8) Christian Friedrich Wolff(1679-1754)는 할레의 수학 교수였는데, 1723년 자유주의적 성향 때문에 추방되었지만 1740년 프리드리히 대제에 의해 복귀되었다. 볼프는 라이프니츠의 사상을 보급했고, 칸트가 지배하기까지 영향력을 발휘했다. 그는 볼테르의 "깡디드 Candide"에서 풍자되었다. (역주)

실히 **정신문화의 내용**도 변화되어야 하는 것으로 귀결되었다. 궁정귀족의 문화도 그리고 제한된 학자층의 문화도 발흥하고 있는 독일 시민계급의 상층부의 문화일 수 없었다. 이러한 사실은 우리 문학에 분명히 반영되어 있다.

독일어 문헌은 다른 민족이 영향을 미친 최악의 시대에도 완전히 붕괴되지는 않았다. 오히려 독일 문학은 자신의 내부에 궁정-귀족적 요소와 학자-철학적 요소를 통일했다. 비록 독일 문학이 독일어에 봉사했지만, 프랑스시와 고전시에 대한 인위적인 모방과 "작품"의 교훈주의는 예를 들어 **오피츠**(Opitz)의 작품을 완전히 프랑스어 혹은 라틴어로 씌어진 그 시대의 저작과 동등한 수준으로 만들었다.9) 이러한 독일인 작가가 대상으로 했던 독자는 순진한 벡커린(Weckherlin, 1584년에서 1650년)에 의해서 명쾌하게 언급되고 있다.10)

> "나는 모든 사람을 위해서도, 모든 사람에 관해서도 쓰지 않는다
> 내 시구는 예술적이고 가치가 있다,
> 학식 있는 사람만을 대상으로 쓴다면,
> 그러면 현명한 군주의 마음에 들 것이다."

그러나 독일 문학은 시민계급이 서서히 패배로부터 다시 회복되던 때 비로소 개화할 수 있었다. 그때 먼저 광범한 시민층의 취미가 그 시대의 과장된 소설과 독일어 무대의 천박한 각본이 가져온 조악함으로부터 회복되어야 했다. 그래서 독일어 문헌은 우선 프랑스인의 고전시의 형태를 강하게 띠어야 했고, 그것을 통해 예술적 형태에 대한 한층 수준 높은 요구를 자각해야 했다. 그러나 시민계급은 자신의 예술을 창조하는 데 충분히 자신 있게 되자, 그들은 첫 번째 단계를 잘 오르기 위해 필요했던 목발을 던져버리고, 이제는 자유로이 자신의 예술을 창출했다. 새로운 예술은 자신의 **시민적** 기원을 자

---

9) Martin Opitz(1597-1639)는 실레지아(Silesia) 출신으로 작가이며 시인이었다. 오피츠는 폴란드에서 외교관으로 일하다가, 1636년부터는 궁정역사가로 일했다. (역주)
10) Weckherlin,(1584-1653)은 슈투트가르트(Stuttgart)에서 태어난 서정시인으로 런던에서 죽었다. 본문에서 바우어는 벡커린의 사망년도를 잘못 서술했다. (역주)

각하고 있었다. 그것은 선행했던 궁정 및 학자문화에 대한 투쟁을 통해서만 획득될 수 있다는 사실을 독일문학의 역사가는 오늘날 충분히 강하게 느끼고 있다. 직접적 선행자에 대한 우리 고전가의 엄격한 비판에도 불구하고, 이것들을 공평하게 평가하고 상응하는 역사적 지위를 할당하는 것은 쉬운 일이 아니다. 힘을 얻은 시민계급이 군주적-귀족적 문화에 대한 대립을 의식하게 되었듯이, <Emilia Galotti>와 <Götz>, 그리고 실러(Schiller)의 청춘연극에서 우리의 문학작품들은 군주에게 도전장을 내밀었다.11) 독일의 예술이 자신의 시민적 기원을 자각하고 있었다는 사실은 실러의 유명한 시에서도 충분히 분명하게 언급된다.12)

"아우구스투스 시대도,
메디치가의 호의도
독일의 예술에 미소 짓지 않았다;
영예를 받지 않고,
영주의 은혜로운 빛도 받지 않고,
독일의 예술은 꽃을 피웠다.

가장 위대한 독일의 아들,
프리드리히 대왕의 왕관에 의해
보호되거나 존중되지 않고 걸었다.
자랑스럽게 독일인은 말할 수 있다,
가슴이 더욱 기쁘게 뛰고 있는 것을,
스스로 가치를 창조했다는 것을."

여기서 스스로가 창조한 문화를 자랑스러워하는 독일 시민계급의 당당한 자각을 볼 수 있다.

---

11) "Emilia Galotti"는 Gotthold Ephraim Lessing의 드라마(1772년 작) 이름이다. "Götz"는 "Götz von Berlichingen"의 축약으로, 질풍노도(Sturm und Drang) 시대에 산출된 Goethe의 드라마(1773년 작) 이름이다. (역주)
12) 출처는 Friedrich Schiller, "Die Deutsche Muse" (역주)

그리고 이러한 시민계급의 성장은 얼마나 거대한 정신적 변화를 가져왔던 가! 귀족문화가 프랑스로부터 들어와 해마다 바뀌는 유행과 함께 독일을 지배했을 때, 독일 시민계급은 전통에 강하게 매여 있었다. 아버지가 살고 생각하고 느낀 것처럼, 자식도 그렇게 살고 생각하고 느꼈다. 이 시대에 궁정방식이나 학자방식의 사고가 아니라, 소박한 시민방식의 사고로 말한 한 사람의 시인을 살펴보면, 우리는 그가 확실히 전능한 전통에 매여 있었다는 사실을 알게 된다 — 예를 들면 소박한 저지 독일인 한스 라우렌베르크(Hans Laurenberg)는 이렇게 말한다.13)

"옛 시대를 통해 나는 그대로 남을 것이다,
높아지려고 노력하지도 않을 것이다,
아버지의 방식이 또한 나의 것이다."

시민계급의 힘이 다시 강해졌을 때, 상황은 완전히 달라졌다. 이제는 시민적 발전에 대항하는 귀족이 보수적으로 된다. 시민계급은 이성의 척도로 모든 것을 다시 재기 시작한다. 시민계급은 — 물론 사고 속에서 뿐이지만 — 전통적인 세계를 개조하고, 전통적 문화를 자신의 생각에 따라 변형시키기 시작한다. 이것은 **계몽주의**의 시대이며, 그것의 비판에 전통적인 도덕이나 생활의 풍습, 전통적인 종교, 전통적인 국가가 복종해야 했다. 수많은 월간지 및 주간지가 전 독일의 교양인 속에 "자연종교", "자연도덕", "자연국가"의 사상을 보급했다. 계몽주의적 비밀결사는 독일 교양인의 영향력 있는 계층을 통일했다. 그리고 프랑스와 영국의 대대적인 발전과 비교하면, 이러한 계몽주의는 제한적이고 한정된 것이고 또 그것의 거대한 성과가 광범한 독일 대중에게 제한된 형태로 밖에 영향을 주지 못했지만, 바로 독일 시민계급의 점차적이고 힘든 발전에 따른 제한된 성격 속에서, 계몽주의와 밀접히 결합된 우리 고전시와 마찬가지로 **민족문화공동체를 통합하는 끈**으로 되었던 것

---

13) Hans Laurenberg(1590-1658)는 북부 독일 출신의 시인으로, 저지 독일어 방언으로 글을 썼으며, 근대의 유행에 관한 풍자는 널리 읽혔다. 그는 외국의 영향으로 독일어가 변하는 것에 대해 반대했다. (역주)

이다. **통일독일어의 승리**는 이러한 우리 문학의 발전을 통해 완수되었다. 독일 문학이 다시 부흥하기 직전에 아직 스위스에서는, 전 독일에 독일어의 사용을 명령한 오버작센(Obersachsen)의 "독재적 뻔뻔함"으로부터 해방되어야 하며 자신의 스위스 문장어를 형성해야 한다고 얘기되고 있었다. 이제 그것은 더 이상 문제가 아니다. 왜냐하면 새로운 고지 독일통일어의 공동체로부터의 이탈은 이제는 우리 예술과 철학의 거대한 보물의 향유를 스스로 버리는 것을 의미하기 때문이다.

오늘날 최고 교양인 중 누가 인격의 형성에서 우리 고전시의 영향을 받지 않았다고 감히 생각할 수 있을까! 누가 달아오른 얼굴로 실러의 <떼도적 Räuber>[14]을 처음으로 읽은 소년시절이 없었다고 생각할 수 있을까! 누가 청년시절 <파우스트 Faust>와 함께 처음으로 세계의 수수께끼를 사색하던 날이 없었다고 생각할 수 있을까! 그는 베르테르(Werther)와 함께 첫사랑의 아픔을 일찍이 느꼈던 것이다! 우리 고전 저자들의 창조물은 우리 각자에게 자신의 개인적 체험이자 자신의 소유물로 되었다. 그리고 개인의 존재와 관련되는 것은 다른 독일인 각자의 존재와 관련된다. 그래서 우리 모두를 눈에 보이지 않는 끈이 결합시킨다. 내 것으로 되는 것은 다른 모든 사람의 것으로도 되었다. 그래서 그것은 우리 모두에게 동일한 것처럼 작용하고, 우리 모두를 하나의 공동체로 만든다. 그것은 우리 모두를 독일인으로 만드는 것이다. 충분히 이해했다고 생각하지만, 독일인의 고전시가 우리 **민족의식**을 위해 무엇을 의미하는가에 관해서는 여기서 말하지 않겠다. 우리가 독일인의 이름 앞에서 자랑스럽다고 생각할 때, 레싱(Lessing)과 실러, 칸트와 괴테를 떠올리는 것에 관해서도 말하지 않겠다. 그러나 **우리 고전시가 독일인 각자의 체험이 되고 결정적인 운명이 됨으로써, 독일민족의 통일적 성격을 함께 연**

---

14) 실러는 독일 계몽주의의 "질풍노도" 시대의 아들로, 특히 괴테의 "젊은 베르테르의 슬픔"과 셰익스피어의 희곡 "오셀로"에 자극을 받아 희곡 습작을 했다고 한다. 실러의 처녀작 "떼도적"("군도"라고 번역하기도 한다)은 1781년 익명으로 출판되었는데, 격렬한 자기주장과 시대비판의 감정을 드러내고 있으며, 다음해 만하임 극장에서 초연되어 센세이션을 일으켰다. 그러나 이로 인해 영주의 노여움을 사게 된 실러는 일시 망명하기도 했다. (역주)

마혔다는 사실에 관해서는 말하고자 한다.

그리고 우리 고전시에 해당하는 것은 독일 계몽주의에도 적지 않게 해당된다. 아마 계몽주의의 영향은 바로 우리가 그것을 대부분 독일시의 영향만큼 분명히 보지 못하기 때문에 훨씬 클지도 모른다. 오늘도 여전히 어느 독일 신문을 손에 잡은 사람이 누구이건, 어느 설교를 유심히 듣거나 혹은 어느 독일 마을의 초등학교 교장의 얘기를 듣는 사람이 누구이건 ― 신문이 사회주의신문이건, 설교사가 정통가톨릭이건, 초등학교장이 프로이센의 보수주의자이건 관계없이 ― 그는 계몽주의 시대로부터 세대를 거쳐 증식되고 우리가 느끼는 것 이상으로 강하게 오늘도 여전히 우리 모두에게 작용하고 있는 모든 영향을 한없이 다시 또 듣고 있다. 당시 독일 시민계급이 스스로 생각하고, 외래의 것과 자신의 것을 융합해서 만든 것은 오늘도 우리의 것이다. 18세기의 경제적 발전은 그 당시의 문화를 낳았다. 그러나 일단 형성되자마자 이 문화는 생생하게 작용하는 요인이 되었고, 지속적으로 작용하여 여전히 후세대를 동일하게 규정하며, **각 개인에게 개별적으로 작용함으로써 민족을 문화공동체로서 결합한다**.

그러나 물론! 독일의 시민문화는 그 모든 힘을 다 해도 여전히 전체 민족에게 작용하는 것이 아니라, 우리 민족의 **유산계급 혹은 지배계급에게만** 작용하고 있을 뿐이다. 18세기에 들어서는 더욱 그러하였다! 시민적 계몽주의와 시민적 예술은 영주를 위해 엄청난 초과노동으로 일생을 보내는 독일 농민에게 어떤 것이었을까? 이미 발전하고 있는 자본주의와의 경쟁을 탄식하기 시작한 독일의 수공업자에게 어떤 것이었을까? 전무후무하게 무방비상태로 자본주의적 착취에 희생된 독일 노동자에게 어떤 것이었을까? 새로운 시민적 문화가 한 민족으로 결합시킨 사람들의 범위가 얼마나 한정된 것이었던가를 인식하기 위해서는 당시의 **학교제도를** 잠깐 살펴볼 필요가 있다.

종교개혁의 영향 하에 신교도 나라들 대부분은 국가를 통해 만들어졌고, 가톨릭 나라들은 예수회의 영향을 통해 만들어졌던 고등교육기관(die höhere Schule)은 후퇴기에도 결코 완전하게 붕괴되지 않았다. 오히려 시민적 문화공동체의 진전과 함께 고등교육기관은 새롭게 번영하였다. **초등학교**

(Volksschule)15)는 그것과는 달랐다. 매뉴팩처시대의 자본주의와 가내공업은 초등학교를 필요로 하지 않았다. 해마다 되풀이 되는 동일한 단순 작업을 하는 매뉴팩처의 부분노동자(Teilarbeiter)는 부분노동을 위한 훈련과 수선기술을 필요로 했지만, 어떤 지식도 필요하지는 않았다.16) 마찬가지로 자본가적 도매상을 위해 일하는 소작인의 노동도 어떤 준비교육을 필요로 하지 않았다. 농민의 고등교육은 이미 당시 영주계급에게 위험한 것으로 생각되었다. 그러므로 프리드리히 2세는 다음과 같이 말했다. "농민은 시골에서 읽고 쓰는 것을 조금만 배우면 충분할 것이다. 농민이 너무 많이 알게 되면 도시로 달아나 사무직원이나 그와 비슷한 직원이 되려고 할 것이다. 그러므로 시골에서는 젊은 사람들의 교육을 그들의 지식에 필수적인 것만을 배우도록 하고, 또 농촌으로부터 도망가지 않고 거기에 기분 좋게 머물도록 가르쳐야 할 것이다." 국가도 이 시대에는 극히 저급한 수준의 일반적 국민교육으로 만족했다. "교장은 사람들이 종교에 대한 애착을 유지하고, 도둑질하거나 살인하지 말아야 한다는 수준까지 도달하도록 노력해야 한다." 군단이 결합해서 전쟁에 나가는 따라서 전쟁이 일반 사람들의 의지를 요구하지 않는 시대에, 또한 학식 있는 관료나 영주가 행정을 수행하는 따라서 광범한 대중이 행정에 참여할 필요가 없는 시대에, 국가는 더 이상의 것을 필요로 하지 않았다. 그래서 이 시대의 초등학교 제도는 불쌍한 상태였다. 교회를 청소하는 교회관리인이 수업도 보살폈다. 농촌에는 학교 건물이 없었고, 따라서 수업은 매주 교대로 참여하는 마을 사람의 집에서 이루어졌다. 마찬가지로 교사도 서열에 따라 식사와 주거를 위해 연 3에서 20 탈러(Taler)17)의 화폐임금을 받았다.18) 프로이센의 프리드리히 빌헬름 1세(Friedrich Wilhelm I)의 초등 규칙은 다음과 같이

---

15) '국민학교'가 알맞은 번역이지만, 현재 한국의 학제에서 '초등학교'로 이름이 바뀌었기에 여기서도 초등학교로 번역한다. (역주)

16) Heinrich Schulz, "Die Volksschule in der Manufakturperiode", *Neue Zeit*, XX(1902), 제2권, 172쪽 이하 (원주)

17) 18세기 중엽까지 사용된 독일제국의 은화의 단위. (역주)

18) L. von Jolly, Unterrichtswesen, in *Handbuch der politischen Ökonomie*, 제3권, Gustav Friedrich von Schönberg 편, 1898, 1063쪽 (원주)

규정하였다. "교사가 수공업자라면" — 부업으로 마을의 학교교사의 직무를 수행한 것은 늘 재단사였지만 — "그는 이미 먹고살 수 있다. 수공업자가 아닌 경우 6주간의 수확물을 일당으로 그에게 준다." 프리드리히 2세는 전역한 상이용사를 마을의 학교교사로 만들어 생계에 도움을 주고자 했다. "만일 상이용사 중에 읽고 쓰고 계산할 줄 알고 농촌의 교사직을 마음에 들어 하거나, 그렇지 않더라도 잘 적응하고 있는 사람이 있다면, 국왕이 교사에게 봉급을 지불해서 고용하도록 할 것이다." 그러나 당시 국민교육의 규모는 이러한 내각령의 실시에도 불구하고 4000명의 상이용사 중 79명만이 충분히 읽고 쓰는데 정통하고 있었다는 사실을 나타낼 뿐이었다. 그리고 그때 학교제도는 가톨릭 국가들보다 신교도 국가들이 훨씬 나은 상태였다!

그래서 우리가 이미 아는 사실이지만, 독일인 문화공동체의 그렇게 빛나는 발전도 여전히 슬픈 모습을 나타내고 있었다. 민족문화공동체는 단지 하나의 계급, 즉 교양 있는 시민계급의 문화공동체일 뿐이고, 주민의 압도적 다수는 거기에 관여하지 못했다. 농민과 수공업자 그리고 노동자는 호엔슈타우펜 시대와 마찬가지로 여전히 **민족의 일원이 아니라, 예속민**일 뿐이었다. 민족문화공동체의 지속적 확대는 근대자본주의의 업적인 생산력의 거대한 발전을 통해서만 일어날 수 있었다.

제8장 근대 자본주의와 민족문화공동체

초기 자본주의의 발전은 과거 봉건시대의 장원제(토지영주제)를 봉건적-자본주의적 **농장영주제**, 즉 장원제의 법적 형태를 유지하면서 자본주의적 이윤추구에 봉사하는 혼합적 조직으로 변형시켰다. 그러나 근대 자본주의는 농업적 대경영으로부터 봉건적 형태를 완전히 불식하고, 1000년 이상이나 지속되어 온 독일의 농업제도인 장원제를 비로소 완전히 제거했다. 많은 농민봉기가 성공할 수 없었던 것, 즉 영주에 의한 착취를 제거하는 것을 자본주의적 발전이 성공적으로 수행했다. 절대주의 국가가 이미 농장영주제에 한계를 노정했고, 시민혁명이 이것을 제거했다. 농장영주제는 초기 자본주의적 발전에 불가결한 것이었다. 즉 농장영주제는 농지몰수를 통해 일군의 프롤레타리아가 발생하도록 배려했다. 그러나 농지몰수는 스스로 한계를 노정했다. 지배자가 옛 농민보유지를 넘어 자신의 토지를 충분히 확대한다면, 농지몰수를 벗어난 농민으로부터 더욱 몰수하는 것은 불가능할 것이다. 왜냐하면 그는 필요한 노동력을 없앨 수 없기 때문이며, 오히려 그는 다시 다음의 사실을 기억할 것이다. 즉 농민이 토지에 결박되어 있고, 도시의 낯선 자본가에게 봉사하지 않고 조상 대대로 지배자인 자신에게만 봉사하는 것이 그들의 운명이라는 사실을 기억할 것이다. 이 순간부터 우리는 더 이상 농지몰수를 듣지 않는다. 오히려 토지로부터 도망감으로써 참을 수 없게 된 착취로부터 벗어나려는 농민에 대한 잔혹한 박해에 관해서 듣게 된다. 그리하여 이제 농장영주제는 자본주의의 발달에 장애가 된다. 농장영주제는 농민을 토지에 결박하고, 농민 자식들의 직업을 지배자의 재가를 통해서만 선택할 수 있게 하고, 농민의 아들들에게 하인봉사를 강제함으로써, 공업노동력으로 유인되지 못하도록 만든다. 농장영주제는 농민에게 부역을 강제하고 토지의 집약적 경작을 방해함으로써, 농민을 상품구매자층으로 편입하기 어렵게 만들고, 그래서 공업 시장을 협소하게 함으로써, 본질적으로 자본의 투입을 영주(농장주)의 수요를 위해 생산하는 사치품산업에 한정시킨다. 그러나 농장영주제는 시민계급의 **이해**(Interesse)와 모순될 뿐만 아니라, 마찬가지로 그 **이데올로기**와도 충돌한다. 역사적으로 전승된 모든 힘들과 투쟁하면서, 구세계 속에서 새롭게 형성된 젊은 시민계급은 역사적인 권력의 칭호를 위해 어떤 의미도 갖지 않는다. 즉 오래 존중되어온 것이나 전통적인 것은 그들에게 어떤 의미도 없으며 존중될 가치도 없다. 또 모든 법제도는 그들의 계급이성의 척도에 의해 판단된다. 그들 앞에서 농장영주제는 어떤 자비도 기대할 수 없다. 그들은 농장영주제의 법적 근거가 역사적 산물에 불과하며, 따라서 더 이상 살아 있는 욕구에 도움이 되지 않는다고 판단한다. 따라서 시민계급은 농장영주제를 버리고 농민의 해방을 요구한다. 이러한 요구 속에서 시민계급은 최초의 연방동료(Bundesgenosse)를 **국가** 속에서 발견한다. 국가는 농민을 납세자와 병사로 보고, 그와 반대로 영주를 중앙집권적 국가권력에 대한 적대자로 본다. 그래서 자신의 영지에서 조세를 납부하지 않고 가신에 대한 재판권을 통해 중앙집권적 관료행정의 발전을 불가능하게 만드는 영주들에 대해 신분제의회는 저항하게 된다. 그리하여 이미 절대주의 국가는 농장영주제와 대립한다. 그러나 절대주의 국가는 농민의 착취와 부자유를 완화했지만, 제거하지는 않았다. **시민혁명**이 비로소 구 봉건적 법률형태를 완전히 분쇄했다. 시민혁명은 농민을 자유로운 국가시민(Staatsbürger)으로 만들고, 영주의 모든 인격적 속박으로부터 해방시키고, 부역노동으로부터 해방시켰다.

봉건적 법률형태의 제거는 이제까지 농촌 주민에 대한 자본주의적 힘들(Kräfte)의 작용을 제한했던 모든 장해를 없애버렸다. 그러나 자본주의적 힘들은 그 동안 본질을 변화시키고, 그 힘들에 봉사한 생산력의 변화를 통해 공격력을 강화시켰다. 동일한 종류의 노동을 하는 노동자의 단순한 통일에 불과한 **협업**과, 나아가 손노동 아래 분업에 기초한 작업장인 **매뉴팩처**에서 자본주의 경영은 기계를 사용하는 **공장**으로 전진했다. 방적기계와 기계직기 그리고 증기기관은 산업자본의 도구가 되었다. 이러한 새로운 무기로 무장한 자본은 우선 농촌에서 모든 사회적 관계의 변혁에 착수했다.

근대 공장은 먼저 농민의 오랜 **가내공업**을 파괴했다. 방적기계는 겨우 수십 년 만에 가내방적업에 종지부를 찍고, 기계직기는 가내직물업을 제한했다. 겨울 동안 농민가족의 부업과 부수입은 박탈되었다. **농민은 점점 더 순수한 농업인으로 되었고**, 자본주의 공업은 농민에게 더 이상 생산적 부업거리를 남기지 않았다. 궁핍한 가계의 얼마 안 되는 과거의 잉여는 소멸해버렸다. 자신이 버는 것을 모두 대장장이에게 주는 것은 바보라는 옛말은 잊혀졌다. 농민의 생산은 순전히 상품생산으로 된다. 농민은 자본주의 공업의 생산물을 구매하기 위해 자신의 생산물을 판매해야 한다.

얼마 지나지 않아 근대적 공장의 형성과 함께 시작된 발전은 새로운 동력을 얻는다. 자본주의는 최강의 도구로서 **철도**와 **증기선**이라는 근대적 교통수단을 사용하기 시작한다. 저렴한 수송은 유럽의 민족들을 먹여 살리기 위해 다른 대륙의 농산물과 축산물을 이용할 수 있게 만든다. 아메리카와 러시아, 시베리아의 풍부한 처녀지, 오스트레일리아와 뉴질랜드, 남아프리카의 광대한 목초지가 유럽을 위해 봉사한다. 필요한 곡물과 가축을 스스로 생산하는 대신, 유럽의 민족들은 농업생산의 일부를 다른 대륙으로 이전시키고, 젊은 식민지 국가들의 농업생산물과 자신의 공업생산물을 교환한다.

유럽의 농업은 새로운 해외의 경쟁자에 의해 몰락되지 않으려면, 경영을 개선해야 한다. **기계**는 비록 공업보다 작은 범위이지만 농업에서도 도입된다. 증기탈곡기는 독일에서 이미 매년 가동되고 있고, 그것을 통해 인간노동의 2000만 노동일이 대체되고 있다.[1] 화학비료를 필요로 하고, 집약적 경작으로 이행하고, 농업과 관련된 공업과 밀접히 결합함으로써 농업은 자본에 대한 수요를 높인다. 대경영은 **농업과 관련된 공업을** ― 알콜증류업과 설탕생산 ― 병합한다. 농민은 농업**협동조합**을 통해 그와 유사한 일을 달성하려고 시도한다. 이러한 모든 것은 **농촌 주민을 더욱 밀접하게 상품생산과 관련시킨다.** 티롤(Tirol)의 농민조차 더 이상 "오후의 간식"을 위해 하인에게 우

---

1) Leo Verkauf, *Archiv für soziale Gesetzgebung und Statistik*, 1903, 259쪽 (원주)

유를 주는 것이 아니라, 가공 및 판매하기 위해 우유를 협동조합적 농장에 보내고, 그것 대신에 구입한 소주를 하인에게 준다.

 이러한 모든 엄청난 변화는 한편으로 주민의 완전한 **지역적, 직업적 재편**을 가져왔고, 다른 한편으로 **농민의 경제적 지위와 그에 따른 심리의 근본적 변화**를 가져왔다. 농민의 자식은 농촌에서 더 이상 자신의 자리를 발견할 수 없었다. 아버지는 가을에 곡물을 탈곡할 때 더 이상 자식을 사용할 수 없었다. 왜냐하면 곡물은 수확 시에 증기탈곡기에 의해 탈곡되기 때문이다. 아버지는 겨울에 자식을 직기에 더 이상 이용하지 않았다. 왜냐하면 기계직기가 오랜 가내공업을 끝장냈기 때문이다. 그래서 농민의 자식은 토지를 떠나 대공업지역으로 이동한다. 농업인구는 증가하지 않고, 공업과 상업에 종사하는 사람 수가 매우 빠르게 증가한다. 엄청난 수의 사람들이 대도시나 대공업지역으로 모여든다. 농촌에 남은 농민들은 순수한 농업인으로 되었다. 그들은 농업생산물을 더 이상 스스로 사용하지 않고, 시장에 팔아 획득한 재화수익으로 필요한 공업생산물을 구입한다.

 모든 이러한 것들이 민족문화공동체에 대해 무엇을 의미하는가를 우리는 이제 상술해야 하는가? 농촌 주민은 자본주의를 통해 뿌리가 뽑혀지고, 민족의 정착 이래 결박되어 있던 토지로부터 분리되며, 농촌경계의 좁은 한계로부터 이탈된다. 농민의 자식들은 도시로 이주한다. 도시는 멀리 떨어진 지방에서 온 사람들이 서로 만나고 영향을 주고 혼혈을 하는 곳이며, 전통적인 것, 즉 계절의 변화 속에서 영원히 반복되는 오랜 농민생활의 단조로움 대신에 생생하게 약동하는 대도시의 생활이 등장하고 모든 전통적인 관념이 소멸하는 곳이다. 도시는 새로운, 영원히 변화하는 세계이다. 사람들은 산업의 경기변동 속에서 어느 때는 여기에, 또 어느 때는 저기에 던져진다. 오늘은 라인에서 대철강재벌에 봉사하고, 내일은 슐레지엔으로 향하는 공업이주의 파도에 휩쓸려 작센에서 아내를 얻고 베를린에서 자식을 교육시키는 근대 금속노동자와, 태어나서 죽을 때까지 외진 알프스 농촌에서 생애를 보냈고, 산맥이 농촌 간 교통을 어렵게 했기 때문에 한 번도 옆 마을의 농민을 알지 못했던, 그래서 금속노동자가 아마 일 년에 두 번 정도 연시장(Jahrmarkt)이나 교회의 대축제일에 작은 도시에서 만날 수 있을 뿐인 할아버지는 얼마나 다를까! 또한 산촌에서 아버지의 농지를 상속받은 우리 금속노동자의 형제와 얼마나 다른 인간이 되었을까! 오랜 전통적인 농업경영양식 대신에, 농업협동조합이나 순회강좌, 농업전시회 등의 영향 아래 부단한 변화와 부단한 시도가 나타난다. 그는 자신의 상품가격을 잘 계산하고, 도시의 상인들과 가격에 관해 교섭하고, 상인 간의 경쟁을 잘 이용할 줄 아는 장사꾼이 되었다. 그는 도시의 상인이나 생산자와 마찬가지로 상품생산자와 상품판매자가 되고, 상거래의 모든 끈을 통해 도시주민과 결합하며, 도시의 문화적 영향에도 이미 도달하였다. 그는 구매자와 흥정하기 위해 아마 이미 도시에서 이륜차로 다니고, 과거의 전통적 의복 대신 이미 도회풍의 의복을 몸에 걸쳤을 것이다. 이 의복은 도시에서 구입한 것이며, 그것의 형식은 비록 최신의 것은 아닐지라도 파리나 비인의 바로 직전 유행을 나타내는 것이다.

자본주의적 발전이 가져온 이러한 심리적 변화는 우리의 전체적인 **학교제도**를 변화시켰다. 한편으로 이러한 심리적 변화는 우리의 학교제도의 발전 없이는 불가능할 것이다. 학교는 근대적 발전의 불가결한 도구가 되었다. 근대 자본주의는 더 높은 수준의 국민교육을 필요로 한다. 왜냐하면 그것 없이는 대경영 관리의 복잡한 장치는 불가능하기 때문이다. 근대적인 농민도 그것을 필요로 한다. 왜냐하면 그것이 없이는 그는 근대적 농업인으로 발전할 수 없을 것이기 때문이다. 근대국가도 그것을 필요로 한다. 그것 없이는 근대국가는 지방행정이나 근대적 군대를 형성할 수 없을 것이다. 그래서 19세기에는 초등학교 제도가 주목할 만하게 발전했던 것이다. 동프로이센의 노동자 자식이나 티롤의 농민 자식에 대해 동일한 교재의 교과서와 우리 정신문화의 동일한 부분을 동일한 통일독일어로 가르쳤다고 한다면, 이것이 민족문화공동체에 무엇을 의미하는가를 우리는 상술할 필요는 없을 것이다!

학교가 시작한 것을 우리의 **군대제도**가 이어받는다. 징병제는 일반적 병역의무 속에서 논리적 귀결을 발견해야 한다. 프랑스혁명이 구 유럽의 절대주의 권력을 뒤집어엎은 전장에서 근대적 군대는 탄생했다 — 그것은 목적에서 보면 그렇지 않지만, 조직에서 더욱이 구성에서 보면 국민군인 것이다.

병역의무의 이행은 농민의 자식을 제한된 농촌의 영역에서 끌어내, 도시나 다른 지방에서 온 동료들과 함께 지내게 하고, 또 주둔지 주민의 영향을 받게 만든다. 그래서 우리의 군대제도는 의지에 관계없이 병사의 머리를 혁명화한다! 게하르트 하우프트만(Gerhart Hauptmann)의 작품 <직공 Webern>에서 봉기의 희미한 불길을 거대한 불꽃으로 타오르게 만든 남자가 방금 도시에서 귀향한 일개 병사였다는 사실은 바로 그런 이유 때문이다!

그리하여 학교가 아이들에게, 병역이 젊은이들에게 시작한 작용을 **민주주의**가 성인들에 대하여 완성한다. 결사, 집회, 출판의 자유는 각각의 농촌과 작업장에 시대의 큰 문제들을 나르고, 세계적 대사건은 각 개인들을 규정하는 운명과 또 그 속에 문화적 영향을 만드는 수단이 된다. 각 개인에게 공동으로 결정하게 만드는 보통선거권은 마지막 한사람을 둘러싼 전투를 각 정당에 강제한다. 각 정당의 구호를 통해 우리의 모든 역사와 문화의 위대한 성과가 각각의 농민이나 노동자의 표를 획득하기 위해 전투를 벌이고 있다. 각 집회에서의 연설과 각 신문이 마지막 유권자에게까지 우리 정신문화의 한 부분을 가져다준다. 그리고 출신이나 부, 직업, 정치적 신조의 측면에서 다를지라도, 그들은 모두 하나의 문화공동체를 이루고 있다. 왜냐하면 모든 정당의 쟁탈 대상인 각 개인들 모두는 같은 종류의 문화적 영향 아래 놓여 있고, 각 개인의 개성 속에 동일한 종류의 문화적 영향이 작용하며, 그것이 성격으로 고정되기 때문이다.

그러나 자본주의 시대의 근대적 민족을 낳은 모든 역사적 운동 중에서 **노동운동**이야말로 가장 중요한 것이다. 이미 노동운동의 직접적 영향은 매우 크다. 노동운동은 적어도 우리 민족문화의 일부가 노동자에게 절박한 노동일의 단축을 위해 싸우도록 만드는 그런 것이다. 또한 노동자의 임금을 인상시키고, 완전한 육체적, 정신적 빈곤화가 노동자를 민족문화공동체로부터 완전히 배제하지 않도록 한 것도 노동운동이다. 더욱이 노동운동은 그 이상의 것을 했다! 노동운동은 사회주의에 의해 위협받은 유산계급의 불안을 일깨움으로써 그들에게 투쟁을 강제한다. 이제 부르주아는, 그리고 융커조차도 대중에게 영향을 주기 위해 노력해야 한다. 부르주아도 그들의 목적을 위해 노동자를 조직하려고 시도한다. 부르주아는 노동자계급에 대해 투쟁하기 위해 수공업자와 농민을 통일하려고 시도한다. 그래서 전체 사회적으로 소유의 대문제를 둘러싼 투쟁이 매우 소란스럽고, 각 개인의 확보를 둘러싼 투쟁이 매우 소란스럽다. 출판과 결사, 신문을 통해 모든 정당의 논의가 개별 민족동포들에게 작용한다. 그래서 — 아무리 약하더라도 — 우리 문화의 흐름의 일부가 각 개인에게 침투하고, 그들의 인격 속에서 효력을 발휘하고, 우리 모두를 동일한 종류의 문화적 영향을 통해 결합시키는 하나의 문화공동체로 통일한다.

체자르시대의 게르만인은 하나의 문화공동체였지만, 이러한 고대의 문화공동체는 민족이 정착하고 농업경작으로 이행한 때에 붕괴되었다. 민족공동체를 대신하여 지역적으로 결합된 공동체들이 나타났다. 이들은 장소마다, 계곡마다 서로 크게 분리되어 있었다. 수준 높은 문화는 언제나 지배계급과 유산계급만을 민족으로 통일했다. **근대 자본주의가 비로소 제한된 마을의 경계를 넘는 진정한, 민족 전체의 문화를 산출했다.** 근대 자본주의는 주민으로부터 뿌리를 뽑아버렸고, 주민을 지역의 끈으로부터 분리시켜, 근대적 계급형성 및 직업형성 과정 속에서 지역적, 직업적으로 재편함으로써 이것을 성취했다. 근대 자본주의는 그것의 산물인 민주주의의 수단과 초등학교, 일반적 병역의무제 그리고 보통선거권을 통해 작업을 완수했다.

자본주의는 이러한 업적을 자랑스러워하지 않을까? 자본주의는 많이 비난받기는 하지만, 유산계급만이 아니라 모든 사람들의 문화공동체로서 민족을 재생시킴으로써 거대한 일을 이루어낸 것이 아닐까? 확실히 그렇다. 그러나 자본주의는 그렇게 큰 소리로 자신의 업적을 자랑할 수는 없을 것이다. 근대적 민족문화공동체의 성립은 **생산력의 진보**를 통해 가능했다. 증기기관이 우리를 위해 일하고, 방적기계와 직기를 우리에게 봉사하도록 작동시키고, 거대한 용광로와 베세머[2]식 전기용광로가 우리를 위해 건조되고, 증기선 항로와 철도의 발전이 우리를 위해 다른 대륙의 풍요로운 땅을 비로소 열어주었다는 사실, 이것들이야말로 민족을 문화공동체로 만들고, 문화재에 참여

---

[2] Bessemer(1813-1898)는 영국의 기사로 당시 제강기술의 발전에 공헌했다. (역주)

하도록 전체 인민에게 길을 열어주었다. 우리의 풍부한 부가 흘러나오는 인구의 재편성은3) 생산력과 기계의 발전 덕분이다. 더 많은 부는 인민을 문화공동체로 결합시키는 문화재가 된다. 생산력의 이러한 발전은 확실히 자본주의를 통해 일어났다. 그러나 이러한 발전이 꼭 이런 식으로만 이루어졌다는 사실은 동시에 민족문화공동체의 생성에 한계를 준다. 우리의 생산력과 그것을 통한 우리의 부가 증대되었다는 사실은 근대 민족의 생성의 조건이 되었다. 그러나 이러한 생산력이 자본주의를 통해서만, 자본에 대한 봉사 속에서만 발전할 수 있다는 사실은, 민족문화에 대한 대중의 참여를 제한하며 민족문화공동체의 발전에 제약을 준다.

생산력의 발전은 인민의 노동생산성의 거대한 상승을 의미한다. 그러나 우리의 노동에서 유래한 증대된 부는 작은 부분만이 그것을 산출한 대중의 것으로 된다. 노동수단의 소유가 끊임없이 증가하는 부의 거대한 부분을 이끌어내는 도구가 되었다. 노동자가 자신의 재화를 생산하는 것은 노동일의 일부에 불과하다. 노동일의 나머지 부분으로 노동자는 노동수단 소유자의 부를 생산한다. 그러나 물질적 재화는 언제나 정신적 문화로 전화한다. 그래서 **한편의 노동이 다른 편의 문화가 된다는 사실이 우리 시대의 법칙**이다. 노동자의 장시간노동과 저임금, 열악한 음식과 비좁은 주거와 같은 현상으로 나타나는 착취와 잉여노동이라는 사실은, 민족의 정신문화에 참여하기 위해 필요한 광범한 노동자 대중의 모든 교육에 하나의 제약이 된다. **착취라는 사실은 따라서 문화공동체로서 민족의 생성을 방해한다. 그것은 민족문화공동체에 대한 노동자의 편입을 방해한다.** 그리고 노동자에게 해당되는 사실은 구매자본과 저당자본에 의해 착취되는 **농민**과 자본가적 상인에 의해 예속된 **수공업자**에게도 해당한다. 어린 아이 때부터 노년까지 그들은 노동을 벗어나지 못한다. 늦은 저녁 그들은 과도하게 분할된 비좁은 집에서 공허한 휴식을 구한다. 그들은 일상생활의 먹을 것 걱정에서 한 순간도 벗어날 수 없다. 이들은 행복한 사람들이 우리에게 영향을 미치고 우리를 민족으로 결합해준다는 사실에 관해 무엇을 알 수 있을까? 우리의 노동자는 칸트에 관

---

3) 인구의 재편성은 결국 계급 및 계층의 변화와 재편성을 의미한다. (역주)

해 무엇을 알 수 있을까? 우리의 농민이 괴테에 관해서는? 우리의 수공업자가 맑스에 관해서는?

그러나 자본주의는 직접적으로 착취라는 사실을 통해서만이 아니라, **착취를 방어할 필요**를 통해서도 간접적으로 민족문화공동체에 대한 전체 인민의 발전을 방해한다. 확실히 자본주의는 필요하다면 **초등학교**를 확충했다. 그러나 자본주의는 대중이 정신문화를 완전히 소유할 수 있는 현실적인 민족교육을 창조하는 데는 주저했다. 그것은 아이들을 착취할 가능성을 줄이기 않기 위해 학교 시간을 매우 적게 할당했기 때문만이 아니다. 학교의 비용을 아까워하고 부를 오히려 권력의 도구로 쓰려고 했기 때문만이 아니다. 이유는 무엇보다 민족문화에 대한 완전한 참여를 통해 교육된 대중은 자본주의의 지배에 하루라도 인내할 수 없다는 사실 때문이다. 자본주의는 적을 교육시켜 자신의 지배수단을 비난하게 될 초등학교를 두려워했다. 자본주의는 필연적으로 **일반적 병역의무제**를 가져왔다. 그러나 자본주의는 그렇다고 해서 인민의 군대를 창출한 것은 아니었다. 자본주의는 병사들을 병영에 폐쇄시켜 주민의 영향을 가능한 받지 않도록 하게 만든다. 즉 외적인 훈장과 공간적 격리 그리고 이데올로기의 암시를 통해 병사들 속에 대중의 생활로부터 떨어져 있는 특별한 신분감정을 낳도록 시도한다. 자본주의는 **민주주의**를 낳는다. 그러나 민주주의는 시민계급의 청춘의 사랑일 뿐이며, 그것이 노동자계급의 권력의 도구가 될 때 노년의 공포의 대상이 된다. 보통선거권은 경제적으로 후진적인 오스트리아에서 획득되었지만, 독일제국에서는 노동자들에 대하여 주의회는 그것을 거부하고 제국의회는 그것을 받아들이고자 고려하고 있다.4) 늙어버린 자본주의는 출판 및 집회, 결사의 자유를 적의 동일한 권력수단으로서 두려워한다. 그래서 자본주의는 민족의 발전을 방해하기 위해 할 수 있는 모든 것을 한다. 자본주의는 문화공동체로서 민족을 완전히

---

4) 오스트리아에서 보통(남성)선거권은 1907년에 처음으로 도입되었다. 독일에서는 비록 제국의회가 보통(남성)선거권의 원리를 지지했지만, 주의회는 그렇지 않았으며 또 다양한 선거권제도를 갖고 있었다. 예를 들어 독일 정치에서 가장 강력한 세력인 프러시아에서 의회는 세 계급 체제에 따라 선출되었으며, 특히 부유한 사람들에게는 선거권을 더 큰 비율로 부여하는 등 차등적으로 적용하였다. (역주)

형성하지 않는다. 왜냐하면 정신문화의 어떤 일부도 노동자계급의 수중에서 힘이 되고 언젠가 자본주의를 타도할 무기가 되기 때문이다.

우리는 과학이나 예술의 일부를 노동자에게 인도하는 어떤 시도에 대해서도 확실히 환영할 것이다. 그러나 개별적으로 희귀한 재능을 가진 노동자가 오늘날 이미 충분히 문화인으로 될 수 있다고 하더라도, 대중이 우리의 문화재를 완전히 소유하는 것은 오늘날 필연적으로 거부되고 있다는 사실을 망각하는 것은 멍청이뿐일 것이다. 어떻게 노동자가 9시간 혹은 10시간 동안의 육체노동 후에 우리 정신문화의 거대한 부의 일부분을 습득하려고 애를 쓸 수 있을까, 어떻게 노동자가 눈이 감기는 피로와 싸울 것인가, 어떻게 노동자가 외래어의 이해조차 제공하지 못하는 열악한 기초교육의 장애물과 씨름할 것인가, 자연법칙을 들은 적도 없고 역학을 배운 바도 없는 노동자가 어떻게 사회법칙을 이해하기를 희망할 수 있을까, 어떻게 노동자가 수학을 배운 적도 없는데 경제법칙을 이해하기를 바랄 수 있을까 ─ 우리 노동자의 현실을 보면, 우리는 언젠가 우리 문화를 이렇게 착취되는 사람들의 재산으로 만들 것이라고 감히 생각지도 못할 것이다. 프롤레타리아트에 대한 아첨꾼만이 노동자가 오늘날 프롤레타리아로서 모든 과학을 이해하고 모든 미를 향유할 수 있다고 노동자에게 말할 수 있다. 노동자계급이 이것을 할 수 없다는 사실, 노동자계급이 스스로의 발전에서 가장 미천한 잡역부까지도 함께 영향을 받고 있는 가장 귀중한 보물인 우리의 민족적 정신문화로부터 배제되어 있다는 사실은 커다란 슬픔이다. 착취되고 억압받는 근로대중은 이 문화적 업적이 그들 없이는 단 하루도 존재할 수 없음에도 불구하고 그러한 문화재의 초라한 일부로 무시되는 반면, 공유된 문화를 통해 민족공동체를 형성하는 것은 언제나 지배자들뿐이다. 그러나 물론 전체 인민의 노동의 산물인 정신문화를 전체 인민의 것으로 만들기 위해 이들 대중이 거대한 부를 손에 쥐게 되는 날이 과거보다 가까워지고 있다. 이 날은 비로소 완전한 민족문화공동체를 형성하는 날이다.

제9장 사회주의를 통한 민족문화공동체의 실현

　시민계급은 봉건사회의 신분들 중에서 가장 소수이고 중요한 위치를 차지하지 못했지만, 이 사회 속에서 성장했고 마침내 이 사회를 타파하고 자신의 사회를 건설했듯이, 마찬가지로 현 사회에서도 자신의 이해관계와 사회제도가 일치하지 않는 하나의 계급이 등장했는데, 그것은 노동자계급이다. 노동자계급은 계급투쟁 속에서 한발 한발 자신의 지반을 확보하고, 마침내 오늘날의 사회를 타파하고 새로운 사회를 수립할 것이다. 그러나 이러한 사회는 어떤 모습일까? 소시민적-동업조합적 시대와 같이 각각의 노동자가 노동수단의 소유자로 다시 된다는 것은 기술 발전의 결과 불가능하게 되었다. 기계와 대규모적인 교통수단, 더욱 강력하게 확대되는 대경영의 시대에 생산수단은 개별 노동자의 것이 될 수 없다. 그러나 사회 전체 혹은 노동자 전체가 생산수단의 소유자가 될 수는 있다. 그러므로 프롤레타리아트가 건설하는 사회는 사회주의사회가 된다. 프롤레타리아트는 이 사회를 건설하기를 **원한다**. 왜냐하면 오늘날의 사회는 그들의 이해와 모순되며, 노동자계급의 착취에 기초하고 있기 때문이다. 프롤레타리아트는 이 사회를 건설할 **수 있다**. 왜냐하면 자본주의 자체가 비교적 소수의 기업 지배하에 자본을 집중하고 노동수단을 집적하여, 생산수단을 사회적 소유로 이행할 가능성을 만들어내고 있기 때문이다. 프롤레타리아트는 이 사회를 건설**할 것이다**. 왜냐하면 노동자계급은 나날이 증대해서 인구의 다수를 형성하고, 따라서 그들의 의지가 최종적으로 민족의 운명을 결정할 것이기 때문이다.
　사회가 노동수단에 대한 지배권을 장악하고 재화의 생산을 계획적으로 이끈다면, 이것은 우선 **노동생산성의** 거대한 **상승**을 가져올 것이다. 확실히 자본주의는 무엇보다 근대적 생산력을 발전시켰다. 그러나 자본주의적 생산양식은 이러한 생산력을 완전히 이용하기에는 제한을 갖고 있다.

먼저 **자본주의적 생산양식은 사회의 생산적 노동량을 적게 하거나 혹은 생산적 노동을 행하는 노동자의 수를 감소시킨다**. 그리고 비노동자와 비생산적 노동자의 대군을 부양함으로써 생산적 노동자의 어깨에 더욱 무거운 부담을 올려놓는다.[1]

우선 자본주의는 노동하지 않더라도 재산으로 살아갈 수 있게 해줌으로써 많은 사람을 사회적 노동 일반으로부터 제외한다. 크고 작은 자본가와 증가하는 금리생활자는 사회적 노동으로부터 완전히 제외된 채, 사회적 노동의 수확을 증가시키지 않고 소비만 한다. 거기에 그들을 따르는 거대한 추종자들이 더해진다. 즉 그들의 아내와 하인들, 자본주의국가가 필요로 하는 상비군 등이 거기에 속한다. 그들은 모두 생산적 노동자의 수를 감소시킨다. 그러나 자본주의사회에서 재산이 있고 노동하지 않아도 괜찮기 때문에 사회적 노동과정에 들어가지 않는 사람들이 있다고 한다면, 한편으로 다른 사람의 소유가 노동을 배제시킴으로써 사회적 노동과정으로부터 제외되고 있는 사람들도 있다. 자본주의는 끊임없이 산업예비군, 즉 실업자부대를 유지한다. 호경기에 자본주의는 실업자의 일부를 끌어들여 취업시킨다. 그러나 호황 시에도 실업 자체는 완전히 소멸되지 않는다. 공황이 발발하자마자, 혹은 심각한 불황이 국민경제를 압박하게 되는 경우, 실업자의 수는 바로 증가하고 취업노동량은 감소한다. 그러나 더한 경우가 있다! 자본주의 일반은 거대한 노동자층을 일정한 계절 동안에만 고용하거나 혹은 불완전취업 하에 둔다(농업! 계절영업!). 자본주의는 기술적 혹은 경제적 이유에서 일정한 계절밖에 할 수 없는 노동에 종사하는 노동자를 나머지 계절에 다른 생산부문으로 공급해야하는 과제를 해결하지 못한다.

---

[1] 생산적 노동이란 여기서는 **기술적**(technisch) 의미로 사용되었다. 다시 말해 재화와 사용가치를 창조하는 노동을 의미한다. 따라서 여기에는 재화를 생산하는 모든 노동은 물론이고, 비물질적 재화를 생산하거나 소비자에게 사용가치를 갖는 서비스를 제공하는 노동도 포함된다. 생산적 노동의 **경제학적** 개념은 전혀 다른 것이다. Karl Marx, *Theorien über dem Mehrwert*, Stuttgart 1905, 253쪽 이하 참고 (원주)

자본주의는 사회적 노동과정에 참가해서 노동하는 사람의 수를 감소시킬 뿐만 아니라, 특히 사용가치를 생산하는 사람의 수를 감소시킨다. 왜냐하면 자본주의는 이른 아침부터 저녁 늦게까지 힘든 수고를 강제하는데, 그럼에도 불구하고 사회의 재화를 아무 것도 증가시키지 않는 근면한 노동자 대군을 필요로 하기 때문이다. **경쟁**의 투쟁을 이끌기 위해 자본주의는 얼마나 노동자 부대를 필요로 하는가! 그러나 경쟁자로부터 고객을 빼앗을 목적으로 수행하는 노동은 사회의 부를 전혀 증가시키지 않는다. 상인과 점원의 노동은 양면적 성격을 가진다. 거기에는 우선 사회의 재화를 사회구성원에게 분배하는 노동이 포함되어 있고, 그것은 어떤 사회에서도 필요하다. 그러나 다음으로 거기에는 경쟁투쟁을 위한 노동과 고객을 권유하고 설득하는 노동도 포함되어 있고, 그것은 사적 생산자의 경쟁에 기초한 사회에서만 필요하다. 신문광고로부터 만국박람회에 이르기까지 광고가 얼마나 많은 노동을 먹어치우고 있는가!

사회주의사회는 생산적 노동자의 수를 엄청나게 증대시킬 것이다. 성인이고 건강한 사람은 누구나 이 사회에서는 일하지 않고는 살 수 없을 것이다. 왜냐하면 소유는 더 이상 다른 사람의 노동의 성과를 자신의 것으로 만드는 권리를 주지 않기 때문이다. 그리고 사회는 일할 의지가 있는 모든 사람에게 작업장을 제공한다. 왜냐하면 어떤 노동자도 사회의 부를 증대시키는 사람으로서 사회에서 환영받기 때문이다. 어떤 노동도 더 이상 재화의 생산과 분배 그리고 사회적 부의 증대 이외의 목적에는 봉사하지 않는다.

자본주의적 생산양식은 그러나 자유롭게 처분할 수 있는 인간노동력을 완전히 이용할 수 없을 뿐만 아니라, **가능한 한 생산적인 경영방법을 적용하는 것도 방해한다**. 자본주의적 생산양식은 근대 기술의 성과들을 결코 완전히 이용할 수 없다. 사회주의사회는 기계의 제조에 필요한 것보다도 더 많은 **노동**을 절약할 수 있다면, 기계를 사용할 것이다. 이에 비해 자본주의적 생산양식은 기계의 비용 이상으로 **노임**을 절약하는 경우에만 기계를 이용할 것이다. 노임이 낮을수록 새로운 기계의 도입이나 기술적 진보의 이용은 더욱 곤란해진다. 노임은 언제나 노동력 가치의 현상형태일 뿐이지, 노동생산물

가치의 현상 형태는 결코 아니기 때문에, 자본주의사회는 사회주의사회라면 사용할 수 있는 모든 기계를 결코 사용하지 않는다. 더욱이 또 있다! 사회적 잉여가치는 자본주의적 생산양식에서는 사용된 자본량에 비례해서 개별 생산자에게 분배되고, 개별 이윤은 투입된 노동량에 비례하는 것이 아니라 사용된 자본량에 직접적으로 비례한다. 그러나 자본은 노동자에 대한 지불에 충당하는 가변자본일 뿐만 아니라 불변자본, 물적 자본이기도 하다. 철이나 기계를 생산하는 부문은 자본의 유기적 구성이 높은 생산부문이다. 여기서는 임금에 할당되는 자본량에 비해서 기계나 원료에 투자되는 자본량이 다른 생산부문보다 높다. 따라서 철이나 기계의 생산자는 공장에서 산출된 잉여가치에 상당하는 것보다도 많은 이윤을 얻는다. 그는 다른 생산부문의 잉여가치의 일부를 취득하는 것이다. 이 경우의 현상 형태는 철과 기계의 가격이다. **기계의 생산가격은 지속적으로 그 가치를 넘는 것이고**, 그 속에 체현된 사회적 노동량을 충실히 표현하기에는 매우 높다. 왜냐하면 그 속에는 다른 생산부문에서 생산된 잉여가치의 일부로서, 철이나 기계의 생산자가 그들의 물적 자본의 크기에 따라 취득한 것이 포함되어 있기 때문이다. 그런데 자본주의사회는 기계에 드는 비용보다도 더 많은 임금을 절약하는 경우에만 기계를 이용한다. 그러므로 우리는 저임금이 기계생산의 진보에서 장애가 된다는 사실을 이미 알고 있다. 우리는 거기에 이렇게 덧붙일 수 있을 것이다. 언제나 (그것의 제조에 사회적으로 필요한 노동시간에 의해 규정된) 그 가치보다 많은 기계의 높은 생산가격은 더 생산적인 기계노동을 통한 손노동의 대체를 방해하는 것이다. 마지막으로 하나의 이유가 더 있다! 석탄 및 철강 산업에서 **카르텔과 트러스트**는 자유경쟁으로 형성된 생산가격을 훨씬 넘어 석탄과 철 그리고 기계의 가격을 상승시킨다. 따라서 기계생산을 더욱 높은 가격으로 만들고, 기술적 진보에 더욱 장애가 된다. 사회주의적 생산양식은 이러한 제한을 모두 한 번에 제거한다. 사회주의사회에서는 기계 자체의 노동비용보다도 노동을 절약하는 경우에는 어떤 기계도 이용될 수 있다.

임금 및 가격 형성의 법칙이 공업에서의 기술진보를 방해한다면, 자본주의적 생산양식은 합리적 기술을 적용한 **농업**의 진보를 한층 더 방해한다. 자본주의는 합리적 농업과는 양립할 수 없다.2) 농업경영은 너무 작고, 농민은 기술적으로 너무 훈련이 되어 있지 않으며, 과학의 성과를 경영에 완전히 이용할 수 없다. 공업의 발전은 이촌 현상을 통해 대경영으로부터도 노동자를 빼앗는다. 임금노동자의 노동의욕 저하와 노동강도 저하는 합리적 경작에 장애가 된다. 사회주의적 생산양식은 비로소 과학의 위대한 성과를 농업에 완전히 이용가능하게 만들 것이다.

마지막으로 자본주의적 생산양식은 서로 다른 경제영역 사이의 **합리적인 재화의 교환**을 방해함으로써 노동생산성을 감소시킨다. 노동력을 자연적, 사회적 조건 때문에 노동의 가장 효율적인 생산부문에 적용하고, 교역하는 재화의 생산에 특히 적당한 다른 나라의 생산물과 교환을 통해 다른 재화를 획득한다면, 개별 국가의 부는 훨씬 빠르게 증가할 것이다. 우리는 노동생산성을 높이고 싶다면, 가장 우량한 토지를 가진 나라로부터 농산물을, 가장 풍부한 광석을 가진 나라로부터 철을 구입하고, 그 대가로 이들 나라보다도 적은 노동지출로 제조할 수 있는 재화를 제공해야 할 것이다. 그러나 자본주의적 생산양식은 어떻게 우리의 국부를 최대로 증가시킬 것인가를 고려하지 않고, 지배계급의 특수 이익으로부터 재화를 스스로 생산할 것인가 아니면 다른 나라와 교역을 통해 획득할 것인가를 결정한다. 그러므로 자유로운 상품교환은 ― 그것은 과거 백 년의 역사가 증명한다! ― 자본주의사회에서는 우연에 불과하다. 전체의 이해와 지배계급의 이해가 우연히 일치할 때만, 한 나라는 자유로운 상품교환에 참가하고, 그것을 통해 국민의 후생을 높인다. 어느 생산부문에 우리의 노동력을 투입하고 어느 재화를 외국과 교환을 통해 입수할 것인가 하는 문제에 관해서, 사회주의적 생산양식은 비로소 무엇보다 국부를 가능한 한 증가시키고 국민의 노동생산성을 가능한 한 높인다는 관점을 적용할 것이다.

그러나 자본주의적 생산양식은 인간의 노동생산성 증가에 설정된 제한을 통해서 사회의 부를 감소시킬 뿐만 아니라, **효과적인 사회적 요구를 만족시**

---

2) Karl Marx, *Das Kapital*, 제2권, 217쪽 ; 제3권 1분책, 98쪽 ; 제3권 2분책, 156쪽 이하와 347쪽 (원주)

킬 수 없고, 또 사실상 상품이 아닌 사실을 **뒤늦게 경험하게 되는 물건의 생산에 인간노동력을 지속적으로 사용하기** 때문에 사회의 부를 감소시킨다. 광야에 고립된 농가에서는 가장이 사회적 노동을 분배한다. 그는 한 아들을 들로 보내고, 다른 아들을 사냥에 보내고, 세 번째 아들을 직기 앞에 앉힌다. 사회주의사회에서는 생산을 지도하는 중앙이 각종 생산부문에 노동을 분배한다. 자본주의사회에서는 그러나 노동의 선택은 개개인에게 맡겨져 있고, 공황이나 파국을 통해서만 다양한 요구에 따라 노동이 분배된다. 그래서 우리는 생산수단을 생산하더라도, 사용할 방도를 발견하지 못하면 그것을 놀려야 한다. 또한 우리는 숙련노동력을 교육하지만, 그들에게 고용을 제공할 수는 없다. 그래서 우리는 재화를 생산하지만, 이 재화를 어떤 고객에게도 판매할 수 없다. 인간의 수고가 얼마나 낭비되는 것인가!

그러나 노동생산물이 재화로 되고 상품으로서 판로를 발견할 때조차, 우리의 생산양식의 광기가 나타난다! **이 생산양식은 사회를 더 풍요롭게 하는 것이 아니라, 더 빈곤하게 만들 목적으로 얼마나 막대한 노동의 희생을 치루고 있는 것일까!** 우리 주택의 비참함과 임산부의 공장노동, 열악한 영양 상태로 인하여 한두 살에 죽어버리는 가난한 자식들의 탄생과 부양에 해마다 얼마나 비용이 들 것인가!3) 이러한 모든 경제적 희생은 우리의 문화에 아무 것도 공헌하지 않고 누구에게도 기쁨을 주지 않으며, 많은 아버지에게 심한 고통을 주고 많은 어머니에게 두려운 육체적, 정신적 고뇌를 줄 뿐이다!

따라서 노동수단을 배타적 소유(Sondereigentum)로부터 사회적 소유(Eigentum der Gesellschaft)로 이행시키는 것은 우선 사회적 부의 막대한 증가를 의미한다. 물론 사람들은 익숙한 반대주장을 제기할 것이다. 부르주아 경제학자는 임금노동자가 자본가의 채찍 아래서만 노동하는 것을 보고, 만일 자본가가 사업장에서 사라지면 모든 근면한 노동도 중지될 것이라고 생각한다.

---

3) 자이페르트에 따르면, 독일제국의 주민은 생후 일 년을 넘기지 못하는 자녀의 탄생과 부양에 매년 3,800만 마르크를 희생하고 있다고 한다. Seiffert, *Säuglingssterblichkeit, Volkskonstitution und Nationalvermögen*, Jena 1905를 참고 (원주)

그러나 부르주아 경제학자는 여기서 노동자를 **착취하는 권리**와 사회적 생산을 **지휘하는 기능**을 혼동하고 있다. 작업장에서 질서와 근면을 배려하는 생산의 지휘자는 미래사회에서도 필요하다. 그러나 지휘자가 자신의 이익을 위해 노동하는 노예를 채찍으로 때리는 자본가가 아니라, 노동자 자신의 대표자라는 차이가 있을 뿐이다. 물론 그는 감독 임무가 주어진 작업장의 노동자 대표일 뿐 아니라 전체 사회와 근로자 전체의 대표자이기도 하지만.4)

생산수단의 사회화와 사회 자체로부터 노동수단에 대한 계획적인 지배를 통한 노동 효율성의 상승은 전체적으로 **필요노동시간의 단축**과 따라서 **여가의 증가**를 의미한다. 또한 나아가 **재화의 증대**와 인간 요구의 완전한 충족을 의미한다. 그리고 생산수단의 소유와 함께 착취와 **잉여노동도 소멸하며**, 노동시간의 단축은 재화의 증대와 같이 만인의 이익이 된다. 도래할 사회의 근로자의 노동시간은 오늘날의 임금노동자보다 짧아 질 것이 틀림없다. 왜냐하면 그들의 노동은 더 이상 자본가계급을 부양할 필요가 없기 때문이다. 그래서 그들은 오늘날보다 풍부하게 요구를 충족할 것이다. 왜냐하면 사회적 생산의 계획적인 지휘는 노동생산성을 높이고, 각 노동시간은 더 풍부한 재화로 보상될 것이기 때문이다. 여가와 직접적인 생활요구의 확실한 충족은 모든 정신문화의 첫째 전제조건이다. **그러므로 민주주의적 사회주의를 통해 비로소 전체 주민은 민족문화공동체로 편입될 수 있을 것이다.**

그러나 민족문화에 대한 전체 인민의 참여는 사회주의사회에서는 가능할 뿐 아니라 필요하기도 하다. 민주주의는 각 개인을 공동결정에 소집하는 것

---

4) 노동생산성에 대한 사회체제의 작용의 문제는 물론 여기서는 간단하게 언급하는 것으로 그치겠다. 상세한 설명은 이 저서의 범위를 넘는다. 이 문제를 지구상의 사람 수의 증가와 함께 노동생산성이 상승하는가 혹은 하락하는가와 같은 노동생산성의 일반적 경향들의 문제와 혼동할 필요가 없다는 사실만을 지적하고자 한다. 왜냐하면 인구수와 함께 노동생산성이 상승하는가 혹은 하락하는가가 문제가 아니라, **동일한 인구수로** 노동생산성이 자본주의적 생산양식과 사회주의적 생산양식 중 어디서 더 클 것인가가 문제이기 때문이다. 생산양식의 변화가 인구수에 어떤 영향을 미칠까 하는 오랜 문제는 오늘날 옛날보다 훨씬 쉽게 고찰될 수 있다. 더 많은 인구는 동시에 더 고도한 문화를 의미하는 것이고, 이것은 오늘날 과잉인구에 대한 공포를 최소한으로 환기시킨다! (원주)

이기 때문에, 각 개인의 교육을 필요로 한다. 그러므로 사회주의적 문화 활동의 첫 번째 임무는 **민족적 교육제도**의 건설일 것이다. 학교는 도시에서 **시민학교**로서 발생했다. 근대 자본주의는 이것을 **초등학교**로 확대했다. 그러나 학교는 아직 그 기원의 흔적을 갖고 있다. 근로대중의 학교가 된 초등학교는 인민에게 여전히 그들의 노동에 관해서 아무것도 가르치지 않고, "마치 모든 독일인이 관리가 될 운명인 것처럼" 교육하고 있다.[5]

미래의 학교는 우선 근로자의 학교일 것이다. 그러므로 노동의 교육이 수업의 중심이 될 것이다. 그러나 그것은 근로자의 학교일뿐만 아니라 향유자(Geniessenden)의 학교일 것이다. 왜냐하면 장래에는 노동과 향유를 분리하는 장벽은 더 이상 존재하지 않기 때문이다. 그러므로 학교는 우리의 모든 정신 문화의 거대한 부를 학생의 소유물로 만들 것이다. 교육수단을 아까워하고 대중교육을 두려워한 자본주의사회가 결코 이룰 수 없었던 것을 사회주의사회가 비로소 성취할 수 있다. 즉 **요한 고트리프 피히테**가 꿈꾸었던 것처럼, 진정한 민족교육을 창조하는 것이다. 다시 말해 교양을 "이제까지와 같이 결코 하나의 소유물로 만드는 것이 아니라, 오히려 학생의 인격적 구성요소로 만드는" 교육이고, 그리하여 **민족의 모든 자식들에게 민족문화의 매개를 통해 진정한 민족적 성격을 가져다주는 교육이다**. 민족적 성격이란 "더 이상 이루어지는 것이 아니라 이미 존재하는 것이며, 또 다른 방식으로가 아니라 바로 있는 그대로 존재할 뿐인 불변의 존재이다."[6]

민족교육의 기반 위에서 이제 민족문화가 성장한다. 확실히 미래사회 구성원의 문화는 **새로운 종류의 문화**일 것이다. **근로자와 향유자가 일치**한다는 것은 어쩌면 처음이 아닐까! 문화의 창조자가 동시에 그것의 향유자인 것이다! 그리하여 아주 새로운 인격, 과거 천년 동안의 여유로운 향유자와 문화 없는 근로자와 전혀 다른 유형의 인간이 발생한다. 그들은 자신 속에 그 기원의 뿌리와 민족성 그리고 순박함을 가지고 있으며, 자신의 사회를 쟁취한 위

---

5) Ludwig Gurlitt, *Der Deutsche und seine Schule*, Berlin 1905 (원주)
6) Johann Gottlieb Fichte, *Reden an die deutsche Nation*, Leipzig Reclam, 15쪽, 20쪽 (원주)

대한 투쟁의 기억도 함께 가지고 있다. 그리하여 그들은 전승된 문화형태와 상징을 새로운 것들로 바꾼다. 그리고 이들 새로운 인간은 중세의 봉건영주나 르네상스의 영주 그리고 오늘날 부르주아처럼 문화를 소외시켜 향유하는 것이 아니라, 아테네시민과 같이 사회적으로 향유하는 것이다. 어떤 예술가도 더 이상 부유한 은행가의 저택을 장식하는 것이 아니라, 회의장과 집회장, 극장, 공연장, 학교, 작업장을 위해 작품을 창조한다. 그러나 이러한 문화가 아무리 새로운 것이 되더라도, 그것은 역시 이전의 모든 문화의 상속자가 될 것이다. 지금까지 인간이 고안하고 공부하고 창작하고 노래한 것은 이제 대중의 상속재산이 된다. 수백 년 전에 중세 연애시인이 칭송한 영주부인을 노래한 것과 르네상스의 예술가가 부유한 대상인을 그린 것, 초기 자본주의시대의 사상가가 한정된 교양인층을 위해 고안해낸 것이 모두 대중의 소유물로 된다. 그래서 미래의 인간은 선조의 유산과 동시대인의 새로운 작품에서 자신의 문화를 창조한다. 그리고 이 문화는 만인의 소유물로 되고 모든 사람의 성격을 결정하는 기초가 되고, 민족을 성격공동체로 통일한다. 그리고 이 문화의 새로운 것이 오랜 것에 더해지고 그것과 결합하고 혼합하여 그 본질도 오랜 것을 통해 함께 규정되듯이, 이제 비로소 민족의 전통 문화와 민족의 역사의 침전물이 민족의 재산이 되고 민족의 성격을 규정하는 기초가 된다. 민족의 문화사는 오늘날까지 언제나 유산계급의 역사였다. 이 산물을 대중이 획득할 때 처음으로 **민족의 역사는 대중의 것이** 되고, 그때 비로소 대중은 이 역사의 정신적 특성에 기여한다.

사회주의가 처음으로 근로인민의 넓은 층을 민족문화공동체로 편입한다. 또한 사회주의는 문화를 더욱 발전시키기 위한 자치와 자결을 민족에게 부여함으로써 이 문화공동체의 본질을 변화시킨다. 이러한 자치는 상품생산의 시대에는 존재하지 않는다. 그것은 단지 대중의 의지가 민족의 운명을 결정하지 못하기 때문만이 아니다. **문화적 자결은 오늘날 오히려 지배계급에게도 결여되어 있다.** 왜냐하면 오늘날 계속적으로 민족의 운명을 결정하는 것은 어떤 사람의 의지가 아니라 개인들의 무수한 개별적 행위이며, 이런 행위 뒤에는 참가자의 의식 없이 작용하는 법칙이 있기 때문이다. 예를 하나 들어보자.

의심의 여지없이 주민의 장소적 이동이 얼마나 심각하게 독일민족의 성격을 변화시켰을까! 경작했던 토지와 산책했던 숲이나 전원에서 쫓겨나 방을 임대한 대도시, 즉 매연과 석탄연기 속에서 탄소로 가득 찬 공기에 꽃이나 나무가 남김없이 질식한 공업지역으로 이주했기 때문에, 우리는 전혀 다른 인간이 되지 않았을까! 우리의 공업도시에서는 이전 시대의 마을과 얼마나 다른 인간이 성장할까! 그러나 민족은 자기 성격의 변화를 의미하는 존재 전체의 이러한 변화를 **토의해서 결정했**던 것일까? 결코 아니다. 확실히 주민의 재편과정은 인간의 의식을 관철하고 인간의 의지를 통해 결정되지만, 그러나 민족의 의지에 의해 결정되는 것은 아니며, 서로 독립된 무수한 개인의 지에 의해 결정되는 것이다. 그것은 생산비가 최소이고 이윤이 최대인 곳을 종이 위에서 계산하는 수많은 자본가와, 또한 어디에 일자리가 비어있는지 그리고 어디에 생계를 유지할 만한 임금을 주는 곳이 있는지를 찾는 수많은 노동자에 의해서 결정된다. 그리고 이러한 전혀 다른 생각에 의해 이루어지는 개별 결정의 결과가 민족 전체의 존재의 변화이며, 민족문화의 본질의 변화, 민족성격의 변화인 것이다. 과거와 다르게 민족 전체를 변화시키는 힘을 개개인에게 주는 것은 누구일까? 법이 그것을 했다. 즉 **노동수단에 대한 배타적 소유는 민족의 운명을 방치하고,** 개개인의 의지에 그것을 위임할 뿐이다. 이들 개개인은 그러나 민족의 운명을 결정하는 것이 아니라, 각자의 개별 운명을 결정할 뿐이고, 그래서 그들의 결정이 전체 민족에게 미치는 작용에 관해 자신들은 아무 것도 알지 못한다. 그러나 또 있다! 민족을 배려하지 않고 민족에 관해 아무것도 알지 못하는 그와 같은 수많은 개별 결정을 통하지 않고 민족의 운명은 결정되지 않는다. 그리고 과학자들이 서로 독립된 개별적 생각의 우연성 배후에서, 결국 주민의 이러한 재편을 가져오고 그래서 민족의 성격을 변화시킨 법칙을 발견하더라도, 그것은 결정을 내린 당사자가 아무것도 모르는 법칙, 젊은 엥겔스(Friedrich Engels)의 천재적 진술을 사용하면 "참가자의 의식 없이" 관철되는 법칙일 뿐이다.

사회주의사회는 전혀 다르다. 새로운 기업의 소재지에 대한 결정이나 주민에 대한 지역적 배분은 사회주의사회에서는 **조직된 사회의 의식적 행위**

가 된다. 그것은 사회적 기관에 의해 결정되며, 또한 이들 기관을 형성하고 협의하는 개개인에 의해 그 결과가 연구되는 것이다. 그래서 주민의 지역적 재편은 의식적 행위로 된다. 미래의 사회는 새로운 제화공장을 생산비용을 낮출 수 있는 석탄지역에 건설하든지, 그렇지 않으면 가죽의 생산에 종사하는 노동자가 가능한 건강하고 쾌적한 생활을 보낼 수 있도록 아름다운 산림지역에 건설하든지에 관해 협의하고 결정할 것이 틀림없다. 민족의 성격에 대한 영향, 그리고 이 성격의 변화에 대한 결정을 사회는 다시 우리의 것으로 만들고, **민족의 장래 역사는 사회의 의식적 의지의 산물이 된다**. 그래서 미래의 민족은 상품생산사회에서 민족이 결코 할 수 없었던 것을 이룰 수 있을 것이다. 즉 스스로를 교육하고, 운명을 스스로 계획하고, 성격의 장래 변화를 스스로 의식적으로 결정하는 것이다. 사회주의가 처음으로 민족에게 완전한 자치, 진정한 자결을 주는 것이다. 사회주의는 민족의 영향력을 없애고, 무의식적인 힘들의 효과를 무력하게 만든다.

사회주의가 민족을 자치적으로 만들고 운명을 의식적 의지의 산물로 만든다는 사실은, 그러나 사회주의사회에서 **민족들의 차이를 더욱 강화하고** 개성을 더욱 깊게 각인하며 성격을 서로 더욱 예리하게 분리시킨다. 이러한 진술은 아마 많은 사람들을 놀라게 할 것이다. 왜냐하면 사회주의의 친구이든 적이든, 사람들은 흔히 사회주의가 민족의 차이를 상쇄하고 민족 간 구별을 줄이거나 아예 없애버릴 것이라고 생각하기 때문이다.

다양한 민족문화의 **물질적 문화내용**이 사회주의사회에서 서로 비슷해질 것이라는 사실은 확실하다. 이 작업을 이미 근대 자본주의가 시작했다. 자본주의 이전의 농민은 수백 년 동안이나 조상으로부터 물려받은 방식으로 생산하고 생활했다. 이웃의 진보에서도 아무것도 계승하지 못했다. 농민은 몇 마일만 나가면 훨씬 많은 토지수익을 보증해줄 더 좋은 쟁기를 알게 될 기회가 있었음에도 불구하고, 구식의 열등한 쟁기를 사용했다! 이에 비해 근대 자본주의는 서로 배우는 것을 민족들에게 가르쳤다. 어떤 기술적 진보도 몇 년 내에 전 세계의 재산으로 된다. 어떤 법의 변화도 인근 민족들에 의해서 배우고 모방된다. 과학이나 예술의 어떤 조류도 세계 전체의 문화민족들에게 영향을 준다. 사회주의가 우리 문화의 세계주의적 경향을 매우 강화하고 문화의 물질적 내용을 비교할 수 없을 만큼 급속히 비슷하게 만들 것이라는 사실과, 민족들이 훨씬 많은 것을 서로 배우고 어떤 사람이 다른 사람으로부터 목적에 부합하는 것을 배워갈 것이라는 사실은 의심의 여지가 없다. 그러나 이러한 사실로부터 물질적 문화내용의 균일화가 이제 민족들을 서로 완전히 같게 만든다고 결론짓는 것은 시기상조일 것이다.

영국인의 생활을 관찰하는 사람은 영국인의 주목할 만한 보수적 성격에 자주 놀란다. 그리고 영국인이 새로운 사고를 받아들이고 새로운 것을 다른 민족으로부터 배우는데 얼마나 늦는지 놀라울 정도다. 영국인의 주목할 만한 이러한 민족적 성격은 브리텐인(Briten)[7]을 수많은 유행병으로부터 지켰고, 그들 사이에 많은 가치 있는 사상체계의 힘을 강화했고, 어떤 선동도 영국에서는 어렵게 만들었다. 이것은 물론 영국에 많은 진보와 사회주의가 들어가는 것을 어렵게 만들었다. 그러나 여기서는 이 현상을 논평하는 것이 아니라, 이해하는 것이 중요하다. 이러한 주목할 만한 현상의 한 원인을 영국의 오랜 민주주의에서 발견한다. 전제군주는 단기간에 자신의 나라에 새로운 사상을 받아들일 기회를 만들 수 있다. 오늘 그의 마음에 들면 내일은 나라의 모든 궁전에서 유행하게 되고, 오늘 그의 의지는 내일은 전국에서 법률로 된다. 민주주의는 전혀 다르다. 민주주의국가에서 새로운 것은 개별 국민을 장악하고, 각 개인에 의해 획득되고 자신의 것으로 될 때 비로소 받아들여질 수 있다. 수백만 개인의 의지를 통해서만 그것은 국가의 전체 의지가 된다. 확실히 이것은 진보의 훨씬 늦은 길이지만, 비교할 수 없을 만큼 확실한 길이기도 하다. 왜냐하면 한번 획득되고 수백만의 머릿속에서 확정되면, 그것을 이 수백만의 사람들로부터 다시 빼앗고 극복하기 위해서는 먼 길이 필요하기 때문이다. 자본주의국가의 민주주의에서조차 타당하다면, 사회주의적 민주주의에서는 더욱 타당할 것이다. 왜냐하면 사회주의는 가장 중요한 권력수단, 즉 노동수단에 대한 지배권을 인민에게 주기 때문에, 처음으로 진정한 민주

---

[7] 오늘날 영국을 구성하는 브리톤섬에 살았던 켈트계의 민족을 말한다. 영어로는 Briton이다. (역주)

주의, 진정한 인민의 지배를 가져오기 때문이다. **사회주의**는 민족 전체를 문화공동체로 통일하고, 민족문화 전체의 영향을 받는 각 민족동포에게 자립적인 공동결정을 할 수 있도록 해주기 때문에, 처음으로 인민 일반의 지배를 가능하게 만든다. 새로운 사상은 사회주의사회에서는 다음의 방식 이외에는 획득될 수 없을 것이다. 즉 사회주의적 민족교육을 통해 고도로 발전된 인물들, 민족문화를 완전히 자신의 것으로 만든 인물들이 민족동포 개개인에게 교육하고 획득하게 만든 방식을 통해서이다. 이것은 **어떤 새로운 사상도 단순하게 받아들이지 않으며, 그것을 받아들이기 위해서는 수백만 개인의 정신적 존재 전체에 편입되고 적응되어야 한다는 사실을 의미한다.** 어떤 개인도 정신적 존재에 새로운 것을 단순히 기계적으로 부가하는 것이 아니라 섭취하고 인격에 편입하고 정신적으로 소화하고 통각(Apperzeption)하듯이, 또한 민족 전체도 새로운 것을 단순히 받아들이는 것이 아니라 그것을 접수하여 가공하고 존재에 적합하게 만들고 수백만의 두뇌에 의한 수용과정을 통해 변화시킴으로써, 그것을 받아들이는 것이다. **민족적 통각**이라는 이러한 위대한 사실을 통해 한 민족이 다른 민족으로부터 받아들이는 어떤 사상도 수용되기 전에 언제나 민족의 존재 전체에 우선 적합하게 만들고, 그것에 의해 비로소 변화되어야 하는 것이다. 그래서 민족은 어떤 새로운 시나 예술, 철학, 사회사상의 체계도 단순하게 받아들이는 것이 아니라, 언제나 가공해서 수용한다. 민족이 기존 정신문화에 적합하게 되는 것은 **민족의 전체 역사와 결합하고 동일화**하는 것이다. 오늘날 이미 영국인과 프랑스인 혹은 독일인은 다른 민족의 새로운 정신적 가치 세계를 주어진 그대로 받아들이는 것이 일본인과 크로아티아인보다 훨씬 어렵듯이, 사회주의사회에서는 민족문화와 결합하고 민족문화를 통해 공동으로 결정되지 않고는 어느 민족의 정신문화의 어떤 새로움도 받아들일 수 없을 것이다. 따라서 사회주의에서 민족문화공동체의 자치는 **문화의 물질적 내용을 균질화시킴에도 불구하고, 민족들의 정신문화의 차이를 더욱 강화**한다.

민족문화공동체에 민족 전체를 편입시키고, 민족을 통해 완전한 자결을 획득하고, 민족들의 정신적 차이가 커지는 것 — 사회주의는 이것을 의미한다. 천년의 계급분화의 시기, **민족동포와 예속민간 분할**의 시기를 거친 후, 민족의 공산주의는 씨족공산주의 시대와 같이 모든 민족동포의 완전한 문화공동체를 재건할 것이다. 그러나 민족의 기초는 그 이후 변화되어왔다. 게르만인의 문화공동체는 공통의 줄기민족의 **혈연**에 기초하였다. 공통의 조상으로부터 동일한 문화요소들이 그들 모두에게 전해졌다는 사실, 이것이 그들을 민족으로 통일했다. 근대 사회주의사회의 문화공동체는 이것과 다르다. 그것은 사회적 창조의 산물이며, 민족 전체의 자식들이 받는 **교육의 산물**이고, 사회적 노동에서 이루어지는 민족 협동의 산물이다. 그러나 그것은 하나의 강력한 구별을 의미한다. 왜냐하면 혈연공동체에 기초한 민족은 자신 속에 붕괴의 씨를 갖고 있기 때문이다. 공통의 조상을 가진 자손이 서로 장소적으로 떨어지고 상이한 생존투쟁의 조건 아래 있게 될수록, 그들은 서로 다르게 되었고 상이한 방언을 말하는 다른 민족으로 되었다. 그 결과 그들은 더 이상 서로 이해할 수 없게 되었다. 그들은 더 이상 통혼하지 않기 때문에 체형도 다르게 되었다. 그들은 또한 다른 도덕과 법, 생활습관, 기질을 갖게 되고, 동일한 자극에 다르게 반응하게 되었다. 그러나 **혈연공동체**에 기초한 민족이 **붕괴**의 씨를 자신 속에 갖고 있는 반면에, **교육공동체**에 기초한 민족은 **통일**의 경향을 자신 속에 갖고 있다. 모든 자식들이 공통의 교육을 받고, 모든 민족동포는 민족의 작업장에서 함께 노동하고, 민족의 전체 의지의 형성을 위해 서로 협동하며, 민족의 문화재를 함께 향유할 것이다. 그리하여 사회주의는 그 자신 속에서 **민족의 통일**을 보증할 것이다. 사회주의는 언제나 대중에게는 하나의 외국어인 통일독일어, 우리의 문화재로 들어가는 위대한 출입구인 통일독일어를 모국어로 할 것이다. 사회주의는 민족의 운명과 민족의 의지를 공동으로 결정하는 민족동포 개개인의 성격을 결정하는 근거가 될 것이다. **사회주의는 민족의 문화재를 각 독일인의 재산으로 만들고, 그리하여 각 독일인을 우리 문화재의 산물로 만들 것이다.** 단순한 혈연공동체는 민족의 분열을 의미하며, 교육 및 노동공동체는 민족의 확실한 통일을 의미한다. 민족은 우선 노동공동체가 되어야 하며, 그것을 **바탕으로** 완전하고 진정한, 스스로 결정하는 문화공동체가 될 수 있다.

제10장 민족의 개념

우리는 이제 집적된 경험적 사실로부터 일반적 결론을 이끌어내고 그래서 이제까지 추구해온 민족의 개념을 규정할 수 있는 데까지 왔다. 우리는 연구를 시작할 때 민족을 우선 성격공동체로서 파악했다. 우리는 이제 이러한 성격공동체의 본질을 더욱 자세하게 규정할 수 있다.

우리는 연구를 시작할 때 민족적 성격을 우선 민족동포를 서로 결합하고 다른 민족으로부터 구분되는 육체적, 정신적 특징을 나타내는 한 민족의 총체로서 규정지었다. 그렇지만 이러한 다양한 특징은 결코 서로 동일한 가치를 갖는 것은 아니다.

확실히 **의지**(Wille)의 명확함이 다양한 형태로 나타나는 것도 민족적 성격에 속한다. 의지는 인식의 모든 과정에서 경험된 많은 현상 중에서 어떤 규정된 것만을 선택하고 그것만을 명확히 의식하는 **주의력**(Aufmerksamkeit)으로서 나타난다. 독일인과 영국인이 함께 여행을 하더라도 그들은 전혀 다른 성과를 갖고 고향으로 돌아올 것이고, 독일인학자와 영국인학자가 동일한 대상을 연구하더라도 양자의 연구방법과 성과는 매우 다를 것이다. 그러나 의지는 더 직접적으로 모든 **결심**(Entschließung) 속에서 나타난다. 예를 들어 독일인과 영국인은 동일한 상태에서도 다르게 행동할 것이다. 그들은 동일한 작업을 다른 방식으로 처리할 것이다. 그들은 즐거울 때에도 다른 종류의 즐거움을 선택할 것이다. 또 그들은 동일한 경제 상태에서도 다른 생활양식을 선택하고, 다른 욕구를 만족시킬 것이다. 이러한 것 모두가 확실히 민족적 성격의 본질을 이룬다.

다른 민족은 다른 **관념군**(Vorstellungsmassen)을 갖는다는 사실도 분명하다.

예를 들어 옳고 그름에 관한 다른 관념, 도덕과 부도덕, 예의바름과 무례함, 아름다움과 추함 등에 관한 다른 견해, 그리고 종교와 과학에서 다른 방식이 있을 수 있다. 그러나 이러한 지식의 차이는 단순히 의지의 차이에 따르는 것이 아니라, 반대로 의지의 차이를 규정하고 그것을 우리에게 설명하는 것이다. 영국인 각자는 독일인과 다른 교육을 받고 다른 것을 배우고 다른 문화적 영향 아래 있기 때문에, 동일한 자극을 받더라도 독일인과 다르게 반응한다. 그러므로 관념의 차이는 의지 방향(Willensrichtung)의 차이와 병렬관계에 있는 것이 아니라, 원인과 결과의 관계에 있다.

신체적 특징에 관해서도 비슷하게 말할 수 있다. 두개골 구조의 차이는 인류학자에게는 흥미로운 것이지만, 역사학자와 사회이론가, 정치학자에게는 육체적 형태의 차이가 정신적 특징의 차이를 낳는다고 가정하지 않는 한 그리 중요하지 않다. 경험적으로 볼 때, 성격의 차이는 직접적으로 동일한 상황 하에서 결단의 차이와 인식능력 및 인식방법의 차이를 낳고, 이것들이 다시 결단의 차이와 의지의 차이를 낳는다. 유대인의 육체적 특징이 일정한 정신적 특징과 언제나 결합되어 있다고 생각하지 않는다면, 반유대주의자조차도 유대인의 코가 어떻게 생겼든 전혀 상관없을 것이다. 인류학적 특징의 차이가 정신적 특징의 차이를, 그리고 결국엔 직간접으로 의지 방향의 차이를 낳는다는 사실 — 체격과 의지 방향 사이의 인과관계를 발견하는 것은 아직 우리에게는 불가능할지도 모르지만 — 바로 이것이 우리가 어떤 인류학적인 신체적 특징에 흥미를 갖게 되는 이유이다. 그러므로 또한 육체적 특징의 총체는 의지 방향의 차이와 병렬하는 것이 아니라 함수관계에 있고, 그 배후에는 아마 인과관계가 숨어있을 것이다.

그래서 우리는 **민족적 성격의 더 엄밀한 개념**에 도달했다. 그 개념은 우리에게 우선 민족에 고유한 육체적, 정신적 특징의 총체를 의미하는 것이 아니라, 단지 **의지 방향의 차이**, 즉 동일한 자극이 다른 운동을 불러일으키고 동일한 외적 상황이 다른 판단을 가져온다는 사실을 의미한다. 그렇지만 이와 같은 의지 방향의 차이는 민족에 의해 획득된 관념의 차이, 혹은 생존투쟁에서 민족 속에 배양된 육체적 특질의 차이를 통해 인과율적으로 규정된다.[1)]

우리는 이어서 그러한 성격공동체가 어떻게 형성되었는지를 물었다. 그리고 동일하게 작용하는 원인이 성격의 동일성을 낳는다고 대답했다. 그래서 우리는 민족을 **운명공동체**로 규정했다.

이제 운명공동체라는 개념을 더 자세하게 파악해볼 때가 되었다. **공동체란 결코 단순한 유사성을 의미하지 않는다.** 예를 들면 19세기 독일은 영국과 마찬가지의 자본주의적 발전을 체험했다. 이러한 측면에서 작용하고 인간 성격에 결정적인 영향을 준 힘은 두 나라에서 동일한 것이었다. 그러나 그렇다고 해서 독일인이 영국인이 될 수는 없다. **왜냐하면 운명공동체는 공통의 운명에 굴복함을 의미하는 것이 아니라**, 끊임없는 교통과 부단한 상호작용 속에서 **동일한 운명을 공통적으로 체험하는 것을 의미하기 때문이다.** 영국인과 독일인은 자본주의적 발전을 함께 체험했다. 그러나 다른 시대, 다른 장소에서 체험했고, 양자의 사이에는 다만 느슨한 관련이 있을 뿐이다. 그래서 동일한 추진력이 그들을 과거보다 서로 유사하게 만들었을지 모르지만, 그러나 그들을 하나의 민족으로 만든 것은 아니었다. 운명의 유사성이 아니라, 공통의 운명을 함께 체험하고 함께 견뎌냈다는 사실, 결국 운명공동체가 민족을 낳는다. 공동체란 칸트에 의하면, "**끊임없는 상호작용**"<경험의 제3유추: 공동체의 정리>이다. 부단한 상호작용과 끊임없는 상호관계 속에서 체험된 운명만이 민족을 형성한다.

---

1) 케슬러(Harry Graf Kessler)는 민족적 성격의 개념을 더욱 제한적으로 파악하고 있다. 그 역시 동일한 외적 현상에 대한 다른 태도표명의 능력과 다른 관념의 소유를 구별하고 있다. 그러나 그는 민족을 구별하는 특징을 단지 어떤 외적 자극에 대한 반응 속도의 차이에서만 보고 있다. 그러므로 그에게 민족적 성격이란 "**마음의 속도**"(*Die Zukunft*, 1906년 4월 7일자)의 특성이 된다. 확실히 의지의 민첩성의 차이는 우리가 의지방향이라는 개념으로 요약하고, 좁은 의미의 민족적 성격으로서 이해하려고 했던 특징의 하나이다. 프랑스인의 경쾌함이나 네덜란드인의 둔중함은 잘 알려져 있다. 그러나 당연한 것이지만, 어떤 외적 자극이 우리 내부에서 얼마나 빨리 하나의 운동을 불러일으키는가가 아니라, 이 운동이 어떤 방향을 취하고 어떤 힘을 갖는가가 중요하다. 그러므로 케슬러는 민족적 성격의 개념을 너무 좁게 파악한 것이다. (원주)
Kessler(1868-1937)는 프랑스에서 태어나고 죽었다. 그는 작가이고 외교관이었으며, '독일평화주의자협회'의 의장을 역임했다. *Die Zukunft*는 1892년 Maximilien Harden에 의해 베를린에서 창간되어 1922년까지 간행된 주간 문화잡지였다. (역주)

민족은 단순히 유사한 운명의 산물이 아니라, 운명공동체 속에서 운명을 함께 하는 동포들의 항구적인 상호작용 속에서만 발생하고 존속한다는 사실, 이것이 **민족을 다른 모든 성격공동체로부터 구별한다**. 성격공동체의 다른 사례가 바로 **계급**이다. 모든 나라의 프롤레타리아트는 유사한 성격경향을 갖고 있다. 많은 차이에도 불구하고 서로 유사한 계급상태가 독일과 영국, 프랑스, 러시아, 미국, 오스트레일리아 노동자의 성격에 유사한 경향을 각인시킨다. 즉 동일한 투쟁의 기쁨, 동일한 혁명적 신념, 동일한 계급도덕, 동일한 정치적 야심을 각인시킨다. 그러나 여기서 성격공동체를 낳는 것은 운명공동체가 아니라 운명의 유사성이다. 왜냐하면 분명히 독일인 노동자와 영국인 노동자 사이에 교통관계는 존재할지도 모르지만, 그것은 영국인 노동자와 영국인 부르주아지를 결합하고 있는 관계보다 훨씬 약하기 때문이다. 그들은 같은 도시에서 살고, 벽에 붙은 같은 포스터를 보며, 같은 신문을 읽고, 같은 정치적 사건이나 같은 스포츠의 승패에 관심을 나타내며, 때로는 그들 자신이 서로 이야기하거나 혹은 동일한 인물 ― 자본가와 노동자 사이의 다양한 중개자들 ― 과 이야기한다. 언어는 교통의 도구이다. 만일 영국인 노동자와 독일인 노동자 사이에, 영국인 부르주아지와 영국인 노동자 사이보다 더 많은 교통의 끈이 존재한다면, 영국인 노동자와 영국인 부르주아지가 아니라 독일인 노동자와 영국인 노동자가 공통의 언어를 갖게 될 것이다. 그러므로 민족의 성원 사이에 교통공동체가 존재한다는 사실, 즉 직간접의 교통 속에서 끊임없는 상호작용이 존재한다는 사실, 이것이 민족을 계급의 성격공동체로부터 구분하는 것이다. 사람들은 다음과 같이 말할지도 모른다. 생활양식, 즉 운명이 작용하는 영향력이 다른 민족의 노동자를 같은 민족의 다른 계급보다 더 유사하게 규정하고, 따라서 성격이라는 점에서 보면 다른 나라의 노동자들이 같은 나라의 부르주아지와 노동자보다 훨씬 더 서로 유사하다고. 그러나 그럼에도 불구하고 민족이 운명공동체로부터, 계급이 단지 운명의 유사성으로부터 생겼다는 사실이 민족의 성격공동체를 계급의 공동체와 구분하는 것이다.

그러므로 민족은 운명의 유사성이 아니라 **운명공동체로부터 생긴 성격**

공동체로서 정의할 수 있다. 그리고 이것이 또한 민족에게 **언어**의 중요성을 나타낸다. 나는 가장 긴밀한 교통관계에 있는 사람과 공통의 언어를 창조하며, 공통의 언어를 갖고 있는 사람과 가장 긴밀한 교통관계에 있다.

우리는 작용하는 요인, 즉 인류의 생존투쟁의 조건들이 인류를 민족적 운명공동체로 결합하는 두 가지 수단에 관해서 이미 알고 있다.

첫 번째 길은 **자연적 유전**이다. 조상의 생활조건이 세대를 서로 결합시키는 배아유전자에 질적 규정성을 준다. 자연도태의 방식으로 어떤 특질이 유전되고, 어떤 특질이 배제되는가가 결정된다. 그러므로 조상의 생활조건이 자손의 육체적 특징을 유전적으로 규정한다. 따라서 여기서 민족은 **혈통공동체**이다. 민족은 사람들이 말하듯이 공통의 피를 통해 결합되었고, 과학이 가르치듯이 배아유전자의 공통성을 통해 결합되었다. 그러나 공통의 혈통을 통해 결합된 사람들은 단지 상호 교통공동체로 머무는 한, 통혼을 통해 혈연공동체를 유지하는 한, 하나의 민족으로 머무를 수 있다. 사람들 사이에 성적 결합이 없다면, 지금까지 통일을 유지해왔던 민족 속에서 서로 다른 새로운 성격공동체가 발생할 것이다. 자연공동체로서 민족의 존속을 위해서는 공통의 혈통을 통한 피의 공동체뿐만 아니라, 끊임없는 혼혈을 통한 공동체의 유지가 필요하다.

그러나 개인의 성격은 단지 유전된 특질의 총체만이 아니라, 그에게 전승되고 작용하고 있는 문화를 통해서도 또한 규정된다. 즉 그가 받은 교육을 통해서, 그가 준수하고 있는 법을 통해서, 그의 생활을 규정하고 있는 풍속습관을 통해서, 그에게 계승되어 온 신과 세계, 도덕과 비도덕, 아름다움과 추함에 관한 관념을 통해서, 그에게 작용하고 있는 종교 및 철학, 과학, 예술, 정치를 통해서 — 그러나 무엇보다도 이러한 현상들 모두를 규정하고 있는 것, 즉 그가 동포의 한가운데서 생존투쟁을 하고 생계를 영위하는 방식을 통해서 규정된다.

그리하여 우리는 생존투쟁이 개인을 규정하는 두 번째 중요한 수단에 도달했다. 즉 입에서 입으로 **문화재의 전승**이다. 민족은 단지 자연공동체일 뿐만 아니라, 문화공동체이기도 하다. 여기서 또한 개인을 규정하는 것은 무엇보다 과거 세대의 운명이다. 자식은 자신이 태어난 사회의 경제생활이나 법, 정신문화의 영향력 아래 놓여진다. 여기서도 또한 끊임없는 교통공동체만이 성격공동체를 산출한다. 이러한 교통의 최대 도구가 **언어**이다. 언어는 교육의 도구이며, 모든 경제적, 정신적 교통의 도구이다. 언어를 통한 이해가능성의 범위가 또한 문화가 작용하는 범위이다. 언어의 공통성이 멀리까지 도달하는 한, 이 교통공동체도 긴밀하게 될 수 있다. 교통공동체와 언어는 서로를 조건 짓고 있다. 언어는 모든 긴밀한 교통의 조건이다. 바로 그렇기 때문에 교통의 필요가 공통의 언어를 낳는다. 한편으로 교통공동체가 깨지면서 언어도 또한 서서히 분화된다. 물론 나는 외국어를 배울 수 있지만, 그렇다고 해서 다른 민족의 성원이 될 수는 없다. 왜냐하면 외국어는 결코 모국어와 같은 문화적 영향력 아래 나를 놓지 않기 때문이다. 모국어를 통해 전달된 문화가 나의 유아기, 즉 가장 감수성이 풍부한 시절에 영향을 주고, 나의 성격을 최초로 형성한다. 그 후의 모든 인상은 그것이 수용되는 동안에 이미 존재하는 개인에게 적합하게 된 것이고, 수용과정 자체 속에서 변화를 겪은 것이다. 게다가 개인은 외국어를 모국어와 같이 완전한 방식으로 습득할 수는 없으며, 외국어에는 가장 세련되고 가장 내밀한 작용이 결여되어 있다. 교양 있는 독일인에게조차 영국이나 프랑스의 예술작품은 독일의 예술작품과 같은 힘을 주지 못한다. 민족은 인류 교통의 가장 중요한 도구인 언어의 공통성 없이 장기간 문화공동체로서 존속할 수 없다. 그러나 언어의 공통성만으로 아직 민족적 통일을 보장할 수 없다. 덴마크인과 노르웨이인은 언어의 공통성에도 불구하고 이질적인 문화의 영향을 받고 있고, 가톨릭의 크로아티아인과 그리스정교의 세르비아인은 언어의 공통성에도 불구하고 이질적인 문화적 영향 아래 놓여있다. 그러나 종교가 주는 문화적 분리작용이 소멸한다면, 동일한 언어를 통해 매개된 교통공동체와 그들이 함께 향유하고 있는 동일한 종류의 문화적 영향력 덕분에, 세르비아인과 크로아티아인은 하나의 민족이 될지도 모른다. 여기서 또한 방언에 대한 통일어의 승리가 갖는 민족적 의미가 분명해 된다. 긴밀한 교통의 필요가 통일어를 낳고, 그러한 통일어의 존재가 그것을 자유롭게 구사하는 모든 사람들을 동일한 문화적 영향 아래 놓는다.

상호작용이 그들을 문화공동체로 결합시킨다. 문화적 분화와 언어공동체 사이의 관계는 네덜란드인의 사례에서 명확하게 나타난다. 독일종족의 세 분파로 이루어진 그들은 더 이상 독일민족에 속하지 않는다. 독일인의 운명과 전혀 다른 네덜란드 국민경제의 운명은 매우 이질적인 문화를 낳았다. 경제적, 문화적으로 독일인과 분리되었고 독일종족과 교통공동체도 단절되었다. 그들을 서로 결합시키는 끈은 매우 강하고, 그들을 다른 독일종족과 관련시키는 끈은 매우 약하다. 그래서 그들은 문화의 도구로서 자신의 언어를 창조했고, 통일독일어를 통한 독일민족의 문화적 통일과정에 더 이상 참가하지 않았다.

자연공동체와 문화공동체는 일치할 수 있다. 한편으로 조상의 특질의 유전을 통해, 다른 한편으로 조상에 의해 발전되어온 문화의 전승을 통해, 그들의 운명이 자손의 성격으로 될 수 있는 경우이다. 그러나 자연공동체와 문화공동체는 언제나 일치할 수 없다. **자연의 자손**과 **문화의 자손**이 언제나 동일한 것은 아니기 때문이다. 왜냐하면 공통의 혈통을 가진 사람들만이 자연공동체를 이루는 반면, 문화공동체는 끊임없는 상호작용 속에서 공통의 문화적 영향 아래에 있는 모든 사람들을 결합하기 때문이다. 이러한 문화적 영향력이 강할수록, 개개인이 한 민족의 전체 문화재를 수용하고 그것의 특질을 그 만큼 더 많이 결정하게 되고, 자연공동체의 영향력이 없어짐에도 불구하고 민족의 성원을 이루어 공통의 민족적 성격을 그 만큼 더 빨리 띠게 되기 때문이다. 그래서 우리가 태어난 민족이 아닌 다른 민족을 의식적으로 선택할 수도 있게 된다. 그리하여 **샤미소**는 스스로 말한다. "언어, 예술, 과학, 종교를 통해 나는 독일인이 되었다"[2]

이제 인류는 사실상 충분히 민족들로 분할되어, 각 개인이 한 민족에만 속하고 결코 동시에 여러 민족에 속하지 않을 정도가 되었을까? 사람들이 혈통에 의해 자연적으로 두 민족과 관련되더라도 민족의 냉정한 분화를 전혀 변

---

2) Louis Charles Adelaide de Chamisso(1781-1838)는 프랑스 Champagne에서 태어난 독일의 작가이다. 그의 가족은 프랑스혁명을 탈출하여 독일로 이주했다. 그는 후에 프러시아 군대에서 복무했고, 식물학자로 일했다. (역주)

화시키지 못한다. 두 민족이 서로 만나는 국경지대의 사람들은 자주 섞이게 되고, 따라서 두 민족의 피가 다양한 정도로 혼합되어 각 사람의 혈관 속에 흐른다. 그러나 이것은 민족의 융합을 가져오는 것은 아니다. 여기서도 또한 **피의 혼합에도 불구하고 민족을 나누는 것은 문화공동체의 차이**이다. 오스트리아의 민족투쟁은 그것의 하나의 사례이다. 독일인과 체코인 사이의 투쟁을 인종투쟁으로 보는 사람은 역사적 무지를 증명할 뿐이다. 독일인이든 체코인이든 농민은 아마 아직도 어느 정도 자신의 피를 순수하게 보존하고 있을지 모른다. 그러나 민족투쟁을 하거나 민족투쟁의 대상이 되는 층은 ― 지식인, 소시민층, 노동자계급 ― 수백 년 동안 통혼을 통해 피를 혼합시켜왔고, 자연공동체로서 더 이상 독일민족이라든가 체코민족이라고 말할 수 없을 것이다. 그럼에도 불구하고 민족은 결코 서로 융합하지 않는다. 언어를 통해 매개되는 문화의 차이가 그들을 독립된, 서로 명확하게 구별된 민족으로서 존속시킨다. 한 개인이 두 개 혹은 그 이상의 민족 문화에 균등하게 혹은 거의 균등하게 참가한다면 사정은 아주 다를 것이다. 그러한 개인은 국경지대나 몇 개의 민족이 병존하는 지역에 적지 않게 존재한다. 그들은 어린 시절부터 두 민족의 언어를 말하고, 두 민족의 운명을 통하여 그리고 두 민족의 문화적 특성을 통하여 거의 동일한 영향을 받는다. 그래서 그들은 성격에서 보면, 두 민족의 성원이 되든가, 아니면 어떤 민족에게도 전혀 속하지 않는 개인이 된다. 왜냐하면 두 개 혹은 그 이상의 민족문화의 영향을 받고, 성격이 다른 민족문화를 통해 강하게 규정되는 개인은 단지 두 민족의 성격특징을 결합할 뿐만 아니라, 아주 새로운 종류의 성격을 갖게 되는 경우가 있기 때문이다. 그것은 바로 화학적 결합이 그것을 구성하고 있는 요소의 어느 것과도 아주 다른 특징을 나타내는 것과 마찬가지이다. 이것은 또한 문화적으로 복수 민족의 자식들이, 왜 대부분의 경우 우호적이지 않은 불신의 눈초리를 받게 되고, 또 민족투쟁의 시대에 배신자나 변절자로 무시당하는가를 보여주는 가장 깊은 이유이다. 문화적 요소의 혼합은 새로운 성격을 낳는데, 이것은 두 민족의 **문화적 혼혈아**를 자신의 민족과 이질적인 이방인 혹은 다른 민족의 성원인 것처럼 생각하게 만든다. 그러나 문화적 혼혈아에 대한 혐오감은 이해할 만한 것이라 하더라도, 사람들이 그것을 통해 오도되어서는 안 될 것이다. 왜냐하면 위대한 인물 중에는 두 개 혹은 그 이상의 민족문화의 영향을 받은 경우가 아주 많기 때문이다. 우리의 탁월한 과학자와 예술가는 흔히 거의 동일한 강도로 복수 문화권의 영향을 받았다. 칼 맑스와 같은 인물 속에는 네 개의 대민족의 역사가 ― 유대인, 독일인, 프랑스인, 영국인 ― 개인적 특성으로서 체화되어 있다. 그리고 바로 그렇기 때문에 그의 개인적 업적은 우리 시대의 모든 위대한 민족의 역사와 관련되는 것이고, 최근 수십 년의 문화민족의 역사는 그의 작업 없이는 이해할 수 없는 것이다.

   복수의 민족문화가 동일한 개인에게 미치는 문화적 영향은 단지 개인적 현상으로서 나타날 뿐만 아니라, **대중현상**(Massenerscheinung)으로서도 나타난다. 그래서 독일 문화는 의심할 바 없이 전체 체코민족을 본질적으로 규정한다. 체코인은 체코어를 말하는 독일인이라고 누가 말하더라도, 전혀 틀렸다고 할 수 없다. 그리고 물론 독일인이 그렇게 말할 때 ― 민족적 평가의 관점에서 ― 그것은 결코 비난이 아니라 최고의 칭찬이다. 그러나 민족 전체를 통한 외국 문화요소의 대중적 수용은 결코 민족적 성격의 완전한 동화를 가져오는 것이 아니라, 기껏해야 차이의 감소를 가져올 뿐이다. 왜냐하면 외래 요소들은 본래의 민족문화와 동일한 힘으로 개인에게 영향을 미칠 수 없기 때문이다. 그것들은 주어진 그대로 수용되는 것이 아니라, 수용과정 자체에서 변화를 겪고 이미 존재하는 민족문화에 적합하게 변형된다. 이것이 이미 우리가 알고 있는 **민족적 통각**의 현상이다.3)

   인류의 생존투쟁의 조건이라는 동일하게 작용하는 요인이 두 가지 다른 수단을 통해, 즉 한편으로 생존투쟁에 의해 획득된 육체적 특질이 자손들에게 유전을 통해, 다른 한편으로 언어공동체와 교통공동체에 의해 결합된 사람들에게 문화재의 전승을 통해, 사람들을 민족으로 결합하기 때문에, 민족의 현상은 혼란스러울 정도로 다양하며, 거기서 통일적으로 작용하는 요인을 인식하기란 쉽지 않다. 왜냐하면 육체적 자손인 동시에 역사적으로 형성된 문화의 전승이라는, 즉 자연공동체와 문화공동체가 일치하는 민족이 있듯이,

---

3) 민족적 통각에 관해서는 79, 140, 179쪽 등을 참고 (역주)

단지 하나의 문화권에 속하는 자연적인 혼혈아도 있기 때문이다. 또한 민족적으로 단일한 혈통임에도 불구하고 그 성격이 두 개 혹은 그 이상의 민족문화를 통해 형성된 사람들도 있으며, 마지막으로 혈통의 공통성은 없지만 문화의 공통성만으로 강력한 통일로 융합하는 민족도 있기 때문이다. 이에 반해 **혈통이 동일하더라도 동일한 문화공동체에 속하지 않는 사람은 민족을 이루지 못한다.** 공통의 언어라는 도구, 동일한 문화재의 전승을 통해서만 가능한 민중 사이의 상호작용 없이 민족은 있을 수 없다. 문화공동체 없는 단순한 자연공동체는 인류학자에게 인종으로서 흥미가 있을지 몰라도, 결코 민족을 이루는 것은 아니다. 인류의 생존투쟁의 조건은 자연공동체라는 수단을 통해서 민족을 형성할 **수도 있는** 반면, 문화공동체라는 수단을 통해서는 **언제나** 민족을 형성할 **수밖에 없다.**

우리의 연구는 공통의 문화가 민족을 구성하는 작용이 사회체제에 따라 아주 다르다는 사실을 보여주었다. 우리가 지금까지 연구한 **민족문화공동체**에는 본질적으로 **세 가지 유형**이 있다.

첫 번째 유형은 우리의 역사기술에서 씨족공산주의시대 게르만인에 의해 대표되는 것으로, 피의 공통성을 통해 결합된 동포 전체가 동시에 조상으로부터 계승한 공통의 문화를 통해서도 결합된 민족이다. 이와 같은 민족적 통일이 정착생활로 이행하면서 어떻게 붕괴되는가를 우리는 반복해서 기술하였다. 계승된 특성은 지역적으로 나누어져 다른 생존투쟁의 조건에 처한 종족 간에 통혼이 없으면 분화하기 시작한다. 계승된 공통의 문화도 또한 다른 종족에 의해 다르게 발전한다. 그래서 씨족은 분열의 싹을 그 자신 속에 갖고 있다.

두 번째 유형은 사회계급의 차이에 근거한 사회의 민족이다. 인민대중은 더욱 우리에게 잘 알려진 분화과정에 놓인다. 서로 성적 교섭이 없기 때문에 그들은 이미 육체적으로 더욱 달라지기 시작하고, 교통의 끈을 통해 결합하지 않기 때문에 그들은 원래 공통의 언어를 상이한 방언으로 발전시킨다. 그들은 생존투쟁의 다른 조건에 놓이고, 이질적 문화를 발전시켜, 그것을 통해 또한 성격의 차이를 낳는다. 그래서 인민대중은 더욱 민족적 통일을 잃어 간다. 유전된 특질이 갖는 원래의 공통성이 수백 년이 지나는 동안 희박해지면서, 원래의 공통 문화도 뒤에 생긴 이질적 문화요소에 의해 더욱 은폐되고 해체된다. **민족을 결합하는 것은 더 이상 대중의 피의 통일과 문화의 통일이 아니라**, 이러한 대중 위에 앉아 그들의 노동으로 살아가는 **지배계급 문화의 통일이다**. 지배계급과 그 일가는 성적 교섭과 모든 종류의 문화교류를 통해 서로 결합한다. 그래서 중세 기사계급과 근대 지식계급이 민족을 형성한다. 그러나 손작업으로 민족을 부양하고 있는 광범한 대중은 — 농민, 직인, 노동자 — 단지 민족의 예속민에 불과하다.

마지막으로 세 번째 유형은 미래의 사회주의사회인데, 여기서는 다시 모든 민중이 하나의 자치적인 민족단위로 결합된다. 그러나 여기서 민족을 결합하는 것은 더 이상 공통의 혈통이 아니라, 교육과 노동, 문화적 향유의 공통성이다. 그러므로 이러한 민족은 더 이상 분열의 위험에 빠지지 않으며, 교육의 공통성과 문화적 향유에 대한 참가, 공공단체나 사회적 노동에서의 긴밀한 결합이 민족의 통일을 확실하게 보장한다.

그래서 우리에게 민족이란 더 이상 고정된 사물(Ding)이 아니라 생성 과정이며, 인류가 생활의 유지와 종의 보존을 위해 투쟁한 조건을 통해 본질적으로 규정된다. 그리고 인류가 먹을 것을 노동으로 얻는 것이 아니라 단순히 자연 속에서 채집하는 단계와, 생활 재료를 단순히 지주 없는 땅으로부터 점유나 선점을 통해 획득하는 단계에서 민족은 아직 발생하지 않고, 인류가 필요로 하는 재화를 노동을 통해 자연으로부터 획득하는 단계가 되어 비로소 민족이 발생하기 때문에, 각 민족의 개성은 사람들의 **노동양식**을 통해, 그들이 사용하는 노동수단을 통해, 그들이 지배하는 **생산력**을 통해, 그들이 생산에서 맺는 **관계**를 통해 조건 지어진다. 모든 개별 민족의 형성을 **인류와 자연의 투쟁의 산물**로서 파악하는 것 — 이것은 주요한 과제인데, 그것을 해결하는데 도움이 되는 것은 칼 맑스의 역사적 방법이다.

민족적 유물론에서 민족이란 스스로 민족적 성격공동체를 낳는 신비한 힘을 가진 특수한 물질적 실체의 산물이다. 그러므로 이러한 견해에서 인류의 역사는 불변의 인종적 실체, 즉 유전적 실체의 투쟁과 혼합의 역사가 된다. 이와 같은 비과학적인 사고방식은 최근 몇 년 동안 — 특히 고비노의 영향 아래[4] — 주목할 만하게 부활했는데, 다윈주의가 그것에 효과적으로 반대 작업을 했다. 그러나 인종적 성격이 갖는 유전의 의미를 특히 중시하는 사람들 사이에서도 또한 "인종의 차이를 단지 확인하는 것만으로는 충분하지 않고, 사람들은 그것을 또한 설명하려고 노력해야 한다"는 사고방식이 침투해왔다.[5] 그러나 이러한 사고를 진지하게 생각해본다면, 인종이란 생존투쟁의 조건을 통해 그 효과가 발휘되고, 인류가 자연과의 투쟁에서 이용하는 생산력을 통해 민족적 성격공동체를 형성하는 수단에 불과하게 된다.

민족적 유심론은 민족을 신비한 민족정신으로, 민족의 역사를 민족정신의 자기발전으로, 세계사를 그 특질을 통하여 상호 우호관계로 규정하거나 적대관계로 규정하는 민족정신의 투쟁의 역사로 만든다. 그러나 예를 들어 **람프레히트**도 또한 민족의식의 발전을 역시 민족사의 핵심에 놓고 민족정신의 일반적 발전법칙을 발견할 수 있다고 믿었음에도 불구하고, 그는 이미 상징적 시대로부터 신경과민의 시대에 이르기까지 민족의식의 변천과 민족혼의 발전을 민족경제의 변화로부터 설명하였다. 민족혼의 발전은 그에게 더 이상 발전의 추진력이 아니라, 민족의 노동양식이 변한 결과였다. 그럼에도 불구하고 그가 민족의 생성을 인류의 생산력의 발전으로부터, 법칙에 따른 인류의 생산관계의 변천으로부터 이해하는데 만족하지 않고, 민족의식과 민족혼의 발전을 일반법칙에 의해 설명하려고 한 반면, 더 이상 각각의 역사적 사실을 설명하지 않고 단지 발전의 보편성만 기술하려고 한다면, 여기서 중요한 것은 더 이상 법칙 자체가 아니라, **짐멜**도 얘기했듯이 "법칙의 준비"나 "전형적인 역사현상에 관한 잠정적 요약", "수많은 개별적 사실에 대한 최초의 지향"인 것이다.[6]

---

4) Joseph Arthur Comte de Gobineau(1816-1882)는 프랑스의 작가 겸 외교관으로, 육체적으로나 지적으로 인종 간에는 불평등이 있다고 주장하였고, '아리안' 인종의 우월성을 정당화하려고 시도했다. (역주)

5) Wilhelm Schallmayer, *Vererbung und Auslese im Lebenslaufe der Völker*, Jena 1903, 174쪽 (원주)

6) Georg Simmel, *Die Probleme der Geschichtsphilosophie*, Leipzig 1905, 84쪽 이하 (원주)

그리하여 한편으로 민족적 유물론을 극복한 다원주의를 통해서, 다른 한편으로 신비한 민족정신으로부터 역사적 생성을 설명하는 대신에 민족의 생성을 규정하는 경제법칙을 설명하려는 역사연구를 통해서 준비된 **유물사관**(materialistische Geschichtsauffassung)은, 민족을 부단히 변화하는 과정 속에서도 결코 완성되지 않는 산물로서 이해할 수 있었다. 이러한 과정의 궁극적인 추진력은 자연에 대한 인류의 투쟁조건이고, 인류의 생산력의 변화이며, 인류의 노동관계의 변천이다. 이러한 견해가 민족을 **우리 안에서 역사적인 것**으로 만든다. 다윈주의는 유기적 생명의 역사가 우리의 살아 있는 육체 속에 묻혀 있는 신호를 해석하는 방식을 우리에게 가르쳤다. 뵐쉐[7]의 매력적인 만담집을 보면 우리 자신의 신체기관이 어떻게 우리의 동물적인 조상의 역사를 설명하는지를 확인할 수 있다. 이제 우리는 민족적 성격도 마찬가지로 해석할 것을 배운다. 모든 개인이 자기 민족의 다른 개인과 공통으로 갖고 있고 그것을 통해 다른 개인과 하나의 공동체로 결합하는 인간적인 특질 속에 (육체적, 문화적)조상의 역사가 침전되어 있다. **개인의 성격은 응고된 역사다**. 우리 개개인의 인간적 특질이 과거 공동체의 생존투쟁 속에서 생겨났다는 사실, 이것이 우리로 하여금 민족적 성격공동체를 형성하게 만든다.

그러나 우리가 민족적 성격을 서서히 흐르는 역사의 작품으로서 파악한다면, 우리는 왜 역사학이 민족적 성격을 계속 고정된 것으로 생각하는 사람들의 의견을 반박할 수 있는지를 이해할 수 있다. 민족의 역사는 한 순간도 완료된 것이 아니다. 변화하는 운명이 과거 운명의 침전물에 불과한 성격을 끊임없는 변화 속에 놓는다. 동일한 시대의 민족동포를 결합하는 것은 성격의 공통성이다. 다른 시대의 민족동포를 결합하는 것은 성격의 유사성이 아니라, 그들이 연속해 있고 상호작용하고 있다는 사실과, 이전 시대의 사람들의 운명이 이후 시대의 사람들의 성격을 **규정한다**는 사실이지, 결코 이전 세대와 그것에 연속한 세대가 성격에서 **일치하기** 때문은 아니다. 이러한 관계는 또한 **언어**의 역사에서도 나타난다.[8] 교통공동체가 결합시키는 동시대인은

---

7) Wilhelm Bölsche(1861-1939)는 대중작가로 극장에서도 일했고, 과학적 이론, 특히 진화론을 대중적 시의 형태로 표현했다. (역주)

언어공동체 안에 있지만, 서로 연속하는 세대는 그렇지 않다. 이전 시대 사람들의 운명은 자손의 특성을 규정하지만, 결코 주어진 그대로 규정하지는 않는다.

우리는 성격공동체를 운명공동체로부터 발생한 것으로 파악함으로써 성격공동체의 의미를 비로소 완전히 이해할 수 있었다. 우리는 연구를 시작하면서 **직접적** 경험 현상으로부터, 즉 민족동포 성격의 유사성으로부터, 따라서 평균적 독일인은 평균적 영국인과 다르지만 평균적 독일인 서로는 유사하다는 사실로부터 출발했다. 그러나 이것은 독일적인 민족의 성격으로 통용되는 것을 하나도 갖고 있지 않은 독일인을 우리 중에서 아무도 알지 못한다는 단지 상대적인 보편성을 갖는 명제에 불과하다. 그러나 우리가 경험적 유사성으로부터 성격공동체를 낳는 운명공동체로까지 상승할 수 있다면, 우리는 단순한 성격의 유사성과 다른 **성격공동체의 더 깊은 개념**에 도달할 수 있다.

개인의 성격은 다양한 힘의 합성물(Resultante)이다. 이러한 힘들 속에 들어가는 것은 모든 개인에게 작용하는 민족적 운명공동체의 영향력이지만, 그것과 함께 개인적으로 상이한 일련의 다른 성격형성력도 있다. 이 후자의 힘의 강도가 그다지 크지 않은 경우에만, 민족적 운명공동체의 영향력은 서로 유사하게 개인적 성격을 만들 수 있다. 이에 비해 개인의 성격에 대해 민족동포의 성격을 규정하고 있는 힘과는 본질적으로 다른 특별히 강력한 힘이 작용하는 경우에는, 비록 민족적 운명공동체도 또한 그의 성격을 만들겠지만, 그의 민족의 다른 개인과 더 이상 유사하지 않은 개인적 성격이 발생할 것이다. 그러나 이 경우에도 그는 민족적 성격공동체의 일원이다. 왜냐하면 그가 민족동포와 그 만큼 유사하지 않더라도, 그를 형성한 힘들의 하나가 동일한 민

---

8) 올바르게 피히테는 다음과 같이 말한다. "몇 백 년 후에는 자손이 조상 시대의 언어를 이해할 수 없는 일이 일어날 것이다. 그들에게 과정이 상실되어버렸기 때문이다. 그러나 현재에도 처음부터 비약 없이 언제나 눈에 띄지 않게 진행하고 있는 부단한 과정이 있고, 단지 새로운 과정이 부가되는 것을 통해서만 눈으로 볼 수 있게 되고 따라서 비약과 같이 보이는 과정도 있다. 동시대인이 서로 이해할 수 없는 시대는 결코 없다." Fichte, *Reden an die deutsche Nation*, Reclam, 53쪽 (원주)

족의 다른 모든 개인을 만든 힘들의 하나와 동일하다는 사실을 통해서 그들과 결합하기 때문이다. 그는 자기 민족의 자식이다. 왜냐하면 동일한 개인적 힘들과 함께 다른 민족의 피와 전통이 그를 만들었다면, 그는 다른 민족의 자식으로 되었을 것이기 때문이다. 그래서 우리는 **성격공동체**의 더 깊은 개념에 도달한다. **그것은 우리에게 더 이상 동일한 민족의 개인이 서로 유사하다는 사실을 의미하는 것이 아니라, 모든 개인의 성격에 동일한 힘이 작용한다는** — 그것과 나란히 작용하는 다른 힘이 매우 다를지라도 — **사실을 의미한다.** 단순한 경험은 우리에게 단지 상대적인 성격의 유사성만을 인식시켜 주는 반면에, 이제 비로소 **성격공동체**의 개념은 자기의 정당성을 증명한다. 그러나 이 성격의 유사성은 수많은 민족동포에게 관찰될 수 있는 반면에, 성격공동체, 즉 그들 모두가 동일하게 작용하는 힘의 산물이라는 사실은 그들 모두에게 예외 없이 공통된 것이다. **이 작용하는 힘, 즉 우리 안의 역사적인 것이 우리 안의 민족적인 것이며, 우리를 민족으로 결합하는 것이다.**

우리가 우리 성격 속의 민족적인 것을 우리 안의 역사적인 것으로서 이해한다면, 우리는 민족을 사회현상으로서, **사회화된 인간의 현상**으로서 더욱 깊이 파악할 수 있다. 개인주의자에게 인간은 원자이고, 이 원자들이 규약(Satzung)을 통해 외적으로 결합할 뿐이다. 그러나 우리에게 인간은 원자가 아니라 사회의 산물이다. 홀로 섬에서 생존투쟁을 벌이고 있는 로빈슨조차도, 자기 조상의 상속인으로서 그리고 그가 받은 교육의 산물로서, 사회를 통해 발전된 능력, 즉 맑스가 말하는 "사회적 힘들"(Gesellschaftskräfte)[9]을 이미 갖고 있기 때문에 생존투쟁을 벌일 수 있는 것이다. 그래서 우리에게 민족은 일정한 수의 개인을 어떤 방식을 통해 외적으로 결합한 것이 아니라, 모든 개인 속에 자신의 개인적 특성의 일부로서, 민족성으로서 존재하는 것이다. 민족적인 성격특징은 단지 개인들의 성격특징으로서 나타나지만, 그러나 사회적으로 형성된 것이다. 그것은 유전된 특성의 산물이고 모든 민족동포의

---

9) Karl Marx, "Einleitung zu einer Kritik der politischen Ökonomie", *Neue Zeit*, XXI, 제1권, 711쪽 (원주)

조상이 다른 사회동료와 부단한 상호작용 속에서 형성하고 전승한 문화재의 산물이다. 그것 자체가 사회적 산물이다. 그리고 민족에 속하는 개인들을 결합하는 것은 그들 모두가 동일하게 작용하는 힘들의 산물, 동일한 사회의 산물이라는 사실 때문이고, 함께 살고 있는 인간들 사이의 생존투쟁의 도태작용이 유전적 특성이라는 형태로 그들에게 전달되었다는 사실 때문이며, 동일한 인간 공동체의 생존투쟁 속에서 형성된 동일한 문화가 그들의 개인적 성격을 만들었다는 사실 때문이다. 그러므로 민족은 어떤 외적인 규약을 통한 것이 아니라, 하나의 사회현상이다. 민족은 단순한 개인의 집합이 아니라, 모든 개인이 민족의 산물이다. 그들 모두가 동일한 사회의 산물이라는 사실은 그들을 하나의 공동체로 만든다. 개인의 특징으로서 나타나는 특성들이 사회적 산물이라는 사실, 더욱이 민족의 모든 성원은 동일한 사회의 산물이라는 사실 — 이것이 개인을 민족으로 통일한다. 그래서 민족은 외적인 규약에 의해서 존재하는 것이 아니라 — 역사적으로가 아니라 논리적으로 — 모든 규약에 앞서서 존재하는 것이다.10)

그러나 물론 공동체를 구성하는 사람들이 서로 관계를 맺고 함께 작용하려고 할 때, 당연히 언어가 필요하게 된다. 언어는 인간 교통의 가장 중요한 도구이다. 성서 속의 노동자는 신이 그들의 언어를 혼란시켰을 때, 더 이상 바벨탑을 쌓을 수 없었다. 그러므로 동일한 언어를 말하는 모든 사람들이 곧 하나의 민족을 형성하는 것은 아니지만, 공통의 언어 없이 어떤 민족도 존재할 수 없다. 그러나 언어는 "소박한 습관"일 뿐이며, "**외적인 규제**"11) — 우리가 이 개념을 루돌프 슈타믈러가 과학 속에 도입한 그 넓은 의미로 이해한다면 — 덕분에 존재한다. 당연히 언어는 법령을 통해 **발생한** 것이 아니고 현명한 입법자나 사회계약이 만든 것도 아니다. 그러나 **효력**에서 보면 언어는 외적인 규제에 기초하고 있다. 왜냐하면 우리가 어떤 개념과 일정한 단어를 결합한다는 사실과, 또 어떤 사물의 개념과 일정한 음의 결합에 대한 개념

---

10) Max Adler, *Kausalität und Teleologie im Streit um die Wissenschaft*, Marx-Studien, 제1권(Wien 1904), 369쪽 이하 참고 (원주)
11) Rudolf Stammler, *Wirtschaft und Recht*, Leipzig 1896, 103쪽 (원주)

을 결합한다는 사실은 단지 관습에 기초하기 때문이다. 이것은 자식이 어머니의 입술에서 배우는 가장 중요한 규칙이다. 그러므로 슈타믈러는 외적인 규제 속에서 사회현상을 구성하는 특징을 발견하리라고 믿었을 때, 오류를 범한 것이다. 민족은 모든 사회현상의 기초가 **공동체**(Gemeinschaft)라는 사실을, 즉 개인의 특성이 동시에 공동체로 결합된 모든 다른 개인의 특성과 동일하다는 사실을 우리에게 분명히 보여준다. 왜냐하면 각 사람의 성격은 다른 개인과의 부단한 상호작용 속에서 형성되고, 각 사람의 개인적 성격은 동일한 사회적 힘들의 산물이기 때문이다. 그러나 외적인 규제를 통해 비로소 이와 같이 공동체로 결합된 개인이 서로 협력하고, **사회**(Gesellschaft)를 형성하고, 공동체를 유지하고, 새로운 공동체를 낳을 수 있다. 외적인 규제는 공동체를 통해 결합된 개인의 사회적 협력의 형식이다.12)

민족적 성격의 차이는 경험적 사실이며, 그것을 부정할 수 있는 것은 자신이 보고 싶은 것만을 보고 모든 사람이 보고 있는 것을 보려고 하지 않는 교조주의자뿐이다. 그럼에도 불구하고 사람들은 언제나 다시 민족적 성격의 차이를 부정하려고 시도해왔고, 또 민족의 차이는 단지 언어의 차이일 뿐이라고 주장해왔다. 이러한 의견을 우리는 **가톨릭** 교리의 기초 위에 서있는 많은 이론가에서 발견한다. 그것은 또한 **시민적 계몽주의**의 인간주의철학으로부터 계승한 것이기도 하다. 그것은 또한, 우리가 역시 보게 되겠지만, 시민적

---

12) 나는 **게마인샤프트**와 **게젤샤프트**의 개념을 퇴니스(Tönnies)가 그의 훌륭한 저작 *Gemeinschaft und Gesellschaft*, Leipzig 1887에서 사용한 것과 다른 의미로 사용하고 있다. 게젤샤프트의 본질을 나는 외적인 규제 하에서 인간이 행하는 공동작업 속에서 본다. 게마인샤프트의 본질은, 개인이 정신적, 육체적 존재에서 볼 때 그와 게마인샤프트로 결합된 다른 개인 사이의 수많은 상호작용의 산물이고, 따라서 그의 개인적 성격이 게마인샤프트의 성격의 현상 형태라는 점에 있다. 물론 게마인샤프트는 외적 규제가 -- 적어도 슈타믈러가 우리에게 가르쳤듯이, 언어가 -- 즉 게젤샤프트가 존재한다는 조건 하에서만 발생할 수 있다. 그러나 한편으로 게젤샤프트는 또한 게마인샤프트를, 적어도 막스 아들러(Max Adler)가 보여주었듯이 "의식 일반"(Bewußtseins überhaupt)의 게마인샤프트를 전제로 한다. 결국 국가는 게젤샤프트의 한 형태에 불과하지만, 그것은 바로 외적인 권력에 뒷받침된 법이 규제의 한 형태에 불과한 것과 마찬가지이다. 상품생산과 함께 발생하고, 그것과 함께 소멸하는 근대국가의 개념은 매우 제한된 것이다. (원주)

세계의 민족투쟁에 대한 노동자계급의 최초의 그리고 가장 초보적인 태도표명인 프롤레타리아 국제주의의 근거를 이 의견에서 구하려는 많은 **사회주의자**의 유산이 되었다. 민족이 존재하지 않는다는 이 잘못된 통찰은 오늘날 오스트리아에서 여전히 독일과 체코의 동지에 관해서 말하는 대신, 독일 "혀"와 체코 "혀"의 동지에 관해서 말하기를 좋아하는 사회민주주의 출판물의 용어법 속에 계속 살아 있다. 민족의 차이는 언어의 차이에 불과하다는 견해는 **원자적, 개인주의적 사회관**에 입각해 있고, 이 견해에 따르면 사회는 외적으로 결합된 개인의 단순한 합(Summe)에 불과하고, 그러므로 민족도 또한 외적으로, 즉 언어를 통해 결합된 인간의 단순한 합으로 나타난다. 이러한 견해를 공언하는 사람은 외적인 규제 속에서, 법령이나 관습 속에서 사회현상을 구성하는 특징을 발견할 수 있다고 믿었던 슈타믈러의 오류를 반복하게 된다. 그러나 우리에게 사회는 개인의 단순한 합이 아니라, 반대로 각 사람이 사회의 산물이다. 그래서 우리에게 민족은 또한 공통의 언어를 통해 상호 관계를 맺는 개인의 합이 아니라, 개인 그 자체가 민족의 산물이다. 그리고 이 개인적 성격은 다른 개인과의 부단한 상호작용 속에서만 만들어진다. 이 교통이 모든 개인의 성격을 규정하고, 그럼으로써 이들 개인을 성격공동체로 결합한다. 민족은 개별 민족동포의 **민족성**으로서 나타난다. 즉 개별 민족동포의 성격이 공동체 속에서, 부단한 상호작용 속에서 경험된 모든 민족동포의 운명을 통해 규정된다는 사실 속에서 나타난다. 물론 외적 규제 일반이 공동체로 결합된 개인들의 공동작업의 형식인 것처럼, 언어도 또한 언제 어디서나 불가결한 수단이지만, 그러나 언어는 이러한 상호작용의 수단 이상은 아니다. 민족적 성격의 차이를 매일 보고 있는 자신의 눈을 믿지 못하는 사람도, 아마 부단한 교통공동체 속에서 체험된 운명의 차이에서 필연적으로 다른 성격공동체가 형성된다는 사실을 인과율적으로 이해할 것을 가르치는 이론적 고찰에 대해서는 믿을지도 모른다.

민족의 본질에 관한 우리의 통찰은 민족적 성격의 존재를 개인주의의 입장에서 부정할 수 없게 만들 뿐만 아니라, 이 개념을 매우 위험하게 활용할 수도 없게 만든다. 민족적 성격이란 모든 민족동포와 함께 운명공동체를 통해서 개별 동포의 의지방향을 명확하게 규정하는 것이다. 한번 형성되면 민족적 성격은 독립된 역사적 힘과 같이 보인다. 민족적 성격의 차이는 의지방향의 차이를 의미한다. 그러므로 각 민족은 동일한 외적 조건에서도 다른 민족과 다른 행동을 취한다. 예를 들면 자본주의의 발전은 영국인, 프랑스인, 독일인에게 매우 유사한 것이지만, 각 나라에서 서로 다른 운동을 불러일으켰다. 그러므로 민족적 성격은 역사적 잠재력과 같이 보인다. 이론이 민족적 성격을 역사의 산물로서 파악한다면, 일상의 경험은 오히려 민족적 성격을 역사의 창조력으로서 규정한다. 또한 이론이 민족적 성격을 인간 상호관계의 침전물로서 이해한다면, 직접적 경험은 오히려 민족적 성격을 이러한 관계를 규정하고 규제하는 것으로 본다. 이것은 **민족적 성격의 물신주의**(Fetischismus)이다. 우리의 이론은 이러한 유령을 한 번에 몰아낸다. 민족적 성격이 외견상 민족동포 개개인의 의지와 행동을 규정한다는 사실은, 모든 민족동포가 민족의 산물이고, 민족적 성격이란 모든 민족동포 운명의 공통성이 개인적 특질의 일정한 의지방향일 뿐이라는 것을 우리가 인식하게 되면, 더 이상 어떤 신비한 사물은 아니다. 그리고 우리가 민족적 성격을 민족 역사의 침전물로서 이해하게 되면, 그것은 더 이상 독립된 힘으로 보이지 않는다. 이제 우리는 외견상 독립된 역사적 현실과 같이 보이는 민족적 성격 속에는, 조상의 역사와 생존투쟁의 조건, 자기화한(aneignete) 생산력 그리고 생산관계가 그들의 자연적, 문화적 자손들의 행동을 규정하고 있다는 사실만이 숨어 있음을 이해하게 된다. 우리는 이미 자연적 유전과 문화재의 전승이 자손들의 성격을 규정하는 과거 세대의 운명의 단순한 수단에 불과함을 알고 있다. 그렇다면 우리는 이제 더욱 민족적 성격 자체가 자손의 생활과 사고, 감정, 의지, 행동 위에 작용하는 조상의 역사의 단순한 수단에 불과한 것처럼 생각한다. 우리는 바로 민족적 성격의 존재를 승인함으로써, 민족적 성격으로부터 그것의 외견상 독립성을 제거하고, 그것을 효력을 발휘하기 위한 힘들의 단순한 수단으로 이해한다. 그러나 그것을 통해 민족적 성격은 그 외견상 **실체적 성격**, 즉 마치 변화하는 현상 속에서도 불변하고 있는 것 같은 모습을 잃어버린다. 민족적 성격은 역사의 침전물에 불과하기 때문에, 언제나 민족이 체험하는 모든 새로운 사건과 함께 변화한다. 민족적 성격은 그것이 반영하고 있는 사건 자체와 같이 변화하기 쉽다. 민족적 성격은 세계의 사건들 한가운데 존재하기 때문에, 더 이상 불변의 존재가 아니라 끊임없는 생성과 소멸 속에 놓여있다.

마지막으로 민족의 본질을 규정하려는 우리의 시도를 뒷받침하기 위하여, 민족의 본질에 관한 지금까지의 이론들과 대결해보자.[13] 민족에 관한 **형이상학적** 이론 — 민족적 유심론과 민족적 유물론 — 에 대해서는 이미 서술했다. 민족의 본질을 공동 소속감 혹은 공동 소속에 대한 의지 속에서 발견하려는 민족의 **심리학적** 이론에 대해서는 나중에 서술할 것이다. 여기서 남은 것은 우리의 민족이론을, 일정 수의 **요인**을 열거하고 그것을 통해 분석함으로써 민족을 구성하려고 하는 사람들의 시도와 대결시키는 것뿐이다. 이탈리아의 사회학자들은 그러한 요인들을 다음과 같이 열거했다.

1. 공통의 주거지역
2. 공통의 혈통
3. 공통의 언어
4. 공통의 풍속과 습관
5. 공통의 체험, 공통의 역사적 과거
6. 공통의 법과 공통의 종교[14]

이러한 이론은 결코 서로 병치될 수 없고 오히려 상호 의존관계에서만 이해될 수 있는 몇 개의 요인을 열거하는 것에 불과하다. 우리가 먼저 여기서 열거한 민족의 첫 번째 요인, 즉 공통의 주거지역을 도외시한다면, 남은 요인들 중에서 우리에게 다가오는 것은 다섯 번째 요인, 즉 공통의 역사이다. 이것이 바로 다른 요인을 규정하고 그것을 낳는다. 공통의 역사는 어떤 특질이

---

[13] Friedrich Julius Neumann, *Volk und Nation*, Leipzig 1888에는 민족에 관한 다양한 정의가 모아져 있다. (원주)

[14] Friedrich Julius Neumann, 같은 책, 54쪽 (원주)

유전되고 어떤 특질이 배제되는가를 결정함으로써 공통의 혈통에 비로소 내적인 명확함을 부여한다. 공통의 역사는 공통의 풍속과 습관, 공통의 법과 종교, 따라서 — 우리의 용어법으로는 — 문화적 전통의 공통성을 낳는다. 공통의 혈통과 공통의 문화는 공통의 역사가 민족적 성격을 만들어내는 활동에서 이용하는 단순한 도구에 불과하다. 그러나 세 번째 요인, 즉 공통의 언어는 다른 요인에 종속되지 않는다. 그것은 오히려 두 번째 수단을 표현한다. 왜냐하면 공통의 문화는 공통의 역사가 민족적 성격의 형성을 위해 작용하는 하나의 수단이지만, 공통의 언어도 또한 공통의 문화가 작용하는 수단이고 문화공동체를 만들고 유지하기 위한 도구이기 때문이다. 언어는 외적 규제로서 공동체를 형성하고, 스스로 언제나 다시 새로운 공동체를 낳는 개인들의 사회적 공동 작업으로서 작용한다.15) 그래서 우리는 우선 민족에 관한 요인들을 단순히 **열거**(Aufzählung)하는 대신, 하나의 **체계**(System)를 마련한다. 즉 공통의 역사는 작용하는 요인이고, 공통의 문화와 공통의 혈통은 그러한 작용의 수단이며, 공통의 언어는 공통의 문화의 중개자로서 공통의 문화의 산물인 동시에 그것을 형성하는 것이다. 그래서 이제 우리는 이들 요인의 상호관계를 이해했다. 왜냐하면 지금까지 민족이론가들에게 가장 곤란했던 것, 다시 말해 어느 때는 이 요인이 결여되고, 다른 때는 다른 요인이 결여되는 식으로 이들 요인이 다양한 결합 형태로 등장했다는 것, 이러한 곤란을 이제 이해할 수 있게 되기 때문이다. 공통의 혈통과 공통의 문화가 동일하게 작용하는 요인의 수단이라면, 이 두 수단이 동시에 작용하는가의 유무는 민족의 개념을 위해서는 아무래도 좋은 것이다. 그러므로 당연히 민족은 혈통공동체에 근거하고 있지만, 언제나 그래야만 하는 것은 아니다. 반면에 단순한 혈통공동체는 단지 인종을 이룰 뿐이지, 결코 민족을 이루지 못한다. 더욱이 그로

---

15) 언어는 물론 문화재의 전승수단일 뿐만 아니라, 그 자체가 문화재이기도 하다. 프랑스인은 그들의 언어가 독일인과 다른 문화재를 전승하고 있기 때문에 독일인과 구별될 뿐만 아니라, 언어 자체가 그들에게 전승된 문화재이고 그것의 특성을 통해 그들의 발언과 사고와 성격이 규정되기 때문에 또한 독일인과 구별된다. 프랑스인의 수사학이 독일인의 웅변술과 다르다고 한다면, 언어 그 자체의 차이도 또한 확실히 일정한 역할을 수행하고 있는 것이다. (원주)

부터 문화공동체의 다양한 요인들의 상호관계도 또한 분명해진다. 공통의 법률은 확실히 성격공동체 형성을 위한 중요한 수단이지만, 다른 요인의 작용이 그 만큼 개인을 문화공동체로 결합시키는데 충분히 강력할 경우, 성격공동체는 공통의 법률 없이도 발생하고 존속할 수 있다. 종교의 차이가 문화공동체를 방해하고 공통의 종교가 공통의 문화의 기초인 곳에서는, 종교의 차이가 동일한 언어를 말하는 사람들을 두 민족으로 나누는 경우가 있다. 오늘날까지 세르비아인과 크로아티아인이 그렇다. 그러나 독일인은 종교적 분열에도 불구하고 하나의 민족으로 머물러 있다. 왜냐하면 종교적 분열이 보편적 독일 문화공동체의 발생과 존속을 방해하지 않았기 때문이다. 마지막으로 우리는 민족의 다른 요인에 대한 언어의 관계도 파악할 수 있다. 언어의 공통성 없이 문화공동체는 있을 수 없고, 따라서 민족도 있을 수 없다.16) 그러나 언어의 공통성에도 불구하고 다른 점에서의 차이가 ― 예를 들면 크로아티아인과 세르비아인과 같이 종교의 차이, 혹은 스페인인과 스페인어를 말하는 남아메리카인과 같이 혈통의 차이나 사회적, 정치적 관계의 차이 ― 언어공동체에서 문화공동체로의 발전을 방해하면 민족을 형성할 수 없다.

또한 아직 가장 먼저 거론된 민족의 "요인", 즉 공통의 **주거지역**을 언급하는 것이 남아 있다. 우리는 반복해서 지역적 분리가 어떻게 통일된 민족을 분열시켰는가에 관해서 말했다. 자연공동체로서 민족은 민족적 분리를 통해 서서히 파괴된다. 왜냐하면 생존투쟁의 상이한 조건들은 지역적으로 분리된 민족의 부분들에게 상이한 특징을 발전시키고, 이 차이는 혼혈을 통해서도 보상되지 않기 때문이다. 문화공동체로서 민족도 마찬가지로 지역적 분리를 통해 파괴된다. 왜냐하면 지역적으로 분리된 민족의 부분들은 서로 별도로 생존투쟁을 벌이고, 원래 통일되어 있던 문화는 세분화되고, 상호 교통의 결여로 인하여 원래 통일되어 있던 민족문화도 몇 개의 이질적인 문화로 분해

---

16) 만일 스위스 민족에 관해 말하고자 한다면, 이것은 ― 단순히 스위스인이 한 국가로 소속하기를 염두에 둔 것이지만 ― 국민과 민족의 혼동에 근거한 것이거나, 혹은 독일계, 프랑스계, 이탈리아계 그리고 레토로만계(Rhätoromane)의 스위스인 사이에 하나의 성격공동체가 존재한다고 주장한다면, 모든 성격공동체는 이미 민족이라는 잘못된 견해에 근거한 것이다. (원주)

되기 때문이다. 이것은 원래 통일되어 있던 민족이 지역적으로 나누어지고 그 사이의 교통의 끈이 매우 느슨해진 결과, 통일되어 있던 언어가 다른 언어로 분화되어가는 현상 속에서 역사적으로 나타났다. 따라서 지역적인 차이가 민족을 분열하기 때문에, 주거지역의 공통성은 확실히 민족의 생존조건의 하나이다. 그러나 그것은 **주거지역의 공통성이 운명공동체의 조건인 한에서**만 그렇다. 지역적 분리에도 불구하고 문화공동체가 경우에 따라서 자연공동체조차 유지할 수 있다면, 지역적 분리는 민족적 성격공동체의 장애가 될 수 없다. 아메리카에 거주하지만, 독일문화의 영향 아래 머물러 있는 — 이것은 독일의 책이나 독일의 신문을 통해서만 일어날 수 있는 일이지만 — 독일인, 자신의 자식에게 독일의 교육을 받게 하는 독일인은, 지역적 분리에도 불구하고 여전히 독일인이다. **토지의 공통성이 문화의 공통성의 조건인 한에서만, 그것은 민족의 존재조건이다.** 그러나 서적인쇄, 우편, 전신, 철도, 기선의 시대에 그러한 경우는 이전 시대보다도 훨씬 적게 일어날 것이다. 그러므로 사람들이 주거지역의 공통성을 다른 요인과 함께 민족의 한 "요인"으로 생각하지 않고, 다른 요인이 작용하기 위한 조건으로 생각한다면, 주거지역의 공통성이 민족의 존속의 조건이라는 자주 듣는 명제는 필연적인 한계를 갖게 된다. 이러한 인식은 우리에게 적지 않은 성과인 것처럼 여겨진다. 왜냐하면 가장 중요한 영역단체인 국가에 대한 민족의 관계에 관한 우리의 인식은, 민족과 토지의 관계에 관한 우리의 생각에 기초하기 때문이다. 그러므로 우리는 나중에 다시 한 번 이 문제로 되돌아갈 텐데, 그때 우리는 두세 가지 사례에 기초해서 구체적으로 설명할 것이다. 여기서 우리에게 중요한 점은 우리의 민족이론은 과거의 이론이 민족의 "요인들"로 그냥 병치했던 요인들을 하나의 체계 속에서 작용하는 힘들로서 파악하고, 그것들의 상호 의존관계와 상호작용을 이해할 수 있게 되었다는 사실이다.

그러나 우리의 이론은 민족의 본질을 규정하려는 이제까지의 시도가 역시 실패했던 또 하나의 과제에 대해서도 유효하다는 사실을 증명해야 한다. 여기서 문제가 되는 것은 **민족 내부의 한정된 지역적 종족공동체**로부터 민족의 개념을 구별하는 것이다. 확실히 운명공동체는 독일인을 하나의 성격공동체로 결합시켰다. 이것은 작센인이나 바에에른인, 티롤인이나 슈타이어마르크인(Steirer), 아니 알프스 계곡마을의 주민에 관해서도 해당되지 않을까? 조상의 운명의 차이, 이주와 토지분배의 차이, 토지와 기후의 생산성의 차이는 칠러탈인(Zillertaler)과 파사이어인(Passeirer) 그리고 "빈츄가우인"(Vintschger)과 "푸스터인"(Pusterer) 특유의 성격공동체를 형성하지 않았을까? 독립된 민족으로 간주되는 성격공동체와 민족 내부의 한정된 단체(Vervand)로 간주되는 성격공동체 사이의 경계는 어디일까?

우리는 이러한 한정된 성격공동체를 **혈통공동체**에 기초한 민족 **분해의 산물**로서 이미 알고 있음을 여기서 기억할 필요가 있다. 게르만 원민족의 자손들이 지역적으로 나누어지고, 농업을 통해 토지에 결박되고, 서로 교통이나 통혼도 없이 고립된 생활을 보내게 된 이후, 그들은 서로 다르게 되었다. 그들은 하나의 공통된 자연공동체 혹은 문화공동체로부터 출발했지만, 도중에 독립된, 서로 매우 다른 자연공동체 혹은 문화공동체를 형성하게 되었다. **하나의** 민족으로부터 생긴 이러한 한정된 단체 각각으로부터 하나의 개별 민족이 발생하는 경향이 존재한다. 이러한 한정된 성격공동체의 개념을 민족의 개념과 구별하기 어려운 점은 이러한 공동체 자체가 민족으로 발전하는 단계에 있다는 사실 때문이다.

이러한 민족분열의 경향에 대해, 우리가 이미 알고 있듯이, 민족을 더욱 긴밀하게 결합하는 반대의 경향이 작용하고 있다. 그러나 이러한 경향은 단지 지배계급에 대해서만 작용한다. 그것은 중세의 기사계급이나 초기자본주의 시대의 지식계급을 다른 모든 문화공동체와 구별되는 한정된 민족으로 결합하고, 그들만의 경제적, 정치적, 사교적인 긴밀한 교류관계를 만들고, 그들만의 통일언어를 만들어, 동일한 정신문화와 동일한 예절방식을 공유하게 하는 것이다. 이러한 문화공동체의 긴밀한 연대가 우선 지배계급을 한 민족으로 결합시킨다. 어느 교양인이 독일인인가, 네덜란드인인가, 슬로베니아인가, 크로아티아인인가에 관해서는 아무도 물을 필요가 없다. 민족교육과 통일민족어가 아주 가까운 혈연의 민족을 또한 서로 나누기 때문이다. 이에 비해 어느 마을의 농민이 저지독일인인가, 네덜란드인인가, 슬로베니아인인가,

크로아티아인인가에 관해서는 임의로 결정할 수 없다. 엄밀하게 경계를 나누는 것은 민족동포의 집단이지, 민족의 예속민 집단은 아닌 것이다.

근대 자본주의는 민족의 하층계급도 또한 서서히 엄밀하게 구분하기 시작했다. 왜냐하면 그들도 또한 민족의 교육과 문화생활 그리고 민족적 통일어에 참여하게 되었기 때문이다. 통일에 대한 경향은 노동 대중도 포함시켰다. 그러나 이러한 경향이 승리하는 것은 사회주의사회에서이다. 오늘날 상이한 민족의 지식계급이 엄밀하게 구분되듯이, 사회주의사회는 민중 전체를 민족교육이나 문화의 차이를 통해 서로 엄밀하게 구분할 것이다. 아마 사회주의 민족의 내부에서도 역시 더 한정된 성격공동체가 존재하겠지만, 그 한가운데에는 어떤 독립된 문화공동체도 존재하지 않을 것이다. 왜냐하면 모든 지역적 공동체 자체가 전체 민족의 문화적 영향 아래 있고, 그것과 문화적 교통이나 관념의 교환이 이루어질 것이기 때문이다.

그리하여 우리는 이제 민족의 완전한 개념규정에 도달했다. **민족이란 운명공동체를 통해 성격공동체로 결합된 인간의 총체(Gesamtheit)이다**. 운명공동체라는 특징은 공통의 운명보다 운명의 유사성에 의거하는 직업이나 계급, 국민 등에 의해 구성된 국제적 집합체로부터 민족을 구별한다. 동일한 성격을 공유하는 사람들의 총체라는 개념은, 전체 민족과 긴밀한 교통관계에 있고 따라서 전체 민족의 운명을 통해 규정되기 때문에 스스로 결정하고 자신의 운명을 통해 규정되는 자연공동체 및 문화공동체를 전혀 형성하지 않는 민족 내부의 한정된 성격공동체로부터 민족을 구별한다. **씨족공산주의** 시대에 민족의 윤곽은 분명했다. 즉 발트해의 원민족에서 유래했고, 그 정신적 본질이 자연적 유전과 문화적 전승을 통해 이 원민족의 운명에 의해 규정되었던 사람들의 총체가 당시 민족을 이루었다. 본래의 **사회주의사회**에서 민족의 윤곽은 다시 분명해질 것이다. 왜냐하면 민족교육을 받고 민족문화재를 향유하고, 따라서 이러한 문화재를 내용적으로 규정하는 민족의 운명을 통해 이 성격을 창출할 사람들의 총체가 민족을 형성할 것이기 때문이다. **노동수단의 배타적 소유**에 기초한 사회에서는 지배계급이 — 일찍이 기사계급, 오늘날에는 지식계급 — 민족의 역사를 통해 형성된 동일한 교양을 갖고 통일어와 민족교육을 통해 유사한 성격을 갖게 된 사람들의 총체로서 민족을 이루고 있다. 그러나 광범한 인민대중은 민족을 이루지 못한다. 오랜 옛날의 혈통공동체가 그들을 충분히 긴밀하게 결합하지 않기 때문에 **더 이상** 민족을 형성하지 못하며, 생성 중에 있는 교육공동체가 아직 그들을 완전히 포괄하지 않기 때문에 **아직** 민족을 형성하지 못한다. 민족에 대해 만족할 만한 개념규정을 발견하려는 시도는 지금까지 모두 실패했는데, 그 어려움은 또한 **역사적으로** 조건 지어진 것이다. 사람들은 민족을 현대의 사회계급에서 발견하려고 하지만, 이 사회에서 엄밀하게 구별된 오랜 혈통공동체는 수많은 지역적 종족집단으로 분해되어 버렸고, 생성 중인 새로운 교육공동체는 이러한 작은 집단들을 아직 하나의 민족 전체로 통일할 수 없기 때문이다.

그래서 민족의 본질을 추구하는 우리의 노력은 장대한 역사적 광경을 우리에게 보여준다. 처음에는 ― 씨족공산주의와 유목농업의 시대 ― 혈통공동체로서 통일된 민족으로 존재했다. 이어서 정주농업으로 이행하고 배타적 소유가 발전된 이래, 옛 민족은 지배계급의 문화공동체와 민족의 예속민으로 ― 옛 민족이 제한된 국지적인 영역으로 분해된 결과의 산물 ― 분열되었다. 나아가 사회적 생산이 자본주의적 형태로 발전한 이래, 민족적 문화공동체는 확장되었다. 노동하고 착취되는 계급은 여전히 민족의 예속민에 머물지만, 그러나 민족 교육의 기반 위에서 민족적 통일에 대한 경향이, 혈통공동체에 기초한 옛 민족을 아주 다른 지역적 집단으로 분열시키는 지방분권적 경향보다 더욱 강화되었다. 마침내 사회가 사회적 생산으로부터 자본주의적 외피를 벗자마자, 교육공동체와 노동공동체 그리고 문화공동체로서 통일된 민족이 부활하게 된다. 민족의 발전은 생산양식과 소유의 역사를 반영하고 있다. 씨족공산주의의 사회체제로부터 생산수단의 사적 소유와 개인적 생산이 일어나고, 그로부터 다시 사회적 소유에 기초한 협동조합적 생산이 발생하듯이, 통일된 민족은 민족동포와 예속민으로 분열하고 작은 지역적 집단으로 분산되지만, 사회적 생산의 발전에 따라 다시 서로 접근하여, 마침내 본래의 통일된 사회주의 민족으로 상승해간다. 민족동포와 민족의 예속민으로 나누어지고 많은 제한된 지역적 집단으로 분열된 사적 소유와 개인적 생산의 시대의 민족은, 과거 공산주의적 민족의 분해의 산물인 동시에 미래 사회주의 민족의 재료이다.

그러므로 민족은 두 가지 점에서 역사적 현상(historische Erscheinung)으로서 증명된다. 민족은 **실질적 내용**(materiale Bestimmtheit)에서 볼 때 역사적 현상이다. 왜냐하면 개별 민족동포 속에서 생생하게 작용하고 있는 민족적 성격이 역사적 발전의 침전물이고, 개별 민족동포의 민족성 속에 사회의 역사가 반영되어 있고, 그것의 산물이 개인이기 때문이다. 또한 민족은 **형식적 결합형태**(formale Bindung)에서 볼 때 역사적 현상이다. 왜냐하면 역사적 발전의 다양한 단계에서 다양한 범위의 집단이 다양한 수단을 통해 다양한 방법으로 하나의 민족으로 결합하기 때문이다. 사회의 역사는 민족동포의 구체적 특징이 민족적 성격을 형성하는 형식을 결정할 뿐만 아니라, 오히려 역사적으로 작용하는 힘들이 성격공동체를 형성하는 형식을 역사적으로 조건 짓는다.

민족들의 투쟁 속에서 사태의 추진력을 보는 민족적 역사관은 민족의 역학을 추구하려고 한다. 이러한 역사관에서 보면, 민족은 더 이상 분해할 수 없는 요소인 것처럼 나타나며, 공간에서 서로 충돌하고 압력과 충돌을 통해 상호 작용하는 고정된 기관인 것처럼 보인다. 그러나 우리는 민족 자체를 하나의 과정으로 해소한다. 우리에게 역사는 더 이상 민족들의 투쟁을 반영하는 것이 아니라, 오히려 민족 자체가 역사적 투쟁의 반영인 것처럼 보인다. 왜냐하면 민족은 민족적 성격 속에서만, **개인의 민족성**(Nationalität des Individuums) 속에서만 나타나며, 이 개인의 민족성은 **사회의 역사를 통해 규정되는 한 측면**일 뿐이고, 더욱이 노동양식이나 노동관계의 발전을 통해 규정되기 때문이다.

제11장 민족의식과 민족감정

사람이 자기 민족동포만을 안다면, 그는 민족동포와의 일치를 자각하지 못하고 단지 차이만을 자각할 것이다. 또 내가 언제나 단지 독일인과 교류하고 독일어만 듣는다면, 내가 알고 있는 사람들은 단 한 가지 점에서, 즉 모두가 독일인이라는 점에서 나와 같다는 사실을 자각할 기회를 전혀 갖지 못하고, 언제나 차이만을 보게 된다. 예를 들어 그는 슈바벤사람이지만 나는 바이에른 사람이다, 그는 부르주아지이지만 나는 노동자다, 그는 금발머리이지만 나는 검은머리이다, 그는 신경질적이지만 나는 명랑하다 등등. 내가 외국의 사람들을 알게 되었을 때 비로소, 이러한 사람들이 나에게 외국인인 반면, 내가 지금까지 교류해온 사람들과 다른 수백만의 사람들도 동일한 민족의 구성원이라는 끈을 통해 결합되어 있다는 사실을 자각하게 된다. 외국인의 존재를 아는 것이 모든 민족의식(Nationalbewußtsein)의 전제조건이다. 가장 오래된 유명한 독일민족의 찬가가 다음과 같은 말로 시작되는 것은 우연이 아니다.

많은 나라들을 나는 구경했다.[1]

그러므로 민족의식은 외국에서 생활하는 상인이나 병사, 노동자에게서 가장 먼저 형성되며, 다수의 민족이 서로 부딪히는 국경지대에서 가장 넓게 확산된다.

좁게 보면, 민족의식이란 일정한 성격특징 — 육체적 특질이나 일정한 문화재의 소유 그리고 의지의 특징 — 에서 나의 민족동포와 일치하고, 그것을

---

[1] 본 역서 80쪽의 Walter von der Vogelweide의 시를 참고 (역주)

통해 다른 민족에 속하는 사람들과 구별된다는 인식일 뿐이다. 이론적으로 깊이 있게 말하면, 나는 그들과 동일한 역사의 산물이라는 인식이다. 그러므로 민족의식은 결코 예를 들어 자기 민족에 대한 사랑이나 민족의 정치적 통일에 대한 의지를 의미하지 않는다. 사회현상 속에서 올바른 길을 찾으려고 하는 사람은 누구나, 그러한 이질적인 정신적 산물을 명확히 구분하고 그러한 구분을 유지하는 것을, 목적에 따른 전문용어(Terminologie)를 통해 주장해야 할 것이다. 그러므로 그는 또한 민족의식에 대해, 민족에 대한 소속이나 민족의 특성 그리고 다른 민족과의 차이에 관한 단순한 인식 이상의 다른 어떤 의미도 부여하지 않을 것이다.

성격공동체로서 민족은 개별 민족동포들이 자신의 민족성을 자각하고 있지 않을 때조차도, 그들의 행동을 규정한다. 개인의 민족성은 역사적-사회적 힘들이 개인의 의사결정을 규정하는 수단의 하나이다. 그러나 개인은 한 민족의 구성원으로서 인식될 때 비로소, 민족성을 통한 그의 규정을 자각하게 된다. 그러므로 민족의식은 비로소 민족성을 인간적인, 특히 정치적인 행동의 **의식적인** 추동력(die bewußte Triebkraft)으로 만든다.

사람이 민족의 존재나 본질을 위해 민족의식에 그렇게 중대한 의미를 부여하는 것은 아마 그러한 이유에 근거할 것이다. 사람은 민족의식 속에서 바로 민족을 **구성하는** 특징(das konstitutive Merkmal)을 발견하려고 한다. 즉 민족이란 자기 민족에 대한 소속과 다른 민족에 대한 차이를 자각하고 있는 사람들의 총체이다. 그래서 예를 들어 뤼멜린은 이렇게 말한다. "나의 민족이란 내가 나의 민족으로서 간주하고 나의 민족이라고 부르고, 또 끊어질 수 없는 연대로 결합되어 있음을 내 스스로가 알고 있는 그런 것이다."2) 이러한 **심리학적** 민족이론은 사람이 민족의 객관적 특징을 발견할 수 없을 때, 또 민족을 공동체로 결합시키는 연대를 언어나 혈통의 공통성 그리고 국가적 소속에서 발견하려는 모든 시도가 민족현상의 다양성 앞에서 좌절한 것처럼 보일 때, 그 만큼 더욱 더 받아들일 만한 것으로 나타났다. 그러나 이러한 심리

---

2) Gustav Rümelin(1815-89)은 작가이자 대학교수였고, 프랑크푸르트 의회의 의원을 지냈으며, 또한 뷔르템부르크의 문화부장관(1856-61)을 지냈다. (역주)

학적 민족이론은 만족될 수 없을 뿐만 아니라 그릇된 것이다. 이 이론은 **만족될 수 없다**. 왜냐하면 동일한 집단에 속하고 있음을 자각하는 사람들이 민족을 이룬다는 사실이 올바르다고 가정한다면, 왜 나는 이 사람들과는 동일한 집단을 이룬다고 느끼는 반면에 어떤 사람들과는 동일한 집단을 이루지 않는다고 느끼는가 하는 문제를 비켜갈 수 없기 때문이다. 내가 내 자신과 민족동포를 결합한다고 느끼는 "끊어질 수 없는 연대"란 도대체 어떤 것일까? 내가 나의 민족성을 자각하게 되었을 때, 나는 과연 무엇을 자각하게 되었을까? 내가 도처에서 독일인에 대해서는 일체감을 느끼지만 영국인이나 프랑스인에 대해서는 그렇게 느끼지 않도록 강제하는 것은 도대체 무엇일까? 그러나 심리학적 민족이론은 단순히 만족될 수 없을 뿐만 아니라, 또한 **그릇된** 것이다. 모든 민족동포가 동일한 민족에 속한다고 언제나 자각하고 있다는 사실은 정말로 올바른 것일까? 다른 독일인들과 동일한 집단에 속한다고 한번이라도 의식해본 적이 있는 사람만이 독일인일까? 베를린의 노동자와 동일한 집단에 속한다고 평생 한 번도 생각해보지 않은 스위스의 학교 교사는 그렇다면 독일인이 아닌가? 어떤 경험을 통해 불러일으킬 수 없는 관념이 나의 의식 속에서 발생하는 경우는 결코 있을 수 없다. 독일인 밖에 알지 못하고 독일어만을 듣는 독일인은 다른 민족과의 차이와, 따라서 또한 자신의 민족동포와의 일치, 그리고 자기 민족에 대한 소속을 자각할 수 없으며 민족의식을 가질 수도 없다. 그러나 그렇기 때문에 바로 그의 성격은 어떤 다른 사람보다도 훨씬 순수하게 독일문화를 통해 규정되며, 그야말로 바로 완전한 독일인의 것이다.

물론 오늘날에는 일반적으로 한 민족의 문화공동체에 속하는 사람은 누구나 이러한 소속을 자각하고 있다고 말할 수 있을지도 모른다. 그러나 이러한 민족의식의 보급은 본질적으로 우리 자본주의시대의 산물이다. 이 시대에는 전대미문의 교통량의 증대와 함께 민족들은 서로 긴밀하게 결합하게 되었고, 따라서 자기 민족의 문화에 참여하는 사람도 이제는 다른 민족을 어느 정도는 알게 되었다. 다른 민족에 속하는 사람과 한 번도 만나보지 않은 사람조차도 문학과 신문을 통해 다른 민족들을 — 비록 왜곡된 상일지라도 — 알게 되었고, 그에게조차 다른 민족에 관한 지식으로부터 자신의 민족성에 대한 의식이 성장하고 있다. 그래서 이 시대에는 사람들을 민족으로 통합하는 것이 민족의식이라는 잘못된 견해가 생길 수 있다.

이제 민족의식은 특수한 감정, 즉 **민족감정**(Nationalgefühl)과 결합함으로써 인간행동을 규정하는 근거가 되고 있다. 심리학은 가장 단순한 의식현상인 감각(Empfindung)에서조차 통상 일정한 감정의 색조(Ton)를 갖고 있다고 우리에게 가르친다. 빨강색의 감각은 검은색이나 파랑색의 감각과는 다른 감정을 가져온다. 마찬가지로 우리 안의 복잡한 심상도 또한 다양한 감정 ― 유쾌하거나 불쾌한 감정, 긴장이나 이완의 감정 ― 을 불러일으킨다. 민족의식 ― 자기 민족의 특성을 인식하고 다른 민족에 대한 차이를 인식하는 ― 이 통상 가져오는 그러한 특수한 감정을 우리는 민족감정이라고 부른다.

내가 외국의 민족을 알게 되었을 때, 내가 보는 것은 먼저 무엇인가 새롭고 이질적인 것처럼 보인다. 외국인의 체형 자체가 이미 자주 내 동포의 그것과는 다르다. 그들의 풍속과 생활습관, 정신문화는 나에게 낯선 것이고, 따라서 나는 종종 매우 천천히 익숙해지지 않으면 안 된다. 만일 내가 외국인과 더욱 친하게 사귀게 되면, 그들은 동일한 상황에서도 내가 알고 있는 사람들과는 다른 선택을 하고 다른 결정을 내리며, 작업도 다른 방식으로 시작하고 다른 즐거움을 선택한다는 사실을 나는 알게 될 것이다.

사람의 의식도 **관성의 법칙**에 의해서 지배된다. 우리의 정신적 발달과정에서 우리는 하나의 관념체계를 획득한다. 만일 지금 새로운 인식이 이 체계를 무너뜨린다면, 우리 의식의 관성이 그것에 저항할 것이다 ― 이것은 몇 년 동안 진실이라고 생각되었던 명제가 어떤 새로운 사실에 의해 오류라고 증명되었을 때, 학자가 나타내는 가장 불쾌한 감정에서 표현된다. 바로 마찬가지로 다른 민족의 특성을 관찰하는 것은 매우 자주 불쾌한 감정과 결합되어 있다. 우선 이탈리아의 아름다운 여자는 신선한 매력으로 나를 유혹할지 모르지만, 그러나 나는 바로 다시 고향의 금발의 미녀를 그리워한다. 이탈리아의 문화는 우선 나에게 즐거움을 일깨워줄지 모르지만, 그러나 미지의 견해나 풍속을 가진 다른 민족에게 장기간 익숙해지기는 어렵다. 외국인의 의지의 특성은 우선 나를 즐겁게 하거나 기쁘게 해줄지도 모르지만, 곧 바로 내 안에서 불쾌한 감정이 자각된다. 그것은 동일한 외적인 자극이 외국인에 대해서는, 내 고향의 민족동포에 대하여 백배나 많이 관찰한 후에 기대할 수 있다고 믿었던 것보다 매우 다른 작용을 미친다는 사실을 내가 보기 때문이다. 다른 민족의 특성에 대한 인식이 나에게 갑자기 이질적인 것으로 느껴진다면 — **수동적 통각** — 그것은 거의 언제나 불쾌한 감정을 동반한다. 그러나 외국인의 방식에 대한 인식이 준비가 되어 있고 따라서 나에게 우선 즐겁게 느껴질 때조차도 — **적극적 통각** — 바로 관성의 법칙이 내 안에서 불쾌한 감정을 불러일으킨다. 왜냐하면 인간의 의식은 외국인의 특성에 적응하거나 수십 년에 걸쳐 몸에 밴 오랜 관념에 대립하는 새로운 관념을 받아들이는 데 많은 어려움을 동반하는 불쾌한 감정이 들 수밖에 없기 때문이다. 그래서 외국 민족의 존재에 대한 인식 자체가 매우 자주 불쾌한 감정을 동반하는 것이다. 그러나 반대로 자기 민족의 방식에 대해서는 유쾌한 감정을 동반한다. 그래서 다른 민족들에 관한 지식이 자주 자기 민족에 대한 사랑을 불러일으킨다. 그러므로 민족감정은 예로부터 익숙한 것이 나타내는 저 "위험하고 공포스런" 힘으로부터, 또한 인간 정신의 관성이 모든 새로운 것, 따라서 모든 미지의 것과 만날 때 느끼는 불쾌한 감정으로부터 솟아나는 것이다.

> 보통의 것은 영원한 과거부터 있었던 것,
> 언제나 있었던 것은 언제나 되풀이 된다
> 오늘 통용되고 있기 때문에, 내일도 통용된다.
> 왜냐하면 사람은 보통의 것으로부터 만들고 있기 때문에
> 그래서 그는 관습을 자신의 유모라고 부른다.
> 가치 있는 오래된 가구
> 조상의 값비싼 상속재산, (만지기만 해서는 소용없다)!
> 세월은 신성한 힘을 발휘한다,
> 나이와 함께 회색이 된 것, 그것이 그에게는 신성한 것이다.

자기 민족에 대한 사랑이 갖는 이러한 추동력은 다양한 계급과 다양한 개인에게 다양한 강도로 나타난다. 작은 마을의 이웃들 이외의 다른 사람들을

알지 못하고, 예로부터 전해 내려온 좁은 범위의 풍습 이외의 다른 풍습을 알지 못하고, 또 이웃들과 마찬가지로 어머니와 학교 선생 그리고 목사로부터 배운 견해 이외의 다른 견해를 갖고 있지 않고, 계절의 변화와 같은 영원한 반복 이외의 다른 변화를 알지 못하는 농민은, 새로운 것을 받아들이고 새로운 것을 배우고 지금까지 몸에 익힌 관념을 새로운 것에 적합하게 만드는데 가장 익숙하지 않은 사람이다. 그러므로 그에게 통각의 관성은 특히 강하고, 외국인의 방식을 보면 언제나 특히 심한 혐오감을 드러낸다. 외국인의 복장이나 외국인의 풍습은 그에게 불신을 야기하고, 그것은 쉽게 심한 증오가 된다. 농민의 민족감정은 상속받은 것, 즉 전승된 것과 밀접히 결합되어 있기 때문에, 모든 외국인에 대해 혐오하는 감정의 강한 근거를 갖는다. 그러나 근대 부르주아지와 근대 공업노동자에게 사정은 아주 다르다. 대도시와 끊임없이 변화하는 유행 그리고 신문이 그들 눈앞에 가져오는 새로움은, 그들로 하여금 강한 혐오감 없이 외국적인 방식에 대해 이미 익숙하게 만들었다. 자기 민족에 대한 사랑은 그들에게는 외국인의 특질에 대한 혐오와는 다른 근원을 갖고 있다.

　이러한 근원의 하나는 자기 민족에 관한 관념이 공간적으로나 시간적으로 다양한 감정의 색조를 띤 민족의 관념과 결부되어 있다는 사실이다. 내가 나의 민족을 생각한다면, 나는 사랑하는 고향이나 부모님의 집, 어릴 때 처음으로 해본 장난, 옛 선생님, 언젠가 행복한 키스를 해준 아가씨들을 떠올린다. 그리고 모든 이러한 관념으로부터 이것과 밀접히 연관된, 내가 속한, 민족의 관념 위로 즐거운 감정이 넘쳐흐르는 것이다.

　그러나 더 있다! 나의 민족의식은 미지의 것에 대한 인식을 의미하는 것이 아니라, 자신의 민족성과 자신의 방식에 대한 인식을 의미한다. 내가 한 민족에 속하고 있다고 자각하게 되면, 나는 긴밀한 성격공동체가 나를 민족으로 결합시킨다는 사실을 인식하고, 또 그 운명이 나를 형성하고 문화가 나를 규정하고 민족 자체가 나의 성격 속에서 작용하는 힘이라는 사실을 인식하게 된다. 미지의 것은 나에게 민족이 아니다. 다른 사람의 본질 속으로 되돌아오는 나 자신의 일부가 민족이다. 그래서 민족의 관념은 나의 자아에 관한 관념과 결합되어 있다. 민족을 헐뜯는 사람은 그것을 통해 스스로를 헐뜯는 것이다. 민족이 영광스럽게 되면 나도 또한 그 영광을 나의 일부로 갖게 된다. 왜냐하면 민족은 나 자신과 나와 같은 사람들을 제외하고는 존재할 수 없기 때문이다. 가장 강력한 쾌감은 그래서 민족의 관념과 결합되어 있다. 사람들이 때때로 믿고 있듯이 민족동포와 연관된 진정한 **이해공동체**(Interessengemeinschaft) 혹은 이해공동체로 불러지는 어떤 것이 아니라, 오히려 **성격공동체**의 연대에 대한 인식과, 민족성이란 나 자신의 방식일 뿐이라는 인식이 쾌감을 가져오고 내 안에 민족에 대한 사랑을 일깨우는 것이다. 나 자신을 나는 사랑한다. 왜냐하면 자기보존의 동물적 본능이 나를 지배하기 때문이다. 민족은 나에게 나 자신의 일부에 불과하며, 민족적 특성도 내 성격의 일부이다. 그러므로 나는 민족을 사랑한다. 그래서 민족에 대한 사랑은 도덕적 성과가 아니고, 내가 자만할 수 있는 도덕적 투쟁의 산물도 아니라, 자기보전 본능의 산물, 자기애의 산물일 뿐이다. 그리고 민족에 대한 사랑은, 내가 언제나 내 자신인 것처럼, 나와 일치하고, 공동체를 통해 나와 결합되어 있는 모든 사람들도 포괄하는 것이다.

이러한 민족감정의 모든 추동력에 또 하나가 추가된다. 그것은 괴테가 말했듯이 **역사**가 불러일으키는 열광에서 유래한다. 역사에 정통한 사람들에게 민족의 관념은 운명의 관념과 결부되어 있고, 영웅적인 투쟁이나 지식 및 기술을 둘러싼 끊임없는 투쟁 그리고 승리와 패배 등의 기억과 결부되어 있다. 사람이 과거에 투쟁했던 사람들에게 선물할 수 있는 공감은 이제 이러한 민족의 다양한 운명의 담지자에 대한 사랑으로 바뀐다. 우리가 여기서 거론하는 것은 기본적으로 어떤 새로운 요소가 아니라, 단지 마지막에 거론된 두 요소의 확대일 뿐이다. 그래서 민족의 관념이 나 자신의 청춘시절의 기억과 밀접히 결합된 많은 감정 중에서 가장 좋은 부분에서 유래하듯이, 역사를 사랑하고 칭찬하는 것을 우리에게 가르쳐준 사람들의 관념과 민족의 결합도 또한 민족에 대한 새로운 사랑을 불러일으킨다. 내가 민족의 특성 중에서 나 자신의 본질을 인식할 때 민족을 사랑하는 것을 배우듯이, 내가 민족의 운명 속에서 나 자신의 본질에 그 특성을 각인하는 동시에 더욱이 먼 후세대의 자손의 본질에도 각인할 수 있는 힘들을 아주 오랜 옛날로까지 거슬러 올라가서 발견할 수 있다고 믿었을 때, 민족의 역사는 나에게 가치 있는 것이 된다. 그래서 아주 오랜 과거에 대한 이러한 모든 낭만적인 쾌감이 민족에 대한 사랑의 원천이 된다. 따라서 민족적인 예술작품 — 예를 들면 바그너의 마이스터징거3) — 은 민족적인 효과를 준다. 왜냐하면 그것은 민족의 역사의 일부이고, 그것을 통해 민족 그 자체를 사랑하는 것을 가르치기 때문이다.

민족의 역사에 관한 지식은 특히 지식인 속에 생생하게 살아 있는 민족감정을 낳는다. 그러나 초등학교와 신문, 강연, 책 등이 민족의 운명에 관한 정보를 폭넓게 전달할수록, 민족의 역사에 관한 광범한 대중의 민족감정도 또한 그 만큼 더 격앙된다.

이렇게 발생한 민족감정은 이제 사물의 특유한 **민족주의적 가치평가**(nationale Wertung)로 귀결된다. 왜냐하면 독일민족의 관념은 일정한 쾌감과 결합되어 있고, 따라서 나는 곧바로 나에게 언제나 쾌감을 주는 것을 모두 독일적이라고 부를 수 있다고 믿게 되기 때문이다. 만일 내가 어떤 남자를 "진정한 독일인"이라고 부른다면, 나는 그것으로 더 이상 단순히 그의 국적을 말하는 것이 아니라, 그를 찬양하는 것이다. "좋은 독일인"이라고 말하는 것은 칭찬의 말이고, "독일적이지 않다"는 말은 비난의 말이다. 민족의 이름이 하나의 가치평가로 된다. 내가 어떤 행위를 독일적이라고 부를 때에는 그 행위를 칭찬하는 것이고, 독일적이지 않다고 말할 때에는 비난하는 것이다. 우리가 독일민족에 관해 말할 때 비스마르크의 말에 공명하는 것은, 주목할 만한 낭만적인 색조 때문이다!

과학은 민족의식에서 민족감정이 발생하고, 민족감정에서 이 특이한 민족주의적 가치평가가 발생하는 것을 우리에게 설명할 수 있다. 그러나 과학은 그 이상을 할 수 있다. 과학은 이러한 민족주의적 가치평가 자체도 또한 비판할 수 있다. 그리고 이것은 적지 않은 의미를 가진 과제이다. 왜냐하면 민족적 이데올로기에 대한 비판만이 냉정한 분위기를 만들 수 있고, 그러한 분위기 속에서만이 민족정책에 대한 유용한 연구가 이루어질 수 있기 때문이다.

---

3) Richart Wagner의 "Meistersinger" (역주)

제12장 민족적 가치에 대한 비판

　민족주의적 가치평가의 특이한 현상, 즉 독일적인 것은 비록 어떤 것이라도 좋은 것이라고 생각하고, 좋은 것을 독일적이라고 부르고 그것을 칭찬한다는 사실은, 개별 민족동포와 민족 사이의 인과율적 결합에서 유래한다. 개개인은 자기 민족의 자식이고 그 산물이기 때문에, 어머니인 민족의 모든 특질이 그에게는 좋은 것으로 보이고 자신의 방식이 된다. 따라서 이러한 특질에 반대되는 것을 받아들이기 위해서는 강한 불쾌감을 극복할 필요가 있다. 또한 자신의 민족의 방식을 극복하기 위해서는 스스로를 개조하고 변형할 필요가 있다.
　그러나 인간은 단순히 자신과 민족의 인과율적 결합을 자각하는 인식적 존재일 뿐만 아니라, 무엇보다도 목표를 설정하고 목표를 위한 수단을 선택하는, 욕구하고 행동하는 존재이다. 이러한 사실로부터 이제 민족주의적 가치평가와 대립하는 다른 가치평가가 등장한다.
　우리의 지성은 목적을 실현하는데 도움이 되는 정도에 따라 수단을 평가한다. 예를 들어 위생학자에게는 개인이나 대중의 건강이 목적이고, 이러한 목적을 촉진하는 모든 것이 가치 있는 것이다. 경제정책가는 인간노동의 생산성을 최대한으로 상승시키기 위해서 노력한다. 그러므로 그에게는 인간노동을 더욱 생산적으로 만드는 모든 것이 가치 있는 것이고, 생산성을 하락시키는 모든 것은 유해한 것이다. 그러나 수단의 평가에서 우리는 만족할 수 없다. 다음의 목적 — 건강과 노동생산성 — 자체가 다시 수단으로서 최고의 목적을 위해 봉사할 수 있는가의 여부를 평가해야 한다. 무엇을 최고의 목적으로 볼 것인가는 사람에 따라 다르다 — 어느 사람은 최대다수의 최대행복

속에서, 다른 사람은 자유인의 공동체 속에서 최고의 이상을 발견하고, 이것이 그에게 가치의 척도가 된다. 그러나 이러한 이상이 한번 결정되면, 모든 인간의 의지는 그것에 따라 가치 있는 것 혹은 가치 없는 것으로 판단되고, 이 최고의 목적, 즉 도덕적 이상에 수단으로서 봉사할 수 있는가에 따라 도덕적인 것 혹은 비도덕적인 것으로서 평가된다.

그래서 우리는 또 하나의 가치평가의 방법에 도달했다. 설정된 목적에 적합한 수단이 이제 우리에게 가치 있는 것이고, 좋고 올바른 것이다. 그리고 이번에는 설정된 목적이 최고의 목적에, 즉 이상에 대한 수단으로서 도움이 될 수 있을 때, 그것은 우리에게 가치 있는 것이고, 좋고 올바른 것이다. 이것은 설정된 목적에 적합한 수단을 합리적으로 선택하여 최고의 목적, 즉 도덕적 이상의 수단으로서의 목적을 이성적으로 선택하는 것에서 생긴 가치평가의 방법 — **합리주의**(Rationalismus)적 가치평가의 방법 — 이다.

그런데 이 합리주의적 가치평가의 방법은 민족감정으로부터 발생한 민족주의적 가치평가에 대해 어떤 관계에 있는가?

합리주의적 가치평가와 민족주의적 가치평가가 일치**할 수도** 있다. 예를 들면 레싱(Lessing)이 독일의 교육에 대한 프랑스문화의 영향에 반대하여 투쟁할 때, 프랑스 민족성에 대한 이러한 투쟁은 민족주의적 가치평가에서 발생한 것이고, 자기 민족의 특성의 보존과 회복을 위한 투쟁으로 나타났다. 그러나 이 투쟁은 합리주의적 가치평가에도 적합한 것이었다. 새롭게 부상한 독일 시민계급은 프랑스인의 궁정문화에 적응할 수 없었다. 그들은 마찬가지로 프랑스인의 미의 이상과 도덕의 이상에 대해서도 반대했다. 독일 시민계급의 위대한 대변자가 당시 외국의 영향에 대해 독일의 방식을 방어한 것은, 독일의 방식이 그들에게는 가치 있고 더 우수하게 보였기 때문이고, 독일의 문화가 그들에게 최고의 목적, 즉 윤리적이고 미적인 이상을 위한 더 좋은 수단이었기 때문이다. 그래서 당시에는 합리주의적 가치평가와 민족주의적 가치평가가 일치하였다.

그러나 이 두 가지 가치평가의 방법이 일치한 것은 역사적 우연일 뿐, 반드시 그렇지는 않다. 왜냐하면 민족의 특성은 민족의 운명의 산물이지만, 민족의 운명 속에는 이성적인 것(das Vernünftige)을 존재하는 것(das Seiende)으로 만들고 존재하는 것을 이성적인 것으로 만드는 어떤 이성적인 세계정신(Weltgeist)이 지배하는1) 것이 아니라, 생존투쟁의 맹목적 필연성만이 관철될 뿐이기 때문이다. 그러므로 민족의 생존투쟁이 육성하고 가르친 특성이 이후의 세대에게 가치 있는 것으로서, 자신들의 목적에 상응하는 수단으로서 보이더라도, 그것은 단순한 우연이다. 그래서 예를 들어 일련의 심각한 운명의 타격 — 세계통상로의 이동에 따른 독일 초기자본주의 단계와 독일 시민계급의 후퇴, 절대주의 국가의 성립, 농장영주제의 가혹한 억압 아래로 농민의 예속, 30년전쟁의 결과로 인한 궁핍 — 이 노예와 같은 순종을 17세기 독일인의 민족적 특성으로 만들었다. 그러나 이후의 세대에서 보면 독일민족의 이러한 특성은 결코 가치 있는 것으로도, 자신들의 목적을 실현하기 위한 수단으로도 볼 수 없고, 이러한 특성에서 생긴 행동도 결코 이상적인 길이라고 생각할 수 없다.

이와 같이 민족주의적 가치평가와 합리주의적 가치평가는 필연적으로 일치하지 않는다. 자신들의 목적, 결국 자신들의 최고의 목적, 자신들의 이상에 도움이 되는 것만을 가치 있다고 보는 합리주의자에게는 그러한 특성을 목적에 적합한가의 여부에 의해서가 아니라, 그것이 민족적인가의 여부, 그것이 우리 민족의 특성인가의 여부에 의해서 평가한다는 것은 바보같이 단순한 것으로 보인다. 그러므로 합리주의자는 자신이 "좋은 독일인"이라는 사실 이외에 자랑할 만한 것을 아무 것도 모르는 민족적 낭만주의자를 비웃는다. 그래서 **헤르더**(Herder)는 말한다. "우리는 중세에 민족과 민족을 분리했던 이념의 좁은 영역을 개탄한다. 신에 대한 찬양 속에서 우리의 모든 민족적 성격이 소실되었다." **레싱**도 민족주의적 가치평가의 방법을 단순한 "영웅적인 약점"이라고 생각했다.

그래서 **하이네**(Heine)는 민족주의적 가치평가를 다음과 같이 풍자했다.

---

1) Hegel의 유명한 <정신현상학>에서의 주장을 비꼬기 위해서 바우어가 인용한 것이다. (역주)

나는 로마의 아들도, 슬라브의 아들도 아니다,
나는 독일의 당나귀이다
나의 아버지들처럼, 그들은 매우 용감했고,
매우 잘 자랐고, 매우 사려깊었다.

오! 당나귀가 된다는 것은 얼마나 기쁜가,
그렇게 긴 귀를 가진 당나귀의 후손,
나는 지붕 위에서 큰 소리로 외치고 싶다:
나는 당나귀로 태어났다고

나는 당나귀이고, 그것에 충실하고 싶다
나의 아버지들과 조상들처럼,
오래 사랑받아온 당나귀의 우둔한 마음을,
당나귀의 혼을, 지킬 것이다.2)

　민족주의적 가치평가와 합리주의적 가치평가는 모두 인간의 본질에 근거하고 있다. 전자는 인간이 그의 민족과 인과율적으로 결합하고, 그 민족의 산물이라는 사실에 최종적인 근거를 갖는다. 후자는 인간이 목표를 설정하고 수단을 선택하고 의식적인 행동의 형태 속에서 인과율적인 자연관계를 배열하는 존재라는 사실에 근거한다. 이러한 두 가지 가치평가는 모두 인간의 본질에서 나왔고, 모두 근절될 수 없으며, 모든 인간 속에서 발견되고, 모든 개인 속에서 서로 싸우고 있다. 물론 그것의 강도는 사람에 따라 다르다. 전통의 영향을 강하게 받고, 선택된 지성이 감정의 힘을 강하게 억누를 수 없는 사람은 민족주의적 가치평가에 경도된다. 이에 반해 풍부한 감정보다는 강한 지성을 갖고 있고, 전통의 힘으로부터 스스로를 해방하고, 독립적으로 자신의 길을 선택하는 강한 의지를 가진 자유로운 정신의 소유자는 민족주의적 가치평가를 전혀 이해하지 않는다.3)

---

2) Heinrich Heine의 "Die Wahl-Esel"(당나귀 선택)이란 시에서 일부를 인용한 것이다. (역주)
3) 민족주의적 가치평가는 민족감정에서 생긴다. 그것은 심리학적으로는 설명할 수 있

지만, 철학적으로는 정당화될 수 없다. 그럼에도 불구하고 아주 최근에 민족주의적 가치평가에 대해 철학적인 근거를 마련하려는 시도가 이루어졌다. 그것은 하인리히 **리케르트**(Heinrich Rickert)의 <자연과학적 개념형성의 한계>(*Grenzen der naturwissenschaftlichen Begriffbildung*, Tübingen 1902)라는 유명한 책에서 이루어졌다. 리케르트는 이 책에서 우선 개인주의적 윤리의 확립에 노력하였다. 그는 칸트의 정언명령이라는 유명한 공식을 다음의 명제로 치환했다. "만일 당신이 선하게 행동하려고 생각한다면, 당신이 서 있는 현실의 개인적 입장에서의 당신의 개성을 통해 당신만이 이룰 수 있는 것을 이루면 된다. 왜냐하면 어디까지나 개인적인 세계에서 당신과 동일한 과제를 갖고 있는 사람은 아무도 없기 때문이며, 당신은 당신의 생애 전체를 다시 반복하지 않고 당신 자신의 인생의 과제를 실현하기 위해 전력을 다해 노력한다는 목적론적 발전을 위해 사용하면 되기 때문이다"(716쪽 이하). 이러한 개인주의적 윤리를 이제 리케르트는 민족적 설명에도 또한 이용한다. 왜냐하면 그는 개인이라는 표현으로 단지 구체적인 개별 인간만이 아니라, 구체적인 개인의 공동체, 즉 민족도 의미하기 때문이다. 모든 민족은 각각의 과제를 갖고 있고, 이 과제의 실현, 즉 민족적 특성의 완성이 도덕적 의무인 것이다(722쪽). 개인주의적 윤리와 민족적 윤리의 정당화라는 이러한 시도는 매우 흥미로운 것이다. 왜냐하면 그는 우리에게 오늘날의 운동의 역사적 근거를 철학 속에서 명확히 인식시켜주기 때문이다. 이러한 윤리에 대한 상세한 비판은 여기서는 가능하지 않고, 또한 뮌스터베르크(Münsterberg)와 아들러(M. Adler)에 의한 인식론적 기초 위에 선 비판이 나온 이후에는 아마 필요하지도 않을 것이다. 나는 다만 리케르트의 사고과정이 어떤 범위에서 움직이고 있는지 간단히 지적하고자 할 뿐이다. 즉 리케르트는 행동하는 인간이 단지 유적 인간의 일원으로서가 아니라, 언제나 개별 조건 하에서의 개인으로서 행동한다는 인식을 통해 개인적 윤리에 도달했고, 그것으로부터 윤리적 행동의 법칙은 인간의 유적 개념(Gattungsbegriff)에서가 아니라, 개인의 역사적 개념에서 출발해야 한다는 결론을 이끌어낼 수 있었다. 이제 리케르트가 사용한 개인이라는 단어는 우리가 보통 사용하는 의미와 다르다. 결국 리케르트는 역사적 개인이라는 표현에서, 유적 개체(Gattungsexemplar)로서 우리에게 중요하지 않은 것 — 예를 들어 난방을 위해 사용하는 석탄의 임의의 한 조각과 같이 — 이 아니라, 그 비유에서 가치 있는 것 — 예를 들어 코이-누르(Cohi-noor) 다이아몬드와 같이 — 을 의미하고 있다. 그에게 개—인(In—dividuum)은 분할될 수 없는 것이 아니라, 그 가치 때문에 분할되지 않아**야만 하는** 것이다. 그러므로 민족은 다른 민족과 다른 특성을 갖고 있기 때문에 역사적 개성을 갖는 것이 아니라, 가치 있는 특성을 갖고 있기 때문에 비로소 그런 것이다. 따라서 각 사람은 자신의 개성을 유지하고 발전시켜야 한다는 명제는, 각 사람이 항상 그렇게 존재하는 자신의 특성을 발전시켜야 한다는 것을 의미하는 것이 아니라, 단지 가치 있는 특성만을 발전시켜야 한다는 것을 의미하게 된다. 그러나 무엇이 가치 있는 것인가? 가치 있는 것이 특성을 역사적 개성으로 만드는 것이라면, 가치의 기준은 개성 그 자체 속에서가 아니라, 개인을 초월한 것 속에, 보편적-인간적인 것 속에 있게 된다. 민족은 자신의 개성을 유지해야 한다. 그러나 민족이 유지해야 하는 특성은 단지 가치 있는 것뿐이다. 그러나 무엇이 가치 있는 것인가? 그래서 리케르트

제12장 민족적 가치에 대한 비판 __181

모든 인간 속에서 작용하고 있는 민족주의적 가치평가와 합리주의적 가치평가의 이러한 대립은 이제 계급대립과 정치적 대립이 이러한 가치평가의 충돌을 장악함으로써 커다란 사회적 의미를 획득한다.

민족적 특징은 언제나 전통적인 사회제도의 산물이다. 현재의 사회질서를 전복하고 새로운 질서로 바꾸려는 혁명운동이 지금 발생한다면, 현재의 유지에서 이익을 얻는 사람들, 즉 지배하고 소유하는 계급은 이미 현존 사회질서를 통해 민족적 특징을 만들고 조건화했다는 사실과 그들의 권리와 재산에 대한 모든 전복이 전통적 민족특성을 부정하고 변화시킬 것이라는 사실을 주장하게 된다. 그래서 그들은 민족주의적 가치평가를 자신들의 계급투쟁의 도구로 삼는다. 자본주의가 봉건적 사회질서를 위협할 때, 영주계급은 봉건제도가 "민족정신"에 근거하고 있다고 가르쳤다. 즉 자본주의는 외국의 산물이고 민족적 특성을 부정하는 것이기 때문에, 선량한 독일인은 모두 농민의 예속이라는 민족적 법제도를 부르주아적 권리의 평등이라는 외국의 제도에 맞서 방위할 의무가 있다고 가르쳤다. 민주주의가 중부 유럽에 도입되었을 때, 권력자들은 이것을 외국 ― 영국과 프랑스 ― 의 산물이라고 조소했고, 독일인의 민족적 성격에 적합하지 않고 그것을 부정하는 것이기 때문에, 모든 선량한 독일인은 절대주의와 봉건지배를 지지해야 한다고 주장하였다. 마찬가지로 오늘날에도 여전히 농민소유지의 자유로운 분할을 인정하라는 요구는, 이것이 "이교도적인 로마법"에서 유래하는 것이기 때문에 인정될 수 없고, 단독상속법만이 독일의 법제도라는 주장과 투쟁하고 있는 것이다.

의 법칙도 또한 마지막으로는 특성을 비로소 개성으로 만들고, 모든 개성에 선행하는 가치의 객관적 기준을 필요로 한다. 리케르트는 스스로를 반박하고 있는 것이다. 다시 말해 모든 민족이 자신의 개성을 유지하고 발전시켜야 한다는 명제에서, 개성이라는 단어를 리케르트의 의미에서 이해한다면, 이 명제는 각 사람이 유지해야 할 가치 있는 것을 유지시켜야 한다는 공허한 동어반복이 된다. 그러나 유지될 가치 있는 것이란 무엇인가? (원주)

Heinrich Rickert(1863-1936)는 1894년 이후 프라이부르크대학의 교수를 지냈고 1916년 이후 하이델베르크대학의 교수를 지냈다. W. Windelband와 함께 신칸트주의의 남서독일학파의 창시자로 알려져 있다. 저서로는 <자연과학적 개념형성의 한계> 외에도 <문화과학과 자연과학>(이것은 최근 한글로 번역되었다. 책세상문고, 고전의 세계) 등이 있다. (역주)

그러나 민족주의적 가치평가의 방법은 반동적 투쟁수단으로서 **러시아**에서 최대의 의의를 획득했다. 서유럽의 모델에 따른 모든 개혁은 러시아에서는 수십 년 동안의 농민의 빈곤과 무지, 관리의 전횡, 짜르의 권력, 그리스정교회의 미신 등을 혼합한 슬라브-민족적 합성주로 만들어져, 이것을 모든 서유럽으로부터의 영향에 대해 어떤 희생을 무릅쓰고서라도 옹호해야 한다는 방침에 의해 타파되었다. 러시아에서 수십 년 동안 **슬라브파**는 다양한 형태로 서구파와 투쟁하였고, 오늘날에도 역시 러시아문학의 많은 부문과 많은 정치사상 속에 살아 있고, 때로 개량주의적 정당과 혁명적 정당에조차 영향을 미치고 있다.

그들의 지배적 지위와 재산을 잃지 않을까 두려워하는 모든 계급은 민족적 특징을 유지하려고 하고 민족적 가치를 평가하려고 하는 반면, 무엇보다도 우선 사회의 권력을 쟁취해야 하는 부상하고 있는 모든 계급은 합리주의적이다. 왜냐하면 그들은 모든 역사적, 전통적인 것을 평가하지 않으며, 오히려 그것은 그들의 투쟁의 공격목표가 되기 때문이다. 그래서 민족적 특성도 또한 그들에게는 민족을 지배하고 착취하는 계급의 특성일 뿐이며, 자칭 민족적 성격에 적합하고 그것의 유지를 가능하게 해준다는 민족적 제도들도 그들에게는 자신들에게 적대하는 계급의 지배와 착취의 보루에 불과한 것이다. 1848년 이전의 독일의 민주주의자들은 독일의 참을 수 없는 정치적, 사회적 상태를 "기독교적-게르만적 민족정신"의 발로로서 정당화하려고 했던 사람들의 지껄임에 대해서, 또 "오늘의 비열함을 어제의 비열함을 통해 정당화하는 학파, 압제가 오래되고 전승된 역사적 압제라며 그러한 압제에 반대해 일어선 농노의 절규를 반역이라고 설명하는 학파"[4], 즉 민족-역사학파에 대해서 얼마나 경멸을 나타냈던가. 민족주의적 가치평가는 모든 보수적인 계급에게는 호의적이고 귀중한 것이다. 그러나 모든 혁명적 계급의 가치평가는

---

4) Karl Marx, "Zur Kritik der Hegelschen Rechtsphilosophie", in Mehring, *Aus dem literarischen Nachlass von Karl Marx, Friedrich Engels und Ferdinand Lassalle*, Stuttgart 1902, 제1권 386쪽 (원주)
김세균 감수, <칼 맑스 프리드리히 엥겔스 저작 선집>, 박종철출판사, 제1권, 3쪽 (역주)

합리주의적이다.

이것은 오늘날의 노동자계급에 관해서도 해당된다. 노동자계급은 청년 맑스의 말에 따르면, "뿌리 깊은 굴레에 얽매여 있는 한 계급, 결코 시민사회의 계급이 아닌 시민사회의 한 계급, 모든 신분들의 해체인 한 신분, 자신의 보편적 고통 때문에 보편적 성격을 가지고 있고 특수한 부당함이 아니라 부당함 그 자체가 그들에게 자행되기 때문에 어떤 특수한 권리도 요구하지 않는 한 영역, 더 이상 역사적 권위 위에서 선동할 수 없고 단지 인간적 권위 위에서만 선동할 수 있는 한 영역, 독일 국가제도의 귀결들과 일면적으로 대립하고 있는 것이 아니라 그것의 전제들과 전면적으로 대립하고 있는 한 영역, 마지막으로 사회의 다른 모든 영역들로부터 자신을 해방시키고 그리하여 사회의 다른 모든 영역들을 해방시키지 않고는 해방될 수 없는 한 영역, 한 마디로 말해 인간의 완전한 상실이고 따라서 인간의 완전한 회복에 의해서만 자기 자신을 찾을 수 있는 한 영역. 하나의 특수한 신분으로서 사회의 이러한 해체는 프롤레타리아트이다"5) 노동자계급은 아직 민족의 계급으로 되지 않았기 때문에, 그들은 또한 더 이상 민족적 계급이 아니다. 문화재의 향유로부터 배제되었기 때문에, 그들에게 이러한 문화재는 타인의 소유물이다. 다른 계급의 사람들이 민족문화의 화려한 역사를 보는 곳에서, 그들은 과거 씨족공산주의가 몰락한 이래 그 넓은 어깨 위에 모든 민족문화를 담당해온 사람들의 빈곤과 예속을 본다. 민족적 특성의 유지 속에서가 아니라, 그들을 비로소 민족의 성원으로 만들 수 있는 지금까지의 모든 사회제도의 전복 속에서 그들은 자신들의 이상을 본다. 그러므로 그들은 단지 역사적으로 전승된 모든 것에 대해 비판의 칼을 들이댄다. 그들에게는 무엇보다도 과거로부터 전승되었기 때문에 가치 있는 것이 아니라, 그것이 그들의 계급투쟁에 얼마나 도움이 될 것인가에 따라 그것의 가치를 증명해야 한다. 그러므로 그들은 계급투쟁이 민족의 특성과 충돌하기 때문에 그들의 계급투쟁을 억압하려고 하

---

5) Karl Marx, 같은 책, 397쪽 (원주)
  김세균 감수, <칼 맑스 프리드리히 엥겔스 저작 선집> 박종철출판사, 제1권, 14쪽 (역주)

는 사람들을 비웃는다. 왜냐하면 노동자계급의 계급투쟁이 처음으로 노동자계급을 민족의 성원으로 만들 수 있기 때문이다. 민족적 문화재는 프롤레타리아트의 문화재가 아니기 때문에, 민족주의적 가치평가도 또한 프롤레타리아트의 가치평가가 아니다. 노동자계급이 민족문화로부터 배제되어 있다는 사실은 그들의 고통이지만, 그들의 품위도 또한 거기에 근거하고 있다. 영주는 일찍이 영주지를 확대하기 위해 그들의 할아버지의 가옥과 마당을 약탈했다. 그들의 아버지는 조상이 수백 년 동안, 아마 민족이 정착하게 된 이후 살아왔던 농촌을 떠날 수밖에 없었고, 뿌리가 뽑혀 모든 전통으로부터 유리되었다. 그들은 스스로 대도시의 변화무쌍한 영향에 몸을 맡기고, 하루하루의 모든 흐름 속으로 끌려들어가고, 모든 토지분할과 경기의 유희를 통해 여기저기로 내던져진다. 그래서 노동자계급은 뿌리가 없게 되고, 모든 전통의 마비된 힘으로부터 그 이전의 어느 계급보다도 자유롭게 된다. 그들은 말하자면 합리주의의 화신으로 되고, 그들에게는 오래되었다고 해서, 전통적인 것이라고 해서, 또 습관이 되었다고 해서 신성한 것은 하나도 없으며, 단지 전통적인 것 모두를 던져버리고, 투쟁목표와 목표를 위해 선택해야 하는 수단 이외에 어떤 척도도 알지 못한다. 그들은 모든 새로운 것을 환영하며, 모든 새로운 외래의 것 중에서 자신들에게 적합한 것을 선택하고, 특히 전통적인 민족적 특성을 극복되어야 할 한계로 밖에는 보지 않는다. 러시아의 노동자는 독일로부터 모범을 받아들이고, 독일인은 벨기에인과 러시아인으로부터 새로운 투쟁방법을 배우고, 노동조합에서는 영국인을, 정치적 투쟁에서는 프랑스인을 모방한다. 새로운 조류는 즉각 독일 노동자의 주의를 환기시킨다. 그렇지만 그들은 바로 그것이 새롭고 들어본 적이 없고 이례적이라는 이유에서, 또한 바로 다른 사람들에게는 민족적 문화재와 민족적 특성을 의미하는 것과 대립한다는 이유에서 이러한 조류를 과대평가하는 경향이 있다. 자본주의의 혼란스럽고 파괴적인 힘을 통해 모든 전통으로부터 해방되고, 민족적 문화재의 향유로부터 배제되어, 모든 전통적인 세력에 대한 투쟁의 선두에 선 프롤레타리아트만큼 모든 민족주의적 가치평가로부터 내면적으로 완전히 해방된 계급은 없다.[6)]

그러나 프롤레타리아트가 합리주의적으로 되면 될수록 직접적 적대자인 부르주아지에게 민족주의적 가치평가는 더욱 인기 있는 것으로 된다. 물론 자본가의 입 속에서 이러한 가치평가는 기묘한 음색을 띨 것이지만. 모든 민족의 전통적인 민족적 특성을 부정하는 작용을 갖는 자본은 모든 민족을 본질적으로 변화시켰다. 부르주아지가 젊었을 때는 그들에게도 또한 민족주의적 가치평가는 이질적인 것이었다. 당시 그들은 역사의 전통적 폐허를 경멸했고, 그들 자신의 계급이성의 계획에 기초하여 구축되어야 할 사회구조를 꿈꾸었다. 그러나 프롤레타리아트가 부르주아지에 대한 힘을 획득하게 되자, 모든 역사주의와 마찬가지로 부르주아지에게도 또한 민족주의적 가치평가가 더욱 공감할 수 있는 것으로 되었다.

프롤레타리아트의 부르주아지에 대한 투쟁은 소유권을 둘러싼 투쟁이다. 배타적 소유권은 오랜 옛날에는 스스로 노동해서 획득한 것은 그 사람에게 귀속한다는 요구와 결합되어 있었다. 자본주의의 공장에서 이 소유권은 그 본질을 변화시켜, 타인의 노동의 산물을 고용주에게 귀속시킨다는 의미가 되었다. 그러나 자본주의에서조차도 이 소유권은 아직 모든 의미를 잃어버린 것은 아니었다. 노동수단에 대한 소유권과 결합되어 있는 것은 잉여가치에 대한 요구권 뿐만 아니라, 바로 생산의 감독이라는 사회적 기능이었다. 그러나 이제 이 기능도 또한 소유권으로부터 더욱 더 분리된다. 주식회사와 카르텔, 트러스트, 은행업의 조직에서 소유권은 모든 사회적 기능을 잃고, 더 이상 노동의 감독에 관여하지 않으며, 타인의 노동의 성과에 대한 청구권 이외

---

6) 내가 프롤레타리아트를 합리주의의 화신으로 부르는 것은 아마 많은 사람들을 놀라게 했을 것이다. 왜냐하면 프롤레타리아트의 이론, 즉 맑스주의야말로 바로 사회과학에서의 합리주의에 반대하고, 우리에게 처음으로 존재하는 모든 것을 역사적 조건 속에서 이해할 것을 가르쳤기 때문이다. 그러나 여기서는 다음의 것을 정확히 구별할 필요가 있다. 즉 맑스는 존재하는 것, 생성하는 것을 역사적 의존관계와 결정에서 이해하는 과학을 가르쳤다. 그러나 맑스가 전통을 역사적 산물로 증명하려고 했다고 해서, 전통을 정당한 것으로 보았다거나, 또 전통이 더 이상 합리주의적 비판의 대상이 아니라는 것을 의미하지는 않는다. "역사법학파"의 이러한 무모함에 대해 맑스 이상으로 첨예하게 싸운 사람은 없다! 바로 맑스야말로 오히려 우리에게 프롤레타리아 합리주의를 역사적으로, 그것의 생성 속에서 이해하는 것을 가르쳤다! (원주)

에 그에게는 아무 것도 남지 않는다. 그래서 소유권은 그 본질을 완전히 정반대의 것으로 변화시킨다. 과거에 그것은 노동자가 노동생산물의 소유에서 보호받는다는 사실을 의미했다. 오늘날에 그것은 타인의 노동에 대한 청구권 이외에 아무 것도 의미하지 않으며, 따라서 순수한 착취에 대한 권리주장(Ausbeutungstitel)일 뿐이다. 소유권이 의거할 수 있는 것은 더 이상 사회적 기능도 아니고, 그가 사회에 제공할 수 있는 서비스도 아니며, 그가 재산을 상속했다는 사실, 그의 재산이 역사적 발전의 산물이라는 사실, 이러한 단순한 사실에 불과하다. 그는 **역사적 권리주장(Rechtstitel)을 넘을 수 있는 어떤 다른 권리주장도 갖고 있지 않다.**

젊은 부르주아지는 전통적인 국가체제를 극복하려고 했었다. 그러나 늙은 부르주아지는 민주주의를 두려워하고 프롤레타리아트에 대한 투쟁의 동맹자로서 군주제와 관료제에 매달렸다. 젊은 부르주아지는 "이성국가"(Vernunftstaat)를 구상했었지만, 늙어버린 부르주아지는 군주제의 역사적 승리를 방위했다.

부르주아지가 오늘날 모든 역사적, 전통적인 것을 평가하는 것은 지금도 여전히 그들이 자신의 지배를 역사적 전통에 빚지고 있기 때문이다. 그리고 그들은 모든 역사적인 것을 평가하기 때문에 우리 자신 속의 역사적인 것, 즉 민족성도 평가하는 것이다. 그래서 그들은 더욱 더 민족적 특성의 옹호자가 되고, 더욱 더 민족주의적 가치평가에 순응한다. 그들은 전통적인 사회체제가 민족적 특성에서 유래하고 민족적 특성은 스스로를 유지하기 위해 이 체제를 필요로 하기 때문에, 전통적인 사회체제를 방위할 수 있다고 믿는다. 오늘날 부르주아 이론가들이 민족적 특성의 유지를 도덕적 의무로 만들려고 다시 노력하고 있다는 사실, 민족적 유심론의 인기가 부활하고 있다는 사실, 우리나라의 대학의 법학이나 경제학 분야에서 역사학파가 지배적이라는 사실, 우리나라의 소설이나 미술이 민족적 특성을 발견했다는 사실, 이러한 사실들은 결코 우연이 아니다.

민족주의적 가치평가와 합리주의적 가치평가는 인간적 본질의 다른 측면에서 유래하고, 필연적으로 모든 인간 속에서 발생하며, 우리 개개인 속에서 상호 투쟁하고 있다. 그러나 우리 안의 이러한 내적 대립은 계급투쟁을 통해 사회 속의 외적 대립으로 된다. 민족주의적 가치평가는 더욱 더 지배하고 소유하는 계급의 평가방법으로 되고, 합리주의적 가치평가는 노동자계급의 평가방법이 된다. 물론 상이한 평가방법으로부터 서로 다른 정책이 생긴다.

제13장 민족정책

 민족정책이라는 구호 아래 통합되고 서로 혼합되어 있는 다양한 의지의 방향을 엄격히 나누어야 하는 것이 우리의 가장 중요한 과제이다. 이러한 작업은 민족과 국가의 관계에 관해 말하기 전에 먼저 시작해야 한다.
 가치평가로부터 의지가 생긴다. 내가 민족적 특성을, 비록 그것이 어떤 성격의 것일지라도, 귀중한 것으로 간주한다면, 그것으로부터 민족적 특성을 유지하기 위한 의지가 생긴다. 그러므로 민족주의적 가치평가는 민족정책, 즉 민족적 특성을 유지한다는 목적을 위한 계획적인 공동 작업을 낳는다. 우리는 이러한 민족정책을, 마찬가지로 민족정책으로 불리는 다른 의지의 방향으로부터 구별하기 위해, **보수적-민족정책**이라고 부를 수 있을 것이다. 이것은 민족적 특성을 유지하려고 하기 때문에 보수적 정책이다. 그러나 이것은 또한 거의 언제나 기존 사회질서의 유지에 이해관심이 있고, 따라서 지배하고 소유하는 보수적 계급의 정책이라는 의미에서 보수적 정책이다.
 민족적 특성과 사회제도 사이에는 대단히 밀접한 관련이 있다. 즉 한편으로 모든 사회제도는 민족의 일정한 정신 상태를 만들어낸다. 그러므로 자본주의 민족의 민족적 특성은 봉건 민족의 그것과는 본질적으로 다르다. 그러나 다른 한편으로 일정한 민족적 특성의 유지는 또한 일정한 사회제도의 전제조건이기도 하다. 그래서 대중의 일정한 정신 상태는 절대주의적-관료주의적 지배의 전제조건이지만, 만일 이러한 민족의 정신 상태가 변화(이 변화가 무엇을 통해서 일어나든 관계없이)한다면, 이 지배는 이제는 더 이상 존속할 수 없을 것이다. 기존 사회제도에 이해관심이 있는 계급은, 이것이 사회에서 그들의 권력의 전제조건이기 때문에, 민족적 특성을 유지하려고 노력해야 한다. 그들은 자신들의 권력, 즉 기존 사회제도를 유지하겠다고 선언한다. 왜냐하면 그것을 통해서만 귀중한 것으로 간주되는 민족적 특성을 유지할 수 있기 때문이다. 부르주아지는 노동자의 노예근성, "망할 놈의 무욕", 빈곤에 대한 순종 등으로 숙명론적 복종을 유지하기를 원한다. 왜냐하면 그것을 통해 착취의 가능성을 보증할 수 있기 때문이다. 그리고 그들은 노동자에 대한 그들의 지배를 유지하기를 희망한다. 왜냐하면 그것을 통해 이른바 무욕과 경건함이라는 미덕, "고용자와 노동자" 사이의 "가부장적 관계"가 유지되기 때문이다. 이것은 보수적-민족정책에 **내재하는 거짓말**이다. 이 정책은 민족적 특성을 위해 사회제도를 유지하기를 원한다고 주장하지만, 사실은 자신들의 사회제도의 향유와 권력의 향유, 착취의 향유를 확실히 하기 위해 민족적 특성을 유지하려는 것이다.

그러나 과연 민족이 자신의 특성을 유지하려는 노력을 버릴 수 있을까? 모든 생명체를 위한 자기 보존본능이라는 것이 민족에게도 해당되지 않을까? 민족적 특성(Eigenart)을 유지하는 대신에, 모든 민족으로부터 가치 있는 것을 배우고 자기 민족의 것으로 만들려고 하는 문화적 세계주의(kulturelle Kosmopolitismus)는 민족적 특수성(Sonderdasein)을 몰락시키지 않을까? 문화적 세계주의는 모든 민족적 다양성이 소멸하는 단조로운 죽 속으로 인류를 빠지게 하지 않을까?

이러한 의견에 대해 우리는 이미 반복해서 **민족적 통각**에 관한 우리의 관찰을 내세웠다.[1] 우리는 민족이 과거 수백 년 동안에 가장 이질적인 민족의 문화적 요소조차도 받아들였다는 사실을 알고 있다. 고대 게르만인은 더 발전했던 켈트인의 강한 영향 아래에 있었고, 후에는 로마문화의 영향을 받았다. 기독교는 그들을 동방적, 그리스적, 로마적 문화요소로 이끌었다. 장원제 시대에는 특히 남프랑스의 문화적 영향이 매우 강했고, 십자군의 시대에는 이탈리아와 동방의 영향이 거기에 더해졌고, 자본주의적 상품생산과 함께 이탈리아의 인간주의(인문주의)와 르네상스가 독일에 영향을 미쳤다. 계속해서

---

[1] '민족적 통각'(nationale Apperzeption)에 관해서는 본 역서의 140쪽과 79, 150, 173쪽 등을 참고 (역주)

수백 년은 다시 프랑스의 강한 영향 아래에 있었다. 다시 깨어난 시민계급은 고대문화와 프랑스, 영국, 네덜란드의 과학과 기술의 영향을 받았다. 19세기에 이르면 가장 이질적인 민족들, 즉 다른 대륙의 민족들조차 우리의 문화재를 풍부하게 만드는데 도움을 주었다. 그럼에도 불구하고 민족적 특성의 소멸에 관해서는 전혀 말할 수 없다. 이것이 민족적 통각을 설명한다. 즉 어떤 민족도 외국의 요소를 변화 없는 상태 그대로 받아들이는 것이 아니라, 자신의 존재 전체에 적합하게 만들고, 수용의 과정과 정신적 소화의 과정에서 변화시키는 것이다. 프랑스의 문화적 요소들은 독일인에 의해서도 영국인에 의해서도 수용되었다. 그러나 프랑스문화의 요소들은 영국인의 머릿속과 독일인의 머릿속에서는 전혀 다른 것으로 되었다. **물질적 문화내용의 균질화(Ausgleichung)는 결코 민족적 특수성의 제거를 의미하지 않는다.** 의심할 바 없이 오늘날에는 모든 민족이 과거보다 훨씬 많이, 훨씬 빨리 다른 민족으로부터 배우고 있지만, 민족의 개성에 대한 자각이 바로 오늘 만큼 분명했던 적은 한 번도 없다.

그러나 외국의 영향을 아주 도외시하더라도, 민족적 특질은 지속적인 변화를 겪고 있다. 그러나 그렇다고 해서 어떤 민족이 다른 모든 민족과 다른 성격공동체이기를 그만둔다는 것은 아니다. 예를 들어 19세기 독일국민의 민족적 성격에는 얼마나 커다란 변동이 일어났던가! 우리는 여기서 이러한 다양한 변화의 **한** 측면만을 강조하고자 한다.

서구의 나라들에서는 절대주의 국가와 봉건영주계급에 대한 시민계급의 계급투쟁이라는 대회전이 벌어졌던 반면, 독일에서는 아직 경제적 발전의 지체와 정치적 억압이 시민계급을 억누르고 있었는데, 그때 슈탈 부인(Frau v. Staël)은[2] 전 세계를 설명하는 견해를 갖지 못한 사람은 독일에서 자리를 차지할 수 없다고 얘기했다. 독일의 지식인은 당시 시대의 전체 지식을 흡수하였다. 네덜란드와 영국, 프랑스에서 개화된 근대 자연과학, 프랑스와 영국의 국가학, 그리고 이 두 가지 학문분야의 기반 위에서 성장한 철학이 독일에

---

[2] Anne Louise Germaine, Baronin von Staël-Holstein(1766-1817)는 프랑스의 유명한 소설가였다. 괴테와도 친하게 지내는 등 독일에 대해서도 상당히 잘 알고 있었다. (역주)

수입되었다. 그러나 서구의 민족들로부터 계승된 개념은 당시 독일의 여러 주(Länder)에서는 프랑스와 영국의 것과는 매우 다른 형태로 소화되었다. 왜냐하면 독일에서는 아직 가능할 수 없었던 직접적인 계급투쟁이 원칙으로부터 눈을 다른 곳으로 돌리게 만들었고, 초기의 영국처럼, 또한 혁명 후의 프랑스처럼 실천적인 이용의 필요성이 이념과 현실의 타협을 강제하지 않았기 때문이다. 그래서 독일은 원칙을 숙고하고, 원칙으로부터 연역을 마지막까지 고려한 고전적인 나라가 되었다. 그러한 기반 위에서 우리의 철학이 성장했고, 최소한의 행동조차도 목표의 커다란 체계로 편입되어야만 정당화될 수 있다고 생각한 저 일관된 논리의 합리주의가 성장했다. 독일에서만 비쉬 같은 사람(ein Vischer)을[3] 말할 수 있다. 헤겔의 논리를 연구하고 숙고하지 않고는 사람이 정치를 추구할 생각을 할 수 없다는 것이다. 그리고 이러한 사고방법은 지식인의 좁은 층에 한정되지 않고, 엷은 형태로 광범한 대중 속으로 침투해갔다. 교사나 목사, 신문, 정치적 선동의 개시는 이러한 사고방법을 서서히 대중의 사고방법으로 만들었다. 이것은 "눈으로 볼 수 있게 되고, 내가 믿는 것처럼, 일반적으로 인정받는 것으로 되었다. 그런데 시대의 모든 활동과 노력은 어두운 감정을 추방하고 오직 명료함과 인식만이 지배하는 방향을 가리키고 있다"고 피히테는 말한다. 만일 사람이 그 시대의 독일인의 이러한 민족적 성격을 무시한다면, 1848년의 혁명을 이해할 수 없을 것이다. 오늘날에도 여전히 이 사고방법의 단편이 독일의 노동자 속에 살아 있고, 이것은 엥겔스의 유명한 말, 즉 독일의 노동자는 독일 고전철학의 상속인이고, 독일의 사회주의자는 칸트와 피히테 그리고 헤겔의 후예라는 말을 정당화하는 것이다.

그러나 자본주의와 융커 및 부르주아지에 의해 지배되는 입헌군주제는 독일 민중의 이러한 전체 특성을 완전히 변화시켰다. 황량한 경험론과 역사주의, 가치 없는 개별 연구에 대한 열정, 성공의 찬미, 맑스의 말에 따르면 당장

---

[3] Friedrich Theodor von Vischer(1807-1887)를 지칭하는 것 같다. 비쉬는 1844년부터 다양한 대학에서 가르쳤고 1848년에는 프랑크푸르트 국민의회에서 의원을 지냈다. 당시 독일지식계에 많은 영향을 미친 철학자이며 미학자이다. (역주)

의 눈앞에 있는 것을 현실로 간주하는 저 현실정치, 이러한 것들이 오늘날의 독일의 정신문화를 특징짓고 있다. 부르주아 합리주의는 더 이상 가능하지 않고, 부르주아지는 자신들이 지배하는 국가의 수단을 이용하여 프롤레타리아 합리주의를 금지하고 있다. 이 국가는 "수상한 사고"를 가진 모든 사람이 실천적 영향력을 갖지 못하도록 노력한다. 우리나라의 30, 40년대의 아카데믹한 젊은이들과 정신적으로 혈연관계에 있는 것은 오늘날에는 독일이 아니라 러시아의 지식인이다. 그리고 민족적 특성의 이러한 변화는 결코 대학교육을 받은 상층계급에만 한정되지 않으며, 또한 이 새로운 정신은 많은 통로를 통해 광범한 대중 속으로 스며들었다. 독일 사회민주당의 수정주의는 그 자식이다. 수정주의는 모든 "비실용적인" 원리의 포기, 오랜 합리주의를 배제한 기회주의정치, 당의 행동을 더 이상 이론적으로 올바르게 인식할 수 있는 최상의 목표에 대한 수단으로서가 아니라, 비록 작은 성과라도 직접 눈으로 볼 수 있는 목표를 통해 정당화할 수 있다고 믿는 사고 등으로부터 생긴다.

이러한 자본주의 발전의 고작 수십 년이 민중의 민족적 특성을 폭력적으로 변화시켰다. 그러나 그것을 통해 독일의 민중은 더 이상 민족적 특성을 갖지 않게 될 것인가? 따라서 독일인은 영국인이나 미국인이 될 것인가? **민족적 특성의 변화는 결코 민족적 특성의 포기를 의미하지 않는다.**

이러한 인식에서 이제 또 하나의 민족정책의 이념이 생긴다. 우리는 미래의 세대도 현재의 세대와 동일할 것이라고 생각해서는 안 되며, 우리의 자손도 또한 성격공동체를 통해 결합되고 하나의 민족을 이룬다는 사실을 생각해야 한다. 그러나 장래 민족을 이루는 집단은 어느 정도의 크기가 될 것인가? 전체 민중을 민족문화공동체에 참가시켜, 민족문화를 통해 규정하고, 또 민족적 성격공동체로 결합하도록 만드는 계획적 공동작업도 또한 민족정책으로서 불러도 좋을 것이다. 이러한 정책을 우리가 이미 알고 있는 보수적-민족정책으로부터 구별하기 위해서, 나는 이것을 **진화론적-민족정책**(evolutionistische-nationale Politik)이라고 부른다. 이것을 진화론적이라고 부르는 것은 역사적으로 발생한 민족의 특질이 변하지 않고 유지되는 것이 우리의 임무라는 사고와 단절하고, 이 잘못된 사고에 대하여 민족적 성격의 발전 및 진화라는 사고를 대치시키고 있기 때문이다. 그러나 이 정책은 민족적 성격의 더 높은 발전을 방해하지 않을 뿐만 아니라, 처음으로 전체 민중을 민족으로 만들고 민족으로 성장하도록 만들기 때문에, 한층 깊은 의미에서 진화론적 정책이라고 부를 수 있는 것이다. 이 정책에서는 단지 **민족의 발전이 문제일 뿐만 아니라, 전체 민중의 민족으로의 발전**이 문제인 것이다.4)

그런데 이 **진화론적-민족정책이 근대 노동자계급의 정책이다**. 물론 노동자계급은 민족을 위해서가 아니라, 자신을 위해 이 정책을 추구한다. 그러나 프롤레타리아트는 필연적으로 자신의 노동이 산출하고 가능하게 만든 문화재의 소유를 위해 투쟁하기 때문에, 이 정책의 효과는 전체 민중을 민족적 문화공동체에 참가시키고, 그것을 통해 민중의 모든 성원을 처음으로 민족으로 만든다.

이 목표에 도움이 되는 것은 프롤레타리아트의 **민주주의적** 정책이다. 평등선거권은, 마지막 일용노동자를 위해서도 투쟁하고 그리고 이 강령을 위한 선전활동 속에서 민족문화의 일부를 대중의 소유로 만들 것을 당에 강제함으로써, 민족적 발전의 강력한 지렛대가 되었다. 출판의 자유와 집회의 자유, 결사의 자유가 처음으로 광범한 대중에게 문화적 영향을 주었다. 노동자조직 속에서 이루어지는 목적의식적 공동노동은 노동과 잠 그리고 가장 조야한 감각적 향락 속에서 일그러진 단순한 식물적 존재의 심연으로부터 노동자를 구제했고, 비록 부족하지만, 민족문화의 요소들을 그들에게 제공했다.

프롤레타리아트의 **학교정책**도 또한 동일한 효과를 가진다. 초등학교는 언제 어디서나 노동자계급의 관심사인 반면, 부르주아에게는 더욱 더 무관심한 것, 아니 의심스러운 것이 되었다. 그러므로 새로운 학교는 모두 민족의 하나의 새로운 획득물인 것이다!

그러나 프롤레타리아트의 민주주의 정책과 학교정책의 직접적 효과보다

---

4) 당연히 여기서 진화론적이라는 말은 혁명적이라는 말과 대립하는 것은 아니다. 혁명, 즉 갑작스런 변혁은 하나의 방법에 불과하며, 발전의 하나의 수단, 진화의 하나의 국면에 불과하다. (원주)

도 훨씬 강력한 것이 프롤레타리아트의 **경제정책**의 간접적 효과이다.

보수적-민족정책은 반동적 경제정책을 지지한다. 소시민, 특히 농민은 민족적 특성을 유지하고 이 정책을 지원한다. 바로 농업정책을 지키기 위하여 민족주의적 가치평가의 방법이 자주 수단으로서 도움이 되기 때문이다.

농민은 자신의 종족이나 마을의 제한된 범위의 전통 속에 확고히 매여 있었고, 따라서 이러한 방식을 버리지 못하고 모든 새로운 것, 모든 이국적인 것에 대해 적대적이다. 어떤 외국인의 지배도 농민의 민족성을 빼앗지 못한다는 사실, 엘사스(Elsaß)의 농민은 프랑스인으로 되지 않았고 지벤뷔르거(Sibenbürger)의 작센인은 마자르인으로 되지 않았다는 사실은, 농민이 자신의 지역적, 종족적 방식을 강고하게 유지한다는 사실에 근거한다. 그러나 농민은 아직 독일인이 되지 않았다. 한편으로는 바로 엘사스인으로, 다른 한편으로는 바로 작센인으로 머물러 있다. 아마 엘사스나 지벤뷔르거-작센의 농민의 문화도 또한 공통의 경향을 갖고 있을 것이다. 그러나 조상으로부터 계승된 그들의 공통 문화 위에서도 수백 년 동안 새로운 문화가 축적되었고, 오랜 공통성은 이미 은폐되었다. 겨우 수십 년 전만해도 우리는 편안하게 다음과 같이 말할 수 있었을 것이다. 즉 독일의 농민은 기본적으로 민족에 속하지 않는다. 왜냐하면 농민은 독일의 문화공동체에 참가하지 않았고, 농민이 게르만 공통의 조상으로부터 계승한 피와 전통의 공통성은 나중의 발전에 의해서 이미 은폐되어, 이전만큼 그들을 민족과 결부시키기가 더 이상 어렵게 되었기 때문이다. 농민을 이러한 상태로 묶어두려는 사람은 전체 민중을 포함하는 민족문화공동체의 형성을 방해하는 것이다.

자본주의가 농업을 변혁하기 시작하자마자 상황은 전혀 달라졌다. 자본주의는 농촌인구의 일부를 공업으로 옮기고, 농민의 자식들을 공업노동자로 변화시켰다. 그들은 지역적 속박으로부터 해방되어 훨씬 강하게 민족의 획일적인 문화적 영향 아래 놓여졌다. 자본주의는 또한 농업에 종사하는 주민의 본질을 적지 않게 변화시켰다. 자본주의는 농민을 집약적인 경작으로 이동시켜 그들을 순수한 농업인으로 만들었는데, 그것은 다른 부문의 상품생산자와 동일한 상품생산자였다. 그들은 공동조합을 공동으로 운영하고, 기술을 시장의 욕구에 따라 변화시키고, 신문을 읽고, "농업인 동맹"의 회원인 근대적 농업인은 과거의 농민과는 전혀 다른 의미에서 민족적 문화공동체의 성원이다.

옛 농민계급을 유지하려고 하고 자본주의적 변혁과정을 저지하려고 하는 사람은 따라서 민족을 더욱 긴밀한 문화공동체로 통합하는 것을 방해하는 것이다. 독일제국에서 곡물관세는 보수적-민족정책의 하나의 수단으로 간주될 수 있기 때문에, 진화론적-민족정책은 이것을 반대해야 한다.

이른바 중산층정책(Mittelstandspolitik)도 마찬가지이다. 수공업자나 소상인이 민족적 문화공동체의 담지자였던 시대가 있었다. 즉 형성되고 있던 상품생산의 시대가 그랬다. 그러나 우리는 이미 상품생산은 자본주의적 상품생산으로서만 보급되고, 낡은 봉건사회를 폭파할 수 있음을 알고 있다. 우리는 또한 어떻게 자본주의의 형성과 함께 시민층이 "교양인"(Gebildeten) 층과 "교양없는" 층으로 문화적으로 나누어졌는지, 또 어떻게 소시민층도 민족적 문화공동체로부터 배제되었는지를 알고 있다. 한스 작스(Hans Sachs)의 시대는 영원한 과거가 되었다.5) 오늘날 소시민층은 농민층과 거의 동일한 민족의 문화적 영향 하에 있다. 자본주의에 의해 위협받고 예속된 소시민층은 임금노동자보다도 장시간 일하면서 버는 것은 적다. 그러나 그들의 계급상태나 계급투쟁의 성격 때문에, 그들은 프롤레타리아트에게는 자연히 흘러가게 될 문화적 영향력을 갖고 있지 못하다. 소시민은 공장에서 작업동료와 함께 일하지 않고 혼자 일한다. 또 소시민은 조직의 교육도 전혀 혹은 거의 향유하지 못한다. 소시민은 임금노동자가 향유하는 이주의 자유권에서 당연히 생기는 모든 지역적 한계로부터의 해방을 알지 못하며, 프롤레타리아 계급투쟁의 강력한 문화적 영향력 아래에도 있지 않다. 전체 민중을 민족으로 발전시키는 이 위대한 과정에 소시민층은 거의 참가하지 않는다. 민족적 문화공동체로 향하는 길은 자본주의에 의해 파괴된 수공업의 폐허 위를 달린다.

만일 프롤레타리아트가 자신의 이익을 위해 구 농민층과 소시민층의 고의적인 유지에 반대하여 투쟁한다면, 그들은 전체의 민족문화공동체를 향한 발

---

5) Hans Sachs(1494-1576)는 Nürnberg의 시인이자 직장가인(Meistersinger)이며 구두기술자였다. (역주)

전에 기여하는 것이고, 그들의 계급정책은 진화론적-민족정책인 것이다.

그러나 프롤레타리아트는 자본주의적 발전을 방해하지 않는다는 사실에 만족해서는 안 된다. 프롤레타리아트는 또한 자본주의적 발전의 작용이 광범한 대중에게 도움이 될 수 있도록 배려해야 한다. 이 목적에 도움이 되는 것은 노동자계급의 **사회정책**(Sozialpolitik)이다. 즉 노동자보호입법(Arbeiterschutzgesetzgebung)과 노동조합의 투쟁이다. 임금인상과 노동시간의 단축은 광범한 민중을 민족문화공동체의 성원으로 만들기 위한 불가결의 전제조건이다. 그러므로 19세기는 노동시간의 단축을 둘러싼 영웅적인 대투쟁과 노동절의 대운동보다 더 큰 민족적 행동을 알지 못한다.

그러나 노동자계급은 자신들의 투쟁의 성과가 아무리 크다고 하더라도, 자본주의사회 속에서는 결코 민족문화의 완전한 소유에 도달할 수 없음을 알고 있다. 사회주의사회가 비로소 민족문화를 전체 민중의 소유로 만들고, 그것을 통해 전체 민중을 민족으로 만든다. 그러므로 모든 진화론적-민족정책은 필연적으로 **사회주의적** 정책이다.

보수적-민족정책과 진화론적-민족정책의 대립은 민족 내부의 지역적 혹은 종족적 집단에 대한 태도에서도 또한 명확히 나타난다. 민족주의적 가치평가의 관점에서 보면, 사람들이 그러한 특수성을 유지하려고 하고, 통일어에 반대하는 투쟁 속에서 방언을 비호하고 전통적 풍속을 유지하려고 하는 것은 일관된 것이다. 그러나 우리에게는 민족 내부의 이러한 특수성은 민족문화공동체의 장애물로 보인다. 통일독일어가 외래어인 사람에게 우리의 민족문학이나 과학, 철학은 관계할 수 없으며, 우리의 전통적 문화도 그를 교육할 수 없고, 독일의 성격공동체에 그를 편입할 수도 없다. 확실히 방언의 연구는 충분히 신중을 기할 필요가 있고 지역적 특수성의 미적인 즐거움도 또한 이해할 수 있다. 그렇지만 우리는 농민의 지역적 속박에서 유래했고, 자본주의, 임금노동자의 이동의 자유, 민주주의, 현대의 학교 등을 통해 효과적으로 투쟁해온 모든 그러한 특수성이 민족적 문화공동체의 장애물이며, 따라서 바로 **민족적 통일**의 장애물임을 잊어서는 안 된다. 보수적-민족정책이 민족 내부의 이러한 특수성을 유지하고 발전시키려고 한다면, 이 정책은 바로 반민족적인 것이다. 모든 전통적 특수성에 대한 낭만적인 즐거움은 민족의 문화적 통일을 분열시키는 것이다. 우리는 모든 전통적 방식을 무비판적으로 찬미하고 유지하려는 노력을 통해서가 아니라, 민족동포 각 개인들이 민족의 문화를 자신의 것으로 만들고 그럼으로써 민족의 산물로, 민족의 자식으로 되기 위한 투쟁을 통해서 민족정책을 추진하는 것이다.

제2부

민족국가

제14장 근대국가와 민족

중세의 국가는 **봉건제도**에 기초하였다. 가신은 군주에 대하여 종군과 궁정의 법정참여(Hoffahrt)의 의무를 졌다. 그 대신에 가신은 토지를 봉토로 받았다. 관습법에 기초하여 쌍방에 상속되는 이러한 관계 위에 중세국가는 성립하였다. 독일의 국왕은 영주들 중의 봉건군주이고, 영주들 또한 다른 하급귀족들 중의 봉건군주였다. 그러므로 국왕은 영주들을, 영주는 하급귀족들을 군역과 법정참여에 소집하였다. 봉건시대의 재판소에서는 왕이 영주를, 영주가 가신을 재판했다. 그래서 군대의 조직과 재판의 조직은 봉건제도에 의거하였다. 그러나 군대제도와 사법제도가 중세 국가기구의 전부였다. 왜냐하면 중세국가는 안팎으로 평화를 유지하는 것 이외의 어떤 다른 임무도 알지 못했기 때문이다.

근대국가는 **상품생산**의 자식으로서 등장하였다. 노동생산물이 상품으로 되고 화폐로 변하는 시대에 처음으로, 사회의 노동생산물의 일부가 화폐형태로 세금으로서 경제적으로 국가를 부양할 수 있게 만들었고, 국가로 하여금 용병대를 고용하고 화폐로 급료를 지불하는 관료제를 창출할 수 있게 만들었고, 그래서 국가를 봉건시대의 속박으로부터 해방시켰다.

그러나 이러한 근대국가는 민족국가로서 발생한 것은 아니다. 근대국가의 출생지는 가장 오랜 자본주의적 상품생산의 나라, **이탈리아**이다. 최초의 근대국가는 무엇보다도 지배하는 자본가계급이 국가를 자본가의 이익이 되는 정책의 도구로서 조정할 줄 아는 저 풍요로운 이탈리아 도시공화국에서 발생하였다. 그러나 근대국가와 함께 발생한 용병제는 곧바로 용병부대를 거꾸로 세우고, 오직 폭력에 기초한 전제(Tyrannie), 즉 군국주의적 소국가를 가능하게 만들었다. 용병부대를 무장시킬 수단을 갖고 있는 사람만이 자신을 소국가의 영주로 만들 수 있었다. 지불된 비용은 충분히 보상받았다. 왜냐하면 전제군주는 무력을 이용하여 복종하는 시민계급을 납세능력이 있는 대중으로 만들고, 이러한 힘으로 자신의 군대를 유지할 뿐 아니라 소국가의 창설비용을 손해 보지 않고 조달할 수 있었기 때문이다. 더 이상 봉건적 권리주장이 아니라, 적나라하고 사정없이 잔인한 무력에 근거하여 이탈리아에는 무수한 소국가들이 형성되었다. 그러나 이러한 군대전제는 근대국가나 도시공화국과 아주 유사한 것이었다. 억압된 시민의 납세능력이 그들의 권력의 원천이었기 때문에, 전제군주들은 시민계급의 경제적 필요를 만족시켜야 했고, 국가적 수단을 이용해서 자본주의적 착취를 지원해야 했다. 이것이 진정한 근대국가이고, 단지 모든 시민의 국가에 대한 복종을 통해서만이 아니라 국가 목표의 보편성을 통해서도 또한 특징지어졌다. 국가는 더 이상 단순히 평화의 유지에 한정되지 않고, 시민층의 경제적 발전을 촉진하는 정책을 안팎에 걸쳐 계획적으로 추구하였다.

이러한 근대국가의 발생은 주목할 만한 것이다. 화폐를 갖고 있는 사람은 용병군에 기반하여 국가를 창출할 수 있고, 국가를 무력으로 지배하는 사람은 동시에 신민(Untertanen)의 납세능력을 지배하여 자신의 지배적 지위를 유지할 수 있었다. 그래서 근대국가는 우선 자연의 국경을 갖지 않았다. 그것은 반드시 한 도시에 한정된 것도 아니었지만, 민족적 대국을 이루지도 않았다. 그래서 이탈리아는 수많은 크고 작은 국가로 분열되고, 후에 스페인, 프랑스, 오스트리아에 의한 외국인 지배의 희생이 되었다.

왜냐하면 서구의 대민족에게 근대국가의 발전은 매우 다른 길을 걸었기 때문이다. 여기서 이 발전은 봉건국가의 조직과 결부되어 있었다. 봉건국가의 정점, 즉 국왕은 여기서 민족적 왕권의 구 법제도에 새로운 내용이 부여된 것을 알고 있었다. 봉토국가의 정점에 있는 국왕은 유급관리와 용병대에 기반하여 봉건영주들을 제압하고 국가를 신하로서 복종시켜, 이탈리아 국가들이 소규모로 행한 것을 대규모로 수행하기 위해 상품생산의 새로운 수단을 이용하는 기술을 알고 있었다. **프랑스**에서 이러한 발전은 이미 "대 프로방스라는 지참금"(단테, Dante)과, 알비조아전쟁(Albigenser-Krieg)[1])을 통해 남프랑스를 프랑스왕권에 굴복시킨 것과 함께 시작되었다. 필립 6세(Philipp VI, 1328-1350) 치하에서 프랑스의 대귀족 중에 아직 남은 것은 플랑드르(Plandern), 부르고뉴(Burgund), 규이엔느(Guyenne), 부르타뉴(Bretagne) 뿐이었다. 새로운 대귀족들은 더 이상 독립된 영주가 아니었고, 이미 왕권 아래 굴복하였다. 이제 이 왕권은 보급되기 시작한 화폐경제로 인하여 경제적으로 가능하게 된 조세제도, 관료제도, 용병제도를 권력수단으로 삼기 시작했다. 오직 왕의 명령에만 따르고 또 지휘관도 왕에 의해서 임명되는 상비군이 창설되었다. 각 신분들은 이러한 목적을 위해 왕에게 타유(taille)세를 영속적으로 내야 했다.[2]) 즉 이것은 예를 들어 전시와 같은 단기간만 내는 것이 아니라 계속적으로 내야 했고, 이것을 통해 왕으로 하여금 군대를 지속적으로 유지할 수 있도록 하는 세금이었다. 동시에 왕은 국내의 귀족이나 영주들이 용병을 유지하기 위해 신민으로부터 돈을 걷는 것을 금지시켰고, 또 누구라도 전쟁을 수행하기 위해 사람들을 소집하는 것을 금지시켰다. 이러한 왕의 결정에 대해 분개한 귀족들은 물론 일련의 봉기를 통해 저항하기도 했지만 바로 진압되었다. 그래서 왕은 영구적인 타유세를 통해 거두어들인 수입으로 7000명에서 9000명의 상비군을 유지할 수 있었다. 시작은 비록 작았지만 말이다 — 이것의 의미는 **루이 11세**(Ludwig XI) 때 나타났다. 그는 독일의 대귀족계급과 필적하는 강대한 대귀족층을 타파하고, 일관해서 중앙집권적 민족통일국가를 프랑스에 창출했다.

이러한 프랑스의 발전과 정반대의 과정을 겪은 것이 **독일**의 근대국가의 발전이었다.

독일제국은 카롤링제국으로부터 발생했다. 로만인과 독일인 제국을 포함한 거대한 칼대제의 나라들이 분할되었을 때, 민족의 경계는 분할국가의 국

---

1) 알비조아는 남프랑스 지방의 지역이름으로 12, 13세기에는 봉건적 대귀족층이 지배했지만, 알비조아전쟁(1209-1229) 이후 세력을 잃고 왕권의 직접적인 지배를 받게 된다. (역주)
2) 타유세는 원래 프랑스에서 중세 봉건시대 영주에게 내는 세금이었으며, 이후 1789년 프랑스대혁명까지 프랑스의 비특권층에 대한 재산등급별 과세였다. (역주)

경설정을 위한 아무런 기준도 없었다. 그럼에도 불구하고 결국 적어도 서구에서는 북프랑스 지방으로 갈수록 민족의 경계는 제국의 경계와 거의 일치하였다. 이것은 로마문화의 기반 위에서 프랑스인이 식민한 지역과, 오랜 옛날부터 자신의 토지에 게르만인이 정착한 지역 사이에 커다란 문화적 차이를 가져왔다 — 이러한 문화차이는 농업과 토지분배, 헌법이나 법에서 효과를 나타냈다. 이러한 문화차이는 필연적으로 분할국가의 국경을 결정하는데도 작용하였다. 왜냐하면 로마인의 토지에 식민한 게르만인은 로마인이 되었고 또 갈리아의 로마화된 켈트인을 민족적으로 동화시켰고, 자신의 토지에 거주하던 게르만인은 자신의 민족적 특성을 유지했기에, 필연적으로 서프랑크왕국은 프랑스로, 동프랑크왕국은 독일로 되지 않을 수 없었기 때문이다.

그러나 그와 함께 독일의 민족국가가 발생했던 것은 아니다. 왜냐하면 카롤링가에 의해 복속된 종족국가(Stammeskönigtum)가 이미 **종족공국(Stammesherzogtum)**의 이름 아래 부활했기 때문이다. 가장 유력한 종족공작(Stammesherzog)은 권력이나 계약을 이용하여 자신을 독일의 왕으로서 인정할 것을 다른 사람에게 강제할 수 있었다. 그래서 프랑크, 작센, 슈바벤의 공작이 차례로 독일인의 왕이 되었다. 지배적인 영주계급은 왕의 권력에 대해 일반적으로 호의적이었다. 왜냐하면 장원제에서의 영주의 독립성 측면에서 볼 때, 멀리 있는 왕이 가까운 공작보다 훨씬 덜 위험했기 때문이다. 제국은 한 사람의 왕 아래로 전체 제국의 기마군을 통합하는 것이 이익이 된다는 사실을 보여줄 수 있었다. 그 만큼 자주 외부로부터 위험한 적이 독일의 종족들을 위협했기 때문이다. 그래서 오토1세(Otto I)의 마자르인에 대한 레흐펠트(Lechfeld)에서의 승리가 동프랑크제국 전체에 대한 그의 지배를 확고하게 했다.3) 이어서 콘라트2세(Konrad II)는 오래 전에 잊었던 연공을 슬라브인으로부터 징수하게 되었을 때, 비로소 작센인을 획득할 수 있었다.4)

---

3) 작센왕 오토 1세(왕위 936-973, 제위 962-973)가 도나우강 지류인 레흐강변 평야(Lechfeld)에서 마자르족을 격파하여 대승을 거둔 전쟁(955)이다. 이후 마자르족은 도나우강 중류에만 머무르면서 점차 기독교로 개종하였다. 이로써 오토대제는 훗날 오스트리아로 발전할 바이에른의 동부 변경지방을 확고히 장악했다. (역주)

4) 콘라트2세(왕위 1024-1039, 제위 1027-1039)는 프랑켄가문 출신으로, 왕이 됨으로써

독일의 국왕은 이제 구 종족공국들에 대하여 주인이 되었다. 이 왕권은 그 당시 주로 교회를 근거로 한 것이었다. 고위 성직자들은 종족공작들과 달리 세습적인 지배권을 가질 수 없었다. 독일의 국왕은 교구나 대수도원을 점령했을 때, 교회 속에 자신의 권력의 도구를 창출하기 위해 교회의 권력을 지원하기로 결정했다. 셀 수 없는 소유지와 수많은 하인들을 거느린 풍요롭고 막강한 고위 성직자들의 지원을 받아, 독일의 국왕은 구 종족의 경계를 고려하지 않고 새로운 제후국을 만듦으로써 결국 종족공국을 분쇄하였다. 이것은 예를 들어 작센 땅에 빌룽거(Billunger) 공국의 창설을 시작으로 하인리히 사자왕(Heinrich des Löwen)의 실각 후의 대변혁으로 끝나는 발전이었다. 구 종족공국은 분쇄되고 그 대신 일련의 제후국(Fürstentum)과 영방(Territorie)이 등장했는데, 이것은 영주가 구 공작의 칭호를 갖고 있을 때조차도, 제국에 대해서 거의 완전히 독립적이었던 구 공국과는 이름을 제외하고는 그 어떤 공통점도 갖지 않았다.5) 이것은 풍요롭게 된 교회가 더 이상 왕의 단순한 권력수단으로서 간주되는 것에 만족하지 않게 되었을 때, 독일을 교황권과 황제권 사이의 대투쟁의 혼란으로 빠트렸던 발전이었다. 그러나 이러한 발전은 또한 제국을 몇 개의 완전히 독립된 종족공국으로 분해하지 못하도록 막았다.

상품생산이 독일에서 시작되었을 때, 처음에는 이것이 제국에게 이익이 될 것처럼 보였다. 독일에서도 도시가 통일운동의 담지자가 되고, 왕이 도시의 힘에 뒷받침되어 구 제후국을 타도하고 하나의 통일된 독일민족국가를 창출할 것처럼 보였다. 그러나 상품생산의 출현이 독일에서도 통일된 중앙집권적 대국가를 창설할 경향을 만들었지만, 그러나 이 경향은 결국 제국의 이익이 아니라 영방의 이익으로 되었다.

호엔슈타우펜가의 사람들은 발전하는 상품생산이 국왕의 권력에 어떤

잘리어(Salier)왕조가 시작된다. 잘리어왕조는 화폐경제의 발전에 힘입어 교회에 의존했던 기존 정책을 바꾸고 국왕 자신의 군사력과 행정력을 강화하여 통치하고자 노력했다. (역주)

5) 936년에 오토 1세는 Hermann Billunger에게 동부 작센의 경계지역을 지키고 그 지역에서 제국의 이해관계를 대표하라는 과제를 주었다. 따라서 빌룽거 가문은 공국을 대표하는 공작이 되었다. 이 가문은 1106년 남성혈통이 끊길 때까지 지속된다. (역주)

이익을 가져올 것인가를 이해할 수 있었던 독일 최초의 왕이었다. 그러나 그들은 이 시대에 매우 서서히 성장할 수밖에 없었던 독일 시민층을 자신들의 목적을 위해 이용할 생각을 하지 못했고, 훨씬 진전된 이탈리아의 화폐경제를 권력의 지주로 삼으려고 했다. 프리드리히 1세(Friedrich I)와 2세는 이탈리아에 대한 구 황제의 권력을 이용하여 이탈리아 시민층의 납세능력을 자신의 지배 밑에 놓으려고 했다. 그들의 눈은 오직 이 목표만 바라보았고, 이 계획을 위해 독일 영주들의 군역을 확보해야 했고, 그들은 제국의 내부에서조차 독일의 영주들에게 차례로 일련의 양보를 해야만 했다. 그래서 그들은 독일의 도시를 영주들에게 무방비 상태로 넘겨주었고, 가장 이익이 되는 왕의 권리들도 영주들의 이익으로 넘어갔다. 그러나 호엔슈타우펜가의 이탈리아 정책은 결국 오랜 동안의 변화무쌍한 전쟁 후에 성과 없는 패배로 끝이 났다. 그러나 독일에서는 영주들에게 양도한 도시와 포기한 왕의 권리들을 기억하기에는 너무 늦었다. 독일 자체의 시민층, 상품생산, 화폐경제의 성장은 더 이상 왕의 권력이 아니라, 독일 영주들의 권력을 높게 만들었다. 우리가 이미 다른 곳에서도 서술했듯이, 독일 영주들은 백작의 공식적 권력을 이용하여 봉토법이나 복무법(Dienstrecht) 그리고 토지법적인 권력을, 마침내 신하에 대한 통일적인 영방군주권(Landeshoheit)으로 융합시켰다. 그래서 독일제국은 자본주의 시대에 독립된 국가들의 느슨한 연합으로서 등장했다. 과연 제국은 이미 후스파 신도(Hussiten)에 대항하기 위해 제국용병대를 편성하고, 제국의 신분들은 황제에 대하여 이 목적을 위해 제국화폐세를 인정하도록 요구한 반면, 황제는 신분들이 — 프랑스에서 이루어진 것과 같이 — 상비군과 그것의 유지를 위해 지속적으로 규칙적인 제국세에 대해 동의하도록 노력했으나 허사였다. 칼 5세(Karl V)의 시대 이후 제국의 군대는 오히려 제국 신분들 각각에게 분담해서 조달될 수밖에 없었던 병사들로 구성되었고, "신성로마제국"은 — 제국최고재판소의 유지를 위해 사용된 미미한 적은 궁정비용(Kammerziel)을 제외한다면 — 규칙적인 제국세를 유지하지 못했다. 그래서 제국은 상품생산과 함께 발생한 새로운 권력수단을 자신을 위해 이용하는데 실패했다. 새로운 발전의 큰 이익은 영방의 수중으로 돌아갔다. 부르주아적 발전을 통해 독일민족이 이전과는 전혀 다른 의미에서 하나의 통일국가로서 등장해야 하는 시대에, 독일제국은 무수한 독립국가로 분열하였다. 이들 국가는 손에 무기를 들고 서로 대립하지 않는 한, 서로 신경도 쓰지 않았다. 서구의 대민족에게 나타나는 민족적 통일국가를 창출했던 동일한 발전이 독일에서는 바로 민족의 국가적 분열을 결정지었다.

독일과 프랑스의 대조적인 발전이 명확하게 보여주듯이, 근대국가가 민족을 유일한 정치적 공동사회로 결합시키는지 아니면 무수한 독립된 영방으로 분열시키는지를 최종적으로 결정하는 것은 주로 **봉건국가 내부의 권력배치의 차이**였다. 왜냐하면 유럽의 대민족에서 근대국가는, 상품생산이 자본주의적 상품생산으로서 점차 사회적 생산의 일반 형태로 되는 과정보다 봉건국가들 중 강국이 구 법적 형태에 새로운 효력을 주는 과정에서 발생했기 때문이다. 그러므로 봉건국가 내부의 권력배치가 왕이냐 아니면 영주와 귀족이냐를 결정하며, 화폐세와 관료층 그리고 용병대에 기초하는 근대국가의 창출을 결정했다. 이러한 권력배치의 차이는 물론 이 시대에는 충분한 근거가 있었다. 그러나 오늘날 우리에게 그것은 마치 우연인 것처럼 보인다. 현대의 생명력 있는 민족들은, 그들의 필요에 어울리지 않는 정치체제가 수백 년 전에는 충분한 이유를 가진 형태로 발생할 수밖에 없었다는 사실에 대해 거의 신경 쓰지 않는다. 그러므로 민족국가의 대형성기인 19세기에 들어와 기존 국가체제가 대변동을 체험하게 되는 것은 놀랄만한 일은 아니다.

제15장 민족성원리

　전래된 국가체제의 대변혁은 19세기에 민족성원리(Nationalitätsprinzip)의 특징 속에서 이루어졌다. 이 원리는 모든 민족은 각각 하나의 국가를 형성해야 하고, 모든 국가는 하나의 민족만으로 이루어져야 한다는 것이다. 독일의 통일과 이탈리아의 자유, 터키의 지배로부터 그리스와 루마니아 그리고 세르비아와 불가리아의 해방, 자치를 요구하는 아일랜드인의 투쟁, 정치국가의 부흥을 추구하는 폴란드인의 투쟁, 남아메리카 여러 나라들의 스페인으로부터의 이반 등은 모두 민족성원리를 실현하기 위한 대투쟁의 현상 형태이다.
　이러한 현상은 너무 눈에 띄기 때문에, 많은 이론가들은 독립된 정치단체에서의 공동생활에 대한 의지를 민족의 구성적 특징으로 만든다. 예를 들어 르난[1]이나 키르초프[2]에게 민족은 독립된 단체 속에서 함께 생활하고 이 단체를 지키고 이 단체를 위해 희생하려고 하는 사람들의 총체이다. 여기서 우리는 민족의 **심리학적** 이론과 관계한다. 그러나 민족의식, 즉 우리가 이미 알고 있는, 공동소속의 인식을 민족의 특징으로 하려는 이론이 주지주의적인(intellektualistisch) 데 반해, 민족의 본질을 정치적 통일과 자유에 대한 의사 속에서 발견하려는 이론은 **주의주의적**(voluntaristisch)이다.[3]

---

1) Ernest Renan, *Qu'est qu'une nation?* Paris 1882 (원주)
2) Alfred Kirchhoff, *Zur Verständigung über die Begriffe "Nation" und "Nationalität"*, Halle 1905 (원주)
3) 우리는 이제까지 서술해온 민족이론을 이제 다음과 같이 분류할 수 있을 것이다. 1. 민족의 **형이상학적** 이론, 즉 민족유심론과 민족유물론 ; 2. 민족의 **심리학적** 이론, 즉 심리학적-주지주의적 이론과 심리학적-주의주의적 이론 ; 3. 민족의 **경험주의적** 이론, 이 이론은 민족에게 본질적이라고 생각되는 요소들을 열거하는데 만족한다. 이

이러한 학설에 대한 우리의 반론은 이미 우리가 심리학적-주지주의적 견해에 대해 대치했던 논의와 동일하다. 이 이론도 왜 우리가 바로 이 사람들과는 하나의 단체로 결합하기를 원하고 다른 사람들과는 그렇지 않은가 하는 문제를 회피하기 때문에 **만족스럽지 못하다**. 게다가 이 이론은 올바르지 않다. 왜냐하면 하나의 단체에 속하고자 생각하는 모든 사람이 하나의 민족을 이룬다는 주장이 결코 올바르지 않기 — 오스트리아의 존속을 자기 민족을 위한 필연성으로 간주하고, 팔라츠키(Palacký)와 함께[4] 오스트리아가 존재하지 않는다면 그것은 창출되어야 한다고 생각하는 체코인도 있지만, 그들은 아직 오스트리아민족에 속하지 않는다 — 때문이며, 또 하나의 민족에 속하는 모든 사람이 자기 민족의 정치적 통일을 위한 의사를 갖고 있다는 주장도 마찬가지로 올바르지 않기 — 스위스의 독일인, 오스트리아의 많은 독일인은 독일통일의 꿈이 실현되기를 결코 바라지 않는다 — 때문이다.

민족국가를 통상적인 것으로 관찰하고, 다민족국가를 단순한 예외로, 즉 과거 시대의 잔재로 관찰하는 견해가 국가학이나 정치학의 **용어**에 우려할 만한 혼란을 가져오고 있다. 그래서 사람은 민족이라는 말을 자주 국가시민(Staatsbürger)의 총체 혹은 한 경제영역의 주민의 총체로서 이해한다. 독일에서는 기존 계급국가에 불가결한 권력수단 — 병사, 대포, 군함 — 을 인정하는 정책이 민족적이라고 불리고, 프랑스에서는 "대독일 복수"와 식민지 확대 정책이 민족적이라고 불린다. 국민경제학에 관해 말할 때, 사람은 — 예를 들어 모든 국가에서의 독일인과 같이 — 민족의 경제학을 생각하는 것이 아니라 독일의 경제영역에 관한 경제학을 생각하지만, 이 영역은 결코 모든 독일인을 포함하지 않을 뿐만 아니라 독일인과 함께 프랑스인, 덴마크인, 폴란드

들 이론의 대척점에 있는 것이 운명공동체로부터 생긴 성격공동체로서의 민족이라는 유물사관에 입각한 우리의 민족이론이다. (원주)

4) František Palacký(1798-1876)는 체코의 역사가이자 정치가로, 1848년 혁명에 참가했지만 체코인으로서 프랑크푸르트 의회에 참여하기를 거절했다. 그는 1848년 프라하에서 열린 범슬라브의회의 의장이 되었고, 크렘지어(Kremsier)의 오스트리아 제국의회에서 슬라브당의 지도자가 되었다(1848-49). 후에 그는 오스트리아 상원에서 구 체코당의 지도자로 활동했다. (역주)

인, 유대인, 나아가 몇 안 되는 숫자지만 가장 이질적인 민족의 성원조차도 포함한다. "민족노동의 보호"에 관해 말할 때, 사람은 오스트리아와 미국의 독일인노동의 보호를 생각하는 것이 아니라, 독일의 경제영역에서 이루어지는 노동과 관련된 사항을 생각한다. 이러한 의미를 나타내는 민족에 관해서 우리는 여기서 관계하지 않는다. 이러한 용어법은 민족이라는 말과 국가영역 및 경제영역의 주민이라는 말을 혼동하는 것에 기초한다.5)

이러한 이론은 민족과 국가의 관계에 관해 말할 때, 통상 모든 민족이 국가로 될 수 있다는 사실은 "당연하다"는 주장으로 만족한다. 그러나 그것으로 과학의 과제는 아직 해결되는 것이 아니라 제기될 뿐이다. 모든 민족이 각각 하나의 정치적 공동사회를 형성해야 하고, 그리고 언제나 하나의 민족만이 하나의 정치적 공동사회를 형성해야 한다는 주장이 왜 사람들에게 "당연하게" 이성적인 것처럼 보이는가를 물어야 한다. 이제 명확히 민족성원리는 두 가지 요구를 포함한다. 첫째, 민족적 **자유**에 대한 의지, 이민족지배에 대한 거부, "각 민족에게 하나의 국가를!"에 대한 요구이다. 둘째, 민족적 **통일**에 대한 의사, 분립주의의 거부, "민족 전체에게 하나의 국가를!"에 대한 요구이다. 이제 이러한 요구가 19세기에 어떻게 발생하고, 왜 전래된 국가체제를 전복할 만큼 강력하게 될 수 있었는가를 설명할 필요가 있다.

민족-국가적 운동으로의 최초의 충격을 준 것은 확실히 **이민족지배를 거부**하려는 욕구였다. 민족적인 이민족지배가 동시에 민족 전체의 억압과 착취를 의미하는 **곳**에서 이민족지배를 거부하려는 욕구는 당연한 것이기 때문에, 설명할 필요가 없을 것이다. 그것은 예를 들면 **세르비아** 혁명의 경우이다. 지배하는 터키인과 민족과 종교에서 첨예하게 달랐던 세르비아인은 전시-봉건적인 터키의 지배 하에서 심한 착취와 억압에 신음했다. 터키의 지배자들은 농업민족의 노동수익 중 많은 부분을 강탈했다. 농업민족은 인두세를 납부함으로써 지배자로부터 생존의 권리를 사들일 수밖에 없었다. 무기 휴대의 금지나 안장 있는 말 타기의 금지와 같은 증오스런 제도는 경멸당하던

---

5) 국민(Volk)과 민족(Nation)의 차이에 관해서는 전술한 Fr. J. Neumann의 저작을 참고 (원주)

"라야"(Rajah, Herde)[6]에게 억압의 사실을 매일같이 실감나게 만들었다. 그러므로 억압된 민중은 성공의 가능성이 적더라도 이민족지배에 대항해서 일어설 수밖에 없었다. 터키제국의 내적 혼란과 러시아의 발칸정책을 통해 이러한 조건이 주어진 것처럼 보였을 때, 학대받던 민중은 자유와 민족국가를 쟁취하기 위해 일어섰다. 민중의 대부분은 예속되어 있었지만, 그와 함께 지배국가에 의한 착취에도 불구하고 풍부한 몫을 갖고 있던 관료귀족층과 부유한 부르주아지가 존재했던 곳에서도 — 그리스와 같이 — 사정은 동일했다. 여기서 민족혁명은 학대받는 대중의 혁명이지만, 부르주아지도 참가했다. 바로 부유한 부르주아지야말로 지배민족으로부터의 경멸을 심하게 받았고, 그리스의 금융귀족과 관료귀족의 자식들은 서구의 대학에서 공부했으며, 거기서 1789년의 자유에 대한 동경을 갖고 고국에 돌아왔다. 실러와 같은 사람은 자신의 수강생 중 그리스인 학생들로 하여금 자기 민족의 해방을 위해 활동하도록 고무했다! 그래서 예속된 민족의 부르주아지 중에서 독립에 대한 갈망이 자각되고, 그들은 민족투쟁의 지도자가 되었다. 왜냐하면 쟁취해야 하는 민족국가의 지배권은 당연히 그들에게 귀속될 수밖에 없기 때문이었다.

이민족의 지배가 민중의 대부분에게 경제상태의 악화를 의미하지 않고, 오히려 개선을 의미하는 곳에서는 사정이 전혀 다를 것이다. 그러므로 폴란드의 봉기는 처음에는 귀족, 즉 슐라후타(Schlachta)의 반란이었다. 이들의 봉기는 폴란드국가가 부흥될 경우 영주에 의한 끝없는 착취가 부활하는 것이 아닌가 하고 공포를 느낀 농민의 무관심 때문에 부분적인 저항조차 견디지 못하고 좌절했다. 그러므로 민족-국가적 혁명은 처음에는 피압박민족의 지배계급의 반란을 의미했다. 그들에게 민족국가의 상실은 자신들의 지배권의 상실을 포함하기 때문이었다. 그것은 광범한 근로대중의 운동을 의미하지 않았다. 왜냐하면 민족국가가 실현될 경우의 자신들의 상황이 이민족 지배 하에서보다도 더 나아질 것이라고 기대할 수 없었고, 경우에 따라서는 더 나쁘게 될 수도 있기 때문이었다. 그럼에도 불구하고 여기서도 민족-국가적 심정

---

6) 지배민족인 터키인이 세르비아인을 기독교를 믿는 무지몽매한 농민대중이라고 경멸하는 말. (역주)

(Gesinnung)은7) 광범한 대중 속에 보급되어 있었다. 동일한 현상을 사람들은 나폴레옹 1세 지배하의 독일에서 보았다. 독일의 대부분이 프랑스의 지배 아래 들어갔을 때, 그것은 물론 민족의 소수 지배층에게는 퇴위를 의미했지만, 광범한 대중에게 이러한 이민족 지배는 불이익이 아니라 이익을 가져왔다. 즉 프랑스혁명의 거대한 성과에 대한 참여와 봉건적 속박의 폐지, 새로운 시민적 법질서의 도입 등이었다. 그럼에도 불구하고 해방전쟁의 운동은 결코 단순히 프랑스의 지배에 의해 퇴위된 궁정과 관료층의 운동이 아니라 광범한 민중의 운동이었다. 이러한 현상은 어디에서 오는 것일까? 광범한 민중이 이민족 지배를 통해 아무 것도 잃지 않고, 기껏해야 어느 지배자의 억압을 다른 지배자의 억압으로 바꾸었을 뿐인 곳에서, 아니 오히려 이민족 지배가 하층 민중의 상황을 개선했던 곳에서조차, 광범한 대중이 민족적인 이민족 지배에 반대하여 일어선다는 이 주목할 만한 현상은 어디에서 오는 것일까?

소시민과 농민, 노동자는 모든 나라에서, 또한 이민족 지배 아래 있는 민족국가에서도 영주와 자본가, 관료에 의해 착취되고 억압되고 있다. 그러나 이러한 타자 지배는 은폐되어 있고 눈으로 볼 수 있는 것이 아니라, **개념적으로 파악**되어야 한다. **이에 반해 민족적인 이민족 지배는 명백하고** 직접 눈으로 볼 수 있다. 노동자가 관청에 가거나 법정에 섰을 때, 공무원이나 재판관을 통해 자신을 지배하는 것이 타자(Fremd)의 권력이라는 사실을 그는 알 수 없다. 왜냐하면 공무원이나 재판관은 그의 민족의 기관으로서 제시되기 때문이다. 그러나 공무원이나 재판관이 다른 민족 사람들이고 외국어를 말한다면, 민중은 이민족의 권력 아래 종속되어 있다는 사실을 적나라하게 볼 수 있고 따라서 참을 수 없게 된다. 농민의 자식은 민족국가의 군대에서도 타자권력(Fremdmacht)의 도구로서 봉사한다. 그러나 이러한 타자권력, 즉 지배계급은 자신들의 목적을 위해 군대를 이용함에도 불구하고, 이 사실을 은폐하고, 군대가 전체 민족의 권력수단임을 민중에게 믿게 하려고 노력한다.

---

7) Gesinnungsethik('심정윤리'는 Gemeinschaft에서 도덕적인 신조나 성향으로부터 발생하는 윤리)은 '책임윤리'(Gesellschaft에서 해야만 하는 책임으로서 나타나는 윤리)의 상대용어로 막스 베버를 참고 (역주)

이에 반해 장교가 이민족 사람이고, 외국어로 명령을 듣고, 이것에 따를 수밖에 없다면, 농민의 자식은 자신이 이민족의 권력에 복종하고 있다는 사실을 즉각 자각한다. 민족적으로 균일한 사회에서는 자본가도 봉건영주도 생산과 분배를 관리하는 임무를 위임받은 민족의 기관으로서, 이익의 대표자로서 나타난다. 그러나 그들이 다른 민족의 사람이라면, 부역의 의무가 있는 농민이나 임금노동자는 자신들이 이민족에게 봉사하고 이민족의 이익을 위해 일해야 한다는 사실을 즉각 자각한다. **이것이 이민족지배의 커다란 의미이다. 이것은 개념적으로 파악해야 할 모든 착취와 억압을 직접 눈으로 보게 만들고, 그것을 통해 참을 수 없는 것으로 만든다.**

그러나 그것에 더하여 과거부터 존재하는 이민족 지배가 아니라 특히 새로운 이민족 지배가 대중으로 하여금 증오스럽게 만드는 또 하나의 이유가 있다. 유치한 생각으로 보면 재앙을 가져온 사람이 언제나 재앙의 원인인 것처럼 보인다. 발달정도가 낮은 민중의 유치한 법률관에서 보면, 손해를 준 사람에게 그 책임이 있고 재판관이 의도나 교사 그리고 방조를 문제시하지 않는 것처럼, 해방전쟁 시대의 독일농민은 시민과 농민의 정치적, 경제적 자유에 대한 증오에서 프랑스혁명에 반대하여 일어섰던 독일영주들이 프랑스와의 전쟁으로 자신들에게 재해를 가져왔다는 사실에 관심을 두지 않았다. 그들은 프랑스 병사들이 자신의 나라 안으로 전쟁을 가져왔고 프랑스 군대가 자신들의 자식을 죽이고 재산을 파괴한다는 사실만을 보고, 자신들 속에서 프랑스인에 대한 증오를 자각했다. 그런 상황에서 자국에 대한 프랑스의 지배를 그들은 어떻게 참을 수 있을까? 전쟁이 불러일으킨 모든 분노와 복수심은 전쟁을 획책한 자기 민족의 지배자로 향하지 않고, 직접 눈에 보이는, 즉 민족의 아들들을 죽이고 딸들을 범하고 농경지를 황폐하게 만드는 이민족으로 향했다. 그래서 전쟁이 불러일으킨 증오는 민족적 자유를 향한 의지의 추진력이 되었다.

이민족 지배를 거부하고자 하는 욕구가 19세기 모든 민족-국가적 운동의 추진력으로서 증명되었다. 프랑스혁명에 반대하는 유럽 절대주의 영주들의 모반은, 이민족의 의지에 굴복하고 쟁취한 자유를 이민족 세력에게 희생시켜야 하는 위험으로 프랑스민중을 위협했다. 그래서 프랑스인의 혁명적 투쟁은 민족문제로 변화되었다. 이어서 나폴레옹 1세의 군대가 독일을 정복했을 때, 독일에서는 민족적 자유에 대한 욕구가 불타오르게 되었다. 그리하여 프랑스 증오자인 아른트(Arndt)가[8] 황제의 사자인 쉥켄도르프(Schenkendorf)보다[9] 앞서 나아갔던 것이다. 이탈리아인, 아일랜드인, 폴란드인, 그리스인, 발칸반도의 슬라브인 등의 자유를 요구하는 투쟁도 또한 이민족 지배에 반대하는 투쟁을 의미했다. 이민족 지배에 대한 증오에서 "젊은 유럽"의 민족적 자유의 동경이 생겼다.

민족의 **정치적 통일**에 대한 욕구도 동일한 증오에서 생겼다. 전체 민족을 통일하는 강력한 공동사회만이 이민족 지배의 지속과 재현을 저지할 수 있는 것처럼 생각되었다. 독일인은 ― 트라이취케(Treitschke)의[10] 말에 따르면 ― 다두정치(Vielherrschaft)에서 아예 노예상태로 되었기 때문에, 강력하고 통일된 독일제국을 요구했다.

근대 자본주의의 발전이 해방시킨 힘들도 동일한 방향으로 작용했다. 자본주의는 넓고 인구가 풍부한 경제영역을 필요로 한다. 그러므로 자본주의 발전의 필연성은 민족의 정치적 분열과 대립적이다. 만일 자본주의 국가가 자유로운 상품교환을 통해 서로 결합해서 **하나의** 경제영역으로 융합한다면, 자본주의는 몇 개의 독립된 국가로 민족이 분열되더라도 감수할 수 있을 것이다. 그러나 실제로 자본주의세계에서 국가는 거의 언제나 많건 적건 독립된 하나의 경제영역이 되고, 보호관세나 조세정책, 철도운임제도, 법률의 차

---

8) Ernst Moritz Arndt(1769-1860)는 신학자, 역사가, 철학자로 민중과 민족의 권리에 관한 반나폴레옹 저작을 출판한 뒤에 1806년 스웨덴으로 달아났다. 그는 계속해서 민족주의적 소책자와 독일의 통일을 요구하는 시를 썼다. (역주)

9) Max von Schenkendorf(1783-1817)는 퀘닉스베르크(Königsberg)의 서정시인이자 공무원이었다. 그는 많은 시와 노래를 지었으며, 나폴레옹에 반대하는 해방전쟁에 참여했다. (역주)

10) Heinrich von Treitschke(1834-1896)는 역사가, 언론인, 교수, 제국의회 의원(1871-84) 등의 활동을 했다. 그는 랑케(Ranke)가 죽은 이후 프러시아의 역사가가 되었으며 사회주의와 그 대표자들을 반대했다. 그의 대표작인 *Deutsche Geschichte des 19 Jahrhunderts*는 독일의 민족주의와 반인종주의에 영향을 미쳤다. (역주)

이 등을 통해 국가 간 상품생산이 제약된다. 한 나라에서 생산되는 상품의 대부분은 그 나라에 살고 있는 소비자의 필요를 만족시키게 된다. 그러므로 커다란 경제영역을 추구하는 자본주의의 욕구는 대국가를 위한 욕구가 된다. 19세기에 대국가적 발전이 필요하게 된 이유를 개괄해보자.

경제영역의 인구가 많아질수록, 상품을 생산하는 기업체의 수도 증가하고 규모도 커질 수 있다. 기업체의 **크기**는 잘 알다시피 생산비용의 감소와 노동생산성의 상승을 의미한다. 그러나 동일한 종류의 기업체 수의 증대도 동일한 효과를 가져 온다. 왜냐하면 우선 기업체 간에 **분업**과 전문화가 뿌리를 내릴 수 있고, 그것을 통해 노동생산성을 결정적으로 높일 수 있기 때문이다. 예를 들면 미국의 예외적인 급속한 경제발전은 경제영역의 크기가 유럽 나라들보다 훨씬 광범한 분업을 가능하게 만들었다는 사실에 있다. 더욱이 동일한 종류의 기업체가 나란히 많이 존재한다면, 생산기계의 **설비갱신이나 수리의 비용**을 감소시킬 수 있다. 방적공장이 나란히 서있고 모든 기업체가 공통의 수리공장을 갖고 있는 랭카셔(Lancashire)에서는 개별 방적공장이 자신의 수리공장을 가져야 했을 때보다도 필요한 수리비가 훨씬 적게 든다. 마찬가지로 **준비작업과 완성작업의** — 염색이나 광택내기 등 — **비용**은, 그것들이 동시에 많은 동일한 종류의 기업체에게도 도움이 될 경우에는 절감될 것이다. 마지막으로 동일한 종류의 기업체 수의 증대는 **교통수단**의 개량을 가능하게 하고, 그것을 통해 생산비가 새롭게 줄어든다. 많은 공장이 나란히 있는 곳에서는 운하와 철도가 건설되지만, 몇 개의 공장 밖에 없는 경우에는 이러한 교통수단이 건설되지 않거나 혹은 집중적으로 이용할 수 없기 때문에 모든 운송비가 높아진다. 마찬가지로 **유능한 노동력** — 공장장에서 말단의 유능한 임금노동자까지 — 을 교육시키는 비용은, 직업상의 교육시설이 대기업을 위해 설치되어 있는 곳에서는, 몇 안 되는 기업이 상대적으로 작은 직장을 가지고 경쟁을 해야 하는 곳보다는 훨씬 적게 들 것이다. 마찬가지로 **생산에서 나온 폐기물**을 과학적으로 이용하는 것도 대기업이 이러한 폐기물을 충분히 생산하는 곳에서만 가능하다.

그러나 이것만이 아니다! 이제 랭카셔가 거대한 경제영역의 일부라고 한다면, 랭카셔는 자본과 노동력을 특히 유리한 조건으로 제공할 수 있는 노동 부문, 즉 면사방적, 면사직물, 기계제조, 석탄채굴 등에 적용할 것이다. 이들 상품은 랭카셔에서 대량으로 생산되고, 생산의 확대를 통해 랭카셔의 노동생산성은 높아질 것이다. 백작령의 사람들은 자신들의 노동생산물과 자신들이 필요로 하는 재화를 교환함으로써 다른 모든 필요를 만족시킨다. 이에 반해 백작령이 독립된 경제영역을 이루고 있고 단지 약간의 상거래를 통해 연합왕국의 다른 영역과 결합되어 있는 경우, 여기서는 물론 면제품이나 기계, 석탄 등을 아주 작은 양만 생산하게 되고, 따라서 이 노동부문의 노동생산성은 낮고, 그 중 다른 필요를 자신의 생산물로 만족시켜야 하고, 그러므로 자연조건이 불리한 생산부문에도 노동을 적용해야 할 것이다. 이 경우에 동일한 양의 노동력을 소비하더라도 그는 매우 적은 생산물밖에 얻을 수 없을 것이다. 모든 경제영역에서 자연조건이 더 유리한 노동부문에만 노동을 적용하고 다른 재화는 교환을 통해 입수하는 편이, 소비자의 욕망을 만족시키기 위해 필요한 모든 재화를 스스로 생산하는 것보다 훨씬 유리하다.

그러므로 우리는 직접적인 **재화의 생산** 속에서 거대한 경제영역이 우월하다는 사실의 두 가지 원인을 발견한다. 첫째는 노동생산성은 통상 생산의 확대와 함께 상승한다는 사실이며, 둘째는 모든 지역에서 자유롭게 상품을 교환하는 것이, 모든 노동부문에서 스스로 생산하는 것보다도 욕망을 더욱 풍부하게 만족시킬 수 있다는 사실이다.[11] 그러나 커다란 경제영역의 우월성은 단지 생산에서 유리하기 때문만이 아니라, 자본 **순환**의 규칙적인 흐름에서도 유리하기 때문이다.

얼마나 많은 편지가 하루에 개별 편지함에 투입되느냐는 우연에 의존한다. 오늘은 많을 수도 있고, 내일은 적을 수도 있다. 그러나 대도시 전체의 모든 편지함에서 발견되는 우편물을 세어보면 그 수는 매우 규칙적일 것이

---

[11] 여기서 다음을 주의해 두자. 우리는 노동생산성이 동일한 토지에서 더 많이 생산됨으로써 증대되느냐의 문제가 아니라, 몇 개의 지역을 하나의 경제영역으로 결합함으로써 상승하느냐의 문제에 관해서 묻고 있다. 그러므로 예를 들어 수확체감의 법칙과 상승하는 지대의 영향에 관한 연구는 여기서 문제가 되지 않는다. (원주)

다. 왜냐하면 어느 우편수집소에서 우연적인 초과는 다른 우편수집소에서 우연적인 과소에 의해 상쇄되기 때문이다. 어느 마을 혹은 어느 소도시에서의 자살 수는 법칙에 따르지 않는 것처럼 보인다. 어느 해는 자살이 전혀 일어나지 않다가도, 그 다음 해는 열 명의 사람이 스스로 목숨을 끊기도 한다. 그러나 만일 우리가 어느 큰 나라 전체의 자살 수를 세어본다면, 그 수의 규칙성이 우리를 놀라게 할 것이다. 개별 지점에서 나타나는 우연한 편차는 전국에서는 최종적으로 상쇄된다. 이러한 대수의 법칙이 이제 자본의 순환에서도 중요한 의미를 갖는다. 어느 작은 지역에서는 우박피해나 대화재가 자본순환의 규칙적인 흐름을 방해할 수 있을지도 모른다. 그러나 큰 경제영역에서는 어느 지역에서의 우연한 결핍은 쉽게 다른 지역의 풍부함을 통해 보충된다. 어느 작은 경제영역에서 갑자기 크게 부족한 경우가 생기면 나라의 모든 기업은 곧바로 이러한 사실을 알게 된다. 그래서 화폐자본에 대한 수요는 증대하고 이자율과 가격도 상승한다. 이에 반해 큰 경제영역에서는 거대한 양의 화폐자본이 축적되어 있기 때문에, 국지적인 부족이 생기더라도 이자율의 상승을 가져오지는 않는다. 오히려 큰 경제영역에서는 개별 지역이 적은 수요를 가지고 시장에 등장하더라도, 이것은 큰 나라의 시장에 거의 영향을 미치지 않는다. 그러나 작은 경제영역에서는 이러한 지역적인 혼란이 생기면 곧바로 전국의 상품유통이 마비될 것이다. 작은 경제영역에서는 모든 국지적인 위기가 곧바로 전국적인 것으로 되는 반면, 큰 경제영역에서 경제상태는 단순한 지역적인 혼란에 의해서는 거의 영향을 받지 않고, 자본주의경제 전체의 경기를 좌우하는 전체법칙에 의해서만 지배된다.

이러한 모든 이유는 너무 강력해서 작은 국가는 매우 독립적인 경제영역으로 존재하는 것에 만족하지 말고, 보호관세의 영역을 최대한 확대하려고 노력하면서 다른 나라와 상품교환을 추구해야 한다. 그러나 작은 경제영역의 경우 다른 나라와의 상품교환은 커다란 어려움에 직면한다.

우선 **통화와 세법, 민법, 소송법** 등의 차이가 국간간의 통상을 방해한다. 모든 국가는 자신의 **보도기관**을 설치할 수 있지만, 외국시장에 관한 지식이 자국시장만큼 정확한 것은 아니다. **교통체계**의 국가적 규제와 철도운임권의 행사자격을 갖고 있는 것은 대국가뿐이고, 일련의 다른 소국가들과 **하나의 철도노선**밖에 공유하지 못한 소국가는 계획적인 운임정책을 통해 경제발전을 촉진할 수 없고, 오히려 교통을 어렵게 할 뿐이다.

국가는 모든 종류의 조약을 통해 이러한 많은 어려움을 극복하려고 한다. 화폐동맹, 통상동맹, 관세동맹, 법률상의 공조, 상표권, 견본권(Musterrecht), 특허권 등에 관한 조약과 나아가 철도운임제도의 국가 간 규제가 이러한 목적에 기여한다. 그러나 인접 국가와 **조약의 교섭**에서도 작은 경제영역은 불리하다. "그만큼 넓지 않은 영역의 해외무역은 자신의 생산에 비해 크고 따라서 이 나라에게는 중요하지만, 서로 상품을 수출하거나 수입하는 외국의 대국에게는 소국과의 교역은 자신의 생산물에 비해 중요성이 낮다. 그러므로 소국은 조약을 통해 자신의 이익을 지키고 다른 나라를 움직여 통상정책을 자국의 필요에 적합하도록 만드는데 성공하기 힘들다."12)

그러나 당연하지만 국가가 작을수록, 그만큼 더 경제정책적으로 힘이 없을 뿐만 아니라 **정치적으로도** 약하다. 이제 자본주의는 자신의 영토를 확대하기 위해서 언제나 국가의 강력한 팔을 필요로 한다. 독일자본이 외국에서 이익이 많은 투자를 추구할 수 있고 독일상인이 외국시장을 널리 여행할 수 있는 것은 자국 군사력의 보호 덕분이다. 외국에 있는 자국 시민에게 충분한 보호를 보증할 수 없는 소국가는 자본가에게는 지배의 불충분함 때문에 불완전한 도구로 밖에 보이지 않는다. 이것은 소국가가 보통 매우 비싼 도구일 때 더욱 그렇다. 왜냐하면 다른 조건이 동일하다면, 대국의 행정은 소국보다 저렴하며 따라서 세금부담도 적기 때문이다.

대국가의 모든 이러한 이점을 19세기의 민족들은 직접 눈으로 볼 수 있었다. 프랑스가 주를 서로 분할했던 관세경계선을 철폐한 후, 얼마나 번영했던가는 잘 알려져 있다. 독일인과 이탈리아인의 경우에도 독일과 이탈리아로부터 강력하고 통일된 경제영역을 형성하고자 열망했던 것은 당연한 것이다.

그래서 우리는 독일의 부르주아지가 거대한 독일경제권 창설을 위한 투쟁에서 주도권을 장악한 것을 본다. 즉 그들은 **프리드리히 리스트를**13) 따라

---

12) Richard Schüller, *Schutzzoll und Freihandel*, Wien 1905, 247쪽 (원주)

관세동맹과 독일의 철도체계를 위해 투쟁했다. 1833년 마침내 프로이센과 양 헤센, 바이에른, 뷔르템베르크, 작센이 하나의 관세영역으로 통합되었다. 1847년에는 오랫동안 중단된 후에 통일독일법이 다시 등장하고, 특히 통일운동의 추진력에 밝은 빛을 던진 것은 독일의 어음조례이며, 그 후 전체 독일국가를 위한 독일 상법전이 이어졌다.

그러나 대경제영역의 우월함은 단지 왜 독일인이 대국가를 원하는가의 이유를 설명할 뿐이지, 왜 독일인이 민족국가를 원하는가의 이유를 설명할 수 없다. 왜 바로 민족의 경계가 국가의 경계로 되어야 하는가? 여기서 경제적 필요의 힘과 **정치적 변혁**의 효과가 결합된다.

우리는 이미 전통적 국가제도와 오랜 투쟁을 해온 시민계급이 합리주의적이었다는 사실에 관해서 반복해서 얘기했다. 즉 역사적 전통의 권리주장은 시민계급에게는 어떤 가치도 없고, 존재하고자 하는 것은 모두 시민적 계급 이성의 법정에서 그것의 목적합리성을 증명해야 한다. 절대주의 국가에 대한 투쟁과정에서 지도적 인물의 자유가 제한되고, 자식들이 투옥되고, 출판물이 금지당하고, 저작물이 박해받고, 결사가 해산당한 시민계급은 기존 국가를 경멸하고 **자연국가**, 이성국가를 추구했다. 역사적으로 생성된 모든 것에 대한 이러한 경멸은 **나폴레옹시대**의 변혁들을 통해 더욱 촉진되었다. 류네빌 (Luneville)의 평화가 수많은 독일의 소국가에게 불명예스런 결말을 가져왔을 때, 왜 다른 국가들은 지금도 계속 존속해야만 했을까? 그리고 해방전쟁 후의 비인회의가 유럽의 지도를 수정하고 새로운 국가체제로 배열했을 때, 특히 과거 시대의 낡은 도구와 잡동사니를 이용하여 상승발전을 위한 길을 방해한 것은 불합리하게 보이지 않았을까? 그래서 자연국가, 이성국가의 사상이 강화되었다. 그러나 국가의 자연적인 경계는 과연 어디에 있을까?

여기서 지금 부르주아적 발전을 통해 보급되고, 나폴레옹시대의 전쟁을

---

13) Friedrich List(1789-1846)는 경제학자와 정치가로 튀빙겐의 정치학교수를 지냈다. 리스트는 독일의 관세동맹의 창설을 지지했고, 결과적으로 대학에서 자리를 잃었다. 또 리스트는 민주적 행정개혁을 주창했기 때문에 체포되었고 미국으로 망명했다. 거기서 그는 미국영사가 되어 다시 독일로 돌아온다. 경제이론가로서 리스트는 현대적 발전이론의 선구인 "생산력이론"과 함께 "가치이론"에도 반대했다. (역주)

통해 강화된 민족의식과 민족감정이 국가의 "자연적" 토대로서 민족을 환기시켰으며, 이 사상을 민족성원리로 정식화했다. 즉 모든 민족은 하나의 국가를! 모든 국가는 단 하나의 민족으로! 봉건영주와 농민에게 토지는 토대였고, 토지의 자연적 경계가 국가의 자연적 경계였다. 이에 반해 자본주의시대의 부르주아지와 노동자에게 국가는 무엇보다도 자신들의 목적을 위한 인간의 조직이다. 따라서 인간을 나누는 것은 국가의 경계를 설정하는 것이다. 국가는 외부로부터 나에게 명령하지만, 민족은 나 자신 속에 살아 있고, 민족의 운명을 통해 규정된 나의 성격 속에서 생생하게 작용하는 힘이다. 그러므로 민족은 **자연적 산물**(Naturgewächs)로서 나타나지만, 국가는 **인공적 산물**(Kunstprodukt)로서 나타난다. 기존의 국가가 시대의 요구 — 이민족 지배의 위험에 대한 보호와 더 큰 경제권을 위한 욕구 — 에 더 이상 적합하지 않을 때, 인공적 산물인 국가를 인류사의 자연적 산물인 민족에 적합하게 만들어, 민족 자체를 국가의 토대로 만드는 것은 당연한 것이 아닐까? 다민족국가에서 언어의 차이가 가져오는 어려움과 한 국가의 민족들을 나누는 민족적 증오는 간접적으로 다민족국가가 인공적 산물임을 나타내는 것이 아닐까? 민족적 성격공동체를 국가로 통일시키고, 그것을 다른 민족으로부터 국경을 통해 나누는 것은 자연적이고 이성적인 것이 아닐까?

이러한 생각을 **헤르더**(Herder)가 매우 분명하게 했다. 민족은 자연적인 산물이다. "민족은 가족과 같이 자연의 식물이다. 단지 각각은 몇 개의 가지를 갖고 있을 뿐이다. 그러므로 국가의 부자연스런 확대라든가 국가의 지배권 아래로 인간 종을 무질서하게 혼합하는 것보다 정부의 목적에 명백히 반하는 것은 없을 것이다."14)

이 문장 속에 요약된 개별 생각들을 분석해보자. 그것의 기초는 분명히 국가는 인간의지의 산물로서 자연에 적합하고 자연에 따라야 한다는 요구이다. 스토아철학자(Stoiker)의 옛 요구인 "자연에 따르라"를 새롭게 한 것은 **루소**(Rousseau)의 시대이다. 자연은 불변하는 것이고 주어진 것이지만, 국가는 변할 수 있는 것이고 움직이는 것이다. 그러므로 국가는 자연의 요구에 적합해

---

14) Johann Gottfried Herder, *Ideen zur Geschichte der Menschheit*, 제9권, IV쪽 (원주)

야 한다. 그러나 민족은 자연적인 것이고 자연의 산물이다.15) 그러므로 국가는 민족에 따라야 하고, 민족을, 민족 전체를, 더욱이 한 민족만을 정치적으로 통합해야 한다.

민족은 자연의 산물이고 국가는 인공의 산물이라는 주장은 올바른가? 우리에게 이러한 구별은 더 이상 과거의 의미를 갖지 않는다. 국가를 이성의 요구에 따라 인간의지에 의해 형성되는 인공의 산물로 간주하는 **정치적 합리주의**와, 국가를 "영원한 철의 대법칙"에 의해 지배되는 자연의 산물로서 이해하려는 **정치적 자연주의** 사이의 플라톤과 아리스토텔레스 시대 이래 생긴 낡은 대립은 근대의 인식론을 통해 극복되었다. 우리는 오늘날 여기서 문제가 되고 있는 것은 **관점**의 차이지 배타적인 양자택일이 아니라는 사실을 알고 있다. 우리가 **과학**을 추구한다면, **국가**는 우리에게 모든 다른 현상과 동일하게 법칙에 의해 지배되는 자연의 산물이고, 우리의 과제는 국가의 생성과 변화, 소멸을 지배하는 법칙을 탐구하는 것이다. 그러나 우리가 **정치**를 추구하고 국가를 개조하려고 할 때, 국가는 우리에게 단지 인간의지의 산물이고 우리 활동의 대상이다. 국가를 만드는 이러한 의지 자체를 과학이 후천적으로 인과율적 규정성에서 이해할 수 있다는 사실과 혹은 미래를 보면서 의사형성의 과정을 인과율적으로 파악하고 그것을 통해 미래의 정치적 의지방향을 인식할 수 있다는 사실은 사태를 조금도 변화시키지 않는다. 그러나 **민족**은 국가와 마찬가지로 과학에게는 자연의 산물이고, 우리는 운명공동체가 획득된 특성의 유전과 공통의 문화재 전승이라는 수단을 통해 어떻게 민족을 형성했는지를 이해할 수 있다. 그러나 정치가에게는 민족도 그의 의지의 산물이고 인공의 산물이다. 왜냐하면 민족적 성격을 유지하거나 변화시키기도 하고, 민족동포의 범위를 확대하거나 좁히기도 하는 것이 그의 행동의 목표일 수 있기 때문이다. 그러므로 국가가 민족과 마찬가지로 일단

---

15) 헤르더의 해석에 따르면 자연은 명백히 좁은 의미에서의 자연이다. 즉 그에게 민족은 혈통공동체이다. 그러나 우리가 자연적 유전 뿐 아니라 문화재의 전승을 통해서도 인류의 생존투쟁으로부터 인과율적으로 민족을 발생시킨다면, 이러한 사고과정에 대해서는 원리적으로 아무것도 변화시키지 않는다. (원주)

자연의 산물로서 관찰되고, 즉 법칙에 지배되는 학문의 대상으로서 이해된다면, 또한 인공의 산물로서 관찰되고, 즉 우리 의지의 대상으로 간주된다면, 인공의 산물로서 국가는 자연의 생성물로서 민족에 따르고 적합하게 되어야 한다는 헤르더의 생각은 여전히 의미를 가질 것인가?

우리는 민족성원리의 정당화에 기초로 놓여 있는 이러한 생각을 **역사적으로** 이해해야 한다. 혁명의 시대의 시민계급은 국가와 기존 법체계 전체와 투쟁했다. 절대주의국가는 봉건적, 동업조합적 법형태를 유지하거나 혹은 완전히 제거하지 않았고, 이것을 통해 자본주의적 발전을 방해하였다. 경제영역의 소규모는 생산력발전의 장애가 되었고, 절대주의국가를 통한 경제적, 정치적 후견은 스스로 통치해도 될 만큼 성숙한 부르주아지에게 참을 수 없는 것이었다. 기존의 소국가는 이민족 지배에 반대하여 자신을 지킬 수 없었다. 그래서 부르주아지는 도처에서 기존의 법질서를 전복하고 기존의 국가를 부정하려고 했다. 그러나 그것으로 부르주아지는 국가 일반을 부정하려고 한 것이 아니라, 다른 형태의 국가를 통해 바꾸려고 했다. 그들은 재산을 보호하기 위해 국가가 필요했다. 국가는 충분히 오랫동안 그들을 지배해왔기 때문에, 이제 그들의 지배수단으로 될 수 있는 것이다. 그러나 새로운 국가의 경계는 어떻게 결정될 것인가? 여기서 부르주아지는 질문한다. 우리가 모든 기존의 국가체제를 파괴한다면, 그것으로 실제 모든 사회현상을 부정하는 것인가? 그리고 그들은 발견한다. 즉 일정한 법질서 하에서만 발생하고 유지되는 사회현상이 있다면, 그들에게 적대적인 현행법과 권력으로부터 독립해서 존재할 수 있는 사회현상, 더욱이 이러한 권력은 어떤 외적인 힘이 아니라 개별적 개인 자체 속에 살아 있기 때문에 지속될 수 있는, 사회현상도 있다는 사실을 발견한다. 그래서 그들은 공동체로서 민족을 발견한다. 팔라츠키(Palacky)가 오스트리아국가에 대해 격분한 순간, 체코인은 오스트리아국가가 존재하기 이전부터 존재했고 오스트리아국가가 멸망하더라도 계속 존재할 것이라고 말했을 때, 그는 민족성원리의 기초에 놓여 있는 사상을 표현한 것이었다. 즉 개별적 개인 속에서 파괴되지 않고 작용하고 있는 힘인 공동체는 다시 발생한다면, 모든 기존의 실정법과 권력으로부터 독립하게 된다는 사상이다. 민족적 공동체는 개별적 개인 자체 속에 살아 있기 때문에, 국가가 붕괴되더라도 계속 존속한다. 부르주아지의 혁명적 합리주의는 이것을 기억해냈다. 기존 국가가 파괴되더라도, 개인들 속에 살아 있는 공동체는 파괴되지 않고, 새로운 국가를 형성하기 위한 토대가 된다. 즉 불멸의 공동체가 새로운 사회, 새로운 국가의 기초가 되어야 한다는 것이다. **부르주아지는 국가를 개조하려고 했기 때문에 국가를 인공의 산물로서 간주했고, 비록 기존 국가가 멸망하더라도 민족은 계속 존속하기 때문에 민족을 자연의 산물로서 간주했다.** 그러므로 문제는 먼저 보았듯이 인공의 산물로서 국가와 자연의 산물로서 민족을 대립시키는 데서 언급되는 **인과율적 관찰방법과 목적론적 관찰방법의 대립이 아니라, 외적 권력과 내적 공동체의 대립**이다. 혁명적 부르주아지는 자신들에게 적대적이고 자신들의 필요를 만족시키지 못하는 기존 국가를 부정하고 새로운 국가를 통해 바꾸려고 함으로써, 적대적인 외적 권력에 대해 민족이라는 영속적인 내적 공동체를 대치시킨 것이다. **내적 공동체 자체가 외적 권력의 담지자가 되고, 외적 권력이 내적 공동체를 보호한다는 것**, 이것이 그들의 요구가 된다. 이것이 민족성원리의 뿌리이다.

이러한 요구의 영향력은 19세기의 역사에서 매우 강했지만, 철저하게 자기를 관철하여 성공시키지는 못했다. 따라서 우리는 이러한 원리의 관철을 방해하고 기존 **다민족국가**를 유지해온 힘들에 관해서 연구해야 할 것이다. 나아가 우리는 이러한 힘들은 앞으로도 민족성원리의 완전한 승리를 방해할 만큼 충분히 강력한 것인가, 아니면 기존 다민족국가는 과거 시대의 단순한 잔재이고 앞으로의 발전을 통해 제거되고 순수한 민족국가로 바뀔 것인가를 물어야 할 것이다. 이것을 위해 다민족국가의 분석이 필요하다. 그래서 우리는 지금부터 유럽의 거대한 다민족국가 중 가장 발전한 오스트리아에 대해 관찰하고자 한다. 외국의 사정을 잘 알고 있는 사람에게는 여기서 연구하는 사회현상 중 어떤 것이 오스트리아에 고유하고, 또 어떤 것이 다민족국가에 공통적인가를 쉽게 구별할 수 있을 것이다.

제3부

다민족국가

제16장 독일인국가로서 오스트리아

오스트리아국가는 독일농민의 자식들이 농가와 농가가 점점 더 궁핍에 내몰리게 된 고향의 토지를 떠나 북동과 남동으로 이동했던 저 대운동(große Bewegung)의 산물이다. 프로이센국가가 북동쪽 식민의 산물이듯이, 오스트리아국가는 남동쪽 식민이 후에 발전한 성과이다.

오늘날의 오스트리아 땅에 대한 독일인의 식민은 다양한 성격을 띠고 있다. 오늘날의 독일 알프스지방에 대한 이주는 남부 벤드인 농민에 대한 독일 영주의 예속과 다른 모습을 띠고 있으며, 또 뵈멘이나 폴란드, 헝가리에 대한 독일인의 침입과도 다르다.

알프스지방으로 이주한 바유바레인(Bajuware)[1] 식민자들 또한 전혀 사람이 없는 땅을 발견한 것은 아니었다. 로마의 속주들인 레티아(Rhätien), 노리쿰(Noricum), 파노니아(Pannonien)의 주민 중에서도 주로 로마화된 켈트인이 민족이동의 태풍을 확실히 견뎌냈고, 더욱이 랑고바르트인(Langobard)[2]이 파노니아에서 퇴각한 후에는 슬라브 종족들이 이주하였는데, 결국 벤드인 혹은 슬로베니아인의 원래 슬라브 이름만이 남았다. 그들은 오늘날의 독일 알프스지방의 대부분에 정착했다. 그들은 티롤에서는 푸스터탈(Pustertale)에서 질리안(Sillian)과 린츠(Lienz) 사이의 지역까지 차지했고, 잘츠부르크(Salzburg)에서는 가슈타인(Gastein) 계곡과 라트슈타트(Radstadt) 남쪽에, 그리고 크렘스(Krems) 계곡과 슈타이어(Steyr) 계곡에 11세기까지 거주했다.[3]

---

1) 후의 바이에른 사람들 (역주)
2) 서게르만족의 하나 (역주)
3) Gustav Strakosch-Grassmann, *Geschichte der Deutschen in Österreich-Ungarn*, 제1권,

그러나 인구가 희박한 켈트-로망스인과 슬라브인 주민은 풍부한 토지 모두를 확보할 수 없었다. 저항 없이 독일 농민은 이 토지에 이주하기 시작했다. 바유바레인이 대부분이었지만, 그들과 나란히 프랑크인, 슈바벤인, 작센인이 정착했다. 식민자들은 서서히 켈트인과 슬라브인 주민을 능가해갔다. 예부터 식민자는 더 고도한 게르만문화를 받아들여 독일인으로 동화해갔다. 독일인 주교구(Bistum)인 파사우(Passau)와 잘츠부르크로부터 전해진 기독교가 여기서도 이민족 주민을 독일인으로 만드는 수단이 되었다. 기백 년도 안 걸려 여기서는 켈트-로망스인 및 슬라브인의 민족성은 완전히 사라졌다.

그러나 벤드인이 매우 적게 이주한 지역에서만 슬라브인은 완전히 독일민족으로 동화되었고, 그들이 서로 많이 이주한 지역에서는 사정이 달랐다. 슬로베니아인은 파노니아로부터 강의 계곡을 통과해 알프스지방으로 침입해 왔다. 그들이 계곡으로 올라올수록 거주지는 더 여유가 있었다. 반대로 독일인은 북서로부터 침입했고, 그 압력은 도나우강으로 흘러드는 하천 상류에서 가장 강력했고, 남으로 내려가면서 점차 약화되었다. 그래서 슬라브인은 남동에서 가장 잘 유지되었다. 우리가 북서쪽을 보면, 독일인의 승리가 그 만큼 완전했다. 오늘날 인구조사에 따르면, 독일어를 말하는 사람 수가 그것을 나타낸다. 티롤, 잘츠부르크, 오버웨스터라이히(Oberösterreich)에서 슬로베니아인은 완전히 사라졌다. 한편 케른텐(Kärnten)[4]에서 슬로베니아인은 주민의 25.08%를 점하고, 슈타이어마르크(Steiermark)[5]에서는 이미 31.18%, 마지막으로 크라인(Krain)[6]에서는 94.24%였다.

그러나 슬라브인이 대집단을 형성해 인접해 있는 곳에서도 독일인의 식민이 침투하였다. 농민이 독일인으로 동화되지 않는 곳에서도 벤드인 농민은 독일인 장원영주의 지배 아래로 들어갔다. 칼 대제의[7] 아바르족에 대한 전

Wien 1895, 312쪽 이하 (원주)
4) 오스트리아 남부의 주 (역주)
5) 오스트리아의 남부지방이었지만, 제1차대전 후(1919) 슈타이어마르크의 남쪽 지방은 신생국 유고슬라비아에게 양도된다. (역주)
6) 전통적으로 독일인과 슬로베니아인이 혼거했던 지역이었지만, 제1차대전 후 크라인은 통째로 신생국 유고의 땅으로 양도된다. (역주)

쟁(Avarenkrieg)과 함께 이러한 발전이 시작되었다. 795년 슬라브인 카란타니아(Karantania)공작이 마지막으로 임명되었고, 그 후 바이에른의 공작들이 이 지역을 통치했다. 광대한 영지가 이제 국왕의 수중으로 들어왔다. 국왕은 이 영지를 수도원과 신학교, 세속의 유력자, 궁정과 종교계의 하급귀족에게 빌려주거나 증여하였다. 새로운 지배자는 독일인 식민자를 국가로 끌어들였고, 독일 장원제의 기초를 만들었다. 811년 칼 대제는 대주교구인 파사우와 아크빌레야(Aquileja)의 경계를 나누었다. 드라우강(die Drau)[8]이 독일교회의 경계가 되었고, 따라서 기독교전도단의 게르만화 작용과 독일 종교단체의 식민활동의 경계가 되었다. 820년 슬라브인은 독일의 억압에 항거하여 봉기했지만 진압되고, 토착 귀족은 토지를 빼앗기고 독일 귀족을 통해 대체되었다. 그 후 슬라브인 농민도 독일 영주에게 예속되었다. 슬라브 국가들에서 영주의 문화는 독일적으로 변화되었다. 그래서 나머지 토착 귀족도 독일어와 독일의례를 몸에 익히고, 서서히 독일 영주계급으로 동화해갔다. 오늘날에도 크라인에서 대토지소유자는 여전히 독일인이고, 농민은 슬라브인이다. 수십 년 전까지 국내에서 귀족의 지배는 슬라브인에 대한 독일인의 지배를 의미했다.

우리는 독일민족의 역사로부터 장원제시대의 통일적 민족문화가 영주의 문화라는 사실을 알고 있다. 여기서 우리는 자력으로 민족문화를 만들고 계속 발전시킬 수 있는 계급을 갖지 못한 민족을 만난다. 우리는 벤드인에게서 이전에 주장했던 것을 말하자면 실험실적으로 증명할 수 있다. 즉 **우리는 여기서 자력으로 민족문화의 담지자가 될 수 있는 계급을 갖지 못한 민족을 보고 있다.** 실제 슬로베니아인은 봉건시대의 전체 문화에 참여하지 않았다. 슬로베니아인 농민은 전혀 민족문화공동체를 이루지 못했고, 단지 제한된 지역적 공동체를 이루었을 뿐이다. 벤드인의 마을들을 하나로 묶은 것은 민족

---

7) 재위 768-814. 프랑크제국 카롤링왕조의 황제로 오늘날의 프랑스, 이탈리아, 독일을 포괄하는 제국을 건설하고 로마에서 황제로 대관하였다. 40년이 넘는 긴 통치기간을 통하여 대제국을 이루었고 문물을 발달시켰다. 특히 그는 기독교의 전파에 큰 힘을 기울였다. 랑고바르트 왕국을 정복하여 작센족을 개종시켰고, 수많은 전쟁을 통하여 제국을 확장하면서 기독교를 전파하였다. (역주)

8) 도나우강의 지류 (역주)

문화의 발생과 지속적인 발전이 아니라, 단지 각 마을 농민의 궁핍한 문화공동체 속에서 슬라브 줄기민족으로부터 그들 모두에게 대대로 전승되어온 요소들로 타성적으로 구성된 사실 뿐이다. 이러한 지역적으로 다른 특수문화에 의해 더욱 은폐된 공통성과, 민족의 통일적 발전을 향한 강력한 힘과 영주계급을 성원으로 한 대민족의 생생하게 약동하는 민족문화생활은 얼마나 다른 것인가! 사람들은 그러한 민족을 **역사 없는 민족**(geschichtslose Nationen)이라고 부르며, 우리도 이 표현을 유지하고자 한다. 그러나 그렇다고 해서 이러한 민족이 결코 한 번도 역사를 갖지 않았다는 사실을 의미하지 않으며 — 왜냐하면 벤드인은 820년까지 자신의 역사를 갖고 있었기 때문이다 — 또한 이러한 민족이, 1848년에 아직 프리드리히 엥겔스가 믿고 있었듯이, 역사적 생활을 보낼 능력을 전혀 갖지 않았고 이후에도 가질 수 없을 것이라는 사실을 의미하지 않는다 — 왜냐하면 이 의견은 19세기의 역사를 통해 최종적으로 반박되었기 때문이다. 우리가 이들 민족을 "역사 없는 민족"이라고 부르는 것은, 오히려 단지 지배계급만이 그러한 문화의 담지자였던 시대에 그들의 민족문화는 역사도, 더 이상의 발전도 알지 못했다는 이유 때문이다.

오로지 천 년 동안 벤드인은 역사 없는 민족의 성격을 나타냈다. 당연히 초기자본주의와 그 결과로서 등장한 정치적, 종교적, 도덕적 변혁이 독일 민중에게 가져온 문화공동체의 확장현상이 역시 그들에게도 영향을 미쳤다. 종교개혁의 시대 우리는 슬로베니아 문학의 시작을 본다. 즉 성서와 많은 종교서적이 벤드어로 번역되었다. 슬로베니아 농민은 옛 권리를 추구하고자 대농민전쟁을 일으켰다. 그러나 독일에서 문화적 동포의 범위를 곧 바로 협소하게 만든 요인들 — 세계통상로의 이동, 전쟁에 의한 대변동, 반종교개혁 — 이 여기서도 또한 한순간의 민족적 봉기를 즉각 진압해버렸다. 벤드인 농민은 다시 문화 없는 존재로 가라앉았다. 19세기가 되자 비로소 자본주의와 근대국가는 영주의 예속으로부터 농민의 해방, 자치, 학교, 일반병역의무제도 등을 통해 처음으로 슬로베니아 민족을 잠에서 깨워 역사의 무대로 등장시키고, 자신들의 생생한 문화를 통해 자신들을 위해 대중을 민족으로 결집할 가능성을 만들었다. 장원제의 시대에 이러한 가능성은 존재하지 않았다. 슬로베니아인은 농민이었고, 농민은 단지 부역과 조세를 통해 영주계급의 문화를 가능하게 만드는 한에서만 영주들과 관련되었다. 농민의 민족성은 영주계급에게는 아무래도 상관없었다. 그래서 독일인 영주계급은, 바로 그들이 다른 곳에서는 독일 농민의 노동으로부터 식재료를 수취했듯이, 남부에서는 슬라브 농민의 노동으로부터 식재료를 수취할 수 있었다. 중세의 역사적 생활에서 보면, 케른텐, 슈타이어마르크, 크라인은 순수하게 독일인 땅이었다.

독일제국의 국경에 있던 민족국가들, 즉 뵈멘, 폴란드, 헝가리에서 이루어진 독일인의 대식민운동은 남동부와는 전혀 달랐다. 여기서 독일인은 토착 소수민족을 흡수할 수 없었고 예속시킬 수도 없었다. 그렇지만 독일적인 것이 민족국가의 몸체 속에 침투해 들어갔고 거기서 다양한 변화를 불러일으켰다.

뵈멘에 독일인은 부르주아로서, 농민으로서, 광부로서 들어갔다. 도시의 식민화는 뵈멘의 왕들에 의해 의식적으로 추진되었다. 왕권을 위해 어떤 새로운 힘이 상품생산으로부터 생길 수 있는가를 그들도 인식하였고, 독일에서의 상품생산과 상품유통의 발전이 뵈멘의 발전보다 앞서 있었기 때문에 그들은 독일의 상인과 수공업자를 뵈멘으로 이주시켰다. 독일인 부르주아들은 이미 존재하는 도시로 들어가거나 새로운 도시를 건설했다. 이미 11세기 프라하에 독일인 도시가 존재했다. 13세기에 많은 독일인 도시는 왕의 특별허가증을 손에 넣었다. 뵈멘에서 독일인 도시는 광업의 번영과 함께 새로운 도약을 맞았으며, 독일인 광부들이 소집되면서 몇 개의 순수한 독일인 도시가 건설되었다. 14세기에 부유한 시민과 상인, 지위 높은 수공업자는 거의 모두 독일인이었던 반면, 기타 수공업자나 농민, 도시 프롤레타리아트는 주로 체코인이었다. 도시의 평의회(Rat)는 거의 모두 독일인의 수중에 있었다. 그들의 부와 특권은 그들에게 강력한 권력을 주었다. 그들은 대학을 지배했고, 주교좌참사회(Kapitel)의 교회록을 받는 자리와 주교구직, 수도원은 독일인의 수중에 있었다. 반면 궁핍한 목사직만이 체코인에게 남아 있었다. 1437년 후스파의[9] 논쟁서는 뵈멘에서 독일인 부르주아지가 그의 부 덕분에 갖는 사회적

---

9) 후스파는 체코의 종교개혁가 J. Huß(1369-1415)를 따르는 교도를 말한다. (역주)

지위에 관해 과장이 없진 않지만 다음과 같이 사실적으로 묘사하였다. "뵈멘 왕국의 모든 도시에서 시장과 시참사회원은 누구인가? 독일인이다. 재판관은 누구인가? 독일인이다. 독일인은 어디서 설교를 듣는가? 중앙교회에서. 뵈멘인은 어디서? 묘지나 집에서."10)

뵈멘에는 독일인 시민의 식민과 나란히 농민의 식민도 있었다. 12세기 이래 독일 농민은 뵈멘 변경지방에 정착하여 황무지를 개간하고 독일인 자유촌과 시장을 건설했다. 또한 뵈멘 왕들은 독일 농민에게 슬라브 주민의 한가운데 토지를 할당해주었다. 예를 들어 오토칼2세(Ottokar II)는 자츠(Saaz)와 엘보겐(Elbogen) 지방에서 그렇게 했다.

그러나 뵈멘의 궁정과 뵈멘의 귀족은 독일의 영향 아래 있었다. 독일 영주 계급의 고도로 발달한 문화는, 바로 17세기의 독일 궁정에게 프랑스 왕의 궁정이 모범이었듯이, 뵈멘인에게 모범이었다. 프세미셀가11)의 사람들(die Přemysliden)은 독일 영주의 딸들을 아내와 어머니로 가졌고, 독일어를 말했다. 또 라이마르 데어 츠베터(Raimar der Zweter)12), 데어 탄후저(der Tannhuser)13), 울리히 폰 튀를린(Ulrich von Türlin)14)과 같은 독일의 시인들이 그들의 궁정에 머물렀다. 뵈멘의 기사계급은 독일 기사도를 모방했고, 독일 이름을 이용했고, 독일 기사의 예술을 사랑했다.

헝가리와 폴란드에서 독일의 문화적 영향은 훨씬 약했다. 그렇지만 우리는 헝가리에서도 독일인 식민의 모든 형태를 갖고 있다. 12세기 이래 작센의

---

10) F. Palacký, *Geschichte Böhmens*, Prag 1854, 제3권 제3부, 293쪽에서 인용. (원주)
11) 프세미셀가(die Přemysliden)는 1198년 오토칼1세(Ottokar I) 치하에서 세습왕권를 세운 보헤미아 왕조로 1306년에 끝났다. (역주)
12) 라이마르 데어 츠베터(Raimar der Zweter)는 뵈멘(보헤미아)의 왕 벤첼1세(Wenzel I)의 궁정을 포함한 많은 궁정에서 거주하면서 정치적, 종교적, 윤리적 경구를 지은 13세기의 작가였다. (역주)
13) 데어 탄후저(der Tannhuser)는 대중적 전설 속의 영웅적 기사가 된 13세기의 시인으로, 후에 가장 유명해진 바그너(Wagner)의 오페라를 포함한 수많은 작품의 주제가 되었다. Tannhäuser라고도 한다. (역주)
14) 울리히 폰 튀를린(Ulrich von Türlin)은 카린티아(Carinthia)에서 태어난 13세기의 서사 시인이자 부르주아지였다. (역주)

농민은 지벤뷔르겐(Siebenbürgen)에 정착했다. 그들 다음으로, 특히 몽고인의 대공격 이후, 독일인 시민과 광부가 뒤를 이었다. 폴란드에는 시민의 식민이 압도적이었다. 모든 대도시와 대부분의 소도시는 독일인 주민과 법을 갖고 있었다.

모든 이러한 지역에 대한 독일문화의 침투는 그들을 문화적으로 서로 접근시켰을 뿐만 아니라, 독일제국에도 접근시켰다. 그래서 그들을 하나의 커다란 국가로 통합할 **가능성**이 비로소 주어졌다. 이 가능성이 **현실성**으로 전화되는 것은 독일제국의 내적 발전으로부터 설명되어야 한다.

우리는 이미 독일에서 근대국가, 즉 상품생산에 기초한 국가의 발전을 설명하려고 시도했을 때, 제국을 국가로 발전시킬 수 있도록 군사적 힘에 뒷받침되는 왕조의 권력기반을 창출하는 것이 어떻게 독일왕권의 과제가 되었는지에 관해 언급했다. 우리는 호엔슈타우펜가의 사람들이 고도로 발달한 이탈리아에서 근대국가를 만들려고 한 것을 보았다. 그것은 만일 성공했다면, 제국에서 그들의 권력 기반이 될 수 있었을 것이다. 그러나 이 대담한 노력은 잘 알다시피 성과 없이 끝났다. 호엔슈타우펜가의 사람들은 독일 영주들의 동맹을 자신들의 이탈리아정책에 유리하게 만들기 위해, 독일에서 과거 왕들의 권리를 축소시키려고 했지만 허사였다. 프리드리히 2세와 함께 과거 로마의 제국이념을 독일 왕권의 지주로 삼으려고 했던 최후의 시도는 끝났다. 호엔슈타우펜가의 사람들의 대담한 계획은 실패했지만, 이 계획이 의도한 목표는 필연적으로 모든 독일 왕들에 의해 추구되어야 했다. 수많은 제후국으로 분열된 과거의 국토에서 왕권의 기반이 될 수 있는 강력한 국가를 창설하는 것은 불가능했다. 그래서 모든 상황이 독일 왕들로 하여금 **식민지**로 가도록 명령했다. 호엔슈타우펜가 정책의 붕괴 이래, 독일 제국의 중심은 식민지로 이동했고 오늘날에도 그렇다.

이러한 제국 중심의 이동은 결코 놀랄 만한 것은 아니었다. 문화적으로 식민지는 전혀 본국에 적합하지 않았다. 아니 아마도 본국을 능가할 수도 있었다. 우리 문학의 최초의 전성기는 귀중한 수확을 이미 수백 년 전에 독일인 식민자가 이주했던 땅에서 이끌어낸 것이었다. 그러나 훨씬 더 중요한 것은 식민지의 정치적 우월이었다. 처음부터 영주의 권력은 본국보다도 훨씬 넓은 지역의 식민지에 미쳤다. 아마 우선 식민지에서 농민의 토지는 더 넓었기 때문일 것이다. 그리고 식민지의 영주들은 독일 국경의 보호자로서 더 큰 권력 없이도 지낼 수 있었기 때문일 것이다. 그리고 이 권력은 본국에서와 같이 많은 특권을 통해 침해받지 않았다. 오스트리아 공작들은 자기 나라의 교회를 강력하게 지배했고, 그들의 재정은 풍부해서 많은 가신들과 그 아래 자유 없는 기사계급을 종속시켰다. 이미 프리드리히 바르바로사(Barbarossa) 시대에 그들은 제국의 가장 유력한 제후들 아래 있었다. 이 강력한 권력을 보장하기 위해 바로 매혹적인 목표가 나타났다. **프세미셸 오타칼 2세**가 처음으로 오스트리아 여러 나라를 뵈멘과 그 사이의 나라들을 포함하여 하나로 통일함으로써 제국의 강력한 영주가 되었다. 그날 이후 오스트리아를 뵈멘과, 아마 또한 헝가리와 통일함으로써 **거대한 식민제국을 창출하는** 것에 **독일제국의 미래**가 달려있다는 사실은 분명했다. 이 강력한 권력을 통일할 줄 아는 사람은 독일 왕관을 갖게 될 것이다. 그는 거의 독립적으로 존재하는 제국의 영주들을 복속시켜, 독일 왕위에 새로운 내용을 부여할 수 있을 것이다. 프세미셸가의 항복 이후 **합스부르크가**가 이 목표를 발견했다. 합스부르크가는 오스트리아에 확고히 자리를 잡고, 거대한 식민제국을 창출하여 독일에 대한 지배를 확보하기 위해, 완강한 불굴의 의지로 영방소유를 확대하려고 노력했다. 얼마 후에 다른 왕가가 동일한 과제를 설정했다. 즉 **룩셈부르크가**도 또한 동일한 목표를 추구했다. 독일의 역사는 이제 두 왕가의 투쟁이 되었다. 처음 운명은 룩셈부르크가에게 유리했다. 왜냐하면 합스부르크가는 결혼을 통해 운 좋은 경쟁자의 유산을 보장했기 때문이다. 알브레히트 5세(Albrecht V)가 지기스문트(Sigismund)황제의 유산을 상속하고, 그것을 통해 합스부르크가와 룩셈부르크가의 재산이 한 손에 통일되었을 때, 비로소 거대한 식민제국이 발생했다. 합스부르크가의 권력은 이것을 통해 확실히 보장되었다. 그 때 이후 황제의 관은 신성로마제국이 시민혁명의 혼란 속에서 명예롭지 못하게 소멸되기까지 합스부르크가의 수중에 있었다. 확실히 그들은 다시 한 번 뵈멘과 헝가리를 잃게 되지만, 그러나 한 때 그렇게 가까이 있었던 목표에 도달하고자 끊임없이 새롭게 노력했다. 야겔로왕조(Jagellone)의15) 루트비히(Ludwig)가 모하츠(Mohacs)전장에 도착했을 때, 뵈멘과 헝가리는 다시 그들의 상속재산이 되었고, 오늘날까지 오스트리아와 결합한 채 남아 있다. 남부 독일의 식민지와 독일 문화의 강력한 영향력을 통해 독일제국에 편입된 뵈멘과 헝가리 왕국을 결합한 대제국의 존속은 수백 년 동안 보장되었다.

오스트리아 국가의 성립은 독일의 발전에서만 이해될 수 있다. 즉 오스트리아 국가 생성의 추진력은 식민지 세력들을 독일 왕권의 지주로 삼으려는 욕구였다. 이것이 처음으로 성공한 것은, 스페인과 프랑스 그리고 영국에서 성공했듯이, 독일 국왕도 강력한 권력에 뒷받침되어 옛 왕국으로부터 한 국가를 수립하는데 성공할 것이라는 희망을 간단하게 보았기 때문이다. 그러나 오스트리아 국가의 주목할 만한 운명은, 발생하자마자 모든 힘을 다해 오스트리아 국가의 형성이라는 최초의 과제 실현을 영원히 불가능하게 만들어 버린 또 하나의 거대한 과제에 직면했다. 이 새로운 과제는 **터키인**으로부터 기독교 유럽의 방위였다. 합스부르크가의 알브레히트가 룩셈부르크가를 상속한 몇 년 후, 콘스탄티노플이 터키인의 수중에 떨어졌다. 터키인과의 투쟁에서 야겔로가의 루트비히가 패하자, 그 유산을 합스부르크가의 페르디난트(Ferdinand)가 상속했다. 3년 후 터키인은 비인의 목전까지 압박했다. 헝가리의 중앙은 터키인의 수중에 있었다. 헝가리 동부에서는 지벤뷔르겐의 영주가 술탄(Sultan)의 신하로서 지배했다. 크로아티아, 오스트리아 내부의 여러 나라들, 아니 뵈멘, 바이에른, 작센조차도 터키의 위험 앞에 떨었다. 이 수백 년 간의 전투에서 일찍이 엥겔스가 말했듯이, "비인 성벽 아래에서, 헝가리의 평야지대에서 칼 마르텔(Karl Martell)의 승리가 계속해서 이어졌다." 이 전투를 통해 오스트리아는 새로운 과제와 새로운 의의를 갖게 되었다. **일찍이 오스트리아의 발생이 무엇보다 독일 왕권의 욕구였다면, 오스트리아의 존속은 이**

---

15) 야겔로왕조(Jagellone)는 리투아니아-폴란드 왕조로, 폴란드에서는 1377년 혹은 1386년부터 1572년까지 통치했고, 뵈멘에서는 1471년부터 1526년까지 통치했고, 헝가리에서는 1440년부터 1444년까지와 1490년부터 1526년까지 통치했다. 이 기간 동안 야겔로왕조는 기독교적 동유럽에서 정치적 주도권을 둘러싸고 합스부르크왕조와 다투었던 강력한 경쟁자였다. (역주)

제 통일된 국가들 자체의 욕구가 되었고, 그들은 이 통일 속에서만 터키에 대항할 수 있는 강력함을 가질 수 있다고 느꼈다. 크로아티아는 이미 모하츠전투 이전에 터키에 대항하는 지주로서 합스부르크 권력에 가맹할 필요성을 의식하였다. 이미 막시밀리안 1세(Maximilian I)는16) 헝가리의 왕관을 획득하기 위한 노력에서 크로아티아 백작들의 지지를 받았다. 같은 때에 크로아티아 백작 니콜라우스 프란게판(Nikolaus Frangepan)은 황제와 독일의회에 의해 돈을 지원받았다. 그는 이것으로 터키에 반대하고 제국에 더 잘 봉사하게 되었다. 1509년 니이더웨스터라이히(Niederösterreich)의 다섯 영방의 신분들은 터키에 반대하고 크로아티아를 지지할 용의가 있다고 선언했다.17) 1524년, 즉 아직 모하츠전투 이전이었지만, 크로아티아의 지배자들은 자신들의 국가에 대한 지배권을 페르디난트 대공에게 제공했다. 같은 해에 페르디난트는 "몇몇의 크라바트(Krabat) 백작"에게 "이것으로 그들이 이 겨울을 영위하고, 터키인들에게 국가적인 저항을 할 수 있도록" 상당한 액수의 자금 원조를 승인했다. 1526년 페르디난트는 터키인에 대한 전투를 위해 기병과 보병으로 구성된 원군을 크로아티아인에게 자유롭게 사용하도록 했다. 오스트리아 국내의 신분들도 또한 터키인에 반대하고자 반복해서 그들을 원조했다.18)

일찍이 독일 왕들과 합스부르크가 사람들에게 독일 왕위를 둘러싼 단순한 투쟁의 정치적 수단에 불과했던 오스트리아 영방들의 통합이, 터키인의 위협을 통해 영방들 자체에 의해 급박하게 추진되었다는 사실은, 터키인에 의해 위급하게 된 영방들의 신분들로 하여금 터키인에 대항하는 전쟁에 함께 준비하기 위해 모든 합스부르크 영방들의 신분위원회를 통합하도록 만든 절대

---

16) Maximilian I(1459-1519)는 신성로마황제이자 제국의 왕으로서 모든 합스부르크 영방들을 통치했고, Pressburg 강화 이후 헝가리에 합스부르크 왕위계승권을 세웠다. (역주)

17) 오래된 오스트리아의 공문서에 따르면, Innerösterreich란 Steiermark, Kärnten, Krain 등의 공국을 의미하며, Niederösterreich란 Enns강 양편의 오스트리아 대공국과 세 개의 Innerösterreich의 영방국을 의미한다. (원주)

18) 터키인의 위협이 크로아티아인을 얼마나 제국에 급박하게 합병하도록 강제했는지에 관해서, 상세한 설명은 다음을 참고. Herman-Ignaz Bidermann, *Geschichte der österreichischen Gesamtstaatsidee*, Innsbruck 1867-1884, 제2권, 198쪽 이하 (원주)

적인 욕구로 나타났다. 1502년 니이더웨스터라이히 다섯 영방의 신분위원회가 처음으로 함께 모여 대회를 열었다. 1509년 이미 티롤과 포더웨스터라이히(Vorderösterreich)의 신분들도 대표를 뽑아 니이더웨스터라이히의 신분들과 공수동맹 협정을 체결했다. 1529년 페르디난트는 합스부르크 전체 영방의 신분위원회 대회를 린츠에 소집했다. 계획된 회의는 뵈멘의 저항으로 좌절되었지만, 터키인의 위협을 받는 영방들의 신분들은 반복해서 계획의 변경을 요구했고, 황제가 이것의 성공을 위해 정력적으로 노력하지 않았다고 비난했다. 만일 터키인이 침입하면, 그들만으로 "당당한" 저항은 불가능했다. 그러므로 다시 뵈멘인의 도움을 얻어야 했다. 1537년 헝가리의 신분들은, 그리고 1540년 티롤과 포더웨스터라이히의 신분들은 모든 신분위원회의 공동회의 소집을 요구했다. 1541년 이미 실제로 모든 신분의 공동회의가 열렸고, 터키의 멍에로부터 헝가리를 해방시키려는 목표가 설정되었다.19) 이러한 전체 신분적 통합운동의 역사는 분명히 오스트리아 제국개념에 대한 최초의 변화를 나타낸다. 더 이상 독일 왕권의 기초가 될 수 있는 거대한 식민제국을 건설한다는 노력이 아니라, 터키인에 대한 방위를 위해 단결한다는 영방들의 욕구 속에 오스트리아의 존재이유가 있었다. 그래서 오스트리아는 발생 처음부터 두 가지 과제를 갖고 있었다. 한편으로 **강력하고 통일된 독일 국가의 창설**과, 다른 한편으로 **터키인에 대한 기독교 유럽의 방위**이다. 그러나 두 번째 과제가 수백 년에 걸쳐 오스트리아의 세력들을 결속시켰지만, 첫 번째 원래 과제는 해결되지 못했다. 오스트리아를 통해서가 아니라, 수백 년 후에 처음으로 오스트리아에 반대해서 독일제국이 한 국가로 되었다. 1866년 독일연방(Deutsche Bund)으로부터 오스트리아의 배제는 이러한 발전의 논리적 귀결이었다.

오스트리아가 수백 년에 걸쳐 터키인과 싸우는 동안에, 국내에서는 **영주권력과 신분들 사이의 투쟁**이라는 거대한 과제에 직면해 있었다. 어떤 세력들이 이 투쟁을 추진하였던가를 이해하는 것이 매우 중요하다. 왜냐하면 이 투쟁의 결과가 200년에 걸친 오스트리아 민족들의 운명을 결정하고, 민족들

---

19) Bidermann, 같은 책, 제1권, 5쪽 이하; 제2권, 93쪽 이하 (원주)

상호관계를 결정했기 때문이다. 그리고 19세기의 급속한 발전이 처음으로 이 관계를 뒤집었지만, 오늘날에도 여전히 개별 민족의 문화적 발전의 높이와 그들의 상호 권력관계에서 결정적인 중요성을 갖고 있다.

합스부르크 여러 나라가 통합의 시대에 달성한 국가형성의 단계는 **신분제국가**(Ständestaat)의 단계였다. 신분제국가는 봉건국가와 근대국가 사이의 기묘한 중간 형태이고, 봉토의 끈과 장원제에 기초한 봉건국가의 장치를 상품생산에 기초한 근대국가로 서서히 적응시킨 결과 발생한 것이었다. 봉건국가에서는 봉토영주의 명령으로 궁정에 출입하고 요구받은 조언을 주는 것이 봉토가신의 의무였다. 이러한 의무로부터 서서히 권리가 발생했다. 봉토영주라 하더라도 가신들의 조언을 듣고 그들의 동의를 확인하지 않고, 가신들의 권리관계를 바꿀 수는 없었다. 영방군주권이 발생했을 때, 어떤 영방군주도 가신들, 집사들, 국내의 유력자들의 동의 없이 새로운 법률을 만들 수 없었던 것이 제국헌법의 원칙이 되었다.20) 근대국가의 발전과 함께 영방군주의 신분들에 대한 요구도 증대했지만, 반대급부 없이 기사계급도 군역의 증대에 동의하지 않았고, 도시도 또한 세금인상에 동의하지 않았다. 군주는 영방군주권을 일정한 영토로 확대하고, 보급된 상품생산의 새로운 수단을 이용하여 용병부대와 관료제를 유지하는 수단을 신분들로부터 획득하려고 했기 때문에, 그들에게 권리의 확대를 인정해야 했다. 그래서 신분들의 권력은 증대하고, 서서히 기묘한 **이중지배와 이중행정**이 발생했다. 군주의 명령과 나란히 신분제의회의 법률이 있고, 군주의 군대와 나란히 신분들의 군대가 있고, 군주의 행정과 나란히 신분들의 행정이 있고, 군주의 수탈경제와 나란히 신분들의 조세행정이 있었다. 신분들이 영방군주에게 세금을 승인하는 것은 일정한 목적을 위한 특별 원조금이었다. 군주는 조세채무증서 속에 신분들의 승인에 최대한 감사를 표하고 다시는 부담시키지 않겠다는 사실을 분명히 했다. 조세징수도 또한 신분들의 행정 문제가 되었다. "영방군주와 그의 공무원의 손에는 돈에 관해서는 아무것도 남아있지 않다."고 베르크지방의 법률서

---

20) 1231년 제국법원의 판결은 다음과 같이 규정했다. 영방군주들이 더 큰 국가를 만들고 새로운 법률을 공포할 때, 반드시 동의를 필요로 한다. (원주)

는 말한다. 그래서 영방군주와 신분들은 오늘날 군주와 의회와 같이 **동일한 국가의 기관이 아니라**, 기본적으로 **동일한 토지의 서로 독립된 두 최고 권력**이었다. 영방의 주민은 한편으로 군주의 신민이고, 다른 한편으로 신분들에 의해 대표되고 지배되는 나라의 성원이었다.21)

국가와 신분들에 의한 이러한 이중지배와 이중행정이라는 상태는 근대국가의 발생과정에서 생긴 이행상태인 것이고, 어쨌든 오래 존속할 수는 없는 것이었다. 필연적으로 영방군주와 신분들 사이의 투쟁은 마지막까지 싸워서 결판을 내야 했다. 이 투쟁의 결말은 물론 매우 다양하였다. 프랑스와 같이 군주가 신분들을 완전히 복속시키거나, 아니면 영국과 같이 신분들이 국가기관으로서 국가에 편입되어 의회로 발전하거나, 혹은 폴란드와 (신성)로마독일제국과 같이 신분들이 승리하여 정점에 이름뿐인 군주를 두고 귀족공화국을 만든 경우도 있었다.22)

합스부르크 영방들도 또한 군주와 신분들에 의한 이중국가라는 독특한 성격을 띠고 있었다. 막시밀리안 1세가 오스트리아의 관료제, 즉 유급관리를 통한 행정의 초석을 놓았을 때, 바로 신분들의 저항이 시작되었다. 그러나 "박사들과 행정장관들"에 대한 불만으로는 아무것도 할 수 없었다. 곧바로 신분들은 군주의 관료적 행정에 대해 자신들의 행정을 대치하려고 결심했다. 과거에는 영방장관과 하위장관이 신분들의 업무를 수행하는데 충분했지만, 이제는 우선 영방위원회가 설치되고 곧바로 영방 수준의 직업관리의 신분이 만들어졌다. 슈타이어마르크의 신분들이 이미 1494년에, 크라인의 신분들이 1511년에, 케른텐의 신분들이 1514년에 신분행정기관의 거점으로서 자신들의 건물을 수중에 넣었을 때, 이것은 아마 신분들에 의한 행정의 시작을 나타내는 확실한 표시였을 것이다.23) 1495년 슈타이어마르크와 크라인에서 신분들은 조세제도를 정비하기 시작하였다. 영방신분들은 자신들의 비용으로 군

---

21) Georg Anton Hugo von Below, *Territorium und Stadt*, München 1900, 248쪽 (원주)
22) Georg Jellinek, *Allgemeine Staatslehre*, Berlin 1905, 317쪽 (원주)
23) Arnold Luschin von Ebengreuth, *Österreichische Reichsgeschichte*, Bamberg 1896, 277쪽 (원주)

대를 징집하여 지방 장교의 지휘 아래 두고 급료를 지불했다. 영방군주는 신분들이 이 군대를 몇 달 동안 군주의 자유에 따라 사용할 수 있도록 해준 것에 만족해야 했다. 물론 영방군주에게는 자비로 자신의 군대를 편성하고 마음대로 사용할 자유는 남아 있었다. 30년전쟁의 초기에 엔스강 양편의 오스트리아 신분들의 군대는 황제의 군대에 대항하여 싸웠다.[24]

당연히 오스트리아에서도 독립된 대등한 권력에 의한 이러한 이중지배의 상황은 참을 수 없는 것이었다. 영주들은 신분들에 대하여 자신들의 무력함을 한탄했다. 1613년 황제 마티아스(Matthias)는 페르디난트대공에게 다음과 같은 내용의 편지를 써서 보냈다. 즉 극단적인 양보를 통해서만 오스트리아 신분들의 공공연한 반란을 억제할 수 있고, 헝가리에서는 부왕이 하고 싶은 대로 하고 있으며, 뵈멘에서는 신분들의 연합을 승인하지 않으면 영방의회를 소집할 수 없고 따라서 세금징수도 할 수 없고, 또한 메렌(Mähren)은[25] 제후국이라기보다 오히려 공화국이라는 내용이었다.[26] 뵈멘의 야겔로왕조 아래에서 왕과 신분들의 관계는 다음과 같은 말장난에 잘 나타나 있다. "당신은 우리의 왕이지만, 우리는 당신의 주인이다."

이 시대의 모든 커다란 투쟁은 국가와 신분들의 대립을 통해서 규정되었다. 이러한 투쟁은 우선 이 시대의 **중앙집권주의**(Zentralismus)와 **연방주의**(Föderalismus)의 대립에 내용을 주었다. 이 시대 합스부르크 영방들의 상호관계는 단순한 형식적 연합국가로 관찰될 수 있는지, 아니면 실질적 연합국가로 관찰될 수 있는지에 관해 자주 논쟁이 일어났다. 그러나 이 문제를 제기한 사람은 신분제 이중국가의 본질을 오해했던 것이다. 신분제 지배의 권력이 미치는 범위에서는 당시 영방들 사이에 동맹은 전혀 없었다. 각 지방은 독립된 국가였고, 다른 지방과 일정한 목적을 위해 일정한 기간만 동맹을 맺었을 뿐이었으며, 이 동맹도 언제라도 다시 해소될 수 있는 것이었다. 그러나 영방군주의 권력이 미치는 범위에서도 마찬가지로 어떤 동맹에 관해서도 말할

---

24) Luschin, 같은 책, 464쪽 이하 (원주)
25) Mähren은 구 체코슬로바키아의 중부 지방을 말하며, 체코말로 Moravia이다. (역주)
26) Luschin, 같은 책, 336 쪽 (원주)

수 없다. 왜냐하면 영방군주에게 모든 영방은 각각 하나의 국가를 이루고 있고, 군주는 이들 국가를 — 그가 완전히 지배할 수 있는 한, 신분제 이중국가에 대해 그의 권력이 완전히 미치는 한 — 통일적으로 지배했지만, 다양한 영방국가와 영방국가의 집합체에 대해서는 특별한 기관을 이용하여 목적에 따라 그들을 다양하게 지도해야 했기 때문이다. 제국의 통일과 영방분립주의 사이의 투쟁으로서 나타난 것은, 모든 영방을 지배하고 통일하려는 영방군주의 권력과 지역에 한정된 신분들 사이의 투쟁이다. 이 투쟁 속에서 영방군주는 의심할 바 없이 가장 강력한 부분이었다. 강력하고 위대한 오스트리아를 형성하려는 모든 경향은 군주의 권력을 강화시켰다. 영방들을 결합하고 하나의 제국으로 묶는다는 과제를 실현할 수 있는 것은 군대제도 속에서 가장 명백하게 나타났다. 물론 신분들도 또한 군대를 서로 자유롭게 움직일 수 있었다. 1525년 대농민전쟁이 몇몇 영방을 위협했을 때, 1528년 크라인이 터키의 침입에 직면했을 때, 그리고 얼마 후에도 자주 신분들은 서로 "이웃에 원군"을 보냈다. 그러나 이러한 군사적 원조는 언제나 단지 주고받는 식이었고, 언제나 의도하지 않은 것이었으며, 결코 충분한 힘을 보증하는 것은 아니었다. 이웃 영방 신분들의 의도하지 않은 원조에 의해서가 아니라, 영방군주의 권력에 의해서만 개별 영방은 외적, 특히 터키에 대하여 충분한 보호를 기대할 수 있었다. 이미 1667년 슈타이어마르크가 크라인으로부터 이웃의 원조요청을 받았을 때, 이들 영방을 보호하는 것은 황제의 일이라고 선언한 것은 조금도 이상한 것이 아니었다.27) "이웃의 원군"은 크라인공국의 신분들이 게르츠(Görz)와 그라디스카(Gradiska)의 방위를 위해 동원된 1706년의 경우가 마지막이었다. 몇 년 후 케른텐과 크라인은 슈타이어마르크가 요구한 지원을 거절했고, 이후 이웃의 원군은 더 이상 요구되지 않았다.

그러므로 신분들에 대한 국가의 우월성은 바로 중앙집권주의를 통한 세력들의 통일에 기초한 것이었다. 신분들은 물론 이것을 잘 알고 있었고, 스스로의 방식으로 절대주의를 타파하려고 시도했다. 터키와 전투를 하기 위해 영방들을 집결시키는 것이 임무였던 신분위원회의 집회는 신분적 반란의 거점

---

27) Bidermann, 같은 책, 제2권, 25쪽, 101쪽, 167쪽 (원주)

이 되었다. 영방군주의 권력에 반대하는 투쟁 속에서 전체 합스부르크 영방의 신분들도 또한 결집했다. 일찍이 황제의 요구였던 "신분들의 동맹"이 이제 황제에 대한 모반으로 되었다. 한편 합스부르크 영방들이 통일을 추구하는 힘들, 개별 영방들에게 대국을 능가하도록 만든 힘들은 너무나 강력했기 때문에, 신분들의 운동 자체는 그들의 의지와는 정반대로 중앙집권주의로, 즉 영방들의 더욱 긴밀한 결합으로 귀결될 수밖에 없게 되었다.

국가와 신분들 사이의 투쟁은 또한 종교개혁 시대의 **종교적** 혼란도 장악했다. 합스부르크가는 동요가 없지는 않았지만, 가톨릭 편을 들기로 결정했다. 합스부르크가는 로마교회의 후원을 통해 로마황제에게 주는 권력과 존엄을 잃지 않기를 원했다. 그리고 신분들은 상품생산의 확장이 모든 곳에서 일으킨 전통적 가치변화를 장악했다. 복음주의(Evangelium)가 국가에 대한 신분들의 투쟁수단이 되었다. 그러나 더욱 중요한 것은 합스부르크제국 중 가장 부유하고 가장 발전한, 동시에 가장 강력한 신분들의 나라인 뵈멘에서 신분투쟁이 **민족투쟁**의 형태를 취하게 되었다는 사실이었다.

우리는 이미 후스파전쟁(Hussitenkrieg) 이전 뵈멘에서 독일인이 차지했던 유력한 사회적 지위에 관해서 말했다. 뵈멘의 독일인의 힘은 국내의 독일인 시민계급의 부와 독일의 기사문화가 뵈멘의 왕궁과 귀족계급에게 미친 영향력에 기초한 것이었다면, 뵈멘의 왕관을 로마황제의 권위와 결합하고 프라하를 독일제국의 수도로 만든 독일왕가에 대하여 룩셈부르크가의 사람들도 귀중한 지원을 했음을 알 수 있다. 그러나 뵈멘의 독일인 지배는 스스로 자신의 묘를 팔 사람들을 창출했다. 독일인 시민계급의 모든 전진, 그들의 상업과 광업에서의 번영은 상품생산의 보급을 의미하였다. 뵈멘에서도 순수한 자연경제로부터 상품생산으로의 이행이 모든 다른 나라와 마찬가지로 격렬한 정신혁명을 불러일으켰다. 뵈멘은 당시 유럽에서 경제적으로 가장 발달한 나라로 간주될 정도였기 때문에, 정신혁명은 일찍 시작되었다. 적대적인 사회세력에 대한 투쟁은 동시에 이민족 지배에 대한 투쟁이었기 때문에, 뵈멘에서 하층계급의 반란은 특히 강력했다. 그래서 뵈멘에서는 후스파전쟁 때 종교개혁시대를 체험했던 것이다. 뵈멘은 국내의 독일인을 몰아내고 이제 순수 민족문화의 시대를 체험하고 있다. 그러나 민족의 이데올로기라는 점에서 보면, 이 혁명은 독일인에 대한 민족투쟁이라는 형태를 취할 수밖에 없었다는 이유에서 결정적인 영향을 남겼다.

신분들은 국가-영주권력에 대한 투쟁에서 그러한 이데올로기를 장악했다. 합스부르크의 왕들은 독일인이고, 독일인 고문들에 둘러싸여 있으며, 중앙집권적 행정에서도 독일인 관리와 독일어를 사용했다. 이에 반해 신분들은 체코인이고, 신분제 행정의 기관과 언어도 체코어였다. 국가권력과 신분권력의 대립은 그래서 민족대립으로서 나타났다. 국가와 신분들 사이의 투쟁에서 체코의 귀족은 당연한 것이지만 그들의 민족성을 강조했다. 그들은 더욱 격렬하게 체코어의 권리를 주장하고, 모든 종류의 입법수단을 이용하여 독일어를 몰아내고, 그럼으로써 신분투쟁을 민족투쟁과 같이 생각하고, 이민족 지배에 대한 민중의 증오 속에서 신분적 노력을 위한 동맹자를 발견할 수 있었다. 1611년 도나(Dohna)백작이 독일어로 쓴 황제의 교서를 뵈멘의 신분들에게 전달하려고 했을 때, 신분들은 그에게 독일에서는 독일어를 말해도 좋지만 뵈멘에서는 체코어를 말해야 한다고 소리쳤다. 일련의 법률을 통해 신분들은 자신들의 공용어로서, 토지대장과 공문서의 언어로서, 신분법정의 언어로서 체코어의 배타적 사용을 도입했다. 반면에 영방군주의 공무원들은 독일어를 사용했다.[28] 귀족의 저택과 도시의 시민권을 획득하려는 사람은 누구나 체코어의 지식을 증명해야 했다. 마침내 대파국의 수년 전, 신분투쟁의 절정기에 체코어를 자유롭게 말하면서도 독일어를 사용한 사람에 대하여 처벌로 위협하고, 모든 사제와 교사에게 체코어의 지식을 요구하고, 독일어로 이루어진 몇몇 교구나 학교에 대하여 처벌 위협으로 체코어의 사용을 명령하고, 심지어 체코어 지식의 결여는 상속법의 영역에서 불이익에 처한다는 상황까지 나아갔다. 그러나 다른 곳과 마찬가지로 뵈멘에서도 — 그리고 오

---

28) 체코어는 단지 **독일어**에 대해서 승리했을 뿐 아니라, **라틴어**에 대해서도 승리했다. 이것은 시민층 발전의 결과 독일에서 라틴어에 대한 독일어의 거의 동시적인 침투와 평행을 이루는 현상이다. 독일에서와 같이 뵈멘에서도 이러한 발전은 가톨릭교회에 대한 종교개혁의 승리를 통해 촉진되었다. (원주)

스트리아에서는 전면적으로 — 국가가 신분들에 대하여 승리했다. **하얀 산 (Weissen Berge)의 투쟁**에서 국가는 군사적 우위를 확립하고, 30년전쟁의 투쟁에서 황제의 군대는 언제나 국가 쪽에 쉬운 승리를 가져다주었다. 그러므로 체코민족에게 신분투쟁은 끔찍한 파국으로 끝났다.

반종교개혁운동의 최초 행위는 **체코인 귀족의 근절**이었다. 귀족반란의 지도자는 처형되고, 나머지 사람들은 토지를 빼앗기고 추방되었다. 황제는 그들의 토지를 전쟁의 혼란기에 자신에게 유익하게 봉사한 여러 나라 출신의 모험가들인 독일인, 프랑스인, 스페인인, 플레망인(Vlämen),29) 이탈리아인 군사령관들에게 자주 밀린 급료 대신에 주었다. 아마 자랑스러운 뵈멘 귀족의 토지를 손에 넣은 것은 영주들에게는 전대미문의 모험처럼 보였을 것이다. 그리고 1652년 요한 아돌프 폰 슈바르첸베르크(Johann Adolf von Schwarzenberg)는 이렇게 썼다. "저 황제의 세습지에서, 특히 뵈멘의 땅에서, 나는 즐겁게 안정을 찾는다. 그러나 나는 여기서 모든 외국인들에게 경외의 대상인 성 벤치슬라브(St. Wencislav)를30) 두려워한다."31) 그러나 황제의 군대를 믿었기에 이민족 영주들은 성 벤치슬라브에 대한 공포를 바로 극복했다. 그들 모두는 혈통의 구별 없이 뵈멘의 풍요로운 영지를 자신들에게 할당해준 국가에 적응하고, 독일인이 되었다. 그 이후 19세기가 되기까지 뵈멘의 모든 귀족은 독일적 성격을 띠게 되었다 — 물론 모든 나라의 귀족집안과 인척관계를 맺고 있고, 거의 전적으로 프랑스어를 사용하고, 어떤 민족적 성격을 갖고 있는 고급귀족에 한해서지만. 나머지 체코인 귀족은 그들의 동료 귀족에게 적응하였고, 독일 귀족 혹은 게르만화된 이민족 귀족으로 동화되었다.

귀족과 함께 체코민족은 **시민계급**의 상층을 잃었다. 체코인 상인들과 상

---

29) 플레망인(Vlämen)은 영어로 Fleming으로, Flanders사람, 즉 플란더스말을 쓰는 벨기에 사람을 말한다. (역주)

30) 성 벤치슬라브(St. Wencislav)는 St. Wenceslas에 대한 말장난으로, 이 용어는 당시 식민자들에 직면한 뵈멘의 슬라브적 독립정신을 의미했다. 벤체슬라스 1세(Wenceslas I, 903-929 혹은 935)는 뵈멘의 프세미셀 왕조의 한 사람으로, 9세기에 뵈멘종족들을 통합시킨 인물이다. 그는 후에 민족적 성인으로 선포되었다. (역주)

31) Richard Andree, *Tschechische Gänge*, Leipzig 1872, 190쪽에서 인용. (원주)

층의 직인들은 복음주의적이었다. 그들은 가톨릭의 강제신앙에 따르지 않고 이주해버렸다. 거의 모든 곳과 마찬가지로 여기서도 또한 박해받는 신앙을 버리기보다 이주의 길을 선택한 사람들은 가장 부유하고 가장 행동력 있는 시민들이었다.

그 후 일련의 사건들도 체코인 시민계급의 몰락을 가져왔다. 우선 **30년전쟁**을 통한 끔찍한 폐허였다. 16세기 말 아직 250만 명의 인구를 가졌던 뵈멘은 30년전쟁 후 고작 70만 명으로 줄어들었다! **세계통상로의 이동도** 또한 체코 시민계급에게 그칠 줄 모르는 쇠퇴를 가속화시켰다. 합스부르크 여러 나라에서, 특히 콘스탄티노플의 함락과 베네치아의 쇠퇴 그리고 레반트(Levante)에서32) 영토의 상실은 끔찍한 파국을 의미했다. 왜냐하면 그들의 경제적 중요성은 적지 않은 부분, 북방과 서방으로의 물자이동이 이 두 무역중심지를 경유해서 이루어졌다는 사실에 달렸기 때문이었다.33) 이 불행한 사건의 영향은 한 나라에서 다른 나라로 옮겨갔다. 뵈멘에서 이들 사건은 시민계급에게 최종적인 타격을 주었다. 벡커(Becher)와 훼르닉크(Hörnigk)의 보고에 따르면, 17세기 중반 프라하에는 1245명의 직인이 있었지만 1674년에는 고작 355명으로 줄어들었다. 30년전쟁 전에는 직물업만 7000명에서 8000명이 일했던 이글라우(Iglau)에서 수십 년 후에는 전체적으로 고작 300명의 시민이 존재할 뿐이었다.34)

그리하여 체코민족은 귀족과 시민계급의 상층을 완전히 잃어버렸기 때문에, 가난해졌고 철저하게 억압된 **직인계급과 농민**만 남게 되었다. 그러나 이 시대에 농민은 심한 억압을 받게 되었다. 하얀 산 전쟁 결과 영지의 몰수로

---

32) 지중해 동부해안 지방 일대로 중세 동방무역의 중계지역 (역주)

33) 베네치아와의 통상이 어떤 의미를 가졌던가에 관해서는 1432년의 비인에 대한 규정이 아주 잘 보여준다. 즉 상인(Kaufman)은 베네치아로 갈 수 있다는 점에서 소매상인(Krämer)과 구별되었다. "어떤 소매상인이건 상거래를 위해 베네치아로 오려고 하는 사람은 상인이지 소매상인이 아니다. 마찬가지로 어떤 상인이건 상거래를 위해 베네치아로 오지 않고 소매를 추구하려는 사람은 소매상인이지 상인이 아니다." Helene Landau, *Die Entwicklung des Warenhandels in Österreich*, Wien 1903, 16쪽 (원주)

34) Max Adler, *Die Anfänge der merkantilistischen Gewerbepolitik in Österreich*, Wien 1903 16쪽 (원주)

소유자가 직접 경영하던 기사농장은 사라지고, 대신에 농장감독관을 통해 관리되는 영주와 후작 그리고 백작의 대농장이 등장했다. 그러나 이러한 관리가 어떤 모습이었던가는 농민들이 1848년이 돼서야 비로소 농장감독관을 채찍을 의미하는 단어 karabáč에서 파생한 karabáčníci로 부를 수밖에 없었던 사실이 잘 보여준다. 새로운 지배자들은 과거의 지배자들과 매우 다르게 농민을 다루었다. 과거의 지배자들이 전통적인 방식만으로 경제활동을 지속한 반면, 새로운 지배자들은 전쟁이라는 가혹한 시련을 통해 성장한 사람들이었고 자신의 권력과 이해밖에 모르는, 따라서 착취의 한계조차 모르는 사람들이었다. 전쟁의 황폐로 인해 사람이 살지 않게 된 농장은 농민에게 다시 할당되지 않고 지배자의 토지로 편입되었다. 그래서 지배자는 농민의 희생을 통해 소유지를 증식하고, 지배 아래 있는 농민에게 그 만큼 장시간의 부역노동을 강제했다. 만일 지배자가 농민에게 그들의 경제를 돌볼 시간을 남겨준다면, 신의 축복이 그 지배에 보답할 것이라는 권고가 있었지만, 지배자에게는 소용이 없었다. 그래서 1679년에서 1680년에 억압된 농민이 지배자에 반대해서 일어섰을 때 황제의 군대는 농민반란을 진압했고, 그때 토지영주들은 새로운 부역특허장을 음흉하게 해석하여 더욱 극단적인 부역노동의 증가로 악용하였다.[35]

이렇게 심히 억압된 농민과 쇠락한 도시의 몇 천 명의 직인, 일용농민, 일용노동자, 머슴들이 체코민중의 대부분을 구성했다. 이들 계급은 민족문화를 더욱 발전시킬 수 없었다. 귀족과 시민계급 없이 체코민족은 자신의 문화를 잃고 역사의 무대에서 사라졌다. 820년이 벤드인에게 의미하는 바를 1620년이 체코인에게 의미를 규정했다. **정확히 슬로베니아인의 800년 후에 체코인도 역사 없는 민족이 되었다.**

무엇보다 민족은 **정치**, 즉 국가형성이라는 의식적 활동으로부터 배제되었다. 추방된 체코인귀족의 상속인이 된 이민족귀족은 자신들이 하루아침에 귀족이 된 유래를 잊어버리고 토지와 권력을 하사한 합스부르크가에 대

---

35) Karl Grünberg, *Die Bauernbefreiung und die Auflösung des gutsherrlich-bäuerlichen Verhältnisses in Böhmen, Mähren und Schlesien*, Leipzig 1894 (원주)

해서도 별로 감사하지 않았는데, 귀족간의 음모와 불화는 민족투쟁과 아무런 관련도 없는 것이었다. 신분제의회에서는 아직 과거 뵈멘 신분들의 체코적 성격을 기억하는 많은 형태가 유지되었고, 체코어도 일정한 범위에서 여전히 사용되었다.36) 그러나 이러한 신분들의 회의는 내용 없는 익살극이 되어버렸고, 새로운 뵈멘 귀족의 권력은 신분제의회에서가 아니라 국가행정과 군대에서의 그들의 지위와, 더 이상 국가에 대한 투쟁에서가 아니라 국가기관으로서의 그들의 지위에 의거하였다. 그러나 체코의 일반대중인 농민은 국가와 아무런 관계도 없었다. 물론 그들은 영주재판권과 행정권에 복종해야 했다. 그러나 법적으로 체코민족은 국가에게 전혀 존재하지 않는 것이고, 따라서 국가는 체코어를 전혀 알지 못했다. 지배자의 관리들은 물론 농민과 체코어로 말해야 했지만, 체코인 대중은 국가의 행정기관과 재판소에 출두할 수 없었다. 그러므로 체코인귀족과 체코시민계급의 상층부가 전멸된 후, 바로 체코어도 국가의 관청에서 거의 완전히 사라져버렸다. 1627년의 "개정영방조례"가 체코어의 배타적 지배 대신 모든 행정기관에서 독일어와 체코어의 동일한 권리를 규정했고, 나아가 수십 년 후에는 국가기관 서로가 오직 독일어로만 교류하게 되었고, 단지 정당끼리만 드물게 체코어를 사용하였다.

체코민족이 국가생활로부터, 체코어가 국가행정으로부터 사라져버린 것처럼, 체코인의 **정신문화**도 몰락했다. 하얀 산 전쟁 후에도 아직 당분간은 외국에서, 즉 피르나(Pirna), 드레즈덴, 베를린, 할레 등지에서 체코인 이주자를 위한 체코어 책이 인쇄되었다. 그러나 체코인 망명자의 사멸과 함께 체코 문학도 완전히 사라져버렸다. 농민과 일용노동자는 책을 사지 않았고 상층계급은 민족을 잃어버렸다. 뵈멘에서 후스전쟁 이래 모든 체코문학은 이교도의 것으로 간주되었기 때문에, 국내에 유포된 책은 모두 수집되어 소각되었다.

---

36) 예를 들어 최고 성주는 황실 및 왕실의 영방의회의원의 세금 요청에 대해 체코어로 대답하고, 최고 영방재판관은 영방법의 배석판사에게 "Račte sestoupiti"(체코어로 "내려가시오")라는 말로 영내의 심리에 부가하도록 요청했다. 그러나 실제 토의는 당연히 독일어로 이루어지고 의사록도 독일어로 기록되었다. Alfred Fischel, *Das österreichische Sprachenrecht*, Brünn 1901, XXVIII쪽 (원주)

이러한 책에 대한 박해는 18세기까지 계속되었다. 1760년에 죽은 예수회원 안톤 코니아스(Anton Konias)는 6만권의 책을 태워버렸다고 자랑하였다.37) 헝가리에서 신교도인 슬로바키아인이 문학을 한동안 전승시켰던 것에 비해, 뵈멘과 메렌에서 문학은 완전히 소멸되었다. 고작해야 기도서가 때때로 체코어로 인쇄된 것에 불과했다.

체코어는 경멸되고 착취되는 계급의 언어가 되었다. 1710년 메렌의 역사학자 스토제도브스키(Středovsky)는 상류신분의 사람들이 슬라브어를 "마치 비천한 사람들에게만 어울리는 것처럼" 경멸한다고 한탄했다.38) 상류 사회 계층으로 올라서서 부와 고등교육, 관청과 군대의 고위직을 손에 넣은 모든 사람들이 농민과 하인의 언어를 수치스럽게 여긴 것은 당연한 것이었다.

체코의 민족문화는 죽었다. 체코민족이 19세기에 새로운 문화생활을 다시 자각하게 되었을 때, 그들은 체코문화의 과거 전성기를 다시 새롭게 기억해내고, 오랫동안 잊어버렸던 많은 단어를 다시 어휘에 부가하고, 민족의 자랑스러운 기억을 통해 죽은 민족감정에 불을 붙였다. 그러나 체코민족의 오늘날의 정신문화는, 그들이 아무리 애정을 갖고 이 문화와 결합하려고 하더라도, 1526년에서 1620년의 체코문화에서 유래하는 것은 아니다.39) 양자 사

---

37) Christian d'Elvert, *Zur Geschichte des Deutschtums in Österreich-Ungarn*, Brünn 1884, 474쪽 (원주)
38) Christian d'Elvert, 같은 책, 445쪽 (원주)
39) 또한 매우 신중한 체코의 저술가들도 이 사실에 관해 자주 속는다. 예를 들어 마자릭(Masaryk)은 인간성(Humanität)을 특수한 체코적 이념으로 선언한다. 왜냐하면 그는 인간성을 체코의 종교개혁(동포교회, Brüdergemeinden!)에서 뿐만 아니라 19세기의 체코민족 최초의 재자각에서도 — 콜라르(Kollár), 융만(Jungmann), 샤파릭(Šafařik), 팔라츠키(Palacký) 등에게서 — 지도적 사상으로서 재발견하기 때문이다. 그러나 그것은 역사적 관련의 중대한 오류로부터만 일어날 수 있다. 인간성의 사상은 19세기 전반 자각하기 시작한 체코 시민층 속에서 그들의 사회 상태로부터 필연적으로 일어난 것이지만, 동시에 그것은 동일한 발전 단계에 있던 다른 모든 유럽 민족의 지식인과 소시민층에서도 발견된다. 여기서 사람들이 수백 년에 걸쳐 거의 망각된 체코 종교개혁의 사상을 이끌어낸다면, 그것은 단지 자신들 시대의 사상과 비슷한 사상을 민족의 역사 속에서 재발견했다는 의미에서만 일어날 수 있는 것이다. 특히 오래 망각된 시대의 정신 속에서 사람들이 발견한 것은 자신들의 정신의 주인이었다. — 게다가 만일 마자릭이 인간성의 사상을 생성 속에서 이해하고 목적으로서 정당화하지 않

이에는 역사상실의 이백년이 가로놓여 있다. 더욱이 그것은 생생한 민족문화의 끈이 아니라, 많은 제한된 지역적 영역 — 여기서 농민민족은 나누어져 있고, 동시에 민족으로서 농민을 모으기는 하지만 — 속에서 선조로부터 계승한 문화재의 단순한 전승일 뿐이다. 체코인의 역사는 또한 지역적으로 떨어져 사는 농민이 민족의 통일을 유지할 수 없다는 경험을 증명했다. 마을의 제한된 범위 밖의 민족과 교통이 없이는 민중의 개별 부분은 서로 더욱 달라지고, 문화도 분화될 것이다. 교통공동체와 문화공동체의 결여를 나타내는 명백한 특징은 언제나 언어 자체이다. 18세기에 사람들은 이미 고유한 메렌민족과 언어에 관해 얘기했다. 19세기에 민족이 다시 자각되었을 때, 모라비아인과 메렌의 슬로바키아인이 체코민족에 속하는지에 관한 경계 설정문제는 의심스럽게 되었다.40) 다시 역사적 민족으로 살게 된 민족이 이들 종족을 자신의 몸체로 다시 편입하는데 성공할지라도, 이백 년 동안의 역사 없는 생활 때문에 헝가리 상부의 슬로바키아인이 국가적 이반까지는 아니더라도 영속적인 민족적 소외의 대가를 지불해야 하는가는 오늘날 아직 확실하지 않다.

뵈멘 신분들의 패배는 **민족적으로** 체코민족이 역사 없는 민족이라는 활기 없는 존재로 떨어졌음을 의미했다. **정치적으로** 그것은 근대적인 **중앙집권적 통일국가**로 발전하는 길이 닫혔음을 의미했다. 곧바로 합스부르크가는 자신의 승리를 이용하여 뵈멘을 세습영방들과 함께 통일국가로 일체화하는 과제에 착수했다. 이 목적에 도움이 된 것은 합스부르크가의 **중상주의정책**이었다. 초기에 합스부르크가의 황실직할지는 아직 각각의 독자적인 경제영역을 이루

고, 그가 말하는 이른바 체코적 성격과 함께 이미 충분히 정당화된다고 믿고, 체코당의 강령과 투쟁수단을 이 사상에 비추어서 판단하려고 한다면, 그것이야말로 이미 우리가 잘 알고 있는 민족주의적 가치평가 방법의 좋은 실례가 될 것이다. (원주)
Thomas Garrigue Masaryk(1850-1937)은 체코의 사회학자이자 정치가로 청년체코당의 위원을 지냈고, 1900년 이후에 온건 좌파인 자유현실당의 지도자가 되었으며, 결국 체코제1공화국의 대통령이 되었다. (역주)

40) 오스트리아의 통계는 모든 의심을 배제하기 위해 오늘날에도 여전히 뵈멘, 메렌, 슬로바키아의 일상어에 관해 말을 한다. 이에 반해 독일의 일상어가 아니라 바이에른, 프랑켄, 슈바벤의 일상어에 관해 말하기를 생각하는 사람은 아무도 없다. (원주)

고 있었다. 그러나 이미 칼 6세 하에서 이른바 통과거래(Transitoverkehr)가 도입되었다. 즉 일단 합스부르크 국가들로 수입된 상품은, 비록 몇 개의 황실직할지 국경을 통과하더라도, 관세를 통상 한 번만 지불해도 좋다는 조치가 내려졌다. 사실상 1775년 뵈멘 국가들을 티롤을 제외한 알프스 국가들과 하나의 관세영역으로 결합하는데 성공했다. 서서히 이들 국가는 **하나의** 경제영역으로 되었다. 지역적으로 제한된 시장에 상품을 공급했던 도시상인의 독점적 상업특권 대신에, 전 경제영역에 통용되는 공업생산자와 농업생산자의 특권이 나타났다. 곧바로 경제영역 내부에서의 분업이 조야한 모습이지만 보이기 시작했다. 양모와 유리는 뵈멘에서, 직물은 메렌에서, 철은 슈타이어마르크에서, 장신구는 비인에서 전 경제영역을 위해 생산되었다.

중상주의정책을 통해 통일된 경제영역으로의 발전의 길이 열린 반면, 동시에 다른 길도 통일국가로의 발전을 의식적으로 촉진했다. 무엇보다 중요한 것은 세습영방들과 뵈멘을 위한 **통일법**의 제정이었다. 레오폴트 1세는 제2의 유스티니아누스(Justinianus)로서 시민법의 새로운 체계를 모아 전국에 법률로 공포하라는 라이프니츠(Leibnitz)의 자문에 따르지 않았지만, 그러나 이미 1720년에 상속법이 통일되고 우선 니이더웨스터라이히의 다섯 영방에 적용되었다. 그리고 마리아 테레지아(Maria Theresia) 치하에서 포괄적인 법전편찬 작업이 시작되었고, 이것은 결국 세습영방과 뵈멘(부분적으로는 또한 헝가리와 새롭게 획득된 갈리치아<Galicia>)을 위한 형식적, 실질적 통일법의 창출로 귀결되었다.

마침내 뵈멘과 세습영방을 위해 **통일적인 행정**을 만들어내는 데 착수했다. 이 길에서 결정적인 일보는 1749년 뵈멘 중앙관청의 폐지였다. 그 후 뵈멘 영방들은 알프스 여러 나라와 마찬가지로 비인으로부터 통일적으로 통치되었다.

하얀 산의 전쟁 이후에도 절대주의는 완전히 승리하지 못했고, 신분들이 최대의 권력을 펼친 후의 몇 년 동안에도 그렇지 못했다. 절대주의는 신분들의 권력을 단지 제한할 뿐이지 배제하지는 못했고, 제국의 개별 영방들을 결합했던 끈을 더 긴밀하게 할 뿐이지 단일국가로 융합하지 못했기 때문에, **헌법적으로** 완전히 승리하지 못했던 것이다. 또한 절대주의는 체코어와 대등한 권리를 독일어에 법적으로 인정했을 뿐이지 배타적인 통용권을 인정하지 않음으로써, 그 승리를 **민족적으로도** 완전히 이용하지 못했다. 그러나 몇 십 년 후에 국가는 한 발 앞으로 나갈 수 있었다. 국가권력은 십 년마다 강화되었다. 국가는 군사적으로 용병부대에서 징병제에 기초한 상비군으로 강화되었다. 국가는 경제적으로 중상주의시대의 상업과 공업을 다시 천천히 부흥시켜 새로운 재원을 확보함으로써 강화되었다. 국가는 정치적으로 관료행정의 확대를 통해 강화되었다. 이렇게 국가가 강화된 반면, 국가의 통일을 방해하는 세력들은 약화되었다. 신분들의 의회는 더욱 더 현실적 힘이 없는 공허한 유희가 되었다.41) 개정영방조례가 체코어에 완전한 형식적 동등권을 보증했음에도 불구하고, 체코의 귀족과 시민층의 소멸은 체코민족을 공적 생활로부터 배제시켰다. 그래서 권력관계가 변화했고, 승리한 국가는 이제 신분들의 패배로부터 완전한 귀결을 이끌어 낼 수 있었다. 마리아 테레지아의 개혁을 통해 수십 년 전부터 이미 사회의 권력관계 속에 확립되어 있었던 것이 이제 문장화된 법률로 나타났다. 뵈멘과 세습영방들은 하나의 통일국가가 되었고, 다른 합스부르크 국가들(헝가리, 네덜란드, 갈리치아, 이탈리아 등의 소유령)과 다소간 느슨한 연대를 통해 결합되었다. 오스트리아 국가가 생긴 과정은 모든 독일의 영방에서 일어났던 것과 동일하며, 또한 유럽대륙의 다른 국가들이 존재하게 된 발전과정과 유사하다. 그 과정은 거의 대부분 어디서나 우리의 경우와 동일하였다. 절대주의는 신분들을 배제하였고 그럼으로써 신분제적 이중국가를 해소하였다. 그리하여 절대주의는 영방영역 내 과거 신분제 특수조직을 없애고, 영방들을 중상주의정책을 통해 단일한 경제영역으로 만들고 단일한 입법과 관료행정을 통해 하나의 법률영역으로 만들

---

41) 1749년 크라인(Krain)의 신분들이 수년간 군비증액의 승인을 거부했을 때, 호텍백작(Graf Chotek)은 그들에게 "궁정은 신분들이 이것을 자발적으로 승인해야 한다고 분명히 명령했다"고 설명했다. 그래서 신분들도 거기에 복종했다. 케른텐(Kärnten)에서 신분들이 일 년 전에 군비증액을 거부했을 때, 영방의 수입은 압류되었고, 영방군주의 관리들이 세금을 징수하였다. Luschin, 같은 책, 532쪽 (원주)

어, 한 묶음의 지역에서 한 국가를 창출했다. 뵈멘 국법의 지지자들이 이러한 발전과정을 법률위반으로서 고소한다면, 그들은 형식법의 법정에서는 올바를지 모르지만 현실적으로는 올바르지 않을 수도 있다. 확실한 것은 대륙의 어떤 국가도 이러한 혁명적 방법 이외의 다른 길을 통해서는 발생할 수 없었다는 사실이다.

신분들에 대한 국가의 승리를 통해 오스트리아는 국가로 되었다. 그러나 동시에 신분들의 패배로 인해 체코민족은 역사 없는 민족의 역할을 떠맡게 되었고, 오스트리아는 **독일인**국가로 되었다. 뵈멘과 세습영방들의 독일인이 아닌 주민들은 농민이었다. 그러나 농민은 국가에 직접적으로 복종하는 것이 아니라, **간접적**으로 예속되었다. 농민은 국가의 재판관에 의해 "황제폐하의 이름으로" 판결되는 것이 아니라, 영주의 재판관할권에 따라 판결되었다. 국가는 직접적으로가 아니라 영주를 통해 농민을 지배했다. 국가에 직접 복종한 계급은 대다수가 독일인이거나 게르만화된 사람들이었다.

오스트리아에서 하나의 독일인 국가를 만들기 위해 얼마나 오랜 발전과정이 필요했는지 우리는 알고 있다. 즉 독일인에 의한 남동부에 대한 식민, 근대국가의 탄생, 전쟁과 오랜 전투 후의 신분들에 대한 국가의 최종적 승리 등의 과정이 필요했다. 그렇지만 세계사적인 거리에서 보면 그러한 과정도 단지 **한순간의 상황**에 불과하였다. 즉 뵈멘과 세습영방들이 독일인 국가로 통일되었고 발생하기 시작했지만 아직 완성되지 않은 근대국가의 상황이었다. 오스트리아는 독일인 국가이고 근대국가로서 신분제적 이중국가를 완전히 극복했다. 그러나 귀족적 농장영주(Gutsherr)계급이 신분제의회로 통일된 그들의 공통된 권력을 국가에게 잃었지만 국가가 개별 농장영주에게 농민에 대한 권력을 남겨주는 한, 주민들이 문화적으로 민족문화를 더욱 발전시킬 가능성으로부터 배제되고 정치적으로 직접 국가에 대해서가 아니라 단지 간접적으로 농장영주를 통해 지배되는 한, 국가가 모든 시민을 직접 복종시킨 보편적 신민단체(Untertanenverband)를 아직 현실화하지 못하는 한, 그런 한에서만 오스트리아는 독일인 국가였다. **오스트리아는 봉토 위에 결합된 장원제에 기초한 봉건국가에서 자본주의적 상품생산에 기초한 근대국가로 나**

아가는 길의 일정한 지점에 선 독일인 국가였다. 오스트리아는 근대국가로 나아가는 길을 걷기 시작했지만, 아직 목표에 도달하지 못한 시점의 독일인 국가였다. 독일민족의 문필가 오스트리아는 오늘날 더 이상 독일인 국가가 아니라고 탄식한다면, 그것은 단지 그의 역사적 이해가 체코 국법의 지지자의 이해보다 결코 넓지 못하다는 사실을 증명할 뿐이다. 그는 오늘날 대중도 문화의 진보에 참가하게 되었다고 슬퍼하며, 주민의 다수가 농장영주의 하인에서 국가의 시민으로 되었다고 탄식한다. 그러나 우리의 전체 주장은 결정적인 점에서 그것에 반대한다. 우리는 어떻게 자본주의의 발전과 그것을 통해 생긴 근대국가의 발전이 역사 없는 민족을 역사적 생활로 자각시켜, 국가로 하여금 거대한 민족문제에 직면하게 만들고, 격심한 동요에 빠지게 만들었는지 설명해야 할 것이다.

민족적 발전의 추진력이 이미 우리의 역사적 출발을 명확하게 했다. 체코인과 독일인의 관계를 잠깐 살펴보자. 자연경제로부터 상품생산과 상품교환으로 이동한 것은 룩셈부르크가의 통치 하에서 뵈멘의 상품생산의 최초 담지자였던 독일인에게 강력한 사회적 힘을 부여했다. 상품생산의 보급이 불러일으킨 정신혁명은 뵈멘에서 독일인 지배에 대한 체코인의 반항을 일깨웠다. 후스전쟁은 뵈멘에서 민족적 고양의 시대를 열었다. 상품생산의 기반 위에서 발생한 국가에 대하여 봉건사회의 지배계급은 신분제 이중국가를 만들어 적응했다. 이것은 국가에 대한 신분들의 투쟁으로 이끌었다. 우월한 권력수단에 뒷받침된 국가가 승리하여 민족의 지배계급을 전멸시켰다. 체코민족은 농민과 하인으로 구성된 민중으로 되었고, 정치생활 뿐 아니라 문화생활로부터 분리되었다. 19세기가 돼서야 비로소 그들은 자본주의에 의해 시작된 혁명을 자각하고, 또한 하층계급도 문화적 발전과 정치적 공동결정에 참가하고 새로운 생활을 하게 되었다. 우리가 여기서 보고 있는 작용하는 추진력 전체는 뵈멘에 고유한 것이 아니라 다른 나라에서 작용하는 것과 동일하다. 그러나 근대사회와 근대국가가 발생시킨 사회적 투쟁은 다언어국가인 오스트리아에서는 민족투쟁의 모습을 띠게 되고 민족적 중요성을 갖게 되었다. 민족적 발전과 사회적 발전은 인류발전의 두 가지 서로 다른, 명확히 구별될 만한 영역이 아니라, 어디서나 작용하고 있는 경제적 계급투쟁이다. 민족의 힘과 무기력, 민족의 죽음과 부활을 결정하는 것은 노동수단과 노동관계의 변혁이다.

제17장 역사 없는 민족의 자각

오스트리아 국가의 독일적 성격은 이미 18세기 후반에 시작된 정치적 변동을 통해 근본적으로 약화되었다. 독일인 신민의 수는 슐레지엔과 포더웨스터라이히(Vorderösterreich)의 상실을 통해 감소했다. 한편 슬라브인과 로망스인의 수는 갈리치아와 부코비나(Bukowina), 롬바르디아와 베네치아, 트리엔트, 남부 이스트리아(Istria)와 달마치아(Dalmatia)의 획득을 통해 증가했다. 헝가리를 제외하더라도 19세기 초 오스트리아에는 세 개의 역사적 민족이 있었다. 즉 귀족층과 시민층을 구성한 독일인과 이탈리아인, 귀족층이 역사적 민족의 성격을 가진 폴란드인이었다. 그러나 여전히 체코인, 루테니아인, 슬로베니아인, 세르비아인은 우리에게 잘 알려진 의미에서 역사 없는 민족에 해당되었다. 헝가리에서는 단지 마자르인과 크로아티아인이 귀족층의 존재 때문에 역사적 민족이었고, 독일인은 시민층의 존재 때문에 역사적 민족이었다. 이에 반해 슬로바키아인, 세르비아인, 루마니아인, 루테니아인은 지배계급에 전혀 들어가지 못했고, 문화적으로는 역사 없는 민족이며 정치적으로는 헌법상의 권리를 전혀 갖지 못한 민족이었다. 체코인 귀족층이 독일화되었고 루테니아인 귀족층이 폴란드화되었듯이, 슬로바키아인 귀족층은 오래 전에 마자르화되었다.

최근 120년간의 발전은 이러한 모습을 완전히 변화시켰다. 자본주의와 그 결과로 생긴 근대국가는 전능한 전통의 속박으로부터 대중을 해방하고 민족문화의 개조에 참가하도록 이끌어냄으로써 도처에서 문화공동체를 확장시켰다. 우리에게 이것은 **역사 없는 민족의 자각**을 의미한다. 이러한 과정을 가장 일찍 성공적으로 진행했던 체코민족을 예로 들어 민족투쟁의 가장 깊은 근거를 설명해보자. 체코인이 역사 없는 민족으로부터 역사적 민족으로의 길을 다른 민족보다 빨리 진행한 것은, 예를 들어 슬로베니아인이 이미 천 년 전부터 독일민족의 지배계급에 예속되었던 반면 체코인은 이백 년 전에 이미 역사적 민족으로 존재했다는 사실 때문이 아니라, 체코인의 거주지가 지리적으로 유리한 상황이었다는 사실, 다시 말해 그들이 살고 있던 지역이 바로 오스트리아에서 경제적으로 가장 발달된 지역이고 따라서 다른 역사 없는 민족들보다 일찍 자본주의적 문화발전의 과정에 편입되었기 때문이다.

이미 알고 있듯이 1620년부터 1740년까지의 시기에 체코민족은 국가에 대해 전혀 존재하지 않았다. 귀족과 시민층은 독일인이었고, 체코인 대중은 농민, 소작인, 일용노동자, 하인 등으로 구성되었다. 그들은 국가공민(Staatsbürger)[1]으로서 입법에 대해 어떤 영향력도 갖지 않았고, 신하로서 국가행정의 대상도 아니었다. 오히려 국가는 매우 특징적으로 그들의 "상전"이라 불리는 영주의 예속민으로 그들을 내버려두었다. 그러나 이제 서서히 국가는 이러한 상황을 뒤흔들기 시작한다. 18세기의 국가는 독특한 역사적 중간단계를 표현한다. 그것은 아직 영주적-귀족적 국가이다. 왜냐하면 행정과 군대의 영향력 있는 모든 지위는 귀족의 것이었고, 귀족적인 영주가 여전히 거의 무제한으로 대다수의 주민을 지배하고 있었기 때문이다. 그러나 국가는 이미 시민적 국가이다. 왜냐하면 국가가 존립하고자 한다면, 시민층의 ― 엄밀히 말하면 자본주의적 상층부인 부르주아지의 ― 이익을 장려해야 했기 때문이다. 전체 유럽에서 자본주의가 급속히 성장했다. 모든 국가는 잘 정비된 관료제적 행정조직과 전시에 꼭 필요한 수많은 군대를 유지하기 위해 자신의 자본가계급, 즉 납세자로서 부유한 자본가계급을 필요로 한다. 최고의 국가적 입법과 행정의 회의에서 납세자에 대한 배려보다 중요한 것은 없다. 국가는 여전히 자신의 기구로서 귀족적인 영주에게 봉사하더라도, 자신을 위해 시민

---

[1] 'Bürger'는 보통 '시민'이라는 주로 자본주의적 생산관계의 담지자를 지칭하는 의미로 사용되지만, 한편으로 국가에 대한 정치적 시민이라는 의미에서 '공민'(公民)을 가리키기도 한다. 따라서 여기서는 국가에 대한 정치적 관계를 나타내므로 공민으로 번역한다. 한편 Bourgeoisie는 경제적 시민을, citoyen은 정치적 시민, 즉 공민을 가리킨다. (역주)

적 이익을 장려하고 부르주아지의 사업을 배려해야 한다. 그러므로 이 **영주적-시민적 계급국가**는 세계사의 거대한 과도기에 자주 형성되는 흥미 있는 혼합물이다.

"계몽적 절대주의"가 부르주아지의 계급이익을 장려했다는 사실은 우선 상업과 공업에서의 정책, 즉 **중상주의**적 정책으로 나타난다. 국가는 자본주의적 발전을 가속화하기 위해서 거대한 경제영역을 창출했다. 국가는 공장주에게 고율의 보호관세와 "독점적 특허권"을 허용하고 자주 화폐를 지원해 주었다. 국가는 귀족에게 공장설립을 권하고, 외국의 기업가나 노동자를 자국 내로 옮기도록 했다. 국가는 동업조합(Zunft)법이 자본주의 발전에 방해된다면 그것을 폐지했다. 국가는 결사를 금지하고 최고임금과 최저노동시간을 결정함으로써, 당시 이미 두려웠던 노동자의 "탐욕"에 대항하여 기업가를 보호했다. 국가는 영업활동의 지식을 행정적 강제를 통해 보급함으로써, 기업가들에게 필요한 능력 있는 노동력을 준비해주었다. 그리하여 국가는 모든 수단을 통해 자본주의적 매뉴팩처와 자본주의적 가내공업을 오스트리아에 이식하려고 했다. 그것을 통해 국가행정은 새로운 많은 과제를 갖게 되었다. 국가행정은 이제 고상하게 귀족과 소수의 상층 시민에 한정될 수 없었고, 광범한 대중, 상인, 수공업자, 노동자의 일상생활에 개입하여, 그들을 교육 및 지도하고 규제하려고 했고 또 하지 않으면 안 되었다. 그래서 우선 공업 및 상업 활동을 하는 광범한 주민이 국가의 행정활동의 대상이 되었다.

그러나 국가는 거기에 한정되지 않았다. 국가가 이제 전통적 **농업**제도에 손을 대기 시작하면, 그것은 영업 관계의 규제보다 훨씬 중대한 문제가 된다. 국가가 그것을 추진하려고 하는 데는 많은 이유가 있다. 먼저 권력자는 수많은 농민봉기에 대해서는 야만적인 탄압을 통해 억압하더라도, 농민들의 어려운 상태에 대해서는 주목할 수밖에 없었다. "농민소유지의 몰수"는 국가에게 매우 위험한 것으로 나타난다. 왜냐하면 국가는 "몰수된" 농민과 함께 납세자도 잃기 때문이다. 농민에게 부과된 가혹한 압박은 군사적, 조세정책적인 이유에서 정부에게 중요한 인구증가를 제한했다. 토지영주제는 공업 발전에 장애물이었다. 왜냐하면 한편으로 영주는 농민을 토지에 결박하고 영업을 하려면 허가를 받게 하고 때로는 적지 않은 세금을 부담시킴으로써, 공업에 불가결한 노동자의 공급을 거부하기 때문이다. 다른 한편으로 주민의 다수인 농민은 부역과 조세를 통해 가난해지고 토지를 집약적으로 경작할 능력을 잃고 따라서 경작으로부터 자신의 소비 이상의 것을 수확할 수 없는 상황에서, 상품판매자 집단에 들어갈 수 없고 또 상품판매자로서 시장에 나타날 수 없기에, 공업제품을 위한 넓은 시장은 형성될 수 없기 때문이다. 결국 토지영주제의 개혁이 국가행정 자체에 필요하게 되었다. 농민이 직접 국가관료에게 종속되면, 국가는 항상 기꺼이 순종하지도 않는 영주의 지지를 더 이상 필요로 하지 않게 되고, 전체 국가영역의 행정이 엄격하고 통일적으로 될 수 있다.[2] 토지영주제를 완전히 배제하고 영주의 토지를 농민의 것이라고 선언하고 부역을 폐지하는 것이 가장 좋지 않을까 하는 생각이 바로 떠오를 수 있다. 이러한 생각은 징병제도의 개혁에 관한 궁정 군사회의의 보고에서 처음으로 주목할 만하게 등장했다.[3] 그럼에도 불구하고 국가는 급진적인 발걸음을 내딛을 결심을 할 수 없었다. 그래서 농민보호는 마리아 테레지아의 부역규정 및 1781년 11월 1일자 요제프 2세의 유명한 칙령에서 정점에 달했다. 국가의 이러한 전체 개혁활동은 광범한 주민에 대한 관계에서 매우 중요한 의미를 가진다. 국가는 더 이상 개별 영주의 전횡적 결단에 농민을 맡기지 않았고, 법을 통해 농민을 통제할 수 있도록 했고, 공무원을 통해 농민의 복종을 감시했다. 지방행정청에서 국가는 영주를 매개로 하지 않고 직접 농민을 상대하는 기구가 되었다. **그리하여 중상주의적 상업 및 공업 정책을 통해 많은 도시주민이 국가의 행정활동의 대상이 되었던 것처럼, 농업개혁을 통해 많은 농촌주민이 국가의 행정활동의 대상이 되었다.**

이러한 국가과제의 발전은 오스트리아에 특유한 것은 아니다. 그러나 이것은 우리에게 곧바로 민족적 의미를 가진다. 왜냐하면 국가가 이제 비로소 실제 만나는 대중은 부분적으로 비독일 민족들에 속하기 때문이다. 수공업자와 노동자, 농민과 소작인은 뵈멘에서는 부분적으로 체코인이다. 그래서 무

---

[2] 농민보호의 이유들에 관해서는 Grünberg, 같은 책, 제1장 제3절 참고 (원주)
[3] Grünberg, 같은 책, 제3장 제4절 (원주)

엇보다 **언어문제**가 국가에 등장한다. 국가는 하층계급의 언어에 숙달해 있는 공무원을 배려해야 한다. 그러므로 영주 법원의 사법관과 도시의 고관들이 민족어에 정통해야 한다고 규정되었을 뿐 아니라,[4] 체코인 지역의 국가 공무원도 체코어 지식을 요구받았다. 마리아 테레지아는 "특별한 이유가 없이 다른 조건이 동일한 경우에, 뵈멘어로 말하고 쓰는 사람만이 제안해야 한다."고 명했다. 물론 이 명령은 체코어의 심각한 상실 때문에 쉽게 관철되지 못했다. 그래서 브륀에서 왕실법정을 개편할 때, "뵈멘의 현실에서 논거를 이끌어낼 수 있을 정도로 뵈멘어에 숙달한 하급관리는" 단 한 명의 공무원뿐이라고 황제에게 보고되었다. 그러므로 공무원의 양성에서 체코어의 보호를 배려할 수밖에 없었다. 1747년 피아리스트회(Piaristenorden)는 김나지움(Gymnasien)에서 체코어 수업에 주의를 기울이도록 지시했다. 체코어 수업은 1752년 비이너-노이슈타트(Wiener- Neustadt)의 군사학교에 도입되었고, 1754년 비인의 공병학교, 1765년 프라하의 김나지움에서 시행되었다. 1775년 비인대학에 체코어 강좌가 설치되었다. 1778년 체코어 수업이 비인과 브륀의 귀족 시설들에 도입되었다. 정부에 의한 체코어 수업의 보호와 관련하여 체코어에 숙달한 충분한 수의 공무원을 교육하는 것이 중요한 문제가 되었다는 사실은, 1791년 프라하대학에서 체코어 강의의 설치와 관련한 황실 연구위원회의 의견에 대단히 잘 나타나 있다. 프라하의 학생들은 대학 이외에도 체코어를 습득할 기회가 있었기 때문에, 연구위원회는 이 강좌를 쓸모없다고 생각했다. "비인에서는 스스로 습득할 수단이 없기 때문에 뵈멘어 강좌가 필요하지만, 프라하에서 이러한 배려는 지나친 것이다."[5] 체코어에 대한 정부의 배려는 행정수단으로서 필요한 범위 안에서일 뿐이었다. 단지 정부는 국가의 행정과제의 확대를 위해서만 체코어에 커다란 주의를 기울였다.

그러나 동시에 체코민족에 대한 관심은 다른 측면에서도 환기되었다. 서구의 더욱 발전된 여러 나라들 — 특히 영국과 프랑스 — 의 시민층은 영주

---

4) 1781년 신하칙령의 18절, 1788년 6월 17일자 칙령의 97절, 1787년 11월 30일자 왕실 명령. Fischel, 같은 책, XXXVI 쪽 참고 (원주)
5) Fischel, 같은 책, XXXVIII 쪽 이하와 XXXIX 쪽 (원주)

계급과 절대주의국가에 대한 투쟁에서 **인간성과 자연법의 이념**에, 비록 새롭게 창조한 것은 아니지만, 새로운 활력을 주었다. 그러나 특정한 시기에 특정한 나라의 계급투쟁에서 성장한 이데올로기는 시간적, 공간적으로 언제나 그것이 생겨난 범위를 넘어 기능한다. 그래서 18세기 프랑스의 혁명적 시민층의 사상도 오스트리아로 침투했다. 그것은 오스트리아 국가의 공업정책과 사회정책에서 의심의 여지없는 추진력이 되었다. 요제프 2세와 같은 인물은 정신적으로는 프랑스와 영국의 혁명적, 합리주의적 시민층의 자식이었다.

귀족에 대한 계급투쟁에서 시민은 귀족과 같이 고귀한 혈통이나 선조의 업적에 호소할 수 없었다. 시민은 궁전의 고귀한 숙녀나 신사와 같이 세련된 문화를 즐기는 것도 아니었다. 시민은 넓은 영토를 자신의 것이라고 말하고 수백 명의 농민이 자신에게 부역 의무를 지고 있다는 사실에 근거하여 자신을 주장할 수도 없었다. 그리고 시민은 국가의 행정이 그들을 배려하는 사실을 정당하다고 생각하고 요구했다. 귀족이 고귀한 혈통과 부와 세련된 예의를 과시한다면, 젊은 시민층은 시민도 또한 인간이라고 응수할 뿐이었다. 시민은 고귀한 혈통이든 혹은 비천한 혈통이든, 장대한 성에 살든 혹은 소박한 시민의 집에 살든, 모든 인간은 평등하며 모든 인간적인 것은 그 자체로 가치 있다는 인간의 자연적 평등에 관한 오랜 사상을 새롭게 했다. 인간성의 이념은 젊은 시민층의 이데올로기였다.

이미 독일에서 인간성의 사상으로부터 발전이 뒤쳐진 민족들의 운명에 대한 동정이 싹텄다. 역사 없는 민족들에 관해 애정을 갖고 연구하고, 문화적 기념비와 민요나 전설을 수집하기 시작했다. 미개한 문화의 산물을 수집하는 것은 더 이상 단순한 호기심으로서가 아니라, 자연 상태의 지복과 완전함에 대한 루소의 시대를 채운 신념, 즉 어떤 출신의 사람이든, 어떤 문화단계에 있든, 모든 인간적인 것의 가치에 대한 신념과, 모든 인간의 평등과 사해동포에 대한 신념에 의한 것이다. 예를 들면 **헤르더**의 역사 없는 민족에 대한 동정은 이러한 정신에 의해 이루어진 것이다.[6] 이러한 사상조류는 역사 없는

---

6) 체코민족의 "자각자"에 대한 헤르더의 영향에 관해서는 Masaryk, *Česká otázka*, Prag 1895 ; Kaizl, *České myšlénky*, Prag 1896, 21쪽 이하 참고 (원주)

민족들이 대단히 많은 오스트리아에서 당연히 발전할 수밖에 없었다. 체코민족 교양인의 주의를 향하게 만들고 체코어의 보호를 요구하는 완전한 문학이 여기서 형성된다. 비참한 농민, 노동자, 하인이 계몽의 인간성 사상 앞에서 인간의 가치를 획득한 것처럼, 비참한 민족들도 그들의 언어를 획득한다. 이 완전한 문학은 **도브로프스키**(Dobrovsky)의 저작에서 정점에 달한다. 그는 체코어의 법칙을 탐구하고 체코의 문학과 역사를 추적함으로써 말하자면 학문을 위해 체코민족을 발견했다. 이 시대 뵈멘의 모든 교양인과 마찬가지로 그 자신도 독일어로 교육을 받고 독일어로 저술했다. 그는 체코민족을 새로운 생활로 재기시킬 수 있다고 아직 믿지 않았다. 그러나 그는 청중의 마음속에 체코의 민족성, 문화, 언어, 역사에 대한 애정 어린 관심을 심어주었다. 이러한 씨뿌리기는 나중에 풍부한 수확을 가져왔다.

매뉴팩처와 중상주의정책, 토지영주제에 대한 개혁의 시대에 시민층은 아직 국가의 통치를 둘러싼 계급투쟁에 들어가지 않았다. 그러나 그들의 이해는 국가의 행정을 규정했고, 그들의 이데올로기는 시대의 지배적인 이데올로기가 되었다. 그래서 역사 없는 민족들은 이 발전단계에서 자각하지는 않았지만, 착취되고 억압된 계급만으로 성립된 민족, 즉 역사 없는 민족으로서 이미 국가의 관심과 교양인의 동정을 발견했다.

민족발전의 이 단계는 마리아 테레지아와 요제프 2세 시대의 **학교개혁**의 성격을 규정했다. 이 시대에는 우선 고등학교의 개혁이 시행되었다. 우리가 이미 독일민족의 역사에서 잘 알고 있는 것처럼, 독일 시민층의 성장으로 인해 라틴어가 학문에서 독일어에 의해 밀려나게 되었다는 사실로부터 **오스트리아의 중등 및 고등학교의 교육계획을 위한 결론을 이끌어낼 수 있게 되었다. 이미 1735년 니이더웨스터라이히의 김나지움에서 라틴어 수업의 시작은 독일어를 사용해야 한다는 명령이 하달되었다. 1764년 이후 독일어 시가 교과서에 등장했다. 같은 해 예수회 김나지움에 독일어 작문이 도입되었다. 예수회의 해산(1773년) 이후 많은 라틴어 학교가 폐쇄되고, 독일어 기초학교로 대체되었다. 그래서 뵈멘에서 김나지움의 수는 44개에서 13개로, 메렌에서는 15개에서 8개로 감소했다.7) 그러나 남은 김나지움에서도 독일어가 수업의 언어로 도입되었다. 1782년 요제프 2세가 황실 연구위원회에 보낸 칙령에 의하면, "더욱이 독일어는 진정한 국어, 모국어이며, 이것으로 철학에서는 삼단논법이나 도덕명제를 이끌어낼 수 있듯이, 의학에서는 좋은 처방전을 쓰고, 법학에서는 변호사가 모든 문서를 독일어로 작성하고 재판관도 독일어를 말한다."[8] 라틴어가 수업언어이기를 그치고 단순한 수업과목으로 되었을 때, 라틴어와 대체된 것은 독일어뿐이었다. 왜냐하면 독일민족 중에서만 시민층, 지식인, 관료층이 있었기 때문이며, 역사 없는 민족 출신으로서 고등교육을 받은 사람은 교육을 통해 많은 재산을 갖거나 혹은 사회적으로 유력한 지위를 가진 사람처럼 게르만화되었다. 실제로 이 학교개혁을 통해 역사 없는 민족들의 언어는 고등학교에서 배제되었다. 왜냐하면 라틴어가 수업언어인 한, 그리고 라틴어를 가장 어린 학생에게 가르치기 위해 학생이 라틴어 강의에 따라오기까지 다른 언어를 사용하는 한, 최초의 라틴어 지도를 어떤 언어로 해야 할 것인가는 단순한 합목적성의 문제였다. 그러므로 슬라브어가 사용되는 경우도 드물지 않았다. 그러나 고등교육기관에서 독일어가 **수업언어**로 되자, 메렌에서는 라틴어를 더 이상 "메렌어"가 아니라 독일어로 가르쳐야 한다는 포고가 나왔다.[9] 요제프 2세는 독일어에 능통한 아이만이 고등학교에 들어갈 자격이 있다고 규정하였다. 그러나 동시에, 이미 알고 있듯이, 슬라브어가 고등학교의 **수업대상**으로서 도입되었다. 국가는 이 언어를 사용할 공무원이 필요했기 때문이다. 이 고등교육제도의 전체 개혁은 우리가 이미 알고 있는 모습과 일치한다. 체코민족은 여전히 역사 없는 민족이고 정신문화의 담지자가 될 계급도 갖지 않았기 때문에, 체코어는 고등학교의 수업언어가 될 수 없었다. 이에 반해 이미 새로운 행정과제는 국가의 눈을 많은 체코인 주민에게 향했고, 국가의 공무원은 그들과 접촉하게 되었다. 그러므로 체코어는 고등학교 교육계획의 수업대상으로서 나타날 수밖에 없었다.

---

7) Strakosch-Grassmann, *Geschichte des österreichischen Unterrichtswesens*, Wien 1905, 110쪽 이하 (원주)
8) Fischel, 같은 책, XXXVI 쪽 (원주)
9) d'Elvert, 같은 책, 510쪽 (원주)

고등교육제도의 개혁이 민족적 발전의 도달 상황을 반영하는 것에 불과한 반면, **초등학교제도**의 개혁은 미래를 지시한다. 1774년의 일반 학교규칙은 황실직할지의 수도에는 정규학교(Normalschule)를, 다른 도시들에는 기초학교(Hauptschule)를, 시골에는 예비학교(Trivialschule)를 도입했다.10) 이제 비로소 광범한 대중이 학교의 수업을 받게 되었다. 1775년에서 1789년까지 뵈멘의 학교 수는 1000개에서 2294개로, 학생 수는 30000명에서 162000명으로 증가했다.11) 물론 초등학교에서는 민족어로 수업이 이루어지고, 체코지역에서는 체코어 교과서도 사용되었다. 1783년 요제프 2세는 체코인 지방의 교직후보자는 두 개의 영방언어에 능통하고 학무위원도 체코어를 사용할 수 있도록 배려하라고 명령했다.12) 물론 이들 초등학교에서 수업은 매우 한정된 범위에서만 실시되었고, 체코인 정신문화의 개화를 기대할 수는 없었다. 그러나 초등학교는 직인과 농민의 자식에게 읽고 쓰기를 가르치면서, 뿌리가 다른 체코민족의 새로운 문화가 싹트고, 그들의 사상가와 시인이 광범한 대중을 규정하고, 그들의 작품이 광범한 대중의 재산이 되어, 이 대중을 새로운 의미에서의 민족, 즉 역사적 민족으로 결합할 가능성을 창조한다.

매뉴팩처시대는 민족적 발전을 위한 **과도기**를 의미한다. 역사 없는 민족들은 그대로 머물러 있고, 더 높은 문화의 담지자와 창조자일 수 있는 지배계급과 유산계급은 아직 나타나지 않는다. 그러나 역사 없는 민족들은 국가와 사회의 눈을 끌고, 그들의 언어는 학교와 관공서에 침투하고, 언어와 문화는 학문적 고찰의 대상이 되고, 운명은 계몽이념의 영향을 받은 교양인계층의 참가를 얻게 된다. 이제까지 역사가 없었던 민족들 자신이 역사의 무대에 등

---

10) 일 년짜리 예비학교는 읽기, 쓰기, 산수 등 예비적인 교육을 제공했다. 모든 지역에 설치된 기초학교는 역사, 지리, 그리기를 가르쳤을 뿐 아니라 독일어로 더욱 진보된 교육을 제공했고 몇 가지 직업훈련도 제공했다. 정규학교는 도시 중산층 아이들을 위한 기본학교로서 봉사했고, 기초교육을 위한 교사들의 훈련기관으로서 봉사했다. (역주)

11) Strakosch-Grassmann, 같은 책, 130쪽. 급속한 증가는 결코 이것으로 끝나지 않았다. 1783년 뵈멘에서 이미 493229명의 통학아동이 보고되었다. Johann Springer, *Statistik des österreichischen Kaiserstaats*, Wien 1840 참고. (원주)

12) Fischel, 같은 책, XXX 쪽 (원주)

장하기 전에, 더욱 커다란 경제적 진보가 이루어져야 한다.

18세기 전반 오스트리아에서도 자본주의적 경영형태의 급속한 발전이 나타났다. 18세기에는 단지 농촌의 자본주의적 가내공업과 작업장 내의 분업에 기초한 매뉴팩처가 알려진 데 불과했지만, 19세기 전반에는 기계의 자본주의적 이용에 기초한 **공장**이 보급되었다. 오스트리아에서도 자본주의는 새로운 생산력을 손에 넣었다. 19세기 초 오스트리아에서 처음으로 한 대의 **증기기관**이 사용되었는데, 1841년에는 이미 2939마력의 231대, 1852년에는 9128마력의 671대로 증가했다. 면공업에서 증기기관은 1815년 처음으로 사용되었는데, 같은 해 브륀의 쇄포(Tuchwalke)경영에 처음으로 증기기관이 설치되었다. 최초의 증기제분소는 1842년 건립되고, 최초의 증기해머는 이윽고 1844년에 건립되었다. 그러나 도나우강의 증기선 운항이 처음으로 시도된 것은 이미 1818년이었다. 오스트리아 철도제도의 정비는 1825년에 시작되어, 최초의 증기철도는 1837년에 건설되었다. 이미 1835년 철도레일의 생산도 시작되었다. 최초의 오스트리아 레일은 아직 평로철(Herdfrischeisen)로 생산되었지만, 곧바로 강철레일로 교체되었다. 정련처리는 이미 1830년 비트코비츠(Witkowitz)에 도입되었다. 목재가격의 상승 때문에 나무로 보일러를 가열하는 것은 이미 비경제적이었다. 그러므로 증기력의 이용이 많아지고 석탄의 채굴이 빠르게 증가하게 되었다. 채굴된 무연탄의 가치액은 1826년 처음으로 40만 굴덴에 달했고, 1868년에는 이미 2050만 굴덴이 되었다.

새로운 동력기계의 도입으로 **작업기계**도 함께 더욱 발전했다. 가장 중요한 것은 섬유공업의 발전이었다. 1799년 라이텐베르거(Leitenberger)는 최초의 **영국식 기계면방적공장**을 오스트리아에 창립했다. 곧바로 많은 기업이 그의 사례를 따랐다. 양모방적업에서는 뮬-제니(Mule-Jenny)방적기가 1837년 처음으로 도입되었고, 최초의 기계아마방적공장은 20년대 메렌에 창립되었다. 자카드기(Jaquard-Maschine)는 면직물업과 견직물업에는 1820년, 양모직물업에는 1839년 도입되었다. 브륀의 양모직물업은 1851년 기계직기를 설치했다. 윤전기인쇄와 터키적색(Türkischrot)의 생산은 적어도 1835년 이전에 오스트리아에 도입되었다. 최초의 솔공장(Schalfabrik)은 1810년 비인에서 창립되었다.

식료품공업도 자신의 방식을 혁신했다. 30년대 제분업은 평제분기에서 커다란 고제분기로 이행하고, 1840년에서 1850년에는 이른바 프랑스식 연자방아가 오스트리아에 도입되었다. 최초의 증기제분기는 위에서 언급했듯이 1842년에 건립되었다. 1829년에는 메렌에, 1830년에는 뵈멘에 최초의 설탕공장이 등장했다. 오스트리아에는 이미 1835년 17개, 1850년 84개의 설탕공장이 있었다. 가공된 설탕량은 1835년 37만 4080에서 1850년 195만 8746 졸젠트너(Zollzentner)로[13] 상승했다. 감자화주양조업은 1825년 오스트리아에 도입되었다. 1822년 프라하에 최초의 제유공장이 건립되었다.

우리는 동일한 진보를 목재가공공업에서도 볼 수 있다. 1804년 최초의 가구공장이, 1826년 최초의 공장식 목공소가 창립되었다. 1837년 뵈멘의 영주가 증기톱을 도입하기 시작했다. 제지업도 18세기 말 이래 더욱 중요한 의미를 갖게 되었다. 인쇄업에서는 30년대에 구식 수작업에서 고속인쇄로 교체되기 시작했다. 연필제조는 1795년 이래 새롭게 성장했고, 1843년 강철펜이 생산되기 시작했다.

국내 공업의 규모가 더욱 커졌기 때문에, 노동수단을 국내에서 스스로 생산할 수 있게 되었다. 예를 들어 브륀에서는 이미 1813년에 코케릴(Cockerill)식 방적기계 생산을 위한 기계공장이 창립되었다. 이미 1836년 오스트리아에서 제당기계가 만들어졌다. 마침내 기계생산의 진보가 제철에 기여하게 된다. 오스트리아에서 생산된 선철의 가치액은 1826년부터 1868년 사이에 400만 굴덴에서 2220만 굴덴으로 상승했다. 제철의 기술적 기초도 크게 변화되었다. 1826년 국내 최초의 코크스고로가 비트코비츠에 만들어졌다. 주조업에서는 용광로가 1830년 도입되었다. 최초의 퍼들로가 조업을 시작했기 때문에, 단철생산에서도 이 해가 전환점을 의미했다. 1815년 침탄강생산이 뵈멘에서, 1825년 더 큰 규모의 주강생산이 장크트 아에기디(St. Aegidy)에서 시작되었다.[14]

---

[13] Zentner는 50Kg의 무게로, 독일의 Zollverein(관세동맹)에 의해 도입된 무게의 단위이다. (역주)

[14] Exner 편, *Beiträge zur Geschichte der Gewerbe und Erfindungen in Österreich*, Wien

매뉴팩처에서 공장으로의 이행은 자본주의의 끊임없는 진보가 가져온 파괴적 영향을 강화하고 눈으로 볼 수 있게 만들었다.

기술적 진보는 아주 직접적으로 **노동자계급**에게 작용한다. 인간의 자연에 대한 어떤 새로운 승리도 노동자에게는 실업의 증가와 빈곤의 증대를 의미할 뿐이라는 부조리를 당시의 노동자계급은 우선 몸으로 알게 된다. 상당부분이 미성년 어린이로 이루어진 공장노동자들은 단결권이나 파업권도 없이 그 시기에 전무후무한 엄청난 자본주의의 축복을 알게 된다. 그들은 성난 폭동으로 제한 없는 착취에 저항했지만 소용없었다. 1843년 자본가들이 임금을 내리기 위해 농촌에서 노동자를 데려와 그들에게 자본주의적 이주의 자유의 의미를 가르쳐주었을 때, 브륀은 노동자소요에 휩싸였다. 1844년부터 1846년까지 면날염업에 페로티네(Perotine)기계의 도입은 프라하, 필젠, 쾨니히그레츠, 라이헨베르크, 뱀-라이파, 라이트메리츠, 코모타우, 에거 등지에서 노동자소요를 불러일으켰다. 1847년 빵 폭동이 비인에서 일어나, 퓐프하우스, 젝스하우스, 가우덴츠도르프에서 빵가게가 약탈되었다. 사회는 "프롤레타리아트"와 "공산주의" 앞에서 특히 두려워했다.

그러나 자본주의의 발전은 노동자만을 혁명적으로 만들지 않았다. 한편으로 자본주의의 발전에 따라 생계범위가 좁아진 **수공업장인**도 있었다. 이미 18세기에 많은 직업의 수공업자가 자본주의적 경쟁에 대해 매우 쓰라린 불평을 토로했다. 라이헨베르크 직물공들은 이미 1765년 공장이 자신들의 생업을 몰락시킨다고 한탄했고, 슈테른베르크의 직물장인들은 이미 1771년 공장설립에 반대하여 저항했다. 비인의 아마포직공들은 룸부르크, 쇤베르크, 슈테른베르크의 아마포공업과 경쟁할 수 없기 때문에 면직물업에 종사했지만, 거기서도 곧바로 자본가에 의해서 밀려났다. 1833년의 한 조사에서는 "많은 장인과 자격자가 직인으로밖에 고용될 수 없었고, 어떤 사람들은 일용으로 노동하여 겨우 빵을 얻을 수 있을 뿐이었다."고 불만을 드러내고 있다.

그러나 더 중요한 것은 자본주의가 농촌에 사회혁명을 주입했다는 사실이

1873 —
Beiträge zur Geschichte der deutschen Industrie in Böhmen, Prag 1893 (원주)

다. 자본가가 이용하는 기계는 **농민과 소작인**을 공격했다. 기계는 구식 가내 공업으로부터 그들의 벌이를 빼앗았다. 오스트리아에서도 수방적은 일찍이 공장과의 경쟁에서 패했다. 니이더웨스터라이히에서는 18세기 말 아직 10만 명 이상의 수방적 직인이 있었지만, 1811년에는 고작 8천 명에 불과하였다. 1835년 영업박람회의 공식보고에 의하면, "나호트에서 테첸까지 뵈멘의 국경지대에서는 적어도 주민의 4분의 1이 때때로 방추와 물레에 매달려 있다. 그 중 절반은 항시적 방적공이었고 그 수는 약 9만 명에 달했다. 호엔엘베령만 해도 7천 명, 나호트령은 8천 명 이상의 방적공이 살았다. 아마포가격의 저하와 직조에 유리한 기계방사와의 경쟁 격화로 방적임금은 매우 낮은 수준으로 떨어져, 임금은 하루에 겨우 2에서 3 크로이처, 때로는 그 이하가 되었다." 에르츠광산에서 사람들은 일급 약 4에서 6크로이처를 받고 일했다. 인간은 방적기계의 발명을 통해 자연에 대한 자신의 힘을 엄청나게 증대시켰지만, 그러나 이 승리는 뵈멘의 농민과 소작인에게 발진티푸스의 만연이라는 대가를 지불했다!15)

자본주의는 농촌의 대중에게 혁명적인 불만을 가져왔다. 그러나 불만은 농촌의 제도 그 자체 속에서도 배양되었다. 프랑스혁명의 발발 이래 영주의 세금과 부역에 억눌린 농민의 상태를 개선하기 위해 국가는 손끝 하나 까닥이지 않았다. 혁명의 두려운 정신을 따르지 않도록 하기 위해 기존의 것에 손을 대지 않는다는 것이 최고의 통치원리가 되었다! 농민의 참상이 얼마나 컸던가 하는 것은 1846년 농민이 혁명적인 폴란드귀족의 뒤를 돌아섰을 때 나타났다. 폴란드귀족을 진압한 후 황제가 그 충성에 감사해서 부역을 면제한다는 정보가 농민 사이에 퍼졌다. 흥분은 다른 황실직할지의 농민에게도 퍼졌고, 니이더웨스터라이히에서조차 군사력으로 농민에게 부역을 강제해야 할 정도였다.

이렇게 사회변동은 두뇌를 혁명화했다. 외견상으로 불만은 기존 교통형태의 배후에 은폐되었다. 그러나 새로운 가치, 새로운 사상, 새로운 희망의 세

---

15) E. V. Zenker, *Die Wiener Revolution 1848 in ihren sozialen Voraussetzungen und Beziehungen*, Wien 1897 (원주)

계가 정신 속에 주입되었다. 그것은 마치 증기기관, 방적기계와 기계직기, 설탕공장, 증기톱, 철도의 소음이 자고 있던 사람들을 깨워 눈을 뜨게 했던 것과 같다. 이제까지 사람들은 자신의 직업과 사회적 지위를 부끄러워하고, 수백 년에 걸친 유산과 신의 섭리로서 타자의 지배에 순종하고 인내해왔지만, 이제 수공업자, 노동자, 농민까지도 존엄한 영주와 오만한 관료, 탐욕스런 자본가와 인간으로서 같다고 느끼고, 자신들의 빈곤은 사회가 범한 범죄라고 생각하게 되었다.

하층계급의 자기의식에 관한 이러한 자각은 모든 사회적 변화와 마찬가지로 오스트리아에서는 **민족적** 의미를 가진다. 농민과 하인의 언어는 국가언어와 동등한 권리를 갖지 못하고 그 뒤에 있어야 한다는 사실은 과거에는 당연한 것이었다. 사회적 계단의 하나라도 올라갈 수 있는 사람은 누구나 주인의 우월한 양식과 우월한 언어를 모방하고, 자신의 모어(母語)에 대해서는 비천한 하인언어라고 부끄러워했다. 그러나 이제 자기의식에 눈을 뜬 수공업자와 노동자는 주인의 양식을 더 이상 모방하려고 하지 않는다. 그들은 이제 자신을 착취하고 억압하는 자들과 다르다고 자신을 의식하게 된다. 그들은 주인과 더 이상 같지 않고, 민족성을, 즉 적에 의해 굴복되고 가난해진 자의 민족성을 당당히 과시한다. 그들은 증오스런 지배자와 다른 민족성을 당당히 과시하면서, 그렇지 않으면 지배자의 언어만이 울려 퍼졌을 곳에서 부끄럼 없이 큰 소리로 민족어를 말하고, 계급대립에 명백하고 구체적인 형태를 부여한다. 한편 모든 사회적 대립은 민족적 대립으로서 나타난다. 왜냐하면 지배계급은 오래 전부터 독일인으로 되었기 때문이다.[16] 거대한 경제적 변혁

---

16) 1816년 자신의 강의 "뵈멘에서 두 민족의 관계에 관하여"("Über die Verhältnisse der beiden Volksstämme in Böhmen", 1849년 Michael Joseph Fesl이 비인에서 편집, 출판)에서 볼차노(Bolzano)는 다음과 같이 말했다. "국내에서 태어난 독일인과 그를 따르는 사람은 지금도 대단히 많은 중요한 점에서 우월한 것이 아닐까? 국내에서 수준 높은 학문이 얘기되는 것은 모두 독일어에 의한 것이 아닐까? 모든 공공업무에서 독일어를 업무상의 언어로 하고 있지 않은가? ……그러나 그 이상이다. 토지의 크기와 우월함이 전부가 아니고, 인민의 부유함과 자산이 전부가 아니다. 모든 사람은 태어나면서부터 독일인인 경우와 외국인인 경우의 사람이거나 혹은 오래전부터 이미 뵈멘의 언어와 풍습을 버렸기 때문에 독일인에 포함되는 사람이거나 이 둘 중 어느 하나일

의 전능한 압력 하에서 관료와 귀족, 자본가계급에 대한 불타오르는 증오는 필연적으로 독일인에 대한 체코인의 증오로 나타날 수밖에 없었다. 하층대중은 자기의식을 갖고 부자와 유력자들과 동일하게 생각하게 되었기 때문에, 체코인의 민족성과 독일인의 민족성, 체코인의 민중어와 독일인의 지배어가 대등한 가치가 있다고 필연적으로 생각할 수밖에 없게 되었다. 다시 자각하게 된 이 단계에서 모어는 **부끄럽지 않다**는 구호만큼 자주 사용된 것은 없다는 사실은 우연이 아니다. 그리하여 급속한 사회적 변혁의 태풍 속에서 자신의 언어를 부끄러워하고 비굴하고 소심했던 직인들로부터 애국자와 민족주의자가 생겨났다.

자본주의의 발전이 가져온 정신의 혁명적 변혁은 **지식인**에게 가장 강력한 영향을 미쳤다. 지식인이 민중과 떨어진 특권적 직업신분이 되지 않는 경우, 그의 사고와 감각은 언제나 예민한 현과 같이 주위에서 불어오는 어떤 바람의 흐름에도 미세한 음을 되풀이한다. 체코민족 속에 반 쯤 느껴지는 기분으로 존재하는 것은 지식인의 머리 속에서 명확한 사상이 되고 의식적인 희망이 되었다. 특히 초등학교 교사와 하급성직자와 같은 지식인 중에서도 가장 하층이지만 가장 강력한 직업신분은 대중의 새로운 기분을 받아들이고 정리하여 지휘자가 되었다. 이 두 직업은 의사와 변호사, 공무원과 달리 당연하게도 체코민족이 되었다. 이 직업은 민중과 밀접한 공동생활이 필요하고, 설교단과 교단에서 체코어를 일상적으로 사용해야 했다. 이제 체코민족을 사로잡은 운동은 마을의 최신의 대변자로서 교사와 목사를 얻었다. 체코민족이 재자각자로서 숭배한 사람들 중에 구교와 신교의 많은 성직자가 있었던 사실은 우연이 아니다. 그러나 지식인 중 다른 직업신분의 사람들도 민족의식과 민족감정의 자각이라는 강력한 힘을 거부할 수 없었다. 학생단체의 지루한 활동, 예비 장교의 어리석은 오만, 추악한 독일의 계급차별 재판, 질병금고에 대한 의사들의 투쟁 등에서 매일같이 나타나는 독일제국 지식인의 현

뿐이다. 뵈멘의 언어를 말하는 민중은 어디까지나 빈곤과 억압의 애처로운 상태에서만 살고 있는 것이 아닐까? 그리고 가장 불쾌한 것은 도처에서 독일인이거나 독일인에 속하는 사람이 자신의 상관이 되는 것이 아닐까?"(같은 책, 25쪽) (원주)

재와 같은 상태는 1848년 혁명 이전(Vormärz)의 오스트리아 지식인과는 전혀 다른 것이었다. 오스트리아에서의 오랜 수학기간 동안 굶주리고, 열악한 강의를 통해 힘들게 매달 몇 굴덴을 벌고, 게다가 보통 무료급식에 의지하여 생활하다, 몇 년 후 성직자, 시골의사 혹은 하급공무원이 되는 것은 대부분 농민과 수공업자의 어린 자식들이었다.

이들 계층은 이제까지 언제나 독일어 교육을 통해 독일인화 되었다. 그러나 이제 체코인의 민족의식이 그들 속에서 자각된다. 그들은 혁명적이기 조차 하였고, 사상의 자유를 억압하는 독일인 국가를 증오했다. 그들은 화려한 성에서 가난한 시골의사와 열악한 급여를 받는 하급공무원을 경멸적으로 내려다보고 있는 귀족적 영주를 증오했다. 그들은 가난한 지식인에게 재산을 자랑하는 속물에 대해 갖는 질시의 감정으로 자본가를 증오했다.

그들은 독일의 지배층에 대한 증오 속에서 동일한 증오로 충만한 광범한 대중과 연대를 느끼기 시작한다. 그들은 자신의 출신이 이 대중으로부터 유래한다는 사실을 기억하고 자신의 민족성을 생각하기 시작한다. 학교와 관공서에서 독일어를 사용하는 것은 이제 그들에게 불쾌한 강제가 된다. 그들이 그 밑에서 고통 받고 있는 증오스러운 사회적 권력의 지배는 거기서 분명하게 나타난다. 그들은 "사교계"의 무도회에서 노골적으로 체코어로 얘기하기 시작하고 — 전례 없는 모험! — 비참하게 착취당하고 있는 민족대중의 편이라고 공언하고, "사교계"로부터 퇴출당한다. 그들은 기꺼이 도브로프스키의 제자가 되어, 체코인의 말과 오래된 체코문학과 역사를 연구하기 시작하고, 곧바로 그들 중 여러 사람이 체코어로 시를 짓기 시작한다.

그러나 지식인만이 생생한 정신문화의 담지자가 될 수 있는 것은 아니다. 지식인은 보통 "공중(Publikum)"이라고 불리는 불특정한 사회계층이 언제나 필요하다. 사상가는 공중을 위해 사고하고, 시인은 노래하고 말하며, 공중의 욕구와 취향이 그들의 작품을 규정한다. 이제 체코민족 속에서도 이 계층이 나타난다. 자본주의의 발전으로 체코인 소시민의 일부도 자신의 몫을 가진다. 도시의 성장은 지대를 상승시켜, 셋집주인과 소상인, 임대업주의 수입을 증가시킨다. 구매력이 있는 소비자층의 출현은 많은 수공업자의 수입을 증가시켜 그들 자신조차 소자본가로 만든다. 체코인도 또한 제분업과 맥주양조업의 융성에서 자신의 몫을 가진다. 자본주의의 발전은 과거 통일적이었던 소시민층을 해체한다. 많은 수공업자가 빈곤해지는 반면, 더욱 급속한 경제적 발전으로부터 이익을 얻는 소시민의 상층이 형성된다. 그리고 이 사회계층은 이제 부의 증대에도 불구하고 과거처럼 독일인화하지 않는다. 왜냐하면 그들도 시대의 혁명적 이데올로기에 사로잡혔고, 국가와 사회의 독일인 권력자를 증오하고, 광범한 인민대중의 민족성과 민족의 모어를 부끄러워하지 않는 호소에 공감했기 때문이다. 그리하여 체코인 지식인과 나란히 새로운 민족문화의 담지자가 될 수 있는 체코인 소시민계급이 나타난다.

체코인의 문화가 처음부터 철저히 **소시민적**이었다는 사실은, 1848년의 태풍 속에서 체코민족이 사회적, 정치적 문제에 관한 태도를 결정해야 했을 때 분명해졌다. 최초의 체코인 학자와 시인에게 공중이었던 대중은 또한 최초의 체코인 정당의 지지자였다. 이 정당의 소시민적 정책은 문화 전체의 소시민적 성격을 나타낸다. 장크트 벤첼스-바트(St. Wenzels-Bad) 집회의 경제적 요구는 소시민적 성격을 띠었다.17) 팔라츠키는 보통선거권의 반대자였고, 인간의 자연적 불평등에 관한 과거의 잡담으로 공산주의와 싸웠고, 프롤레타리아트를 공포라고 말했다. 하브리첵(Havlíček)은 귀족의 신분적 특권을 논박하고 "금권귀족정치"(Geldaristokratie)의 반대자로 알려졌지만, 노동자의 권리에 대해서도 반대하고 사회주의를 논박하고, 국가가 자유와 재산을 보호해야 한다고 요구했다. 그리고 그는 기본적으로 평등한 선거권의 지지자임에도 불구하고, 하층민의 과세조사를 승인하려고 했다. 크렘지어(Kremsier) 헌법위원회에서 의원의 수당을 보증해야 하는가의 문제가 논의되었을 때, "공장주, 대사업가, 그 동료들"이 기꺼이 이 자리를 무상으로 배려해줄 것이므로 그것은 불필요하다고 리거(Rieger)는 설명했다.18) 그러므로 1848년 체코인의 정책은

---

17) 여기서 바우어는 1848년 프라하에서 열린, 팔라츠키가 의장으로서 주도한 "국제 슬라브 회의"를 언급하고 있다. (역주)

18) Anton Heinrich Springer, *Protokolle des Verfassungsausschusses im österreichischen Reichsrat 1848 bis 1849*, Leipzig 1885, 316쪽 — 또한 Masaryk, *Karl Havlíček*, Prag 1896 참고 (원주)

영주계급과 부르주아지에 대해서는 물론 노동자계급에 대해서도 적대적이었다. 그것은 바로 소시민적 정책이었다. 소시민층과 지식인은 아주 새롭게 창조된 민족의 문화에 자신의 도장을 찍었다.

이 새로운 체코문화는 먼저 **체코의 과거**를 재발견했다. 팔라츠키의 역사가 민중을 위해 묘사한 자신의 과거의 이미지로부터, 이백 년 동안 억압된 민족의 자기의식이 이제 고양된다. 이러한 학문적 작업은 아직 독일어를 사용한다. 도브로프스키의 저작,[19] 콜라(Kollár)의 주저,[20] 샤파릭(Šafařík)의 슬라브 문학사,[21] 팔라츠키의 역사는 우선 독일어로 출판되었다. 그러나 하인과 농민의 말이었던 자신의 언어가 곧바로 학문적 저작과 예술적 저작에 사용되었다. 일찍이 단테가 이탈리아를 위해, 루터가 독일을 위해 해결했던 과제가 여기서 해결되지 않으면 안 되었다. 농민의 방언으로부터 **통일언어**가, 일상생활의 조야하고 변질된 언어로부터 학문의 도구로서 사용할 수 있고 시인의 창작에 귀중한 재료가 될 수 있는 언어가 형성되어야 했다. 19세기 전반 체코인 저술가들이 이 작업을 수행했다. 체코인의 통일언어의 발전은 융만(Jungmann)에[22] 의한 <실락원>의 번역에서 시작되어 콜라의 시에서 정점에 도달했다. 이 발전과정 전체를 역사적으로 파악하는 사람은 이들 작품의 문학적 가치보다 민족에 대한 애정을 문제시한다. 즉 역사 없는 비참한 존재에서 역사적 존재로 단지 수십 년 길을 여행한 민족은, 그 의식 속에서 정신의 전반적 혁명을 개별 예술작품 가운데 처음으로 응축하고 있는 사람들을 애정으로써 이해하려고 한다. 그리고 이 새로운 문화는 이제 새롭게 등장한 교양인계층을 모든 체코민족과 밀접히 결합하는 끈이 된다. 수백 년 동안 눈

---

19) Josef Dobrovský(1753-1829)는 체코의 슬라브어 전문연구자이자 예수회 회원이었으며, 슬라브족 신학과 언어학의 창시자였다. 그는 슬라브어와 뵈멘의 역사 및 문학에 관해 많은 저술을 남겼다. (역주)
20) Jan Kollár(1793-1852)는 슬로바키아인 시인으로 신비주의적, 인간주의적 범슬라브주의의 대표자였다. (역주)
21) Pavel Josef Šafařík(1795-1861)은 슬로바키아인 역사가, 번역가, 민속지학자로 체코의 르네상스운동에 깊이 관계하였다. (역주)
22) Josef Jungmann(1773-1847)은 번역가이자 문학사가로, 중학교재로 체코어를 도입하는 데 기여하였다. (역주)

에 보이지 않는 파괴활동을 통해 민족의 통일을 훼손해온 과거의 분리과정에 대하여, 새로운 통일언어, 새로운 시, 새로운 지식, 새로운 공동소속의식, 새로운 민족감정의 공동체는, 그리고 정치적 의지의 공동체는 새롭게 나날이 강한 끈이 되어 체코인, 메렌인, 슬로바키아인을 다시 결합시켜 하나의 민족으로 만든다는 목적을 부여한다.

자신의 말을 부끄러워했던 억압된 농민과 하인의 민중으로부터 지식인과 부유한 소시민의 광범한 계층을 포함하는 민족이 형성되었다. 그들은 자신의 민족성을 의식하고 생생한 민족감정으로 충만해진다. 이 새로운 상황에 대해 국가는 대응하지 못했다. 이 민족이 아직도 역사 없는 민족의 잠에 빠져 있는 것처럼 국가는 지배했다. 프란츠황제의 오스트리아는 아직 독일인 국가였다. 마리아 테레지아와 요제프 2세 시대의 통치방식이 계속되었다. 직무상 하층 민중과 만나야 하는 공무원은 민중어의 지식이 요구되었다. 모든 체코인지역과 언어혼합지역의 김나지움에서는 "정치적인 지위에 있는 사람들이 양쪽의 언어에 능통하도록"23) 체코어 문법과 작문도 수업대상으로서 가르치도록 배려되었다. 동일한 이유에서 신학부와 의학부는 일정한 종류의 실습을 체코어로 하였다. 국가가 체코어를 장려한 것은 농민과 수공업자, 노동자와 그들의 언어로 교류할 수 있는 공무원과 의사, 성직자가 필요했기 때문이다. 체코민족은 그들의 언어를 보호할 권리를 갖지 못했고, 신하에 대한 배려가 국가에게 유리하거나 필요할 때만 국가는 그것을 이용했다. 이미 권력자는 혁명적 독일인 부르주아지와 지식인에 대항하여 어부지리를 얻기 위한 방편으로 체코어를 보호한다는 생각을 했다. 그러나 오스트리아는 본질적으로 독일인 국가였다. 독일어는 관공서와 법정의 언어였고 법률과 군대의 언어였다. 이 상태는 마리아 테레지아의 시대 체코민족의 민족적 발전단계에 조응하였다. 19세기에 이것은 무정부주의로 된다. 민족적 의식을 자각한 민족에게 오스트리아에 의한 체코인 지배는 이민족지배라고 생각되었다. 오스트리아의 부르주아혁명은 필연적으로 **민족혁명**일 수밖에 없었다.

이 혁명은 오래 전에 예고되었다. 요제프 2세 치하에서 33명의 "토착 뵈멘

---

23) Fischel, 같은 책, XLII 쪽 (원주)

인"이 체코어의 억압에 고생하는 뵈멘인의 상태에 관하여 청원했을 때, 이것은 아직 신기한 사건으로밖에 관심을 끌 수 없었던 개별적인 현상이었다. 이후 수십 년의 거대한 경제적 변혁이 민족의 잠을 깨웠을 때, 상황은 크게 변했다. 그리스인, 이탈리아인, 마자르인, 아일랜드인 등의 혁명적 민족운동은 뵈멘에 활발한 공감을 불러일으켰다. 오코넬(O'Connel) 시대의 "철회"(Repeal)는 체코인이 가장 좋아하는 정치구호가 되었다.24) 당시 체코어 반관(半官)신문의 편집자였던 하브리첵은 체코인의 억압상태에 관해 쓸 수 없었기 때문에, 영국에 대한 아일랜드의 투쟁에 대한 상세한 보고로 신문지면을 메웠다.

3월혁명으로 구체제가 붕괴하고 **국가는 민족의 새로운 발전에 대응해야 했다.** 혁명은 경직된 법과 민족적 관계들의 변화 사이의 모순을 제거했다. 그러므로 1848년 4월 8일의 황제친서를 권리의 원천으로 간주하거나 "뵈멘헌장"으로 찬미하는 것은 웃기는 일이다. 그것은 아무런 효력도 없으며, 사려 깊지 못한 내용과 미완성의 형식으로 당시 궁정을 지배하던 곤란함을 반영한 것에 불과하였다. 그것은 의심의 여지없이 체제전환을 반영한 최초의 역사적 문서였다.

그러나 혁명은 국가가 민족의 새로운 문화적 발전에 대응해야만 하는 것을 의미할 뿐 아니라, 이 문화발전 자체의 강화와 가속화를 의미한다. 새로운 출판, 결사, 집회의 자유는 체코 문화운동을 통해 광범한 대중을 끌어들이는 수단이 된다. 1848년 이전에 체코어 신문은 하나뿐이었지만, 이제 몇 주 동안에 모든 체코어 출판물이 만개했다. 프라하의 단체들은 지방도시에 지부를 만들고, 더 작은 지역의 주민을 민족적 문화운동으로 이끌어 넣는다. 정치투쟁은 이러한 운동에 새로운 내용을 줄 뿐 아니라, 새로운 열광과 새로운 정열로 머리를 가득 채운다.

물론 이러한 운동의 시대 후에는 반동의 세월이 뒤따른다. 마치 체코인이 아직도 역사 없는 민족의 상태로 있는 것처럼 뵈멘지방을 지배하려는 시도

---

24) Repeal은 영국역사에서 영국과 아일랜드의 합병에 대한 철회운동을 의미한다. 이 철회운동은 여러 번 계속적으로 일어났다. 먼저 1801년 합병에 대한 반대 운동이 있었고, 1830년 및 1841-46년 D. O'Connel이 주도한 반대운동이 있었다. (역주)

가 다시 한 번 이루어진다. 그러나 바로 이 시대가 민족적 발전의 힘을 강화시킨다. 토지영주제가 최종적으로 폐지되고, 농민이 부역으로부터 해방되어 자신의 토지의 자유로운 소유자가 되고, 직접 국가의 행정과 재판권에 복종하게 되는 것은 바로 이 시대이다. 이 시대는 자본주의의 발전을 방해한 법적 장해가 폐지되던 시대이고, 오스트리아의 급속한 경제발전의 시대이다. 캘리포니아와 오스트레일리아 금광의 발견이 가져온 50년대 자본주의의 비약적 발전에 오스트리아도 적은 부분을 갖게 되었다. 체코민족을 다시 한 번 자각하게 만든 이러한 생산력의 변혁, 경제적 재편은 바로 반동의 십년 속에서 더욱 빠른 속도로 완성되었다. 바하(Bach)의 절대주의는 메테르니히의 절대주의와 동일하지 않았다.25) 그 자신이 자본주의적 발전의 도구가 된 동시에 무덤을 팔 사람을 낳았다. 오스트리아를 다시 한 번 독일인 국가로서 통치하려고 하는 시도는, 비록 패전이 이 발전을 가속화하지 못할지라도, 결국 실패할 수밖에 없을 것이다. 솔페리노(Solferino)전투 후 절대주의는 붕괴한다. 그리고 이미 1859년에 체코의 중학교제도가 정비되기 시작한다. 민족의 승리는 그것으로 사실상 결정되었다. 그 후 어떻게 초등학교부터 대학에 이르기까지 민족적 학교제도를 쟁취하고, 관공서와 재판정에서 자신들의 언어를 사용할 권리를 획득하게 되는가는 잘 알고 있기 때문에 여기서 상술할 필요는 없다. 여기서 우리의 과제는 체코민족이 새로운 문화를 만들게 되는 경제적, 사회적 생활의 거대한 흐름을 분명하게 밝히는 것뿐이다.

억압되고 착취된 계급만으로 이루어진 오스트리아의 민족 중에서 체코민족이 가장 일찍 자본주의적 발전에 이끌려 들어갔다. 그러므로 그들은 먼저 역사의 시장에 등장하였고 거기서 가장 분명한 소리를 들었다. 그러나 이러한 발전은 다른 역사 없는 민족들에 선행하여 일어난 것으로, 다른 민족들도 또한 동일한 길을 걷기 시작했다. **슬로베니아인**의 경우 슬로베니아 언어지

---

25) Alexander von Bach(1813-93)는 오스트리아의 정치가로 1848년 혁명기에 법무장관을 지냈고 1849년에는 내무장관을 지냈다. 1852년 수상인 **Schwarzenberg**가 죽자 바하는 정부에서 가장 영향력 있는 인물이 되었고, 정부체제를 가톨릭교권적, 중앙집권적, 절대주의적으로 만들었다(이른바 "바하체제"). (역주)

역의 일부가 프랑스의 지배를 받았던 나폴레옹전쟁의 시대에 발전이 시작되었다. 가장 늦은 경우는 루테니아인의[26] 민족적 발전이었다. 1846년 오스트리아 정부가 폴란드인 봉기에 대항하여 루테니아 농민의 도움을 구했을 때, 폴란드인의 슐라흐타(Schlachta, 하층귀족)에 의해 의식적으로 잘못 오도된 오스트리아의 공식적인 의견은 루테니아인을 "슈타디온 백작의 발명품"으로 간주했다.[27] 크렘지어 헌법위원회에서도 여전히 과연 루테니아 민족이 존재하는가의 여부에 관해서 논의되었다. 오늘날에도 여전히 루테니아 민족은 대학을 갖지 못했을 뿐 아니라 매우 초라한 중학교제도밖에 없다. 그들의 정치적인 힘이 얼마나 작은가는 새로운 선거개혁에서 그들이 받고 있는 부당함이 증명한다. 그것은 역사 없는 민족, 순수한 농민민족의 운명이다. 그러나 루테니아인도 체코인이 걸었고 특히 슬로베니아인이 걷기 시작한 길 위에 서있다는 것은 확실하다. 초등학교, 일반적 병역의무, 보통선거권, 신문, 민중집회는 루테니아 민족의 대중을 동일한 문화적 영향 아래 놓는다. 러시아혁명이 우크라이나의 광범한 대중에게 환기시킨 흥분은 동부 갈리치아에서도 반향이 나타났다. 루테니아인 농민은 농업파업으로 민족적 투쟁과 경제적 투쟁을 위한 수단을 발견했기 때문에, 폴란드인 영주에 대한 루테니아인 농민의 투쟁만큼 경제적 대립과 민족적 대립이 직접 결합한 경우는 오스트리아 다른 지역에서는 없다. 역사 없는 민족들의 재자각을 의미하는 사회적 발전은 또한 갈리치아 국경에서도 멈추지 않는다.

개별적인, 일찍이 역사 없는 민족들이 오스트리아에서 도달한 민족적 발전단계는 그들의 경제적 발전의 높이를 반영한다. 1900년 체코인은 43.1%만

---

[26] 루테니아인은 원래 중부유럽 지역인 카르파티아산맥(Carpathian)의 남부 지역에서 유래한 우크라이나인을 말한다. 합스부르크 왕조가 1772년 갈리치아(Galizia)와 1775년 부코비나(Bukovina)를 점거한 후부터 루테니아인은 실질적으로 소수민족으로 되었다. 그들 중 대부분은 폴란드 귀족(Szlachta) 밑에서 농민으로 살고 있었다. (역주)

[27] Johann Philipp Graf von Stadion(1763-1824)은 오스트리아 정치가로 1805년에 외무장관을 지냈다. 그는 나폴레옹에 저항하기 위해 개혁을 통해 국가와 민중 사이의 연대를 형성하여 민중군대를 만들려고 시도했다. 1809년 군사적으로 패배한 후, 그는 메테르니히에 의해서 교체되었다. 그는 1816년에 다시 재무장관으로 복귀하였고 국립은행을 설립했다. (역주)

이 농림업에 종사했지만, 슬로베니아인은 75.4%, 오스트리아의 세르비아크로아티아인은 86.9%, 루마니아인은 90.3%, 마지막으로 루테니아인은 93.3%가 농림업에 종사했다. 개별 민족의 민족적 문화발전과 이 숫자를 비교하면 주목할 만한 일치가 발견된다. 민족 중 농림업에 종사하는 비율이 적을수록, 그 만큼 더 공업화 과정에 진입한 것이고, 자본주의 작용을 더 많이 받으며, 그 만큼 민족적 발전의 도달단계도 더 높다. **역사 없는 민족의 자각은 자본주의적 발전의 수많은 현상형태 중 하나이다.** 국가의 토대를 뒤흔드는 민족투쟁은 자본주의의 침투가 구 사회의 몸체 속에 불러일으킨 고통에 찬 병리현상 중 하나이다. 오스트리아의 민족문제는 자본주의 발전이 유럽문화권의 모든 민족 앞에 던진 커다란 사회문제 중에서 아주 작은 단편에 불과한 것이다.

제18장 근대자본주의와 민족적 증오

역사 없는 민족이 자각하는 시대는 경제적으로는 매뉴팩처에서 공장제로 이행하는 시기, 사회적으로는 농민해방, 정치적으로는 부르주아 혁명을 통해 특징지을 수 있다. 더 높은 수준의 민족적 발전은 오스트리아는 물론이고 어디서든 근대 자본주의의 침투가 가져온 대중의 사회적 계층변동과 지리적 이동을 반영한다. 베르너 좀바르트가 분명하게 설명했듯이, 19세기 전반 자본주의는 사회의 큰 건물 중 몇 개의 방을 처음으로 손에 넣었다. 19세기 후반에는 건물 전체를 획득하고, 건물을 자신의 목적에 맞게 개축했다. 오스트리아에서 이러한 발전은 다른 나라들보다 완만했지만, 여기서도 민족들의 발전과 민족투쟁의 발전은 이러한 사회적 변화와 관련해서만 이해할 수 있다.

우선 개별 민족 중 어느 정도나 자본주의적 발전의 과정에 있었는가를 탐구하고자 한다면, 1900년의 오스트리아 직업조사가 우리에게 근거를 제공한다.

자본주의적 변혁과정의 처음에 가장 중대한 작용은 구 농민경제의 소멸과 사회적 **노동의 구성** 변화이다. 그것은 **노동자**가 직업계급으로 변화된 배치로 나타나고, 대중을 공업과 상업으로 이끌고, 농촌에 남은 구 농민을 순수한 농업인으로, 즉 단순한 상품생산자로 전환한다. 먼저 개별 민족들 중 어느 정도가 이러한 발전에 들어갔는지를 살펴보자. 우리의 직업조사에 따르면, 여기서 예로 든 일상어를 사용한다고 인정한 사람 1,000명 중 각각의 직업계급에 속한 사람 수는 다음과 같다.

〈표 18-1〉 오스트리아의 다양한 언어집단 성원들의 직업집단, 1900년

	농림업	공업	상업과 무역	공무원, 자유업 등
독일어	335	383	134	148
체코어	431	365	93	111
폴란드어	656	148	112	84
루테니아어	933	25	17	25
슬로베니아어	754	134	35	77
세르보-크로아티아어	869	46	38	47
이탈리아어	501	234	127	138
루마니아어	903	27	25	45

조사수 : 각 언어집단별 1000명

독일인과 체코인은 주민의 절반 이하가, 이탈리아인은 거의 절반이 농림업에 종사할 뿐이다. 루테니아인, 루마니아인, 세르보-크로아티아인은 거의 순수한 농업민족으로 보아도 좋다. 이상의 두 집단 사이에 폴란드인과 슬로베니아인이 위치한다. 공업과 상업에서는 독일인이 가장 앞서있다. 공업에서는 체코인이 그 뒤를 따르고, 그 다음은 이탈리아인이다. 상업에서는 이탈리아인이 뒤를 따르고, 다음에 체코인이다. (상업에서 체코인에 대한 폴란드인의 우위는 외면상일 뿐이다. 현실적으로 폴란드인에 전혀 동화되지 않았음에도 불구하고 일상 폴란드어를 사용한다고 인정한 다수의 유대인을 빼야 한다.) 그러므로 독일인이 자본주의의 발전에 가장 많이 참여하고 있고, 체코인과 이탈리아인이 그 뒤를 따르고 있다.

이번에는 직업계급 내부의 개별 민족 성원의 사회적 지위를 살펴보자. **공업**에서 다음과 같은 일상어를 사용한다고 인정한 사람 1,000명의 직업은 <표 18-2>와 같다.

우선 주목할 것은 우리가 이미 알고 있듯이 자본주의적 발전과정에 대한 참여가 가장 적은 민족은 자영업의 수가 가장 많다는 사실이다. 루테니아인과 폴란드인은 공업에서 자영업이 가장 많고, 독일인과 체코인은 가장 적다. 노동자의 수는 그 반대이다.

〈표 18-2〉 오스트리아 공업 내 다양한 언어집단 성원의 사회적 구성, 1900년

	자영업	직원	노동자	일용노동	가족노동
독일어	182	30	731	28	29
체코어	157	14	764	34	31
폴란드어	318	17	559	50	56
루테니아어	399	6	447	78	70
슬로베니아어	255	4	661	35	45
세르보-크로아티아어	299	6	630	26	39
이탈리아어	253	14	663	17	53
루마니아어	243	5	534	191	27

조사수 : 각 언어집단별 1000명

루테니아인, 루마니아인, 폴란드인은 노동자의 수가 가장 적고, 독일인과 체코인이 가장 크다. 자영업 1인당으로는 독일인과 체코인은 루테니아인과 폴란드인의 경우보다 훨씬 많은 노동자가 있다. 루테니아인과 폴란드인 자영업자는 압도적으로 수공업자이고, 독일인과 체코인 자영업자 중에는 상당수가 자본가인 것은 분명하다.

자영업 중에서 자본가와 수공업자를 구별하고자 한다면, 직원의 수가 귀중한 근거를 제공한다. 왜냐하면 직원은 — 엔지니어, 기술자, 직공장, 회계원 등 — 자본주의적 경영에서만 나타나는 것으로, 수공업에 들어가지 않기 때문이다. 자본주의적으로 더욱 발전된 민족들은 — 독일인, 체코인, 폴란드인, 이탈리아인 — 발전이 적은 민족들, 즉 루테니아인, 슬로베니아인, 세르비아-크로아티아인, 루마니아인보다도 직원의 수가 많다. 그러나 이 숫자는 아직 더 검토되어야 한다. 자본가에게 노동자의 민족성은 관계없다. 이에 비해 자본가는 자신과 동일한 언어를 말하는 직원의 간부를 통상 주변에 배치한다. 독일의 공업가는 체코인 노동자를 고용하지만, 공장장과 직원은 보통 독일인이다. 지금 독일인 직원 수가 다른 민족들의 경우보다 훨씬 많다고 본다면, 독일인 공업자본가가 틀림없이 가장 많을 것이라고 결론지을 수 있다. 자영업과 노동자의 비율에서 보면 체코민족은 폴란드인보다 자본주의적으로 더 발달한 반면, 직원 수에서는 폴란드인이 체코인보다 많다는 사실로부

터 판단한다면 다음과 같이 결론지을 수 있다. 폴란드인 지역에서는 보통 공장주도 일상 폴란드어를 말한다고 인정된다는 점이다. 확실히 체코인 지역은 폴란드보다 공업적으로 더 발전했고, 수공업자는 더 적으며, 공업노동자는 더 많지만, 그럼에도 불구하고 체코인 노동자는 다른 민족, 분명히 독일인 자본가 밑에서 주로 일한다.

부르주아지 중 독일인 비율이 전체 주민 내부의 독일인 비율보다 많다는 사실은 두 가지 원인이 있다.

우선 오스트리아에서 자본주의적, 공업적 발전의 초기에 **지배계급**은 독일민족이었고, 오스트리아는 정치적, 문화적으로 독일인 국가였다는 역사적 사실의 영향이다. 당시의 지배계급으로부터 오스트리아의 부르주아지가 생겼다면, 그들은 태어나면서부터 독일인이다. 또 부르주아지가 이민족의 성원들로부터 유래하였다면, 그들은 게르만화되었다. 예를 들면 브륀의 모직물공업이 창설한 페르피어스(Verviers)의 직공은 당시 종속민족으로 역사 없는 민족의 언어인 체코어가 아니라, 자연히 오스트리아 지배계급의 언어와 문화를 받아들였다. 마찬가지로 술집주인, 소상인, 고리대금업자, 공장주, 대상인, 은행가로 된 유대인은 독일인 문화공동체에 들어오려고 했다. 그러나 역사 없는 민족들의 후손조차도 자본가계급으로 상승에 성공하는 경우, 새로운 사회적 지위에서 하인과 농민의 비천한 언어인 모어를 버리고 독일인으로 되었다. 그러므로 오스트리아의 부르주아지는 다양한 출신이지만, 문화적으로는 의심의 여지없이 독일적 성격을 갖고 있다. 역사 없는 민족이 자각하고 그들의 민족 부르주아지가 발전할 가능성이 처음으로 그들에게 주어졌지만, 독일인 부르주아지는 150년의 우위를 갖고 있다. 그 사이에 오스트리아의 자본주의적 발전은 독일인 자본가계급의 발전을 의미했다. 다른 민족들의 젊은 부르주아지가 발전과정에서 독일인 부르주아지를 따라잡을 수 없는 것은 당연한 일이다. 18세기와 19세기 전반 오스트리아에서 독일인 부르주아지 옆에는 아직 이탈리아인 부르주아지가 있었다. 그들도 남부 슬라브의 농업민족에 대하여 경제적, 문화적 우위를 유지하였다.

오스트리아 자본가계급의 독일적 성격은 오스트리아 공업이 독일민족의

이주지역에서 가장 빨리 발전했다는 사실에도 관련된다. 이것은 독일인 지역이 이미 매뉴팩처가 보급되어 있었고, 슬라브인의 지방보다도 **많은 대도시**를 포함하고 있었던 사실에도 부분적으로 기인한다. 독일인 공업의 급속한 발전은 많은 역사적 **우연** 덕분이기도 하다. 예를 들면 뵈멘의 독일인 지역의 산업적 발전은 프리트란트(Friedland) 후작의[1] 경제정책에 의한 장려 덕분이다. 독일인이 주데텐(Sudeten) 지방의 국경지대에 거주한 것도 산업발전을 지원했다. 중상주의적 관세정책이 시행됨으로써 **밀수**가 대규모로 시작되었다. 외국의 원재료를 가공하려는 자본주의적 기업들은 국경 가까이에 입지를 정했다. 북부 뵈멘의 양모공업과 면공업은 틀림없이 영국 실의 밀수를 더욱 조장했다. 그리고 우선 구식의 가내직물공업이 독일 국경지역으로 눈을 돌려 가내공업에서 공장제로 이행하고, 외국 실의 밀수를 그만두게 되었을 때, 이 지역은 공업적으로 우월할 수밖에 없었다.

그러나 밀수를 무시하더라도 독일인 지방은 먼저 생산에 유리한 조건을 제공했다. 독일인은 공업이 필요한 **수력**을 사용할 수 있는 산악지역에 — 알프스와 뵈멘의 국경산지 — 거주하였다. 더 중요한 것은 독일인 지역에서 일찍이 풍부한 **석탄층**이 개발되었다는 사실이다.

오스트리아 부르주아지의 원래적인 독일적 성격에는 두 가지 원인이 있다. 일련의 우연한 사정으로 독일인 지역에서 — 특히 비인, 주데텐의 독일인 지역, 슈타이어마르크 — 공업이 최초로 발전했기 때문에 부르주아지는 독일인이었다. 게다가 체코인 지역과 슬로베니아인 지역에서도 부르주아지는 독일인이었다. 역사 없는 민족들의 자각 이전에는 알프스 지방과 주데텐 지방의 모든 지배자, 재산가, 교양인은 독일인이었기 때문이다.

이러한 사실은 우리의 민족적 투쟁의 기초가 된 일련의 현상 전체를 설명한다. 부르주아지와 주민의 다른 계급 사이의 냉혹한 대립은 도처에 존재한다. 소시민, 노동자, 농민은 체코인이기 때문에, 자본가가 독일인인 체코인 지역에서는 이 사회적 대립은 민족적 대립이라는 특별한 형태를 띨 수밖에

---

[1] 프리트란트(1563-1634) 후작은 30년전쟁에서 군사령관을 지냈고 뵈멘에 대규모 영지를 획득했다. (역주)

없다. 공업적으로 발달한 지역과 농업지역 사이에는 도처에 냉혹한 대립이 존재한다. 공업지역이 독일적이고 농업지역이 체코적인 곳에서 경제적 대립은 민족의 옷을 입을 수밖에 없다. 다양한 사회적 대립을 다언어국가인 오스트리아에서 대중은 먼저 민족적 대립으로 의식하게 되는데, 그것을 다시 한 번 뵈멘에서 체코인과 독일인 사이의 투쟁의 기초가 되고 있는 사회적 대립을 **사례**로 들어 설명해보자. 뵈멘이 군주국(오스트리아)에서 공업적으로 가장 발전한 지방이고 바로 그런 이유로 가장 활발한 민족투쟁이 존재하는 지방이기 때문에 이 사례를 선택한 것이다. 우리의 과제는 아래에서 여러 번 반복해서 인용하게 될 라욱베르크(Rauchberg)의 탁월한 저작[2] 덕분에 매우 쉬워질 것이다.

라욱베르크는 뵈멘을 네 지역으로 나누었다. 그가 **독일인 지역**이라고 규정한 정치적 지역에서는 최근의 센서스조사에서 오스트리아 공민(Staatsbürger)의 80% 이상이 일상적으로 독일어를 사용하고 있다고 인정하였다. 그가 **독일인 다수지역**이라고 부른 정치적 지역에서는 오스트리아 공민의 50에서 80%가 독일어를, 20에서 50%가 체코어를 일상어로 사용하고 있다고 인정하였다. **체코인 다수지역**에서는 체코어가 50에서 80%, 독일어가 20에서 50% 일상어로 사용되고 있다. 마지막으로 오스트리아 공민의 80% 이상이 체코어를 일상어로 사용하고 있는 지역을 라욱베르크는 **체코인 지역**이라고 부른다. 급속히 발전한 프라하에 공업지역이 많은 점에서 그 밖의 체코인 지역과 다른 발전을 나타내고 있기 때문에, 그는 자주 체코인 지역 중에서 "프라하와 그 근교"의 숫자와 다른 체코인 지역의 숫자를 구별해서 언급한다.

그래서 우리는 라욱베르크를 따라 순 독일인 지역과 독일인 우세지역이 사실상 뵈멘의 공업중심지라는 것을 확인한다. 그러나 프라하와 그 근교의 숫자에 대해서는 여기서 제외한다. 그것은 이후의 연관 속에서 자연히 알게 되기 때문이다.

1900년 뵈멘의 각 지역 1,000명의 직업집단은 <표 18-3>과 같다.

---

[2] Heinrich Rauchberg, *Der nationale Besitzstand in Böhmen*, Leipzig 1905 (원주)

〈표 18-3〉 뵈멘의 직업집단, 1900년

	농림업	공업	상업과 무역	공무원 자유업 등
독일인 지역	249	527	120	104
독일인 다수지역	274	536	95	95
체코인 다수지역	445	357	84	114
체코인 지역(프라하와 근교를 제외)	473	334	82	111

조사수 : 각 지역별 1000명

체코인 지역에서 공업인구는 아직 농업인구에 미치지 못하는 반면, 독일인 지역에서는 주민의 다수가 공업에 종사한다. 상업에서도 독일인 지역은 체코인 지역보다 그 비율이 높다. 그러나 공업인구와 농업인구의 비율만이 아니라 공업인구 자체의 사회적 구성에서도 독일인 지역은 자본주의적 발전의 높은 단계에 도달했음을 알 수 있다. 즉 공업에서 직업인 1,000명의 사회적 구성은 <표 18-4>와 같다.

〈표 18-4〉 뵈멘의 공업 내 사람들의 사회적 구성, 1900년

	자영업	사무직	노동자	일용노동	가족노동
독일인 지역	144	21	788	29	18
독일인 다수지역	112	19	810	30	29
체코인 다수지역	146	12	762	26	54
체코인 지역(프라하와 근교를 제외)	180	15	744	23	38

조사수 : 각 지역별 1000명

독일인 지역에서 전체 직업인에 대한 사무직 및 노동자의 비율은 체코인 지역보다 큰 반면, 자영업의 비율은 더 작다. 자영업자 일인당 비율에서 보더라도 독일인 지역에서는 체코인 지역보다 노동자와 사무직이 많다. 독일인 지역에서 수공업자에 대한 자본의 승리는 더 완전하고, 독일인 지역은 자본의 집중이 더 높은 단계에 도달해 있다.

그러므로 독일인 지역과 체코인 지역의 대립은 우선 **자본주의적으로 앞선 지역과 자본주의적 발달이** 늦은 **지역의 대립**으로서 파악되어야 한다. 이들 지역 사이에는 도처에 대립이 존재한다. 공업적으로 더 진보한 지역의 부르주아지는 어디서든 그들이 부담할 수 있는 높은 직접세를 그들의 부와 문화의 화려함으로 돌린다. 그들은 어디서든 자본주의적 발전이 늦고 가난하고, 따라서 문화적으로도 뒤쳐진 지역에 대해 경멸에 찬 시선을 던진다. 라이헨베르크(Reichenberg)와 아우스지히(Aussig)의 공장주가 "체코인"에 대해서 말할 때보다, 라인란트-베스트팔렌의 공업가가 "오스트엘베(Ost-Elbe)인"에 대해 더 경멸적으로 말한다.

자본주의적 발전의 단계가 서로 다른, 그리고 상품을 교환하는 두 지역의 대립을 경제적으로 파악하려고 한다면, **맑스의 가격이론**이 열쇠를 제공한다.

두 지역에서 생산된 **잉여가치**의 양은 두 지역의 노동자가 수행한 **잉여노동**의 양에 의해 규정된다. 이 잉여가치의 어느 정도가 두 지역 자본가의 소유로 각각 돌아갈 것인가?

더 발달한 나라의 자본은 **더 높은 유기적 구성**을 가진다. 즉 자본주의적으로 더 발전된 지역은 늦은 국가보다 동일한 임금(가변자본)량에 대한 더 많은 자재(불변자본)량을 포함한다. 지금 맑스가 우리에게 가르친 것에 따르면 — 이윤율 균등화의 경향에 의해 — 두 나라의 각각의 노동자는 **자신의** 자본가를 위해 잉여가치를 생산한 것이 아니라, 두 나라의 노동자가 만든 잉여가치가 양국의 자본가 사이에 분할된다. 그것은 양국의 각각에서 수행된 노동의 양에 따라서가 아니라, 양국의 각각에서 활동하는 자본의 양에 따라 분할된다. 더 발전한 나라에서는 **더 많은** 자본이 동일한 양의 노동에 충당되기 때문에, 더 발전한 나라는 그 나라에서 수행된 노동량에 대응하는 것보다도 많은 잉여가치를 이끌어낸다. 마치 양국에서 생산된 잉여가치가 우선 한 무더기로 던져진 다음, 이어서 자본의 크기에 따라 자본가들에게 나누어지는 것이다. **더 발전한 나라의 자본가**는 자신의 노동자들만이 아니라, **발전이 늦은 나라에서 생산된 잉여가치의 일부를 언제나 자기 것으로 만든다.**

상품의 **가격**만을 보면 교환에서 어느 나라도 주어진 것과 동일한 만큼만 받는다. 이에 반해 **가치**를 고려하면 교환되는 것은 등가가 아님을 알 수 있다. 자본의 유기적 구성이 더 높은 나라가 제공하는 생산물에는 자본구성이 낮은 나라로부터 제공받는 상품에 포함된 것보다도 적은 노동이 대상화되어 있다. 이와 같이 선진국은 교역관계를 맺고 있는 후진국 덕분에, 후진국이 진보된 나라를 위해 부담해야하는 노동보다도 적은 노동을 한다. 더 발전한 나라의 자본은 발전이 늦은 나라의 노동의 일부를 횡령한다.

선진국이 공업생산물을, 후진국이 농업생산물을 교환하는 곳에서, 물론 **지대**라는 사실이 농업국의 착취에 대항적으로 작용한다. 토지의 소유는 지대의 형태로 잉여가치의 일부를 선취하고, 투하 자본의 크기에 따른 자본가 사이의 분할을 벗어날 힘을 농업국에 준다. 그러나 지대도 확실히 다음과 같은 사정을 방해할 수는 없을 것이다. 즉 농업국에서 만들어진 가치생산물의 일부는 높은 생산가격의 공업제품과 교환하면서 공업국의 자본가계급에게 인도된다. **뵈멘의 독일인 지역과 뵈멘의 체코인 지역 사이의 경제관계**도 이러한 상황이라는 사실은 분명하다. 만일 그렇지 않다면, 뵈멘의 독일인 지역의 자본가가 획득한 잉여가치량과 체코인 지역의 잉여가치량의 관계는, 뵈멘의 독일인 지역의 사회적 노동과 체코인 지역에서 이루어진 사회적 노동 사이의 관계와 동일할 것이다. 그러나 뵈멘의 체코인 지역은 독일인 지역보다 임금이 싸고, 따라서 잉여노동이 노동일의 더 많은 부분을 형성하기 때문에, 노동자 일인당 뵈멘의 독일인 지역보다 훨씬 많은 이윤을 획득할 것이다. 그러나 실제로 뵈멘의 독일인 지역의 자본가계급의 이윤은 뵈멘의 독일인 지역에서 고용된 노동자수에 비례한 것보다 분명히 많다. 다르게 표현하면, **뵈멘의 독일인 지역은 체코인 지역보다 고용된 노동자 일인당 더 많은 이윤을 획득할 수 있다.** 이 경제적 사실은 뵈멘의 독일인 지역 주민의 평균적으로 더 많은 부유함과 도시의 화려한 발전, 주민의 평균적으로 높은 문화수준으로 나타난다. 독일의 민족적 저술가가 뵈멘의 독일인 지역의 **높은 문화**와 체코인 지역의 "열등함"에 관해 즐겨 지적하는 것은, 자본주의적 발전이 높은 지역이 발전이 낮은 지역의 가치생산물의 일부를 횡령하고 있다는 모든 자본주의적 경쟁을 지배하는 사실의 작용일 뿐이다.

뵈멘의 독일인 지역의 더 많은 **세금납부**도 이 사실에서 유래한다. 오스트리아 경제영역 전체에서 생산된 잉여가치는 노동자수에 따라서가 아니라 자본사용의 비율에 따라 뵈멘의 독일인 지역이 갖게 되기 때문에, 또한 동일한 노동자수에 대한 더 많은 자본으로 인한 높은 자본구성 때문에, 더 많은 이윤을 갖게 되고 체코인 지역보다 많은 직접세를 부담할 수 있다.

이러한 사실로부터 독일의 시민층은 주민 일인당 직접세를 더 많이 부담하는 지역의 주민으로서 그 수에 상응하는 것보다 더 큰 힘을 국가와 지역에서 갖게 된다는 결론이 나온다. 그러나 이러한 결론으로는 **국가에 관한 순부르주아적 이해**밖에 말할 수 없다. 정치적 권리가 세금납부에 의존한다면, 왜 직접세만이 세금으로 간주되고 대중이 부담하고 국가재정을 주로 떠받치는 간접세는 세금으로 간주되지 않는가? 그러면 누가 세금을 통해 국가재정에 기여하는 정도에 따라 국가에 대한 법적 권력을 가져야 할 것인가? 마지막으로 인간노동이 가치의 창조자라면, 세금납부는 다른 사람의 노동의 산물을 횡령한 사람에게 귀속시켜야 할 것인가, 아니면 가치를 자신의 노동으로 만들고 따라서 모든 세금의 유일하고 진정한 담지자에게 귀속시켜야 할 것인가? 체코인 노동의 일부가 체코인 자본가가 아니라 독일인 자본가를 부유하게 만든다는 사실은, 뵈멘의 체코인 지역보다 독일인 지역에 우월함을 부여하는 것이 아닐까?3)

그러나 뵈멘의 체코인 지역이 자신의 노동의 일부를 통해 독일인 지역의 물질적, 정신적 문화를 뒷받침한다는 인식은, 독일민족의 정치적 요구의 정

---

3) 우리의 독일 민족주의에 관한 논증 전체가 얼마나 부르주아적 정신에 의해 침투되어 있는가 하는 것은 다음의 문장에 잘 나타나 있다. "뵈멘의 독일인은 직접적으로, 즉 직접 노동자와 공무원으로서 연간 1억 9380만 크로네로 19만 6750명의 체코인 노동자를 부양하고 있다. 이것은 이들 체코인의 가족을 고려하면 적어도 70만에서 80만 명의 체코인이 살 수 있음을 의미한다. 이것은 뵈멘 전체 체코인의 약 5분의 1 이상이다."(*Deutschböhmen als Wirtschaftsgroßmacht*, Reichenberg 1903, 제1권, 22쪽) 정말 자본가가 노동자를 "부양하는" 것일까? 오히려 노동자의 노동이 전체 사회를 부양하며, 노동수단의 사적 소유가 노동자의 노동성과의 일부를 횡령하는 권력을 자본가에게 준 것이 아닐까? (원주)

당화를 위해 오용되어서는 안 되겠지만, 체코인과 독일인의 시민정당들의 역사적 요구를 이해할 열쇠를 우리에게 제공할 것이다.

뵈멘의 독일인 부르주아지는 오스트리아의 시장 전체를 필요로 한다. 그러므로 그들은 오스트리아가 통일된 법적 영역, 교통영역, 경제영역을 형성하기를 원한다. 그들은 **제국 수준에서는 중앙집권주의적이다**. 그에 반해 그들은 잉여가치의 약탈을 확보하고자, 자신들의 높은 세금납부를 통해 세금부담이 낮은 체코인 지역의 요구에 대해서는 반대한다. 그러므로 그들은 **농촌에서는 연방주의적이며**, 뵈멘의 체코인 지역으로부터 독일인 지역의 영토적 구별을 요구하고, 독일인 지역을 독립된 황실령으로 만들려고 생각한다. 체코인은 다르다. 체코인은 그들의 농산물을 위해 주데텐 지방 이외의 시장을 욕심내지 않았는데, 그것도 독일인의 공업보다 훨씬 적은 정도에서였다. 그러므로 그들은 법적 영역, 경제영역으로서 오스트리아의 통일에는 그다지 관심이 없다. 이에 반해 그들은 한편으로 주데텐 지방 내부의 독일인 시장을 필요로 하고, 다른 한편으로 이 지방의 독일인 공업지역의 납세력을 그들의 요구에 도움이 되도록 만들려고 생각한다. 그러므로 그들은 **제국 수준에서는 연방주의자이며, 농촌에서는 집권주의자**, 통일의 수호자이다. 그래서 우리는 독일-체코의 **헌법투쟁**의 가장 깊은 뿌리를 알게 된다. 공업지역은 커다란 통일적 경제영역에 대한 욕구가 농업지역보다 훨씬 강하다. 그러므로 제국 수준에서 독일인은 집권주의자이고, 체코인은 연방주의자이다. 자본주의적 발전이 높은 영역은 납세력이 강하고, 이 납세력을 자신만을 위해 사용할 것인가, 역사적으로 그들과 연계되어 있는 농업지역을 위해 사용할 것인가 하는 문제가 생긴다. 그러므로 농촌에서 독일인은 연방주의자이고, 체코인은 집권주의자이다.

독일인 지역이 공업발전의 높은 단계에 도달해 있다는 사실은 뵈멘의 **사회적 이동**에 중요한 민족적 의미를 준다. 어디서와 마찬가지로 여기서도 주민의 이주가 일어난다. 주민의 일부는 농업지역을 떠나 공업지역으로 이동한다. 민족적으로 중요한 의미를 가진 것은 뵈멘의 독일인 지역으로 체코인의 유입이다. 라욱베르크는 이 운동을 상세하고 정확하게 서술했다. 그의 연구성과인 뵈멘에서의 이동의 결과를 여기서 인용하는 것으로 우리는 만족한다. 그는 각 언어권에 거주하는 인구수와 각 언어권에서 태어난 인구수를 비교하여, 이 숫자를 기초로 각 언어권으로의 유입과 유출을 계산했다.

먼저 독일인 지역과 다른 언어권과의 교통을 비교해보자.

〈표 18-5〉 뵈멘의 독일인 지역과 다른 언어권 사이의 인구이동, 1900년

	독일인 지역으로 유입	독일인 지역에서 유출	절대적 증감	현재 인구의 증감(%)
독일인 다수 지역	26307	31502	-5195	-0.3
체코인 다수 지역	23860	7548	+16312	+0.9
체코인 지역	127510	46678	+80832	+4.6

"독일인 지역으로의 유입"의 예를 보면, 어느 정도의 사람들이 다른 세 지역으로부터 독일인이 80% 이상인 지역으로 전입하고 있는지를 알 수 있다. "독일인 지역에서 유출"의 예는 어느 정도의 사람들이 독일인 지역으로부터 전출하고 있는지를 나타낸다. 세 번째 열은 독일인 지역과 다른 세 지역 간 교통의 증감의 차를, 따라서 운동 전체의 결과를 보여준다. 독일인 지역은 독일인이 50에서 80%에 이르는 지역으로, 받아들인 사람보다 더 많은 사람을 내보냈다는 사실을 볼 수 있다. 그에 비해 체코인 지역에서 독일인 지역으로 전입한 사람은, 독일인 지역에서 체코인 지역으로 전입한 사람보다 훨씬 많다. 특히 80% 이상 체코인 지역에서 독일인 지역으로 전입한 경우는 절대적으로도, 현 거주인구의 비율에서 보더라도 매우 크다.

50에서 80% 독일인 지역의 이동결과는 아주 유사한 모습을 제공한다.

이 지역의 이동결과는 다른 지역 전체와의 교통에서 플러스이다. 독일인 다수 지역은 다른 언어권으로부터 유출한 것보다 더 많은 사람을 받아들이고 있다. 체코인 지역의 유입초과가 여기서 특히 크다. 무엇보다 체코인 농업지역은 과잉인구를 독일인 공업지역으로 넘겨주고 있다.

〈표 18-6〉 뵈멘의 독일인 다수지역과 다른 언어권 사이의 인구이동, 1900년

	독일인 다수지역으로 유입	독일인 다수지역에서 유출	절대적 증감	현재 인구의 증감(%)
독일인 지역	31502	26307	+5195	+1.3
체코인 다수 지역	13049	5653	+7396	+1.8
체코인 지역	54116	13683	+40433	+9.9

다음에는 체코인 농업지역으로부터 독일인 공업지역으로의 이동과 그것의 민족적 영향을 좀 더 상세히 살펴보자!

유입자의 대부분은 **노동자**를 형성한다. 체코인 농민자식과 농업노동자는 오랜 가내공업의 몰락과 농업기술의 변화로 인해 고향에서 더 이상 존재의 여지를 발견하지 못한다. 노동력의 과잉, 농촌 프롤레타리아트의 산업적 자조능력의 결여는 생활수준을 저하시킨다. 이에 반해 공업지역에서는 자본축적의 강력한 진전과 잉여가치의 자본으로의 전화로 인해 노동력 수요는 상승한다. 더욱이 노동조합투쟁은 임금을 인상시킨다. 높은 임금은 체코인 프롤레타리아트를 독일인 지역으로 유인한다. 공업이 원만하게 성장하는 곳에서 체코인 노동자는 개별적으로밖에 나타나지 않으며, 대개 환경이 그들을 단시간에 민족적으로 동화시켜버린다. 그러나 노동력 수요가 급속히 상승하는 곳에서 체코인 노동자는 대량으로 전입하여, 강하게 결합하고, 자신의 민족성을 유지한다.

체코인 노동자는 임금이 낮고 생활수준이 최저인 시골지역으로부터 왔다. 따라서 그들은 **임금인하자**(Lohndrücker)로서 왔고, 드물지 않게 파업파괴자로서 왔다. 그들이 독일인 노동자의 증오와 분노를 사는 것도 놀랄 만한 일은 아니다. 오늘날에도 뵈멘의 독일인 지역의 공장주들은 언제나 충분히 독일의 민족성을 갖고 있지만, "탐욕스런" 독인인 노동자들 대신 "저주받은 무욕"이라는 악덕을 아직 버리지 않은 체코인 노동자를 고용하려고 한다. 이렇게 그들은 독일인 노동자를 희생으로 해서 이윤을 확보한다. 그리고 그것을 통해 독일인 노동자 속에는 체코인 전입자에 대한 증오가 자라게 되고, 민족적 증오로 가득 찬 노동자는 시민적·민족적 정당으로 유인되기 때문에, 이것은 독

일인 자본가에게는 기분 좋은 부수입이 된다. 그러나 그런 가운데서도 그는 자주 이러한 사례에 더 이상 성공할 수 없게 된다. 독일인 노동자는 체코인 노동자를 자신의 노동조합으로 조직하고 노동조합투쟁에 끌어들임으로써 체코인에 의한 임금인하와 파업파괴를 막을 수 있다는 사실을 특히 잘 알고 있기 때문이다. 그리고 체코인 노동운동의 진보는 체코인 프롤레타리아트에게 전체 노동자 이익의 연대라는 의식을 채워줄 것이다. 그래서 다행스럽게도 체코인에 의한 임금인하는 드문 예외적 현상이 되었다. 체코인의 전입은 처음에는 독일인 노동자 사이에 확실히 민족적 증오와 민족적 분노를 일으켰다. 그러나 이 증오는 정치적 의지로까지 응축될 수는 없다. 체코인의 전입에 반대하는 유일한 수단인 이동의 자유에 대한 폐지를 근대적 공업노동자가 요구할 수도 없다. 그러므로 독일인 노동자는 체코인 노동자와 어깨를 나란히 하는 공동투쟁과 자본에 반대하는 투쟁을 통해서만 성과를 쟁취할 수 있다는 사실을 어려운 시련으로부터 배웠다.

독일인 노동자는 바로 체코인의 독일인 공업지역으로의 전입을 통해 전체 노동자 이익의 연대, 전체 민족 노동자의 공동투쟁의 필요성을 배운다. 그러나 체코인 노동자의 **소시민층**으로의 전입의 작용은 매우 다르다. 체코인의 전입은 우선 독일인 노동자의 이익에는 손해를 입히지만, 독일인 소시민층에게는 경제적 이익을 준다. 인구증대는 상인과 수공업자에게는 이익의 증대를, 집주인에게는 지대(집세)의 상승을 의미한다. 그럼에도 불구하고 거의 모든 독일인 소시민층은 체코인 소수자에 대한 격렬한 증오로 가득 차있다. 이러한 현상은 어디서 오는가?

우선 조상 대대로 고향의 토지에 뿌리박고 있는 완고한 소시민의 경향으로, 모든 낯선 것, 비인사람이 말하는 "이주민"에 대한 불신이다. 이미 다른 곳에서 상술했듯이,4) 그것은 **통각의 태만**, 즉 토착적이지 않은 모든 것에 대한, 낯선 모든 것에 대한 불쾌감, 다시 말해 소시민이 태어나고 결혼하고 죽는 좁은 지역권의 특수한 양식에 조응하지 않는 모든 것에 대한 불쾌감인데, 이것이 민족적 감정과 민족적 증오의 뿌리이다. 부르주아지의 눈, 자본주의

---

4) 통각에 대해서는 본 역서 79, 140, 150, 173, 190쪽 등을 참고 (역주)

적 경기변동에 의해 이리저리 던져지는 프롤레타리아의 눈에는 넓은 세계는 아니더라도 언제나 커다란 경제영역이 보이지만, 소시민과 농민은 자신의 토지에 깊이 뿌리박혀 있어 외부에서 자신의 좁은 범위로 침입해 들어오는 모든 낯선 것, 새로운 종류의 것을 증오한다.

어느 시골 마을에도 존재하는 지역유지(Gemeindecliquen)가 이제 — 다양한 연관에서 — 이러한 민족적 본능을 사로잡는다. 작은 지방도시에서는 지역의 지식인과 — 의사, 교사, 목사, 약사 — 몇몇 부유한 셋집주인, 상인, 점주 등이 지역유지를 형성한다. 마을에서는 부유한 시민 대신에 여유 있는 농민이 거기에 들어간다. 큰 공업지대에서 지역유지는 부르주아지와 지식인으로 구성된다. 많은 곳에서 혈연이 같은 후계자와 사회적으로 매우 가까운 인물을 받아들여 언제나 다시 충원되는 동일한 유지들이 자치적 지역행정의 시작부터 마을을 장악한다. 어떤 곳에서는 몇몇의 유지가 마을의 재산을 둘러싸고 싸운다. 목사와 교사, 소방대장과 재향군인회장, 심지어 그들과 관련하여 경쟁하는 변호사가 서로 반목하고 마을의 권력을 둘러싸고 투쟁한다. 이들 유지는 자신들의 뜻대로 마을의 위원회를 구성하고, 공적 선거에서 후보자를 추천한다. 무관심한 소시민적 주민들은 공적 생활에서 그들을 기꺼이 따른다. 우리의 마을선거규칙은 공식적으로 이 유지들을 법적 제도로 만들고, 그들에게 가장 중요한 행정부문을 위임한다.

이러한 지역유지는 우선 체코인 노동자의 전입을 불쾌하게 느낀다. 마을은 새로운 학교를 배려해야 하고, 치안행정은 어려워지고, 다양한 과제가 많아져, 사실상 전입은 무엇보다 재정 부담을 의미한다. 그러나 우선 신사에게 불쾌한 것은 곧 위험한 것이 된다. 성장하는 공업도시에서 지주인 유지들이 명망과 권력을 계속 향유하는 것은 아무래도 어렵게 된다. 인구증가가 민족적으로 동일한 종류라면, 어쨌든 이것은 가능할 지도 모른다. 인구증가가 민족적으로 다른 종류라면, 이것은 가망이 없어 보인다. 수십 년 동안이나 감독조차 받지 않고 지배권을 행사해온 유지들은 낯선 위험한 힘과 마주치게 된다. 이제 유지들은 민족분쟁에서 지도자가 된다.

전입한 노동자 대중이 아직 욕심 없고 온순하고, 중노동을 하고 도시 주변의 불쌍한 주거에서 자며, 기껏해야 허름한 선술집에서 술을 먹는 것 이외에 다른 기분전환방식을 모르는 비참한 생활을 보내는 한, 부르주아지와 소시민은 신경 쓰지 않는다. 체코인 노동자가 순종적이고 얌전하게 도시의 신사들에게 길을 비켜주고, 요구와 부담을 주지 않고 잘 차려입은 사람들에게 공손하게 접근하는 한, 지역 유지들은 체코인의 전입을 환영한다. 그러나 점차 대단히 많은 노동민족이 새로운 생활과 전대미문의 자기의식으로 자각해간다. 그들은 더 이상 지역의 권력자에게 굽실거리지 않고 자신의 권리를 요구한다. 그들은 문화적 욕구의 만족, 특히 자식들을 위한 학교를 요구한다. 파업과 정치투쟁, 집회와 시위를 통해 그들은 지역의 평온을 깬다. 더욱이 그들은 때때로 무례하게도 축제를 열고자 한다. 근대적 노동자가 도처에서 자각하는 이러한 새로운 생활을 다행스럽게도 독일인 공업지역의 체코인 소수자도 획득하게 된다. 이것은 독일인 노동자에게도 매우 기쁜 현상이다. 체코인 노동자가 자신의 머리를 자랑스럽게 들수록, 그 만큼 독일인 노동자는 체코인에 의한 임금인하와 파업파괴를 두려워하지 않게 되고, 자본 및 계급 국가에 대한 투쟁에서 체코인 동지의 강력한 지지를 바랄 수 있게 된다. 그러나 소시민은 ― 특히 소시민이 충실히 따르는 지역의 유지는 ― 새로운 발전에 두려워한다. 프롤레타리아 자기의식의 어떤 움직임도 그들에게는 혁명을 의미하고, 민족적 소수자의 어떤 움직임도 지역에서의 그들의 권력에 위험을 의미한다. 체코인 노동자를 추방하거나 도시로의 유입을 금지할 수는 없다. 그러나 사람들은 도시에서 민족적 소수자를 알려고도, 보려고도 하지 않는다. **"도시의 독일적 성격의 보전"**이 이제 그들의 구호가 된다. 우리 독일민족이 최고의 인륜적 의무로 명명하고 비인의 시의회가 뤼거(Lueger)의5) 시규칙에 따라 선서해야 했던, 자주 인용되는 이 구호는 대체 무엇을 의미하는가? 체코인 노

---

5) Karl Lueger(1844-1910)는 수공업자와 소규모상인, 소농의 이익을 대변한 오스트리아의 정치가이자 변호사였다. 그는 1891년 다양한 반자유주의적 연합체를 묶어 보수적이고 반인종적인 기독교사회당을 창당하였다. 1895년 그는 비인의 시장으로 당선되었지만, 황제는 1897년 다시 당선될 때까지 인준을 거부했다. 그가 시장으로 있던 때는 비인이 근대적 거대도시로 발전했던 시기였다. 그는 민족들 사이의 평등을 옹호했지만, 오스트리아-헝가리의 이중권력에 대해서는 반대했다. (역주)

동자의 유입은 저지되어야 한다는 것이 아닐까? 그러나 이동의 자유의 제한은 어떤 자본주의국가에서도 불가능하다. 셋집주인, 상점주, 상인은 ― 공장주에 관해서는 말할 필요도 없이 ― 뒤에 보게 되듯이, 그러한 수단을 성실하게 옹호하지만, 사실상 노동자 전입의 경제적 수익자이다. 오히려 "도시의 독일적 성격의 보전"이란 민족적 소수자를 보지 말아야 한다는 사실을, 그 도시가 마치 독일인 도시인 것처럼 **보여야** 한다는 사실을, 하나님 덕분에 체코식의 글이나 체코식의 말, 체코식의 색이 나타나지 않아야 한다는 사실을 의미한다. 누구나 알고 있듯이 자본주의적 발전이 소시민층의 단일 언어의 도시를 자본가와 프롤레타리아의 두 언어의 도시로 만들었다. 그러나 "독일적 성격의 보전"이란 민족적 소수자에 대한 이러한 미봉책 이상의 것을 의미한다. 즉 그것은 지역의 행정이 전입해온 노동자를 고려하지 않는다는 사실을, 그들의 자명한 요구, 특히 그들의 문화적 요구를 만족시키지 않는다는 사실을, 오스트리아 지역이 자신의 노동자들에게 베푸는 가련한 정도의 사회복지나 사회구제조차 그들에게는 필요치 않다고 보는 사실을 의미한다. 지역의 모든 사회적 의무에 대한 완전한 경시, 모든 지역적 사회정책의 완전한 결여 ― 이것이 바로 지역의 유지들이 "도시의 독일적 성격의 보전"이라고 부르는 것이다.

물론 체코인 노동자인구가 급속히 증대하면, 도시의 독일적 성격이 위협받는다는 사실과 체코인 주민이 서서히 우세해지고 독일인 주민이 소수파가 된다는 사실은 실제로 일어날 수 있다. 민족적 이동을 생기게 하고 규정하는 이러한 사회적 과정을 이해하는 사람은, 거대한 발전과정이 가져온 이 불가피한 동반현상을 최악의 재해로 보지는 않을 것이다. 우리는 수백만 사람들의 존재의 부정, 수천 명의 자식의 희생, 광범한 인민대중의 말할 수 없는 빈곤을 대가로 자본주의적 발전을 이루었다. 그렇게 해서 마을과 공업도시에서 체코인의 감소를 의미하는 재해는 사라진다. 우리 민족이 실제 하나의 민족문화공동체로 되기 전에 자본주의적 발전이 선행해야 한다는 사실을 우리는 알고 있다. 이것은 이 거대한 사회적 변혁과정의 여기저기서 독일인이 다수자에서 소수자로 된다는 희생을 지불하더라도, 우리에게는 비싸지 않은 목적이다. 우리 민족이 진정한 자기결정, 완전한 자치에 도달하기 위한 전제는 이러한 사회적 변혁이라는 사실을 우리는 알고 있다. 몇몇 공업지역에서 소수자의 지위로 떨어진 독일인조차도 자신의 문화공동체를 독일민족과 함께 보호하기 위한 수단을 발견할 것이라고 우리는 확신한다. 그러나 우리가 보는 것을 소시민은 보지 못한다. 자본가의 시장은 거대한 영역이며, 지구 전체이다. 공업노동자에게는 거대한 경제영역 전체가 특히 노동시장을 형성한다. 여기저기서 그는 자신의 노동력을 팔아야 한다. 그러나 소시민은 자신의 토지에 묶여 있다. 자신의 좁은 지역에서만 그는 생산하고 거래한다. 그의 사고도 또한 그 이상으로 넓어질 수 없다. 그는 자신의 민족을 결코 보지 않으며, 단지 자신의 지역만 볼뿐이다. 공업발전이 자신의 민족에게 무엇을 의미하는지 그는 관심이 없다. 자신의 지역에서 독일인 지위를 위협하고 있는 동일한 과정이, 다른 한편으로는 자신의 민족 전체로서의 힘을 경제적, 정치적으로 강화하고 물질적, 정신적 문화를 풍부하게 만들고, 노동하는 광범한 인민대중을 처음으로 민족으로 편입시킨다는 사실을 소시민은 알지 못한다. 그들의 권력은 작은 지역에서 뒷받침되기 때문에, 세계는 그들에게 종말이다. 이것이 독일인에 대한 공업발전의 영향을 대단히 두려운 것으로 생각하고, 민족적 소수자 문제에 과도한 의미를 부여하고, 민족적 증오를 크게 불러일으키는 것이다. 그러므로 우리 소시민들은 문제를 민족적인 것으로 생각하지 않고, 즉 커다란 민족이라는 입장에서 생각하지 않고, 우리의 민족적 정당들이 그러하듯이, 부당하게도 독일민족을 몇 백 명의 지역유지의 합으로 생각한다.

그러나 그것으로부터 **소시민적 민족정책 전체의 불성실함도 생긴다.** 낯선 노동자의 유입을 저지할 수 있는 유일한 수단인 이동의 자유에 대한 폐지는 불가능하다. 그러므로 소시민은 원래 민족정책의 목표를 갖지 않는다. 이제 그것의 유일한 내용은, 언제나 그렇지만, 더 이상의 목적이 없는 증오로 표현된다. 도로표지를 민족적 소수자의 언어로 지시하지 않고, 재판관과 공무원이 민족적 소수자와 그들의 언어로 대화하지 않는 것이 이제 소시민적 정책의 내용이 된다. 민족적 적대자의 색채를 띤 깃발은 "민족의 명예"를 훼손하는 것이다. 독일인 소시민은 체코인 노동자의 축제를 무슨 수를 써서라도 저지해야 하는 범죄행위로 생각한다. 그것은 더 이상 목적을 문제시하지 않는 정책이며, 민족적 증오의 무력한 표현에 불과한 정책이고, 소시민이 체코인 노동자 없이 살 수 없기 때문에 더욱 참을 수 없다는 사실로부터 필연적으로 생기는 정책이다.

그러나 이 정책은 이제 민족적 소수자의 **반대운동**을 불러일으킨다. 이민족에게 둘러싸여 있는 소수자는 민족감정이 특별히 높다. 토착 주민이 이민족 전입자에게 보이는 증오를 통해 민족감정은 높아진다. 증오로 인해 거부되는 것은, 그에게 특히 가치 있는 것이 된다. 도로표지의 언어, 법정의 언어는 ― 이것은 우리 시대의 커다란 사회문제와 비교하더라도 매우 중요한 것이다 ― 이제 그에게 "민족적 명예"에 대한 요구가 된다. 축제는 이제 즐거움을 추구하기 위해서라기보다, 집요한 민족적 적대자에게 해를 주기 위해 열린다. 그래서 이 무의미한 게임이 등장한다. 즉 오스트리아에서 민족정책이라고 불리는 이 무의미한 게임은 민족적 증오로부터 생기고 다시 민족적 증오를 생기게 하지만, 경제적 발전단계를 통해 냉혹하게 규정되는 민족들 사이의 현실적 권력관계를 조금도 변화시킬 수 없다. 독일인 언어지역에서 체코인 소수자가 증가하느냐의 여부는 도시의 경제적 발전의 강도와 방향에 달려 있다. 체코인의 축제와 체코어의 표시는 이민족 소수자의 증가를 가속화하지 않는다. 반대로 체코어의 표시를 금지하고 체코인의 축제를 방해하더라도, 그들의 증가를 막을 수 없다.

체코인 소시민이 체코인 노동자를 따라 독일어 지역으로 들어오면, 이러한 민족투쟁은 더욱 격화된다. 독일인 도시와 공업지역에서 체코인 소시민층의 형성은 두 가지 방식으로 이루어진다. 먼저 체코인 노동자의 일부가 소시민으로 상승함으로써 이루어진다 ― 수공업직인이 장인이 되고, 노동자가 저축을 하거나 작은 유산을 받아 상인이나 가게주인이 되는 경우이다. 다음으로 체코어 지역에서 수공업자와 소상인이 전입함으로써 이루어진다. 체코인 소시민은 당연히 독일인 도시의 체코인 노동자 속에서 고객을 발견한다. 이제 민족적 분노는 계산할 수 없을 정도로 커진다. 이제까지 독일인 소시민이 체코인 노동자의 전입에서 경제적인 이득을 챙겼다. 그러나 이제 체코인 경쟁자가 경멸을 받지만 매우 가치 있는 고객을 독일인 소시민으로부터 빼앗는다. 이제 도시의 독일적 성격의 보존은 소시민의 경제적 관심이 된다. 경쟁자의 체코어 가게간판은 체코인 노동자 고객을 잃게 될 위험으로 독일인 소시민을 위협한다. **이제 민족성은 경쟁자의 투쟁수단이 된다.** 체코의 소시민들은 "동포에게"라는 구호를 사용하여 체코인 고객을 확보한다. 독일인 상인과 수공업자도 "체코인에게 사지 말자!"라고 대응한다. 이제 지역유지들의 지배권에도 위험이 커진다. 그들은 체코인 노동자에 대해서는 특권적 선거권의 보호 덕분에 안전함을 느낀다. 그러나 체코인 소시민은 선거인이다. **지역의 권력과 고객**을 둘러싼 양 민족 소시민 간의 투쟁은 나날이 민족적 증오를 증대시킨다.

   독일인 지역으로 체코인 소시민의 전입은 마찬가지로 뵈멘의 독일인 지역의 급속한 자본주의적 발전의 결과이다. 체코인 지역에서 전출은 이 지역 상인과 수공업자의 수입을 저하시킨다. 독일인 지역으로 전입은 그 곳 소시민의 이윤을 증가시킨다. 그러나 모든 경쟁은 이윤율의 평균화 법칙에 지배된다. 생산자와 상인은 언제나 이윤이 낮은 지역을 떠나 이윤이 높은 지역으로 이동한다. 체코인 노동자가 체코인 농업지역에서 독일인 공업지역으로 이동하는 한, 그래서 독일인 지역의 인구가 체코인 지역보다 급속히 증가하는 한, 소시민도 체코인 지역에서 독일인 지역으로 이동할 것이다. 체코인 소시민의 전입을 방해하고자 하는 사람은 뵈멘의 독일인 지역의 공업발전을 저지해야 할 것이다. 독일인 소시민은 그럴 수 없다. 그러므로 독일인 소시민의 민족정책은 **구체적인 목표가 없으며**, 특정한 목표에 도움이 되지 않는, 주민의 이주를 통해 생긴 민족적 증오의 무력한 표현일 뿐이다.

   체코인 소시민과 함께 체코인 **지식인**도 독일인 공업지역으로 이주한다. 자기 민족의 수가 급속히 증가하는 공업도시에서는 더 많은 수입이 의사와 변호사를 손짓한다. 여기서도 민족성은 경쟁의 원리가 된다. 체코인 의사와 변호사는 독일인 동업자로부터 체코인 소수자 고객을 빼앗는다. 독일인 동업자의 경쟁심이 민족적 증오로 바뀐다. 그러나 여기서는 민족성뿐만 아니라,

바로 민족투쟁이 경쟁수단이 된다. 독일인 공업도시의 체코인 의사와 변호사가 체코인 소수자에게 자신의 이름을 알리고 그들을 자신의 고객과 환자로 만들기 위해 사용할 수 있는 가장 좋은 방법은, 스스로 체코인 소수자의 지도자가 되는 것이다. 그는 말과 문장으로 자신의 민족적 이익을 주장한다. 그는 투쟁 속에서 강화된 소수자의 증오에 강연과 말을 통해 강한 표현을 부여한다. 그는 독일 지식인 경쟁자를 증오하고, 자신의 동포의 사정을 관청에 가져가 지역유지들의 평온한 지배를 깨뜨리고, 민족적 소수자를 정당으로 조직하여 정치적으로 위험한 존재로 만든다. 그러므로 "민족적 선동자"인 체코인 소수자의 지식인을 박해하는 것은 무엇보다 독일인 지식인과 지역유지, 격분한 독일인 소시민이다.

그러나 체코인 지식인의 전입은 곧바로 또 다른 형태를 띠게 된다. 독일인 소시민은 곧바로 국가의 관청과 재판소에서 역시 체코인 **공무원**을 발견하게 된다. 증오에 찬 민족적 적대자가 이제 국가권력의 담당자가 되고, 독일인 소시민은 체코인에 의한 이민족 지배 아래 놓여있는 것처럼 느끼게 된다. 독일인 지역의 재판소와 행정관청에 체코인 공무원이 들어가게 된 궁극적인 근거는 역시 독일어 지역이 바로 공업의 중심지라는 사실에 있다. 독일인 지역은 공업과 상업에서 중간층 자식들을 흡수한다. 특히 독일인 소시민층의 자식들은 공업과 상업의 직원이 된다. 이에 반해 공업의 발달이 완만한 체코인 지역에서 부유한 농민과 소시민의 자식들은 아버지의 직업을 계승하지 않는다면 공부를 하는 길밖에 없다. 과거 농민의 자식들은 성직자가 되었고, 오늘날에도 아직 독일어 지역의 적지 않은 가톨릭 승려는 체코인이다. 이제 그들은 다른 직업으로 향한다. 과거 독일인은 체코인보다 훨씬 많이 공업과 상업의 직원이 되었지만, 이제 지적 작업에 종사하는 체코인의 비율이 독일인의 비율보다 상대적으로 더 크다. 직업조사에 따르면, 공무원과 자유업에 종사하는 사람은 뵈멘에서 독일인 1만 명 중 1131명인 데 반해, 체코인은 1만 명 중 1178명이다. 뵈멘의 중학교 진학에 관하여 라욱베르크는 다음과 같이 보고하고 있다. 10만 명당 학생 수는 <표 18-7>과 같다.

〈표 18-7〉 뵈멘의 중학교 학생 수

	독일인 김나지움	독일인 실업학교	체코인 김나지움	체코인 실업학교
1880-81	240	84	318	90
1890-91	233	102	292	91
1900-01	230	129	236	203

 이와 같이 자유업을 준비하기 위해 중학교에 들어가는 것은 독일인보다 체코인 쪽이 훨씬 많다. 독일인과 체코인의 김나지움 입학 사이의 긴장이 최근 10년 약간 줄어든 것은 체코인의 실업학교 입학이 매우 급속하게 커졌기 때문이다. 이미 언급했듯이 체코인 재판관과 공무원이 독일인 지역에서 자주 발견되는데, 독일인 공업지역에 체코인 엔지니어와 건축가도 곧 나타날 것이다. 예를 들면 1900-01년 독일인 10만 명 중 21명이 직업학교에 입학한 것에 비해 체코인은 10만 명 중 10명만이 입학했다는 사실을 본다면, 체코인의 많은 비율이 자유업에 진출하는 이유는 분명하다. 공업적인 뵈멘의 독일인 지역이 차지하는 김나지움 비율을 농업적인 알프스 지방과 비교하면, 이것을 확인할 수 있을 것이다. 뵈멘에서 체코인 중학교 학생 수가 많아지고 독일인 중학교 학생 수가 작아지는 것은 뵈멘의 독일인 지역이 체코인 지역보다 공업적으로 급속히 발달한 결과이다. 많은 수의 교육받은 체코 지식인은 자연히 독일인 공업지역으로 흘러들어온다. 여기서는 인구도 증가하고, 공무원, 재판관, 변호사, 의사에 대한 수요도 급속히 커진다. 그래서 독일인 소시민은 지역의 주요 자리와 지역재판소, 우체국과 철도사무소 등에서 체코인 공무원 수가 증가하고 있음을 보게 된다. 증오스런 체코인이 독일인 소시민에 대해 국가권력을 체현하고, 그들의 관계사항을 관리하고, 그들을 재판하고, 그들로부터 세금을 징수한다. 국가의 관청에 출입할 때마다 민족적 증오가 새롭게 커진다.
 독일인 지역의 공업적 성격과 체코인 지역의 농업적 성격이 뵈멘의 독일인 지역으로 체코인의 전입, 즉 체코인 노동자의 전입만이 아니라 체코인 소시민과 지식인 유입의 궁극 원인이다. 이 전입은 독일인 주민, 특히 독일인

소시민과 독일인 지식인의 증오를 자극한다. 이 증오는 정치적 요구로까지 응축되지는 않는다. 왜냐하면 체코인의 전입은 그 원인과 함께 제거되어야 하고, 뵈멘의 독일인 지역의 공업력 발전은 주민의 증가를 막을 수 없기 때문이다. 소시민은 목적 없는 무의미한 시위와 성과 없는 소란으로 자신의 기분을 달랜다. 다수파의 증오는 소수파의 증오를 불러일으킨다. 투쟁에 관한 소식은 쌍방의 기분을 격화시킨다. 민족적 소수파의 문제는 많은 의미를 고려하지 않고 과장된다. 사람들은 목적 없는 증오의 정책을 도리에 맞게 근거지울 수 없기 때문에, 내용 없는 투쟁구호를 통해 정책을 "민족의 명예"로 정당화한다. 뵈멘 민족문제의 해결을 추구하는 사람은 이 사실을 간과해서는 안 된다. 민족적 소수파의 문제를 해결할 수 없다면, 큰 문제에 대한 답도 없을 것이다. 그러나 오스트리아 주민, 특히 오스트리아 소시민층 속에 차있는 민족적 증오는 이제 근본적으로 이해되었다. 그것은 고통에 찬 대립과 투쟁을 낳은 주민의 이동과정의 산물이다. 민족적 증오는 구 사회의 어디서나 근대자본주의가 가져온 거대한 변혁이 낳은 다양한 형태의 사회적 증오, 계급적 증오의 하나에 불과하다. **민족적 증오는 변형된 계급적 증오이다.**

우리는 이제까지 독일인 지역을 공업지역으로서, 체코인 지역을 농업지역으로서 다루었다. 그러나 체코인 지역에도 공업은 형성된다. 하지만 여기서도 자본가계급은 우선 독일인이다. 과거 오스트리아에서 지배적인 소유자계급은 어디까지나 독일인이었다는 역사적 사실이 체코지역 공업의 형성에도 여전히 영향을 준다. 예를 들면 북동 뵈멘의 체코인 지역에서 몇몇 섬유공업의 중심지가 발견된다. 그러나 이 지역은 인구가 전부 혹은 압도적으로 체코인으로 구성되어 있지만, 기업가는 독일인이거나 유대인으로 그들은 독일의 문화공동체에 들어가기 위해 독일어를 말하고 자식들을 독일어로 교육하고 독일 민족정당을 지지하며 독일인 간부직원에 둘러싸여 있다. 이 섬유공업의 중심지를 — 나호트(Nachod), 쾨니긴호프(Königinhof), 호르직(Hořic), 아이펠(Eipel), 노이슈타트 안 데어 몰다우(Neustadt an der Moldau) 등 — 방문하는 사람은, 어디서나 체코인 노동자층과 체코인 소시민층 가운데서 거의 오로지 자본가와 직원으로 구성되어 있고 도처에 유대인적 요소가 강하게 남아있는 독일인 거주지(Kolonie)를 발견할 것이다.

자본주의적 거주지는 결코 **소시민적** 세계와 유기적으로 어울릴 수 없다. 그것은 소시민적 도시에 다른 생활태도, 다른 생활양식, 다른 견해를 가져온다. 특히 그것은 인간을 다른 기준에 기초하여 평가한다. 이제까지 소도시에서 명성을 가졌던 것은 모든 중요성을 잃는다. 상인은 공장주에 대해 어떤 사람일까? 교사는 공장장에 대해 무엇일까? 그렇다. 낯선 침입자는 목사님에게조차 인사하지 않으며, 지역명사의 단골 식탁에 앉을 수 있는 특권을 향유하는 명망 있는 고루한 인사에게 전통적 경의를 표하지도 않는다. 따라서 고루한 속물들은 이민족의 모든 것에 대해 깊이 의심하며, 자신의 풍속이 마비되고 사회적 존엄이 경시되고 있다고 생각한다. 그래서 지역을 지배하는 지역유지는 이민족의 거주지를 위험한 것으로 생각한다. 독일인 거주지는 수는 적더라도 특권적 선거권 덕분에 급속히 정치권력을 손에 넣는다. 독일인 공장주는 많은 세금부담 덕분에 첫 번째 선거단체를 쉽게 단독으로 지배한다. 두 번째 선거단체와 관련해서는 직원이 세습지에 거주하는 소시민과 경쟁한다. 우리 지역의 금권체질 덕분에 자본주의적 독일인 소수자는 지역의 유지에게 독일인 지역의 체코인 노동자 거주지보다 훨씬 위험하다. 그래서 체코인 소시민은 독일인 소수자가 전통적인 의견과 풍속, 생활양식 모두를 경멸하고, 사회적인 명성을 위협하고, 공동체의 권력을 부정하고 있다고 간주한다.

자본가의 수준 높은 생활태도에 대한 소시민의 시기와 근대적 부르주아지의 더 자유스런 생활태도에 대한 고루한 속물들의 몰이해를 독일인 거주지의 경제적 이익도 완화시키지는 못한다. 독일인 신사와 숙녀는 작은 지방 도시의 체코인 의상실과 구두점이 아니라, 대도시에서 그들의 욕구를 만족시킨다. 그들은 속물들이 제한된 머리로 커다란 세계의 문제를 맥주식탁에서 논하는 고루한 음식점의 객실에서 즐거움을 추구하지 않는다. 그들은 수준이 다른 자신들의 사교를 위해 자신들의 중심을 만든다. 많은 공장주는 일 년 중 대부분을 체코의 공업도시가 아니라, 예를 들면 비인에서 지낸다. 따라서 이 작은 도시에서 체코인 노동자의 노동이 생산한 잉여가치는, 그 지역 소시민의 상품이 아니라 대도시의 훌륭한 자본주의적 기업의 상품과 교환된다.

그러나 독일인 자본가와 독일인 직원에 적대적인 것은 소시민만이 아니다. 언제나 한없이 착취되고 가난해지고 있는 가내직공도 독일인을 자본가로서만 바라볼 뿐이다. 자본가와 직공감독은 독일인으로서 방적공장, 기계직포공장, 면날염공장의 **노동자**와 상대한다. 노동자의 자본가에 대한 증오는 여기서 필연적으로 민족적 증오로서 나타난다.

독일인에 대한 증오는 **유대인**에 대한 증오와 아주 기묘하게 결합되어 있다. 체코인 공업지역의 독일인 소수자는 상당 부분 유대인으로 구성되어 있다. 한편으로 유대인이 민족적 적대자의 모습 속에서 독일인으로 나타남으로써 유대인에 대한 오래된 증오가 언제나 생생하게 유지되고, 다른 한편으로 유대인에 대한 증오는 유대인이 속한 독일인 일반에 대한 증오로 전화된다.

목적의식적 계급투쟁은 독일인 거주지에 대한 체코인 소시민의 증오를 한가운데서 표현할 수 없다. 소시민은 특정한 목적을 갖고 독일인 자본가에 대해서 진정으로 투쟁할 수 없다. 왜냐하면 소시민은 이방인 독일인으로부터 해방의 유일한 수단인 체코어 지역의 공업의 쇠퇴를 바라지 않기 때문이다. 그러므로 고뇌의 긴장을 발산시키는 수단으로서 소시민에게 남은 것은 무의미한 분노의 정책, 목적 없는 시위, 미세한 폭력행위, 목표 없는 심술의 정책뿐이다. 그래서 체코인 소시민도 — 독일인 소시민과 마찬가지로 — 독일어 표지, 독일어의 사용, 독일인의 축제에 반대하는 투쟁을 시작한다. 여기서도 그 자체로 무가치한 것이 소수자에게는 매우 가치 있는 것이 된다. 이미 프라하의 독일인 학생은 체코인 도시에서의 "배회", 빈둥대는 산보를 민족적 행위로 간주한다. 뵈멘의 독일인 지역으로 체코인 노동자와 소시민의 전입이 야기한 것과 동일한 민족적 긴장이 여기서는 독일인 자본가와 직원의 이주를 통해 만들어진다.

그러나 소시민의 증오가 시장에 대한 시끄럽고 목적 없는 투쟁을 가져오지만, 그럼에도 불구하고 자본주의는 조용히 사회적 분화의 작업을 더욱 진행시킨다. 그것의 첫 번째 성과는 **체코인 자본**, 체코인 **부르주아지**의 창출이다.

체코인 부르주아지의 생성은 우선 몇몇 체코인 지역의 급속한 공업화에 의존한다. 특히 프라하와 주변 공업지대가 최근 전례 없이 빠르게 발전하고 있다.

프라하와 거기와 밀접히 결합된 위성도시의 공업적 성격에 관하여 라욱베르크는 다음의 숫자로 증명한다. 1900년 이 지역의 인구 1,000명당 산업별 현재인구는 다음과 같다.

```
농림업 ................................ 124
공업 .................................. 475
상업과 무역 ......................... 210
공무원과 자유업 .................. 191
```

인구 1,000명당 공업의 직업별 분포는 다음과 같다.

```
자영업 ................................ 158
직원 ................................... 41
노동자 ................................ 767
일용노동 ............................. 22
가족노동 ............................. 12
```

직원의 수가 눈에 띄게 많고, 가족노동의 수는 현저히 적다. 양자는 프라하 공업의 자본주의적 성격을 의미한다. 자영업의 비교적 큰 숫자는, 프라하 밖에서 사업을 하는 많은 기업가가 프라하에 거주한다는 사실을 통해서 일부 설명할 수 있으며, 모든 대도시와 마찬가지로 프라하에서도 경제적으로는 가내노동자에 불과한 자본에 종속된 수공업자의 상당한 수가 통계에서는 자영업으로 분류된다는 사실로 일부 환원할 수 있을 것이다.

프라하와 주변 위성도시의 인구는 이제 매우 급속하게 증가하고 있다. 그 숫자는 다음과 같다.

```
1880년 ................................ 276,260명
```

```
1890년 ........................ 343,383명
1900년 ........................ 437,053명
```

 1881년부터 1890년까지의 증가는 24.29%, 1891년부터 1900년까지의 증가는 27.27%이다. 이러한 성장은 본질적으로 공업에 유리하다. 1890년부터 1900년까지 공업인구의 비율 변화는 다음과 같다.

```
독일인 지역 ...................... 148.3%
독일인 다수지역 ................ 210.2%
체코인 다수지역 .................... 6.9%
프라하와 주변지역 ............. 288.4%
다른 체코인 지역 ................ 76.4%
```

 프라하의 공업지역 만큼 공업으로의 인구이동이 급속히 일어난 다른 언어지역은 없다.

 프라하의 공업지역에서도 처음에는 확실히 자본가는 대부분 독일인이었다. 그러나 공업의 급속한 발전은 여기서 민족 부르주아지를 낳는다. 인구의 급속한 증대의 결과로서 지대의 급속한 상승은 많은 프라하 셋집주인을 자본가로 만든다. 공업력의 급속한 전개는 많은 소시민에게 초과이윤을 얻을 기회를 제공하고, 획득된 잉여가치는 근검절약하는 소시민의 수중에서 자본으로 축적된다. 많은 소직인 조차 급속한 공업화의 시기에는 소자본가로 전화한다.

 그러나 **축적**의 방식만이 아니라 **집중**의 방식에서도 체코인 자본은 형성된다. 저축은행과 협동조합은 지방의 무수한 소자본 조각들을 모은다. 그리고 그러한 힘을 결합해서 더욱 큰 체코인의 자본주의 기업, 체코인의 주식회사, 체코인의 대은행, 보험회사, 양조회사 등을 만들 수 있다.

 마지막으로 민족성이 다른 자본가가 체코인의 환경에 적응하고 체코민족에 동화함으로써 체코인 부르주아지가 형성된다. 이것은 유대인 자본가의 경우에 특히 자주 보게 된다. 유대인의 자식들은 체코인 학교와 체코인 문화공

동체의 체코적 환경에 아주 잘 적응한다. 최근의 인구조사에 따르면, 이미 뵈멘의 유대인 중 55.2%가 체코어를 일상적으로 사용하고 있다고 대답했다.

체코인 부르주아지의 발전은 무엇보다 민족적 대립을 조금도 변화시키지 않았다. 젊은 체코인 대시민층은 민족적 분쟁을 자신에게 이익이 되도록 이용했다. 그들은 체코인 소시민의 예를 더 높은 단계에서 모방하고, 자신의 민족성을 경쟁을 위한 투쟁수단으로 만든다. 물론 이 경쟁은 더 이상 제한된 지역적 시장을 둘러싼 경쟁이 아니라, 체코민족의 이주지역 전체의 시장을 문제로 한다. 이제 체코인의 은행에서 자본을 이용하고 화재에 대비해 체코인의 회사에 보험을 드는 것이 민족적 의무가 된다.

그러나 상품의 판매자로서만이 아니라 노동력의 구매자로서 체코인 부르주아지는 민족적 긴장을 이용한다. 그들은 민족의 꼭대기에 서서 실제로 혹은 명목상 민족적 이익을 대표하면서, 계급대립을 은폐하고 체코인 노동자의 순종을 유지하고, 독일인 부르주아지와 체코인 부르주아지에 대한 체코인 노동자와 독일인 노동자의 공동투쟁을 방해하며, 최소한 민족적 분열을 통해 노동자계급의 군대를 약화시킨다. 그래서 자본주의와 주민의 이주 그리고 계층이동을 통해 기존의 모든 관계를 변혁하고 양 민족의 소시민층 머리 속에서 응축되는 민족적 증오를 젊은 체코인 부르주아지는 자신의 이익의 도구, 상품판로와 노동자지배를 확보하는 수단으로 만든다. **소시민이 민족적 증오의 담지자라면, 부르주아지는 그것의 수혜자이다.**

체코민족의 최근 백년간 역사를 반추해보면, 두 가지 큰 사건을 보게 된다. 먼저 매뉴팩처와 농촌가내공업으로부터 공장제로의 이행의 시대에, 역사 없는 존재의 비참함으로부터 민족적 관계의 기존 법적 질서를 깨뜨리고 마침내 민족혁명으로 이끌어낸 **민족의 자각**이다. 다음으로 근대자본주의의 침투의 시대에, 우선 독일인 지역에서 그리고 체코인 지역에서 이루어진 급속한 공업화의 시대에, 민족투쟁의 추진력이 되는 **민족적 증오의** 자각과 지속적인 고양이다. 공장체제의 형성과 농촌으로부터 공업으로의 주민의 이동은 하나의 동일하고 거대한 과정의 현상형태, 즉 **사회적 노동구성에서의 대변화**의 현상형태이다. 사회적 노동의 점점 더 큰 부분이 생산수단의 생산에 적용되고, 점점 더 작은 부분이 직접 소비재의 생산에 적용된다. 매뉴팩처 대신에 공장이 출현하면, 사회적 노동의 일부가 소비재생산으로부터 기계생산으로 이동한다. 근대적 교통수단, 철도, 증기선의 발전은 먼 대륙의 비옥한 토지로 하여금 유럽의 곡물공급에 도움이 되도록 만들었다. 근대적 공장을 통한 낡은 가내공업의 구축과 농업에 기계의 도입이 농업으로부터 공업으로 주민을 몰아냈다면, 이것은 사회적 노동의 커다란 부분이 증기기관, 방적기, 기계, 기관차, 철도레일, 증기선, 항만설비, 석탄, 철의 생산에 이용되었다는 사실과, 사회는 보리 및 옥수수의 재배와 의복의 생산에 더 적은 노동을 지출하게 되었다는 사실을 의미한다. 노동자의 배분과 사회적 노동의 구성에서의 이러한 변화는 생산력발전의 대법칙이다. 경제적으로 생산력의 이러한 변화는 **자본구성의 변화** 속에 나타난다. 사회적 총자본의 더 작은 부분이 가변자본의 형태로 남는다. 더 큰 부분은 불변자본의 형태를 띤다. **유기적 구성이 고도화되는 진보**는 매뉴팩처로부터 공장제로의 이행을 의미하며, 이러한 이행이 민족을 역사 없는 상태의 잠에서 깨우는 것이다. 자본의 **유기적 구성이 고도화되는 진보**는 노동력이 농업에서 공업으로 이동하는 것을 의미하며, 그것이 다양한 연결고리를 통해 민족적 증오, 민족투쟁의 추진력을 낳는다. 복잡한 사회적 현상들의 근본적 설명을 짧은 공식으로 압축하기를 좋아하는 사람은, 자신 있게 다음과 같이 정리할 수 있을 것이다. 즉 **오스트리아에서 민족들의 힘관계의 변화인 민족투쟁은 자본의 유기적 구성이 고도화되는 진보의 많은 거대한 작용 중 하나이다.** 유럽문화권의 전체 상을 바꾸고, 강력한 국가를 장엄한 존재로부터 끌어내리는 동시에 다른 국가를 초라한 기원에서 끌어올리고, 인간 자체의 본질 및 문화 전체의 범위와 내용을 크게 변화시킨 거대한 자본주의적 변혁을 우리가 기억한다면, 오스트리아의 민족적 발전은 인간 생산력의 완전한 변혁에서 가장 중요하고 가장 성과가 큰 영향이라고 우리는 말할 수 있을 것이다. 역사적인 거리를 두고 보면, 오스트리아의 민족투쟁은 인류의 역사에서 새로운 시대를 가져온 거대한 세계사적 변혁과정의 상당히 의미 있는 동반현상의 하나일 뿐이다.

제19장 국가와 민족투쟁

1848년 오스트리아의 민족들은 민족적 요구를 정치 강령으로 응축하는 과제에 처음으로 직면하게 되었다. 그러나 혁명의 처음 몇 개월 동안 오스트리아의 민족문제는 본질적으로 오늘날과는 다른 것이었다.

오스트리아는 당시 네 개의 역사적 민족, 즉 독일인, 이탈리아인, 폴란드인, 마자르인을 포함하였다. 이 민족들의 국법상 강령은 민족국가의 실현이었다. 오스트리아의 독일인은 독일연방의 다른 나라의 민족동포와 함께 독일인의 통일국가를 위해 투쟁했다. 이탈리아인, 폴란드인, 마자르인도 마찬가지로 민족국가를 위해 투쟁했다. 그러나 필연적으로 이 정책은 이제까지 역사를 갖지 못했던 민족들의 반항을 불러일으켰다. 그들은 자신들만의 힘으로는 자유롭고 독립된 민족국가를 쟁취할 수 없었다. 그들은 역사적 대민족에 의한 이민족지배로 떨어질 것을 두려워했다. 세습영방에서는 한 국가 안에서 독일인, 체코인, 슬로베니아인의 상호관계를 어떻게 조화시킬 것인가 하는 문제는 아직 제기되지 않았고, 단지 체코인과 슬로베니아인이 독일인 대민족국가의 지배에 굴복해야 할 것인가 하는 논쟁이 제기되었다. 마찬가지로 루테니아인은 폴란드인에 의한 이민족지배를 두려워했고, 크로아티아인, 세르비아인, 슬로바키아인, 루마니아인은 마자르인에 의한 이민족지배를 두려워했다. 독일인이 오스트리아를 대독일제국으로 해소시키려고 하고, 다른 역사적 민족들이 구 오스트리아를 분열시키려고 한 데 반해, 이제 막 역사적 존재로 깨어난 역사 없는 민족들은 오스트리아의 존속에 희망을 걸었다. 오스트리아는 그들을 이민족지배로부터 구해야 한다. 그들은 오스트리아가 분열되기를 바라지 않고, 자기 민족이 공정하게 취급되도록 국가 내부에서 투쟁할 것이다. 그러나 그러한 투쟁으로 인해 역사적 민족들과 불화가 생긴다. 한편으로 역사 없는 민족들도 혁명적이어서, 헌법과 자유의 권리를 위해, 또 농민해방을 위해 투쟁한다. 1848년의 혁명은 그들의 혁명이기도 했다. 새로운 생활을 자각한 이들 민족의 요구를 만족시킬 수 없었던 절대주의의 무능력이 바로 이 대변혁의 원인이었다. 다른 한편으로 구 역사적 민족의 혁명적 시민층과 혁명적 귀족과 마찬가지로, 역사 없는 민족들도 오스트리아를 파괴하려고 생각하지 않았다. 그들이 두려워한 것은 동요하는 구 국가의 토대 위에 혁명파가 세울 새로운 민족국가에서 또 다른 형태로 유지될 수 있는 이민족지배였다. 그들은 독일 및 이탈리아의 혁명적 시민층과 폴란드 및 헝가리의 혁명적 귀족에 대해서는 스스로도 혁명적으로 지향했고, 반동에 대해서는 자기 민족의 존속과 자유를 위해 투쟁했다. 혁명적 정당들은 작은 슬라브민족들의 내부에서도 민족들의 힘이 반혁명을 위해 사용되지 않도록 노력했지만 허사였다. 민족의 위기가 절박할수록, 그 만큼 더 역사적 민족들의 혁명에 대한 연대감정은 약해지고, 역사 없는 민족들(게다가 크로아티아인도)은 반동에 접근한다. 그러나 혁명투쟁에서 이것은 자유의 과업에 대한 배신이다. 혁명의 몇 달 동안 반동과 동맹하여 민주파가 패배하는데 적지 않게 기여했던 슬라브 소수민족들에 대하여 유럽의 모든 민주파는 증오했다.

 이 시대에 프리드리히 엥겔스도 <신라인신문, Neue Rheinische Zeitung>에서 오스트리아의 민족문제에 관해 논설을 썼다. 이 논설은 단순한 언론인적 저작으로서 단편적인 것이 아니다. 왜냐하면 여기에는 저자의 천재적인 역사적 통찰이 서술되어 있기 때문이다. 오스트리아 형성의 역사와 민족들의 권력관계의 역사적 기초를 엥겔스는 모든 개별적 사건에서 정확하지는 않지만 그 시대의 다른 어떤 저술가보다도 명쾌하게 보았다. 우리가 이 논설에서 끄집어낸 역사 없는 민족의 개념도 엥겔스가 사용한 것이다. 그러나 잊지 말아야 할 것은 혁명의 태풍 속에서 이 논설이 태어났고, 역사 없는 민족들을 반동의 진영으로 밀어 넣은 그 상황에서 이 논설이 나타났다는 사실이며, 몇 주 내에 독일-러시아 전쟁이 발발하고 절대주의에 대하여 민주파가 승리하지만 그러나 역사 없는 민족들이 오랜 역사적 민족들의 민족국가 아래로 예속될 것이라는 전망 속에서 이 논설이 씌어졌다는 사실이다. 이러한 사실로 부터 엥겔스의 많은 오류도 분명해진다. 특히 이 논설의 기본적 오류인, 역사 없는 민족들은 미래를 희망할 자격이 없다는 견해가 분명해진다. 이 견해는 오늘날 결정적으로 반박된다. 오스트리아 민족들의 역사에 대해 아직도 납득 하지 못하는 사람은 러시아혁명의 역사를 이해해야 한다. 러시아혁명은1) 레트인(Lette)2), 에스토니아인, 소러시아인(Kleinrussen)과3) 같은 역사 없는 민족들을 혁명투쟁의 최초의 전장으로 이끌었다. 그리고 오늘날 우리는 칼 맑스와 프리드리히 엥겔스가 제시한 역사연구의 방법적 기초 위에서 자본주의, 혁명, 민주주의의 영향 아래 역사 없는 민족들이 역사적 생활을 자각해가는 것을 인과율적으로 이해할 수 있다.

오랜 역사적 민족들이 구 오스트리아의 와해 위에서 자신의 민족국가를 성립하게 될 것이라는 희망이 사라졌을 때 비로소, 오늘날에도 여전히 민족들이 해결하는데 고심하고 있는 오스트리아의 민족문제가 시작된다. 이제 오스트리아의 존속과 독일제국으로의 귀속은 문제가 아니다. 지금 문제는 오스트리아 내부에서 민족들의 공존을 어떻게 조정할 것인가 하는 것뿐이다. **크렘지어의 헌법위원회**에서 오스트리아 민족들은 처음으로 공존의 합목적적인 형태를 추구했다.4) 여기서 민족들은 즉각 자신의 역할을 바꾸었다. 이제 역사 없는 민족들의 대표는 혁명적으로 되고, 역사적 민족들의 대표는 보수적으로 된다. 역사 없는 민족들은 구 오스트리아의 모든 잔재를 폐기하고 구황실직할지를 일소할 것을 요구하고, 슬로베니아인 카우치치(Kautschitsch)와 체코인 팔라츠키와 같은 민족의 대변자들은 오스트리아를 가능한 한 민족적

---

1) 여기서 러시아혁명은 1905년의 1차 러시아혁명을 말한다. (역주)
2) 오늘날의 Latvia를 말한다. 발트해 연안에 위치한 나라로 구소련의 한 공화국이었다. (역주)
3) Ukraina인을 말한다. (역주)
4) Kremsier는 동부 메렌(모라비아)의 소도시로, 1848년 비인의 소요로 인해 여기서 새롭게 오스트리아 헌법의회(제국의회)가 소집된 곳이다. 크렘지어에서는 민족문제를 포함한 영구적인 헌법의 초안 작업이 계속되었다. 그러나 1849년 3월 반혁명의 승리로 크렘지어 의회는 해체되었다.

으로 통일된 지역으로 분할할 것을 제안했다. 팔라츠키의 제안은 왕국 전체를 포괄하는 것이었는데, 그는 오스트리아를 다음 지역들로 구분할 것을 요구했다. 1. 오스트리아의 독일인 지역, 2. 오스트리아의 체코인 지역, 3. 오스트리아의 폴란드인 지역(아직 민족으로 인정받지 못한 루테니아인은 여기에 속할 것이다), 4. 오스트리아의 일리리아인 지역, 5. 오스트리아의 이탈리아인 지역, 6. 오스트리아의 남슬라브인 지역, 7. 오스트리아의 마자르인 지역, 8. 왈라치아(Wallachia) 지역 등이다. 거주지의 경계 내에서는 어떤 민족도 자유이며, 자립적으로 자신의 문제를 조정할 수 있다. 이에 반해 독일인은 구 오스트리아에서 지배민족이었고, 역사적 영역구분의 수혜자라고 느끼고 있었기에, 기존 황실직할지 제도를 옹호했다. 헌법위원회는 쌍방의 견해를 조정하려고 했고, 황실직할지를 존속시키려고 했다. 그러나 커다란 황실직할지는 제국법을 통해 몇 개의 **구역들**(Kreisen)로 분할될 것이다. 이러한 구역의 분할은 "가능한 한 민족성을 고려해서" 추구될 것이다. 이 구역은 선거로 선출된 구역의회에서 총괄될 것이다. 구역의회의 영향 범위는 작지 않다. 그것은 지역의 규칙을 결정하고 지역(Gemeinde)을 감독한다. 구역 내부의 도로와 교통수단의 관리도 그것의 의무이다. 구제제도와 간호 및 박애 협회, 종교재단, 농업진흥협회에 대한 배려는 그것에 위임될 것이다. 특히 민족문화의 과제는 구역의회에 할당된다. 결국 크렘지어의 헌법초안 126조에 의하면, "수업언어와 수업과목을 규정하는 법에 따라, 더욱이 구역의 언어에 대한 공정한 배려로써 민족어에 의한 수업제도와 교육제도를" 구역의회가 책임지게 된다. 그러므로 모든 민족은, 적어도 자신의 규정된 거주 지역 내부에서는 구역의회를 통해 민족적 교육제도를 독립적으로 운영하게 된다. 물론 이 헌법이 오스트리아에서 민족분쟁을 완전히 없앨 수 없는 것은 분명하다. 그러나 이것에 의해 모든 민족은 자신의 힘으로 자신의 언어지역에서 민족적 학교제도를 만들 수 있다. 그리고 이것에 의해 민족들은 제국의회와 주의회에서 학교를 위해 투쟁할 필요가 없게 되고, 다른 민족의 국가와 대표자로부터 돈으로 학교를 사거나 강탈할 필요가 없게 된다. 그래서 민족투쟁의 정열을 다시금 분출시키는 일련의 중요한 문제는 분쟁에서 제외될 것이다. 1849년 3월 4일 크렘지어에서 대표들이 이러한 내용의 헌법초안을 채택하기 위해 모이려고 했을 때, 회의장은 이미 군사적으로 점령되어 있었다. 오스트리아 민족들의 공존을 위한 법을 발견하려고 한 최초의 그리고 최고의 시도를 반동은 무장공격으로 끝내버렸다. 오스트리아가 이탈리아 전장에서 패배한 후, 새로운 헌법시대가 시작되었고, 이어서 오스트리아의 민족들은 새롭게 동일한 문제를 제기하였다.

루돌프 슈프링거에 의하면,5) 다민족국가는 다른 민족성을 가진 공민의 공존을 두 가지 방식으로 조정할 수 있다. 우선 민족을 총체로서 이해하고, 법적 단위로 만들 수 있다. 그리고 민족들의 연합이 국가를 형성한다. 슈프링거는 이것을 국가에 대한 민족들의 관계의 **유기적 조정**(organische Regelung)이라고 부른다. 이 유기적 조정은 다시 두 가지 방식으로 작업될 수 있다. 하나는 **지역원리**(Territorialprinzip)로, 개별 민족이 거주하고 있는 지역을 구분하고 그 영역 내부에서 각 민족은 민족적 문제를 스스로 총괄하는 것이다. 국가는 민족들의 공통 문제만을 조정하고 총괄한다. 여기서 민족은 지역단체이다. 다른 하나는 국가가 민족을 개인의 공동체로서 이해하고, 특정한 지역의 전일적인 지배를 민족에게 보증하는 것이 아니라, 즉 지역원리 대신 **개인원리**(Personalitätsprinzip)에 기초를 두는 방식이다. 오스트리아의 모든 독일인은 제국의 어느 부분에 거주하더라도 하나의 법적인 전체 사회, 하나의 동포사회를 형성한다. 그들은 ― 예를 들어 선거에 의한 민족평의회 등을 통해 ― 민족문화적 과제를 총괄한다. 민족평의회는 동포사회의 성원을 위해, 비록 그들이 어디에 거주하더라도, 독일어학교를 설립할 의무가 있고, 민족의 목적을 위해 그들로부터 세금을 징수할 권리가 있다.

그런데 이러한 유기적 이해와 반대되는 다른 이해가 있다. 슈프링거는 이것을 **중앙집권적-원자론적 이해**(die zentralistisch-atomistische)라고 특징지었다. 여기서 민족은 전혀 법규 속에 나타나지 않는다. 법규는 한편으로 국가를 인정하고, 다른 한편으로 개인, 개별 공민을 인정할 뿐이다. 이것은 오스트리아

---

5) Rudolf Springer, *Der Kampf der österreichischen Nationen um den Staat*, Wien 1902, 10쪽 이하 (원주)
루돌프 슈프링거는 바우어의 동료인 Karl Renner의 필명이다. (역주)

의 법규에 해당한다. 여기서 민족들은 법적 인격이 아니며, 개인의 연합체도, 지역단체도 아니다. 어느 누가 체코민족을 자신의 상속인으로 지정한다면, 그 유언장은 효력이 없게 된다. 법은 유산을 받게 되는 상속인을 알지 못하기 때문이다. 어느 누가 폴란드민족을 욕하더라도, 민족은 그에 대해 이의를 제기할 수 없다. 아무도 이의를 제기할 수 없다. 민족은 민족동포에게 과세할 수 없으며, 학교도 극장도 만들 수 없다. 모든 그러한 일이 가능한 것은 국가나 개별 공민, 혹은 공민의 연합인 자발적 단체뿐이다. 민족은 국가에 대해 법적 영향력을 갖지 않으며, 국가에 대해 아무 것도 명령할 수 없고 요구할 수 없다. 모든 그러한 일이 가능한 것은, 법이 선거인으로서, 행정관청에 대한 고소인으로서, 재판소에 대한 기소인으로서, 국가에 대한 법적인 힘을 승인해준 개인뿐이다. 개인들이 민족성에 따라 자발적으로 정당으로 결집하는가의 여부, 그래서 국가의 의사를 규정하는가의 여부와 민족의 문화적 요구를 만족시키는가의 여부는 개인들에게 위임되어 있다.

오스트리아 민족들의 대립은 잘못된 법의 결과도 아니며, 잘못된 헌법의 산물도 아니다. 궁극적 원인은 역사 없는 민족들을 역사의 무대로 이끌고, 민족들을 이동하게 만들고, 민족적 증오를 선동하게 만든 경제적, 사회적 대변동이다. 그러나 이러한 대립이 정치적으로 활발하게 된 형태, 즉 민족의 발전이라는 형태를 갖는 정치투쟁의 특별한 모습은 물론 법의 형태를 통해 규정되며, 법적 지배 하에서 민족들은 서로 대치한다.

중세의 국가는 일련의 다양한 개인적 단체를 인정했다. 일부는 장원제, 즉 봉토권과 부역권을 가진 단체와 같이 지배적 성격을 띠는 것도 있었고, 일부는 마르크공동체와 동업조합과 같은 조합적 성격을 띠는 것도 있었다. 또 일부는 동일한 장원제의 예속농의 농민조합(Hofgenossenschaft)과 같이, 동일한 지배권력 아래 종속되어 있는 것이 하나의 조합으로 연합함으로써 지배적인 요소와 조합적인 요소를 결합한 경우도 있었다. 모든 이들 개인단체는 자유롭게 자신의 법을 만들었다. 조합에서 동료들의 의지는 법을 형성하는 관습과 규약을 통해 법을 형성하는 힘을 가진다. 지배적인 요소와 조합적인 요소가 결합된 곳에서는 지배자는 물론 종속자의 조합도 법의 형성에 관여한다.

이러한 지배적이고 조합적인 단체의 권력은 국가로부터 부여받은 권력에 의거하지 않는다. 물론 근대국가는 자유롭게 자립한 유일한 권력인 주권국가만이 존재한다. 국가 내에 법적인 권력이 있는 경우에도, 그것은 국가로부터 파생된 것이고 국가가 부여한 것으로 간주되며, 국가의 법에 의해 변경되거나 폐지될 수 있다. 이에 비해 중세국가는 주권개념을 알지 못한다. 카롤링 시대에는 아직 민중재판소의 관습법에서 생긴 구 민중법이 왕의 법과 함께, 민중재판소가 왕의 재판소와 함께 여전히 직접 병존하였다. 양자는 동일하게 자립해 있었고 서로 독립해 있었다. 중세의 봉건국가 내부의 지배적 단체와 조합적 단체의 법은 국가에서 유래하는 것이 아니며, 국가의 활동에 종속되는 것도 아니고, 국가에 의해 폐지될 수도 없었다. 상품생산과 화폐로 급료를 지불하는 군대 및 관료층이 국가에 부여하는 사실상의 권력이 증대함으로써 비로소 국가는 법적인 권력을 확대할 수 있게 되었다. 상품생산과 화폐경제의 발전이 우선 국가를 구 지배적, 조합적 단체로부터 독립시키고, 다음에 이들 단체를 배제하거나 국법에 복종시키는 실질적 권력을 국가에 부여하지 않았다면, 로마법에 대한 호소도 국가에게는 거의 도움이 되지 않았을 것이며 주권개념을 전개한 철학자들(Bodin과 Hobbes)의 새로운 국가이론도 생기지 않았을 것이다. 한때 신분들은 자율적이고 국가로부터 자유로운 모든 권력을 다시 한 번 장악한다. 신분적인 이중국가에서 국가는, 법의 근거를 국가에서 구하지 않고 오히려 국가의 권력에 힘으로 교섭하는 신분들의 권력과 대면한다. 그러나 결국 국가는 신분들을 복종시켜 자신의 기관으로 만든다.[6] 이제 비로소 국가는 절대적인 존재가 된다. 개인단체는 부분적으로 사라지거나, 또 부분적으로 국가가 그 존재를 허락한다. 토지영주제와 동업조합이 그것이다. 그러나 이들은 국가에 종속하며 국가의 법률에 복종한다. 절대주의 국가는 구 개인단체를 더욱 더 제한하고, 조직되지 않은 다수의 개인으로 하여금 단지 중앙집권화된 국가권력에 대해서만 상대하도록 강제한다. 이 상태

---

6) Jellinek, *Allgemeine Staatslehre*, 311쪽 이하 참고 (원주)
  신분제국가의 이중국가, 다시 말해 신분들과 국가 사이의 투쟁에 대해서는 본서 16장을 참고. 그리고 뒤에서 계속 다시 설명이 반복된다. (역주)

에서는 "국가를 제외하고는 단지 개인만이 존재한다. 그러므로 모든 것을 배려하는 국가의 최고의 보편성과 전체로서 국민을 이루는 개별적 개인 사이에는 어떤 종류의 중간항도 없다. 오히려 국가와 개인들 사이의 결합은 국가의 지방적 현상으로서만 혹은 개인들 그 자체로서만 인정될 뿐이다."7)

그러므로 우리는 한편으로 중앙집권화된 국가권력을, 다른 한편으로 그것의 최소부분이고 원자인 개별적 개인으로 분해된 사회를 갖게 된다. 중앙집권적-원자론적 국가관은 이미 **절대주의의 국가이념이다**.

이러한 국가이념을 **자유주의**(Liberalismus)가 상속해서 완성했다. 이미 18세기의 혁명적-시민적 국가이론은 중앙집권적-원자론적 국가이론을 알고 있었다. 이 점에서 홉스와 루소 사이에 본질적인 차이는 없다. 자유주의는 승리한 후, 도시에서 동업조합을 배제하고 농촌에서 영주-농민관계를 해체하여 과거의 자립적인 개인단체의 마지막 잔재를 제거했다. 그것으로 절대주의가 시작했던 작업은 비로소 완성되었다.

중앙집권적-절대주의적 국가이념을 낳고, 그것의 승리를 결정했던 힘은 **자본주의적 상품생산**의 발전이었다.

자본주의적 상품생산은 조합적 단체도 지배적 단체도 필요로 하지 않는다. 자본주의적 대경영이 개별화된 근로자를 노동자로서 사회적 노동으로 결합하게 되면, 생산의 사회적 성격은 더 이상 생산자의 조합을 요구하지 않는다. 자본주의적 소유가 법적으로 자유로운 노동자를 착취하는 권력을 소유자에게 부여한 이래, 근로자의 인격적 부자유는 더 이상 불필요하게 되었다. 조합적 단체와 지배적 단체는 더 이상 불필요하게 되고, 몰락할 **가능성**이 나타난다. 그리고 이들은 자본주의의 발전에 장애물이기 때문에, 몰락**해야** 한다. 중앙집권적-원자론적 국가이념은 우선 절대주의의 국가이념이었고, 그리고 자유주의의 국가이념이었다. 이것은 **자본주의의 국가이념**이기 때문에, 양쪽 모두인 것이다.

그러나 자유주의는 절대주의의 국가관을 결코 단순히 받아들인 것이 아니

---

7) Otto Friedrich von Gierke, *Das deutsche Genossenschaftsrecht*, 제1권, Berlin 1868, 645쪽 (원주)

라, 그것을 변경했다. 자유주의는 절대주의 국가에 대해 투쟁한 시민의 정치적 강령이었다. 국가주권의 사상 그 자체에 대해서 시민은 흔들리지 않았다. 그러나 시민은 태어나서 죽기까지 국가와 그 기관인 관료의 전능에 의해 그들의 운동의 자유가 제한되어 있다고 느꼈다. 관료는 시민의 경영을 규제하고, 의견 표명을 검열하고, 사회적 생활과 사적 생활의 모든 측면을 감시하였다. 그러므로 시민은 우선 **국가에 대하여 자유의 보호**를 요구했다. 그러나 시민은 국가의 전능에 대하여 자유의 영역을 확보하려고만 한 것이 아니라, **국가권력** 그 자체를 탈취하려고 했다. 국가와 시민의 이익이 일치하는 한, 시민은 국가가 시민의 이익을 장려하는 것으로 만족하지 않고 국가의 의사 그 자체를 규정하려고 한다. 시민은 국가기관이 되어 투표권 보유자로서, 선거인으로서 국가의 전체의사 형성에 관여한다. 그래서 시민은 입법권력을 민중 자신이나 혹은 민중의 대표인 의회에 위임하고, 행정을 민중대표가 책임질 것을 요구한다. 중앙집권적-원자론적 국가이념에는 어떤 변화도 없다. 한편으로 중앙집권화된 국가권력이 계속 유지되고, 다른 한편으로 국가권력에 대해 조직되지 않은 다수의 개별 공민이 마주한다. 그러나 개별 공민은 국가가 제한할 수 없는 일련의 자유권을 보장받는다. 개별 공민은 선거인으로서 스스로 국가의 전체의지를 형성하는 권한을 갖는다.

중앙집권적-원자론적 국가이념은 이제 필연적으로 국가에 대한 민족들의 관계도 조정하도록 규정될 수밖에 없다. **절대주의**는 민족들을 단체로서 — 지역단체로서도, 비지역적인 개인단체로서도 — 구성할 수 없었다. 절대주의의 걱정거리는 새로운 단체를 만드는 것이 아니라, 구 사회단체를 파괴하고 비조직적인 하층대중을 중앙집권화된 국가권력에 마주하게 만드는 것이었다. **자유주의**는 이러한 중앙집권적-원자론적 이해를 상속할 뿐, 민족을 단체로서 구성하지 않는다. 그러나 한편으로 어느 정도의 법적 자유를 개인에게 보장하고, 다른 한편으로 국가의 전체의지의 형성을 개인에게 호소했다. 그것을 통해 민족문제에 대한 입장은 결정되었다.

자유주의는 개인에게 다른 종류의 자유권을 보장해주었듯이, 민족적 특성을 유지하고 발전시킬 수 있는 권리를 개인에게 보증해야 했다. 이미 보았듯이 1848년 4월 25일의 헌법에는 다음과 같은 문장이 있다. "모든 민족은 자신의 민족성과 언어의 신성불가침을 보장받는다." 1849년 3월 7일의 흠정헌법은 다음과 같은 원칙을 받아들였다. "모든 민족은 평등하며, 자신의 민족성과 언어를 보호하고 함양하기 위한 신성불가침의 권리를 가진다." 그 후 이 원칙은 현재의 헌법에도 계승되어, 공민의 일반적 권리에 관한 국가기본법 제19조에 표현되어 있다. 기본법이 국가와 그 기관의 기능의 제한을 포함하는 한, 기본법이 개인의 자유권 체계에 논리적으로 적합하다는 사실은 명확하다. 그러므로 오스트리아에서는 누구나 자신의 언어로 말하고 쓸 수 있다. 제19조는 혼합 언어지역에서는 누구에게나 두 번째 지역 언어의 습득을 강제할 수 없다는 그다지 합목적적이지 않은 규정으로 인격적 자유의 보호를 확대했다. 국가기본법은 관료에 의한 서신 비밀의 침해와 자의적인 구속이 없도록 개별 공민을 보장했듯이, 동시에 국가가 개인에게 자신의 언어를 사용하지 못하게 하거나 다른 언어를 강제로 습득하게 하는 것도 금지하고 있다. 그럼에도 불구하고 국가가 이러한 것을 시행한다면, 그것에 관하여 개별 공민은 국가기본법에 보장되어 있는 권리의 침해로서 제국재판소에 진정을 제기할 수 있다. 지금까지는 좋다. 그러나 민족이 자신의 문화를 유지하고 더 발전시키기 위해서 필요한 것은 이러한 개인의 권리에 대한 보장만이 아니라, 공적 행정의 활동도 필요하다. 학교, 극장, 박물관, 학술기관이 필요하다. 여기서는 더 이상 국가권력의 제한이 문제가 아니라, 민족의 문화를 위한 국가의 활동이 필요하다. 제19조는 여기서 도움이 되지 않는다. 확실히 이것은 "민족성과 언어의 함양"을 민족들에게 약속했다. 그러나 이것은 가치 없는 빈말일 뿐이다. 갈리치아 주의회에서 폴란드인 다수파가 루테니아인에게 김나지움을 허락하지 않는다면, 루테니아인은 그것에 대해 국가기본법에 근거하여 제국재판소에 진정할 수 없다. 루테니아민족은 단체로서 구성되어 있기 때문에, 진정할 권리가 없다. 제국재판소는 제안을 받아들이거나 거부할 수 있는 입법기구의 결의에 대해 어떻게 진정을 결정할 수 있을까? 루테니아인이 "민족성과 언어의 함양"을 위해 얼마나 많은 김나지움을 필요로 하는지, 제국재판소는 최종적으로 어떻게 결정해야 할까?

자유주의적 헌법은 여기서 공민에게 또 다른 길을 제공한다. 공민은 선거인으로서 국가 그 자체에 대하여 영향력을 갖고 있다. 국가행정이 국민의 문화적 요구를 만족시키기를 공민이 원한다면, 공민은 자신의 민족동포와 함께 정당으로 결집하여 대의단체에 자기 민족의 대표를 파견하고 입법단체의 법적 힘을 사용하여, 민족 욕구의 만족을 국가에게 강제하도록 대표에게 위임할 수 있는 자유가 있다. 중앙집권적-원자론적 이념은 주민으로 하여금 민족정당으로 조직되도록 강제하며, 의회에서 국가의 입법과 행정을 민족의 욕구에 만족시키려는 투쟁부대를 각 민족이 갖게끔 강제한다. 이것은 또한 각 민족이 입법에서의 권력과 국가행정에서의 영향력을 위해 노력하도록 강제한다. 오스트리아에서 보통 민족정책이라고 불리는 것은 **민족적 권력정책**이다. 이것은 제국의회와 주의회 그리고 관료기구 속에 대표를 갖고, 그때그때의 민족적 문화요구의 실현을 위해 국가를 강제할 수 있는 민족의 권력이다. 오스트리아 주민의 민족정당으로의 결집과 국가 내의 권력 및 국가에 대한 권력을 둘러싼 이들 정당들의 투쟁은, 국가에 대한 민족들의 관계를 중앙집권적-원자론적으로 조정한 필연적인 결과이다.8)

국가에 대한 영향력을 둘러싼 민족들의 투쟁은 이제 필연적으로 **민족 상호간의 투쟁**이 된다. 의석수의 배분이 문제가 된다. 어느 민족이 의석수를 많이 가지면, 다른 민족의 의석수는 그 만큼 적어진다. 개별 민족의 목적을 위해 국가의 수입을 어떻게 이용할 것인가가 문제이다. 국가가 한 민족의 문화적 욕구의 만족을 위해 많이 지출한다면, 다른 민족에게는 그 만큼 적은 수단밖에 남지 않게 된다. 국가에 대한 권력을 둘러싼 각 민족의 투쟁은 무엇보다 다른 민족들에 대한 투쟁이기도 하다. 어떤 권력투쟁도 다른 권력추구자에 대한 투쟁이다. **민족정책이 권력정책을 의미하는 곳에서, 그것은 필연적으로 민족투쟁으로 귀결된다.**

즉자적으로, 즉 다민족국가에서 민족들이 생활하고 있는 법질서를 고려하지 않는다면, 다른 민족들의 민족적 이익은 서로 완전히 적대적으로 보이지 않는다. 각 민족은 자신의 특성을 유지하고 자신의 문화를 더욱 발전시키고

---

8) Rudolf Springer, 같은 책, 28쪽 이하 참고 (원주)

싶어 할 것이다. 이 노력은 그 자체로는 결코 민족투쟁으로 나아가지 않는다. 독일인은 자식이 좋은 독일어학교에 다니기를 바란다. 체코인의 자식이 어떤 언어로 수업을 받는가는 독일인에게 아무 상관이 없다. 반대로 체코인은 체코어학교를 요구한다. 독일인 자식이 수업을 받고 있는지, 또 어떻게 받고 있는지에 관하여 체코인은 신경 쓸 필요가 없다. 독일인은 재판관 앞에서 자신의 언어로 정의를 발견하기를 바란다. 체코인은 재판관이 자신의 언어로 얘기하기를 요구한다. 이것이 투쟁을 위한 근거일까? 각 민족의 욕구는 다른 민족들의 이익을 해치지 않고 실현될 수 없을까? 즉자적으로는 확실히 가능하다. 그러나 중앙집권적-원자론적 국가이해는 국가에 대한 권력을 둘러싼 투쟁 이외에 욕구만족을 보장하는 다른 수단을 민족들에게 제시할 수 없다. 국가 내 한 민족이 권력을 증대시키면, 다른 민족들은 자신의 권력을 줄여야 한다. 그러므로 어떤 민족도 다른 민족들의 요구에 적대적이다. **중앙집권적-원자론적 헌법은 다른 민족에게 전혀 관계가 없는, 모든 민족의 문화적 욕구의 만족을 위한 자연적인 노력으로부터, 다른 민족들의 문화요구의 실현에 반대하는 각 민족의 투쟁을 만들어낸다.**

그러나 1861년과 1867년의 오스트리아 헌법은 민족들을 권력투쟁으로 향하게 만들었을 뿐만 아니라, 동시에 **민족들에 대한 권력배분**을 미리 규정하려고 했다. 게다가 그것은 과거 역사 없는 민족에 대한 **과거 역사적 민족의** 지배와 역사적 민족들 내부의 **독일인의 우월**을 다시 보장하려고 했다.

우선 주의회와 제국의회의 **쿠리선거권(Kurienwahlrecht)**이[9] 그러한 목적에 봉사했다. 첫 번째 쿠리는 대토지소유자가 형성했다. 귀족층을 독점한 모든 역사적 민족의 특권은 우선 여기에 있었다. 결국 이전의 역사 없는 민족들은 가질 수 없었다. 체코와 슬로베니아 주들의 영주계급은 출신과 교육을 통해 압도적으로 독일인이었기 때문에, 특히 독일인의 특권은 이러한 사정에서 유래한다. 두 번째 쿠리는 상공회의소가 형성했다. 이 특별선거권도 또한 부르주아지의 최대 부분을 차지하고 있는 독일인을 강화했다. 그러나 주민대중은

---

[9] Kurie는 중세 때의 교황청이나 교황청 당국을 가리키는 말로, 여기서는 특권층에게 더 많은 선거권을 부여한 특별선거권, 혹은 지역선거구를 지칭한다. (역주)

두 쿠리에 의해 지배되었는데, 즉 도시, 시장, 공업지역의 쿠리와 농촌자치체의 쿠리였다. 도시쿠리는 농촌자치체의 쿠리보다 훨씬 강력한 대표를 갖고 있고 이 쿠리의 대의원은 훨씬 적은 선거민을 대표하였기 때문에, 도시의 공업인구에서 더 많은 부분을 차지하는 민족들의 특권, 특히 독일인의 특권은 또한 여기에서 유래한다. 결국 이 두 쿠리의 선거권은 조세비율과 관련되어 있다. 그것을 통해 오직 프롤레타리아트, 소수공업자, 농민, 소작인으로 구성되는 민족들은 더욱 불리하게 된다. 그리하여 과거 역사적 민족은 제국 속에서 자신의 인구수보다 더 큰 권력을 확보했다. 독일인의 대표는 체코인의 대표보다 강력하고, 폴란드인은 루테니아인보다 더 영향력을 가지며, 이탈리아인은 남부 슬라브인보다 더 강력했다. 그러나 최대의 대표권은 독일인에게 보장되었다.

그러나 독일인 부르주아지와 관료층은 제국 전체에 걸쳐 자신의 지배권을 확보할 수 없었다. 그러므로 1867년 **타협**(Ausgleich)이 이루어졌다. 과거 역사적 민족의 지배계급(1866년 이래 그 수가 작아진 이탈리아인을 제외하고)은 여기서 권력을 서로 분할했다. 제국의 서쪽 반은 독일인 부르주아지와 관료층에게, 동쪽 반은 마자르인 귀족에게 위임되었다. 오스트리아의 독일인은 서부에서의 지배를 보장받고, 1869년 이래 폴란드인 귀족층에게 갈리치아의 지방행정을 완전히 넘겨주었다. 마찬가지로 마자르인은 크로아티아인에게 지역의 자치를 주었다. 다른 모든 민족들은 — 부르주아지도 귀족도 갖지 못한 민족들은 — 이 분할에서 얻을 것이 없었다.10) 여기서도 오직 우리의 관심의 대상이 되는 오스트리아제국의 절반에서는 이렇게 독일인의 지배가 보장되었다.

오스트리아에서 독일인에게 인구수에 어울리지 않는 권력을 보장해준 이러한 기묘한 헌법은 어디서 유래했을까?

체코인과 슬로베니아인에 대한 독일인의 지배, 루테니아인에 대한 폴란드인의 지배, 남부 슬라브인에 대한 이탈리아인의 지배는 **국가권력을 장악한 계급들의 지배의 민족적 현상 형태**였다. 이 계급은 대토지소유자, 관료층,

---

10) Rudolf Springer, *Grundlagen und Entwicklungsziele der österreichisch-ungarischen Monarchie*, Wien 1906 참고. (원주)

부르주아지였다. 영주계급은 신분들이 절대주의에 대한 투쟁에서 패배한 이래 서부 오스트리아에서는 독일인이거나 게르만화된 사람들이었다. 농촌의 폴란드인과 루테니아의 농민대중은 갈리치아의 폴란드 귀족층에게 무방비 상태로 내맡겨져 있었다. 때문에 폴란드인 귀족층은 서부 오스트리아의 독일인 지배의 가장 확실한 지지자였다. 다수의 하급 공무원은 다양한 민족 출신이었지만, 정책과 공적 생활에서 독일인 상급 관료층의 명령에 무조건 순종했다. 결국 우리가 이미 알고 있듯이 오스트리아의 **부르주아지**는 독일적 성격을 갖고 있다. 1861년과 1867년 오스트리아의 독일인 지배는 다른 민족들에 대한 독일민족의 지배가 아니라, 독일인 대토지소유자, 독일인 관료층, 독일인 부르주아지에 의한 독일인을 포함한 모든 민족의 소시민, 농민, 노동자에 대한 지배였다.

그러나 오스트리아의 독일인 지배는 역사적으로 계승된 계급구조에 기초했을 뿐만 아니라, **대외정책**의 수단이기도 했다. 헌법시대의 시작과 함께 오스트리아는 바로 독일문제의 해결에 직면했다.

슈멜링은 이미 1848년 프랑크푸르트의회에서 대독일주의적(grossdeutsche) 정당의 대변자였다.[11] 그가 오스트리아의 새로운 헌법을 기초했을 때, 그는 아직 그러했다. 오스트리아가 합스부르크를 위해 독일황제의 관을 요구하는 한, 오스트리아는 독일인 국가로서 **나타나**야 했다. 그러나 위장은 역사의 시장에서는 적용되지 않는다. 슈멜링이 과거 국가건물에 뒤집어씌운 독일풍의 가식은 누구도 속일 수 없었다. 제한된 독일인층의 인위적 우세는 제국의 현실적 권력관계를 변화시킬 수 없었다. 쾨니히그레츠(Königgrätz)의 전장에서 대독일주의 정책은 패배했다. 그러나 오스트리아는 아직 아무 것도 잃지 않았다. 헝가리와의 타협은 반항적인 마자르인 귀족층을 만족시켜, 제국의 서

---

11) Anton Ritter von Schmerling(1805-93)은 오스트리아의 정치가로, 프랑크푸르트 국민의회에서 오스트리아 독일인의 대표로서 독일인의 오스트리아를 독일제국에 합병하자는 대독일주의의 옹호자였다. 그는 1860년 새로운 오스트리아 헌법의 도입(10월 외교) 후 내무장관에 임명되었고, 정부의 이원체제를 도입하여 1861년 공포된 중앙주의적-자유주의적 헌법(2월 전매특허)에 강력한 영향력을 행사했다. 그는 1865년 비 독일인 민족 집단에 의한 연방주의적 요구에 직면하여 사임하였다. (역주)

쪽 절반에 대한 독일인 지배의 기초를 더욱 확실하게 했을 뿐이다. 어쨌든 1870년 소독일주의(kleindeutsch)는 오랜 숙원이었던 목표를 달성하고, 프로이센은 독일황제의 관을 손에 넣었다.

목적과 함께 수단도 무로 돌아가야 할 순간인 것처럼 보였다. 독일인을 지배하려는 오스트리아의 희망은 이제 부정되고, 오스트리아의 독일인 지배 자체가 더 이상 필요하지 않은 것처럼 보였다. 호엔바르트(Hohenwart)12) 아래의 12월 체제는 정말 위협적이었다. 그러나 오스트리아의 독일인 부르주아지와 관료층의 지배가 어떻게 대외정책의 수단 이상이었던가, 그리고 그것이 제국 자체의 내부 권력관계에 얼마나 강력하게 뿌리박혀 있었던가는 이제야 드러났다. 가장 고도로 발전한 나라에서 봉건적 토지소유자와 체코인 소시민층의 지배로 떨어지지 않으려고, 독일인 부르주아지는 호엔바르트에 반대하여 관료층의 독일적 전통과 마자르인 귀족층의 권력과 결합하였다. 마자르인 귀족층은 자신의 토지에서 슬라브인과 루테니아인의 반항을 두려워했기 때문에, 슬라브인의 해방을 용인할 수 없었다. 호엔바르트 내각은 사퇴하고, 오스트리아에서 독일인 지배는 대독일주의 사상을 연장시켰다.

민족적 관계들에 대한 중앙집권적-원자론적 조정은 문화적 욕구의 만족을 위해 어느 민족에게도 국가권력 이외의 보장을 주지 않았다. 그러나 헌법은 군주국의 이원체제와 오스트리아의 특권적 선거권을 통해 미리 역사적 민족에게 이 권력을 할당했다. 역사 없는 민족은 헌법을 통해 권력투쟁으로 나아갔지만, 그러나 동일한 헌법에 의해 이 권력으로부터 배제되었다. 이것은 그들 속에 — 특히 그들 중에서도 가장 발전한 체코인 속에 — 오스트리아에 대한 국가적 적대감, 화해할 수 없는 증오를 낳았다. 체코인은 오스트리아의 존속에서 이익을 찾고, 오스트리아의 해체를 민족통일의 희망이 아니라 이민

---

12) Karl Sigmund Graf von Hohenwart(1824-99)는 1871년 수상에 지명되었고, 연방주의적 노선에 따라 뵈멘왕관의 세 지역(뵈멘, 메렌, 실레지아)을 위한 특별 지위를 제안한 이른바 근본조항의 초안을 결정했다. 그는 또한 뵈멘과 메렌에 민족적으로 균등한 행정지역을 설립하고 체코어에 대하여 독일어와 거의 동등한 지위를 부여하려는 민족법의 초안을 결정했다. 그러나 이 강령은 반연방주의적인 독일인과 헝가리인에 의해서 기각되었다. (역주)

족지배의 공포로 생각하였다. 그러나 체코인만큼 오스트리아 국가에 대해 깊은 증오를 갖게 된 민족은 없었다. 그리고 슈멜링의 헌법을 통해 환기된 이러한 증오가 널리 깊어질수록, 오스트리아의 관료층은 그 만큼 야만적 박해수단인 몰수와 행정적 전횡, 편향적 재판을 통해 더욱 증오를 조장했다. 그리하여 체코민족 속에는, 모든 민족문제에서 광폭한 근본주의가 배양되었고, 민족문제에서 모든 냉정함이 유지될 수 없는 완고한 분위기가 배양되었다.

민족투쟁에 먼저 자신의 각인을 찍은 계급은 **토지소유귀족층**이었다. 이 계급은 매우 다양한 요소를 포함하고 있다. 한편으로 오스트리아의 모든 부분과 그리고 자주 제국 밖에 계산할 수 없는 토지를 갖고 있는 대토지소유자 — 슈바르첸베르크(Schwarzenberg)가와 그들의 99년의 지배를 생각해보라! — 가 있다.[13] 고귀한 지배자의 출신은 왕가의 출신 못지않게 뿌리가 멀리까지 소급하고, 따라서 그들은 왕관 그 자체와 동등하다고 느낀다. 다른 한편으로 비교적 작은 토지를 소유한 소귀족층이 있다. 그들은 이전부터 관료층과 장교단에서 고위 및 중간 지위를 점하였고, 자본주의의 개화 이래 부르주아지와 경제적, 사회적으로 밀접한 관계에 있으며, 따라서 시민층의 이데올로기도 몸에 배여 있다. 이 계급의 **사회적 권력**은 헌법시대의 초기에 매우 컸다. 사회 안에서 영주계급과 기존의 입장을 다툴 수 있는 것은 부르주아지뿐이었지만, 부르주아지의 경제적 권력과 사회적 명성은 자본주의가 완만하게 전진하고 있는 오스트리아에서는 점차적으로밖에 증대하지 않았다. 시민적인 법적 평등의 사상은 당분간 매우 느리게 대중의 의식에 침투하였다. 국가의 재판관과 공무원이 "영주"와 "당국"을 대신하게 된 지 얼마 지나지 않은 시간이었다. 귀족층의 사회적 비중은 **정치적 특권**에 의해, 주의회와 제국의회의 특권적 선거권에 의해 강화되었다. 독일의 민족성을 위해 이 특권은 대토지소유자에게 주어져 있었다. 일부의 귀족층은 기대를 저버리지 않았다. 그

---

13) Schwarzenberg가는 프랑스 혈통으로 남부 뵈멘과 Carniola, Styria 등지에서 토지를 획득했고 1670년 제국 왕자의 지위를 획득했다. 왕자 Felix Schwarzenberg(1800-52)는 1848년 사건 이후에 크렘지어 의회를 해산하고 국가 권위를 회복하려고 시도했다. (역주)

들은 독일인 부르주아지와 관료층의 동맹자가 되어, 대의기구에서 다수파를 형성했다. 그러나 대부분의 귀족층과 뵈멘의 대토지소유자는 지배적인 독일 자유주의의 반대자에 가담했다. "봉건적 귀족층"과 체코인의 동맹은 우선 자유주의적 헌법의 지배 하의 민족투쟁에 자신의 도장을 찍었다.

계몽적 절대주의의 시대에 우리는 처음으로 유사한 현상을 만난다. 절대주의는 과거 신분들로부터 정치적 의미의 잔재를 손에 넣었다. 절대주의의 입법과 행정 모두는 계몽의 합리주의적-시민적 정신의 영향 아래 있었고, 따라서 대부분의 귀족층이 갖고 있던 이데올로기와 모순되었다. 그러나 귀족층이 신분적 권리의 축소와 교회에 대한 "요제프 2세의" 정책을 절대주의에 허용하더라도, 국가가 경제적 관계에 개입하거나 황제의 공무원과 위원이 농민의 진정을 검토하는 것은, 또 국가가 "농민 땅"의 몰수를 금지하고 농민의 부역과 연공의 의무를 제한하고 농민에게 이동의 자유를 보장하고 영주에게 불리하도록 세법을 바꾸는 것은 결코 용인될 수 없었을 것이다. 체코인 귀족층이 1620년 이전에 국가에 반대한 투쟁에 관한 당시 뵈멘 귀족의 회상에 따르면, 이 투쟁이 독일인 국가에 반대한 민족투쟁의 외피를 걸쳤기 때문에, 그 역시 증오할 만한 사회적인 적에 대하여 민족투쟁을 부추기는 사상을 갖게 되었다는 것이다. 물론 뵈멘의 과거 신분들의 항복 이래, 관계는 매우 변화되었고 성난 영주는 대단히 무해한 시위로 만족해야 했다. 예를 들어 카스파 슈테른베르크(Kaspa Sternberg)백작이 보고했듯이, 모든 뵈멘의 귀족은 비록 그들이 단지 작게 얘기할 수밖에 없었겠지만, 황제의 성의 복도에서는 체코어만을 사용하자고 약속했다는 사실을 통해서 요제프 2세 치하에서 황제의 개혁에 대한 불만을 표현했다.14)

19세기 전반 체코민족의 새로운 문화생활이 시작되자, 체코인에 대한 귀족층의 동정은 한층 분명해졌다. 당시 뵈멘의 이러저러한 귀족이 젊은 체코인 저술가의 보호자로서 활동했다. 이것은 아마 체코문학의 시작에 대한 적당한 지원에서, 어떤 진귀한 것을 수집하는 것과 마찬가지로, 충분한 만족을

---

14) Alfred von Skene, *Entstehung und Entwicklung der slavischen Nationalbewegung in Böhmen und Mähren im 19. Jahrhundert*, Wien 1893, 55쪽 (원주)

얻을 수 있는 한가로운 일이었을 것이다. 그러나 민족의 문화운동이 정치적 의미를 획득할 수밖에 없다는 사실은 많은 뵈멘 귀족층에게도 이미 명백한 것이었다. 이 시대를 충족시킨 인간성(Humanität)과 민족성 사상의 영향이 많은 고귀한 영주를 젊은 운동에 다가서게 했을 것이다. 다른 사람들은 독일의 부르주아지와 관료층에 대한 증오에서 젊은 운동을 옹호했다. 곧 이어 귀족층은 더 이상 독일인이 아니라, 두 민족 위에 서있는 토착적인 중재자로 생각되었다. 툰(Thun)의 백작 요제프 마티아스(Josef Matthias)가 1845년에 기록한 것에 의하면, "나는 체코인도 독일인도 아니고, 완전한 자각을 가지고 뵈멘인이라"고 말할 수 있다는 것이다.15) 한 체코인이 대답한 것에 의하면, 몇 년 전만해도 뵈멘의 귀족층은 독일인이라고 자칭하는데 주저하지 않았기 때문에, 이것은 큰 진보라는 것이다.16)

그러나 클람-마르티닉(Clam-Martinic), 노스티츠-리넥(Nostitz-Rhieneck), 골루초프스키(Goluchowski)가 강화된 제국의회에서 **"역사적-정치적 개성"**의 이론을 주장한 1860년 이후, 비로소 일시적인 관계가 영속적인 동맹으로 발전한다. 근본적으로 반민족적인 이 교의가 아주 의식적 혹은 명시적으로 "가리발디(Garibaldi)적 민족성도그마"에 대항하게 되고, 체코민족당과 봉건귀족층의 동맹으로 귀결되었다는 사실은 어떻게 일어날 수 있었을까?

대토지소유자와 부르주아지가 공통의 적인 프롤레타리아트를 두려워할 필요가 없을 때, 이 두 계급의 대립은 도처에서 정치투쟁을 지배한다. 귀족층은 부르주아지와 시민적 국가의 권력 성장에 반대하는 투쟁에서 동맹자를 찾으며, 언제나 부르주아지와 경제적으로 대립하고 있는 계급 중에서 동맹자를 발견한다. 영국에서 토리당(die Tories - 보수당)은 자본에 대한 투쟁에서 때때로 노동자를 지지하고, 노동자층을 자유주의정당으로부터 분리해낸다. 마찬가지로 독일에서도 융커는 ― 프로이센의 헌법분쟁에서 스스로 왕인 ―

---

15) Josef Matthias Graf von Thun, *Der Slavismus in Böhmen*, Prag 1845 ― 마자릭(Masaryk)은 이 문장은 결코 체코어로 번역될 수 없다고 설명했다. 왜냐하면 체코 언어는 체코인(민족)과 뵈멘인(지방 거주자)을 동일한 단어로 나타내기 때문이다. (원주)
16) Josef Matthias의 같은 책에 기술된 한 체코인의 말. (원주)

자유주의적 시민층에 대항하여 노동자를 이용하려고 했다. 오스트리아에서도 일부 귀족층은, 그가 원한다면, 중간층구제와 노동자보호와 함께 소시민과 노동자계급의 사회운동 속에서 자유주의에 대항하는 투쟁의 동맹자를 발견하려고 아첨했다. 그러나 귀족층의 사회적 선동은 어디에서도 원하는 성과를 올리지 못했기 때문에, 오스트리아는 귀족층에게 더 유리한 조건을 제공한다. 오스트리아에서 귀족층의 사회적 선동은 민족적 선동이라는 특별한 형태를 띤다. 귀족층은 슬라브인, 특히 체코인 소시민의 민족운동과 동맹하여, 독일인 부르주아지 및 관료층과 투쟁하려고 한다. 그 때 헌법에 반대하는 투쟁이 그들에게 수단을 제공한다.

제국에서 귀족층은 독일인 부르주아지 및 관료층과 권력을 나누어야 한다. 뵈멘이 독립국이 된다면 사정은 아주 다를 것이다. 이 경우 체코인 소시민은 독일인 부르주아지와 관료에 반대할 것이다. 물론 체코인 소시민이 스스로 뵈멘을 지배하는 것은 이 시대의 비민주주의적인 오스트리아에서는 불가능하다. 왜냐하면 오스트리아에서는 대토지소유자와 부자들만이 지배를 위임받고, 대토지소유자의 쿠리가 특권적 소유권을 통해 권력을 부여하고, 이러저러한 민족이 다수파로 되는 것을 돕기 때문이다. 또한 이것을 통해 대토지소유자가 민족들 사이의 중재자가 되고 결국 민족들에 대한 지배자가 되기 때문이다. 뵈멘이 독립국이 된다면, 지배권은 저절로 대토지소유자에게 돌아갈 것이다.

더욱이 국가권력을 둘러싼 투쟁이 귀결되는 범위가 좁을수록, 귀족층의 사회적 명성은 그 만큼 더 정치적 효력을 증대시킨다. 뵈멘 출신자의 자랑스러운 이름은 다른 나라의 농민과 소시민에게는 낯설기 때문에, 제국 전체에서는 귀족의 명성도 별게 아니다. 이에 반해 좁은 공간적 범위에서 농민과 소시민은 "영주"의 경제적 권력과 오랜 명성을 거부할 수 없고, 따라서 저항 없이 정치에 굴복한다.

마지막으로 귀족층의 이데올로기도 연방주의에 조응한다. 귀족층은 조상대대로 내려오던 특권을 부정하고 농민에 대한 지배권을 박탈한 제국헌법을 증오스런 혁명의 자식이라고 생각했다. 그에 반해 황실직할지는 역사적으로 계승되고, 신분제도의 기억과 밀접히 결합되어 있다. 귀족층의 권력은 어디에서나 역사적인 관습에 의해 지지되며, 따라서 그들은 어디에서나 역사적 전통의 옹호자이다. "역사적-정치적 개성"은 침해될 수 없고 국가의 기초로 유지되어야 한다는 교의도 또한 반(半)중세적인 과거에 대한 그들의 애착에서 생긴다.

그러므로 귀족층은 **헌법문제**를 제기했다. 그들은 중앙집권주의에 연방주의를 대치했다. 오스트리아는 연방국가로 되어야 한다. 거의 독립적인 황실직할지의 느슨한 연합이 새로운 제국헌법을 대신해야 한다. 추구해야 할 연방주의적 헌법은 황실직할지의 자치로서 불려졌다 — 단어의 지독한 남용이다! 자치(Autonomie)란 자기관리를 의미한다. 만일 내가 공업지역과 농업지역, 독일인과 체코인을 무리하게 합쳐, 한 쪽이 다른 쪽을 지배하고 이민족 대토지소유자가 쌍방을 지배해야 하는 상황이 된다면, 그것은 자치나 자기관리가 아니라 타치(Heteronomie), 즉 타자지배(Fremdherrschaft)가 될 것이다. 연방주의적 헌법도 민족과 국가의 관계에 관한 중앙집권적-원자론적 이해에 아무 것도 변화시키지 못할 것이다. 모든 오스트리아의 민족은 하나 이상의 황실직할지에 살고 있기 때문에, 민족은 단체로서 구성되지 않는다. 황실직할지 헌법은 그러므로 모든 민족에게 민족적 분열을 의미한다. 그리고 거의 모든 황실직할지에는 하나 이상의 민족이 살고 있다. 따라서 연방주의적 헌법은 어떤 황실직할지에서도 한 민족에 의한 다른 민족의 지배를 의미하게 된다. 또한 연방주의적 헌법에서 모든 민족은 자신의 문화적 욕구를 만족시키기 위해 정치권력을 둘러싼 투쟁을 강요받는다. 제국에서의 권력투쟁이 황실직할지에서의 정치투쟁으로 옮겨갔을 뿐이다.

그러나 민족적 권력투쟁이 제국으로부터 황실직할지로 이동한 것은 물론 민족 간 권력적 지위를 본질적으로 변화시켰다. 슈멜링의 헌법 상태에 대해 12월의 헌법과 마찬가지로 참을 수 없었던 체코인은, 민족적 관계에 대한 원자론적-중앙집권적 조정의 지배 아래 지낼 수 없었고, 현행 헌법이 그들에게 약속한 권력의 희망을 황실직할지에서 보았다. 그들에게 어떤 **경제적** 이익도 연방주의와 모순되지 않았다. 체코인 소시민은 지역시장을 위해서만 생산하고 거래한다. 체코인 농업인은 결코 독일인 부르주아지와 같이 커다란 판로를 필요로 하지 않았다. 그러므로 그들은 통일된 커다란 법적 영역과 경제영역에 대해서는 관심이 별로 없었다. 오히려 그들의 경제적 이익은 주데텐 지역의 공업지가 그들의 상품만을 받아들여 높은 납세능력을 통해 그들의 욕구에 공헌하는 경우에만 유지된다. 한편 지방에서 그들의 **민족적** 지위는 제국에서보다 훨씬 유리했다. 체코인 6명에 대해 독일인 4명이 할당된 왕국의 의회에서 쿠리선거권 때문에 체코민족 만으로 다수파를 구성할 수 없는 경우에도, 그들은 귀족층과 동맹함으로써 정치적 권력에 참가할 수 있었다.

그리하여 체코인은 봉건귀족과 영속적인 동맹을 맺었다. 팔라츠키는 민족들과 국가 관계의 유기적 조정에 대한 요구와, 그가 크렘지어 헌법위원회에서 주장한 민족적 자치의 요구를 버리고, 체코인 소시민에게 연방주의 강령을 약속했다. 노년체코당(alttschechische Partei)은 봉건적 귀족의 경제적 욕구와 이데올로기를 받아들이고 그들과 동맹을 맺었다. 1848년에 전통적 황실직할지를 부정하고 민족적으로 구분된 지역의 수중에 행정을 맡기려고 했던 팔라츠키는, 이제 부패한 뵈멘의 국법에 대한 체코민족의 생생한 요구를 지지했다. 노년체코당은 시민적-자유주의적 요구를 민족적으로 상관없는 모든 문화문제 속으로 더욱 더 해소시켰다. 체코인 시민층 내부의 작은 분파만이 슬**라드코프스키**(Sladkovský)와 그레그르(Grégr)의 지도 아래 봉건귀족을 위해 시민적 자유주의의 요구를 희생하기를 거부했다.

독일인에게 황실직할지 연방주의는 당연히 매우 위험한 것으로 생각되었다. 그것은 제국에서의 독일인 부르주아지와 관료층의 지배를 파괴하고, 왕국에서 가장 발전한 지역의 독일인 시민층을 사회적 적대자인 봉건귀족과 민족적 적대자인 체코인에게 복종시킬 것이다. 그것은 뵈멘의 독일인 공업의 거대한 납세능력을 농업지역의 욕구에 복종시키는 것이다. 독일인 부르주아지는 통일된 법적 영역의 분열 다음으로 일어날 통일된 경제영역의 분할을 두려워했고, 따라서 판로를 잃게 될 위험을 두려워했다. 중앙집권주의와 연방주의의 투쟁, 통일국가와 뵈멘국법의 투쟁은 **독일인 부르주아지와 관료층의 대토지소유자에 대한 계급투쟁**이며, **이윤과 지대**의 대립의 정치적 현상 형태이다. 모든 민족에게 권력투쟁을 부과하는 정치적 특권의 교활한 체계를 통해 이 권력으로부터 체코민족을 배제하려는 독일 자유주의헌법으로 인해, 체코민족은 이 투쟁에서 과거 영주계급의 추종자가 되었다. 영주계급은 과거 체코인 귀족이 소멸된 후 비로소 이 지역으로 왔음에도 불구하고, 또한 그들은 이민족 출신, 즉 대부분이 독일인 출신임에도 불구하고, 그리고 체코인 농민과 노동자의 착취에 그들의 권력기반이 있음에도 불구하고 그러하였다.

대토지소유자와 나란히 특히 **지식인**이 민족투쟁을 장악하였다. 지식인의 정치적 힘은 자유주의헌법 시대의 초기에 대단히 컸다. 아마 지식인의 수는 민족 중에서 매우 작은 부분일 것이다. 그러나 광범한 인민대중이 납세조사를 통해 선거단체로부터 배제되기 때문에, "대졸자"는 선거인의 적지 않은 부분을 이루고 있다. 지식인은 매우 활발하게 정치생활에 참가하기 때문에, 그들의 표수는 더욱 큰 의미를 가진다. 반면에 대중은 이미 지적했듯이 주의회와 제국의회 선거에 90년대 초까지 거의 참가하지 않았다. 그들은 오랫동안 선거에 참가하지 않았고 이해하지도 못한 채 정치생활과 직면했다. 게다가 보통 지방 도시와 시골에서는 교사, 목사, 의사, 변호사, 약사, 하급공무원 등이 지역유지를 이루고 있고, 선거인 전체는 그들에게 정치적으로 복종한다. 그러나 다른 한편으로 오스트리아 주민대중이 열악한 초등학교 상황으로 인해 무지하고 미숙하며, 정치적 훈련의 결여 상황으로 인해 스스로 정치를 하기에는 너무 적은 지식밖에 없다는 사실 때문에, 지식인의 정치적 영향력은 한층 증대한다. 그래서 필연적으로 지식인이 농민과 소시민을 정치적으로 지도하게 된다.

그런데 지식인의 정치적 태도는 그 입장이 생산과정의 외부, 계급의 외부에 있다는 사실을 통해 규정된다. 지식인은 기업가와 노동자, 자본가와 수공업자, 대농업인과 공업가의 대립과 투쟁에 관계하지 않고, 그것을 이해하지 않는다. 지식인은 자신의 이익을 추구하지 않기 때문에, 무관심과 추상성을 갖고 모든 계급투쟁에 관계한다. 그러나 지식인은 구체적인 이해 없이 현실의 경제적 문제에 직면하는 경우에도, 그들의 교육 덕분에 다른 모든 계급보다 그 시대의 이념에 강하게 복종한다. 시민사회의 계급들이 자신의 힘을 계산하지 않고 미분화된 대중으로서 민중 전체가 투쟁하는 곳에서, 지식인은 맨 앞에 서서 싸운다. 이렇게 전체로서 민중이 절대주의와 투쟁하는 곳에서 ― 1789년의 프랑스, 1848년의 독일과 오스트리아, 오늘날의 러시아 ― 지식인은 어디서든 투쟁하는 사람들의 선두에 선다. 그리고 같은 이유에서 민족이 전체로서 다른 민족과 대립하는 곳에서, 지식인은 어디서든 투쟁에 활발하게 참가한다. 그러므로 오스트리아에서 모든 지식인은 민족투쟁을 향해 있다. 이미 지식인의 커다란 정치적 영향력은 주민의 눈을 사회적 대립으로부터 민족투쟁으로 향하도록 작용하고 있다.

역사 없는 민족의 대중으로부터 형성된 지식인이 이제 더 이상 역사적 민족의 문화공동체 속에서 상승하지 않고 자신의 민족성을 보호하려고 한다면, 이민족 지배는 받아들이기 어렵게 된다. 어디서든 사회적 명성을 열망하는 지식인은 자기 민족이 멸시받고 자기 문화가 저급하게 평가되고 자기 민족이 정치권력에 참가하지 못하는 사실에 대해 참을 수 없게 된다. 체코인 학생은 학교에서의 독일어를, 체코인 공무원은 법정에서의 독일어를 눈으로 볼 수 있는 명백한 자기 민족에 대한 멸시의 표시로서, "민족적 명예"의 훼손으로서 받아들인다. 그리하여 역사 없는 민족의 지식인은 우선 민족학교와 행정관청과 재판소의 언어를 둘러싼 투쟁을 시작한다. 대토지소유자가 민족문제를 헌법문제로 만들었을 때, 지식인은 **민족학교**의 문제와 **언어문제**를 제기했다.

민족학교의 문제는 확실히 모든 민족문제 중에서 가장 중요한 것이다. 왜냐하면 민족교육은 민족결합의 가장 강력한 수단이기 때문이다. 그러나 지식인은 이 문제의 의의를 훨씬 과도하게 평가했다. 어떤 민족의 발전도 오직 학교제도의 형성에만 의존하는 것은 아니며, 또 주로 그것에 의존하는 것도 아니다. "긴 하루의 수업시간은 긴 인생의 학교 및 어린 시절이다!"17) 그러나 다른 계급의 성원보다 인생의 많은 부분을 학교에서 보내고, 그 자식들도 또한 오랜 청년시절의 전부를 학교에서 보내는 지식인은 다른 계급들보다 학

---

17) Rudolf Springer, *Grundlagen und Entwicklungsziele*, 67쪽 (원주)

교문제에 큰 관심을 가진다. 그리고 그들이 이 문제를 위해 싸우는 학교는 광범한 대중이 교육받는 초등학교가 아니라, 스스로가 학생으로서 지냈고, 교사로서 일하고 있는 중등학교와 대학이다. 그래서 그들에게 민족문제는 무엇보다 김나지움과 대학의 문제이다.

또한 관청어와 법정어의 문제는 확실히 깊은 역사적 근거를 갖고 있다. 역사 없는 민족이 새로운 문화생활로 상승한 것은 독일어의 배타적 통용에 대한 투쟁의 기초가 되었다. 오늘날 중앙집권적-원자론적 국가이념의 지배 하에서 불가피하게 일어나는 국가권력을 둘러싼 민족들의 투쟁은 언어문제를 둘러싼 투쟁에 반영되어 있다. 그러나 공무원, 재판관, 변호사에게 이 문제가 실제보다 더 중요하게 생각되는 것은 이상한 것일까?

그러나 다른 민족들의 지식인은 전체 교육과 작업을 통해 학교문제와 언어문제의 의의를 과대평가하도록 추동될 뿐만 아니라, 그들의 직접적인 경제적 이해도 이 문제의 해결에 달려 있다. 체코인 지식인은 과거부터 언제나 독일어를 배워왔다. 일찍이 억압된 계급의 언어에 불과했던 체코어를 여전히 경멸하는 독일인 지식인은 체코어를 거의 하지 못한다. 따라서 체코어권에서 체코어의 관청어는 독일인 공무원과 변호사를 배제한다. 바데니(Badeni) 언어령[18] 이후의 경우와 같이, 체코어의 지식이 독일어권에서조차 필요하게 되면, 독일인 공무원은 여기서도 체코인 동료의 경쟁에 의해 위협받게 된다. 독일인 지식인은 독일어의 관청어와 법정어의 배타적 유지를 위해 싸움으로써, 체코인 동료와의 경쟁을 회피하려고 한다. 그러나 학교문제도 그들에게는 동일한 의의가 있다. 중등학교와 대학에서 독일어로 수업이 이루어지면, 체코인 소시민과 농민의 자식들에게 학업은 본질적으로 어렵게 된다. 체코어학교에 반대하는 투쟁은 슬라브인과의 경쟁에 반대하는 독일인 지식인의 투쟁이기도 하다. 독일인 지식인이 다른 민족의 동료로부터 위협을 받게 될수록, 이

---

18) Kasimir Felix Badeni(1846-1909)는 오스트리아의 정치가로, 1888년 갈리치아의 행정관이 되었다가 1895년 내무장관과 수상이 되었다. 그는 뵈멘의 언어갈등 문제를 해결하고자, 모든 공무원은 3년 안에 체코어와 독일어에 능통해야 한다는 1897년의 "이중언어령"을 제시했다. 그러나 결과적으로 반대에 부딪히자 바데니 자신의 실각으로 이어졌다. (역주)

러한 투쟁은 더욱 가혹하게 된다.

독일인 공무원이 서열상 위에 위치하는 체코인 상사에 대해 불쾌감을 느낄수록, 독일인 변호사와 의사가 체코인 동료와의 경쟁을 불쾌하게 느낄수록, 그 만큼 더 체코어 김나지움과 대학에 대한 그들의 투쟁은 격렬해지고, 독일어의 관청어에 대한 고집은 정열적으로 된다. 정치적 영향 하에 있는 거대한 지역 전체가 그들의 요구에 커다란 반향을 나타낸다.

대토지소유자는 민족문제를 헌법문제로 만들었다. 지식인은 이것을 학교문제와 언어문제로 만들었다. 그러나 헌법을 둘러싼 투쟁의 기초에 여전히 **계급투쟁**이, 즉 부르주아지와 관료층에 대한 영주계급의 투쟁이 존재한다면, 학교어와 관청어를 둘러싼 분쟁에는 더 이상 계급투쟁이 아니라 한 계급 내부의 **경쟁자**의 투쟁, 즉 지식인 내부의 경쟁자의 투쟁이 포함되어 있다.

민족들의 정치적 투쟁의 내용은 이렇게 주어졌다. 정치의 무대에 등장한 다음 계급인 **소시민층**은 민족적 정당의 강령에 새로운 내용을 준 것이 아니라, 투쟁의 에너지만을 규정하고 민족적 요구를 주장하는 조성(Tonart)을 변화시켰다.

소시민층의 상층인 부유한 상인과 여관주인, 셋집주인, 형편이 좋은 수공업자는 헌법시대의 초기에 정치투쟁에 참가했다. 그러나 그들은 다른 계급들의 ─ 부르주아지, 대토지소유자, 관료층, 지식인 ─ 지도 아래 있었고, 민족투쟁의 본질을 규정할 수는 없었다. 1882년 이후에 비로소 소시민층 전체가 정치적 발언을 하게 되고, 민족투쟁에 자신의 성격을 각인했다.

우선 소시민층은 오스트리아의 정치에 근본주의(Radikalismus)를 부여했고, 시끄러운 발언과 조잡한 욕설 그리고 "날카로운 조성" 부여했다. 그들은 자본주의를 통해 궁핍해지고 억압되었으며, 따라서 그들을 희생으로 하는 사회형태에 불만을 갖고 있었기 때문에, 분노를 털어놓으려고 했다. 소시민층이 경제적 요구, 강제조합, 자격증명을 위해 다른 계급과 투쟁해야 한다면, 그러한 근본주의는 적어도 부분적으로는 계급의 특별한 요구를 위한 정치투쟁의 형태를 띨 수도 있었을 것이다. 그러나 특권적 선거권이 이러한 투쟁을 면제시켰다. 도시쿠리에서는 소경영의 중간층 정치를 신뢰하지 않는 사람은 거의 선출되지 않았다. 여기서는 경제적인 계급이해가 정당형성의 힘을 더 이상 갖고 있지 않았다. 그리고 대토지소유자, 부르주아지, 농민이 지배하는 다른 쿠리에서도 소시민의 요구는 반영되지 않았다. 쿠리구분은 선거에서 계급투쟁을 불가능하게 만들었다. 그러므로 중산층정책을 위한 투쟁은 쿠리에 대한 의회의 분할에 의해 미리 결정되었다. 이 투쟁에서 소시민적 근본주의는 발휘될 수 없었다. 소시민적 정당이 예를 들어 의회내각을 통해 중심부에서 국가권력을 직접 지배하기를 희망한다면, 국가의 필요를 계산하고 근본주의를 완화시켜야 할 것이다. 그러나 관료층은 행정권력을 자신의 수중에 확실히 장악하고, 부르주아지와 귀족적 토지소유자의 영향력은 허용하지만, 서서히 상승해온 소시민적 정당의 영향력은 허용하지 않았다. 그래서 소시민적 근본주의는 다른 계급과의 계급투쟁을 통해 민족투쟁으로부터 벗어나지도 못했고, 또한 국가의 필요에 대한 배려를 통해 온건하게 되지도 않았다. 헌법, 학교문제, 언어문제를 둘러싼 투쟁은 이제 이전과는 전혀 다른 말과 표정으로, 전혀 다른 정열로 나타나게 되었다. 경제적으로 궁핍한 소시민의 불만의 소리는, 이 계급의 요구를 위한 정치투쟁 속에서 표현될 수 없었기 때문에, 민족적 근본주의로 된다.

　이미 얘기했듯이, 소시민층을 민족적 근본주의로 향하게 한 것은 자본주의적 발전과 주민의 이동이 특히 소시민층에게 불러일으킨 민족적 증오였다. 이 민족적 증오는 아무 목적이 없는 민족적 시위를 — 외국어 도로표지와 외국어의 공적 사용의 금지, 소수자의 축제나 집회의 금지를 위한 — 선호하게 만들었다. 이제 소시민층은 이 민족적 시위정책을 의회에도 가져간다. 이제 자기 민족의 권력을 보장하는 것이 문제가 아니라, 다른 민족을 약화시키는 것이 문제이다. 투쟁은 더 이상 목적을 위한 수단이 아니라, 시위이고 자기목적이다. 이것은 자신의 사회적 불만으로부터 생긴 근본적인 분위기와 사회적 변혁이 그들 속에 낳은 민족적 증오로 표현된 형태이다. 그리고 국가 수준에서의 목적의식적 정책에 대한 배려가 이러한 투쟁의 분노를 완화하는 것도 아니다. 왜냐하면 소시민은 결코 국가 전체와 민중 전체를 보지 않고, 언제나 단지 그들이 생활하고 있는 소도시밖에 볼 수 없기 때문이다. 그리고 소시민은 그들의 작은 도시에서 체코인 학교와 공무원이 그들의 편안함을 방해하면 제국 전체를 조각내려고 하기 때문이다. 칠리(Cilli)시만이 슬로베니아인 김나지움을 받아들이지 않는다고 해서, 소시민은 자신의 민족 전체의 권력지위가 손상되었다는 사실에 전혀 관심이 없다. 이러한 소시민적 근본주의로부터 민족정책의 완고함이 생긴다. 어떤 민족적 정당도 적대자에게 양보하거나 화해할 수 없다 — 파산형벌(破産刑罰)의 경우와 같다.

　이러한 소시민적-민족적 근본주의는 먼저 비독일인 민족들에서 나타난다. 독일인의 경우에는 부르주아지와 관료층의 영향력이 비교적 강하다. 독일인은 국가 내에서 다른 민족들과의 공존이 아주 불가능하지 않은 방향에서 1882년 이후에도 여전히 독일정책을 유지하고 있다. 그러나 독일인에게도 소시민이 자신의 손에 정책을 장악하고 소시민적 선거인의 심리가 피선거권자인 의회의 입장에 영향을 많이 줄수록, 그 만큼 민족적 근본주의도 더욱 강화된다. 이러한 독일인의 근본주의는 서부 오스트리아에서 독일인 소수자의 단독 지배가 유지될 수 없을 때 더욱 커진다. 이미 체코인과 봉건귀족의 동맹은 제국에서 독일인 소수자를 의회의 다수파로 만들려고 하는 교활한 계획을 상당히 침해했다. 도시와 지방의 쿠리에서의 선거권 확대는 역사 없는 민족의 선거인수를 증대시켰다. 국가는 역사적 생활에 대한 민족들의 자각에 서서히 적응해야 했고, 적어도 비독일 민족들의 가장 긴급한 문화적 요구를 만족시켜야 했다. 그러므로 독일인 소시민에게 정치사(政治史)는 독일인 힘의 계속적인 축소로 보인다. 오스트리아가 점점 더 작은 독일인 국가가 될수록, 독일인 소시민층은 그 만큼 오스트리아의 국가이익을 자기 민족의 이익으로서 느끼지 않게 되고, 다른 민족과 마찬가지로 독일인도 더욱 하나의 민족적 정당으로 결집된다. 일찍이 독일인 부르주아지와 관료층은 다른 민족들의 소시민층의 저항으로부터 — 독일인이 지배하는 — 국가를 옹호하는 권력이었지만, 이제 독인인 소시민은 민족적 정당을 만들고, 국가의 필요에 관계없이 다른 민족들의 민족적 정당과 동일한 기반에서 국가권력을 둘러싼 투쟁을 전개한다. 옛 자유주의정당의 소멸과 바데니 내각에 대한 독일인의 반대는, 소시민적 근본주의가 독일 진영에서도 부르주아지와 관료층의 영향력을 타파했음을 의미한다.

분노와 고뇌의 증대를 수반하는 민족투쟁의 태풍은 언제나 민족적 권력정책에 의해 광범한 대중을 획득했다. 이것은 우선 **농민**에게 해당된다.

전통적인 농민은 경제적 변화가 민족적 증오를 낳는 사회적 영역과 밀접한 관계를 맺지 않는다. 그의 마을에는 체코인 노동자와 소시민은 들어오지 않는다. 오늘날에도 여전히 뵈멘과 메렌의 많은 지역에서 농민은 자식으로 하여금 두 번째 영방언어를 배우도록 배려한다. 독일인 농민은 이러한 목적을 위해 일 년 간 자식을 체코인 농민에게 맡기고, 그 대신 체코인 농민의 자식을 하숙시킨다. 그러나 폐쇄된 언어지역의 농민은 민족적 적대자를 한 번도 본 적이 없으며, 민족투쟁으로 인해 고심해본 적도 없다. 민족투쟁에 아직 사로잡히지 않고 과거 습관에 깊이 뿌리박혀 있는 이들 농민의 이데올로기는 교권주의이다. 가톨릭교회는 처음부터 민족투쟁에 관계하지 않았고, 그것에 적대적이었다. 독일-슬라브 세습영방의 35명의 주교에 의한 교회회의가 결의한 1849년 6월 17일의 유명한 교서는 "언어의 차이는 악행의 결과이며, 하나님으로부터의 이반이기" 때문에 민족성은 "이교도"의 잔재라고 설명하고 있다. 가톨릭의 독일인 농민은 농업적 이해의 공통성, 자유주의에 대한 증오, 옛것에 집착하는 이데올로기 등을 통해 봉건적 대토지소유자와 밀접히 결합되어 있기 때문에, 봉건귀족, 체코인, 폴란드인과 아무 생각 없이 "쇠고리"를 형성하고 있다. 그것은 오스트리아에서 독일인 지배의 종말을 준비하는 것이었다.

그러나 농민이 자본주의적 상품생산의 영역 속으로 들어오게 될수록, 민족문제에 대한 그들의 입장도 그 만큼 빨리 변하게 된다. 가내공업으로 독일인 자본가에게 봉사하는 체코인 소작인과 소농은 이미 민족적으로 변하고 있다. 상품생산이 농민을 포섭하고, 농민이 순수한 농업인으로 되고, 도시주민과 밀접한 교통에 들어가게 되면, 농민도 도시적, 소시민적 이데올로기에 지배된다. 게다가 공업의 발전은 민족적 대립을 시골에도 가져온다. 체코인의 시골에도 독일인 공장주와 직원이 나타나고, 독일인의 시골에도 체코인 노동자와 소시민이 나타난다. 더 좋은 학교교육, 국민개병의 의무, 정치투쟁,

민중집회, 신문은 농민을 도시의 소시민에게 더욱 가깝게 만든다. 그리하여 우선 자본주의적 발전이 빠른 주데텐 지방의 농민은 민족적 정당으로 인도된다.

이러한 운동은 서서히 알프스 지방의 독일인 농민을 사로잡는다. 여기서도 농민의 경제는 변화한다. 철도, 외국무역, 농업협동조합은 여기서도 과거 유형의 농민을 서서히 순수한 농업인으로 변화시켜 도시의 소시민에 가깝게 만든다. 여기서 과거 가톨릭의 정책은 불가능하게 되고, 가톨릭정당은 스스로 농민의 새로운 정신에 적응하든가 혹은 새로운 가톨릭정당인 기독교사회당으로 대체된다. 이들 정당은 이제 농촌에서 민족주의사상의 힘을 고려해야 한다. 이들은 민족투쟁의 최전선에 위치하는 것은 아니지만, 민족투쟁을 더 이상 무시할 수 없고, 더 이상 민족적 적대자와 연합할 수 없으며, 결정적인 투표에서 자기 민족의 소시민적 민족주의자를 지지해야 한다.

그러나 농민만이 아니라 **노동자**의 일부도 민족적 권력투쟁의 사상에 사로잡힌다. 1897년 노동자가 처음으로 보통선거권의 새로운 쿠리에서 투표를 했을 때, 민족투쟁의 고전적 지방인 뵈멘에서는 사회민주당이 승리했다. 그러나 이 거대한 승리는 부르주아지와 소시민층의 분노를 분출시켰다. 쿠리제도가 그들에게 투쟁의 수단을 제공했다. 보통선거권 쿠리의 대표가 72명인데 반해 소유자계급의 특권적 쿠리의 대의원은 353명이기 때문에, 소유자계급의 이익은 충분히 보장되었다. 그러므로 민족적 정당은 시민층의 계급적 이익에 대한 위험 없이 노동자층에게 이익을 보장함으로써, 민족적 권력투쟁을 위해 민족적인 노동자정당을 병합하여 일부 노동자층을 획득할 수 있었다. 그래서 1901년의 선거는 정직하지 못한 게임이 성과가 있다는 것을 보여주었다. 뵈멘과 메렌의 선거에서 독일인 사회민주당과 체코인 사회민주당은 패배했다. 무관심한 노동자층은 민족투쟁의 소동 속에서 냉정함을 잃고, 계급의 적에 의한 정책에 넘어갔다. 그리고 조직된 사회민주주의적 노동자층도 시대의 분위기에서 아주 초연할 수 없었다. 그들은 더 이상 국제주의적 사상에 대한 과거의 확신을 고수하지 않았고, 중앙의 많은 사람들도 스스로 혼란에 빠졌다.

이제 민족적 권력투쟁 속에서 정당들의 행진이 시작된다. 얼마나 진귀한 광경인가! 일찍이 대토지소유자가 부르주아지와의 투쟁에서 정식화하고, 다음에 지식인이 경쟁자와의 투쟁에서 정식화한 요구들, 즉 중앙집권주의와 연방주의, 대학과 김나지움, 행정관청과 재판소의 언어 등을 둘러싼 요구들이 다시 논쟁거리가 되었다. 그러나 이 투쟁에는 이제 농민과 일부의 노동자를 포함한 민족 전체의 힘이 들어간다. 투쟁의 형태와 에너지는 소시민층이 규정하지만, 소시민층의 무분별한 근본주의와 민족적 증오는 농민과 일부 노동자를 감염시킨다. 그래서 민족적 정치가가 광범한 대중에게 호소하면 할수록, 그 만큼 그 절규는 더욱 커지고 그 태도는 더욱 조잡해지며, 따라서 어느 민족의 정당이든 자신의 힘의 자연적 한계조차 고려하지 않게 되고, 보잘 것 없는 민족투쟁에서 양보하거나 타협할 가능성은 더욱 적어진다.

민족들은 국가로 하여금 자신의 문화적 욕구를 만족시키도록 하기 위해 국가권력을 탈취하려고 했다. 국가권력을 둘러싼 투쟁은 민족들 서로의 투쟁으로 되었다. 이 투쟁은 독일인과 체코인의 방해로 정점에 달할 때까지 더욱 격화되었다. 이제 민족적 적대자가 단지 작은 진보를 이루는 것조차 서로 방해할 만큼, 각 민족의 적대감은 강화되었다. 그러나 이것은 문화적 진보를 위한 길이 국가의 원조를 필요로 한다는 점에서, 오히려 그 길을 모든 민족들에게 막아버리는 것이다. 민족들은 국가권력을 장악하려고 노력했지만, 오히려 굴욕적인 무기력을 얻었을 뿐이다. 결국 민족적 적대자의 양보나 관용이 없이는, 어느 민족도 새로운 대학, 새로운 중등학교, 가장 간단한 관청 언어문제의 조정도 얻어낼 수 없을 것이다.

그러나 이 뿐만이 아니다! 1901년 오스트리아에서는 심각한 경제공황이 일어났다. 통상조약을 갱신할 때, 모든 계급은 커다란 문제에 직면했다. 오스트리아의 공업과 농업의 발전, 각 민족의 문화적 발전과 문화공동체의 범위 그리고 문화의 풍부함은 본질적으로 이 문제의 해결에 의해 영향을 받았다. 오스트리아-헝가리의 타협의 갱신은 커다란 의의를 갖는 많은 문제를 제기했다. 구 형법과 군사형사소송법과 같은 시대의 욕구에 어울리지 않는 낡은 법률이 아직 효력을 갖고서 매년 수천의 사람들을 학살했다. 노령보험과 상해보험과 같이 수천 명을 시급히 구제할 수 있는 개혁들이, 특히 모든 주민이 불가피하게 바라고 있는 개혁들이 아직 완성되지 않았다. 그러나 오스트리아는 이러한 모든 것을 위한 시간이 없었다. 그런데도 오스트리아 의회는 뵈멘의 내부 관청어와 브륀의 체코어대학 문제 때문에 의사진행을 방해하고 있었다. 오스트리아의 어떤 계급도, 어떤 민족도 이 모든 중대한 문제에 대한 태도를 결정하지 않았을 뿐만 아니라, 자신의 의지에 따라 해결할 수도 없었다. 쾨르버(Koerber)내각은19) 제14조에 기초하여 의회에 자문을 구하지 않고 가장 중요한 경제문제와 정치문제를 해결해버렸다. 결국 민족들은 정치권력을 장악하려고 했지만, 모든 권력을 잃고 관료층의 국가에 모든 것을 위임해버렸다.

그러나 관료층도 자신의 권력에 만족하지 않았다. 그들은 확실히 국가에게 분명한 존립을 보장하고, 국가의 외면적 평온을 확보하고, 가장 긴급한 문제를 절대주의적으로 처리할 수 있었다. 그러나 국가는 그 이상의 것, 즉 계속적인 문화사업과 부단한 개혁을 필요로 했다. 그러나 민족투쟁을 통해 의회가 완전히 마비된 이후, 모든 개혁활동은 정체되었다.

국가 자신의 의지수행을 민족들이 서로 관용하지 않기 때문에, 어떤 민족도 무력할 수밖에 없다. 민족들 서로의 투쟁이 민족들의 힘을 빼고, 정치권력을 완전히 관료층에게 맡겨버리기 때문에, 모든 계급은 무력하다. 입법기구가 정체되어 있기 때문에, 관료층 자체도 무력하다. 이것이 바데니내각의 언어령에서 가우치(Gautsch)내각의 선거개혁안까지 오스트리아의 모습이다. 모든 민족, 모든 계급 및 국가 그 자체의 이러한 완전히 무력한 상태는 **중앙집권적-원자론적 헌법의 자기 폐지**이다. 필연적으로 우리는 슈프링거가 유기적 이해라고 지적했던 국가에 대한 민족들의 관계의 또 다른 가능한 조정을 살펴보아야 할 것이다. 모든 계급 중에서 먼저 노동자계급이 이 새로운 필연성을 인식한다. 이미 1899년 9월 브륀의 오스트리아 사회민주당 전체당대회(Gesamtparteitag)는 노동자계급의 민족강령으로서 민족자치를 선언했다.

---

19) Ernest von Koerber(1850-1919)는 오스트리아의 정치가로, 1897-98년 통상장관을, 1899년 내무장관을, 1900-1904년 수상을 지냈다. 그는 뵈멘의 민족갈등을 헌법적 수단을 통해 해결하려고 했지만, 결국 체코인의 반대로 그의 내각은 물러났다. (역주)

제20장 노동자계급과 민족투쟁

　노동자계급의 가장 근본적이고 가장 자명한 성향은 혁명적 본능이다.
　젊고 자각하고 있는 프롤레타리아트의 민족에 대한 입장도 혁명적 분위기에서 유래한다. 따라서 민족이 억압자에게 대항하고 있는 곳에서, 우리 사회의 유력자들이 민족투쟁에 대해 반대하는 곳에서, 기존 질서를 전복하는 것이 민족정책의 목표인 곳에서, 노동자는 민족적이다. 그러므로 노동자는 짜리즘 아래 예속된 모든 민족의 해방투쟁에 앞장선다. 프로이센에서 폴란드인 사회주의자는 프로이센 계급국가에 의해 억압된 폴란드민족의 이익을 옹호한다. 헝가리에서 노동자는 독일인과 슬로바키아인, 루마니아인과 세르비아인의 민족적 이익을 위해 싸운다. 마찬가지로 오스트리아의 **역사 없는 민족**들의 노동자도 민족적이다. 그들은 자신들을 예속시킨 국가를 독일인이라고 생각한다. 유산자를 보호하고 무산자를 투옥하는 법정도 독일인이다. 모든 사형선고는 독일어로 작성되며, 파업 때 굶주리고 무방비 상태에 있는 노동자를 진압하러 파견된 군대는 독일어로 명령받는다. 빅토르 **아들러**(Viktor Adler)가 일찍이 말했듯이, 독일어는 과거 오스트리아의 "국가의 언어, 관청의 언어, 억압의 언어"였다. 아니 그 이상이었다. 독일어는 직접적으로 계급적 적대자의 언어, 공장주와 감독 그리고 상인과 고리대금업자의 언어였다. 이에 대해 자기 민족의 민족운동은 혁명적으로 생각되었다. 그러나 민족은 정치권력으로부터 배제되어 있었다. 그들은 현행 헌법에 대해 만족하지 않았다. 민족적 정당들의 신문이 압수되고, 선구자들은 투옥되었다. 민족의 소시민들도 독일인 부르주아지와 관료층에 대한 투쟁에 가담했다. 혁명적 본능은 역사 없는 민족들의 노동자에게 지배하는 역사적 민족에 대한 증오와 자기 민족의 민족적 권력정책에 대한 애착을 자각시켰다. 그러나 역사 없는 민족들의 노동자계급의 민족적 신념은 초기에는 신중하게 고려된 것이 아니라 애증의 감정에서 생겼기 때문에, 미숙하고 소박한 것이었다. 민족문제에 대한 이들 민족의 노동자의 처음 태도는 **소박한 민족주의**였다.

오스트리아의 **역사적** 민족의 경우에도 독일인을 제외한다면 혁명적 본능은 이 소박한 민족주의로 나아갔다. 폴란드인, 헝가리인, 이탈리아인의 민족운동은 혁명적이고 기존 국가질서에 적대적이었다. 그들이 혁명적인 노동자계급에게 동정적이었던 것은 얼마나 놀랄만한 일인가?

오스트리아 밖의 지배적 민족과 오스트리아 자체의 **독일인**의 경우에는 사정이 매우 달랐다. 여기서 오스트리아는 민족적으로 다른 계급적대자와 대치하고 있는 것이 아니다. 노동자를 착취하고 억압하는 계급들은 자기 민족이었다. 여기서 민족정책은 우선 지배적 국가질서에 대한 투쟁이 아니다. 과거 자유주의정당이 몰락하기까지 오스트리아의 독일인 시민층은 다른 민족처럼 민족정당을 만들지 않고, 현행 헌법을 옹호하고 그 위에서 특권을 유지하는 정당을 만들었다. 독일민족은 억압되지 않았고, 권력은 독일인 수에 비해 훨씬 컸다. 여기서 민족정책은 반항적인 소시민의 운동이 아니라, 착취자 및 억압자로서 프롤레타리아트가 증오한 계급들의 정책, 즉 부르주아지와 관료층의 정책이었다. 여기서 노동자계급은 민족적일 수 없었다. 지배계급은 민족적 권력의 조건으로서 이 특권을 옹호하였다. 민족적 권력은 독일노동자에게 적대적 계급의 계급지배를 유지하는 거짓 구실 이외에 다른 무엇으로 볼 수 있을까?

독일인 노동자계급은 소유계급과 교양계급에 대한 계급투쟁을 시작했을 때, 일찍이 영주계급과의 투쟁에서 시민층에게 봉사했던 옛 사상을 새롭게 발견했다. 노동자는 생각하기를, 우리의 적은 우리보다 재산이 많고, 우리보다 지식이 많고, 우리보다 좋은 옷을 입고, 세련된 말을 하고, 잘 쓸지도 모른다. 그러나 그렇다고 해서 국가에 대한 우리의 권리가 그들보다 적어야 한단 말인가? 우리에게도 인생을 즐기고 예술을 향유할 권리는 있지 않을까? 우리도 그들과 같은 인간이 아닌가? 그리하여 노동자 가운데서 인간의 얼굴을 한 모든 사람의 평등을 요구하는 **인간성**의 사상이 다시 되살아난다. 이제 독일인 노동자는 민족을 "시민적 편견"으로 간주한다. 그들의 눈에는 민족적 차이가 희미해지고, 그들이 착취와 억압에 대하여 투쟁하듯이, 계급이든, 성별이든, 종교공동체든, 혹은 민족이든, 그들은 착취와 억압 일반을 없애려고 한다. 그들은 스스로 전체 인류의 해방을 위한 투쟁자라고 느낀다. 그러므로 혁명적 본능이 피억압민족의 노동자를 소박한 민족주의로 이끌었다면, 민족적으로 만족한 민족들의 노동자계급에게는 **소박한 세계주의**(Kosmopolitismus)가 생긴다.

더욱이 그와 함께 오스트리아의 독일인 사회민주당은 민족적인 혼합물을 갖고 있다. 그것은 노동자만이 아니라, 시민적 민주주의로부터 사회주의로의 길을 발견한 소수의 시민적 지식인에서 유래한다. 오스트리아에서 독일인의 시민적 민주주의는 민족적이었다. 1848년의 단일하고 자유로운 독일, 대독일 공화국이 그들의 꿈이었다. 어디서나 마찬가지지만, 오스트리아에서도 자본주의의 발전은 과거의 민주주의를 해체했다. 어디서나 마찬가지지만, 여기서도 또한 이 민주주의의 가장 우수한 힘은 마침내 투쟁하는 노동자계급의 군대로 합류했다. 그러므로 시민적 민주주의도 사회민주당의 커다란 흐름에 많은 물을 공급한 수원의 하나였다. 우리 오스트리아 독일인 사회민주주의자 중에서 **엥겔베르트 페르너슈토르퍼**와 같은 인물이[1] 우리 당의 역사에서 이런 점을 구현하고 있다. 이러한 인물은 민족적 동경을 당에 가져왔다. 그리고 강바닥에 관한 전문가가 산맥에서 수원으로 흘러온 돌조각을 구별할 수 있듯이, 역시 우리는 오스트리아의 독일인 사회주의의 사상적 세계에서 시민적 민주주의의 상속인으로서 시민층의 가장 우수한 사람들이 가져온 분위기와 사상을 쉽게 발견한다. 그러나 이 시민적-민족적 혼합물은 노동자의 생활

---

[1] Engelbert Pernerstorfer(1850-1918)는 사회민주주의적 운동에서 독일인의 근대적인 민족적 경향을 대표하는 저명한 인물이었다. 1882년 그는 사회민주당의 창립자 빅토르 아들러와 극단적 민족주의자 Georg von Schönerer를 포함하는 독일인 자유주의 집단과 함께 이른바 "린츠강령"을 만드는데 참석하였다. 그는 Schönerer의 반인종주의 때문에 Schönerer가 창립한 운동을 떠났고, 1896년부터 그는 제국의회에서 사회민주당의 독일 민족적 진영을 대표했다. (역주)

조건 그 자체로부터 유래하는 오스트리아의 독일인 노동운동의 소박한 세계주의적 성격을 결코 흐리게 할 수 없었다.

독일인 민족정치가는 오스트리아의 독일인 노동자가 슬라브인과 이탈리아인 동료보다 훨씬 "민족감정"이 약하다고 많이 비난했다. 독일인 노동자가 처음에 혁명적 본능의 형태로 계급의식을 자각하는 청년시대부터 오스트리아의 다른 민족들의 노동자와 다른 이데올로기적 유산, 다른 지배적 분위기를 갖고 있다는 점에서 이 비난은 올바르다. 이러한 사실은 오늘날에도 종종 영향을 미치고 있다. 그러나 노동자의 혁명적 본능은 서서히 계급대립과 계급이해의 명확한 의식으로 발전했다. 그와 함께 노동자의 민족문제에 대한 입장도 변화했다. 한편의 **소박한 민족주의**는 다른 한편의 **소박한 세계주의**와 마찬가지로 서서히 극복되었다. 이 양자로부터 완만하지만 착실하게 **모든 민족의 프롤레타리아트의 의식적인 국제주의적 정책**이 발전한다.

우리가 이제 수많은 사람들에게 작용하고 있는 이 정책의 추진력을 열거하고 그 요소를 분석하려고 한다면, 사회적 생산과정에서의 노동자의 입장으로부터 출발해야 한다.

노동자는 가치를 생산하지만, 이 가치는 그의 것으로 되지 않는다. 노동자는 자신이 생산한 가치생산물의 일부만을 가지며, 지배계급은 노동수단의 소유를 통해 남은 잉여가치를 획득하는 권력을 갖고 있다. 이 사실이 노동자계급의 전체 정책을 지배한다. 노동자가 제기하는 최초의 문제는 **사회적 가치생산물의 분배**에 관한 문제이다. 사회적 가치생산물의 어떤 부분이 노동자계급에게, 또 어떤 부분이 노동수단의 소유자에게 돌아가는가? 여기서 계급들의 이익이 대립한다. 노동자계급에게 돌아가는 사회적 가치생산물 부분이 많을수록, 소유자계급이 획득할 수 있는 부분은 적게 된다. 그 역도 마찬가지이다. 가치생산물 분배의 문제는 법률의 문제가 아니다. 소유자계급은 노동자가 최소한의 생활을 할 수 있을 정도만 분배하려고 한다. 노동자계급은 총 가치생산물이 노동자 전체에 돌아가도록 조정하려고 한다. 이 두 가지 한계 사이에는 올바른 혹은 공정한 것으로서 증명될 수 있는 지점은 존재하지 않는다. 공정한 임금이란 존재하지 않는다. 계급 간 가치생산물 분배의 문제는 재판소가 결정할 수 있는 것이 아니다. 그것은 법률의 문제가 아니라 **힘의 문제**이다. 여기서 필연적으로 소유자계급에 대한 노동자의 투쟁이 생긴다. 이 계급투쟁의 가장 직접적인 현상형태가 **임금의 크기**를 둘러싼 노동조합의 투쟁이다.

노동자는 언제나 자신이 생산한 가치생산물의 일부밖에 가질 수 없고, 나머지는 소유자계급으로 돌아간다는 사실은 또한 다음과 같이 표현할 수 있다. 즉 노동자는 노동일의 일부만으로 자신의 것이 될 재화를 생산하고, 나머지 노동시간으로는 노동수단소유자의 수입이 될 재화를 생산한다. 노동자는 노동일의 두 번째 부분으로 **잉여노동**, 즉 소유자계급을 위한 부불노동을 수행한다. 이 사실로부터 노동일의 연장문제가 발생한다. 노동자는 소유자계급을 위한 노동을 거부한다. 노동일은 노동자계급의 수입이 될 재화만을 생산하는 정도로 유지되어야 한다. 이에 반해 소유자계급은 노동일을 무제한 연장하려고 한다. 그들은 바보가 아니라면, 노동자가 근육을 움직일 수 있는 한 노동자를 오랫동안 기계 앞에 서 있도록 요구한다. 그들이 똑똑하다면, 적어도 노동일의 연장이 잉여가치를 증대시킬 수 있을 정도로 노동자가 고생하도록 요구한다. 여기서도 노동일의 두 가지 한계 사이에는 넓은 투쟁영역이 남아 있다. 여기서도 이 한계 내에서 노동일의 어느 정도의 연장이 적당하고 공정한지 재판소가 결정할 수 없다. 이 문제도 또한 **힘의 문제**이며, 계급투쟁 속에서 결정된다. 이 투쟁은 **노동시간의 연장**을 둘러싼 노동조합의 투쟁으로서 나타난다.

계급투쟁의 필연성은 모든 민족을 분열시킨다. 노동자계급의 경제적 이익과 소유자계급의 그것은 어느 민족 속에서도 서로 대립된다. 그에 반해 어떤 민족의 노동자계급의 이익도 다른 모든 민족의 노동자의 이익과 일치한다.

임금의 높이는 먼저 노동력의 수요와 공급에 달려 있다.

그래서 우선 경제영역의 어느 부분에서는 — 예를 들면 뵈멘의 독일인 지역에서 — 노동력의 **공급**이 비교적 적고, 그에 비해 동일한 경제영역의 다른 부분에서는 — 예를 들면 뵈멘의 체코인 지역에서 — 공급이 수요를 훨씬 초과한다고 가정해보자. 결과는 뵈멘의 독일인 지역에서는 체코인 지역보다 임금이 높아질 것이다. 그러나 이 사실은 왕국의 체코인 지역에서 노동자를 독일인 지역으로 이동시킬 것이다. 왜냐하면 노동자는 거기서 더 쉽고 유리한 조건의 일을 발견하기 때문이다. 체코인 노동자가 뵈멘의 독일인 지역으로 이동하면, 노동력은 공급이 증대된다. 그러므로 뵈멘의 독일인 지역에서는 임금의 저하경향이 일어난다. 다른 한편 체코인 지역에서 노동자의 전출은 노동력 공급의 감소를 야기하고, 따라서 임금이 상승하는 경향이 생긴다. 결과적으로 뵈멘의 독일인 지역의 노동자는 체코인 지역의 노동자보다 임금이 더 낮다는 사실 때문에 고통을 받고, 체코인 지역의 노동자는 독일인 지역의 노동자보다 더 유리한 노동조건을 향유함으로써 직접적 이익을 얻는다. 그렇지만 길게 보면 체코인 지역에서 노동력의 공급이 적고 임금이 높으면, 독일인 지역의 노동자도 이익을 얻게 될 것이다. 결국 뵈멘의 독일인 지역에서 노동자가 좋은 임금을 지불받는다는 사실은 체코인 지역의 노동자에게도 이익을 준다. 체코인 노동자는 독일인 노동자의 고임금에 관심이 있고, 독일인 노동자는 체코인 노동자의 고임금에 관심이 있다.

이제까지 우리는 노동력의 공급이 임금수준에 미치는 작용에 관하여 연구했다. 노동력의 **수요**의 작용도 동일하다. 뵈멘의 독일인 지역에서 노동력상품에 대한 수요가 대단히 커진다고 가정하면, 임금은 상승할 것이다. 그에 반해 체코인 지역에서 노동력 수요는 매우 적을 것이고, 임금은 하락할 위험이 있다. 이제 자본가에게 임금은 생산비용으로서 보인다. 다른 조건이 동일하다면, 이 가정의 경우에 생산비용은 독일인 지역에서 더 높고, 체코인 지역에서 더 낮다. 생산비용이 낮을수록, 이윤은 더 높다. 그러므로 다른 환경이 동일하다면, 가정된 경우에 이윤율은 독일인 지역보다 체코인 지역에서 더 크다. 그런데 자본은 언제나 이윤율이 가장 높은 곳으로 이동한다. 그러므로 더 많은 자본이 독일인 지역보다 체코인 지역으로 향한다. 거기서 새로운 경영이 더 많이 창설되고, 기존 경영은 더 빨리 확대된다. 이러한 자본이동의 결과, 체코인 지역에서는 임금이 상승하기 시작하고, 독일인 지역에서는 노동수요의 증가가 완만해진다. 체코인 지역에서는 노동인구가 확실히 증대하고, 독일인 지역에서는 실업자의 수가 상승하고 임금은 하락하기 시작한다. 독일인 노동자는 다시 체코인 지역의 임금저하로 괴로워하고, **따라서 거기서 임금이 상승하기를 바란다.** 다시 분명해진 사실은 독일인 노동자의 고임금은 결국 체코인 계급적 동료의 임금을 상승시키며, 따라서 체코인 노동자는 독일인 노동자의 고임금을 자신의 이익으로 하고 있다는 것이다.

그러나 임금의 높이는 공급과 수요에 달려 있을 뿐만 아니라, **노동조합의 힘**에도 달려 있다. 자본주의사회는 언제나 실업자군대를 유지한다. 실업자군대는 불황, 즉 영업상태가 좋지 않을 때에 매우 많다. 반면에 번영기, 즉 경기가 좋을 때에는 감소한다. 그러나 실업자는 결코 없어지지 않는다. 자본주의사회에서 실업자는 잉여가치를 보장하고 임금을 낮추는 기능을 유지한다. 왜냐하면 실업한 프롤레타리아트는 세계의 모든 재화로부터 배제되어 있고, 따라서 언제나 임금이 최소한의 생활을 보장한다면 어떤 일이라도 받아들이는 경향이 있기 때문이다. 그러므로 자본가는 실업이 증가하는 경우에는 언제라도 노동자의 열망을 저지할 수 있고, 배고픔 때문에 어떤 임금에라도 일해야 하는 실업자로 노동자를 대체하겠다고 위협하여 임금을 인하시킬 수 있다. 이제 노동조합의 과제는 **실업자의 이러한 기능을 변화시키는** 것이다. 노동조합은 우선 두 가지 수단으로 이것을 달성한다. 하나는 실업자의 **심리**를 변화시키는 것, 즉 노동력을 계급적 동료보다 싸게 파는 것은 부끄럽고 인륜에도 어긋나는 것이라고 노동자를 교육하는 것이다. 다른 하나는 **실업자지원**을 통하여 실업기간의 생활을 보낼 수 있도록 하는 반면, 더 낮은 임금으로 노동력을 자본가에게 제공하지 않도록 노동조합이 도와주는 것이다. 그러나 노동조합은 더 많은 것을 할 수 있다! 일반적으로 실업자의 수가 작아 자본가가 자신의 노동자를 대체할 수 없게 되면, 혹은 실업자에 대한 노동조합의 교육이 커지고 실업자에게 주는 도움이 충분하여 노동자가 실업 중의 동료에게 일을 빼앗길 것을 두려워하지 않게 되면, 노동조합은 일시적인 실업상태를 인위적으로 조절할 수 있다. 결국 파업을 통해 기업가에게 노동조건의 개선을 승인하게 만드는 것이다. **여기서 실업자의 기능은 반대로 전화한다**. 일시적인 실업은 임금인하의 수단에서 임금상승의 수단이 된다.

독일인 노동자가 노동조합으로 조직되고 노동조합투쟁으로 발전해간다고 하더라도, 체코인 임금인하자와 파업파괴자의 존재는 독일인 노동자를 직접 위협하는 것처럼 보인다. 따라서 체코인 실업자의 기능도 노동조합의 교육과 노동조합의 지원을 통해 변하는 경우에만, 독일인 노동자는 자신의 노동조합 투쟁을 계속 해나갈 수 있다. 결국 체코인 노동자도 실업자지원을 받는 것이 독일인 노동자 자신에게 이익이 된다. 그러므로 독일인 노동자가 체코인 계급적 동료의 조직을 지지한다면, 그것은 단지 자신의 이익을 위해서이다. 그러나 그 이상의 것이 있다. 노동조합투쟁은 결코 실업자지원만을 전제하는 것이 아니라, 언제나 노동자의 심리변화를 전제하는 것이다. 작업장에서 노동력을 동료보다 싸게 파는 것은 인륜에도 어긋나는 것임을 노동자는 느껴야 한다. 그러한 일이 일어나지 않도록 실업자에 의한 임금인하를 막기 위해서는, 실업자지원이 임금 그 자체와 맞먹을 만큼 충분해야 할 것이다. 이제 주민의 이러한 심리적 변화는 아주 다양한 힘들의 결과이다. 먼저 그것은 노동자의 일정한 정도의 **문화수준**을 전제로 한다. 그래서 예를 들면 독일인 노동자는 체코인 노동자가 좋은 교육을 받는지 관심을 갖는다. 실업자의 심리변화는 높아진 **인격적 존엄의식**을 전제한다. 따라서 독일인 노동자는 체코인 계급적 동료가 법 앞에서, 관청과 재판소 앞에서, 시민 앞에서, 노예로서 굽실대지 않고 자유로운 인간으로서 행동하는지 관심을 갖는다. 체코인 노동자를 비열한 인간으로 만들고 그들의 자기 존엄의식을 말살하는 모든 것은 결국 독일인 노동자의 경제적 이익을 훼손하고 그들의 임금을 위협한다. 노동자의 심리적 변화는 본질적으로 노동자계급의 자립적인 **정치적 운동**을 통해 발전된다. 따라서 독일인 노동자는 체코인 노동자당의 성장에 직접 이익을 갖고 있다.

　성숙한 노동자의 국제주의(Internationalismus)**가 처음 청년기의 소박한 세계주의**(Kosmopolitismus)**와 얼마나 본질적으로 다른지**에 관해서 우리는 이미 살펴보았다. 노동자는 더 이상 민족들 간에 차이나는 경험적 사실을 문제시하지 않는다. 노동자는 더 이상 민족성을 인류 전체를 해방하려는 노력 속에 혼란을 가져오는 "시민적 편견"으로 보지 않는다. 오히려 노동자의 정책은 다른 민족들의 노동자투쟁을 지지하는 것 이외에는 자기 민족의 노동자의 이익을 발전시킬 수 없다는 명확한 인식에 기초한다. 그것은 더 이상 **인간성** (Humanität)의 사상에서 유래하는 것이 아니라, 계급의 국제적 **연대** (internationale Solidarität)에 대한 인식에서 유래하는 것이다. 여기서 생기는 첫 번째 요구는 모든 민족의 노동자가 직접 계급적대자, 즉 기업가에 대한 투쟁에서 결합하는 것이고, 노동조합조직이 모든 민족의 노동자를 포괄하는 것이며, 노동조합 내부에서 어떤 민족의 노동자도 다른 모든 민족의 노동자의 이익을 자신의 이익으로서 옹호하는 것이다.

그러나 노동자계급은 직접적 계급적대자인 기업가에 대해서 투쟁할 뿐만 아니라, **국가**에 대해서도 투쟁한다. 다양한 수단을 통해 국가는 경제생활에 영향을 미친다. 이제 노동자는 노동력수요가 증대하고, 노동조합투쟁에 유리하고, 임금이 상승할 수 있는 경제정책을 요구한다. 그러나 노동자계급의 실질임금은 화폐임금의 크기만이 아니라 구매력에도 의존하기 때문에, 그들은 또한 화폐임금의 구매력을 높이기 위해 물가를 낮게 유지하거나 내리도록 하는 경제정책적 수단을 요구한다. **많은 노동기회와 저렴한 빵**은 프롤레타리아 경제정책의 목표이다. 이에 반해 기업가는 상품의 생산비용을 낮추고 상품의 가격을 높이려고 노력한다. **저렴한 노동력과 비싼 가격**이 그들 노력의 목표이다. 그러므로 여기서도 노동자의 이익은 소유자계급의 이익과 대립하고, 양자의 공통된 정책은 불가능하다. 이에 반해 모든 민족의 노동자의 이익은 여기서 일치한다. 그래서 모든 민족의 노동자가 자기 민족의 기업가와 관세율에 관하여 합의하는 것은 불가능하다. 이에 반해 독일인과 체코인 섬유노동자, 독일인과 체코인 금속노동자는 국가의 통상정책에 관하여 동일한 요구를 해야 한다. 우선 이러한 경제적 이익의 일치가 노동자계급으로 하여금 경제정책적, 사회정책적 문제에서 모든 민족의 소유자계급에 맞서 대등하게 투쟁하도록 강제하는 것이다.

그러나 이미 지적했듯이 노동자계급의 이익은 국가적 경제정책의 결정을 둘러싼 투쟁만이 아니라, 입법상의 다른 문제에서도 일치하고 있다. 형법을 예로 들면, 강도, 부랑자, 거지, 노동을 마비시키는 동맹파업자 등에 대해 어떤 민족의 노동자도 자기 민족의 소유자와 법적인 처리에서 일치할 수 없을 것이다. 이에 반해 모든 민족의 노동자는 이러한 문제에 대해 동일한 이익을 갖고 있기 때문에 동일한 요구를 제기한다. 그리고 모든 새로운 법률의 심의에서도 마찬가지로 대응한다.

모든 프롤레타리아 투쟁의 최종 목표는 자본주의적 착취의 완전한 폐지일 뿐이다. 그러나 노동수단의 배타적 소유를 사회적 소유로 이동하지 않고는 이 목표는 달성될 수 없다. 어떤 민족에서든 노동자계급은 자신의 재산, 수입원, 문화, 권력을 희생하지 않으려는 소유자계급의 저항에 다시 부딪힌다. 이에 반해 어떤 민족의 노동자의 요구도 다른 모든 민족의 프롤레타리아트의 요구와 일치한다.

노동조합투쟁에서와 같이 정치투쟁에서도 모든 민족의 노동자계급은 필연적으로 일치한다. 또한 그들은 인류 전체의 해방을 위한 감정적인 열광에서 행동하는 것이 아니라, 국가내부에서 공존하는 모든 민족의 노동자계급의 이익은 일치하는 반면 모든 민족의 소유자계급의 이익에 대해서는 대립한다는 사실을 냉정하게 고려하고 행동한다. **생산과정**에서 노동자의 입장이 민족을 넘어서는 **국제주의적인 노동조합운동**을 필요로 하듯이, **계급국가**에서 노동자의 위치는 **국제주의적인 정치적 계급투쟁**을 요구한다.

이제 민족적 관계의 중앙집권적-원자론적 조정에서는 모든 민족문제가 권력문제이고, 따라서 주민이 국가권력을 둘러싸고 투쟁하는 민족적 정당으로 조직되어야 한다는 사실은, 위의 요구와 모순된다. 계급대립으로부터 모든 노동자는 단일한 **국제주의적인 계급정당**으로 결합할 수 있다는 요구가 나온다. 반면에 원자론적-중앙집권적 헌법으로부터는 전체 독일인, 전체 체코인이 **사회횡단적인**(intersoziale) **민족정당**으로 결합해야 한다는 요구가 나온다. 두 요구가 모순되지 않는다면, 생각해볼 수 있을지도 모른다. 즉 체코인 노동자는 사회적 문제에서는 독일인 노동자와 단결하고, 민족적 문제에서는 체코인 시민층과 단결해야 할 것이다. 그러나 두 요구의 결합은 **논리적으로** 이미 불가능하다. 최초의 기초적인 정치적 행동인 선거에서 그것이 이미 불가능하다는 사실이 증명되었다. 예를 들어 독일인 노동자는 독일인 시민층의 후보자와 체코인 노동자의 후보자가 경합하는 선거구에서 어느 쪽의 승리를 도울 것인가? 독일인 시민적 후보자에게 투표하면 자기 계급의 힘은 적어지고, 체코인 노동자에게 표를 던지면 자기 민족의 힘이 적어진다. 그러나 다언어지역에서 거의 모든 사회문제는 민족적인 의미를 갖고 있기 때문에, 대의제도 아래 정당들의 투쟁에서도 동일한 문제가 생긴다. 동부 갈리치아에서 폴란드인 토지소유자를 위해 국가가 루테니아인 농민과 농업노동자를 철혈(鐵血)로 억압한다면, 폴란드 노동자의 대표는 토지소유자를 지지하여 자기 민족의 권력을 증대시킬 것인가 아니면 루테니아인 노동자를 지지하여 자기 계급의 힘을 강화할 것인가? 그러나 민족문제와 사회문제를 엄밀히 구별하는 것이 논리적으로 가능하다고 가정하더라도, 노동자가 자기 민족의 소유자 계급과 함께 민족적 이익을 위해 싸우고, 다른 민족의 노동자와 함께 사회적 이익을 위해 싸운다는 것은 **심리적으로 불가능하다**. 왜냐하면 민족들의 권력투쟁은 특히 소시민적 근본주의를 통해 전체 본질이 규정되기 때문이다. 이 민족적 근본주의의 분위기에 사로잡힌 노동자는 노동조합투쟁과 정치투쟁에서 다른 민족들의 계급적 동지와 함께 싸울 수 없다. 민족적으로 격앙된 사람들에게는 프롤레타리아 투쟁목표의 냉정한 규정을 위한 수단의 냉정한 선택을 요구하는 어떤 문제도, 조직과 전술의 어떤 문제도 민족문제가 된다. **민족적 권력정책과 프롤레타리아 계급정책은 논리적으로 통일하기가 어렵고, 심리적으로 서로 배척한다.** 프롤레타리아 군대는 민족적 대립을 통해서는 언제나 파괴되며, 민족분쟁은 계급투쟁을 불가능하게 만든다. **민족적 권력투쟁을 불가피하게 만드는 중앙집권적-원자론적 헌법은 따라서 프롤레타리아트에게는 받아들일 수 없는 것이다.** 다민족국가에서 프롤레타리아 헌법정책의 첫 번째 요구는 민족들이 국가권력을 둘러싸고 투쟁하지 않도록 만드는 헌법을 요구하는 것이다. 권력, 즉 자신의 의지를 실행하고 자신의 욕구를 만족시킬 가능성은 어느 민족에게도 필요하다. 그러나 중앙집권적-원자론적 조정은 민족들로 하여금 국가권력을 둘러싸고 투쟁하면서 권력획득을 서로에게 강제할 뿐이고, 권력투쟁을 민족 서로에게 강제할 뿐이다. 따라서 주민이 더 이상 민족정당으로 조직되지 않도록, 민족분쟁이 계급투쟁을 불가능하게 만들지 않도록, 문화적 욕구를 만족시킬 수 있는 민족들의 권력이 **법적으로** 보장되어야 한다.

노동자계급의 정책은 필연적으로 **민주주의적**이다. 프롤레타리아트는 우선 인민의 다수가 국가의 전체 의지를 결정하도록 싸운다. 자본주의는 서서히 노동자계급을 인민의 압도적 다수로 만든다. 인민의 다수의 지배가 보장되면 노동자계급은 정치적 권력의 최종적 획득을 보장받는다. 그러나 오스트리아에서 모든 민족의 민족적 권력은 민주주의의 승리를 통해 축소될 수 있기 때문에, 민주주의를 위한 투쟁은 본질적으로 어렵게 된다. 1848년 역사 없는 민족들은 ― 체코인과 남부 슬라브인 ― 반동과 동맹하여 민주주의를 배신했다. 1861년 이후에는 반대로 과거 역사적 민족들의 ― 독일인, 이탈리아인, 폴란드인의 ― 민족적 권력은 국가, 영방, 지역에서 다수자에 대한 소수자의 지배를 지지했다. 민주주의의 어떤 진보도 이러한 민족적 권력문제와의 결합 때문에 거의 불가능하게 되었다. 예를 들면 1867년 새로운 결사법과 집회법이 만들어졌을 때, 의회는 "국가적 위험"이라는 이유로 결사를 해산할 수 있는 규정을 거부했다. 그러나 바로 다음날 내각이 이 조항이 없으면 체코인 반대파를 타파할 수 없다고 설명하여, 독일인 자유주의 다수파는 이 규정을 회복시켰다. 노동자조직을 박해하기 위해 이 조항은 수십 년간 최적의 논거를 제공해왔다. 민족들의 권력투쟁이 얼마나 프롤레타리아 계급투쟁을 방해하는가를 이 에피소드로부터 노동자조직은 쉽게 볼 수 있다. 마지막으로 평등선거권을 위한 투쟁이 우리에게 이 경험을 다시 확증해준다. 독일인 부르주아지와 폴란드인 귀족의 저항이 아무리 무력할지라도, 그 저항은 평등선거권이 민족들의 권력관계를 변화시키는 논거로 무장할 수는 없을 것이다. 그리고 선거구 구분은 어떤 일반적 원칙을 근거로 할 수 없었기 때문에, 선거기하학을 원리에까지 끌어올려야만 이 논의를 타파할 수 있었다. 그러나 다시 선거구의 평등원칙이 폐지되고, 다시 시민적-민족적 정당들이 선거구를 욕심에 따라 맞붙인다면, 사회적 선거기하학은 민족적 선거기하학이 되고, 노동자는 선거구 구분에서 당연히 무시될 것이다. **어떤 민족의 권력도 다수파에 대한 소수파의 지배에 의존하지 않고,** 어떤 민족도 민주주의의 발전을 통해 민족적 권력을 훼손당하지 않게 된다는, 민족적 관계의 조정에 대한 노동자계급의 요구는 이상과 같은 수많은 경험에 기초한 것이다.

그러므로 노동자계급의 욕구는 우선 헌법강령을 **부정적으로**(negativ) 규정한다. 노동자계급은 민족들이 국가권력을 둘러싸고 투쟁할 필요가 없고, 민주주의의 발전이 모든 민족의 힘을 위협하지 않도록 민족적 관계의 조정을 요구한다. 그러나 프롤레타리아 계급투쟁의 욕구는 노동자계급의 민족강령을 **긍정적으로**(positiv) 규정한다. 이미 노동조합투쟁의 조건에 관한 통찰로부터 모든 민족의 노동자는 다른 민족의 노동자의 문화적 발전이 자신들의 이익이 된다는 결론을 이끌어낼 수 있었다. 그러나 동일한 것은 정치투쟁에 관해서도 해당된다. 다른 민족의 노동자의 교육과 교양이 개선될수록, 자기의식과 인격적 존엄의식이 강화될수록, 그 만큼 투쟁동료로서 그들을 획득하기가 더욱 쉬워지고, 그들은 계급국가에 대한 투쟁에서 더욱 가치 있는 전사가 된다. 이것으로부터 노동자계급은 필연적으로 교육문제와 언어문제에서 다른 계급과 아주 다른 태도를 취하게 된다.

독일인 시민층은 체코인과 폴란드인의 학교에 아무런 관심도 없다. 그러나 다른 민족의 학교제도에 국가수입을 지출함으로써 자기 민족의 문화발전이 방해된다고 믿는 확신이 바로 민족적 권력투쟁의 기초가 된다. 그러나 다른 민족의 학교제도보다 자기 민족의 학교제도에 국가의 수단이 더 많이 지출되어야 한다는 희망은, 소유자계급 속에서 서서히 다른 민족의 학교제도에 대한 증오로 발전한다. 학교교육을 통해 체코인 노동자의 문화수준이 더욱 높아질수록, 독일인 부르주아지와 소시민층은 체코인 노동자가 노예적 비굴함에서 더 빨리 자각하게 되고, 계급투쟁에서 자본가와 수공업자의 이윤을 훨씬 더 위협하지 않을까 두려워한다. 마찬가지로 지식인층도 다른 민족의 학교제도의 확충이 경쟁을 증대시키지 않을까 두려워한다. 독일인 노동자계급은 전혀 다르다. 독일인 소유자계급이 두려워하는 것을 그들은 자신을 위해 희망한다. 체코인 노동자의 문화수준이 더 높아질수록, 그 만큼 그들은 체코인에 의한 임금인하와 파업파괴를 더 두려워하지 않게 된다. 그러므로 독일인 노동자에게는 다른 민족의 **학교제도의 확충**이 자신의 이익이 된다.

언어문제에 관한 노동자의 태도도 마찬가지로 규정된다. 체코인 노동자가 관청에서 어떤 권리도 갖지 못하더라도, 독일인 부르주아지와 독일인 지역의 완고한 소시민 일당은 그것에 대해 아무런 이의도 제기하지 않는다. 독일인 지식인층은 체코인의 관청어에서 증가하는 경쟁의 위험을 본다. 이에 반해 독일인 노동자는 체코인 노동자가 아무런 도움 없이 관청과 재판관과 마주하고 있다는 사실에 관심을 갖는다. 국가권력기관에 대하여 노동자가 자기의식을 갖고 마주할 수 있게 될수록, 그들이 거기서 자신의 권리를 용감하게 주장할 수 있게 될수록, 그 만큼 인격적 존엄의식은 더욱 높아지고, 노동조합투쟁과 정치투쟁에서 더욱 용감해지고, 계급투쟁에서 동맹자인 독일인 노동자에게 더욱 환영받게 된다.

그러므로 독일인 노동자는 자신의 이익을 분명하게 인식하자마자, 다른 모든 민족의 문화적, 언어적 욕구가 만족되기를 희망할 수밖에 없게 된다. 그리고 독일인 노동자에게 해당되는 것은 다른 민족의 프롤레타리아에게도 해당된다. 여기서 **모든 민족에게 진보적 문화발전의 가능성을 부여하고, 모든 민족의 노동자에게 민족문화에 대한 참여를 보장하는, 민족적 관계의 조정에 대한** 모든 민족의 노동자의 요구가 생긴다.

이 요구는 먼저 각 민족의 노동자의 **이익**에 대한 냉정한 고려에 기초하기 때문에, 프롤레타리아트에게 고유한, 이 계급상태에서 유래한 **이데올로기** 속에서 강한 지지를 발견한다.

부와 자유는 모든 문화의 전제이다. 따라서 지배하고 소유하는 계급은 우선 모든 정신문화의 담지자이다. 그러나 현실적으로 소유와 지배가 정신문화의 지주이기 때문에, 언제나 모든 지배계급은 이 관계를 뒤집어 더 높은 교양을 갖는 것에서 지배와 소유에 대한 요구의 근거를 두려고 한다. 따라서 일찍이 영주계급은 시민층에 대하여 자신들의 교양이 더 수준 높은 것이며, 바로 그렇기 때문에 지배와 착취의 권리를 갖고 있다고 주장했다. 마찬가지로 오늘날에는 민족 내부의 부르주아지가 더 높은 정신문화의 담지자라는 사실을 권력의 근거로 삼고 있다. 그리고 먼저 민족 내부의 계급투쟁에 봉사하는 이러한 주장은 다음에는 민족투쟁에서 사용된다. 부유한 민족의 지배계급은 자기 민족이 문화적으로 높은 수준에 있는 반면, 다른 민족들은 "가치가 없다"

는 식으로 다른 민족들을 착취하고 억압하는 권리를 주장한다.

노동자는 이러한 착취와 억압의 허구적 권리주장을 인정할 수 없다. 그것은 바로 민족 내부의 계급투쟁에서 노동자의 적의 주장이다. 여기서 노동자는 곧바로 이해한다. 즉 그들은 교양이 있기 때문에 노동자를 지배하고 착취할 권리가 있다고 말하지만, 실제로는 그 반대이다. 그들은 노동자를 지배하고 착취하기 때문에 정신문화의 더 풍요로운 부분을 가질 수 있는 것이다. **더 높은 문화가 착취의 권리를 주지는 않는다. 그들이 노동자의 노동성과 중 일부를 탈취한다는 사실이 그들에게 더 높은 문화를 주는 것이다.** 그러나 노동자는 그들의 법질서에 다른 법질서로 대치한다. 노동자의 법질서에서는 노동으로부터 분리된 문화는 문화를 낳는 노동과 다시 결합할 것이고, 노동하는 사람은 누구나 정신적 가치에 대한 권리를 가지며, 건강한 성인을 위한 문화재에 대한 권리는 오직 노동에 기초할 것이다.

민족 내부의 계급투쟁에서 노동자가 더 높은 문화는 착취의 권리, 타인의 노동에 대한 권리를 부여한다는 명제와 투쟁한다면, 그는 민족투쟁 속에서 이 명제를 무효화할 수 있다. 여기서도 체코민족이 독일의 영주와 부르주아지에게 착취되고 따라서 더 높은 문화를 발전시킬 능력이 없었던 시대에, 독일민족이 칸트와 헤겔, 괴테와 실러를 갖고 있었다고 해서, 결코 독일민족의 소유자계급에게 체코민족을 착취하고 억압할 권리를 준 것은 아니었다. 민족투쟁과 사회투쟁에서 독일인 부르주아지가 **더 높은 문화는 타인의 노동에 대한 권리를 준다**는 명제를 내세운다면, 독일민족을 포함한 모든 민족의 노동자는 그들의 도덕, 즉 **모든 사회적 노동은 자신의 문화에 대한 권리를 준다**는 도덕으로 대치한다. 이 프롤레타리아 윤리로부터 생긴 요구는 우리가 이미 노동자계급의 노동조합투쟁과 정치투쟁의 욕구에서 이끌어낸 것과 동일한 요구이다. 즉 모든 민족에게 자신의 문화발전을 보장하고, 모든 노동자가 자기 민족의 문화에 참여하는 것을 법적으로 보장한 헌법이다.

어느 민족에게도 이 문화를 발전시킬 힘을 주는 헌법, 어느 민족도 국가권력을 둘러싼 투쟁 속에서 이 권력을 언제나 다시 획득하도록 강제하지 않는 헌법, 어느 민족의 권력도 다수자에 대한 소수자의 지배를 통해

유지되지 않는 헌법, 이것이 프롤레타리아트의 민족정책의 요구이다. 중앙집권적-원자론적 헌법은 어떤 형태로든 이러한 요구를 만족시킬 수 없다. 제국집권주의(Reichszentralismus)도 황실직할지연방주의(Kronländerföderalismus)와 마찬가지로 이러한 요구를 만족시킬 수 없다. 이들 헌법은 모두 프롤레타리아 이상과 반대된다. 이들 헌법은 어느 민족에게도 문화의 자유로운 발전을 보장하지 않는다. 이들 헌법은 민족들에게 국가 내부의 권력투쟁을 강화한다. 이들 헌법은 특히 과거 역사적 민족들에게 민주주의에 반대하는 투쟁을 강화한다. 그러므로 필연적으로 프롤레타리아트의 눈은 국가에 대한 민족 관계의 또 다른 가능한 조정으로 향한다. 루돌프 슈프링거가 **유기적** 이해(organische Auffassung)라고 부른 것이 그것이다. 모든 민족은 자력으로 민족적 문화욕구를 자유로이 만족시켜야 하며, 자신을 통치해야 한다. 국가는 민족에 관계하지 않으며, 모든 민족에게 공통된 이익을 보호하는데 제한되어야 한다. 그러므로 **민족적 자치**(Autonomie), 민족의 자결(Selbstbestimmung)은 필연적으로 다민족국가에서 모든 민족의 노동자계급의 헌법강령이 된다.

그러나 자유주의가 중앙집권적-원자론적 이해에 따라 민족적 관계를 조정하려고 한 것이 우연이 아니라, 이 조정이 자유주의의 국가이념 전체로부터 생겼듯이, 민족적 자치의 프롤레타리아 요구도 공동사회의 과제에 대한 노동자계급의 전체 관념과 일치한다.

노동자계급의 전체 투쟁은 자결과 **자치**를 둘러싼 투쟁으로서 이해할 수 있다.

자본주의사회에서 노동자계급은 소유자계급의 지배 아래 있다. 노동수단의 소유는 사회적 가치생산물의 일부를 전유하고, 노동자를 지배하고, 노동자에게 명령하고 금지하는 권력을 소유자계급에게 준다. 노동자계급은 경제적 발전과정에 대해 어떤 영향력도 갖지 못한다. 그러므로 문화적 발전의 방향에 대해서도 전혀 힘을 갖지 못한다. 사회주의가 비로소 인간에게 자결을 준다. 사회주의는 노동자계급에게 자신의 노동성과를 마음대로 할 수 있는 힘을 준다. 사회주의는 더 이상 노동하는 사람을 지배하는 계급을 알지 못한다. 사회주의는 전체 인민에게 노동을 계획적으로 조정하고, 그것을 통해 문화의 더 높은 발전을 의식적으로 결정할 힘을 준다. 그래서 프리드리히 엥겔스는 자본주의적 생산양식의 사회주의적 생산양식으로의 전환을 **필연의 왕국에서 자유의 왕국으로의 인류의 비약**이라고 불렀다. 이러한 의미에서 노동자계급의 자본주의에 대한 투쟁은 자결, **자치**를 목표로 한 투쟁을 의미한다.

　이 투쟁에서 첫 번째 과제는 정치권력의 획득이다. 이를 위한 수단은 인민의 지배, 즉 민주주의이다. 더욱이 민주주의를 목표로 하는 투쟁은 타자의 지배에 — 절대군주, 관료층, 시민적 소수자에 의한 지배에 — 반대하는 투쟁을 의미한다. 모든 민주주의의 의미는 인민의 자결이고 **자치**이다.

　자유주의는 먼저 시민적 법체계를 만들어야 했다. 자유주의의 최대의 성과는 어디서나 민법전, 상법전, 형법전 등의 대법전으로 기록한 법전편찬의 작업이었다. 과거 자유주의는 행정을 단순한 법의 집행에 제한하려고 했다. 행정이 적을수록 자유주의에게는 좋은 것이었다. 국가는 시민의 인격적 자유와 소유의 보장에 제한되어야 하고, 그밖에 경제적 힘들의 자유로운 활동은 방해받지 않아야 한다는 것이 자유주의의 원칙이었다. 이에 반해 노동자계급은 새로운 법체계를 도입하는 것이 아니라, 단지 과거 시민적 법제도에 새로운 내용을 부여할 뿐이다. 노동자계급은 인격적 자유의 보호를 위해 새로운 법률을 만들 필요가 없고, 국민경제를 공적 행정의 과제로 만들어, 인격적으로 자유로운 노동자를 예속시켜 착취하는 권력을 배제함으로써, 자유주의가 약속한 인격적 자유를 실현하는 것이다. 노동자는 새로운 재산법을 만드는 것이 아니라, 단지 사유재산 대신에 재화를 인민에게 위임하여 공적 행정의 대상으로 만드는 공적 공동사회(öffentliche Gemeinwesen)를 계획한다. 프롤레타리아트는 새로운 **법체계**를 만드는 것이 아니라, **법의 주체**를 변화시킬 것이다. 그래서 오늘날 노동자계급에게 이미 **행정**은 입법과 마찬가지로 중요하게 되었고, 새로운 사회주의사회가 시작되는 위대한 이행기에 행정은 더욱 중요하게 될 것이다. 그래서 노동자계급은 입법의 지배에 만족하지 않고, 행정의 대상 그 자체도 공적 행정의 기관으로 만들어야 한다. 그러므로 노동자는 **자기행정**(selbstverwaltung)이라는 협의의 자치를 요구한다.

그러나 노동자계급은 다른 이유에서도 이것을 실행한다. 대부분의 국가에서 시민층은 군대와 행정을 군주와 관료층에게 위임한다. 슈프링거는 일찍이 이러한 민주주의를 **파행적 민주주의**(hinkende Demokratie)라고 불렀다. 이것은 기본적으로 한 장의 종이 위에 존재한다. 권력자는 언제나 민주주의적 입법을 부정할 수 있고, 의회를 해산시킬 수 있다. 인민의 분노에 대해서는 군대가 권력자를 지킨다. 인민의 분노에도 불구하고 국가체제는 존속하고, 국가기구가 정지하지 않도록 관료행정이 배려한다. 이러한 민주주의는 프롤레타리아트에게 충분하지 않다. 권력자의 이익을 훼손하고 그들의 권력을 타파하지 않고는, 프롤레타리아트의 목적은 달성되지 않는다. 병사와 공무원에 뒷받침되어 언제라도 파기될 수 있는 한 장의 종이보다 훨씬 견고한 지지를 프롤레타리아 권력은 입법에서 필요로 한다. 그러므로 노동자계급은 한편으로 상비군을 민병으로 전환할 것을 요구하며, 다른 한편으로 관료에 의한 행정을 자기행정으로 대체할 것을 요구한다. 민주주의는 두 다리로 견고하게 서 있을 때 비로소, 그것을 전복하려는 모든 시도로부터 스스로를 지킬 수 있다. 자기행정은 자기입법보다 덜 중요한 것이 아니다.

그러므로 **자치는 모든 프롤레타리아 투쟁의 참뜻**(Sinn)이다. 자치는 또한 사회주의적 생산양식의 참뜻, 민주주의의 참뜻이다. 자기행정이라는 협의의 자치는 프롤레타리아트에게 획득된 권력수단이고 지주이다.

이러한 사고의 흐름 속에 민족자치에 대한 프롤레타리아 요구는 자리한다. 이른바 황실직할지-자치는 결코 진정한 자치가 아니다. 왜냐하면 거기에는 자치적 행정의 첫 번째 전제인 이해의 상대적 동질성이 결여되어 있기 때문이다. 그것은 특권적 선거권 덕분에 더욱 소수자를 위한 것이 되고, 다수자에게는 타자지배로 될 뿐이다. 민족문화의 발전은 모든 민족동포의 공통된 이익이기 때문에, 민족들의 자치가 진정한 자기행정이다.

물론 자본주의사회에서는 각 민족 내부에도 심각한 이해대립이 있을 것이다. 노동자계급은 소유자계급과는 다른 방식으로 민족이 필요로 하는 수단을 도입하고, 다른 방식으로 사용할 것이다. 다른 방식으로 민족학교를 만들고, 다른 방향으로 민족문화를 발전시킬 것이다. 우리 사회 내부의 민족자치는 사회주의적 생산양식의 견고한 기초 위에서 비로소 가능하게 될, 민족의 완전한 자결로 나아가는 길 위의 한 발걸음에 불과하다.

그러나 자본주의사회 내부에서 민족자치는 다민족국가에서 계급투쟁을 수행해야 하는 노동자계급에게는 불가결한 요구이다. 오스트리아 노동자계급은 이것을 명확히 인식하고 있다. 비록 이러한 발전이 민족투쟁의 소란 한가운데서 후퇴하는 일이 있을지라도, 노동자계급은 한편으로 소박한 세계주의를, 다른 한편으로 소박한 민족주의를 서서히 극복한다. 1897년 <빔베르거-당대회>(Wimberger-Parteitag)는 당내에서의 민족자치를 실시했다.[2] 그리고 뒤에 보게 되듯이, 당의 내부구성이 국가체제와 다른 법칙을 따랐음에도 불구하고, 당체제의 새로운 조정에는 민족자결의 사상이 결정적으로 기여했다. 1898년 <노이에 차이트> 지상에 오스트리아의 민족문제에 관한 칼 카우츠키의 훌륭한 논문이 발표되었다. 카우츠키는 거기서 "민족들의 연방주의"를 요구하였다. 1899년 개인원리(Personalitätsprinzip)를 주장하는 시높티쿠스(Synopticus)의[3] 소책자 <국가와 민족>도 발표되었다.

같은 해 오스트리아의 당신문, 특히 <아르바이터 차이퉁>의[4] 몇몇 논문에서 민족자치의 요구가 논의되었다. 마침내 같은 해 브륀의 당대회는 민족강령을 만장일치로 채택했다. 민족강령은 오스트리아를 민족들의 연방국가(Bundesstaat)로 전환하고, 모든 민족은 완전한 자치를 법적으로 보장받아야 한다고 요구했다.

---

2) 빔베르거 당대회는 1897년 비인의 빔베르크 호텔에서 전체당(Gesamtpartei)의 비엔날레 총회로 열렸다. 체코대표의 요구로 당은 여섯 민족당(우크라이나, 체코, 폴란드, 독일, 이탈리아, 슬로베니아)의 연방조직으로 전환할 것을 결정했다. 다음 비엔날레 총회는 1899년에 브륀(Brün, Brno)에서 열렸고, 여기서 사회민주당의 민족강령이 채택되었다. 민족강령과 관련해서 바우어는 이 책의 7부에서 자세하게 논의한다. (역주)

3) 시높티쿠스와 루돌프 슈프링거는 모두 칼 레너(1870-1950)의 필명이다. 레너는 의회 도서관 사서이자 국가공무원으로 일하고 있었기 때문에 자신의 사회주의적 정치논의를 익명으로 할 수밖에 없었다. 레너는 오스트리아 사회민주주의 운동의 지도자가 되었고, 1907년에는 제국의회의 의원이 되었다. 그는 2차대전 후(이미 바우어가 죽은 후)에 오스트리아 제1, 2공화국의 총리와 대통령을 지낸다. (역주)

4) <Arbeiter-Zeitung>은 1889년에 창간된 오스트리아 사회민주당의 중앙기관지이다. (역주)

민족자치는 현명한 사람이 **국가**를 위기에서 구하기 위해 생각해낸 강령이 아니라, 다민족국가의 **프롤레타리아트**가 반드시 제기해야 하는 요구이며, **프롤레타리아트의 경제적, 정치적 투쟁의 필요에서, 공적 공동사회의 이념에서, 마침내 특별한 이데올로기, 즉 문화와 노동의 관계에 관한 이념에서 생긴** 요구이다. 민족자치는 프롤레타리아 계급투쟁의 필연적인 목표이다. 왜냐하면 그것은 프롤레타리아 계급정책의 필연적인 수단이기 때문이고, 동시에 특별한 민족정책 — 전체 인민을 민족으로 만드는 것이 궁극 목표인 진화론적 민족정책 — 이기 때문이다. 그러므로 다민족국가에서 모든 민족의 노동자계급은 소유자계급의 **민족적 권력정책**에 대해 **민족자치**의 요구를 대치시키는 것이다.

제4부

민족자치

제21장 지역원리

 우리는 이하에서 민족자치를 무엇보다도 우선 **프롤레타리아 요구로서** 다룰 것이다. 그래서 우리는 다음과 같이 질문할 것이다. 프롤레타리아트가 민족자치의 요구를 실현할 수 있는 힘을 갖고 있다고 가정한다면, 프롤레타리아트는 어떻게 민족의 법률적 자결요구를 구체적으로 실현하고, 어떤 법제도를 통해 이러한 민족자치를 보장할 것인가?
 우리가 민족자치라는 보편적 원리를 구체적으로 실시하는 문제를 제기한다면, 이것은 허공에 국가를 세우거나 없애는 공상의 유희와 같은 무의미한 즐거움이 아니다. 오히려 우리는 노동자계급이 요구하는 체제구상이 현재의 민족투쟁에 대한 입장을 규정하는 한에서, 민족자치라는 보편적 개념에 매우 구체적인 내용을 주려는 것이다.
 민족자치를 실현할 수 있는 가장 단순한 형태는 **민족을 지역단체** (Gebietskörperschaft)로 조직하는 것이다. 개별 민족의 거주지역은 서로 구분된다. 이 경계의 내부에서 각 민족은 하나의 국가를 형성하고, 자립적으로 자신의 문화적 필요를 배려하고, 이 지역에 거주하는 모든 사람들의 상호 관계와 전체에 대한 관계를 규제한다. 오스트리아의 모든 민족은 하나의 연방국가(Bundesstaat)를 형성한다. 그리고 이 연방국가는 모든 민족에 공통된 문제를 조정하고, 모든 민족에 공통된 이해를 옹호한다.
 법적으로 구별된 언어지역에서의 자치행정은 거의 모든 오스트리아의 황실직할지에서 민족적 소수자가 요구하는 것이다. 이 요구를 뵈멘에서는 독일인이, 갈리치아에서는 루테니아인이, 티롤에서는 이탈리아인이, 슈타이어마르크에서는 슬로베니아인이 각각 제기하고 있다. 이에 반해 지배적 다수자는 어디서든 이러한 요구를 거부하고 있다. 뵈멘에서는 체코인이 민족적 구분의 지지자를 "국토분할"을 획책하는 중대한 범죄자로 비난한다. 마찬가지로 슈타이어마르크와 티롤에서는 독일인이, 갈리치아에서는 폴란드인이 언어지역의 구분을 비난한다. 뵈멘에서 민족적 구분을 요구하는 동일한 소시민적-민족적 정당이 슈타이어마르크와 티롤에서는 이 요구를 거부한다. 이것은 지역적 한계에 사로잡힌 제한된 시각을 가진 소시민층의 본질에 따른 것이다. 사회민주당이 제국 전체에서 민족적 구분을 요구한다면, 이것은 이미 시민적 정당이 각각의 황실직할지에서 민족적 소수자를 위해 요구해왔던 것을 황실헌법의 원리로 만드는 것이다.

지역원리에 기초한 민족자치가 민족적 세력범위를 구별하기 위한 하나의 수단, 즉 민족적 권력투쟁을 조정하기 위한 하나의 수단이라는 사실에는 의문의 여지가 없다. 그러나 이것이 최선의 수단인가에 관해서는 의문의 여지가 있다.

언어적 경계는 지속적으로 **변동하고** 있기 때문에, 민족적 거주지역을 영속적으로 구분하는 것은 거의 불가능하다는, 국가 내부에 민족적 지역단체를 조직하는 것에 반대하는 이론이 제기되고 있다. 즉 민족적 부분국가(Teilstaat)의 경계는 몇 년 후에는 실제적인 언어적 경계와 일치하지 않게 되고, 그 결과 자주 새로운 구분을 둘러싼 민족투쟁이 전개될 것이라는 이론이다. 이러한 걱정에 대해 지역원리의 지지자는 언어적 경계란 보통 생각되는 것보다 훨씬 견고하고, 따라서 그 변동도 매우 완만하거나 소규모적이라고 성공적으로 반론했다. 즉 언어적 경계는 **토지소유**를 통해 고정되어 있다. 결국 토지가 독일인 농민의 소유인 한 그곳은 독일인 지역이고, 토지가 체코인 농민의 소유인 한 그곳은 체코인 지역이다. 따라서 언어적 경계의 모든 변동은 독일인 토지소유자가 체코인 토지소유자를 통해, 혹은 체코인 토지소유자가 독일인 토지소유자를 통해 대체되는 것을 의미한다. 그러나 농민의 경우 보통 자식들이 아버지의 농장을 상속받는다. 그리고 농장이 팔리는 경우라도 이민족의 손으로 넘어가는 일은 드물다. 주로 이 점에 언어적 경계가 고정적이라는 사실의 본질적 기초가 있다. 토지소유의 변화가 언어지역의 경계를 변동시키는 경우도 물론 일어날 수 있다. 뵈멘에서는 대다수의 토지소유자가 이 나라의 독일인 공업지역이나 비인 그리고 미국으로 이주해버린 경우도 많이 있었다. 이들 토지가 농민이 아니라 농업노동자를 이용하는 대토지소유자의 손으로 넘어간 경우도 적지 않았다. 대토지소유자에 의해 동원된 이러한 농업노동자가 이주한 농민과 다른 민족인 경우가 자주 생겼다. 이러한 식으로 독일인 농민이 떠나고 체코인 농업노동자가 이주해옴으로써, 언어적 경계가 체코인에게 유리하게 변동하는 경우도 있었다. 한편 이주한 농민과 소작인의 토지가 이민족 농민의 손으로 넘어간 경우도 자주 발견되었다. 독일인 농민이 우연히 체코인의 토지보다 더 양질의 토지를 소유하고 있는 지역이 존재한다. 체코인 농민과 소작인은 떠나고, 부유한 독일인 농민이 그 토지를 매입한다. 이 경우 언어적 경계는 독일인에게 유리하게 변동한다. 그러나 이러한 변화는 많지 않고 사소한 것이다. **헤르프스트(Herbst), 슐레징거(Schlesinger), 라욱베르크(Rauchberg)**의 연구가 충분히 확증하듯이, 적은 변동이 일시적으로 여기 혹은 저기에 유리하게 작용하더라도, 전체적으로 토지소유는 언어지역의 경계를 고정적인 것으로 만든다. 토지소유의 변화보다 더 급속히 언어적 경계를 변동시킨 것은 **임금노동자의 이주**이다. 언어적 경계에 있는 독일인 마을에 공장이 건설되고 거기에 체코인 노동자가 모여든다면, 이 독일인 마을은 우선 언어의 혼합 상태가 된다. 그리고 몇 년 후에는 체코주민이 주민의 다수파를 형성하게 될 것이다. 이러한 방식으로 민족들은 토지소유의 변화보다 훨씬 더 급속히 자신의 거주지역을 확대할 수 있다. 그러나 우리가 역사를 통해 배우듯이, 그러한 변동은 드물 뿐이고 더욱이 완만하고 소규모적으로밖에 일어나지 않는다. 그러므로 이상의 사실로부터도 지역원리에 반대하는 유력한 논거를 발견할 수 없다.

민족들의 공동거주 상태의 커다란 변화는 공업지역에서 생긴다. 산업자본주의는 체코인 노동자를 뵈멘의 독일인 지역과 비인으로 이끌어 들이고, 폴란드인 노동자를 슐레지엔으로 이끌어 들인다. 체코어 지역의 많은 독일인 소수자의 존재는 산업자본주의 때문이다. 공업지역은 지금은 물론 우연히도 언어경계지역에 존재하고 있지만, 한 민족이 밀집해 살고 있는 거주지역 한

가운데 존재하는 경우도 많다. 따라서 **주민의 민족성의 중대한 변화는 민족들의 거주지역이 서로 구분되는 경계지역에서 생기는 것이 아니라, 이 언어적 경계로부터 훨씬 떨어진 밀집한 언어지역 한가운데서 생긴다.** 독일인 농민의 토지가 체코인 농민의 토지와 접하는 경계지역이 아니라, 뵈멘의 독일인 지역과 독일인 자본이 체코인 노동자를 유인하는 구 독일인 도시 비인의 한가운데서 주민의 민족적 구성이 가장 급속히 변화하는 것이다. 이러한 **언어적 섬**(Sprachinseln)의 형성과 증가는 **언어적 경계**의 사소한 변동보다 훨씬 더 민족들의 발전에 중요하다.

자본주의를 통해 만들어진 이러한 근대적인 언어적 섬과 함께, 밀집한 언어지역 내부에도 많은 과거의 언어적 섬이 존재한다. 이들은 뵈멘의 체코어 지역 한가운데 있는 많은 독일인 농민마을과 같이 부분적으로 과거 몇 세기에 걸쳐 농민의 식민에 의해 생긴 것이다.[1] 또한 부분적으로 이들은 과거 정착의 잔재, 즉 과거 시대의 생생한 증거이다. 그래서 미이스(Mies)의 독일인 지역에는 체코인 다수자를 가진 네 도시가 존재한다. 이들은 미이스의 도시와 지배자가 아직 체코인이었던 시대에서 유래한다. 그러나 양자가 오래전에 독일인으로 된 반면, 몇몇 농민마을은 자신의 민족성을 지키고, 체코인 지역과 아무런 관계도 없이 독일인 언어지역의 한가운데서 수세기에 걸쳐 변화해온 민족들의 오랜 거주상태를 상기시킨다.[2] 마찬가지로 많은 체코인 도시 속의 독일인 소수파도 과거 시대의 잔재이다. 프라하, 부트바이스(Budweis), 필젠(Pilsen)의 독일인 소수자, 그리고 독일어 영역과 아무런 관계도 없이 체코인 마을에 둘러싸여 있는 독일인 도시 뵈미쉬-아이카(Böhmisch-Aicha)는, 체코민족이 단지 농민과 하인으로 이루어져 있던 반면 시민적 상층은 모두 독일인이었던 시대를 생각나게 한다. 그러나 과거 시대의 사회적 관계에서 유래하는 이들 모든 언어적 섬은 점차 쇠퇴하고 있다. 체코어 지역에 있는 독일인 농민식민자와 독일인 도시소수자가 점차 주민의 대다수에 의해 흡수되는

---

1) 이 점에 관해서는 Ludwig Schlesinger, *Die Nationalitätsverhältnisse Böhmen*, Stuttgart 1886, 25쪽 이하 참고 (원주)
2) Eduard Herbst, *Das deutsche Sprachgebiet in Böhmen*, Prag 1887, 32쪽 (원주)

것과 마찬가지로, 독일어 영역에 있는 고립적인 체코인 농민마을도 주변의 독일인에 의해 점차 흡수될 것이다. 한편 **근대자본주의에 의한 언어적 섬은 아주 다른 성격을 띠고 있다**. 이들은 자본주의가 불러온 사회적 변동 때문이며, 그러한 의미에서 이러한 변동의 방향은 불변의 상태로 지속될 것이고, 동일한 민족동포를 통해 계속 보충됨으로써 이 민족적 소수자를 보강 및 강화하게 되고, 그리하여 언어적 섬이 소멸될 것이라고는 생각할 수 없다. 아무리 민족적 구분을 엄밀히 하더라도 이러한 근대적인 언어적 섬을 제거할 수 없다.

이미 이러한 사실은 법적으로 구분된 민족들의 거주지역이 언제나 적지 않고, 그리고 보통 계속 증가하고 있는 민족적 소수자를 포함하게 될 것이라는 사실을 증명한다. 더욱이 민족적으로 통일된 **행정지역**을 명확히 구분하는 것이 많은 곳에서 불가능하다는 사실을 통해서, 이러한 민족적 소수자는 현저하게 증가하게 된다.

그러므로 언어적 경계의 많은 지점에서 민족적으로 통일된 행정지역을 명확히 구분할 수 없다는 사실은, 언어지역이 서로 명확히 구분되지 않을 뿐 아니라, 서로 교차되어 민족적 혼합지역이 더욱 많아지기 때문이다. 특히 뵈멘에서는 그러한 경우가 적지 않다. 그렇지만 그러한 경우는 통상적인 것은 아니다. 토지를 소유한 농민의 민족성이 언어적 경계를 고정하고 있는 곳에서, 언어지역은 서로 명확히 구분된다. (라욱베르크에 따르면) 뵈멘에서 마을 전체의 3.08%인 395개 마을에서만, 그리고 지역자치단체 전체의 3.41%인 253개 자치단체에서만, 민족적 소수자가 주민의 10%를 넘을 뿐이다. 민족적 소수자가 지역주민의 10%를 넘는 지역자치단체에서 거주하는 비율은 왕국 주민의 11.4%에 불과하다.

민족적 지역구분의 지지자는 이러한 사실에 기초한다. 과연 민족적으로 혼합된 재판구역의 수는 많으며, 민족적으로 혼합된 정치구역의 수는 상대적으로 더 많다. 그러나 이것은 행정구역과 재판구역의 부당한 분할에 기초할 뿐이다. 가장 자연스런 지역단위인 마을에 기초하여 고찰한다면, 거기서 우리는 마을 중 아주 작은 부분만이 민족적으로 혼합되어 있을 뿐이라는 사실을 보게 된다. 이제 과거 지역을 해체하고 새로운 지역을 같은 민족의 마을만으로, 혹은 적어도 같은 민족의 지역자치단체만으로 구성하는 경우에, 거의 소수자가 없는 행정구역과 재판구역을 만들 수 있을 것이다.

우리의 지역구분에는 개선할 점이 많으며, 그리고 만일 새로운 지역구분을 시행한다면 각 지역 내의 민족적 소수자를 크게 줄일 수 있다는 사실도 바로 인정되고 있다. 그러나 언어적 경계가 무조건 적용되는 지역구분이, 국가행정과 사법의 기초로 될 수 있다고 믿는다면 그것은 잘못이다.

국가는 행정구역을 자의적으로 구분할 수 없다. 오히려 국가 자신의 이익과 함께 주민의 이익이, 밀접한 경제적 교통을 통해 서로 결합되어 있는 몇 개의 마을을 한 행정구역과 재판구역으로 합치도록 국가를 강제한다. **법적 구분의 기초는 마을이 경제단위와 교통단위로 사회적으로 결합하는 것에 있다.** 그리고 그것은 상품생산사회에서는 어떤 권력에 의해 의식적으로 결정되거나 규제되는 것이 아니라, 맹목적으로 관철하는 경제법칙에 의해 규정된다. 루돌프 슈프링거는 경제적 구역을 다음과 같이 열거했다.

1. 자연적 거주단위 : 가족과 마을, 시골과 도시.

2. 지방적 시장지역 : 주시장(Wochenmarkt) 지역. 주변 마을을 포함한 시장과 농촌도시. 시장에서 지역의 길이 교차한다. 주변 마을의 주민이 농업생산물을 수공업자나 소상인의 상품과 교환하기 위해 여기에 온다.

3. 더욱 큰 연시장(Jahrmarkt) 지역 : 지방의 큰 도시가 중심을 이룬다. 여기서는 대상인으로부터 지역의 수입재화가 유입되어, 지역 마을시장의 소상인에게 인도된다. 또한 여기서 지역의 수출재화가 집결되고 외부로 보내진다. 이 큰 지방도시가 몇 개의 주시장을 포함하는 이 지역 전체와 함께 하나의 경제적 단위를 형성한다.3)

이러한 구분은 확실히 어느 정도 도식적이고, 따라서 세세한 점에서는 많은 수정이 필요할 것이다. 마찬가지로 이 구분은 농업이 압도적으로 지배적인 지역에서는 무조건 전면적으로 타당하지만, 공업지역에서는 많은 경우 개별 공업부문의 지역적 배치를 통해 규정되는 다른 구분에 의해서 반박될 것

---

3) Rudolf Springer, *Kampf der österreichischen Nationen*, 98쪽 (원주)

이다. 왜냐하면 석탄광상이나 모직물공업지역 혹은 아마포산업지역이 하나의 자연적 경제단위를 형성하기 때문이다. 그러나 이것이 어떠하더라도, 모든 법적 지역분할로부터 독립된 그러한 경제적 지역단위가 존재하고 있는 것은 사실이다. 그리고 마찬가지로 행정구분과 사법구분은 이러한 경제적 지역에 스스로를 적응시켜야 한다. 이러한 경제적 지역에서 자신의 상품을 판매하고 자신이 필요로 하는 재화를 구입하기 위해 매주 독일인 도시로 와야 하는 체코인 농민은, 거기서 세금을 내고 소송을 하고 토지대장을 열람하며, 또 마을 권력자의 어떤 결정에 대해 이의를 진정하기도 한다. 그리고 주민이 필요로 하는 것은 또한 국가도 필요로 한다. 행정구역이 사회적 지역단위를 분열시키고 서로 아무런 교통관계도 없는 주민지역을 하나로 통합한다면, 어떤 질서 잡힌 국가행정도 불가능할 것이다. 예를 들면 **쾨니긴호프**(Königinhof)의 재판구역에는 22개의 순수한 독일인 마을 혹은 독일인이 압도적인 마을이 존재한다. 쾨니긴호프시 자체와 기타 지방 지역은 체코적이다. 독일인의 지방 지역은 독일어 지역인 아르나우(Arnau)와 트라우테나우(Trautenau)의 독일인 지역과 경계하고 있다. 따라서 이러한 독일인 지방 지역을 독일인 행정구역 및 재판구역과 통합시키는 것은 가능할 것이다. 그러나 이러저러한 지역을 합목적적으로 다른 재판구역으로 배분할 수 있는지 나는 결정하기 어렵다. 그렇지만 적어도 이 독일인 지역의 일부는 밀접한 경제적 교통을 통해 쾨니긴호프와 결합되어 있다. 그러므로 농민은 거기에 자신의 상품을 판매하거나 발송하고 필요한 상품을 구입하러 온다. 또한 농민은 거기서 의사와 약사를 찾는다. 그들 대부분은 가내공업자이기 때문에, 거기서 자신의 직물을 인도하려고 한다. 행정구분이 이러한 경제적 단위를 파괴할 수 있을까? 또 민족을 구분하기 위해 체코인 도시인 쾨니긴호프와 직접 경계하고 있는 독일인 지역을 아주 멀리 떨어져 있는 독일인 도시와 통합하여 하나의 행정구역을 구성할 수 있을까? 쾨니긴호프와 아주 비슷한 상태에 있는 경우는 21개의 순수 독일인 마을, 8개의 혼거마을, 47개의 순수 체코인 마을로 구성되어 있는 **노이하우스**(Neuhaus)의 재판구역이다. 노이하우스라는 도시 그 자체는 체코적이다. 이곳의 독일인 지역은 노이비스트리츠(Neubistritz)라는 독일인 재판구역에 의존하기 때문에, 양자를 하나의 독일인 행정구역으로 통합하는 것은 쉬울 것이다. 여기서도 몇몇 지역은 확실히 어려움 없이 하나의 독일인 지역으로 통합될 수 있겠지만, 이것이 과연 모든 사람에게 유리할지는 의문이다. 노이하우스라는 도시와 직접 접해있고 그 도시와 매우 밀접한 경제적 교통관계에 있는 독일인 지역이 아주 멀리 떨어져 있는 독일인 지역을 통해 관리되는 경우, 질서 있는 행정이 과연 가능할 것인가? 위에서 우리는 독일인 지역이 체코인 도시를 자신의 경제적 중심으로 삼고 있는 두 사례를 지적하였다. 반대의 경우도 많이 있다. 예를 들면 뵈머발트(Böhmerwald) 지역의 체코인 마을은 독일인 도시 **프라하티츠(Prachatitz)**와 직접 경계하고 있다. 이들 체코인 마을을 프라하티츠 재판구역에서 분리하는 것이 과연 가능할까?

많은 지역에서는 국가 혹은 주민의 이해관계를 손상하지 않고 민족을 구분할 수 있다. 그리고 실제로 언어지역의 법적 구분을 가장 잘 실시하는 것이 민족자결의 전제가 된다. 그러나 이러한 구분을 어디서든 잘 실시할 수 없다고 해서 실망해서는 안 된다. 행정의 중심을 마을 혹은 적어도 지역 자치단체에 두는 경우, 민족적으로 구분이 잘 되지 않을 수 있다. **게다가 우리가 직면하는 행정구역이 커질수록, 그 만큼 혼합적인 지역의 수도 더 많아질 것이다.** 지역 자치단체는 마을보다 더욱 민족적으로 혼합되어 있다. 또 재판구역은 지역 자치단체보다, 그리고 정치적 구역은 재판구역보다 더욱 민족적으로 혼합되어 있다. 그리고 모든 전문가가 요구하듯이, 우리가 주지역(Bezirk)과 황실직할지 사이에 새로운 중간 단위를 삽입하고 오스트리아 행정의 기초를 행정구(Kreis)의 자치행정에 둔다면, 행정구의 많은 부분이 언어적 혼합 상태에 있게 될 것은 분명하다.[4]

---

4) 기본적으로 봉건제에서 유래한 다민족 영방국가이자 군주국인 오스트리아의 행정구역을 대한민국의 행정구역과 비교하는 것 자체가 무리다. 특히 행정구역, 재판구역, 정치구역, 경제 및 교통구역의 구분과 영향범위가 제각기 다르기 때문에 더 어려워진다. 다만 이해를 쉽게 하기 위해서 임의적으로 비교하여 번역하는 것뿐이다. 여기서 Bezirk는 행정단위 안의 주나 구를 의미하고, Kreis는 기초자치단체(우리의 시, 군에 해당)를 의미하는 것으로 이해한다. 한편 Länder는 봉건시대에는 영방, 군주국에서는 주를 의미한다. 전통적인 군(현)에 해당하는 명칭은 Komitat이다. (역주)

언어지역을 순수하게 법적으로 구분할 수 없다는 사실을 정확하게 이해하지 못하는 사람들이 많다. 그러나 이것은 쉽게 이해할 수 있다. **민족적 거주지의 경계는 우리의 현재 경제제도와 본질적으로 다른 경제제도의 시대로부터 역사적으로 계승된 것이기 때문이다.** 일찍이 모든 민족의 농민은 미경작지가 있는 곳이면 어디나 정착했다. 그들은 자신의 마을 외부의 사람과 거의 교통하지 않았다. 그들이 자신의 재화를 생산한 것은 판매를 위해서가 아니라, 자신의 수요를 위해서였다. 그들의 노동수익의 적은 부분만이 판매되고, 또 그것과 교환해서 적은 재화만이 구입되었다. 그 이후 어떤 변화가 있었는가! 우선 가내공업이 농촌에 등장하고, 새로운 교통의 중심이 창출되었다. 곧 이어 자신의 직물을 판매하기 위해 체코의 가내직공이 정기적으로 독일인 도시로 갔고, 때로 독일의 가내직공이 체코인 도시로 오는 일이 생기게 되었다. 그리고 농민도 더욱 상품생산에 이끌리게 되었고, 판매가 농민에게 더 큰 의미를 갖게 되었다. 또한 새로운 교통의 요충지가 생겼다. 그때 농민의 시장으로 된 곳은 주민의 민족성과 거의 관계가 없고, 오히려 경제적 관점, 지리적 상태, 교통수단에 크게 관계되었다. 그래서 독일인 도시가 체코인 마을의 시장이 되고(뵈미쉬-아이카! 프라하티츠!), 체코인 도시가 독일인 마을의 교통의 요지가 되었다(쾨니긴호프! 노이하우스!). 경제정책적 수단도 또한 교통로를 변경시켰고, 그것을 통해 민족적 작용을 미쳤다. 따라서 이미 18세기에 펠첼(Pelzel)은 다음과 같이 말했다. 뵈멘과 작센 사이의 교역이 자유로운 한, 체코인 농민은 작센과 교역하기 위해 독일어를 배워야 했다. 그러나 이러한 상태는 중상주의 정책의 고율관세를 통해 뵈멘과 작센 사이의 교통이 막히고, 체코인 농민이 체코 평지와 교통할 수밖에 없게 제한되었을 때, 크게 변화되었다. 그 이후 체코인 농민은 독일어 배우기를 그만두었다.5)

마침내 자본주의는 새로운 교통수단을 창출하고, 다시 교통의 요충지를 이동시켰다. 일찍이 체코인의 교통의 요충이었던 체코인 마을은 새로운 철도에 의해 독일인 지역과 밀접히 결합하게 되었다. 과거의 경제적 지역단위가 파괴되고, 농민 거주지의 과거 경계를 전혀 배려하지 않은 새로운 경제적 지

---

5) Franz Martin Felzel, *Geschichte Böhmens*, Prag 1779, 64쪽 (원주)

역단위로 대체되었다. 민족들은 훨씬 오래 전부터 이 새로운 교통수단의 의미를 인식하고 있었다. 그래서 1906년 마자르인은 빈에서 프레스부르크(Pressburg)까지의 전기철도의 건설을 방해했던 것이다. 왜냐하면 이 전기철도의 건설로 프레스부르크는 "빈의 외곽도시"가 될 두려움이 있었기 때문이다. 또한 새로운 알프스 등산철도의 건설은 독일인, 슬로베니아인, 이탈리아인 사이에 마자르인의 두려움과는 다른 종류의 민족적 두려움을 불러일으켰다. 왜냐하면 새로운 철도는 민족적으로 통일된 교통영역을 민족적으로 혼합된 교통영역으로 바꿀 수 있기 때문이었다. 그러나 새로운 경제적 교통요충지가 계속 형성되더라도, 주민의 민족성은 그 만큼 쉽게 변하는 것은 아니다. 그러므로 체코인 농민이 새로운 철도를 통해 독일인 도시와 밀접히 교통하게 되더라도, 그는 여전히 계속 체코인이다. 체코인의 마을동료와 교통하는 공동체가 도시의 독일인 수공업자, 상인 고리대금업자, 관리와 간헐적으로 만나는 교통보다 훨씬 밀접하기 때문이다. 그러나 그는 도시의 사람들과 교통하는 가운데 도시 사람들의 언어를 배우고, 그의 자식들에게도 이 언어를 배우도록 배려한다. 그리고 그는 자신의 경제적 교통의 중심인 도시에 국가의 행정관청, 세무서, 재판소가 위치하기를 요구한다. **이와 같이 언어경계가 변하지 않더라도, 교통은 언어적 경계를 넘어 확대된다.** 국가적 지역구분이 무조건 언어경계에 따라야 한다고 요구한다면, **현재의 지역구분은 농민적 자연경제시대의 교통경계에 기초해야 할 것이다.** 이러한 시대착오(Anachronismus)에 대해 국가는 인내할 수 없고, 주민의 대다수도 그것을 바라지 않을 것이다. 이러한 요구는 오히려 행정구역에 무조건 하나의 언어제도를 도입함으로써, 두 번째 영방언어를 배우는 수고로부터 벗어나고 싶은 학생 및 지식인의 필요일 뿐이다. 아무 것도 배우지 않는 것이 많은 학생들에게는 성스러운 인권처럼 보이는 것이다.

따라서 우리는 원리적으로 민족적 지역구분을 민족자치의 기초로서 확실하게 요구한다. 그러나 우리는 민족적 지역구분이 광범한 사람들의 필요를 희생시키지 않도록 해야 한다면, 이것이 모든 곳에서 순수하게 관철될 수 없다는 사실에 관해 실망할 필요는 없다. 그러므로 우리는 먼저 이러한 이유에서, 다음으로 자본주의를 통해 밀집된 언어영역 내부에서 계속해서 증가하는 언어적 섬의 존재 이유에서, **각 민족의 행정구역에는 일정 정도 민족적 소수자가 포함될 것임**을 미리 계산해둘 필요가 있다. 그런데 이러한 소수자의 운명은 어떻게 될 것인가?

우리가 지역원리를 일관되게 관철시킨다면, 개별 민족적 행정구역 **내부**를 관철하는 것은 **중앙집권적-원자론적 조정**에 불과하다. 민족적 소수자는 자신들이 속한 지역단체의 입법과 행정에서 권력을 획득하는 경우에만, 자신의 문화적 필요의 충족을 확보할 수 있을 뿐이다. 그러나 민족적 소수자는 언제나 이러한 권력으로부터 배제되어 있다. 그것은 그들이 바로 소수자이기 때문이다. 따라서 그들은 지역원리가 일관된 형태로 관철되는 경우에도 자신들은 언제나 완전히 다수자의 손 안에 있다고 생각할 것이다. **지역원리는 한편으로 국가와 행정구역을 무조건 언어경계에 따라 구분하려고 하기 때문에, 민족적 차이의 의미를 과장한다. 지역원리는 다른 한편으로 민족단체의 상당 부분을 단지 다른 민족들에게 희생하도록 요구한다.**

민족적 소수자 문제는 어떤 민족에게도 매우 중요하다. 언어적으로 순수한 농촌마을에서 주민이 민족적 소수자를 포함하는 공업지역으로 이주하게 되면, 많은 경우 **소수자 문제가 전혀 없던 지역의 주민 수는 더욱 줄어든다.** 1880년에 뵈멘의 독일인 1000명 중 아직 872.3명이, 체코인이 전혀 없거나 체코인 소수자가 주민의 10% 미만에 불과한 지역에 살고 있었다. 1900년에도 아직 860.2명이 그러했다. 1880년에 뵈멘의 체코인의 91.23%가, 1990년에는 아직 88.91%가 순수한 체코인 지역 혹은 10% 미만의 독일인 소수자를 포함하는 지역에 살고 있었다. 그러나 소수자 문제는 주민의 대다수에게 직접적인 이해를 준다. 바로 낯선 소수자와 토착적 다수자의 대립이 소시민적 민족주의를 낳고 키운 저 민족적 증오의 근원이라는 사실을 기억한다면, 우리는 소수자 문제를 경시하는 우를 범하지 말아야 할 것이다.

뵈멘에서 1900년 98,548명의 독일인이, 즉 독일인 1000명당 42.2명이 체코인 다수자 마을에 살았고, 84,598명의 체코인이, 즉 체코인 1000명당 21.5명이 독일인 다수자 마을에 살았다.

이 두 민족이 자기 민족의 소수자를 버린다면, 뵈멘에서 **독일인은 체코인 보다 절대적, 상대적으로** 더 많은 동포를 잃게 된다. 그럼에도 불구하고 독일어 지역에 있는 체코인 소수자가 증가하고 있는 반면, 체코어 지역에 있는 독일인 소수자는 감소하고 있다. 1000명의 독일인 중 체코인이 50%를 넘는 지역에서 살고 있는 사람은 1880년 49.7%, 1890년 47.8%, 1900년 42.2%였다. 이에 반해 1000명의 체코인 중 독일인이 다수자인 지역에서 살고 있는 사람은 1880년 18.4%, 1990년 18.7%, 1900년 21.5%였다. 그 결과 끊임없이 자기 민족의 소수자에 대한 체코인의 관심이 증대하고 있는데 반해, 독일인의 그것은 감소하고 있다. 따라서 뵈멘에서 이 두 민족이 자신의 소수자를 버림으로써 잃게 되는 숫자는 전체적으로 **같은 정도**일 것이다.

그 밖의 황실직할지를 얼핏 보더라도 우리는 동일한 결론에 도달할 것이다. **독일인은** 다른 민족의 모든 언어지역에서 소수자를 이루고 있다. 이러한 소수자는 압도적으로 도시에 살고 있다. 그들은 대부분의 경우 오랜 관료가족, 장교와 가족, 자본가와 직원, 마지막으로 독일인에 동화된 유대인 등으로 구성되어 있다. 이와 함께 이민족의 거주지역인 갈리치아, 부코비나(Bukowina), 크라인(Krain)의 한가운데에 독일인 농업식민자도 존재한다. 민족적으로 가장 중요한 것은 뵈멘, 메렌, 슐레지엔의 체코인 지역의 독일인 소수자이고, 다음으로 주민의 10에서 33%를 이루는 케른텐(Kärnten)의 슬로베니아인 지역의 독일인 소수자와, 운터슈타이어마르크(Untersteiermark)의 슬로베니아인 지역의 많은 독일인의 언어적 섬이다.[6] 그러나 그 밖의 모든 영방에서도, 또한 퀴스텐란트(Küstenland), 달마티아(Dalmatia), 갈리치아에서조차 독일인 소수자가 존재한다. 이 독일인 소수자는 압도적으로 납세능력이 있고, 교양을 갖춘 사람들로 구성되어 있다. 그러므로 그들을 버리는 것은 민족에게 적지 않은 희생이 될 것이다. 독일민족은 제국의 어디서든 민족동포를 발견할 수 있다는 사실로부터 적지 않은 힘을 이끌어낸다. 독일인이 어디서든 자식들을 위한 독일인 학교를 더 이상 발견할 수 없다면, 민족의 권력지위에

---

[6] 슈타이어마르크에 관해서는 Richard Pfaundler, "Die nationalen Verhältnisse in Steiermark", *Statistische Monatsschtift*, 1906, 401쪽 이하 참고. (원주)

매우 중요한 많은 직업을 — 특히 국가관료, 공업과 상업에 종사하는 직원, 철도공무원을 — 차지하고 있는 독일인의 비율은 급속히 저하될 것이다.

    독일인의 상황과 비슷한 것은 **이탈리아인**의 상황이다. 이탈리아인도 역시 과거 역사적 민족이고, 수백 년 동안 역사 없는 민족 위에서 시민적 상층을 형성했다. 그들도 또한 지역원리를 통해 매우 많은 것을 잃게 될 것이다. 그들은 이스트리아(Istria)의 슬로베니아인이 압도적으로 많은 지역 카포디스트리아(Capodistria)와 모든 크로아티아인 지역에서 소수파를 이루고 있다. 그들은 달마티아의 모든 지역에서 수가 매우 작은 소수파를 이루고 있다. 슬라브인 주민 중에서 부유한 상인과 선주는 이탈리아인이다. 그 중 차라(Zara)의 이탈리아인 소수자가 가장 강력하다. 그들은 주민의 16.76%를 차지하고 있다. 그들은 어떤 지역에서도 주민의 다수파를 구성하지 않는다. 따라서 지역원리가 적용되면, 그들은 슬라브인 다수파에게 넘겨질 것이다. 티롤에서 상황은 그것과 다르다. 티롤의 독일인 도시 속에서 언어적 섬을 형성하는 것은 이탈리아인 노동자이다. 이 이탈리아인 소수파는 티롤의 모든 대도시에서 발견되며, 포어아를베르크(Vorarlberg)의 블루덴츠(Bludenz)에서조차 주민의 11.69%를 구성하고 있다. 지역원리가 적용되면, 이러한 이탈리아인 노동자는 민족적으로 무권리상태에 빠질 것이다.

    폴란드인도 또한 루테니아인과 비교하면 역사적 민족이었다. 따라서 루테니아인 언어지역 전체 중 폴란드인 소수자가 정착하지 않은 지역은 단 두 곳에 불과하다. 그 중 루테니아인 언어지역은 렘베르크(Lemberg)시와 주변 빈니키(Winniki) 및 시츠자노프(Cieszanów)와 같이 폴란드인이 약간 다수파인 지역을 포함하고 있다. 부코비나의 폴란드인은 모든 지역에서 소수자이다. 마지막으로 슐레지엔의 탄광지역과 공업지역에는 매우 급속하게 증가하고 있고 압도적으로 폴란드인 노동자로 이루어진 소수자가 존재한다.

    그러나 과거 역사 없는 민족들도 소수자문제에 이해를 갖고 있다. 이것은 특히 **체코인**에게 해당된다. 여기서 문제가 되는 것은 주데텐지방 독일인 지역의 체코인 소수자와 함께, 특히 급증하고 있는 니이더웨스터라이히의 소수자이다. 최근 인구조사에 의하면, 니이더웨스터라이히에는 체코어를 일상어로 사용하는 사람이 13만 2968명이고, 더욱이 이 소수자는 매우 급속하게 증가하고 있다. 체코인은 1880년 이 지방 인구의 2.82%를 차지하는데 불과했지만, 1890년 3.79%, 1900년 4.66%를 차지하게 되었다. 이러한 증가의 원인은 뵈멘과 메렌의 농업지역에서 노동자가 이 지방으로 많이 이주하게 된 결과이다. 라욱베르크의 연구에 의하면, 절대적으로는 5000명 이상을, 또 상대적으로는 출생인구의 5% 이상을 비인으로 유출시킨 뵈멘의 지역 중, 6곳이 체코인 지역이고 4곳이 체코인 다수자지역이며, 단지 1곳만이 독일인 지역이었다. 마인칭겐(Meinzingen)의 연구에 의하면,7) 비인에는 23만 5440명의 뵈멘 출생자가 살고 있다. 그 중 4만 5615명이 순수한 독일인 지역 및 독일인 다수지역에서 출생한데 반해, 18만 922명은 순수한 체코인 지역 및 체코인 다수지역에서 태어났다. 그 밖의 사람들의 출생지는 분명하지 않다. 이것과 매우 유사한 경우는 메렌에서 태어나 비인으로 이주한 사람들의 민족적 성격이다. 비인에서 살고 있는 5만 7438명은 메렌의 순수한 독일인 지역 및 독일인 다수지역에서 태어난 사람들인 반면, 11만 3308명은 메렌의 순수한 체코인 지역 및 체코인 다수지역에서 태어난 사람들이다. 이러한 이주는 역시 농업에서 공업으로의 인구이동의 특수한 경우일 뿐이다. 체코인 농민의 자식과 농촌노동자를 유인하는 독일자본의 힘이 계속 작용하는 한, 이러한 이주는 결코 그치지 않는다. 이러한 소수자가 더 빨리 증가할수록, 그 만큼 더 체코인 소수자를 아무런 저항 없이 독일인 다수자에게 희생시키는 순수한 지역원리는 체코민족을 만족시킬 수 없게 된다.

순수한 지역원리는 또한 **슬로베니아인**의 민족적 필요를 만족시킬 수 없다. 케른텐의 슬로베니아인은 네 지역에서 주민의 20에서 40%를 차지하는 강력한 소수자를 형성하고 있다. 슈타이어마르크에서 그들은 두 지역에서 소수자이다. 퀴스텐란트의 슬로베니아인은 트리스트(Triest), 코르몬스(Cormons), 그라디스카(Gradiska), 몬팔코네(Monfalcone), 이스트리아(Istria)의 서부 지역에서 소수자를 형성하고 있다. 더 좋은 지역구분이 이루어짐으로써 이러한 약

---

7) Franz von Meinzingen, "Die binnenländische Wanderung und ihre Rückwirkung auf die Umgangssprache", *Statistische Monatsschrift*, 1902, 693쪽 이하 (원주)

간의 슬로베니아인 소수자가 다른 순수한 슬로베니아인만이 거주하는 지역과 함께 슬로베니아인의 행정구역으로 통합되는 경우가 있다 하더라도, 이것은 결코 모든 곳에서 가능할 수 없을 것이다. 이 경우에도 행정구역의 경계가 언어경계와 모든 곳에서 일치할 가능성은 없다.

크로아티아인은 이스트리아의 네 곳의 이탈리아인 지역에서 소수자를 이루고 있다.

마지막으로 루테니아인은 폴란드인 지역에 의해 둘러싸여 있는 알트잔데츠(Altsandez) 지역에서 소수자를 이루고 있고, 또 폴란드인 언어지역인 14개의 지역에서 적지 않은 사람이 소수자를 이루고 있다. 또한 루테니아인은 부코비나의 루마니아인 지역에서 민족적 소수자이다.

민족들의 이러한 혼재상태는 역사적으로 보면 쉽게 이해할 수 있다. 이러한 상태는 부분적으로 당시의 농민이 오늘날 공적 행정이라 불리는 기구의 활동과 그 수단 및 목적에 관해 아무 것도 몰랐을 뿐만 아니라, 어떤 교통을 통해서도 자신의 마을, 자신의 마르크공동체, 자신의 장원 외부 사람과 결합할 수 없었기 때문에, 사람들을 자연스럽게 혼재시킬 수 있었던 시대의 농민적 식민의 결과였다. 즉 이러한 상태는 역사적 민족과 역사 없는 민족이 서로 대치하고, 체코인 농민과 슬로베니아인 농민 위에 독일인 영주가 앉아 있고, 또한 루테니아인 농민 위에 폴란드인 영주가 앉아 있고, 슬라브인 농민의 바다 한가운데서 도시적 생활을 보낸 작은 섬, 결국 독일인 상인과 이탈리아인 상인에 의해 지배된 섬이 있던 시대로부터 계승되어온 것일 뿐이다. 또한 이러한 상태는 오스트리아가 하나의 독일인 국가였고 독일인 관리와 독일인 장교가 제국 전체의 국가권력을 구현하고 있던 시대로부터 유래하였다. 마지막으로 이러한 상태는 사람들을 조상 전래의 토지로부터 이탈시켜 도시와 공업지역으로 유인한 근대자본주의를 통해 창출되었다. 그러므로 이러한 민족적 소수자는 많은 세기의 사회사를 반영하고 있다.

민족적 소수자의 **저항력**은 하층 인민대중의 문화수준이 향상하는 것과 함께 증대한다. 독일인 지역으로 이주한 교양 없는 체코인 농촌노동자를 게르만화하는 것은 그 만큼 어렵지 않았다. 이에 반해 이미 고향에서 좋은 체코인 학교에 다니고, 체코어 신문을 읽고, 자기 민족의 정치생활에 관여하고 있는 근대적 체코인 공업노동자는 타향에서도 자신의 민족성을 유지하며, 이민족의 다수자 지배를 참지 못한다.

순수한 지역원리는 이러한 소수자를 어디서든 다수자에게 떠넘기게 된다. 이것은 바로 민족문제를 제국의 문제가 아니라 지역문제로서 생각하고, 자신의 도시에 있는 낯선 외부인을 불쾌하게 바라보는 분노한 소시민의 소망과 일치한다. 그러나 이 지역원리는 소시민에게도 더 이상 실현할 수 없게 된다! 비인 혹은 브뤽스(Brüx)의 독일인 소시민은 체코인 소수자 학교의 설립이 거부되는 것에 기뻐한다. 그러나 동일한 독일인 소시민은 부트바이스나 필젠의 그들의 계급적 동포가 요구하는 독일인 소수자 학교가 체코인 다수파에 의해 거부되는 것을 고통스럽게 들어야 한다! 이러한 이민족의 소수자에 대한 증오를 통해 소시민은 지역원리의 지지자가 되지만, 한편 자기 민족의 소수자의 고통을 통해서는 지역원리의 반대자가 된다.

민족문제를 좁은 지역적 관점에서가 아니라, 제국 전체의 관점에서 보려는 사람에게 이 문제는 아주 다르게 보인다. 그에게 순수한 지역원리란 각 민족이 자기 민족 속에 혼합되어 있는 타민족의 소수자를 흡수하는 동시에, 자기 민족의 소수자를 타민족에게 넘기는 것에 불과하다. 따라서 한편의 이익과 다른 편의 손실이다. 이것을 통해 각 민족은 자신의 인구수를 그대로 유지한다. 그러나 각 민족은 생각할 수 있는 것 중에서 최악의 고통스런 방식으로, 즉 자기 민족과 타민족의 수천 명의 사람들의 가장 중요한 문화적 필요의 충족을 거부하는 대신, 수천 명의 사람들에게 자신의 민족성을 버리도록 강제하는 방식으로, 자신의 인구수를 유지하는 것이다. 자기 민족의 인구수를 유지하기 위해서 타민족의 소수자에게 민족성을 지킬 수 있도록 해주는 대신, 자기 민족의 소수자에게도 동일한 권리를 요구하도록 하는 방식이 훨씬 간단하지 않을까?

그 뿐만이 아니다. 지역원리는 민족적 평화를 위협한다. 왜냐하면 이 지역원리를 순수하게 관철하는 것, 다시 말해 모든 민족이 다른 언어지역 내부에 있는 자민족의 소수자보호를 완전히 포기하는 것은 불가능하기 때문이다. 이것은 이미 현행법에 의해 민족적 소수자에게 주어져 있는 작은 권리조차도 빼앗는 것을 의미한다. 따라서 각 민족은 제국법에 기초하여 타민족의 거주지역에 있는 자민족 소수자의 권리를 지키려고 할 것이다. 이러한 조정방법을 둘러싸고 필연적으로 격렬한 투쟁이 벌어진다. 더욱이 이 투쟁은 국가 내부의 권력을 둘러싼 민족들의 투쟁으로 발전해간다. 이러한 소수자를 보호하기 위한 법률이 확립되더라도, 해석의 문제를 둘러싼 투쟁이 새롭게 일어날 것이다. 각 민족은 서로 자민족의 소수자가 불리하다고 믿고, 자민족 소수자의 억압은 자민족 영역에 있는 타민족 소수자에 대한 복수를 통해 극복할 수 있다고 주장할 것이다. 그래서 지역원리에 기초한 민족자결은 새로운 민족투쟁을 불러일으킨다.

이미 이러한 이유에서 지역원리는 노동자계급의 요구에 충분할 수 없다. 그러나 이 원리에 대한 노동자계급의 입장은 또 다른 고찰을 통해 규정될 것이다.

체코인 노동자계급에게 이 문제는 아주 분명하다. 뵈멘의 독일인 지역, 메렌의 독일인 지역, 니이더웨스터라이히 등의 체코인 소수자는 대부분 노동자이다. 체코인 노동자당은 이러한 체코인 노동자의 민족적 권리를 버릴 수 없다. 체코인 노동자를 위한 체코어 학교가 거부되면, 체코인 노동자는 더 낮은 문화단계에 머물 것이다. 왜냐하면 체코인 자식은 독일인 학교에서는 거의 배우지 않거나 전혀 배우지 않기 때문이다. 이것은 체코인 노동자가 많은 경우 독일인 지역에 장기간 머물지 않고 경기변동에 따라 다시 체코인 지역으로 되돌아왔을 때, 그 만큼 더욱 강하게 느끼는 문제이다.

〈표 21-1〉 중앙조합지부의 구성원(단위, 명)

노동자의 고향	1900년 4월 1일부터 12월 31일까지 새롭게 고용된 사람	1901년 12월 31일에도 여전히 고용되어 있는 사람	이직자
독일인 지역	1580	719	861
독일인 다수 지역	1053	629	424
체코인 다수 지역	285	116	169
체코인 지역	3113	1254	1859

예를 들면 우리는 1900년의 광산파업 종료 후 1900년 4월 1일부터 12월 31일까지 새로 고용된 광산노동자 중, 얼마나 많은 사람이 1901년 12월 31일에도 뵈멘 북서부의 중앙조합지부의 활동적 구성원으로 소속해 있는지를 조사해볼 수 있다. 라욱베르크의 연구에 의하면, 결과는 <표 21-1>과 같다.

뵈멘의 체코인 지역에 고향을 가진 3113명의 노동자 중 1859명이 같은 해와 다음 해에 뵈멘 북서부 중앙조합지부의 활동범위를 떠났다. 그럼에도 불구하고 중앙조합지부의 구성원 수는 적어도 감소하지 않았다! 그 수는 다음과 같다.

      1900년 말 31,450명
      1901년 말 31,370명
      1902년 말 31,353명

이러한 숫자는 근대적 임금노동자의 커다란 변동을 분명하게 보여준다. 물론 다른 산업의 노동자 변동은 탄광업 만큼 크지는 않을 것이다. 그러나 독일인 공업지역으로 이주한 체코인 노동자의 상당 부분이 어디서나 빠르건 늦건 다시 고향 혹은 기타 체코인 지역으로 되돌아왔다는 사실은 분명하다. 이러한 노동자의 자식이 단기간, 혹은 몇 년간 독일어 수업을 받은 좋은 경우에도, 그것은 아무데도 쓸모가 없다. 그들이 수업을 따라갈 수 있을 정도의 독일어를 배우기 전에, 그들은 다시 고향인 체코인의 학교로 되돌아온다. 우리가 독일어 지역 안에서 이들 자식을 위한 체코인 학교를 거부한다면, 우리는 이들에게 학교 수업 자체를 거부하는 것이다.[8]

---

[8] Fischel도 독일인 공업지역으로 체코인 노동자의 지속적인 유출과 거기서의 소수자를 위한 학교문제 사이의 연관에 주목했다. 그러나 그는 바로 그러한 이유 때문에 체코인 소수자의 학교를 거부하고, 학교설립을 저지하려고 한다. 나는 이 논리를 이해할 수 없다. 체코인 노동자가 실제 경기변동 때문에 독일인 지역으로부터 다시 이동하는 한, 독일어 지역에 있는 체코인 학교는 독일인에게 손해를 주지 않는다. 왜냐하면 체코인 노동자는 독일어 지역에 머물지 않기에, 독일인 학교로 체코인 노동자 자식의 취학을 강제하더라도, 게르만화할 수 없기 때문이다. 그러나 독일인 학교로 취학하는 것은 체코인 노동자에게는 손해를 준다. 왜냐하면 독일어를 배울 수 있을 만큼 충분히 오랫동안 독일어 지역에 머물지 않는 그들의 자식들을 위한 체코인 학교를

이 모든 사실로부터 분명한 것은, 체코인 노동자는 독일어 지역에 있는 그들의 계급적 동포의 민족적 권리를 포기할 수 없다는 사실이다. 이 지역의 체코인 학교가 거부된다면, 체코인 노동자 중 거주하는 사람들의 자식들에게 학교수업은 어렵고 열악하게 되고, 또 이 유동적인 사람들의 자식들에게 학교수업은 완전히 거부될 것이다. 독일어 지식도 없이 관청과 재판소에서 충분히 잘 의사소통할 수 있는 어떤 수단도 없는 사람은, 국가기관에 대해 아무런 권리도 가질 수 없을 것이다. 그렇다면 체코인 노동자는 낮은 문화단계에 머무르게 되고, 자신의 계급투쟁을 수행할 수 없을 것이다. 민족적 무권리상태는 그들에게 민족적 증오를 낳는다. 그래서 그들은 소시민적-민족적 정당에게 환영받을 것이다. 체코인 소수자의 민족적 권리를 둘러싼 투쟁은 언제나 체코인 노동자의 계급투쟁의 일부를 이룬다. 따라서 그들은 이 투쟁의 위대한 임무로부터 멀어질 수 없다. 그러나 이 투쟁은 확실히 계급투쟁의 중요한 수단이며, 따라서 체코인 노동자는 이 투쟁을 버릴 수 없다.

마찬가지로 **폴란드인** 노동자도 슐레지엔의 폴란드인 노동자의 민족적 권리를 버릴 수 없으며, **이탈리아인** 노동자도 티롤의 독일인 지역의 이탈리아인 노동자의 민족적 권리를 버릴 수 없다.

이 문제는 **독일인** 노동자에게는 어려운 것이다. 민족 전체의 이익이라는 관점에서 보면, 바로 독일민족 만큼 소수자의 민족적 권리를 보호해야 하는 이유를 더 많이 가진 민족은 없을 것이다. 우리가 이미 알고 있듯이, 독일인 소수자는 납세능력은 물론 교양도 갖고 있고 더욱이 제국 전체에 걸쳐 분포하기 때문에, 오스트리아에서 독일민족의 권력을 본질적으로 증대시키게 된다. 이러한 사실에도 불구하고 독일인 노동자가 체코인, 폴란드인, 이탈리아인 노동자보다 소수자문제에 대해 별로 관심을 기울이지 않는다는 사실은 이해할 만하다. 이민족의 거주지역에 있는 독일인 소수자의 아주 적은 부분만이 노동자이고, 나머지 대부분은 부르주아, 관료, 장교, 지식인 등의 집단으로, 따라서 독일인 노동자와 사회적으로 구별되는 계층으로 구성되어 있

거부하는 것은, 학교 그 자체의 거부를 의미하기 때문이다. Alfred Fischel, *Die Minoritätsschulen*, Brünn 1900, 8쪽 참고 (원주)

다. 물론 우리는 다양한 언어지역에서 독일인 노동자를 발견한다. 예를 들면 철도노동자가 그렇다. 체코인 도시에 거주하는 독일인 부르주아지는 공립학교 수업의 부족을 개인수업을 통해 보충할 수 있다. 그들에게 관청에서의 언어문제는 존재하지 않는다. 왜냐하면 그들은 언제나 관청어에 능숙한 변호사의 도움을 받을 수 있기 때문이다. 몇 년 동안 체코인 지역 혹은 폴란드인 및 슬로베니아인 지역에 체재하다가 전근하는 독일인 철도노동자는 그렇지 못하다. 그들은 공립학교의 도움을 받지 못한다. 그들이 자식을 이민족의 학교에 보낸다면, 그들의 자식은 수업언어를 습득하지 못하기 때문에 거의 아무 것도 배울 수 없다. 그리고 그들이 몇 년 후에 다시 독일인 지역으로 되돌아간다면, 그들의 자식의 학습은 같은 학년의 아이들보다 늦기 때문에 따라가는 데 몇 년이 더 걸린다. 다른 직종의 독일인 노동자도 구직의 필요에서 이민족의 거주지역에 살 수 밖에 없다. 새로운 공업이 탄생한 지역에는 거의 언제나 독일인 기계공, 독일인 기계조립공, 독일인 직공장이 나타난다. 그러나 가장 많은 경우는 상업과 공업에 종사하는 독일인 직원이 이민족 언어지역의 소수자로서 살아가는 것이다.

그러나 독일인 노동자가 자민족의 소수자를 보호하려고 한다면, 그들은 독일인 거주지역에 있는 이민족 소수자의 권리를 거부할 수 없다. 그러나 그들은 이 권리를 다른 이유에서도 거부할 수 없다. 독일인 노동자는 체코인 소수자의 문화가 높아지는 데 **고유한 이해**를 갖기 때문이다. 예를 들면 체코인 노동자의 학교를 거부하는 것은 체코인 노동자를 임금압박자와 파업파괴자로서 육성하는 것을 의미한다. 따라서 독일인 노동자는 체코인 소수자가 민족적으로 만족하는 데 고유한 이해를 갖는다. 왜냐하면 그들이 민족적으로 만족하지 못한다면, 그들에게 민족적 증오가 생기고, 그들은 독일인 노동자와 공동으로 노동조합투쟁과 정치투쟁을 수행할 수 없게 되고, 노동조합운동을 분열시킬 뿐이며, 시민적 정당의 추종자의 역할을 떠맡게 될 것이기 때문이다. 마지막으로 이민족 소수자를 민족적으로 억압하는 것은 독일인 노동자의 **이데올로기**와 모순된다. 기업가는 어디서든 "나는 빵을 먹는 사람의 노래를 부른다"는 원칙을 옹호하고, 더욱이 노동자는 그가 준 빵을 먹고 있다고 주장한다. 이에 반해 독일인 노동자는 다음과 같이 생각한다. 즉 기업가는 그의 노동생산물의 일부를 횡령하는 것으로 충분하고, 노동자의 마음까지 지배하려는 것에 대해서는 참을 수 없다고 생각한다. 노동계약은 다른 모든 계약과 마찬가지로 매매계약일 뿐이다. 따라서 노동자는 기업가가 노동과정의 외부에서도 여전히 노동자에게 명령하고, 금지하고, 인격적 자유를 제한하는 어떤 권력도 기업가에게 주지 말아야 한다. 즉 당신이 나에게 임금을 지불하는 대신에 나는 당신을 위해 노동을 제공한다 — 당신은 그 이상의 권리를 나에게 갖지 않는다. 이러한 원리는 독일인 기업가와 독일인 노동자의 사회투쟁에서 유래한다. 노동자는 민족적 중요성을 가진 존재로 되자마자, 이 원리를 버릴 수 없게 된다. 그러나 독일인 기업가를 위해 고생하는 체코인 노동자가 이 원리를 위해 자신의 민족적 권리를 버려야 한다면, 이것은 적은 임금으로 노동력뿐만 아니라 인격 전체를 구입하려는 자본의 뻔뻔함의 특수한 사례가 아닐까? 자본은 임금을 지불하는 노동자로부터 완전히 민족성을 빼앗으려고 하지 않을까? 독일인 노동자가 자본주의적 경제생활이라는 법칙을 위해 독일인 지역의 독일인 자본에게 노동력을 판매할 수밖에 없는 체코인의 계급적 동포를 위해 완전한 민족적 자유를 요구하지 않는다면, 그들은 자기 자신도 부정하는 것이다.

   사회가 계급들로 분열한 이래, 인간과 사물의 관계에는 인간에 대한 인간의 권력이 숨어 있다. 방적기계는 나에게 속한다. 이것은 외면적으로 내가 노동할 때 도구로 사용할 대상으로서 방적기계를 소유한다는 것을 의미할 뿐이다. 그러나 실제로 노동수단의 소유는 자본가의 손에서는 다른 사람을 지배하고, 다른 사람의 노동생산물을 빼앗는 힘이 된다. 한 줌의 토지는 나에게 속한다. 외면적으로 이것은 내가 살아가고 그 과실을 향유하기 위해, 내가 이 한줌의 토지에 거주하고 있음을 의미할 뿐이다. 그러나 실제 토지소유는 지대의 권리를 나에게 주고, 다른 사람의 노동수익을 빼앗는 힘을 나에게 준다. **지역원리도 죽은 자연에 대한 인간의 관계 위에서 인간에 대한 인간의 지배를 기초지으려는 것이다.** 도시의 토지소유자는 이 한줌의 토지를 자기 것이라고 부른다. 그가 거기에 거주하고 그 과실을 향유할 수 있는 한, 그것은 좋다. 그러나 이 한줌의 토지에 대한 힘이 다른 사람을 지배하고 다른 사람을 그의 문화공동체로부터 분리시켜 폭력적으로 다른 문화공동체로 편입시키는 권리를 토지소유자에게 주어야 할까? 시민층이 이 문제에 관해 긍정한다면, 그들은 일관되게 생각하는 것이다. 왜냐하면 그들의 사회체제는 사물에 대한 힘이 인간에 대한 지배를 의미하는 원리에 기초하기 때문이다. 그러나 노동자계급은 이 사회체제와 싸운다. 노동자계급은 더 이상 사물의 관리 속에 인간에 대한 지배가 숨어 있지 않은 사회질서를 위해 싸운다. 그러므로 노동자계급은 아무 것도 가진 것이 없는 이주자가 자신의 민족적 문화욕구를 충족하려는 노력에 대해 거부할 권리를 토지소유자에게 부여하는 이러한 원리와 전혀 상관이 없다.

민족적 정복에 대한 지향은 중앙집권적-원자론적 제도 아래서 모든 민족투쟁의 법칙이다. 이러한 민족제도가 없어진다면, 민족적 정복욕은 더욱 더 자신의 자리를 마지막까지 사수하려고 할 것이다. 결국 각 민족의 밀집된 거주지에 사는 소수자는 다수자에게 희생되어야 한다. 민족적 억압을 가능하게 해주는 법제도 중에서, 다시 한 번 사회적 지배에 대한 지향이 나타나고 있다. 이 법제도를 없애고 우리가 개인원리(Personalitätsprinzip)를 통해 민족적 소수자를 법적으로 보호하려고 결정한다면, 민족적 정복을 목적으로 한 법제도의 사상은 포기될 것이다. 물론 그 때도 민족적 정복은 여전히 가능할 것이다. 만일 한 체코인이 독일인과 결혼이나 경제적 관계 및 사교적 관계를 통해 서서히 독일인으로 된다면, 독일민족은 체코민족으로부터 그를 획득한 것이 된다. 그러나 이 정복은 독일민족의 민족문화의 자연적 매력 때문이지, 어느 민족의 사람들이 민족동포와 함께 다른 민족의 문화공동체를 부정하고 자신들의 문화공동체로 강제로 편입시키려는 법률의 잔학한 폭력 때문은 아니다.

그러나 우리는 민족 정복의 사상 혹은 적어도 이 목적에 도움이 되는 법률을 버릴 수 있을까? 이것은 오스트리아의 독일인이 생각하는 매혹적인 이유에서 부정되었다. 즉 오스트리아 독일민족의 자연적 인구증가는 다른 민족보다 더 적다. 다른 민족보다 인구증가가 더 완만하지 않도록, 독일인은 민족적 소수자를 자기 민족으로 편입하려고 지향해야 하지 않을까?

우리는 이미 이 문제에 관해서 다른 민족의 거주지역에 사는 독일인 소수자를 언급하면서 대답했다. 지역원리는 독일인에게 한편에서는 주고, 다른 한편에서는 받는 것이다. 지역원리는 독일인의 공격력을 증가시키지만, 동시에 방위력을 약화시킨다. 독일인 지역의 슬라브인 소수자는 게르만화되겠지만, 독일인 소수자도 다른 민족으로 흡수될 것이다. 여기서 독일인이 잃은 것보다 더 많은 것을 얻을지에 관해서 결정할 수 있는 사람은 통계학자가 아니다. 왜냐하면 비인이나 라이헨베르크에 살고 있는 체코인 노동자는, 법률이 체코인 민족학교의 존재를 더 이상 거부할 수 없는 경우에도, 다양한 방식으로 게르만화될 수 있기 때문이다. 소수자를 흡수할 때 사회적 교통이나 법률이 어느 정도의 역할을 부과할 지, 통계학자는 수량적으로 확정할 수 없다. 따라서 통계학자는 민족들이 민족적 정복을 지향하는 법률을 버린다면, 독일인이 획득하는 것이 다른 민족보다 더 많을지 혹은 적을지에 관해서 아무 것도 말할 수 없다. 그러나 우리는 현실적으로 일어날 수 있는 상태, 즉 지역원리는 부유한 독일인 소유자보다 독일어지역에서의 슬라브인과 이탈리아인 프롤레타리아 소수자를 더 약화시킬 것이라는 상태를 가정한다. 사실상 독일인에게 지역원리는 다른 민족을 희생으로 하여 자민족의 인구를 증가시키는 하나의 수단이다. 이것으로 지역원리는 이미 정당화될 수 있을까?

무엇보다 우선 민족의 사람 수를 증가시키는 것이 과연 민족정책의 목표일까? 우리는 여기서 주민수의 증가가 **국가**와 **경제영역**에 이익이 될 것인지에 관해서는 잘 이해하고 있기 때문에 물을 필요가 없다. 우리는 여기서 왜 민족 자체가 자민족의 사람 수를 증가시키려고 원하는지에 관한 이유를 물어야 한다. 우리가 무엇보다 민족을 그 자체로서, 즉 그들이 살고 있는 국가와 관계없이 고찰한다면, 자민족 사람 수의 증가가 민족에게 이익을 준다는 명제는 무조건 타당하지 않다. 다른 조건이 같다면, 민족동포 사람 수의 증가가 **민족적 문화활동의 생산성**을 증가시킨다는 사실은 확실하다. 8천만 명의 민족을 대상으로 하여 창조활동을 하는 지식인과 예술가의 작품의 경제적 조건은 단지 6백만 명의 민족을 대상으로 하는 그의 동료의 작품과는 아주 다를 것이다. 민족이 클수록, 그 만큼 더 민족은 초등학교부터 대학까지 학교제도를 더욱 쉽고 완전하게 확립할 수 있고, 기타 문화시설인 극장, 아카데미, 미술관 등을 더욱 쉽고 완전하게 건설할 수 있다. 과학활동이 더욱 포괄적일수록, 그 만큼 과학은 부문마다 더 세분화될 수 있을 뿐만 아니라, 이러한 분업으로부터 더 풍부한 이익을 끌어낼 수 있다. 민족의 사람 수가 많을수록, 그 만큼 정신문화의 각 부문이 성장을 촉진할 사람들을 발견할 개연성도 더 커진다. 그러나 우리는 우리 사회에서 전체 인민이 민족문화에 충분하고 평등하게 참여한 적이 한 번도 없었다는 사실을 알고 있다. 읽고 쓸 수도 없고, 태어나서 죽을 때까지 영원히 단조로운 생활 속에서 지내고, 더욱이 민족의 문화재를 향유하지도 못한 채 민족문화의 더 높은 발전에도 적극적으로 참여하지 못하는 수백만의 농민에게 이러한 정신활동의 작품은 과연 무슨 의미가 있을까? **그러므로 민족의 문화활동의 생산성은 민족의 사람 수를 증가시키는 것을 통해서 뿐만 아니라, 민족문화에 대한 대중의 참여를 증대시킴으로써 높아진다.** 스칸디나비아의 작은 민족들의 부러워할 만한 높은 문화수준은 후자에 관한 가장 좋은 실례를 제공한다. 따라서 민족적 문화활동의 생산성은 민족의 규모 뿐 아니라, 민족문화의 집중도와 전체 인민에 대한 문화적 침투의 정도에 의존한다는 사실이 확실하다면, 전체 인민의 민족으로의 발전을 방해하는 수단을 통해 민족의 사람 수를 증가시키는 방법은 민족적 활동의 생산성을 결코 높일 수 없다. 전체 인민을 민족문화공동체를 위해 발전시키는 이러한 목적에 봉사하는 정책은 민족적-진화론적 정책이라는 노동자계급의 민족정책이다. 노동자계급의 계급투쟁을 어렵게 만들고 계급적 이익을 방해하는 모든 것은 민족문화에 대한 대중의 참여를 저하시키고, 따라서 민족적 문화활동의 생산성을 감소시킨다. 이제 민족적 문화활동의 생상성이 목적이다. 민족의 사람 수의 증가는 단지 수단에 불과하다. 그러므로 민족의 사람 수를 증가시키기 위해 노동자계급의 투쟁을 방해한다면, 이것은 수단과 목적의 관계를 망각하는 것이다.

그러나 민족적 정복의 필요성을 말한다 하더라도, 민족동포의 사람 수의 증가가 민족의 문화활동의 생산성을 높이는 문제로 되는 경우는 적다. 오히려 민족의 사람 수의 증가가 민족의 **권력**과 정치적 비중을 높인다는 이유에서 그것이 문제로 될 뿐이다. 그러므로 다민족국가의 내부에서 민족들이 국가권력을 둘러싸고 투쟁을 벌이는 한, 민족적 정복에는 언제나 적당한 구실이 있다. 민족적 관계의 원자론적-중앙집권적 조정이 유기적 조정을 통해 대체된다면, 사정은 아주 다를 것이다. 이 경우 국가는 총체로서의 민족들에게 아무 것도 주지 않기 때문에, 민족들의 권력투쟁은 더 이상 어떤 의미도 갖지 않게 된다. 민족은 자신에게 필요한 권력을 법적으로 보장받았기 때문에, 더 이상 권력을 위해 투쟁할 필요가 없다. 그러므로 여기서는 어떤 민족도 더 이상 민족적 정복을 필요로 하지 않는다.

그럼에도 불구하고 이러한 냉정한 고찰도 많은 사람들을 납득시키지 못할 것이다. 그러나 모든 재화를 상품으로 즉 가치로 만들고, 그것의 질적 규정성을 박탈하고 단순한 양적 크기로 나타낼 뿐만 아니라, 이윤 즉 일정한 수량적으로 표현된 잉여가치부분을 획득하기 위한 지향을 인간생활의 내용으로 만든 자본주의적 생산양식은 단지 통계적으로 파악된 크기, 즉 세고 측정하고 계산할 수 있는 크기만을 아는 정신을 보급시켰다. 미국인의 특성으로 지적하는 사고, 즉 큰 것, 결국 수량적으로 큰 것을 진정한 내적 위대함과 혼동하는 사고는 모든 자본주의적 민족들의 공통된 특징이다. 그래서 우리 사회에서 민족의 수는 수단으로서가 아니라 자기 목적으로서 나타난다. 그러나 이러한 사실을 인정한다 하더라도, 민족적 정복욕과 민족적 지역원리는 정당화될 수 없다.

자연적 인구증가가 오스트리아의 독일민족에게 유리하지 않다는 사실은 인정할 수밖에 없다. 그러나 이 현상의 원인은 무엇인가? 하이니쉬는 그 원인의 하나로 다음과 같이 언급한다.9) 결혼연령과 결혼 수는 어디서든 농업제도와 매우 밀접히 관련되어 있다. 이 농업제도가 이제 우리 독일민족의 자연적 인구증가를 방해한다. 독일인이 거주하는 알프스지방에서 우리는 대농과 중농의 토지소유자를 발견한다. 이들 토지소유와 나란히 대토지소유와 영세분할지소유는 줄어들고 있다. 농민이 죽을 경우 농장은 분할되지 않고, 농민의 자식 한 사람에게만 상속됨으로써 이 농민적 소유는 유지된다. 이 농장

---

9) Michael Hainisch, *Zukunft der Deutsch-Österreicher*, Wien 1892 (원주)

에는 농민가족 외에 미혼의 하인과 하녀가 살고 있다. "크고 폐쇄적인 농장은 두 방향에서 결혼에 대해 제한적인 영향을 미친다. 이 농장은 농민이 은퇴하거나 사망하기까지 오랜 기간 상속인의 결혼을 늦춘다. 또한 농장에 상시 고용된 남성과 여성 노동자 전체의 결혼을 저해한다." 그러므로 폐쇄적인 농장지역에서 결혼연령은 높고, 결혼의 수는 적다. 따라서 적출 자식의 증가를 통한 인구증가는 감소하고 있다.

이 지역에는 사생아의 수가 특히 많지만, 그러나 출산초과는 다른 지역보다 훨씬 적다. 이 지역에는 이제 독일인 거주자가 대부분이다. 따라서 우리 알프스지방의 폐쇄적 농장은 독일민족의 인구증가에 위험한 장애물이다. 다른 민족이 거주하는 지역에서는 이러한 인구증가에 대한 장애물이 없다. 카르스트렌더(Karstländer), 퀴스텐란트, 달마티아에는 영세분할지소유가 우세하다. 또한 주데텐지방에는 많은 농민신분이 있지만, 그와 함께 대규모적인 대토지소유와 분할지소유가 발견된다. 더욱이 갈리치아에서 토지는 농민이 사망할 때 자식들에게 분할되기 때문에, 대규모적인 대토지소유와 함께 매우 많은 영세 분할지소유자계급이 발견된다. 대토지소유와 영세분할지소유는 모든 곳에서 인구증가를 촉진한다. 이에 반해 알프스지방의 폐쇄적 농장은 인구증가를 저해한다. 독일인 농업지역의 농업제도가 폐쇄적 농장에 기초하는 데 반해, 슬라브인 지역과 이탈리아인 지역은 대토지소유와 영세분할지소유가 지배적이라는 사실이 오스트리아 민족들의 발전을 규정하는 근본적 현실의 하나이다.

일련의 다른 원인이 또한 동일한 방향으로 작용하고 있다. 자본주의적 발전에 가장 일찍 뛰어든 것은 독일인이었다. 따라서 자본주의사회의 인구발전을 규정하는 모든 요인이 독일민족의 인구증가에 중요한 요인이 되었다. 근대적 공업노동자의 생명에 위협을 주고 생명을 단축시킨 모든 것이 오스트리아 독일인의 인구를 감소시켰다. 독일인 공업지역에서 특히 독일인의 **결혼연령**은 다른 민족의 농업지역보다 높아졌다. 뵈멘에서 독일어를 일상어로 하는 20에서 30세의 남성 1000명 중, 649명이 미혼이었다. 이에 반해 같은 연령의 체코인 1000명 중 618명이 미혼이었다. 30에서 40세의 연령에서는 독일인의

16.3%가 미혼이었던 것에 비해, 같은 연령의 체코인의 12.5%가 미혼이었다. **여성노동자** 수는 독일인 쪽이 훨씬 많았다. 독일인의 경우 공업에 취업하고 있는 1000명 중, 383명이 여성이었던 것에 비해, 체코인의 경우는 243명이 여성이었다. 게다가 기혼여성의 공업노동이 증가하고 있다. 1890년부터 1900년까지 10년간 라이헨베르크의 상공회의소 관할지역에서 기혼여성의 직물노동자 수는 적어도 25,913명에서 32,253명으로 증가했다. 같은 시기에 미혼 혹은 과부인 여성 직물노동자의 수는 증가하지 않았다. 여성이 공장노동에 많이 진출한 것은 독일인 중에 사산아의 수가 많음을 부분적으로 설명하는 것이다. 라욱베르크는 이 점에 관하여 <표 21-2>와 같은 숫자를 보여주고 있다.

〈표 21-2〉 뵈멘의 사산아, 1891-1900년 (단위, 명)

	적출아 출산 1000명당 사산아	사생아 출산 1000명당 사산아
독일인 지역	34.8	42.6
독일인 다수지역	27.8	36.5
체코인 다수지역	26.8	32.6
체코인 지역	28.8	41.7

유아사망률도 독일인 공업지역에서 체코인이 거주하는 뵈멘의 농업지역보다 훨씬 높다. 1891년에서 1900년까지 1000명의 출생아 중 유아기에 사망한 경우는 다음과 같다.

〈표 21-3〉 뵈멘의 유아사망, 1891-1900년 (단위, 명)

	1년 내 사망	5년 내 사망
독일인 지역	281	358
독일인 다수지역	289	369
체코인 다수지역	239	329
체코인 지역	237	327

전체적으로 주민 1000명당 10년간 평균적 사망자수는 다음과 같다.

〈표 21-4〉 뵈멘의 평균 사망자수, 1881-1900년 (단위, 명)

	1881-1890년	1891-1990년
독일인 지역	308.2	269.0
독일인 다수지역	305.6	283.0
체코인 다수지역	267.8	248.2
체코인 지역	278.8	246.9

사망자수는 독일인 공업지역에서 체코인 지역보다 훨씬 높다. 그러나 이 사망자수는 두 지역 모두에서 저하되고 있고, 지역 간 격차도 점차 줄어들고 있다. 노동조합이 쟁취한 임금상승과 노동시간의 단축, 사회정책적 입법과 위생의 진보 등이 이러한 즐거운 현상을 가져왔다. 이러한 사실은 독일민족의 인구를 증가시키기 위한 방법을 명백히 보여준다. 시민적-민족적 정당들은 언제나 독일민족의 권력을 증대시킬 수단만을 찾았다. 그리고 그들은 체코인, 슬로베니아인, 이탈리아인과 같은 다른 민족들로부터 사람을 빼앗아, 게르만화하려고 했다. 그러나 실제 이렇게 빼앗을 수 있는 사람은 매우 적다. 더욱이 그것은 자민족의 소수자를 포기하거나, 광범한 인민 대중이 함께 민족문화를 향유할 수 있는 사회발전을 지체시키는 값비싼 대가를 치르고 획득한 것이다. 독일민족은 목적의식적으로 철저하게 **사회정책**을 실시함으로써 많은 것을 획득할 수 있을 것이다. 이 정책은 결혼수를 증가시키고, 유아 사망률과 전체적인 사망률을 감소시킬 것이다. 이것을 통해 독일인의 인구는 절대적으로 증가할 뿐만 아니라, 다른 민족의 인구에 대한 상대적 비율도 개선될 것이다. 독일인은 자본주의적으로 가장 발전한 민족으로서 자본주의적 착취 하에서 가장 고통을 받고 있기 때문에, 적극적인 사회정책의 작용은 그들에게 크게 도움이 될 것이다. **헤르크너**(Herkner)는 이러한 생각을 자신의 생기발랄한 논쟁서에서 매우 분명하게 표현하고 있다.[10] 라욱베르크도 풍부

---

10) Heinrich Herkner, *Die Zukunft der Deutsch-Österreicher*, Wien 1893. — "예를 들면 지역을 위해서는 가난한 어머니에게 살균한 우유를 제공하는 편이, 우리의 민족적 입장에서 보더라도, 도시의 경찰관을 프로이센 식으로 통일하고 공중목욕탕에 '여기서 체코어를 말하지 마시오'라는 안내판을 붙이고, 또한 유사한 행위를 통해 도시의 자

한 사실적 자료에 기초하여 헤르크너를 지지하고 있다. 그럼에도 불구하고 소시민적 민족주의는 어디서든 체코인 학교의 설립에 대해서는 분개하지만, 같은 지역에서의 열악한 주택, 가내공업, 아동노동 때문에 자신의 인종이 죽어가고, 결핵이 만연하고, 미성년의 독일인 아이들이 매년 수백 명씩 결핍과 빈곤과 중노동으로 몸을 망치고 있는 사실에 대해서는 조용할 뿐이다.

우리 소유자계급은 독일민족의 인구를 증가시키기 위해 고심하고 있다고 주장한다. 좋다! 그렇다면 농민은 알프스지방의 농지단독상속법과 결혼동의법의 폐지를 요구해야 할 것이다. 그렇다면 대토지소유자는 빵과 고기, 설탕을 저렴한 가격으로 생산하도록 노력해야 할 것이다. 그렇다면 공장주는 국가가 노동조합의 투쟁을 방해하지 못하도록 하고, 노동일을 단축하기 위한 법률을 제정하고, 임산부여성이 공장노동을 하지 못하도록 노력을 다해야 할 것이다. 그렇다면 수공업장인은 국가로 하여금 도제에 대한 파렴치한 착취를 금지하도록 하고, 직업교육을 주간에 실시하도록 해야 할 것이다. 그리고 셋집주인은 지역당국으로 하여금 저렴하고 건강한 주거를 배려하도록 싸워야 할 것이다. 그렇다면 자본가는 가내노동자의 착취를 완화하기 위해 노력해야 할 것이다. 독일민족은 절대적으로나 상대적으로 다른 민족들보다 훨씬 많은 사생아를 갖고 있고, 무엇보다 놀라운 사망률에 고심하고 있다. 따라서 소유자계급은 사생아에게 아버지에 대한 법적 상속권과 유류분권(Pflichtteilsrecht, 遺留分權), 그리고 아버지의 소득에 따른 양육과 교육이 인정되도록 요구해야 할 것이다. 소유자계급은 자신의 계급적 이해와 모순된 민족정책을 결심할 수 있을까?

그러나 노동자계급이 자민족의 인구를 증가시키려고 한다면, 그들이 가야 할 길을 명확하다. 알프스지방의 폐쇄적 농장을 유지하는 것이 농업의 경영 관계와 농촌주민의 관습인 한, 노동자계급은 알프스지방의 폐쇄적 농장을 제거할 수는 없겠지만, 그러나 이 폐쇄적 농장의 법률적 지주인 농지단독상속법과 결혼동의법에 대해서는 투쟁할 수 있다. 노동자계급은 우리 사회의 틀

  치를 지금보다 더 위험하게 만드는 것보다 훨씬 유의미한 일이라고 생각한다."(20쪽)
  (원주)

내에서 자본주의적 공업노동자에 대한 착취의 파괴적인 작용을 완전히 폐지시킬 수는 없다. 그러나 노동자계급은 노동조합투쟁과 노동자보호입법을 통해 이러한 작용을 어느 정도 완화시킬 수 있고, 사회조직체의 치명상인 가내공업의 한없는 열악함, 아동노동, 임산부여성의 공장노동, 사생아 사망률, 주택부족, 장시간노동, 비싼 식료품가격과 값싼 임금 등을 점차 개선하려고 노력할 수 있다. 독일인 노동자는 학교의 게르만화를 통해 매년 수백 명의 체코인 아이들을 획득하는 활동을 포기하게 함으로써, 매년 수천 명의 독일인 아이들을 중노동과 기아에 의한 사망으로부터 구할 수 있다!

매년 자본주의적 착취의 살인적 작용의 영향을 받는 수천 명의 독일인 남녀, 이들 인민을 구하는 것이 노동자계급이 수행하려는 **민족적 정복**이다. 이러한 정복을 위한 수단은 **지역원리**가 아니라 **사회정책**이다. 그리고 **이러한** 민족적 정복을 둘러싼 투쟁에서 독일인 노동자는 확실히 모든 민족프롤레타리아트의 동맹자이다.

제22장 개인원리

순수한 개인원리(Personalitätsprinzip)는 민족을 지역단체로서가 아니라, 순수한 인적 단체로서 구성하려는 것이다. 당연히 지역단체는 활동범위가 제국의 경계를 넘지 않는 한, 공법적으로 규제된 민족단체일 뿐이다. 그러나 국가의 내부에서 한 지역은 독일인에게 권력을 주고, 다른 지역은 체코인에게 권력을 주는 권력의 분배가 이루어져야 한다. 그 지역에서 생활하고 있는 민족들은 각각 하나의 단체로 통합되어야 하고, 독립적으로 민족적 사업을 운영해야 할 것이다. 같은 한 도시에서 자주 두 개 혹은 그 이상의 민족들이 병존하고, 자신들의 민족적 자치행정을 확립하고 민족적 교육시설을 건설하게 될 것이다. 이것은 서로 방해가 될 지도 모른다. 예를 들어 한 도시에 가톨릭교도, 신교도, 유대인이 서로 독립적으로 종교 활동을 수행하는 것이다.

개인원리는 주민이 각각의 민족성에 따라 구별되는 것을 전제한다. 이제 예를 들어 국가는 누구를 독일인으로 간주하고, 또 누구를 체코인으로 간주할 것인가 하는 결정권을 더 이상 가질 수 없다. 오히려 성인이 된 모든 국민은 자신이 어느 민족에 속하고 싶은가를 스스로 결정할 권리를 가진다. 성인이 된 국민의 **자유로운 민족성 선언**(Nationalitätserklärung)에 기초하여, 모든 민족의 성인이 된 국민을 가능한 한 완전히 등록한 민족대장이 작성되어야 한다. 물론 민족성 선언을 할 수 없거나 바라지 않는 국민의 민족성 선언을 권리추정(Rechtsvermutung)의 제도를 통해 보충하는 것은, 자유로운 민족성 선언의 권리와 모순되지 않는다.

시높티쿠스에[1] 의해 처음으로 요구된 민족대장은 실제 1905년 오스트리

---

[1] 바우어의 동료인 Karl Renner박사를 말한다. Rudolf Springer도 레너의 필명이다. (역

아의 황실직할지에서 도입되었다. 그리고 메렌의 새로운 주 조례와 주의회 선거조례는2) 도시 특별선거구(Kurie), 지자체 특별선거구, 보통선거부문 등 선거인을 위한 민족별 선거단체제도를 도입했다. 이 법률이 표명한 것처럼, 이들 특별선거구의 의원은 "특별선거구에 따라 형성된 뵈멘인과 독일인의 민족별 선거단체 중에서 선출된다"(주 조례 제3 b조). 그럼에도 불구하고 이 선거대장은 자유로운 민족성 선언에 기초한 것이 아니다. 선거인명부는 지역의 수장에 의해 작성되었다. 모든 선거인은 "그가 선거인명부에 등록된 것과 다른 민족에 속한다고 선언함으로써, 그의 이름은 이 명부에서 삭제되고 그가 희망하는 다른 명부에 등록될" 수 있게 되었다(주의회 선거조례 제71조 7항). 그렇지만 "민족별 선거인명부에 선거인을 등록하는 것은, 민족의 귀속에 관한 한, 동일한 민족별 선거인명부에 등록된 선거인에 의해서 부인될" 수 있다. 이 경우에 "지역의 수장은 그 희망을 검토하거나, 그 요구가 타당하다고 인정되면 정정을 결정할 수 있다(주의회 선거조례 제71조 9항과 10항). 그러므로 이 경우 지역의 수장은 어떤 객관적 기준에 따라 선거인의 민족적 귀속을 결정해야 한다!

그러나 이 메렌의 선거인대장은 우리의 모범이 될 수 없다. 민족성 선언의 자유를 실제로 지키기 위한 어떤 배려도 이루어질 수 없기 때문이다. 민족대장을 민족자결의 기초로 해야 한다면, 불가피하게 자유로운 민족성 선언을 형벌제도를 통해 정치적, 경제적 권력자의 영향력으로부터 지켜내야 한다.

나아가 메렌의 민족대장은, **목적**에서 볼 때, 민족자치의 기초가 될 수 있는 대용물은 아니다. 왜냐하면 민족성 선언은 오늘날 메렌에서 해당 선거단체의 선거권 이외에 어떤 법적 효력도 갖지 않기 때문이다. 그러므로 그것은 중앙집권적-원자론적 민족체제에 아무런 변화도 주지 못한다. 따라서 여기에는 어느 민족이 다른 민족의 선거단체의 선거결과에 영향을 미치기 위해, 자민족 선거인의 일부를 다른 민족의 선거인명부에 등록시킬 위험이 존재한다. 민족대장이 민족자치의 기초라면, 그러한 일은 불가능할 것이다. 민족성 선

주)
2) 1905년 11월 27일자 법률, 제1조와 제2조, *Landesgesetzbuch*, 1906년 판. (원주)

언은 상당한 정도의 법적 효력을 가질 것이기 때문이다. 즉 독일인 민족대장에 등록된 사람은 독일인 민족단체에 세금을 납부할 의무를 가지며, 공립학교에 자식을 입학시키고 체코어를 사용하는 관청과 재판소에서 법적 도움을 독일인 민족단체에 요구할 수 있다. 그러나 민족적 관계에 대한 중앙집권적-원자론적 조정이 계속된다면, 선거인을 민족별 선거단체로 분할하는 것은, 악용의 위험성을 제외하더라도, 개인원리의 아주 잘못된 적용일 것이다. 그것은 민족들의 권력투쟁을 제거하는 것이 아니라, 민족들의 투쟁장소를 크게 확산하는 것이다. 왜냐하면 각 민족의 의원 수 배분은 그때마다 결정되어야 하기 때문이다. 그리고 민족들의 수적 비율의 모든 변화는 의석의 새로운 배분요구를 불러일으키고, 그 결과 주 내부의 권력을 둘러싼 투쟁을 계속 새롭게 불러일으키기 때문이다. 우리는 민족대장을 제국의회선거와 주의회선거의 선거인명부로서가 아니라, 민족적 자치행정의 기초로서 요구한다. 민족별 선거단체가 아니라, **비례대표선거권**이 우리에게는 민족을 넘어선 지역단체(제국, 주, 지역, 지방)의 대의기관 선거에서 소수자의 대표를 완전히 배제하는 상태를 저지하기 위한 합목적적인 수단으로 보인다. 이 경우 개인원리를 왜곡하여 개인원리를 특권적 선거권과 인위적으로 접목하려는 것은 전혀 문제가 되지 않는다. 실제 메렌의 주의회에서 보통선거를 통해 선출된 의원은 특권적 선거구의 129명의 의원 외에 고작 20명에 불과하다! 그럼에도 불구하고 이 입법은 민족들의 공적 권리를 새롭게 조정하기 위한 기초를 개인원리에 둔 최초의 시도이며, 그것은 확실히 오스트리아에서 민족적 관계가 순수한 지역원리를 기초로 해서는 조정될 수 없다는 확신이 승리한 전도유망한 시작이다. 또 그것은 분명히 개인원리의 최초의 승리이다.

우리가 민족대장을 가질 때, 비로소 민족자치의 기초가 창출된다. 이때 우리는 지방과 지역, 황실직할지, 최종적으로는 제국 전체에서 동일한 민족에 속하는 사람들만을 하나의 공법적 단체로 조직할 필요가 있다. 이 단체의 임무는 자민족의 문화적 필요를 위해 노력하고, 그들을 위한 학교, 도서관, 극장, 미술관, 민족적 교육시설을 건설하고, 필요하다면 관청언어와 법정언어에 숙달하지 못한 민족동포에게 법적 도움을 주는 동시에 그러한 활동을 위해 필요한 자금을 민족동포로부터 징수할 권리를 가지는 것이다. 이러한 방식으로 민족자치는 순수한 개인원리를 기초로 만들어질 것이다. 그리고 모든 민족은 독자적인 수단에 의해 민족문화를 발전시키기 위한 힘을 갖게 될 것이다. 그러므로 어떤 민족도 더 이상 국가 내 권력을 둘러싸고 투쟁할 필요가 없을 것이다. 그래서 개인원리는 민족적 보호의 가장 완성된 수단이 된다. 민족적 소수자가 법제도를 통해 전반적으로 보호될 수 있는 한, 그들은 존속할 것이다. 한편 개인원리는 법률에 의해 모든 민족적 억압을 배제한다. 따라서 개인원리가 지배적이라면, 민족들은 자민족의 매력을 타민족의 성원에게 쉽게 전할 것이다. 그렇다면 풍부한 문화를 발전시킨 민족은 문화가 뒤쳐진 민족으로부터 많은 상승노력을 가진 사람들을 획득하게 될 것이다. 개별 지역의 민족적 다수자는 이민족 간의 결혼을 통해 민족적 소수자의 일부를 끊임없이 흡수하고, 또한 경제적, 사교적 교통의 밀접한 연대를 만듦으로써, 계속적으로 민족적 소수자의 상당 부분을 자민족의 문화공동체로 흡수할 것이다. 그러나 이러한 모든 민족적 정복은 개별 민족의 사회적 힘, 즉 자민족 문화의 매력과 더 큰 단체의 자연적 비중을 통해서만 영향을 미칠 뿐이다. 그러므로 여기서는 폭력적 정복이 아니라, 평화적 경쟁이 일어날 것이다.

그러나 우리가 개인원리를 순수하게 실시하고, 민족들을 종교공동체와 같이 인적 단체로서 완전히 국가행정의 외부에 조직되는 것으로 생각한다면 ("자유로운 국가의 자유로운 민족"), **이 원리는 또한 자신의 임무를 불완전하게밖에 수행할 수 없을 것이다.** 그 위에 기초한 것은 민족자결의 수많은 원칙적 지지자가 개인원리를 향해 보이는 거의 무의식적인 본능적 불신일 것이다. 이때 국가가 민족들에게 필요한 권력을 법규를 통해 보장하리라는 것은 쉽게 예상할 수 있다. 그러나 이 민족들을 국가로부터 지키는 것은 무엇인가?

민족들의 권리는 국가권력 위에서 지지되어야 한다. 그러나 민족들의 권리를 지키기 위해 국가의 강력한 팔을 실제로 빌릴 수 있다는 사실을 누가 보장할 것인가? 국가가 어느 날 자신의 권력수단을 행사하고 민족들의 권리를 보장하는 종이조각을 찢어버리지 않을 상태를 누가 보장할 것인가? 민족들은 스스로 국가적인 권력수단을 가져야 하지 않을까? 또 민족들이 독립국가를 형성할 수 없을 때, 그들은 최소한의 필요한 권력을 장기간 유지하기 위해 연방국가 내부에서 부분국가(Teilstaat)로 존재해야 하지 않을까?

　순수한 개인원리의 장점을 민족적 권리의 확실한 보장과 결부시키는 하나의 해결책이 있다고 나는 생각한다. 이 해결책을 **루돌프 슈프링거**는 자신의 저서 <국가를 둘러싼 오스트리아 민족들의 투쟁>에서 오스트리아 민족들에게 제시했다. 이 저서는 오스트리아의 민족문제 전반에 관해 고찰한 매우 가치 있는 책이다. 이 저서에 따르면, 우리는 **공적 행정**을 오스트리아 민족들의 손에 맡기면, 개인원리의 장점을 버리지 않고도 민족들을 보호할 수 있다.

　행정은 국가의 생생한 현실이다. 행정 없이 근대 국가는 존재할 수 없고, 병사를 징집할 수 없으며, 세금을 징수할 수 없다. 민족적 관계의 유기적 조정을 통해 민족들은 국가의 권력수단에 의존하게 되고, 법적 독립성도 국가권력에 의존하게 된다. 그러나 국가행정이 민족들의 손에 맡겨지면, 국가도 또한 민족들에 의존하게 될 것이다. 따라서 국가는 민족들의 민족적 권리를 보장하게 될 것이다. 그리고 이 민족적 권리는 민족들에게 장기간 주어지고, 더 이상 철회되지 않을 것이다. 왜냐하면 **만일 국가가 민족적 자치행정을 파괴하면, 국가는 자신의 행정을 파괴하고 자신을 부정하게 되기 때문이다.** 관료행정이 국가권력에 기초한다면, 이 관료행정은 민족의 권력을 어떻게 국가로부터 지켜야 할 것인가 하는 문제를 해결할 수 없을 것이다. 민주적 행정만이 이 문제를 스스로 해결한다.

　슈프링거의 제도는 **개인원리의 순수한 관철**이 아니다. 이러한 개인원리의 순수한 관철은 종교공동체를 법적으로 조정하는 경우에는 바로 가능하다. 그러나 민족문화공동체는 근대적 인간을 종교적 연대와는 비교할 수 없을 만큼 강력하게 사로잡고 있다. 그러므로 종교공동체는 공적 행정과 전혀 관계없는 문제를 스스로 처리하는 자치행정이 주어지면, 그것으로 충분하게 보장될 것이다. 그러나 이러한 보장은 민족단체에게는 충분하지 않다. 민족단체는 스스로의 자치행정을 필요로 한다. 동시에 공적 행정이 이러한 자치행정에 의거하는 경우에만, 민족들은 국가로부터 자신을 보장할 수 있다. 그러므로 국가권력은 바로 확실하게 민족들의 권력에 의해 지지될 뿐만 아니라, 민족들의 권력도 국가의 권력수단에 의해 지지된다.

슈프링거는 이러한 민족적 관계의 조정에 관해 다음과 같은 구상을 제시했다. 공적 행정의 토대는 군(Kreis)의 자치행정이 될 것이다. 군은 공적 행정의 필요와 주민의 이해가 허락하는 한, 민족적으로 구분된다. 군의 자치행정은 오늘날 일부는 관료행정이 ― 총독이나 군수 ― 또 일부는 자치행정이 ― 지자체, 지역대표기관, 주위원회 ― 맡아야 하는 임무 중 가장 중요한 것만을 인수했다. 그러나 동시에 군의회를 자신의 기관으로 하는 자치행정체는 주민의 민족적 필요를 충족시키기 위해, 예를 들면 초등학교와 중등학교, 보육시설과 인도적 시설, 극장과 민족적 교육시설의 건설과 운영을 위해 노력한다. 군의 내부에서 지구(Bezirk)와 마을(Gemeinde)은 긴밀한 단체를 형성하고, 이 단체는 마찬가지로 마을의회와 지구의회를 통해 자치적으로 운영된다.3)

당연하지만 많은 경우 군은 민족적으로 통일될 수 없다. 이 경우 군의 주민은 **군의회**(Kreisrat)를 기관으로 하는 공적 행정을 위한 자치행정체를 형성한다. 그러나 동시에 군의 주민은 민족대장에 기초하여 두 민족적 자치행정체로 분할된다. 그리고 이 민족적 자치행정체는 군내의 민족문화적 임무에 독자적으로 노력하고, 이 목적을 위해 민족동포에게 과세한다. 민족적 자치행정체의 중추기관은 **군대표기관**(Kreisvertretungen)이다.

따라서 한 언어를 사용하는 군 에거(Eger)에서 군의회는 공적 행정과 함께 민족적 행정의 모든 임무를 수행한다. 이에 반해 두 언어를 사용하는 군 부트바이스(Budweis)에서 군의회는 민족과 관계없는 행정적 과제만을 수행하고, 민족문화적 과제는 독일인 군대표기관과 체코인 군대표기관에 의해서 수행된다. 그리고 군의 주민은 군 전체의 민족대장을 통해 독일인의 인적 단체와 체코인의 인적 단체로 분할된다. 독일인 인적 단체는 그들 중에서 선출된 군대표기관을 통해 사업을 스스로 처리하고, 학교제도를 독자적으로 정비하고, 민족동포에 대한 과세를 통해 자금을 조달한다. 물론 군내의 체코인 인적 단체도 동일한 권리를 갖는다.

---

3) 지역구분의 비교와 번역의 어려움에 관해서는 본 역서 363쪽의 주 4를 참고 (역주)

민족적으로 통일되어 있는 군에도 물론 하나의 독립적 민족행정을 행할 만큼의 사람 수를 갖지 못한 민족적 소수자가 언제나 존재한다. 이 경우에도 민족적 소수자가 하나의 독립된 민족적 군행정을 희망하면 바로 슈프링거가 **동일권리단체**(Konkurrenzen)라는 오스트리아의 행정법에 잘 알려진 표현으로 나타낸 자치단체를 민족대장에 기초하여 형성할 수 있다. 따라서 에거군에서 행정은 독일인의 군의회를 통해 통일적으로 수행되지만, 그러나 체코인 소수자는 그들이 희망할 경우 민족적 단체들, 즉 마을 동일권리단체, 지구 동일권리단체, 군 동일권리단체를 형성할 수 있다. 이 동일권리단체는 단지 두 과제만을 갖는다. 첫 번째 과제는 체코인 민족동포가 독일어를 유창하게 할 수 없을 때, 독일인 관청에서 그들이 필요로 하는 법률적 도움을 무료로 받는 것이다. 두 번째 과제는 체코인의 자금을 통해 민족동포를 위한 초등학교를 유지하는 것이다. 이러한 두 가지 목적을 수행하기 위해 체코인 민족대장에 등록된 모든 사람들로부터 세금을 징수할 권리가 주어진다. 국가는 이러한 인정단체의 형성에 어떤 제한을 두어서는 안 된다. 소수자가 자신의 힘으로 법적 보호와 초등학교의 설립 및 유지에 노력하기를 희망하는 한, 그들은 바로 그러한 권리를 갖는다. 그래서 민족적 소수자가 법적 보호와 초등학교의 설립 및 유지에 노력할 수 있을 뿐 아니라, 적어도 중등학교와 필요한 인도적 시설(보육원 등)을 자력으로 유지할 수 있게 되면, 군 동일권리단체는 바로 군 대표기관이 된다. 그러므로 민족적으로 통일된 군도 이중의 군이 된다.

군은 이제 이중의 방식으로 서로 관계하게 된다. 우선 군은 일정한, 민족과 관계없는 문제를 처리하기 위한 지역단체를 형성한다. 예를 들어 뵈멘의 모든 군은 사람들의 민족성과 관계없이 뵈멘주를 형성하고, 일정한 지역적 문제를 공동으로 처리한다. 그러나 한편으로 민족적으로 통일된 모든 군과 이중 군의 민족적 자치행정단체는 법적인 전체 민족단체를 형성한다. 민족적으로 통일된 군의 모든 독일인, 나아가 이중 군의 민족대장에 등록된 모든 독일인은 독일민족단체를 형성하고, **민족의회**를 선출한다. 이 민족의회는 독자적으로 독일인의 민족문제를 처리하고, 대학 및 미술관 등을 건설하고, 민족적으로 통일된 군과 이중 군의 독일인에게 과세할 권리를 가진다. 민족적으로 통일된 군의 민족의회는 다른 민족으로부터 영향을 받지 않고 이러한 민족적 시설을 설립할 권리를 가진다. 이에 반해 이중 군에서는 다른 민족의 민족의회의 동의 없이 그러한 권리를 가질 수 없다.

소수의 관리 뿐 아니라 많은 대중이 관계하는 민족문제는 위에서 논의한 제도를 통해 해결될 것이다. 특히 **학교문제**가 그렇다. 한 언어를 사용하는 군에서는 마을의회, 지구의회, 군의회가 초등학교와 중등학교의 설립 및 유지에 노력한다. 이중 군에서는 마을 대의기관, 지구 대의기관, 군 대의기관을 자신의 기관으로 하는 각 민족이 자신들의 학교를 독자적으로 설립한다. 반면에 전체 지역을 관리하는 마을의회, 지구의회, 군의회는 학교제도에 대한 영향력을 상실한다. 그리고 민족별 대학을 설립하려고 노력하는 것은 민족의회이다. 이민족 거주지역에 사는 소수자는 민족적 동일권리단체를 형성하고, 자신의 수단으로 학교제도를 유지한다.4) 마찬가지로 **언어문제**도 위에서 논의한 제도를 통해 해결될 것이다. 통일적인 군에서는 다수자의 언어가 관청언어가 된다. 소수자는 이것을 통해 불이익을 받지 않는다. 왜냐하면 그들의 민족적 마을 동일권리단체, 지구 동일권리단체, 군 동일권리단체는 자민족의 민족동포가 관청언어를 모르더라도 어떤 손해도 받지 않도록 법적 도움을 주기 때문이다. 이중 군에서 각 민족은 행정을 자신들의 언어로 수행한다. 단지 민족의 차이와 관계없이 지역에 공통하는 문제를 처리할 경우에만, 번거로운 이중언어제도가 강제적으로 적용된다. 그러나 이중언어의 군은 민족들 간의 교통관계가 민족적 구분을 불가능하게 만드는 곳에서만 형성되기 때문에, 법적 이중언어제도는 언제나 사회적 교통이 현실적으로 이중언어제도를 강제하는 곳에서밖에 생기지 않는다.

슈프링거에 의해 구상된 이러한 제도는 민족들의 권력투쟁을 처음으로 완전히 끝낼 것이다. 왜냐하면 이 제도가 민족적 소수자에게 자신들의 문제를 자립적으로 해결할 법적인 힘을 주기 때문이다. 민족분쟁은 더 이상 계급의

---

4) 소수자학교의 설립은 하나의 특수한 문제이다. 소수자는 의문의 여지없이 자신들의 자식들이 학교에서 다수자의 언어를 완전히 습득하기를 스스로 요구할 것이다. (원주)

전진을 방해하지 못할 것이다. 통일된 군의 군의회와 이중 군의 군 대의기관에서는 이제 민족 내부의 계급들이 대치할 뿐이다. 이들 기관에서는 한 민족이 다른 민족에 대항하여 싸우는 일은 없으며, 오히려 노동자계급이 자민족에 대한 스스로의 요구, 즉 민족문화에 대한 참여를 증대시키자고 요구할 것이다. 한편 이중 군의 군의회와 전체 국가의 국민의회에는 다양한 민족들이 모일 것이다. 그러나 이러한 기관으로부터 민족문제의 결정권은 박탈된다. 그리고 이들 기관은 민족들에게 아무 것도 줄 수 없으며, 아무 것도 빼앗을 수 없다. 또 이들 기관에서 주민은 계급에 따라, 민족에 따라 편성되어 있기 때문에, 계급들의 투쟁을 위한 자유로운 장이 주어진다.

국가에 대한 민족들의 권리는 민주적 행정, 즉 군내의 자치행정에 의해 뒷받침된다. 민주적 행정은 노동자계급의 가장 중요한 요구이다. 따라서 노동자계급이 자신의 이익을 위해 요구하는 것은 민족들에게 필요한 것이 된다. 오늘날 민족들 간의 투쟁은 모든 민주적 개혁을 방해한다. 왜냐하면 민족들은 힘 관계의 변동을 두려워하고 있기 때문이다. 이에 반해 슈프링거가 구상한 제도에서는 바로 민주주의가 모든 민족의 힘의 더 확실한 토대가 된다. 그리하여 오늘날 민주적 발전을 방해하는 민족적 소망이라는 중력은 민주주의라는 새로운 제도에 봉사하게 될 것이다.

혼합 언어군의 이중행정과 단일 언어지역의 민족적 소수자의 동일권리단체는 공적 행정과 민족학교에 대한 민족적 소수자의 권리를 보장한다. 그래서 이 제도는 자신들의 권리와 자식들을 위한 학교를 원하는 노동자의 필요 — 또한 구직의 필요가 이러한 방향으로 노동자를 이끈다 — 를 충족시킨다. 자본주의는 노동자로부터 고향을 빼앗았다. 그러나 자본주의라 하더라도 노동자로부터 언어와 풍습을 빼앗을 수는 없다. 자민족의 토지에서 일자리를 발견하는 노동자에 대해서도 이 제도는 충분한 것을 해줄 수 있다. 이민족 이주자를 위한 학교설립과 도움을 거부하고, 그들의 자긍심에 상처를 입히고, 그들을 조야한 무지상태에 묻어두려는 법률을 없애려면, 노동자는 이주해온 계급적 동포를 더 이상 임금압박자와 파업파괴자로서 두려워할 필요가 없을 것이다. 그리고 이주노동자도 공통의 정치적 조직과 노동조합조직을 파괴하고, 공통의 적에 대한 노동자의 공동투쟁을 수행할 수 없게 만드는 민족적 증오라는 독소에 대한 저항력을 갖게 될 것이다. 마지막으로 이 제도는 노동자가 자신의 노동력의 판매와 함께 자신의 혼을 팔아넘기고 자신의 문화적 특성을 기업가에게 위임할 수 없다는 노동자계급의 이데올로기적 필요를 만족시킨다. 그리고 노동자계급은 자신의 노동을 통해 모든 문화를 위한 조건을 창조하는 모든 사람이 자신의 문화재, 자신의 문화, 자신의 민족적 공동체의 풍습에 참여할 권리를 가져야 한다고 주장한다.

이와 같이 다민족국가의 제도에 관한 슈프링거의 이념은 ― 이 이념은 민족적 자치행정을 민주적 국가행정의 기초로 만들고, 개인원리를 통해 민족적 소수자에게 민족적 권리를 보장한다 ― 노동자계급의 문화적 필요를 완전히 만족시킬 수 있는 민족자치의 가장 완성된 형태이다. 이 제도는 모든 민족의 노동자의 공동 계급투쟁을 위한 법적, 심리적 조건을 창출함으로써, 노동자계급의 진화론적-민족정책에 기여하며, 민족문화를 전체 인민의 소유로 만들고, 전체 인민을 민족으로 만든다는 위대한 목적을 실현하기 위한 수단이다.

내가 아는 한, 슈프링거의 제도를 포함한 민족자치론에 대해 제기된 반론은 하나뿐이다.5) 그것은 특히 **크라마슈**(Kramář)가 그의 저서 <뵈멘정책에 대한 소견>6) 속에서 제기한 개별 민족에게 조세주권과 자민족 세금에 대한 처분권을 주려는 제안과 관련한 것이다. 크라마슈는 당연히 황실직할지 연방주의의 지지자이며, 민족적 관계의 원자론적-중앙집권적 조정의 특정한 형태의 지지자이다. 때문에 그는 조세수입의 민족적 분할을 불필요한 것으로 본다. 그럼에도 불구하고 이 조세수입을 민족적으로 분할하지 않는다면, 이것은 지역원리에 따라서만 이루어질 뿐, 개인원리에 따라서 이루어지지 않는다고 말한다. 왜냐하면 지역의 민족성에 따라서가 아니라, 납세자의 민족성에 따른

---

5) 원문(363쪽 하단)에서는 이 단락부터 장의 끝까지 모두 작은 활자로 인쇄되어 있다. 아마 "보론"의 성격으로 바우어가 덧붙인 것이 아닌가 생각된다. 왜냐하면 다음 장, 즉 <제23장 유대인의 민족자치?> 부분은 장 전체가 작은 활자로 인쇄되어 있으며, 바우어 자신이 "보론"으로서 다룬다고 명시하고 있기 때문이다. (역주)

6) Karel Kramář, *Anmerkungen zur böhmischen Politik*, Wien 1906, 122쪽 이하 (원주)

조세액의 분배는 곤란한 결과를 초래하기 때문이라는 것이다. 나아가 그는 다음과 같이 묻는다. 예를 들어 체코인 지역을 횡단하고 있지만 독일인 자본가의 소유이고, 더욱이 독일인에 의해 운영되고 있는 철도회사의 세금은 어떻게 해야 하는가? 결국 이 세금을 지불한 회사는 세금의 형식적인 지불자에 불과하고, 진실한 부담자는 아님에도 불구하고, 이 세금은 실제로 독일민족의 것으로 되어야 하는가? 그래서 그의 질문은 계속된다. 체코인 노동자를 착취하는 체코어 지역의 독일인 공장주가 자신의 잉여가치로부터 독일민족에게만 세금을 지불하는 것은 정당한가? 체코민족은 거의 대부분 노동자로 구성되어 있기 때문에, 잉여가치가 독일인에게 귀속되는 곳에서 체코인의 문화적 필요가 전반적으로 배려될 것인가? 그리고 우연하게 한 공장이 체코인 자본가의 소유에서 독일인 자본가의 소유로 이행했기 때문에 갑자기 체코인 도시가 이 기업의 조세수입을 잃는다면, 이 기업에서 일하는 노동자는 모두 체코인임에도 불구하고, 이것은 해당 체코인 도시의 예산에 어떤 작용을 미칠 것인가?

　이러한 반론은 우선 크라마슈가 명백히 민족자치에 관해 매우 불완전하고 실제적으로는 받아들일 수 없는 형태에 주목하고 있다는 사실을 제시하고 있다. 이때 그는 명백히 우리의 조세제도가 바뀌지 않고 계속 유지되고, 우리의 수익세와 그것에 대한 할증금이 민족적 자치단체에 할당된다는 사실을 전제하고 있다. 그러나 그러한 조정은 우리가 신경 쓸 것이 아니다. 민족대장 속에서 우리는 어떤 기업, 토지, 공장, 철도, 은행도 발견하지 못하고, 단지 개인만을 발견한다. 따라서 민족조직은 기업에 과세하는 것이 아니라, 개인에게 과세한다. 민족세는 **수익세**(Ertragsteuer), 즉 토지세나 영업세가 아니라, **소득세**(Einkommensteuer)이다. 철도, 은행, 주식회사 혹은 상업회사가 민족에게 세금을 지불하는 것은 아니다. 기업의 수익을 최종적으로 개인소득으로서 손에 쥐는 자본가가 소득세를 납부한다. 그럼에도 불구하고 주요한 어려움은 여전히 그대로 남아 있다. 착취한다는 사실은 바로 민족적 의미를 가진다. 체코인 노동자가 독일인 기업가를 위해 잉여가치를 생산하는 곳에서, 체코민족은 잉여가치에 대해 과세할 수 없고, 노동자의 매우 작은 납세에 의존한다.

이러한 위험을 노동자계급은 충분히 고려해야 한다. 노동자계급은 모든 착취에 반대하기 위해 이러한 민족적 착취에 대해서도 투쟁해야 한다는 이유 때문만이 아니라, 그러한 조정은 확실히 노동자에게 세금을 증가시키고 더욱이 그들의 문화적 필요를 잘 만족시킬 수 없다는 이유 때문에도 그러한 위험을 충분히 고려해야 한다. 쾨니긴호프, 나호트, 아이펠, 호르지크(Hořic) 등의 독일인 직물공장주가 독일인의 군 동일권리단체에 세금을 지불하는 반면, 체코인 군의회가 그들에게 과세할 어떤 권리도 없다면, 이들 도시의 체코인 노동자의 자식들은 충분한 학교교육을 받지 못할 것이다. 그렇지만 이러한 어려움은 쉽게 극복될 수 있다. 이것의 극복은 다양한 방식으로 시도할 수 있을 것이다. 예를 들면 민족적 자치단체가 민족동포로부터 소득세를 징수할 권리와 함께, 이 자치단체의 지역에 있는 토지소유와 기업에 의해 지불되는 수익세의 일부에 대한 청구권을 나눠가질 수 있을 것이다. 또한 국가수익세에 대한 할증금이 군의회의 기관을 통해 징수되고(혹은 국가의 세무기관으로부터 군의회에 할당되고), 이것이 군내의 각 민족에게(이중 군의 군 대의기관, 밀집한 언어지역의 군의회와 군 동일권리단체에게) 일정한 기준에 따라 분배될 수 있을 것이다. 이때 세금의 주요한 목적에 따라, 해당 행정 관할구역의 각 민족의 학교 학생수가 분배의 적절한 기준이 될 것이다. 그렇다면 공장주는 자신의 노동자를 위한 학교(공장학교!)를 유지해야 한다는 오스트리아의 입법에서 이미 나타났던 사상이 근대적 기반 위에서 부활하게 되는 것이다.

물론 여기서도 이러한 할증금의 크기가 군의회의 결정에 맡겨진다면, 어려움은 계속 남을 것이다. 예를 들면 체코인 지역에서 체코인이 다수자를 이루고 있는 군의회는 이 수익세를 가능한 한 높게 유지하려고 할 것이다. 왜냐하면 이 수익세의 대부분은 체코민족의 것이고, 수익세가 높을수록 체코민족의 동포가 부담하는 소득세는 그 만큼 더 경감될 수 있기 때문이다. 반대로 체코인 소수자를 포함하는 독일어 지역의 독일인 군의회는 수익세를 가능한 한 낮게 설정할 수 있다. 왜냐하면 독일인 자본가는 소득세를 자민족에게 지불해야 하기 때문에, 수익세를 그처럼 낮게 설정하더라도 독일민족은 이 독일인 자본가의 납세능력을 잃지 않기 때문이다. 이에 반해 수익세에 대한 할

증금이 적어지면, 체코인의 군 동일권리단체에 대한 할증금의 배분은 적어진다. 그러면 체코인의 군 동일권리단체가 납세능력이 없는 노동자로 구성되어 있는 곳에서, 이 군 동일권리단체는 체코인 학교를 위해 적은 수단밖에 사용할 수 없게 된다. 그래서 군의회의 조세정책은 민족분쟁의 대상이 될 수 있다. 또한 이것이 생산비의 커다란 차이를 야기하고 — 자본주의적 기업에서 수익세는 생산비로 간주되지만 소득세는 그렇지 않다 — 중대한 경제적 변동을 가져올 수 있다. 그러나 이러한 잘못된 사용을 저지할 수단도 쉽게 찾을 수 있다. 아마 가장 간단한 것은 수익세의 할증금 크기와 민족적 소득세 크기의 일정한 비율을 국법으로 정하는 경우이다. 그렇다면 국가의 수익세에 대한 할증금 비율의 모든 변화와 함께, 군내의 민족적 소득세도 또한 자동적으로 올라가거나 내려가게 되기 때문이다.

물론 그럼에도 불구하고 소유자계급의 압도적 다수를 차지하는 민족의 우월성은 여전히 계속 유지된다. 기업의 수익세가 학생 수에 따라 민족들에게 배분되더라도, 대토지소유자와 자본가가 속한 민족은 이들 계급의 많은 소득세를 계속 획득하기 때문이다. 그래서 독일인은 체코인과 슬로베니아인보다 더 많은 수단을 자유롭게 처분할 수 있다. 그리고 자신의 학교제도를 더 좋게 정비하거나 혹은 민족동포의 납세능력을 더 많이 보호할 수 있다. 마찬가지로 이탈리아인은 남부 슬라브인보다, 폴란드인은 루테니아인보다 더 많은 수단을 자유롭게 처분할 수 있다. 가장 완성된 형태의 민족자치가 지배하는 경우에도, 과거 역사적 민족들이 일정한 우위성을 여전히 유지할 것이라는 사실은 분명하다. 또한 이러한 역사적 민족들은 자신의 문화적 시설의 찬란한 건설과 민족동포의 더 적은 조세부담을 통해, 그러한 제도 아래서도 다른 민족에 속한 사람들에게 강한 매력을 행사하고, 따라서 평화적인 방식으로 다른 민족을 정복할 수 있다는 사실도 분명하다. 오스트리아에서는 종속적이고 착취되는 역사 없는 민족들이 지배적이고 착취하는 역사적 민족들 아래서 살아왔다는 과거의 역사적 사실은 이 후자의 형태(평화적인 방식을 통한 타민족에 대한 정복) 속에서 계속 작용할 것이다. 그러나 이러한 사실은 민족자치에 특유한 것은 아니다. 오히려 이러한 사실은 자본주의사회에서 결코 폐지되는 것이 아니며, 체코인 노동자가 독일인 공장주를 위해, 슬로베니아인 노동자가 독일인 토지소유자를 위해, 루테니아인 농민이 폴란드인 지주를 위해 잉여가치를 생산하는 한, 제거되지 않는다. 민족적 착취는 모든 착취가 폐지되고 노동수단이 사회적 소유로 이행되었을 때 비로소 사라진다. 그리고 그 때 처음으로 민족들은 자신의 민족동포의 노동의 모든 성과를 자유롭게 사용할 수 있게 된다.

제23장 유대인의 민족자치?

1905년 갈리치아의 폴란드인 사회민주당(Sozialdemokratie)으로부터 유대인 동지 집단이 유대인 사회민주당계열 노동자의 독립조직을 만들기 위해 분리했다. 그렇지만 오스트리아의 국제주의적인 사회민주당 집행부는 당 내부의 자치적 유대인집단의 형성을 인정하지 않고, 그러한 유대인 사회민주당원 — "분리주의자"(die Separatisten) — 은 폴란드인 사회민주당으로부터 탈당을 통해 오스트리아의 국제주의적 세계의 외부로 나갔다고 선언했다. 유대인동지의 소수파가 전체당(Gesamtpartei)으로부터 분리한 직접적 계기는 국가제도의 문제가 아니라, 당조직의 문제였다. 즉 국가 내부의 유대인 민족자치가 아니라, 무엇보다 우선 당 내부의 유대인집단의 자치가 문제였다. 이러한 조직문제를 여기서 다룰 수는 없다. 그러나 노동자는 국가의 내부에서 유대민족의 자치를 요구할 수 있는지 그리고 요구해야 하는지에 관한 문제를 우리가 제기하지 않는다면, 이 문제는 해결되지 않을 것이다. 따라서 우리는 여기서 이 문제에 관해 간단히 언급해야 할 것이다. 그렇지 않으면 우리의 민족이론과 민족자치론이 당에 반대하는 분리주의자의 투쟁의 무기로 되어버리기 때문이다.

분리주의자는 자신들의 요구를 다음과 같이 단순한 사고과정으로 기초 짓는다. 즉 유대인은 한 민족이다. 사회민주당은 모든 민족을 위해 국가 내부의 민족자치를 요구하고, 모든 민족의 노동자에게 당 내부의 민족자치를 보장한다. 따라서 다른 민족들과 동일한 권리가 유대인에게도 당연히 주어져야 한다고 이러한 사고과정에 대해 가해진 반론은, 유대인은 어떤 민족도 아니라는 최초의 전제를 비판한 것이었다. 그리고 많은 경우 이 논쟁은 고유한 지역에 거주하는 것이 민족의 본질적인 특징인가, 그리고 민족자치가 필연적으로 지역원리에 근거해야 하는가와 같은 문제에 집중되었다. 분리주의자에 대한 투쟁에서 폴란드인 동지들은 자신의 주장을 증명하기 위해 자주 지역의 공통성을 민족의 한 "요소"로 간주하는 민족이론을 근거로 내세웠고, 스스로가 요구하는 민족자치의 형태를 민족의 밀집거주지의 자치행정으로 설명했다. 나는 이 이론이 잘못되었다고 생각하며, 이러한 국가제도의 강령은 노동자계급의 필요를 만족시킬 수 없다고 확신한다. 그럼에도 불구하고 분리주의자에 반대하는 폴란드인 동지들의 논거에는 많은 오류가 있지만, 거기에는 하나의 정확한 핵심이 숨어 있다. 우리는 그 핵심을 가려내려고 시도할 것이다. 최근의 직업조사에 의하면, 오스트리아의 유대인 중 직원이 42,681명, 노동자가 81,455명, 일용노동이 31,567명, 하인이 16,343명이었다. 그 밖에 통계가 독립자영업자로 분류한 235,775명의 유대인 중에는 매우 많은 프롤레타리아적 존재, 즉 자본에 종속된 수공업자와 가내노동자가 포함되어 있음을 상기한다면, 우리는 이 문제에 무관심할 수 없을 것이다. 그러므로 사회민주노동자당에게1) 이 문제는 여기서 보론(Exkurs)으로서2) 다루기에 매우 충분한 것이다.

유대인은 중세 봉건사회에서 이방인(Fremde)으로서 등장했다. 그러나 그들은 봉건사회의 경제제도에는 관여하지 않았다. 마르크공동체는 혈연관계에 기초했던 과거 씨족적 결합에서 생겼기 때문에, 이방인 유대인은 그 구성원이 될 수 없었다. 그리고 먼 옛날 공동체적 결합의 기초 위에서 지배조직이 성장했을 때, 우리는 장원제의 조직 속에서 유대인을 볼 수 없었다. 그러면 당시의 경제제도 속에서 유대인은 어떤 지위를 차지할 수 있었을까?

중세의 농민과 영주는 상품생산자가 아니었다. 그들이 생산한 것은 원칙적으로 자기수요를 위한 것이었지 판매를 위한 것이 아니었다. 그들은 때로

---

1) 오스트리아 사회민주노동자당(sozialdemokratische Arbeiterpartei in Österreich)이 오토 바우어가 평생 관계한 오스트리아 사회민주당의 정식 명칭이다. (역주)
2) 때문에 원문에는 <제23장 유대인의 민족자치?> 부분은 전체가 작은 활자로 인쇄되어 있다. 또 앞의 <제22장 개인원리> 중 뒷부분, 즉 슈프링거의 제안에 대한 반론 부분도 작은 활자로 인쇄되어 있다. 이 부분도 "보론"의 성격으로 논의했음을 가리키는 것이다. 본 역서 395쪽 주 5를 참고 (역주)

자신의 잉여를 교환했지만, 이 교환은 기본적으로 언제나 비일상적인 것, 즉 예외에 불과했다. 따라서 영주와 농민은 보통 많은 돈을 소유하지 않았다. 그들의 부의 대부분은 사용가치, 즉 곡물, 고기, 가축 등으로 존재하거나 혹은 타인노동에 대한 청구권 속에 존재했다. 상품유통과 화폐자본의 유통, 따라서 화폐경제 일반은 원리적으로 이러한 사회제도와 무관하였다. 화폐자본은 맑스의 구체적인 표현에 의하면, 이러한 사회제도의 털구멍 속에 존재했을 뿐이었다. 이제 유대인이 이러한 사회의 틈새에서 등장하였다. 따라서 농민, 마르크공동체와 농장공동체, 장원제 속에서 일어난 이 시대의 거의 모든 경제적 사건에 유대인은 관여하지 않았다. 그러나 농민이 일단 무엇인가를 구입하려고 할 때, 농민에게 상품을 가져온 것은 유대인 행상이었다. 농민이 가축을 판매하려고 했을 때, 그것을 구입한 것은 유대인이었다. 농민이 화폐를 빌리려고 했을 때, 높은 이자를 붙여 농민에게 화폐를 제공한 것도 유대인이었다. 이와 같이 유대인은 기본적으로 자기수요를 위해 재화를 생산했던 사회에서 상품 유통과 화폐자본 유통의 매개자였다. 농민은 가끔 수확물의 잉여를 판매한 돈으로 다른 재화를 구입할 수 있을 뿐이었다. 이에 반해 유대인은 이윤을 붙여 다시 판매하기 위해 언제나 재화를 구입했다. 농민은 자연경제의 담지자이고, 유대인은 화폐경제를 체현하는 존재였다. 이러한 관계는 자본주의가 대다수의 주민을 상품생산과 화폐경제로 편입하기까지, 모든 곳에서 지속되었다. 동유럽의 농촌에서 오늘날에도 유대인은 여전히 행상, 술집주인, 가축 및 곡물상인, 중개인, 고리대금업자, 수공업자, 즉 자연경제의 사회에서 화폐경제를 대표하고 있다.

 의심의 여지없이 유대인은 과거에 한 민족이었다. 유대인은 적어도 유럽의 많은 민족들과 마찬가지로 자신들의 인종을 순수하게 보전해왔다는 사실과, 조상의 운명이 도태와 자연적 유전을 통해 자손의 특성을 규정하고 유대인을 하나의 자연공동체로 빈틈없이 결합시켰다는 사실은 분명하다. 그러나 피의 공통성뿐만 아니라, 문화재 전승의 공통성에서도 또한 유대인은 밀접한 연대를 갖고 있다. 유대인은 독자적인 언어와 이데올로기, 독자적인 풍속습관을 갖고 있다. 그리고 이것들이 유대인 거주지 주변에 사는 민족들로 하여금 유대인을 외견상 구별하게 만든다. 유대인은 그들의 한가운데 살고 있는 민족들의 경제적, 사회적 그리고 정치적 생활로부터 배제되었기 때문에, 그러한 민족들의 운명에 거의 관여하지 않았다. 즉 유대인은 이러한 민족들과 많이 거래하면서도, 함께 살지 않았던 것이다. 때문에 유대인은 독자적인 운명과 역사를, 따라서 독자적인 문화를 계속 유지하였다. 샤일록(Shylock)은 다음과 같이 말했다.3) "나는 당신들과 사고팔기도 하고, 거래하기도 하지만, 그러나 당신들과 함께 식사하거나 마시거나 기도하지는 않는다." 즉 유대인을 농민과 결부시킨 경제적 교통의 연대는 다른 유대인과의 밀접한 교통공동체보다 훨씬 약한 것이었고, 화폐경제 문화와 자연경제 문화 간 차이는 구매나 판매 그리고 대부의 계약체결에서 상호 접촉이 낳는 균질성보다 훨씬 강한 것이다. 그래서 유대인은 다른 민족의 한가운데서 독자적인 민족으로 남았던 것이다.

그러나 자본주의적 생산양식의 발전과 함께 사회에서 유대인의 지위도 또한 변화했다.4) 우선 일부의 유대인이 산업부르주아계급으로 성장했다. 그들이 축적한 화폐자본과 그들이 상업과 고리대금업에서 일하면서 배양된 자본가적 심리가 그들에게 그러한 능력을 주었다. 중상주의적 정부는 부유한 유대인이 자기의 자본을 산업에 투자하도록 요구했다. 신흥 유대인 대시민층은 이제 과거의 전통적 생활관계를 고집하는 유대인의 생활양식 및 사고양식과 점점 멀어지게 되었다. 그들은 기독교인 계급적 동료와 더욱 밀접한 교통관계를 갖게 되었다. 유대교도의 전통적 이데올로기는 그들에게 더욱 불충분한 것으로 느껴졌고, 그들은 탐욕스럽게 이 시대의 교양과 이데올로기, 즉 계몽

---

3) **Shylock**은 셰익스피어의 희곡 "베니스의 상인"에 나오는 유태인 고리대금업자 (역주)
4) 자본주의적 생산양식의 지배 아래 유대민족의 발전은 결코 순조롭지 못했다. **초기자본주의**는 유대인과 기독교인 사이의 새로운 종류의 대립, 즉 유대인 자본가와 기독교인 자본가 사이의 경쟁, 유대인 상인자본 및 고리대자본과 기독교인 산업자본 사이의 이해대립, 유대인 자본과 기독교인 수공업 사이의 이해대립 등을 낳음으로써, 무엇보다 유대인과 기독교인 민족들 사이의 불화를 확대시켰다. 그러나 우리가 여기서 문제로 하는 것은 **근대자본주의**의 작용에 불과하다. 결과적으로 이러한 현상을 낳은 초기자본주의의 발전은 물론 수세기 동안 지속되었고, 유대민족에게는 고통에 찬 것이었지만, 하나의 **에피소드**에 불과하다. (원주)

사상을 체득했다. 결과적으로 18세기에 유대인 부르주아지는 과거 유대인 문화공동체로부터 이탈하여, 유럽민족들의 문화공동체 속으로 들어가기 시작했다. 그래서 유대인 부르주아지는 자신의 한가운데서 살고 있는 민족들에게 적응하고, 동화되기 시작했다.

이러한 운동은 점차 유대민족의 다른 계급에게도 영향을 미쳤다. 가장 빠르게 이 운동에 영향을 받은 것은 지식인이었다. 그러나 소시민층도 점차 그 뒤를 따랐다. 공업지역과 도시의 유대인상인의 상태는, 자연경제 아래에 있던 농촌의 유일한 화폐경제의 대표자였던 그들의 할아버지의 상태와 아주 달라졌다. 화폐경제가 사회 전체를 지배하게 되자, 기독교인 스스로가 유대인으로 되었다. 도시의 유대인상인은 상품판매사회의 상품판매자로서 기독교인 동료와의 경쟁에 직면해야 했다. 때문에 그는 고객의 필요에 적응해야 했고, 고객의 언어로 말해야 했다. 또 그는 고객의 기호를 만족시켜야 했고, 상품판매자로서 존속하려면 이방인의 방식으로 고객의 기분을 다쳐서는 안 되었다. 이렇게 그는 서서히 유대민족의 전통적 옷차림, 언어, 풍속습관을 버리고, 그의 주변과 더욱 가까워지게 되었다.

이러한 유대인의 주변에 대한 점차적 적응과정은 자본주의적 상품생산이 서서히 모든 주민을 지배하게 된 사실의 결과였다. 일찍이 화폐경제의 유일한 담지자는 유대인이었지만, 이제 화폐경제는 전체 사회에 침투하고 있다. 일찍이 유대인을 유일한 대표자로 만들었던 화폐경제가 유럽의 모든 민족의 경제제도가 된 이래, 유대인은 자신의 문화를 유럽민족들의 문화에 적응시키게 되었다. 즉 "유대인의 현실적 존재가 시민사회에서 보편적으로 실현되고 세속화되었기 때문에"[5], 유대인은 이 시민사회의 보편적 존재에 자기를 적응시키는 존재가 되었다.

이러한 실질적인 적응은 결국 유대인의 법적 해방, 즉 그들과 기독교인의 법적 평등화를 가져왔다. "유대인은, 기독교인이 유대인으로 되는 한에서만, 해방되었다."[6] 그리고 이러한 법적 평등화가 이번에는 유대인 쪽에서 사실

---

[5] Karl Marx, "Zur Judenfrage", *Aus dem literarischen Nachlaß von Karl Marx, Friedrich Engels und Ferdinand Lassalle*, Franz Mehring 편집, 제1권, 430쪽 (원주)

상의 적응을 더욱 촉진했다. 그리하여 유대인도 또한 민족들의 공적, 정치적 생활에 참여하게 되고, 자식들도 공립학교에 다니게 되고 군대의 병역의무를 수행하게 되었다. 이후 유대인의 문화적 적응은 급속히 진행되었다.

그러나 유대인의 문화적 적응의 결정적 순간은 농민이 근대적 농업인, 즉 본격적인 상품생산자가 될 때 비로소 오게 된다. 이제 농민은 모든 곳에서 유대인 상인과 유대인 고리대금업자로부터 해방되었다. 농민과 도시의 교통은 밀접하게 되고, 농민은 도시에서 구매함으로써 자신의 욕구를 만족시키고, 도시에서 자신이 필요한 대부를 조달하게 되었다. 따라서 농민은 더 이상 농촌의 유대인과 행상에 의존할 필요가 없게 되었다. 그때 철도가 이러한 발전을 쉽게 해주었다. 왜냐하면 철도는 농민을 도시에 더욱 가깝게 만들었기 때문이다. 그러나 농촌의 유대인과 가장 효과적으로 싸운 것은 농업조합이었다. 농업조합은 농민을 처음으로 본격적인 상품생산자로 만들었을 뿐 아니라, 농민에게 신용을 제공함과 동시에 그들을 위해 구매와 판매를 수행했기 때문이다. 그래서 유대인은 농촌에서 오래 수행해온 화폐경제의 매개자 역할을 포기하고, 다른 직업으로 전환하지 않을 수 없었다. 수세기 동안 상업에 종사해온 유대인은 도시와 공업지역에서도 처음에는 상업을 운영했다. 그러나 상업은 그 만큼 많은 사람을 고용할 수 없었다. 또 자본주의사회에서는 상업에서도 경영의 집중이 훨씬 이전부터 시작되었고, 하나의 백화점 혹은 소비조합이 수백 명이나 되는 소상인들을 대체했다. 그래서 유대인은 점차 다른 직업으로 취업하지 않을 수 없게 되었다. 따라서 그들은 전국으로 흩어졌고, 모든 생산부문으로 분산되었고, 그리하여 모든 곳에서 주민과 더욱 밀접한 경제적 교통관계를 맺게 되었다. 결과적으로 유대인은 모든 곳에서 주변 주민에게 더욱 문화적으로 적응하게 되었다.

이렇게 유대인은 그들의 한가운데서 살고 있는 민족들에게 동화되기 시작했다. 이 동화과정은 점차적으로 진행될 수밖에 없는 어려운 과정이었다. 예를 들어 중앙유럽에 사는 유대인은 그들의 과거 언어를 벌써 잊어버렸지만, 아직도 계속 "유대 억양으로 말한다." 그리고 그들은 의식적으로 그렇게 하

---

6) 같은 책, 426쪽 (원주)

지 않으려고 해도, 몸에 익힌 언어를 언제나 외국어를 말하듯이, 또 책의 언어와 같이, 즉 그 땅의 방언에 대한 어떤 추억도 없는 것처럼 말한다. 그들은 더 이상 유대인의 전통 옷차림을 하지 않더라도, 여전히 유대인으로 인식될 몸짓을 한다. 그들은 오래전에 과거 유대인의 종교를 버렸지만, 사상내용과 감정내용에 아직 조금 남아 있는 개혁파 유대주의를 버리지 않으려고 한다. 그들은 더 이상 유대민족의 과거 문학과 전통을 알지 못하지만, 이것들의 남은 잔재, 즉 약간의 단어와 풍속습관을 매우 완강하게 유지하고 있다. 그들은 주변 사람들과 교통하지만, 자신들끼리만 결혼하고 자신들의 특성과 공통 귀속성을 강하게 의식하고 있다. 과거 유대인 문화공동체로부터 그들이 분리되는 과정과 다른 민족의 문화공동체로 편입하는 과정은 아직 끝나지 않았고, 여전히 진행 중에 있다. 따라서 민족들은 언제나 유대인을 이방인으로 관찰한다. 오늘날 서유럽과 중앙유럽에서조차 유대인은 민족이 아니라고 주장하는 것은 아마 지나친 말일 것이다. 그러나 유대인은 민족으로 존재하기를 그만두었다고 주장할 수 있을 만한 근거도 확실히 존재한다.

 자본주의가 변혁의 작업을 급속히 수행한 나라에서는 동화의 과정도 급속히 진행되었다. 이러한 과정의 발전에 대한 명백한 표시는 과거 유대인학교의 소멸이다. 뵈멘에서는 유대교 종교공동체 중에 1890년 아직 86개의 사립학교가 유지되었지만, 1900년에는 고작 28개가 남았다. 이들 학교 중 27개는 체코인 학교구역에 있다. 따라서 독일인 학교구역에서 거의 모든 유대인 아이들은 이미 공립학교에 다니는 것이다. 그러나 체코인 지역에서도 유대인은 다수자에게 동화하고 있다. 실제 최근의 인구조사에 의하면, 뵈멘의 유대인 55.2%가 이미 체코인의 일상어에 능통하다고 한다.

 갈리치아와 부코비나에서 타민족 문화공동체에 대한 유대인의 편입은 더 완만하다. 이것은 무엇보다도 우선 거기서는 많은 유대인이 큰 집단을 이루어 살고 있다는 사실 때문이다. 오스트리아의 유대인 1,224,711명 중 갈리치아에 811,183명, 부코비나에 96,150명이 살고 있다. 따라서 동포와의 더 밀접한 교통이 개별 유대인을 결합시키고 있다. 나아가 이것은 갈리치아 유대인의 상당 부분이 하층계급의 주민, 즉 소시민의 하층과 프롤레타리아트 — 부르주아지와 지식인에 비해 새로운 교양요소를 섭취하기 어려운 계급들 — 에 속한다는 사실에 기인한다. 그러나 이러한 완만한 동화의 주요한 원인은 이들 주의 경제적 후진성이다. 여기서는 자본주의적 상품생산의 보급과 농민의 전업농업인으로의 전환이 완만하게 밖에 진행되지 않았다. 그러나 여기서도 마침내 얼마 전부터 농업조합이 유대인 중개상과 고리대금업을 배제하기 시작했다. 그 속도가 일정하지는 않지만, 동화과정이 모든 곳에서 진행되고 있다는 사실, 즉 자본주의와 근대국가가 모든 곳에서 과거 유대인을 파괴하도록 작용하고 있다는 사실은 의심의 여지가 없다. 러시아제국에서는 비록 경제발전의 후진성, 공적 생활의 결여, 그리고 유대인을 제국 전체로 확산시키지 못하고 인위적으로 거주지에 집단으로 밀어 넣는 입법 등이 동화과정을 저지하고 있지만, 위에서 언급한 과정은 러시아제국에서도 타당하다. 모든 명백한 증거로 판단해볼 때, 러시아제국에서도 사회발전은 유대인을 수세기에 걸쳐 강력하게 결합해온 과거의 연대를 점차 해체하고 있다.[7]

우리가 이미 언급했듯이, 동화작용은 다양한 계급에게 불균등하게 영향을 미친다. 모든 곳에서 동화작용에 처음으로, 가장 강력하게 영향을 받은 것은 부르주아지와 지식인이었다. 서유럽과 중앙유럽에서는 소시민, 직원, 노동자가 그 뒤를 이어 영향을 받았다. 이에 비해 동유럽에는 수백만 명이나 되는 동화되지 않은 유대인이 살고 있다. 그들은 대부분 하층에 속하는 인민대중

---

[7] "오늘날 자유를 위해 투쟁하는 사람은 더 이상 유대교에 관해서 아무 것도 알지 못한다. 그들은 유대교를 믿지 않았기 때문에 유대교를 증오하지 않으며, 유대교가 더 이상 그들의 생활 속에 어떤 자리도 차지하지 않기 때문에 유대교에 무관심하다... 내가 아직 청년이었을 때, 게토(Ghetto, 고립된 유대인 거주지역 — 역자) 해방운동의 지도자로 노인이 된 동화주의자 한 사람이 토요일에 담배를 피우는 것은 용감한 행위이고 하나의 체험이었다고 나에게 말한 적이 있다. 그리고 금요일 저녁 교회에서 집으로 돌아가고 있는 곱추인 레프 누킴(Reb Nuchim)을 길에서 만나 불붙인 담배를 건네주는 것은 나의 가장 즐거운 경험이었다. 내 아들은 토요일에 담배를 피워서는 안 된다는 계율을 더 이상 알지 못한다. 그들에게 세계는 그 만큼 단순하게 되었다." 이 기사는 서유럽과 중앙유럽의 동화주의자의 중심지로부터가 아니라, "리투아니아의 예루살렘"이라는 빌나(Wilna)에서 온 것이다. 더욱이 이 기사는 어떤 동화주의자의 신문에서가 아니라, 1906년 8월 10일자 시오니스트파 신문 "벨트 Welt"에서 인용한 것이다. (원주)

이다. 러시아, 폴란드, 리투아니아, 갈리치아, 부코비나, 루마니아 등지의 이러한 유대인 소시민과 노동자가 오늘날 유대민족을 구성하고 있다. 그들은 여전히 유대인의 전통적 언어와 풍습을 유지하고 있다. 우리는 이미 피착취계급과 피지배계급만으로 구성되고, 부자와 지배자가 없는 민족의 유형을 알고 있다. 오늘날 유럽의 유대인이 여전히 한 민족을 형성한다면, 그들은 **역사 없는 민족**의 성격을 띤 존재이다. 그들은 계급사회 속에서 무엇보다 문화적 발전의 담지자가 될 계급들을 갖고 있지 않기 때문에, 그들의 문화는 고갈되고, 그들의 언어는 쇠퇴하고 있다. 그리고 그들은 어떤 민족문학도 갖지 못한다. 그런데 19세기는, 우리가 이미 알고 있듯이, 모든 역사 없는 민족에게 새로운 생명을 주었다. 20세기는 유대민족에게도 새롭고 독립적인 문화발전의 가능성을 줄 것인가?

실제 최근 10년간 동화작용에 반대하고 유대인을 하나의 독립된 역사적 민족으로 만들려는 운동이 등장하고 있다. 사람들은 통상 이러한 유대인 민족운동을 반유대주의에 대한 반작용으로 간주한다. 그리고 실제 반유대주의는 이 운동을 불러일으킨 직접적 계기였을지도 모른다. 확실히 반유대주의가 유대인의 민족운동을 강화하고, 동화유대인에게, 특히 유대인 지식인에게 동유럽의 비동화유대인의 민족운동에 대한 관심과 이해를 자각시킨 것은 사실이다. 그러나 이 운동 전체에는 깊은 사회적 원인이 있다. 이 새로운 운동은 다른 역사 없는 민족을 새로운 문화생활로 자각시킨 것과 동일한 힘들에 의해 추진되고 있다. 처음에는 하층계급의 사회적 자각과 자기의식적 자각을 가져왔을 뿐이지만, 이제 유대인 노동자는 풍요롭고 교양 있는 폴란드인이나 폴란드교양을 몸에 익힌 부유한 유대인과 같은 가치 있는 존재로서 스스로를 느끼게 되었다. 그리고 이 개인적 존엄이라는 의식이 자기 안에서 자각되자마자, 유대인 노동자는 자신의 특성을 과시하고 자신의 언어와 특유한 풍습을 더 이상 부끄럽게 여기지 않게 되었다. 유대인 노동자의 머리 속에서 어떤 변화가 일어났는지, 그리고 게토의 두렵고 굴욕적인 유대인으로부터 어떻게 대혁명의 가장 영웅적인 투쟁가가 생겼는지에 관해서 유럽은 러시아혁명의 발생 이래 놀라움에 차서 바라보고 있다. 그리고 이러한 대중은 더 이상 전통의 틀 내에 머물거나 무기력하게 살지 않는다. 그들은 새로운 문화를 필요로 하고, 새로운 문화를 창조하기 시작했다. 유대인조직이 생기고, 집회에서는 새로운 문화가치가 유대어로 대중에게 전해졌다. 유대어 신문이 생기고, 유럽민족들의 문학이 유대방언으로 번역되기 시작하고, 곧 이어서 새로운 독자적인 유대문학의 맹아가 나타나게 되었다. 더욱이 이 새로운 혁명적 정신은 이제 지식인을 사로잡는다. 지식인도 또한 자신의 힘을 새로운 문화운동을 위해 사용하기 시작한다. 언제나 비동화유대인에 대해 비웃었던 지식인도 이제 유대인 속에서 착취되는 프롤레타리아트와 혁명적 투쟁가를 발견한다. 그들은 유대인의 언어에 정통하려고 노력하고, 방언을 외국어처럼 배운다. 왜냐하면 그들은 방언을 벌써 옛날에 잊어버렸기 때문이다. 그들은 말과 문장으로 유대인 대중에게 적응하고, 유대문학을 창조하기 시작한다. 우리는 체코민족이 역사 없는 존재로부터 어떻게 자각하게 되었는지를 살펴볼 때, 이러한 전체 과정을 이미 한 번 논의했다. 우리는 여기서 다시 한 번 동일한 힘들의 작용과정, 즉 하층계급의 새로운 자기의식에 대한 자각, 상층계급을 사로잡은 혁명적 정신 ― 이 혁명적 정신은 부, 교양, 사회적 명예 등을 가진 모든 사람으로부터 민족적 문화공동체를 빼앗고, 그들이 이민족의 문화공동체에 동화하지 못하도록 막는다 ― 의 침투, 새로운 민족적 정신문화를 위한 "공중"(Publikum)의 탄생, 새로운 민족문학의 탄생과 같은 힘들의 작용과정을 보려는 것이 아니다. 19세기 전반기에 체코민족을 새로운 문화생활로 자각시킨 것과 동일한 힘이 오늘날 러시아, 폴란드, 리투아니아의 비동화유대인에게도 민족문화의 새로운 개화를 불러일으키고, 그리하여 이 동화과정을 끝나게 하지 않을까?

동유럽에서도 중앙유럽과 서유럽의 유대인을 과거의 유대인 문화공동체로부터 끌어내 다른 민족의 문화공동체로 편입시키는 것과 동일한 힘들이 작용하고 있고, 또 더욱 강력하게 작용하게 될 것이라는 사실은 의심의 여지가 없다. 그러나 한편으로 우리는 이제 동유럽의 아직 동화되지 않은 유대인을 역사적 민족의 지위로까지 고양하려는 경향의 작용을 본다. 즉 우리는 대립되는 두 가지 발전경향을 본다. 이 두 가지 발전경향 중 어느 것이 더 강력할까?

  우리가 유대민족의 문화적 발전을 위한 조건을 체코민족을 역사 없는 존재로부터 역사적 존재로 향하게 만든 과정의 사회적 조건과 비교하면, 아마 우리는 이 문제에 가장 쉽게 대답할 수 있을 것이다.

  체코민족이 부흥한 원래의 자리는 체코민족의 밀집된 거주지였다. 체코민족의 대중은 여기서 자신들끼리만 교통하고, 다른 민족과 교통하지 않았다. 여기서 사회적 상층계급으로 성장한 체코인만이 게르만화되었다. 그런데 전체 운동의 원인은 사회적 변혁이 가져온 광범한 대중의 심리적 변화였다. 체코인 소시민, 농민, 노동자와 같은 대중에게 민족의 자각은 민족성의 변화를 의미하는 것이 아니라, 단지 민족성의 존재양태의 변화, 즉 과거의 민족적 문화재를 완만하게 전승하는 대신에 새로운 민족문화에 대한 욕구와 새로운 문화재를 창조하고 향유하는 능력이 나타났음을 의미하는 것이다.

  이에 비해 유대인의 경우는 본질적으로 다른 상황이었다. 유대인은 밀집한 거주지를 갖고 있지 않았다. 확실히 유대인은 러시아와 폴란드의 많은 도시에 커다란 집단을 이루고 거주한다. 그러나 유대인의 대부분은 이민족의 한가운데서 아주 작은 소수자로서 거주할 뿐이다. 그리고 동유럽에서 아직 밀집되어 있는 다수의 유대인을 더욱 분산시키는 경향이 있다는 사실도 분명하다. 앞으로도 여전히 몇 개의 커다란 유대인 도시가 유지되기는 하겠지만, 대부분의 유대인은 이민족의 한가운데서 아주 작은 소수자로서 살아가게 될 것이다. 이러한 유대인은, 우리가 이미 자세히 논의했듯이, 이제 이민족의 주민과 더욱 밀접한 교통관계 속으로 들어간다. 이러한 교통공동체는 더욱 밀접하게 될 것이다. 따라서 유대인은 그들과 함께 거주하고, 함께 일하고, 그들의 언어를 말하고, 그들의 필요에 자신을 더욱 적응하게 될 것이다. 자연경제의 농민사회 한가운데 있던 과거 유대인 상인과 고리대금업자가 자신의 민족적 특성을 계속 유지할 수 있었던 것에 비해, 현대의 유대인 공업가, 상인, 변호사, 의사, 수공업자, 노동자는 많은 기독교인 직업동료나 고객과 더욱 밀접한 교통관계에 들어간다. 그리고 이러한 밀접한 교통은 유대인으로 하여금 자식들에게도 그들과 동일하게 교육하고 동일한 교양요소와 동일한 생활습관을 익히도록 강제한다. 따라서 **밀접한 교통공동체는 필연적으로 문화공동체로 된다**. 이와 같이 유대인의 민족적 발전의 조건은 체코인과 전혀 다르다는 것을 알 수 있다. 즉 체코문화의 자각은 교통공동체의 어떤 변화를 의미하는 것이 아니라, 단지 결여된 문화재의 단순한 전승 대신에 교통 속에서 새로운 문화재를 새롭게 창조하는 교통방식의 변화를 의미했다. 이러한 문화적 발전을 수행할 능력을 유대민족도 분명히 가지고 있다. 예를 들어 만일 교통공동체가 유대인을 서로 더욱 밀접하게 결합시키는 반면 다른 민족과의 교통이 너무 적기 때문에, 유대인이 하나의 민족으로 계속 존재할 수 있다면, 이 민족도 확실히 역사 없는 민족으로부터 역사적 민족으로 발전할 것이다. 그러나 행운인지 불행인지 유대인은 다른 민족과 더욱 밀접한 교통을 하게 되었기 때문에, 스스로의 문화적 특수성을 유지할 수 없다. 그리고 이 문화적 특수성이 전체적으로 유지될 수 없다면, 민족적 문화의 발전도 불가능하게 된다. **유대인이 하나의 민족으로 계속 존재할 수 있다면, 유대인은 역사적 민족으로 될 것이다. 그러나 자본주의사회는 결코 그들을 민족으로서 존재하게 내버려두지 않는다.**

이제 우리는 여기서 유대인이 어떤 **지역**도 갖지 못하기 때문에, 그들이 민족으로 존속할 수 없다는 주장의 올바름을 검증할 수 있다. 만일 밀집한 거주지가 민족의 존속의 전제조건이라고 일반적으로 주장한다면, 그것은 틀린 것이다. 몇 세기에 걸쳐 자신의 지역을 갖지 못한 채 민족으로서 존속해온 유대인의 역사 자체가 그러한 주장을 반박하는 것이다. 그러나 우리는 이제 그것이 어떻게 가능했는지를 알고 있다. 그것은 유대인이 자연경제의 세계 내부에서 화폐경제의 대표자로서 유럽민족들 한가운데서 거주했음에도 불구하고, 그들과 매우 느슨한 교통공동체밖에 가지지 않았기 때문에, 자신의 문화공동체를 유지할 수 있었다는 사실이다. 그러나 자본주의의 발전은 모든 곳에서 과거의 자연경제를 파괴하고, 자본주의적 상품생산의 보급을 통해 화폐경제를 사회의 보편적 제도로 만들었다. 결과적으로 맑스가 말했듯이, 기독교인 자신을 유대인으로 만들고, 유대인을 기독교인으로 만들었다. 지역 그 자체는 거주지의 공통성이 아직 교통공동체를 의미하지 않는 한, 민족적 존재의 조건이 아니다. 그러나 유대인과 기독교인이 더 이상 서로 다른 경제제도를 체현하는 것이 아니라, 양자가 동일한 경제제도의 각각의 부분으로서, 바로 자본주의적 생산양식의 각각의 부분으로서 활동해야 하는 순간에는, 거주지의 공통성이 밀접한 교통공동체를 형성하기 때문에, 이러한 공동체 내부에서는 자신의 문화적 특수성을 장기간 유지할 수 없다.

이제 우리에게 다음과 같이 이의를 제기할 것이다. 즉 다른 민족도 이민족의 거주지에서 소수자로서 자신을 유지할 수 있고, 바로 그렇기 때문에 실제 우리는 이러한 소수자를 보호하기 위한 법적 조건을 요구해왔다. 사실 독일어 지역에 있는 체코인 소수자는 소멸하지 않고 나날이 증가하고 있다. 그리고 이러한 소수자가 자민족의 문화적 발전에 적지 않게 기여하고 있음도 분명하다. 그러나 이 경우에도 명확한 구별이 필요하다. 이러한 민족적 소수자는 자민족의 밀집한 거주지로부터 이주해온 사람들을 부가하지 않는 한, 실제로 점차 소멸하고 있다. 이것은 민족자치가 소수자에게 민족학교와 법적 도움을 보장하더라도 일어난다. 다수자와의 밀접한 교통이 이들 민족적 소수자를 점차 소멸시키기 때문이다. 이것은 자신의 특수성을 완고하게 유지하는 농민 소수자에게도 해당된다. 뵈멘의 체코인 지역에 거주하는 독일인 농업식민자는, 예를 들어 미이스(Mies) 지역의 과거 체코인 거주지의 마지막 잔재와 마찬가지로, 점차 소멸하고 있다. 이것은 물론 도시의 시민적 소수자와 프롤레타리아 소수자의 경우에는 더욱 많이 해당된다. 독일인 지역에서 체코인 소수자가 존속하고 있을 뿐 아니라 게다가 증가하고 있다면, 이것은 그들이 끊임없이 체코인 지역으로부터 이주자를 받아들여 다수자민족에게 빼앗긴 자민족동포를 보충하고 있기 때문이다. 체코인 이주자는 무엇보다 독일인 지역으로 고향의 체코문화를 가지고 왔다. 그래서 이 지역의 체코인 속에서 공적 생활과 민족의 문화적 발전에 대한 이해관심이 자각되었다. 결과적으로 이 지역의 체코인은 밀접한 문화적 교통을 통해 전체 체코민족과 결합하게 되었다. 그들은 독일인 지역으로 오면, 자신들에게 유리한 이러한 교통을 더욱 발전시킬 필요를 느낀다. 따라서 그들은 체코어 신문과 체코어 책을 읽고 체코인의 단체를 결성한다. 자본주의의 발전이 진행될수록 그 만큼 더 체코인 소수자를 게르만화하는 것이 어렵게 된다는 사실, 즉 광범한 대중이 민족문화에 더 많이 참여할수록 그들을 민족 전체와 결합시키는 정신적 교통의 연대도 그 만큼 더 긴밀해지고, 그들이 다수자의 매력에 저항하는 힘도 그만큼 더 강력해진다는 사실은, 바로 그러한 것에 기초하는 것이다. 따라서 독일인 지역에서 체코인 소수자의 민족적 완강함은, 노동자와 소시민이 독일어 지역으로 이주한 밀집된 체코인 지역의 내적인 문화적 발전에 뿌리를 두고 있다. **그들이 이민족의 땅에서 여전히 민족적으로 존속하는 것은 고향의 민족적 발전 덕분이다.** 이들 이주자의 일부는 몇 년 후에 다시 체코의 고향으로 돌아간다. 그들이 독일인 문화공동체에 익숙하기에는 시간이 아주 짧다. 민족적 소수자를 계속 유지할 수 있는 것은 밀집한 체코인 지역에 대한 직접적 관계, 즉 상호 이주의 가능성 때문이다. 왜냐하면 수백 명이나 되는 체코인이 매년 독일어 지역으로부터 귀향하지만, 그들은 동시에 수백 명의 새로운 이주자를 통해 대체되고, 후자도 다시 몇 년 후에 마찬가지로 새로이 이주해오는 민족동포와 자리를 바꾸기 때문이다. 그러나 체코인 이주자가 독일인 지역에 오래 머문다면, 그것은 이미 존재하고 있는 민족적 소수자의 저항력을 강화한다. 새로운 이주자는 언제나 도시에 먼저 살고 있는 자민족의 동포와 교통하려고 하기 때문에, 이미 살고 있는 체코인은 계속 그들과 교제할 수밖에 없다. 따라서 이미 살고 있는 민족적 소수자를 민족동포와 결합하는 연대는 강화되고, 다수자의 매력에 대한 저항력도 높아진다. 그럼에도 불구하고 경제적 교통은 이 민족적 소수자로부터 계속 사람들을 빼앗는다. 그러나 민족적 소수자의 숫자는 변하지 않고 그대로 유지된다. 그것은 체코인 거주지역으로부터 유입이 결코 그치지 않기 때문이다. 농업지역으로부터 공업지역으로 이주하는 과정이 계속 진행되고, 모든 호경기가 이 과정을 강화하기 때문에, 이 과정은 완전히 그치지 않는다. 바로 이것이 체코인 소수자의 저항력의 비밀이다.

유대인에게도 동일한 과정을 많이 관찰할 수 있다. 유대인의 경우도 동유럽, 특히 작은 지역 출신의 비동화유대인은, 대부분 이미 동화과정에 있는 유대인 지구로 많이 이주해간다. 이들을 통해 동화과정은 확실히 방해를 받는다. 동화되지 않은 민족동포와 교통함으로써, 서유럽의 유대인도 또한 유럽의 민족들에 대한 문화적 적응이 낮은 수준에 머물게 된다. 그럼에도 불구하고 동화과정은 그것을 통해 지연될 뿐이지, 저지되지는 않는다. 유대인을 다수자 주민과 교통하도록 강제하는 힘, 따라서 문화적으로 적응하도록 강제하는 힘은 방해하는 힘보다 훨씬 강하다. 그렇지만 이러한 방해가 없다면, 전체 운동의 속도는 더욱 가속화될 것은 분명하다. 이러한 사실은 오늘날 서유럽과 중앙유럽의 유대인에게 이미 전반적으로 타당하다. 동유럽 유대인과의 문화적 차이 때문에, 서유럽과 중앙유럽의 유대인은 동화가 지연된다는 두려움을 갖고 자신들의 나라로 이주해오는 동유럽의 유대인과 어떤 교제도 하려고 하지 않는다. 따라서 그러한 태도 때문에 대규모적인 유대인 지구에는 계속 새롭게 동화되지 않은 소수자가 생긴다. 그리고 그들의 적응은, 동유럽으로부터 계속 인구가 유입되기 때문에 지연된다. 그러나 자본주의가 동유럽의 경제적 관계를 변혁하고, 러시아혁명이 러시아 유대인에게 이주의 자유를 주고, 민주주의가 동유럽의 유대인을 그들 한가운데서 살고 있는 다른 민족들의 공적 생활과 더욱 하나로 만들고 있다는 사실을 예상한다면, 동유럽에서도 동화과정은 시작될 것이고, 서구의 동화되지 않은 소수자에게 계속 새로운 활력을 제공했던 원천도 고갈될 것이다.

독일인 지역의 체코인 소수자는 밀집해 있는 체코인 언어지역과 직접적인 인적 교통과 정신적 교통관계로부터 그들의 힘을 창출한다. 유대인에게는 이러한 힘의 원천이 없다. 그러므로 유대인은 어떤 고유한 거주지도 없기 때문에, 민족성을 유지할 수 없다는 주장은 확실히 올바르다. 그러나 이것은 고유한 지역의 유지가 모든 곳에서 민족유지의 전제조건이 된다는 사실을 의미하지 않는다. 거주지는 민족이라는 존재에게 단지 교통공동체의 조건으로서만 문제가 될 뿐이다. 유대인과 아리아인이 서로 다른 경제제도를 각각 체현하고 있는 한, 거주지의 공통성에도 불구하고, 그것만으로는 양자 사이에 소수자가 다수자에게 문화적으로 적응할 수밖에 없는 어떤 밀접한 교통공동체도 만들 수 없다. 이에 비해 양자가 **하나의** 경제제도의 법칙 아래 놓이게 되면, 공통의 거주지는 양자의 교통의 고리가 된다. 그리고 한 국가의 유대인과 기독교인은 다른 지역의 유대인보다도 더 견고하게 결합하게 된다.

이러한 유대인의 동화작용과 역사 없는 민족의 자각은 자본주의적 상품생산을 통한 구 사회의 변혁이라는 동일한 원인을 가진다. 역사 없는 민족을 새로운 문화생활로 이끈 운동은 유대인에게도 시작되었다. 즉 여기서도 과거의 화석화된 문화를 타성적으로 전승하고 있는 한 민족에게 새로운 생명을 주는 동시에, 이 민족에게 새롭고 생생하게 전진하는 문화를 주었다. 그러나 이 운동은 유대민족의 민족문화를 유지할 수 없게 만든다. 그럼에도 불구하고 이 문화가 유지되는 한, 그것은 이 문화의 본질만을 변화시킬 뿐이다. 그러나 유대민족의 민족문화의 본질을 변화시킨 것과 동일한 역사적 변혁은 유대인을 주변으로부터 분리한 벽을 제거하고, 유대인을 아리아인 주민대중과 더욱 밀접한 경제적 교통관계로 편입시킬 뿐 아니라, 최종적으로는 유대인을 다른 민족으로 편입시킬 것이다. 그래서 자본주의와 근대국가의 발전과 함께 동유럽의 유대인도 독자적인 한 민족이기를 그만둘 것이다. 그리고 그들도 서구의 유대인이 훨씬 이전에 그러했듯이, 다른 민족들에게 융합하게 될 것이다. 이러한 전체 운동은 동유럽의 슬라브 민족들의 독자적인 발전을 통해 촉진될 것이다. 슬라브 민족들이 문화 없는 역사적 민족인 한, 유대인 소수자를 흡수할 수 없을 것이다. 그러나 루테니아인이 새롭고 생생하게 전진하는 문화생활을 자각한다면, 그들은 체코인이 오늘날 이미 뵈멘과 메렌의 유대인에게 발휘하기 시작한 것과 같은 강력한 흡인력을 동부 갈리치아의 유대인에게 발휘할 수 있을 것이다.

물론 이 운동의 속도를 과대평가해서는 안 된다. 러시아제국에는 아직 동화작용을 촉진하기 위한 경제적, 법률적 전제조건이 결여되어 있다. 따라서 러시아제국의 유대인 주민은 이 운동에 의해 아주 서서히 영향을 받을 것이다. 거기서 새로운 유대인 문화운동은 아직 수십 년이나 남은 넓은 활동의 여지를 가질 것이다. 또한 거기서는 아직 많은 시간 동안 "분트"(Bund)가 유대인 노동자를 조직하고, 그들의 생활에 새로운 내용을 줄 것이다.8) 거기서

---

8) 분트(Bund)는 1897년 창립된 러시아, 폴란드, 리투아니아의 유대인 노동자들의 연합체였다. 분트는 1898년 러시아 사회민주노동자당의 창설에 참가했으나, 당의 민족 조

는 유대어 신문과 새로운 유대문학이 아직 많은 진보를 즐길 것이다. 그러나 러시아가 경제적, 정치적으로 서유럽과 중앙유럽의 여러 나라들에 접근하게 될수록, 자립적인 러시아의 유대문화의 독자적 발전을 가능하게 했던 조건도 그 만큼 더 빨리 붕괴하게 될 것이다. 동유럽 유대문화의 부흥은 **과도기적**으로만 가능할 뿐이다. 이러한 상황은 사회발전이 이미 유대민족의 하층대중을 문화적 잠에서 깨워 그들을 새로운 문화생활로 이끌었음에도 불구하고, 여전히 유대인을 다른 민족의 교통공동체와 문화공동체에 편입시키지 못한 발전단계에 상응하는 것이다. 과거의 유대주의, 즉 자연경제를 영위한 농민들 속에서 화폐경제를 운영한 유대인 특유의 문화는 거기서도 이미 사멸하고 있다. 그러나 모든 민족을 화폐경제의 세계로 집어넣고, 모든 기독교인을 유대인으로 만들고 따라서 유대인을 기독교인으로 만든 새로운 사회는 아직 존재하지 않는다. 이러한 순간적 상황에서 동유럽 유대인의 새로운 민족문화가 발생하였다. 그러나 자본주의는 동유럽에서도 이제까지 도달한 단계에 그치지 않을 것이고, 또 동유럽 농민의 자식들은 노동자로 될 것이고, 동유럽 농민도 본격적인 농업인으로 될 것이다. 그래서 동유럽 유대인도 결국 동유럽의 민족들에게 동화될 것이다. 유대인의 최근 민족감정은 아마 여기저기서 동화작용을 심리적으로 어렵게 만들 것이다. 그러나 경제적 교통의 필연성은 감상적인 모든 소망보다 훨씬 강하다. 그러므로 역사적으로 보면, 동유럽 유대인의 새로운 문화생활에 대한 자작은 결국 동화의 전조에 불과하다.

이러한 발전경향을 확인한 후에, 이제 우리는 비로소 유대민족의 민족자치문제에 대한 입장을 결정할 수 있다. 이때 우리는 여기서 고찰하는 것이 국가 내부의 자치문제일 뿐이지, 예를 들어 당내 자치와 같은 문제는 아니라는 사실을 다시 한 번 확인해두고자 한다. 또 우리는 오스트리아에서 유대인의 민족자치를 요구해야 하는지의 문제에만 논의를 한정하고자 한다. 우리는

직에 대한 불일치 때문에 제2차당대회 때 당을 떠났다. 분트는 1906년 재통합되었고, 볼세비키보다 멘세비키 쪽에 경도되었다. 결국 분트는 러시아와 우크라이나의 공산당에 흡수되었다. 유대인이 중요한 소수파를 구성한 폴란드에서만 분트는 양차대전 사이동안 계속 영향력을 행사했다. 분트는 모순적이지만 바우어와 레너가 지지한 민족적-문화적 자치의 원리를 옹호하였다. (역주)

러시아제국의 문제를 갈리치아와 부코비나의 문제처럼 동일한 방식으로 대답할 수 있는지 결정할 수 없을 것이다.

먼저 유대인 노동자는 스스로 자민족을 위해 민족자치를 요구해야 하는가? 오래전에 동화되었거나 이미 동화과정의 흐름 속에 있는 서부 오스트리아의 유대인은 주변 민족들과의 문화공동체를 버릴 수 없음은 자명하다. 그들에게 유대어는 이미 오래전에 이방인의 언어가 되었고, 동유럽 유대인의 풍속습관도 더 이상 그들이 관여하지 않는 다른 문화가 되었다. 따라서 민족자치의 문제는 일반적으로 갈리치아와 부코비나의 비동화유대인, 또한 기껏해야 메렌과 동부 슐레지엔의 유대인 소수자에게만 존재할 뿐이다. 이 문제에 답하고자 한다면, 우리는 모든 민족의 자결에 대한 자연적 권리와 같이 듣기에는 좋지만 내용 없는 어법으로부터 출발해서는 안 되고, 오히려 민족자치의 과제에 관해서 물어야 하며, 유대인 노동자가 민족적 자치행정을 필요로 하는지를 검토해야 한다.

민족적 소수자의 공법적 조직은 본래 두 과제를 갖고 있다. 하나는 민족적 소수자의 학교제도를 건설하고 운영하는 것이다. 다른 하나는 관청과 재판소의 언어에 능숙하지 못한 민족동포에게 법적 도움을 주는 것이다. 이제 언어문제는 유대인에게 존재하지 않는다. 왜냐하면 유대인은 다른 민족의 한가운데서 살고 있고, 그들과 더욱 밀접한 경제적 교통관계를 맺고 있기에, 다행이든 불행이든 다수자의 언어에 능통해야 하기 때문이다. 예를 들면 작업장에서 폴란드인과 함께 일하고 폴란드인과 거래하는 유래인은, 관청과 재판소에서도 폴란드어로 자신의 권리를 주장할 수 있다. 그래서 민족의 자치조직에는 민족학교를 위해 노력한다는 단 하나의 중요한 과제만이 남아있을 뿐이다. 즉 유대인의 민족자치의 문제는 본질적으로 학교문제일 뿐이다. 오늘날 갈리치아의 유대인 자식들도 이미 공립학교에 다닌다. 학교에서 유대인 아이들은 다른 민족의 아이들과 함께 그 나라의 언어를 배운다. 학교는 오늘날 물론 동화를 위한 특별히 유효한 수단이다. 따라서 갈리치아의 비동화유대인을 위해 민족자치를 요구하는 사람은, 실제 유대인 아이들을 공립학교에 보내지 않고 초등학교부터 대학까지 독자적인 유대인 학교제도를 새로 건설해야 하는가의 문제에 대답해야 한다.

　우리는 이 문제에 대하여 다음과 같이 생각한다. 즉 갈리치아와 부코비나의 유대인 노동자는 자신의 이익을 인식하게 되면, 분리된 유대인 학교를 요구할 수 없을 것이다. 우선 유대인 아이들을 격리하는 것은 유대인 노동자의 경제적 이익과 대립된다. 근대적 노동자는 **이주의 자유**를 필요로 한다. 그러나 이주의 자유를 누구보다도 필요로 하는 것은 바로 유대인 노동자이다. 대부분의 유대인 프롤레타리아트는 근대적 상품생산의 발전에 따라 이제까지 수세기에 걸쳐 유대인이 종사해온 직업부문에서 생활할 수 없게 된 유대인(혹은 그들의 자손)으로 구성되어 있다. 이러한 유대인은 농촌과 소도시에서 추방되자마자, 처음에는 몇몇 도시와 생산부문에서 생계를 추구했다. 이후의 변화된 발전에 의해 그들은 생계를 추구하기 위해 국내로 분산되거나 국외로 나갈 수밖에 없게 되었다. 결국 그들은 매우 다양한 생산부문으로 퍼졌을 것이다. 그렇기 때문에 유대인 노동자는, 앞서 생계를 추구하기 위해 이주한 다른 민족들의 문화에 적응해야 한다. 갈리치아의 유대인 노동자는 지금도 아직 어디서든 근대적인 공업노동자가 아니라, 거의 모든 곳에서 유대인 소상인, 유대인 수공업자, 유대인 고리대금업자라는 그들 출신의 껍질을 쓰고 있다. 그는 경제적인 위치를 갖지만, 아직 과거 자연경제시대의 유대인의 문화적 유형과 심리를 완전히 벗어버리지 않고 있다. 따라서 유대인 노동자의 가장 중요한 과제는 그들 자신의 교육이다. 즉 유대인 프롤레타리아트로부터 진정한 근대적 노동자로 되어야 한다. 유대인이 이러한 존재로 되면, 넓은 지역과 다양한 생산부문으로 진출하는 것을 어렵게 만들었던 장애물이 제거된다. 그러한 장애물은 예를 들어 유대인에 특유한 언어만이 아니라, 그들의 존재 전체이다. 많은 기업에서 오늘날 여전히 기독교인 노동자는 유대인 작업 동료를 받아들이지 않는다. 이러한 기독교인 노동자의 혐오감은 예를 들어 정치적 반유대주의로부터 생긴 것이 아니라, 동화되지 않은 유대인의 이상한 태도에 대한 소박하고 본능적인 반발로부터 생긴 것이다. 유대인이 모든 생산부문에서 일자리를 발견하기 위해서는, 다른 민족의 근대적 노동자와 문화적으로 유사해져야 한다. 유대인의 억양, 몸짓, 의복, 풍속이 기독교인인 계급동료, 작업반장, 기업가의 감정을 해치는 한, 농민과 유대인 상인이라는 과거의 경제적 대립은, 이제 기독교인 농민의 자손이 유대인 상인의 자손과 마찬가지로 노동자로 되고 있음에도 불구하고, 본능적 혐오감 혹은 미적 불쾌감이라는 형태를 띠고 양쪽의 자손들에게 계승될 것이다. 유대인 프롤레타리아트가 지역적, 경제적으로 분산될 수 없다면, 과거 유대인 상업과 영업이 소멸함에 따라 그 수가 빨리 증가하고 있는 유대인 노동자는 소수의 지역 및 영업과 같이 제한된 노동시장에 한정돼서 계속 머물 것이다. 유대인 노동자가 문화적으로 주변에 적응할 때, 비로소 그들은 실제로 이주의 자유를 획득하게 된다. 그때 비로소 그들은 자본주의적 힘들의 맹목적 지배가 증가된 노동기회를 창출하는 모든 곳, 모든 영업으로 진출할 수 있게 될 것이다. 또한 그때 비로소 유대인에게 특유한 궁핍은 사라지게 되고, 이후에 남는 궁핍은 프롤레타리아트에게 공통된 궁핍일 뿐이다. 그리하여 유대인 노동자는 아리아인 동료와 어깨를 건 공동의 투쟁 속에서 공통의 궁핍에 대하여 싸우고 극복하게 될 것이다.

그러나 유대인은 이러한 투쟁능력을 가지게 됨에 따라, 자신의 풍습을 기독교인 노동자의 풍습과 유사하게 만들어야 한다. 유대인의 자식들만이 유대어로 수업하는 독자적인 학교에 다니는 상황을 생각해보자. 어떤 정신이 이 학교를 지배할 것인가? 확실히 새로운 유대문화는 생성과정에 있다. 따라서 유대민족에게 이 새롭게 생성되고 있는 문화를 발전시키기 위한 시간이 남아있다면, 새로운 유대문화는 더욱 발전할 것이다. 그러나 이 새로운 문화는 지금 바로 생성과정에 있을 뿐이고, 아직 확립되지 않았다. 이에 비해 유대민족은 그것과 별개의 문화를 갖고 있다. 그것은 역사 없는 민족의 문화, 즉 유럽민족들의 풍습 밖에 있고, 전 세계에서 오래전에 사멸한 사상, 소망, 풍습을 대대로 계승해온 사람들의 문화이다. 오래되고 화석화된 문화가 수십 년에 걸쳐 유대인 학생의 성격에 영향을 주는 반면, 새롭게 이제 생긴 유대문화, 즉 유대교인 속에서 아주 천천히 힘을 얻고 있을 뿐인 새로운 문화는 — 이 새로운 문화를 우리에게 말해 주는 것은 혁명적인 젊은 유대문학이다 — 유대인 학생의 성격에 영향을 줄 수 없을 것이다. 그래서 유대인 노동자의 아이들은 아주 오래된 시대의 정신에 인위적으로 결박당하게 될 것이다. 그러한 과거 문화의 교육은 근대적 노동자로서 일자리를 구하고 계급투쟁을 수행해야 할 그들에게 중세의 세계상을 전달하고, 사멸한 경제제도의 심리를 그들의 가슴 속에 이식시켜, 자연경제를 영위한 농민 한가운데서 살았던 유대인 술집주인의 생활습관을 그들에게 유지시키게 될 것이다. 확실히 생활은 학교보다 훨씬 강하게 작용한다. 따라서 이 아이들 중에서도 계급투쟁에서 용감하게 행동할 힘 있는 사람들이 생길 가능성은 충분히 있다. 그러나 유대인 노동자는 나중에 생활을 다시 바꾸거나 부정하게 될 정신 상태로 아이들을 교육하는 학교를 원할 것인가? 유대인 학교는 우선 유대인의 이주의 자유를 제한하고, 그들의 빈곤을 크게 증대시키는 과거 문화적인 특별한 방식을 인위적으로 유지하는 것을 의미한다. 그것은 또한 과거 이데올로기의 강화와, 무엇보다 먼저 극복해야 할 그들의 사회적 심리의 강화를 의미한다.

우리가 특별한 유대인 학교를 희망한다면, 유대인의 민족자치는 어떤 의미도 갖지 못한다. 민족자치는, 사람들이 아주 공허하게 말하듯이, 민족적 존재의 법적 형태가 아니라 일정한 목적을 위한 수단에 불과하다. 유대인 아이들이 폴란드인의 학교, 독일인의 학교 혹은 루테니아인의 학교에 다닌다면, 민족자치가 어떤 과제를 수행해야 할 것인지, 나는 알 수 없다. 민족자치는 유대인 노동자의 요구일 수 없다. 독일인 노동자는 체코인 프롤레타리아에게 바라는 것과 동일한 것을 유대인의 계급적 동료에게도 바란다. 높은 임금, 자랑스러운 자기의식, 국제주의적 계급투쟁 능력 등이다. 이 목적을 달성하기 위해서 독일인 노동자는 독일인 거주지역에서도 체코인 노동자에게 민족자치를 주어야 한다. 그러나 동일한 목적을 달성하기 위해 독일인 노동자는 유대인 노동자에게 민족자치를 주어서는 안 된다. 체코인 노동자로 하여금 계급투쟁을 수행할 수 있도록 만들고 그들을 계급투쟁에 참여시키기 위해 필요한 동일한 법적 제도가, 유대인 프롤레타리아트에게는 빈곤을 증대시키고 과거 유대인 상인의 심리를 유지시키고, 또한 그들이 근대공업으로 이행하고 근대적 계급투쟁을 수행하는 것을 어렵게 만들 것이다. 모든 민족에게 동일한 법적 제도를 창출하는 것이 문제인 것이 아니라, 모든 민족의 노동자를 문화적으로 높이고, 그들 모두를 투쟁하는 프롤레타리아트의 위대한 국제주의적 대열로 편입시키는 것이 문제이다. 독일인 노동자는 체코인 노동자를 위해 민족자치를 요구한다. 그러나 동일한 독일인 노동자는 유대인 노동자를 위해서는 민족자치를 거부한다. 이것은 자본주의적 생산양식이 체코인을 역사적 민족의 대열에까지 끌어올린 것에 비해, 동일한 자본주의적 생산양식이 민족으로서의 유대인을 지양하고 그들을 유럽민족들의 문화공동체로 편입시키고 있다는 사실에 상응하는 것이다.

민족주의적 가치평가의 방법에 사로잡힌 사람은 모든 곳에서 보수적 민족정책을 지지한다. 민족적 특성의 유지를 자신의 정치적 희망의 최종 목표로 삼고 있는 사람은 위에서 논의한 견해에 대해 아쉬워할지도 모른다. 그러한 아쉬움은 다른 경우보다 잘 이해할 수 있다. 왜냐하면 진화론적 민족정책은 다른 곳에서는 민족문화의 변화만을 요구하는 데 반해, 유대인에 대해서는 그들의 문화적 특성을 포기하도록 요구하기 때문이다. 그러나 유럽의 모든 대민족의 역사 속에서 계속 살아남은 동화유대인의 수많은 이름은 우리를 감동시킨다. 유대민족의 운명은 두 가지 방식으로 유대인을 민족으로 결합시킨다. 우선 자연적 유전을 통해서이고, 다음으로 문화재의 전승을 통해서이다. 유대인 문화공동체가 소멸하더라도, 유대인의 자연공동체, 즉 인종은 유지된다. 동화유대인은 자신의 교양 덕분에 자신이 수용한 민족문화의 자식이다. 그러나 자연적 소질에서 유대민족의 운명이라는 힘이 계속 작용한다. 이 운명이란 자연도태를 통해 그들의 조상에게 깊이 각인된 육체적 유형과 특유한 정신적 소질을 길러온 것이다. 스피노자, 리카도, 디즈레일리, 맑스, 라살, 하이네, 그리고 유럽민족들의 경제, 정치, 과학, 예술의 역사에서 제외할 수 없는 수많은 이름이 증명하는 것은, 유대적인 자연적 재능과 유럽의 문화적 전통이 서로 자극을 주는 모든 곳에서 가장 빛나는 업적을 유대인들이 이루었다는 사실이다. 기독교 민족들은 고리대에 대한 농민의 증오를 가지고 비동화유대인을 증오한다. 이에 반해 이러한 다수의 동화유대인은 무엇보다 역사의 추진력을 최초로 머리 속에서 개별적 행위로 응결시킴으로써, 수백 년이나 미칠 모든 민족의 운명을 공동 결정할 위인의 한 사람으로서, 기독교

민족들의 기억 속에서 살아 있을 것이다.

그런데 일단 유럽민족들의 문화공동체로 편입된 유대인은 자신의 자연공동체만을 유지할 수 있을 것인가? 이교도 간의 결혼은 서서히 유대인의 피와 이민족의 피를 혼합할 것인가? 그리고 이러한 혼혈은 어떤 작용을 가져올 것인가?

우리는 이제 우리 시대의 과학으로는 대답할 수 없는 문제 앞에 서 있다. 약간의 불확실한 개별적 관찰로부터 매우 대담한 결론체계를 이끌어 내는 서툰 사이비학문만이 이러한 수수께끼의 해결을 자랑할 수 있을 뿐이다. 동화유대인도 인종의 본능에 이끌려 서로 접근하는 경우가 자주 관찰되기 때문에, 유대인종은 모든 문화적 동화에도 불구하고, 순수하게 유지될 것이라는 견해가 이제까지 주장되었다. 그러나 약간의 개별적 사례에 대한 관찰로 이러한 주장을 증명하기에는 불충분하다. 그것이 매우 불충분한 이유는 동화과정이 많은 나라에서 진행 중이고, 어디서든 아직 완결되지 않았기 때문이다. 우리는 유대인과 아리아인의 혼혈이 더 재능 있는 인종을 생산할 것인지 아니면 열등한 인종을 생산할 것인지에 관해서 아직 알지 못한다. 역사에는 인종의 혼혈이 유리한 작용을 미친 사례와 불리한 작용을 미친 사례가 무수히 많다. 개별적 사례의 뒤에 숨어 있는 법칙을 우리는 아직 알지 못한다. 그래서 우리는 인종의 혼혈의 작용에 관해서 아무 것도 미리 말할 수 없다. 여기서는 경험이 결정적이다. 그리고 여기서도 약간의 우연적인 개별적 관찰로는 충분하지 않다. 이와 같이 오늘날의 과학은, 유대인이 다른 민족의 문화공동체만이 아니라 자연공동체에도 매몰되는 것이 다음 세대에게 과연 유리할지 혹은 불리할지를 결정할 수 없다. 이 결정은 인간의 남성과 여성을 결합시켜 우리의 시대에 이르기까지 인류를 이끌어왔고, 앞으로도 이끌어갈 비밀스런 힘의 결정, 즉 성적 도태에 맡겨야 한다. 젊은 남성의 사랑의 추구와 젊은 여성의 사랑의 선택이 이 모든 유대인 문제를 최종적으로 결정할 것이다.

제5부

오스트리아에서 민족투쟁의 발전경향

제24장 민족자치를 향한 오스트리아의 내적 발전

이제까지 우리는 노동자계급이 어떤 형태의 민족자치를 요구해야 하는지를 고찰했다. 이제 우리는 이러한 요구가 우리 사회제도의 내부에서 유토피아로 머물 것인지, 아니면 오스트리아 민족들의 발전과 민족투쟁이 민족관계의 중앙집권적-원자론적 조정을 유기적 조정을 통해 대체될 것인지의 문제를 다루고자 한다. 이때 우리는 우선 "제국의회에서 대표되는 왕국들과 주들"인[1] 오스트리아의 내적 발전경향을 연구한다. 따라서 우리는 먼저 오스트리아의 민족들이 현재 공생하고 있는 국가적 연합체(staatliche Verbände) 속에서 살고 있음을 전제하고, 민족들이 이 연합체 내부에서 서로에 대한 관계와 국가에 대한 관계를 어떻게 조정하게 될 지 검토하고자 한다. 이 국가적 연합체가 존속하게 될 것인지, 오스트리아의 민족들을 다른 국가형태로 이끌 세력이 있는지의 문제가 특별히 연구될 것이다.

바데니(Badeni)와 **쾨르버**(Koerber) 내각 하에서 입법기관이 완전히 정지한 상태의 오스트리아 민족투쟁의 역사에 관해서는 이미 서술했다.[2] 우리가 알고 있듯이, 국가 내 권력을 둘러싼 민족들의 투쟁은 관료층의 의사방해를 통해 무제한적인 지배를 관료층의 수중으로 넘겨버림으로써 모든 민족들이 완전한 무력하다는 사실과, 또한 관료적 행정이 입법의 정지를 통해 방해함으로써 국가가 무력하다는 사실로 끝나버렸다.

---

1) 1867년 헝가리와의 타협(Ausgleich)으로 귀결된 이중국가체제의 오스트리아 부분은 공식적으로 "제국의회에서 대표되는 왕국들과 주들"이라고 불렸고, 합스부르크가 군주가 왕의 지위를 가지는 헝가리 부분은 "성 스테판(Saint Stephen)의 신성한 왕관 아래에 있는 주들"이라고 불렸다. (역주)
2) 본서 제19장 <국가와 민족투쟁> 참고. (역주)

가우치(Gautsch) 내각 하에서 이러한 모습은 당연한 것이지만, **선거개혁**을 통해 갑자기 변화되었다.3) 거대한 개혁사상의 중압은 법정언어와 대항계급을 둘러싼 끊임없는 싸움을 한순간 침묵시켰다. 그리고 평등선거권에 의해 구성된 새로운 의회에서 민족들은 몇 달 동안 평화적으로 협력하는 것처럼 보였다. 그러나 아무리 신중한 사람도 이러한 평화의 지속을 기대하지 않았다. 독일인은 내부관청어로서 체코어와 브륀의 체코인 대학을 찬성할 것인가? 체코인은 이 요구를 포기할 수 있을까? 언어의 경계선상에서 이루어진 체육제마다 민족적 분노가 새롭게 불붙기 시작하고, 어렵게 달성한 민족적 평화가 갑자기 끝나버리지 않을까? 민족적 구호가 선거투쟁에서 사라질 것인가? 특히 이제 평등선거권을 통해 강화된 노동자계급에 대한 투쟁에서 부르주아 정당들의 가장 효과적인 무기가 된 민족적 구호가 선거투쟁으로부터 사라질 것인가? 더욱이 민족적 증오의 본래 담지자인 소시민 대중도 모든 선거구를 장악하지 않을까? 민족적 권력투쟁의 사상은 오래전부터 농민조차, 노동자의 일부조차 가지고 있는 것이 아닐까? 민족투쟁을 강력한 역사적 변혁의 필연적 동반현상으로 간주하는 사람은, 기적이 갑자기 권력투쟁 속에 있는 민족으로 하여금 신중하고 냉정하도록 만들고 화해하고 동맹할 수 있도록 만들 것이라고 믿지 않을 것이다. 몇 달 동안의 평화는 현행 제도와 행정 아래서도 가능하다. 그러나 이것이 지속된다면, 국가는 잠시 후에 다시 바데니와 쾨르버 아래에서 존재했던 것과 동일한 상태가 될 것이다. 민족적 정당들이 이성적으로 된다고 해서가 아니라, 법률이 변화된 민족적 관계에 잘 적응하고 각 민족에게 필요한 힘을 줄 경우에만, 민족들의 권력투쟁은 끝날 수 있고 민족적 증오도 더 이상 오스트리아 정치의 내용으로 되지 않을 것이다. 왜냐하면 민족투쟁에서의 모든 공격지점이 없어지기 때문이다. 이제 오스트리아에는 민족적 평화를 민족자치를 통해 기초지울 만큼 강력한 세력이

---

3) Paul Baron Gautsch von Frankenthurn(1851-1918)은 오스트리아의 정치가이자 교육문제의 전문가로 여러 차례 교육부장관을 역임했다. 1897-98년 총리를 지냈고, 바데니에 의해 도입된 논쟁적인 언어규제문제를 수정했다. 그는 1904-06년 다시 총리에 취임했는데, 이때는 선거법개혁 문제와 보통선거제의 도입에 의해 분위기가 지배되던 시기였다. (역주)

실제로 존재하고 있을까?

민족적 평화는 무엇보다 **국가**의 필요이다. 국가는 가장 어리석은 언어문제, 언어경계 상에서 분노한 사람들 간의 싸움, 모든 새로운 학교설립을 둘러싸고 발생한 입법의 정지 등을 참을 수 없다. 그러나 국가는 하나의 추상물(Abstraktum)이다. 국가는 국가의 필요가 국민의 의지로 되는 경우에만, 필요를 실현할 수 있다. 국가적 필요의 담지자가 되는 세력은 어디에 존재하는가?

국가의 필요는 무엇보다 **민족들**의 필요가 된다. 민족들의 권력투쟁은 민족들을 무력하게 만든다. 각 민족은 자신의 권리가 다른 민족들의 것으로 되지 않도록 저지할 만큼 충분히 강하다. 그러나 어떤 민족도 국가로 하여금 자신의 필요를 만족시키게 할 만큼 강하지는 못하다. 이런 상태는 우선 이전 세기의 경제적 발전을 통해 비로소 새로운 문화생활을 자각하게 된 민족들보다 과거 역사적 민족에게 좀 더 유리하다. 독일인, 폴란드인, 이탈리아인은 국가가 민족들의 기존 권리만을 보호하고 어떤 새로운 학교도 설립하지 않고 언어적 권리를 전혀 변경하지 않는 사실에 대해 큰 불만은 없을지 모른다. 왜냐하면 그들은 과거부터 소유자였고, 그들의 민족적인 주요 과제는 자신의 재산을 지키는 것이지 새로운 것을 획득하는 것이 아니기 때문이다. 과거의 역사 없는 민족들의 경우에는 다르다. 그들은 국가가 그들의 문화적 성장을 가능하게 만든 새로운 관계에 적응하기를 요구한다. 그들의 민족정책은 공격적이지 방어적이 아니다. 체코인, 슬로베니아인, 루테니아인은 입법기구의 정지와 민족적 재산에 어떤 변경도 하지 않겠다는 국가의 원칙에 대해 참을 수 없다. 물론 바로 이러한 민족들은 모든 민족적 억압이 배양한 무절제하고 흉포한 급진주의에 빠져있다. 바로 그들은 황당한 말과 목적 없는 시위, 격렬한 정책을 좋아한다. 그러나 민족의 욕구를 만족시켜야 하는 필요는 결국 민족들의 그러한 비정치적인 분위기보다 강하다. 몇 년 전부터 이미 체코민족 내부에서는 아임(Eim), 카이츨(Kaizl), 크라마슈(Kramár)의 현명한 신중론이4)

---

4) Gustav Eim(1849-97)은 체코의 언론인이자 정치가였다. Josef Kaizl(1854-1901)은 경제학자이자 정치가로 프라하의 체코인 대학의 교수를 지냈다. 1885년 그는 구 체코당원으로서 제국의회의 의원이 되었지만, 청년 체코당에 동참하기 위해 의원직을 포기하

급진적 구호의 절대적인 힘을 서서히 극복하고 있듯이, 이들 민족도 바로 요구자 및 불만자로서 스스로가 입법기관의 정지에 대해 참을 수 없다는 사실을 앞으로는 더욱 인식하게 될 것이다. 그들은 국가의 필요를 민족의 필요로서 이해하기 시작할 것이다. 그때 비로소 그들은 과거의 공격 형태를 버리고 새로운 사상으로 성숙할 것이다. 그때 비로소 그들은 다른 민족을 지배할 수 없다는 사실, 하원에서의 정당들의 배열이나 황실직할지 연방주의의 의미에서의 제도개혁이 독일인에 대한 체코인의 권력을, 폴란드인에 대한 루테니아인의 지배를, 이탈리아인에 대한 남부 슬라브인의 폭력을 제공할 수 없다는 사실을 배우게 될 것이다. 그때 비로소 그들은 과거의 역사적 민족을 지배할 수 없고 또 그들에 의해 지배될 수도 없기 때문에, 민족자치의 사상으로 성숙하게 될 것이다.

그러나 마침내 과거의 역사적 민족들도 민족투쟁에 더 이상 참을 수 없게 된다. 그들은 물론 새로운 것을 위해서도 투쟁할 뿐만 아니라 재산을 지켜야 한다. 다른 민족에 대한 관계를 고려하면, 기존 상태의 유지가 그들에게는 자연스런 강령이 된다. 그러나 민족의 생명은 다른 민족과의 접촉 속에서도 고갈되지 않는다. 모든 민족은 내적 발전을 필요로 한다. 민족의 문화적 발전에 기여하는 시설은 건설되어야 하고 개선되어야 한다. 그러므로 바로 경제적, 문화적으로 다양하고 풍부한 민족은 입법의 정지와 관료제의 전횡에 대해 장기간 인내할 수 없다. 역사 없는 민족을 노예상태로 두고서 국가의 존속을 보장하는 것은 벌써부터 불가능하게 되었다. 독일인, 폴란드인, 이탈리아인이 국가기구가 작동하기를 바라고, 그들이 체코인, 루테니아인, 남부 슬라브인의 지배 아래 떨어지지 않으려면, 그들도 또한 다른 민족에 대한 폭력적 지배와 같은 모든 민족의 지향을 종식시키는 법을 배워야 한다. 그것은 법률이 공법적 단체로서 민족들을 구성하고, 그들에게 다른 모든 민족의 침입으

였다. 그는 Thun 내각에서 재무장관을 지냈다. Karel Kramář(1860-1937)는 1891년 청년 체코당원으로서 제국의회에 선출되었으며, 1894년 뵈멘의 지방의회에 의원으로 선출되었다. 그는 체코민족운동의 지도자로 체코인의 주도 하에 뵈멘의 통일을 주장했다. 그는 1916년 반역죄로 사형을 선고받았지만, 1917년 황제에 의해 사면되었다. 1918년 그는 체코공화국의 초대 총리가 되었다. (역주)

로부터 보호받을 권리를 보장해 줌으로써만 가능하다.

그러므로 역사 없는 민족 뿐 아니라 역사적 민족도 결국에는 국가의 필요를 자신의 필요로 이해할 수밖에 없게 된다. 민족적 관계의 모든 변화를 저해하는 방해와 끊임없이 방해하려는 위협은 민족적 권력투쟁의 마지막 결과이다. 방해라는 야만적 수단은 다른 민족의 발전을 저해하는 데는 충분할지 몰라도, 자민족의 발전을 촉진하는 데는 도움이 되지 않는다. 그러므로 민족들의 권력투쟁 대신에 법적으로 보장된 민족들의 권력분야를 결정하는 제도가 모든 민족의 필요가 된다. 어려운 곤경이 그들로 하여금 필요를 정치적 강령으로, 그 강령을 정치활동으로 응축하도록 배우게 만들 것이다.

이제 우리는 민족을 구성요소인 사회계급으로 나누고, 더욱이 이 계급 내부를 개별적 계층으로 나눈 다음, 민족의 어느 부분이 이러한 민족적 필요의 담지자가 될 수 있는지 질문해보자!

여기서 우리는 먼저 다음과 같은 중요한 사실에 직면한다. 즉 최초로 민족분쟁을 이끌었고 그것에 내용을 부여했던 두 계급의 힘이 서서히 줄어들고 있다는 사실이다.

다수의 인민대중이 농촌으로부터 도시와 공업지대 — 여기서는 부르주아지의 부 앞에 귀족의 명성은 퇴색하였다 — 로 이주한 이후, 또 농민이 자신을 공민(Staatsbürger)으로 느끼고 지주를 더 이상 조상 대대로 내려오던 "상전"으로 간주하지 않게 된 이후, **대토지소유자**의 정치적 비중은 줄어들고 있다. 대토지소유자 자신이 공업기업가로 된 이후 그들의 정치적 이해도 또한 변화되었다. 설탕보조금의 문제는 그들에게 오늘날 황실직할지의 연방주의 문제보다 중요하게 되었다. 대토지소유자의 정책은 이제 자신의 독점적 계급지배를 다시 확보하려는 목표보다 아주 직접적인 경제적 이해와 훨씬 많이 관련된다. 그것을 통해 과거에 국법적 공식이 은폐했던 사실, 즉 대토지소유계급의 정책은 전체 민족의 공통된 지향보다 이 계급의 제한된 특수이해에 봉사한다는 사실이, 비로소 눈에 보이게 되었다. 주민 대중은 이러한 정책의 계급적 성격을 꿰뚫어보고 대토지소유자의 정치적 지도를 떨쳐버린다.

특권적 선거권은 그들의 사회적 영향력에 더 이상 어울리지 않는 정치적 의미를 이 계급에게 인위적으로 부여했다. 특권적 선거권이 와해되면, 대토지소유자의 정치적 영향력은 급속히 저하될 것이다. 민족들의 지도권은 이들 귀족의 손에서 광범한 대중의 손으로 옮겨질 것이다. 그와 함께 일찍이 부르주아지와 관료제에 반대한 지주의 계급투쟁을 위한 정치적 강령인 중앙집권주의와 황실직할지의 연방주의를 둘러싼 투쟁은 점차 의미를 잃을 것이다.

지식인의 정치적 운명도 아주 비슷하다. 지식인도 대중교육의 보급 덕분에 대중 스스로가 정치투쟁을 수행하게 된 이후, 힘을 잃었다. 과거 정치적으로 통일되어 있던 민족들의 내부에서 계급대립이 활발해짐에 따라, 지식인의 과거 지도자의 역할은 불필요할 뿐 아니라 불가능하게 된다. 자본가와 노동자가 노동시간의 길이를 둘러싸고, 소시민과 노동자가 자격증명서를 둘러싸고, 농민과 노동자가 곡물관세를 둘러싸고 투쟁하는 곳에서, 지식인은 어떻게 결정할 수 있을까? 지식인은 이러한 투쟁에 대하여 독자적으로 어떤 이해도 없으며, 아무 것도 할 수 없다. 개별 학자는 어느 한 계급을 편들 수 있고, 지식과 능력을 어느 한 계급에게 도움이 될 수 있도록 사용할 수 있다. 그러나 더 이상 민족과 민족이 투쟁하는 것이 아니라, 각 민족의 내부에서 계급과 계급이 투쟁하게 되면, 지식인은 계급으로서 정치적 지도권을 잃는다. 그리고 자본주의의 발전과 여파가 그들의 경제적 지위를 변화시킨 후, 지식인의 정치적 이해도 달라졌다. 많은 의사에게 오늘날 "자유로운 의사 선택"은 독일어의 국가언어 문제보다 더 중요하게 보인다. 그래서 지식인의 개별 직업신분들도 ― 의사, 변호사, 기술자, 관리 ― 자신들의 특수이해를 위한 투쟁을 시작하였다. 그러나 한 계급이 직접 자신의 특수이해를 위해 투쟁한다면, 누구나 알 수 있듯이, 그 만큼 더욱 그들은 전체 민족을 통일적인 당으로서 그들의 지도 아래 두기는 어려워진다.

여기서도 특권적 선거권은 사회에서의 그들의 영향력과 더 이상 일치하지 않는 사회적 힘을 지식인에게 인위적으로 보장한다. 보통선거권은 지식인을 선거인의 아주 작은 부분으로 만들고, 계급대립을 정치적으로 더 강하게 표현하게 될 것이다. 대토지소유자와 마찬가지로, 지식인도 앞으로는 결국 민족의 지도권을 잃게 될 것이다. 그래서 이제 학교문제와 언어문제는 다른 형태를 띠게 될 것이다. 이제 관청과 재판소의 언어가 문제가 된다면, 공무원의 희망보다 민중의 필요가 더 결정적일 것이다. 이제 대학과 김나지움을 둘러싼 투쟁 속에서 초등학교의 설립이 무시되는 일은 더 이상 없을 것이다. 이제까지 민족투쟁의 내용을 규정해온 계급들이 사회에서 각각의 영향력에 상응한 정치력의 정도로 후퇴한 후, 비로소 부르주아사회의 주요한 계급은 — 부르주아지, 소시민, 농민, 노동자 — 민족적 관계를 독자적으로 조정하는데 착수할 수 있었다.

정치적 지도권은 의문의 여지없이 우선 부르주아지의 수중에 장악될 것이다.

부르주아지는 민족분쟁의 수혜자이다. 체코인 부르주아지와 같이 젊은 부르주아지는 민족분쟁이 경쟁수단이기 때문에 이미 그러하다. 그러나 모든 부르주아지, 적어도 독일인 부르주아지는 계급대립을 숨기기 위해 민족분쟁을 필요로 한다. 뵈멘의 독일인 지역, 메렌과 슐레지엔의 공업지대에서 노동자는 자주 다수파이고, 보통선거권의 새로운 선거단체에서는 언제나 다수의 선거인을 차지하고 있다. 여기서 대시민층은 노동자당에 대한 투쟁을 어떻게 수행할 것인가? 부르주아지의 선거운동원은 자신들이 대부르주아지의 이익을 대표하려고 한다는 사실을 솔직하게 말해야 할까? 여기서 민족적 이데올로기는 대부르주아지에게 꼭 필요한 동맹의 동지이다. 보통선거에서 여덟 시간 노동일과 그 배후에서 카르텔을 보호하는 보호관세 대신 체코인 학교와 체코어의 내부관청어가 문제가 된다면, 부르주아지에게 어떤 이익이 있을까? 모든 민족의 부르주아지가 민족분쟁을 필요로 하고 선거투쟁에서 그것을 부채질하는 것은, 계급대립을 숨기려 하기 때문이다.

그러나 한편으로 대부르주아지는 민족투쟁을 크게 환영하더라도, 다른 한편으로 민족투쟁은 그들 자신의 지배를 위험하게 만든다. 국가는 이미 오래 전부터 부르주아지에게 경제적 이해를 위한 필수불가결한 도구가 되었다. 그들은 관세정책, 철도운임제도, 조세입법을 스스로 직접 결정하려고 한다. 그들은 헝가리와의 타협문제와 경제적 입법문제를 그들이 간접적으로밖에 영향력을 행사할 수 없는 관료제도에 위임하지 않는다. 그들은 국가 내의 권력을 필요로 하지만, 민족적 권력투쟁은 이 권력을 위험하게 만들고, 모든 결정권을 언제나 다시 관료층의 수중에 돌리고 만다. 그들은 입법의 정지에 참을 수 없다. 그들은 주식세의 개혁을 바란다 — 의회는 브륀의 체코인 대학을 둘러싸고 투쟁하고 있다. 그들은 운하건설을 요구한다 — 정당들은 체코어의 내부 관청어에 관해 아직 합의하지 못하고 있다. 그들은 수출보조금을 요구한다 — 의회는 트로파우(Troppau)에서의 어느 체코인 축제와 그것의 세계사적 결과를 협의하고 있다. 그들은 수상의 관청이 수출의 이익에 봉사하기를 바란다 — 의회는 게르만인과 슬라브인의 인종투쟁을 논의하고 있다. 자본주의가 발전시킨 국가 내부에서의 부르주아지의 지배수단인 입법과 행정은 부르주아지의 사활이 달린 이해문제이다. 그리고 민족투쟁이 이 두 가지를 불가능하게 만들어, 입법을 정지하고 권력을 관료에게 위임했기 때문에, 그들은 민족투쟁에 적대적이고 민족적 평화를 희망하게 된다.

그래서 부르주아지의 가슴 속에는 두 영혼이 투쟁한다. 그들은 계급대립을 숨기기 위해 민족투쟁을 필요로 한다. 그리고 그들은 국가를 지배도구로 만들기 위해 민족적 평화를 필요로 한다. 뵈멘과 메렌의 독일인 공장주들은 선거에서 독일민족의 적으로서 국제주의적인 사회민주당과 투쟁하고, 합법적 혹은 비합법적 수단을 사용하여 민족적 후보자의 당선을 지원한다. 그러나 당선자들이 의회를 마비시켜 입법기관이 정지되고, 의회가 가장 중요한 법안을 처리할 시간을 갖지 못하게 되고, 관료기구만이 경제생활의 매우 시급한 필요를 위해 옳으니 그르니 걱정한다면, 공업가단체는 "쓸데없는 민족분쟁"이라고 한탄할 것이다.

소시민층은 부르주아지의 입장과 매우 유사하다. 소시민층은 민족적 증오의 고유한 담지자이다. 소시민층도 노동자에 대한 계급투쟁을 수행하기 위해 민족적 이데올로기를 필요로 한다. 그러나 소시민층도 입법에 대한 희망을 가지며, 민족분쟁이 의회로 하여금 부당한 경쟁에 반대하는 추가조항 혹은 법률을 심의할 수 없게 만든다면, 매우 불만스러워 할 것이다. 소시민층의 개별 부분에는 이러한 종류의 서로 모순된 경향이 강하게 존재한다.

민족들 중에서 권력투쟁에 대한 관심이 가장 강한 곳은 주데텐지방이다.

우선 여기서는 민족의 적이 가장 가까이에 있고, 체코인 소수자의 이주가 민족적 증오를 계속 반복해서 자극하기 때문이다. 다음으로 이 공장지역에는 노동자의 인구가 많고 계급투쟁이 특히 격렬하기에, 이러한 계급대립을 은폐하고 노동자의 계급투쟁을 어렵게 만드는 이데올로기에 대한 필요가 절실하기 때문이다. 그러므로 주데텐지방의 소시민층은 민족적 권력투쟁의 사상에 특히 강하게 사로잡혀 있다.

　알프스지방의 독일인 도시의 소시민층은 전혀 다른 성격을 갖고 있다. 물론 여기에도 민족적 증오는 있다. 이 증오가 가장 강한 곳은 언어경계지역, 즉 독일인과 이탈리아인이 서로 충돌하는 남부 티롤과, 독일인과 슬로베니아인이 서로 충돌하는 남부 슈타이어마르크이다. 알프스지방의 공업지역, 그라츠(Graz), 슈타이어의 철공업지역에서 시민층은 또한 민족적 이데올로기를 통해 계급대립을 은폐할 필요를 매우 강하게 느끼고 있다. 그러나 전반적으로 알프스지방의 시민층은 이민족의 소수자나 자민족의 노동자로부터 주데텐지방의 독일인 소시민과 같은 위험을 느끼지 않는다. 전혀 다른 대립이 그들의 정치사상을 지배한다. 농업이 아직 자본주의적 상품생산을 통해 거의 변하지 않은 채 농민이 전통적 정신생활 속에 사로잡혀 있는 이 지역에서는 소시민층과 농민은 첨예하게 나누어져 있다. 그것은 계급이해의 대립보다 계급이데올로기의 대립이다. 계급이데올로기의 대립이 알프스지방의 주민을 첨예하게 구별된 두 집단으로, 즉 가톨릭의 교권적 농민과 자유주의적 소시민으로 구분한다. 이곳의 소시민층은 당을 형성할 힘을 가진 이데올로기를 갖고 있다. 이곳의 소시민층은 민족적 이데올로기를 더 쉽게 버릴 수 있다. 왜냐하면 그들에게는 언제나 반교권적 이데올로기가 남아 있기 때문이다. 여기서 선거인 대중은 어떤 민족학교문제나 언어문제보다 가톨릭교인의 이혼 가능성 문제에 더 관심이 있다. 주데텐지방 소시민층의 정책이 민족적 이데올로기를 긴급하게 필요로 한다면, 그것은 그렇지 않으면 그들의 정책이 아주 적나라하게 한 계급의 이해정책으로서 나타나기 때문이다. 그러나 알프스지방의 반교권적 시민층에게는, 비록 민족투쟁이 없어지더라도, 당을 형성할 이데올로기가 아직 남아 있다. 그래서 알프스지방의 시민층은, 민족적 증오에 사로잡혀 있고 노동자에게 위협을 느끼는 뵈멘과 메렌의 소시민보다, 더 쉽게 평화적인 민족정책을 결정할 수 있다. 그러나 이 시민층은 민족적 권력정책에 덜 의존하게 될수록, 그만큼 더 국가적 필요를 강하게 느낀다. 완만한 경제적 발전 때문에, 알프스지방의 시민층은 아직 많이 분화되지 않았다. 여기서는 부르주아지와 자본에 예속된 수공업자가 서로 그 만큼 분명하게 구별되지 않기 때문에, 커다란 소득격차를 통해 경제적, 사회적으로 분열되지 않은 시민층 전체는, 대부분이 소시민층으로 구성되어 있고 지역의 유지가 지도권을 장악하고 있는, 하나의 통일적 계층을 이룬다. 이렇게 분화가 적은 시민층은 정치권력에 대한 강력한 요구를 갖고 있다. 이들에게는 사회적 증오보다 같은 고향사람을 의회다수파의 지도부나 왕실추밀원에 보내고, 자신의 도시의 편의를 봐주고, 자신의 지방에 철도를 부설하고, 같은 고향사람을 관계에 승진시키고자 하는 희망사항이 더 강하다. 이러한 모든 작은 유혹들을 알프스지방의 분화되지 않은 시민층은, 고도로 발전된 공업지역의 사회적으로 분열된 시민계급보다, 훨씬 쉽게 느낀다. 그들은 민족적 증오를 강하게 느끼지 않고 민족적 이데올로기를 반드시 필요로 하지 않는 만큼, 다른 한편으로 탐욕스럽게 정치권력에 참여하기 위해 노력한다. 그러나 주어진 조건 하에서 정치권력을 추구하는 사람은, 국가의 필요를 만족시키기 위해 준비해야 한다. 민족투쟁의 태풍은 알프스지방의 시민층을 역시 분열시킬 것이다. 그러나 또 다른 희망, 즉 민족분쟁이 입법을 마비시키지 않고 국가권력을 관료제에 위임하지 않으며, 민족적 정당들이 의회에서 자신의 선거구를 위한 경제적 이익을 추구하고 행정에 대한 영향력을 통해 같은 고향사람들을 도와줄 수 있도록 국가제도를 조정하려는 희망은 계속 다시 생길 것이다. 뵈멘의 소시민층이 민족투쟁과 사회투쟁의 격정 속에서 단지 브뤽스(Brüx), 둑스(Dux), 프라하티츠(Prachatitz)만을 염두에 두고 있는 반면, 알프스지방의 소시민층은 자주 국가를 생각한다.

 한편 비인의 소시민층은 알프스지방의 정직한 소시민층과 다른 성격을 갖고 있다. 그들의 주요한 대중은 자본에 예속된 수공업자와 소상인을 이룬다. 이들 시민층은 민족적 증오를 거의 느끼지 않는다. 우선 체코지역으로부터 대량의 이주와 대도시의 매력을 통한 이주자의 급속한 평화적 게르만화 덕분에, 그들은 독일인의 문화공동체에 점차 편입되지만 체코인의 기원을 아직 잊지 않고 있는 사람들과 많이 마주칠 것이다. 그러나 그들은 매우 다른 요구와 매우 다른 이데올로기를 갖고 있다. 이들 소시민층은 우선 중산층정책의 강령을 내건다. 즉 국가는 어렵게 투쟁하고 있는 소영업과 소상인을 구제해야 한다는 것이다. 그렇지만 대도시의 소상인은 백화점과 소비조합과의 경쟁을 느끼고, 소수공업자는 다른 도시의 동업자보다 훨씬 직접적으로 상업자본의 압력을 느끼고 있다. 과학은 "산업적 중산층정책"이라는 작은 조치로는 과거의 경영형태와 경제형태를 구할 수 없다고 수백 번이나 증명할지도 모른다. "소인"은 인생의 착각을 필요로 한다. 자격증명서의 공포를 둘러싼 투쟁은 민족분쟁과 마찬가지로 이 과제를 부과할 수 있었다. 그리고 그는 궁지에 빠졌을 때 필요한 속죄양을 바로 여기서 발견했다. 유대인 상업자본과의 대립은 이러한 소시민층을 반유대주의로 몰아갔다. 주데텐지방의 체코인과 마찬가지로, 여기서는 유대인에게 이 세계의 모든 악의 책임이 씌어졌다. 마침내 자유주의에 대한 투쟁은 이 소시민층을 점차 다시 교권주의로 이끌었다. 대도시의 주민은, 대도시가 급속히 성장했기 때문에, 농민적 이데올로기를 아직 잃지 않은 사람들과 자주 만나고 교권주의를 쉽게 받아들일 수 있었다. 이러한 모든 사실은 비인의 소시민층의 사상을 민족문제로부터 멀어지게 만들었다. 유대인에 대한 투쟁에서, 기독교학교와 기독교인의 결혼을 둘러싼 투쟁에서, 자격증명서와 강제협동조합의 형태를 둘러싼 투쟁에서, 소시민층은 민족정당의 말싸움에 거의 관심이 없었다. 그들에게는 영업법 추가조항이 브륀의 대학보다 더욱 중요하다. 그들은 쓸데없는 민족분쟁에 대해 고통스러워하며, 따라서 다른 계층의 소시민보다 더욱 민족적 평화의 사상을 덜 혐오하였다. 이러한 경향은 그들의 "애국주의"적 현상, 즉 왕도(王都)의 호기심 많은 속물시민에게 쉽게 설명될 수 있는 현상을 통해 강화된다. 비인의 "속물"은 "좋은 오스트리아인"이며, 민족분쟁이 그들의 오스트리아를 분열시키는 것을 바라지 않는다.

우리는 민족적 증오, 민족적 권력투쟁에 대한 의지가 지극히 화해할 수 없는 형태로, 국가권력에 대한 의지와 마찬가지로, 소시민층의 의식 속에서 어떻게 필연적으로 형성되는가를 살펴보았다. 이 경우 권력에 대한 의지는 국가가 생명력을 가지며, 입법기관의 활동이 민족분쟁을 통해 방해받지 않음을 전제한다. 더 자세히 살펴보면, 우리는 어디서나 소시민층 속에서 발견되는 두 가지 의지방향이 같은 계급에서도 계층이 다르면 크게 다르다는 사실을 알게 된다. 주데텐지방의 소시민층은 민족적 증오가 강하고, 비인의 자본에 예속된 수공업자와 소상인은 민족대립의 공정한 화해를 통해 민족분쟁을 조정하려는 경향이 강하다. 그리고 알프스지방의 시민층은 뵈멘과 메렌의 급진적·민족적 소시민층과 비인의 기독교·사회적 소시민층의 거의 중간에 위치한다.

우리는 유사한 대립을 **농민**에게서 발견한다. 주데텐지방의 농민은 이미 소시민적 민족주의에 강하게 사로잡혀 있다. 알프스지방의 농민은 그와 다르다. 과거의 전통에 구속되어 있는 그들은 좋은 오스트리아인이며, 따라서 민족투쟁에 대해서는 거의 관심이 없다. 그러나 그들의 가장 강력한 이데올로기는 가톨릭 교권주의이다. 우리가 이미 알고 있듯이, 교권주의는 원래 세계주의적인 것이고 민족투쟁에 관심이 없다. 물론 그들도 점차 민족투쟁이라는 냉정한 사실을 고려하게 된다. 그러나 그들에게 민족분쟁은 언제나 마지못해 고려하는 불쾌한 것이다.

그래서 우리는 모든 소유자계급 속에서 ― 부르주아지, 소시민층, 농민 ― 서로 모순되는 두 경향을 발견한다. 사회관계는 민족투쟁에 대한 의지와 함께 민족평화에 대한 의지를 이들 계급의 의식 속에 필연적으로 만들어낸다. 각 계급은, 아니 비록 다양한 강도로 나타나지만 이들 계급의 각 계층은 이 두 경향을 갖고 있다. **이러한 사실은 민족자치의 최종적 승리를 보증한다.** 모든 계급이 민족평화에 대한 의지로만 충만하다면, 민족들은 중앙집권적·원자론적 다민족국가제도 아래서도 참을 수 있을 것이다. 그러나 그러한 경우는 없다. 모든 소유계급은 그들을 언제나 다시 화해할 수 없는 민족투쟁으로 내모는 강력한 사회적인 힘들에 의해 지배된다. 그러나 어느 작은 원인으로부터 민족투쟁이 새롭게 불타올라 하원과 주의회를 완전히 마비시키고 모든 계급, 모든 민족, 국가조차 무력하게 만들면, 곧바로 모든 계급 속에서 동등하게 작용하는 민족평화에 대한 힘이 강화되고, 민족들의 평화적 공동생활에 대한 욕구가 더욱 커지게 된다. 이 욕구는 국가를 그들의 계급이해에 도움이 되도록 만들고, 입법과 행정을 계급의 정신으로 채우기 위해, 국가 내 권력을 둘러싸고 투쟁할 가능성을 처음부터 모든 계급을 위해 창출한다. 그러므로 오스트리아에서는 과거부터 격렬한 민족투쟁이 일어난 후에는, 언제나 민족들이 평화를 생각하며 인내하는 짧은 기간이 이어졌다. 그러나 민족투쟁이 다시 일어나면 민족들의 분노도 더 높아졌다. 자신의 구호에 사로잡혀 있는 민족적 정당은 작은 문제에서조차 적에게 양보하기가 더 어려워진다. 그래서 모든 민족에게 평화적인 타협은 더욱 더 어려워진다. 민족적 방해와 단기간의 평화시대의 매력적인 교대는 장기적으로 불가능하게 된다. 민족투쟁의 새로운 고양은 모든 계급 속에 작용하고 있는 민족평화를 위한 반대경향을 더욱 분명한 형태로 만든다. 그것은 결국 민족들의 권력투쟁을 법적으로 결정하는 요구로, 즉 민족자치의 요구로 응축될 수밖에 없다. 민족들과 계급들의 평화적 심정에서가 아니라, 끊임없이 증대하는 민족적 증오로부터, 증대하는 민족투쟁의 격렬함으로부터, 모든 입법기관의 완전한 정지로부터, 민족적 평화를 추구하는 반대경향이 더욱 힘을 얻고 더 명확한 내용을 얻게 될 것이다. **민족투쟁이 민족자치를 낳는다.** 이것이 우리가 이미 한번 중앙집권적-원자론적 제도의 자기지양이라고 부른 상황이다. 중앙집권적-원자론적 제도가 필연적으로 민족적 권력투쟁으로 나아가고 민족투쟁이 결국 모든 민족, 모든 계급, 국가조차도 무력하게 만들어, 어떤 민족, 어떤 계급도 국가의 강력한 팔을 자기 목적에 봉사하도록 만들 수밖에 없다는 사실이 이러한 형태로 작용하는 역사적인 힘으로 된다.

어느 재판관을 임명하거나 어떤 학교를 설립하는 것은 민족적 본능을 자극한다. 주데텐지방의 급진적 소시민과 농민 그리고 민족투쟁을 노동자의 계급투쟁에 대한 대항수단으로 보는 공장주는 독일인 소유계급의 지도권을 독점한다. 그들의 뒤를 알프스지방의 독일인 시민이 기꺼이 따르고, 결국 교권주의적 농민도, 기독교-사회적 수공업자와 소상인도 민족적 권력투쟁으로부터 면제될 수 없다. 민족적 증오는 불타오르고 내각은 무너지고 의회와 주의회는 마비된다. 그러나 이제 전 국가기관이 정지되었기 때문에, 소유계급 속에 민족적 평화에 대한 경향이 강화된다. 입법의 정지에 참을 수 없는 공업가 단체, 교권주의적 농민, 그리고 기독교-사회적 소시민은 우위를 차지하게 되고, 결국 주데텐지방의 시민과 농민으로 하여금 온건파가 되도록 강제한다. 그래서 민족적 평화의 한 시기가 도래한다. 그러나 어떤 예기치 않은 원인이 민족적 목가상태를 곧이어 종말을 고하게 만든다. 민족적 정당들은 이러한 나쁘지 않은 순환을 여러 번 겪으면서, 소유계급 속에 다음과 같은 관념을 서서히 주입시킨다. 즉 그러한 사태는 더 이상 진행되지 않을 것이며, 국가는 해약통지를 염려하면서 살 수 없다! 그러므로 우리는 하나의 강령을 필요로 한다. 다시 말해 우리가 마침내 죽는 지점을 넘어, 민족투쟁의 시대로 영구 회귀하는 것을 저지하는 강령이며, 모든 민족과 계급의 국가권력 지향이 민족분쟁의 미세한 문제에 의해 좌절되지 않도록 하는 강령이다. 이론적 통찰이 아니라, 절실한 위기와 국가생활의 무조건적 필요성이 오늘날 이미 민족투쟁에서 타협과 화해의 경향을 보이는 사회계층을 마침내 민족자치사상의 담지자로 만들 것이다.

노동자계급은 이제 이러한 발전에 기여할 것이다. 노동자계급에게 민족자치는 적의 권력의 도구인 국가의 필연성이 아니라, 계급투쟁의 필연성이다. 그들은 민족들의 법적 자결의 사상을 대중화했다. 부르주아지와 관료에 반대하는 지주계급의 계급투쟁 속에서 중앙집권주의와 황실직할지 연방주의의 대립이 정식화되었다면, 지식인이 학교 및 언어문제를 민족들의 투쟁대상으로 만들었다면, 소시민층이 민족투쟁에 화해할 수 없는 성격을 부여했다면, 노동자계급은 이제 민족투쟁의 혼란 한가운데서 민족자치의 깃발이라는 새로운 기를 세운다. 그들은 정치투쟁으로부터 배제되지 않으려면, 온 마음을 그렇게 정열적으로 빼앗는 문제에 대한 해답을 알아야 한다. 그리고 그들은 스스로의 전존재에서 볼 때 민족들의 자결 이외의 다른 해답을 발견할 수 없다. 민족투쟁이 격렬하게 미쳐 날뛸수록, 그 만큼 더욱 그들은 자신의 강령을 큰 소리로 선언한다. 그들은 끊임없이 쉬지 않고 오스트리아의 모든 민족들에게 이 위대한 사상을 알린다. 그래서 민족자치의 이념은 서서히 대중 속으로 침투해간다. 사회민주적인 모든 신문과 노동자집회는 민족적 정치가로 하여금 민족자치를 요구하는 입장을 가지도록 강제한다. 새로운 사상 앞에서 과거의 투쟁공식은 빛이 바랜다. 모든 시민적·민족적 정당의 지배에 대한 갈망은, 그들이 민족자치를 거부하자마자, 폭로된다. 그래서 민족들의 자결사상은 소유계급의 의식에도 침투한다. 민족적 증오에 의해 아직 국가와 사회의 필요성을 망각하지 않은, 국가권력에 대한 의지를 아직 버리지 않은, 모든 계층은 서서히 이 새로운 헌법강령을 받아들인다.

그러나 제국의 관계만이 아니라 **주**들과 **지역**에서의 민족들의 투쟁도 민족자치로 향한다. 독일인은 그들이 주민의 소수자에 불과한 많은 지역의 대의기관을 아직 지배하고 있다. 그러나 그들의 금권정치적 지역의회선거권 때문에, 이러한 지위는 오늘날 어디서든 위협받고 있다. 한편으로 노동자계급은 부르주아지와 상층 소시민의 특권적 선거권을 동요하게 만들고, 다른 한편으로 체코인은 체코인 부르주아지의 발전 덕분에 특권층의 선거단체에도 진출하고 있다. 그래서 독일인은 메렌의 주의회에서, 프라하와 필젠의 시의회에서 지배권을 잃었고, 오늘날에는 부트바이스에서 위협받고 있다. 이러한 발전은 계속될 것이다. 독일인은 새로운 체코인 다수파에게 무방비상태로 당하지 않으려면, 민족자치를 통해 세력권을 확보해야 한다. 그러므로 메렌의 주의회의 마지막 독일인 다수파는 민족대장의 도입을 결의했다. 그러므로 오늘날 부트바이스의 독일인은 지역의 민족자치를 요구한다. 마찬가지로 멀지 않은 시기에 동부의 폴란드인도, 남부의 이탈리아인도, 그들이 소수자로서 오랫동안 지배해온 곳에서, 민족의 적에게 무방비상태로 항복하지 않으려면, 지방행정 내부의 민족자치를 요구해야 한다. 그러므로 민족자치는 역사 없는 민족들이 역사적 존재로 발전함으로써, 지배할 수 없게 된 과거의 역사적 민족들의 요구가 된다.

그러나 그것들 모두의 배후에 아직 하나의 **보편적인** 문제가 남아 있다. 모든 전문가는 오스트리아의 **행정조직**이 근대국가의 요구에 더 이상 상응하지 않는다는 점을 동시에 지적하고 있다. 과거 오스트리아의 이중행정은 —

신분적 전통과 관료제적인 중앙집권주의 그리고 자유주의적인 "자치행정"의 기묘한 혼합물은 — 오늘날 파산하고 있다.

이것은 의심의 여지없이 자치적인 **주행정**에도 해당된다. 그것은 이미 재정적인 의미에서는 파산했다. 주재정의 문제는 나날이 해결하기가 어렵게 되고 있다. 그러나 그것은 또한 정치적으로도 파산했다. 주는 통일적인 행정영역으로서 존재할 수 없다. 그것은 역사적-정치적 개체(Individualität)일 수 있지만, 사회적 개체나 민족적 개체는 아니다. 이른바 자치행정은 다수자의 — 강조하지만 이것은 특권적 선거권을 가진 선거인의 다수자이지, 주민의 다수자가 아니다 — 가차 없는 이민족지배로 되고 있다. 민족적으로 혼재한 주에서 이것은 소수자의 지속적인 불평이 된다. 그러나 민족적으로 통일된 주에서조차 주민은 주의회 다수파의 당파적 지배에 반대하여 매일같이 관료제의 도움을 구하는 데 오랫동안 익숙해 있다. 주들의 이른바 자치행정은 오스트리아의 지역적 자치행정의 사상을 구제할 수 없을 만큼 불신하게 만들었다.

지역(Gemeinde)의 자치행정은 자유주의의 커다란 기대에 상응하지 못했다. 지역은 거의 모든 지방에서 자신의 과제를 충분히 수행하기에는 너무 작고 너무 가난하다. 특권적 선거권은 모든 곳에서 지역을 한 사람 혹은 몇 사람의 지역유지에게 저항 없이 넘겨주었다. 결국 지역은 모든 중요한 문제에서 국가의 관료제는 아니더라도, 주의회와 주위원회에 종속되었다. 그러나 "자치적" 주행정은 모든 황실직할지에서 자신의 권력을 정치적 목적으로 남용한다. 차관과 지역세금의 인상에 대한 승인은 모두 지역의회의 정치적 봉사에 대한 보수로서만 인정된다. 니이더웨스터라이히의 기독교-사회적 주행정은 가장 교묘한 정치적 부패에 빠져 있다. **브록하우젠**(Brockhausen)은 오스트리아에서는 상황의 기묘한 연쇄 덕분에 "자치"가 지역자유의 무덤이 되었다고 정확히 언급하였다.

관료행정이 자치행정보다 더 잘 수행되는 것도 아니다. 국가행정의 과제는 우선 인구증가의 결과로, 그리고 입법이 고려하지 않으면 안 되는 경제적 변혁의 결과로 이미 나날이 증가하고 있다. 모든 새로운 법률은 국가행정에 많은 새로운 과제를 부여한다! 그리고 이 새로운 과제를 동일한 국가의 지방

관청들이 모든 곳에서 수행해야 한다 — 고도로 발전된 커다란 뵈멘에서는 물론이고 작은 부코비나 혹은 잘츠부르크에서도 마찬가지이다. 더욱 크고 더욱 고도로 발전된 황실직할지에서는 더 이상 관리하기가 불가능하고 문서만으로 그럭저럭 처리해버리고 마는 진정으로 괴물 같은 관청이 생기고 있다. 새로운 경영을 설립하려는 공장주는 모두 이러한 관청의 작업방식에 대해 불평한다. 이 관청의 맨 위에 앉아있는 총독이 실제로 관청을 지도할 수는 없다. 그가 문서에 서명하면, 그의 일은 끝난다. 그리고 마찬가지로 중앙관청이 이 거대한 기관을 통제하는 것도 불가능하다. "프라하 지방관청은 18개의 부서를 갖고 있는데, 이것은 내무부보다 많은 것이다. 관청의 어떤 괴물이 이 중간계급에 있는 것일까? 이 관청에는 400명의 공무원이 있으며 100만 크로네 이상의 예산이 있고, 따라서 교육부, 재경부, 농업부보다 많다! 이렇게 문서를 쓰는 군대의 모든 행동에 책임을 지는 것은 단 한 사람의 총독뿐이다! 이 거대한 잉크경영단체는 해마다 25만 개의 업무를 처리한다. 이것은 총독에게 매일 750 개의 문서가 된다! 게다가 총독은 아직도 사냥하러가서 돌아오지 않았다고 사람들은 말한다! 중앙관청은 이러한 경영단체를 어떻게 감시하고 통제할 수 있을까? 지방관청은 침투할 수 없는 방벽이며, 그 배후에서는 모든 족벌주의와 모든 전제적 자의가 가능하다. 중앙관청은 국내의 사건을 항고가 올라갈 때만 알게 된다. 그밖에 책임 있는 행정부처와 의회의 통제는 어떻게 생각할 수 있을까? 만일 행정부처가 두 번째 감독기관보다 더 많은 전문가를 모으지 못한다면, 행정부처는 세 번째 감독기관으로서 어떤 의미를 가질까?"5)

슈프링거가 개별적으로 증명했듯이, 관할구청(Bezirkshauptmannschaft)은 그 목적에서 지방관청(Statthalterei)보다 더 잘 상응하는 것은 아니다. 과제의 일부를 위해서 정치적 관할구역은 너무 작다. 여기서 우리는 전문교육을 받은 많은 관리를 각각의 행정 과제를 위해 관청이 자유롭게 사용할 수 있는 더 큰 행정구역을 필요로 한다. "1000 크로네 이상의 사법안건에 대해서는 합의제로 조직된 재판소가 제1심으로 결정하는 반면, 산업적 경영투자의 허가에 관

---

5) Springer, *Kampf der österreichischen Nationen*, 129쪽 (원주)

해서는 일면적으로 법학교육을 받은 개별 공무원이 구역 의사의 의견에 기초하여 결정한다. 전 구역의 복지가 산업의 번영에 의존하며, 사항에 따라서는 대자본이 위험에 처할 수 있는데도 말이다."6) 다른 과제를 위해서 정치적 관할구역은 너무 크다. 특히 주민과 사회적으로 구별된 관리는 그 지역의 필요를 알 수 없다. "모든 도로, 모든 요금소, 모든 영업은 지역에서 각각의 의미가 있다. 그러나 관할구청은 귀족의 출세코스 중 짧고 빠른 초기단계에 불과하다. 귀족신분이 국민과 격리되어 있고 여기서의 임기가 짧다는 것은 사실관계를 충분히 이해할 수 없게 만든다. 그들은 영업을 활발하게 만들고 국민의 힘을 해방시킬 정도의 더 많은 충격을 줄 수 없다."7) 실제 모든 새로운 행정기관은 행정구역의 구분으로부터 독립해 있다. 그러므로 슈프링거가 열거했듯이, 도로경합(Konkurenz)지역, 식량저장소, 빈민구역, 군사세무서, 구역 질병금고, 강제추방국 등이 그러하다. "관할구청으로부터 입법과 주민의 진정한 도망이 유행하고 있다."

우리는 의심의 여지없이 국내행정을 개혁하려는 시도 앞에 서 있다. 여기서 이 개혁을 퀘르버내각이 계획한 것처럼 관료적으로가 아니라 민주적으로 이루어지도록 배려하는 것이 노동자계급의 과제가 된다. 노동자계급은 국내행정이 보통, 평등, 직접 선거권에 기초하여 비례대표선거제도에 따라 지역적으로 선출된 기관을 통해 관리되도록 요구해야 한다. 시민층은 관료제도에 대한 자신의 사회적 영향력으로 만족하지만, 노동자계급에게 관료지배란 언제나 타자지배를 의미한다. 시민층은 입법의 민주주의로 충분히 만족하지만, 노동자계급은 언제나 단지 한발로 서 있는 민주주의를 두발로 확실히 서도록 만들 것이다. 노동자계급은 — 그리고 오직 노동자계급만이 — 자유와 평등이란 헌법보다 행정에 더 많이 의존한다는 니이부어(Niebuhr) 정리의 진정한 내용을 이해한다.8)

---

6) Springer, 같은 책, 120쪽 (원주)
7) Springer, 같은 책, 121쪽 (원주)
8) Barthold Georg Niebuhr(1776-1831)는 역사학자로 비판적 역사편찬의 기초를 정립한 인물 중 한 사람이다. (역주)

이제 우리는 기본적인 개혁의 전망에 관하여 속아서는 안 된다. 유럽대륙의 어떤 나라도 영국의 국내행정제도를 자본주의적 사회질서 속에서 계승할 수는 없다. 더욱이 오늘날에도 여전히 대륙에서는 근대적 국가행정이 관료제의 수중에 장악되었던 역사적 사실이 매우 강하게 작용하고 있다. 그리고 자본주의적 발전이 진행됨에 따라 이미 과거가 돼버린 부르주아지의 모든 민주주의에 대한 불안이 거기에 덧붙여진다. 그럼에도 불구하고 오스트리아에서 경제발전은 거의 모든 주와 지역에서 시민층의 지배가 민주주의적 행정형태를 통해 위협받을 만큼 충분하지 못하다. 그리고 주목할 만한 상황의 연쇄를 통해 민족분쟁의 와중에서조차 행정개혁의 강력한 동맹상대가 창출되었다. 오스트리아는 분명히 국내행정을 완전하게 지역적 자치행정의 수중으로 위임하지 못할 것이다. 그러나 황실 및 왕실직할지의 군수와 군의회를 통한 군의 공동행정은, 슈프링거가 언급했듯이, 오스트리아에서는 충분히 가능할 것이다.

만일 유토피아가 존재한다면, 그것은 우리의 기존 행정조직의 장기적인 지속일 것이다. 그러나 그것에 손을 대면 바로 민족대립에 직면하게 된다. 모든 행정개혁은 민족적 의미를 가지며, 민족들의 힘관계를 변화시킨다. 이러한 사실은 **오스트리아의 관료적 행정개혁을 전망 없는 것으로** 만든다. 뵈멘의 새로운 지역분할을 한번 요구하면, 바로 민족구분을 둘러싼 낡은 투쟁에 직면한다. 양쪽에서 최종적으로 방해라는 투쟁수단을 통해 보장되고 있는 민족들의 투쟁은 확실히 정치적 지역의 모든 새로운 구분을 방해할 것이다. 그러나 새로운 구분을 군내의 자치행정의 도입과 결합시킨다면, 사태는 아주 달라질 것이다. 체코인이 체코인 시민과 농민 대중에게 그들 자신의 문제를 처리하는 자치행정을 처음으로 부여하게 될 행정개혁에 방해할 것인가? 이제 관청 자체가 문제가 된다면, 관리의 언어를 둘러싼 투쟁은 무엇을 의미할 것인가? 처음으로 체코민족이 스스로를 통치하고, 경제적, 문화적 필요를 스스로 배려할 수 있는 권력을 가진다면, 국토의 분열이라는 낡은 구호는 무엇을 의미할 것인가? 우리의 부패한 행정에 대한 모든 개혁은, 민주적 사상의 압력이 민족적 장애물을 허물지 못한다면, 전망이 없다.

군내의 지역적 자치행정을 뵈멘에서 실시하려면, 그것은 메렌에서도 인정되어야 한다. 그러나 메렌에서는 순수한 지역구분이 불가능하다. 군내의 민족적 소수자를 다수자에게 위임하는 것은 동일한 문제가 아니다. 그래서 여기서 슈프링거의 이중군(Doppelkreis)이 생긴다. 즉 지역적 군의회는 민족에 관계없는 문제를 자치행정의 대상으로 다루고, 민족적 군대표기관은 각 민족의 민족적, 문화적 과제를 자치행정의 대상으로 삼는다는 방법이다! 그리고 우리가 비로소 민족적 군의회와 군대표기관을 갖게 되면, 전체 국가 내부에서도 그것의 통합체인 주권을 가진 민족의회에 대해 나는 불안을 느끼지 않게 될 것이다! 민주적 행정에 한 조각의 기초라도 주어진다면, 그것은 강제적인 힘으로 전체 국가에 민주주의적 자치를 실시하게 만들 것이다!

유토피아다, 유토피아, 그렇지 않을까? 확실히 민족대장은 1899년에는 유토피아였다. 그러나 1905년 그것은 메렌에서 법률로 되었다.

우리는 민족분쟁에 의한 입법기관의 정지가 어떻게 민족자치를 추동하는지 살펴보았다. 그러나 한번 하원과 주의회가 현행 제도 하에서 몇 년 동안 평화적으로 활동할 수 있다고 가정해보자. 그러면 우리는 이제 거대한 변혁을 감수해야 한다. 왜냐하면 모든 새로운 법률은 행정에게는 새로운 과제를 의미하기 때문이다. 그러므로 매년 행정개혁이 시급한 과제가 된다. 그러나 관료적 행정의 근본적 개혁은 불가능하다. 왜냐하면 이 개혁은 예를 들어 민족적 구분, 헌법상의 권한, 내외의 관청어와 같은 모든 민족문제를 한꺼번에 제기하기 때문이다. 행정개혁은 절박하지만, 민족분쟁이 그것을 방해한다. 이 순간에 노동자계급이 뛰어올라 민주적 지방행정의 문제를 제기한다. 노동자계급은 모든 민족에게 자치적 지방행정은 관청의 권력을 직접 인민의 수중으로 옮기는 것임을 보여준다. 노동자계급은 과연 인민에게 소원한 관리가 우리의 가장 중요한 사항을 결정할 필요가 있을까 하는 문제와 함께 의사록의 언어를 둘러싼 투쟁을 만난다. 또 노동자계급은 시민층의 일부에게 입장을 결정하도록 강제한다. 한편 시민층의 일부도 민주적 사상의 힘에 저항할 수 없다. 또한 국가도 이제 이러한 상태를 이해한다. 관료층은 평등선거권으로부터 생긴 군의회를 위해 스스로 물러나지는 않을 것이다. 그러나 국가는 자신의 행정, 자신의 유일한 존재 자체를 완전히 마비시키기 전에, 권력을 관료와 자치적 행정기관으로 나누려고 할 것이다. 행정개혁의 필요성은 민족분쟁 덕분에 민주주의로 나아가게 만들고, 민주주의의 필요성은 또한 민족자결로 이끈다.

관료층은 반드시 이러한 희생을 감수할 것인가? 다른 나라에서 인민은 의원내각제를 위해 어렵게 투쟁해야 했다. 그러나 오스트리아에서 관료내각이 민족분쟁에 의해 깨진 의회를 더 이상 지도할 수 없게 된 이후, 관료층은 자신들의 대표로 내각을 구성한 민족적 정당들에게 구걸하고, 왕실 스스로도 프라데(Prade)나 파착(Pacák)과 같은 인물이9) 장관이 되는 것을 자비롭게 감수하면서 이것을 "애국주의적 희생"이라고 말해야 하는 상황이 되었다. 존속해야 하는 국가의 필요가 관료층의 지배욕을 더욱 강화했다! 관료층은 쪼개진 오스트리아를 더 이상 관리할 수 없게 되면, 스스로 행정에 대한 인민의 참가를 호소하게 될 것이다! 많은 어려운 결정에 대한 책임을 어느 군의회의 다수파가 총독으로부터 빼앗는다면, 그 대신에 뵈멘의 총독은 무엇을 가질 것인가?

다민족국가의 존재를 어떤 측면에서 고찰하더라도 우리는 모든 곳에서 민족자치를 실현하는 힘들이 작용하고 있음을 본다. 민족분쟁은 입법을 마비시키고 행정을 방해한다. 국가의 필요는 모든 계급과 민족의 필요가 된다. 민족자치만이 민족들의 권력을 법적으로 보장함으로써, 국가에 다시 생명력을 준다. 국가는 민족자치 없이 존재할 수 없기 때문에, 민족자치는 점차 국가에게 불가결한, 모든 민족과 사회계층의 강령이 된다.

민족적 관계의 발전이 과거의 오스트리아를 크게 변혁하는 것은 불가사의한 일일까? 민족적 관계의 강력한 변혁이 과거의 법적 형태를 존속시킨다면, 그것은 우리에게 더 불가사의한 일이다. 우리의 제도는 두 가지 원칙에 기초

---

9) Heinrich Prade(1853-1927)는 1885-1911년 동안 제국의회의 의원을 지냈다. 그는 주데텐 독일인의 이익을 옹호했다. 그는 사회정책을 지지했지만, 보통선거권의 도입에는 반대했다. Bedrich Pacák(1846-1914)은 법률가이자 정치가로, 1891-1911년 동안 제국의회의 의원으로 체코인 의원단을 이끌었다. 그는 1906년 체코인 장관에 지명되었지만, 1907년 사임했다. 그는 뵈멘의 민족집단 간 화해를 지지했다. (역주)

한다. 즉 민족들을 필연적으로 권력투쟁으로 이끄는 민족적 관계의 원자론적-중앙집권적 조정과, 과거의 역사적 민족에게 유리한 특권적 선거권에 의한 힘관계의 이동이다. 그러나 금세기에 전체 민족관계가 얼마나 많이 변화했는가! 그 이후 모든 오스트리아의 민족은 역사적 존재로 자각했다. 그 이후 모든 민족의 내부에서 모든 계급이 서서히 전진하여, 일찍이 한쪽에 부르주아지와 관료제가 있고 다른 쪽에 지주계급이 있었던 민족투쟁은 소시민, 농민, 노동자의 광범한 대중의 투쟁으로 되었다. 그 이후 자본주의는 모든 전통적 사회관계를 변혁하고, 인구를 이동시키고, 계층구성을 변화시켰다. 그리고 모든 곳에서 두려운 사회적 증오가 축적되고, 그것은 다양한 방식의 민족적 증오로 전화되었다. 모든 힘관계가 변화되었기 때문에, 법질서도 어떻게 변하지 않을 수 있을까? 이미 선거개혁은 과거 역사적 민족의 특권을 없애지는 못했지만 축소시켰다. 민주주의를 향한 한발 한발의 진전은 국가 내의 독일인, 폴란드인, 이탈리아인의 기존 권력을 위태롭게 만들었다. 그러나 오늘날의 제도 중에서 국가에 대한 권력만이 민족들에게 민족문화의 필요를 충족시킬 수 있도록 보장한다. 그래서 과거 역사적 민족은 현상을 유지하려고 하며, 모든 변화를 두려워한다. 그러나 현상의 유지는 성장하는 역사 없는 민족에게 참을 수 없는 것이고, 어떤 정지에 대해서도 불만인 시민사회의 모든 계급에게 참을 수 없는 것이다. 또 이것은 입법이 정지되고 행정이 변해야 존속할 수 있는 국가 자체에게도 참을 수 없는 것이다. 계속적 발전과 정지는 우리의 제도 하에서 동시에 가능할 수 없다. 법질서가 민족들에게 자치를 인정하더라도, 그것은 법질서가 역사 없는 민족의 자각과 모든 민족의 사회적 분화를 낳은 새로운 힘관계에 적응하는 경우에만 가능하다.

물론 민족자치는 분명히 거대한 결정과 대담한 행위의 결과가 될 것이다. 점차적인 발전과정 속에서, 그리고 재차 입법을 정지하고 기존 행정을 완고하게 유지하고 더욱이 생명력을 없애는 냉혹한 투쟁 속에서, 오스트리아는 한발 한발 민족자치를 발전시킬 것이다. 위대한 입법적 행위가 아니라, 개별 주와 개별 지역을 위한 수많은 개별적 법률이 새로운 제도를 만들 것이다. 그러나 어찌되든, 민족투쟁을 선동자의 어리석은 악의가 아니라 변화된 사회관계의 필연적 결과로, 또 법질서를 자의적으로 씌어진 종이쪽지가 아니라 사회적 힘관계의 침전물로 간주하는 사람은, 다음과 같은 명제, 즉 **"오스트리아가 존재한다면 민족자치가 존재할 것이다"** 라는 명제를 안심하고 반복해도 좋을 것이다.

제25장 오스트리아와 헝가리

 우리는 이제까지 오스트리아 자체의 어떤 세력이 민족자치의 발전을 결정하는가를 살펴보았다. 루돌프 슈프링거는 이들 세력이 오스트리아와 헝가리의 대립을 해결하는 운동 속에서 강력한 동맹상대를 발견했다고 지적했다. 이 견해를 충분히 검토하려면, 헝가리 문제를 간단히 설명할 필요가 있다.
 헝가리는 뵈멘과 동시에 오스트리아로 편입되었다. 그러나 헝가리의 내적 발전은 뵈멘과 매우 다른 길을 걸었다. 뵈멘은 신분제의회의 패배로 인해 귀족을 잃었지만, 헝가리의 마자르인 귀족은 유지되었다. 그것을 통해 우선 마자르인과 체코인의 민족적, 문화적 발전이 구별된다. 마자르인은 체코인과 같이 역사 없는 민족이 된 적이 없다. 오히려 자국의 역사 없는 민족을 — 루마니아인, 슬로바키아인, 세르비아인, 루테니아인 — 굴복시키고 착취했다. 이 사실이 양국의 정치적 발전을 구별한다. 뵈멘에서는 합스부르크왕조가 신분제의회를 폐지하고 입법과 행정이 국가와 관료의 수중에 장악되었지만, 헝가리에서는 신분제의회가 자신의 권력을 입법과 행정에서 주장했다. 그리고 신분제의회는 단지 천천히 근대적 의회로 전화했다. 이것은 기본적으로 오늘날에도 아직 끝나지 않은 과정이다.
 헝가리의 헌법은 전체 권력을 마자르인 귀족에게 주었다.[1] 국가권력과 신

---

1) 아이젠만은 헝가리문화의 민족적 성격을 매우 구체적으로 묘사하고 있다. "마자르인과 귀족은 거의 동일한 의미의 개념이었다. 국가는 라틴어를 말하고, 사회는 독일어, 라틴어, 슬라브어, 마자르어를 말했다. 그러나 국가와 사회는 그럼에도 불구하고 명확한 마자르민족적 성격을 갖고 있었다. 민족적 전통과 민족적 권리의 발전으로부터, 제국의회에서의 공적 생활의 실천으로부터, 더욱이 군(Komitat, 역사적으로 1949년까지 헝가리의 행정구역을 가리키는 단어로 군이나 현에 해당하는 기초단체를 의미한

분제의회의 대립은 헝가리에서도 피할 수 없었다. 그래서 이 투쟁은 "비인", 즉 절대국가권력에 대한 "민족"의 부단한 투쟁이었고,2) 결국 "민족"은 외국과 결합한 반면, "비인"은 피의 판결과 사형집행으로 대응한 전쟁이었다. 마자르인 귀족의 이데올로기는 오늘날에도 여전히 신분제의회와 국가 간 이러한 양보 없는 부단한 투쟁에 대한 기억으로 가득 차있다.

이 투쟁이 기초하는 것은 심각한 경제적 이해대립이었다. 마리아 테레지아와 요제프 2세의 시대에 국가는 헝가리에서도 지주계급에 의한 착취에 반대하고 **농민**을 보호했다. 마자르인 귀족은 세금을 내지 않았기 때문에, 농민이 세금의 주요한 담지자였다. "제국 및 왕국의 납세자"에 대한 배려는 여기서도 농민보호정책으로 이끌었다. 그것은 여기서 농민이 1514년 대농민봉기의 패배 이래 지주에게 무방비 상태로 인계되었고 그들의 법적, 경제적 상태가 인접한 폴란드보다 열악했기 때문에, 그 만큼 더 절박하게 필요하였다. 그러나 처음의 시도(1764에서 1765년)에서 국가는 제국의회의 매우 심한 반항에 부딪혔다. 여기서 여제 마리아 테레지아는 1766년부터 1768년까지 궁정위원회를 통해 "토지대장"을 입안시켰다. 그러나 신분제의회는 그것의 실시를 극력 반대하고, 국가권력에 의한 전제적 규제의 시도를 헌법위반이라고 보았다. 요제프2세가 1783년 지벤뷔르겐에서, 1784년 헝가리에서 시행한 농노제 폐지를 통해 신분제의회는 더욱 분노하게 되었다. 그러나 요제프2세의 세금과 토지대장에 대한 규제가 영주의 권리를 통일적인 금납으로 전환하여 본질적으로 축소하려고 했을 때, 귀족의 저항은 공개적인 반란으로 발전하였다. 요제프2세는 스스로 헝가리에 대해서 이 법률을 철회할 수밖에 없었다! 귀족은 민족적 권리를 — 마자르인 농민 뿐 아니라 외국인 농민도 착취하는

다 — 역주)의 일상적 행정으로부터, 헝가리 법의 연구로부터, 이 민족은 외국의 영향이 접근할 수 없도록 젊음과 힘을 창출하였다." Eisenmann, *Le compromis austro-hongrois*, Paris 1904, 547쪽 (원주)

2) 베르베츠이(Verböczy)는 선언한다. "민족을 이루는 것은 고위성직자, 남작, 기타 귀족, 그렇지 않으면 귀족의 사람들이다. 그 밖의 사람들은 민족을 이루지 않고 평민과 천민을 구성한다."(원주) (Istvan Verböczy <1448-1541>는 헝가리의 법률가로 1514년 공법의 헝가리적 법전인 "삼자규약"을 정식화했다 — 역주)

권리 ― 유지하는 데 성공했다. 신분들은 1790년 그들에게 매우 유리한 마리아 테레지아의 토지대장을 승인했다. 그러나 그것은 단지 임시적인 것에 불과했다. 실제로 그것은 전혀 효과가 없었다.[3)]

농민에 대한 무제한 착취의 권리 외에도 신분제의회는 **면세권**을 가장 신성한 민족적 권리로서 갖고 있었다. 합스부르크가는 귀족에게서 이 특권을 빼앗기 위해 계속 시도했지만 허사였다. 귀족이 이것에 대해 동의하지 않았기 때문에, 절대주의는 스스로의 방식으로 보복했다. 즉 헝가리는 식민지와 마찬가지로 취급되었다. 신분제적 이중국가에서 **영업입법**과 **관세정책**은 완전히 황제의 수중에 있었다. 이제 중상주의는 헝가리의 매뉴팩처와 가내공업의 발전시키지 않고, 오히려 오스트리아의 기업으로 하여금 헝가리 시장을 장악하도록 발전을 의식적으로 방해했다. 그래서 헝가리의 공업원료의 수입 관세가 오스트리아보다 높게 설정되었다. 예를 들면 블뤼메겐(Blümegen) 백작은 1775년 관세율이 토론되었을 때 이렇게 설명했다.[4)] "독일의 세습지에서 염색재료인 인디고(Indigo)에[5)] 5%를 과세하면, 이 품목은 헝가리에서는 30%를 과세해야 한다. 왜냐하면 그것은 헝가리에 공장을 설립하지 않은 유일한 수단이기 때문이다."[6)] 오스트리아 자본가에게 헝가리 시장을 확보하도록 했기 때문에, 헝가리가 외국상품을 수입하기는 어렵게 되었다. 이 목적에 기여한 것은 오스트리아의 통화관세였다. 더욱이 헝가리로 들어오는 외국상품은 일정한 주요 역에서만 수입되어야 하는 반면, 헝가리로 들어오는 오스트리아 상품은 모든 국경 역에서 수입될 수 있다는 규정도 있었다. 이에 반해 오스트리아 이외의 나라로 헝가리 상품을 수출하는 것은 방해되었다. 만일 헝가리

---

3) Karl Grünberg, "Die Bauernbefreiung in Österreich-Ungarn", *Handwörterbuch der Staatswissenschaften* (원주)
4) Count Heinrich Blümegen(1715-1788)은 최상급의 행정적, 재정적 문제는 물론이고 부분적으로 군사적, 법률적 문제까지도 담당한 연방법원의 대법원장이었다. (역주)
5) Indigo는 쪽 물감을 말한다. (역주)
6) Adolf Beer, "Die Zollpolitik und die Schaffung eines einheitlichen Zollgebietes unter Maria Theresia", *Mitteilungen des Instituts für österreichische Geschichtsforschung*, 제14권, 50쪽 (원주)

상품을 오스트리아를 넘어 외국으로 수출할 때, 수출관세는 두 배나 지불해야 했다. 헝가리와 오스트리아의 상품이 경쟁하는 곳에서 그것은 가장 냉혹하게 시행되었다. 예를 들어 일정한 양의 헝가리산 포도주를 외국에 수출하려는 사람은 같은 양의 오스트리아산 포도주를 수출해야 하고, 그것을 통해 오스트리아의 포도재배가 헝가리와의 경쟁에서 피해를 입지 않도록 조치해야 했다.7) 황제는 오스트리아 관세입법의 권리만이 아니라, 헝가리의 왕으로서 슈테판왕관8) 아래 있는 나라에 대한 경제적 입법의 권리도 갖고 있었다. 이 권리는 오직 세습영방을 위해서만 사용되었다. 이 정책에 대한 헝가리의 분노를 이해하기 위해서는 다음의 관계를 이해해야 한다. 이 정책은 헝가리 왕의 권리를 오직 오스트리아의 이익에 기여하도록 만든 것이었다! 물론 헝가리귀족에게 이 정책을 비난할 권리는 없었다. 오히려 그들은 면세특권을 포기하지 않았기 때문에, 스스로 나서서 이 정책에 가담했다. 헝가리의 영주는 세금을 납부하지 않았고, 영주에 의해 착취되는 헝가리 농민도 그다지 많지 않은 국세를 부담했기 때문에, 이 나라는 관세 이외에는 납세할 방법이 없었다. 이 관계는 문헌에 기초하여 충분히 증명할 수 있다. 요제프2세는 1785년 12월 30일 헝가리의 수상 파르히(Palffy)백작에게, 헝가리를 오스트리아와 동등하게 취급하고 싶고, 만일 헝가리 귀족이 면세특권을 포기하면 특히 공장설립을 촉진하고 싶다고 썼다.9) 그러나 마자르인 귀족은 이 희생을 결코 결정하지 않았다. 만일 헝가리의 경제적 발전이 오늘날에도 여전히 서유럽 나라들보다 뒤져있을 뿐만 아니라, 오스트리아의 자본주의적 발전에도 훨씬 뒤져있다면, 그것은 많은 다른 이유도 있지만 — 사람들은 단지 헝가리

---

7) Ludwig Láng, *100 Jahre Zollpolitik*, Wien 1906, 172쪽 (원주)

8) 헝가리의 왕관을 가리킨다. 1867년의 타협으로 규정된 것으로, 헝가리에 의해 통치되는 영토의 공식 명칭이다. 헝가리는 독자적인 권력을 인정받았지만(이중국가), 그것은 어디까지나 오스트리아황제가 겸하는 슈테판왕관 아래서만 가능한 것이었다. 이 영토는 헝가리 자체 뿐 아니라 트랜실바니아, 크로아티아-슬라브를 포함하였다. 원래 Stephen 1세(997-1038)는 영광스런 과거의 헝가리의 왕이었고, 성인으로 추앙되어온 인물이었다. (역주)

9) Ludwig Láng, 같은 책, 171쪽 (원주)

가 200년 전에 비로소 터키의 지배로부터 해방되었다고 기억한다 — 적지 않은 부분의 후진성은 나라의 발전을 면세특권으로 희생시킨 헝가리귀족의 후진성에 의한 것이다.

이러한 관계를 오늘날 역사에 정통한 사람은 꿰뚫어 볼 수 있을지 모르겠지만, 헝가리 주민은 그것을 결코 이해하지 못했다. 그들은 헝가리 왕이 자신의 합헌적인 권한을 자국에는 불리하게, 외국에는 유리하게 사용했다고만 생각했다. 이러한 생각은 오늘날에도 여전히 강력한 힘을 갖고 있다. 수백 년 동안의 신분투쟁은 마자르인 귀족에게 정치적 이데올로기를 점화시켰는데, 이것은 절대주의에 대한 투쟁에서, "비인"에 반대하는 투쟁에서, 헝가리 신분들의 자유와 주권을 둘러싼 투쟁에서 유일한 정치적 과제로 나타났다. 그리고 헝가리를 식민지로 취급한 것은, 헝가리를 억압하고 착취하려는 외국세력에 반대하고 전체 왕국의 이익을 대표하는 전사로서 마자르인 귀족을 더욱 등장하도록 만들었다.

19세기 전반 대립은 더욱 첨예하게 느껴졌다. 1843년 **리스트(List)**의 <정치경제학의 국민적 체계>가 마자르어로 번역되었다. "국가의 생산성 발전"이 애용되는 구호가 되었다. 1844년 신분들은 관세입법의 권리를 요구했다. 같은 해 민족보호협회가 설립되고, 회원들은 헝가리 기업의 생산품만 구입할 것을 명예를 걸고 선서했다.

절대주의가 경제적 발전을 경제정책적 입법을 통해 방해한다는 이 영방의 분노를 귀족은 영리하게도 자신의 이익을 위해 이용할 줄 알았다. 그러나 귀족은 신분들의 투쟁을 민족투쟁으로 나타내는 또 다른 수단을 알았다.

이 수단의 하나는 마자르어의 사용을 위한 투쟁이었다. **언어투쟁**은 헝가리에서 요제프2세 치하에서 시작되었다. 당시 독일에서는 독일어가 입법, 행정과 재판, 학문에서 중세 라틴어를 이미 추방하고 있었다. 이에 반해 헝가리에서는 라틴어가 여전히 국가언어였다. 라틴어를 살아 있는 민중어로 바꾸려는 운동이 서서히 헝가리에서도 확대되었다. 그러나 요제프2세는 라틴어를 마자르어가 아닌 독일어로 바꾸려고 했다. 라틴어는 신분들과 신분제행정의 언어이고, 독일어는 황제의 관료층의 언어였다. "왕국과 영방"의 전체 신분제행정과 전체 특권을 폐지하고, 전체 군주국을 "통일적으로 지배되는 민중"으로 만들려고 한 황제가 독일어의 통용 범위를 헝가리에도 확대하려고 한 것은 당연한 것이다. 신분들은 "외국 언어"의 도입에 반대하여 있는 힘을 다해 저항했다. 독일어에 반대하는 투쟁은 그들에게 국가권력에 대한 계급투쟁의 유효한 수단이 되었다. 이미 1792년 영방의 모든 학교에서 마자르어 수업이 명령되었다. 1836년과 1844년의 법률을 통해 마자르어는 라틴어를 대신하여 헝가리의 국가언어가 되었다.

그리고 귀족은 신분들의 투쟁을 전체 민족의 투쟁으로 나타나도록 하려면, 언어투쟁보다 더 좋은 수단이 없음을 아주 빨리 인식했다. 공무원, 재판관, 장교가 말하는 외국어는 타자 지배를 눈에 보이게 만든다. 국가가 마자르어를 말해야 한다고 요구함으로써 귀족은 마자르인 시민층만이 아니라 마자르인 농민도 확실히 획득할 수 있었다. 대중의 본능은 계급국가의 기관이 자신들을 타자로 지배하고 있다고 느낀다. 그럼에도 불구하고 만일 외국어를 관청, 법정, 군대에서 추방할 수 있다면, 모든 계급국가의 본질인 타자 지배를 배제할 수 있는 것처럼 그들은 유치하게 생각한다. 만일 국가기관이 그들과 마자르어로 얘기한다면, 국가는 더 이상 마자르인 농민에게 타자 권력으로서 대립하지 않을 것처럼 말이다! 그래서 언어투쟁은 마자르농민을 자신들의 가장 잔인한 억압자인 귀족의 정치적 추종자로 만든다는 놀라운 사태를 낳는다!

이제 국가권력과 신분들 사이에 계속되는 투쟁을 통해 더욱 재생산되고 강화된 귀족의 이데올로기는 흥미롭게도 점차 계급이해보다 더욱 강해진다. 계급이데올로기는 언제나 그 아래 있는 계급이 생활하는 특수한 조건의 산물이다. 그것은 언제나 계급이해로부터 생긴다. 그러나 계급이데올로기는 일단 생기면, 계속 살아 움직이면서 독자적인 발전을 이루고, 독자적 논리를 통해 자신을 초월해간다. 그래서 조건이 괜찮으면 계급이데올로기는 자신의 존재를 낳은 계급이해를 넘어 유지되며, 또한 이데올로기가 계급이해에 조응하지 않게 되더라도 계급은 그 이데올로기와 결합해서 머물게 된다. 이러한 상태는 단지 과도기적 상태로만 생각될 수도 있다. 확실히 변화된 계급이해는 결국 계급이데올로기를 변화시킨다. 그렇지만 계급이해와 계급이데올로기 사이의 이러한 종류의 충돌은 종종 존재하며 또 그것이 역사적인 힘을 발휘하기도 한다. 이것은 1848년 직전과 또 혁명기 동안의 마자르인 귀족의 상황이었다. 농민을 저항 없이 귀족에게 굴복시키고, 귀족에게 면세특권을 보장한 신분제 지배의 유지라는 귀족의 계급이해는 귀족을 민족해방 투쟁으로 몰고 갔다. 그러나 이 생각은 수백 년에 걸친 투쟁 동안 마자르인 귀족의 머릿속을 어느 정도 차지하고 있었기 때문에, 결국 이 생각이 귀족의 머릿속을 지배하게 되었을 때는 이미 귀족의 이해와 모순되었다. 헝가리에 대한 절대주의의 적대적 경제정책은, 귀족이 면세특권을 포기하지 않는 한 — 귀족의 일부는 결국 그러한 희생을 인정하려고 결심했다 — 극복될 수 없다. 절대주의에 대한 투쟁은, 귀족이 단독으로 수행하는 한, 해방투쟁으로 보이지 않았다. 그래서 귀족의 일부는 지배권을 시민층과 나누려고 결심했다. 이 독자적인 투쟁은 마자르인 귀족을 전체 유럽의 시민적 해방투쟁에 다가서게 만들었다. 그래서 그는 시민혁명의 위대한 사상을 받아들였다. 신분적 지배에 대한 요구 대신에 점차 의회의 지배에 대한 요구가 나타나고, 신분적 특권의 원리 대신에 시민적 권리의 평등이라는 사상이 나타났다. 확실히 귀족의 다수는 이러한 요구가 자신의 이해와 충돌하게 되자, 독자적인 이데올로기에서 귀결된 결과에 대해 반대했다. 그러나 젊고 실행력이 있는 귀족은, 혁명이 모든 장애를 타도하자마자, 계급투쟁의 이상에 고무되어 이 사상을 유지했고, 마침내 투쟁을 승리로 이끌었다. 그러므로 마자르인 귀족의 해방투쟁은, 비록 헝가리의 투사들은 신분적 권리가 자신의 면세특권과 농민에 대한 착취를 국가권력의 간섭으로부터 지키는 수단에 불과했던 귀족들의 상속인임에도 불구하고, 전체 유럽의 혁명가들에게는 마치 자신들의 투쟁처럼 보이는 것이다.

국가와 마자르인 귀족 사이의 오랜 투쟁은 결국 타협으로, 즉 유명한 1867년의 "타협"(Ausgleich)으로 끝났다. 독일인 관료와 부르주아지는 마자르인 귀족과 제국의 지배권을 나누었다. 황제는 통일적인 군대를 통해 전체 제국의 지배가 확보되고, 제국이 외부에 대해 통일국가로서의 면모를 갖게 된 것에 만족했다. 더욱이 황제는 마자르인에게 민족국가를 건설할 권리를 주었다.

역사 없는 민족들은 마자르인 귀족에게 아무런 저항도 못하고 인도되었다.

그러나 타협은 전체 발전의 종말일 수 없었다. 과거의 신분제 이중국가에서 합스부르크 영방들은 황제의 권력이 미치는 한, 하나의 통일체였다. 이에 반해 모든 황실직할지는 신분들의 권리가 적용되는 한, 독자적인 국가였다. 영방군주의 힘이 강력해질수록, 그 만큼 더 영방들을 서로 결합하는 연대는 강해졌다. 신분들의 힘이 적어질수록, 그 만큼 더 황실직할지는 독자적 국가의 성격을 잃었다. 그러므로 신분들의 국가에 대한 투쟁은 중앙집권주의에 대한 연방주의의 투쟁으로 나타났다. 따라서 헝가리에서 황제에 반대하는 투쟁은 오스트리아와의 밀접한 결합에 반대하는 투쟁으로 나타났다.

이러한 투쟁은 타협의 체결 후에도 그치지 않았다. 전래된 정치적 이데올로기는 헝가리를 위해서 이용하기에는 상당히 매력적인 것이었다. 헝가리와 오스트리아는 본래 상이한 이해를 갖고 있었다. 먼저 군대의 비용과 공동 국채의 이자 지불과 같은 공통의 부담 중 어느 부분을 두 국가 중 어느 쪽이 부담해야 하는가의 문제가 있었다. 그리고 모든 경제정책적 문제의 조정에서 통상조약은 오스트리아의 공업적 이익과 헝가리의 농업적 이익이 각각 어느 정도까지 배려되어야 하는가의 문제가 있었다. 마지막으로 많은 정치적 문제에서도 이해가 대립되었다. 헝가리와 오스트리아는 공통의 대외정책에 대해 각각 어떤 영향력을 행사해야 할 것인가? 양국 사이의 투쟁에서 이제 헝가리는, 만일 오스트리아와의 공동성을 승인한다면, 큰 희생을 지불하게 되는 모습을 띠게 된다. 그래서 양국 사이의 모든 투쟁에서 오스트리아는, 헝가리가 공동성을 참을 수 있도록 양보해야 했다. 그래서 헝가리는 공동성에 반대하는 과거 투쟁의 전통을 갖는 정당의 존속에 물질적 이해가 있었다. 이러한 국법적 반대 덕분에 헝가리는 분담액, 관세, 통상조약, 대외정책에 대한 영향력을 둘러싼 투쟁에서 오스트리아를 상대로 많은 양보를 얻을 수 있었다. 공동성에 반대하는 투쟁은 원래 국가권력에 대한 신분들의 투쟁수단이었다. 헝가리는 이러한 투쟁의 전승된 이념을 타협 후에도 신중히 유지하였다. 그 이념은 이제 헝가리에서 제국의 다른 절반에 대한 투쟁수단이 되었다.

공동성에 대한 투쟁은 우선 제국공동체의 외적 표식, 즉 문장, 기, 독일어에 대한 투쟁으로 나타났다. 가장 중요한 것은 언어투쟁이었고, 오늘날도 역시 그렇다. 지배계급은 이 투쟁에 직접적인 이해가 있었다. 마자르어가 군대언어로 되는 것은 헝가리군대에서 마자르인이 장교의 지위를 차지하고, 오스트리아인 장교와의 경쟁을 배제하도록 만들 것이다. 뿐만 아니라 지배적 소귀족과 신사층(Gentry)은 자신의 권력이 역사 없는 민족들의 억압에 기초하였기 때문에, 이미 마자르어의 단독 지배를 추구할 수밖에 없었다. 그들은 먼저 루마니아인, 루테니아인, 세르비아인, 슬로바키아인, 또 헝가리의 독일인에게도 마자르어를 강요하려고 한다. 그러나 이 투쟁은 민중들에게 그다지 인기 있는 것으로 보이지 않는다. 이것은 민족투쟁을 해방투쟁으로서 나타냈던 전래의 이데올로기와 모순된다. 이것은 스스로 착취되고 억압되었기 때문에 모든 억압에 적대적인 마자르민족의 광범한 대중의 이데올로기 자체와 모순된다. 그러므로 지배계급은 자민족의 정치적 순종을 잃을 위험에 직면한다. 그래서 언어를 둘러싼 투쟁을 해방투쟁처럼 보이도록 만들어야 한다. 그러므로 비인과 황제에게 반대하는 투쟁을 최종 목표로 설정한다. 국가생활에서 마자르어의 단독 지배를 위한 투쟁은, 즉 타민족의 억압을 위한 신사층의 도구는, 황제에 대한 의회의 투쟁으로서 나타난다. 그리하여 전체 유럽에서, 그리고 헝가리에서조차 자유의 벗들은 이 투쟁에 박수를 보낸다.

광범한 대중은 이 투쟁에서 어렵지 않게 승리했다. 매우 천천히 경제적 발전이 이루어진 나라에서 계급들의 전통적 이데올로기는 강인하게 유지되었다. 자본주의적 발전이 독일민족의 사회적, 정치적 이상을 혁명 이후 얼마나 변화시켰던가! 이에 반해 헝가리의 마자르인 농민에게는 오늘날에도 아직 1848년과 같이 코슈트(Kossuth)의 이름이 강령처럼 들린다.[10] 얼마 전까지 마자르인 대중은 신분투쟁의 시대부터 전승한 과거의 정치사상, 즉 비인에 대한 투쟁밖에 알지 못했다. 오늘날에도 역시 농민들은 어렵지 않게 독일어를 타자 지배의 표시로 생각한다. 농민의 자식이 마자르어 명령어로 계급국가를

---

10) Ferenc Kossuth(1841-1914)는 1848년 혁명기에 민족주의적 지도자였던 Louis Kossuth의 아들이다. 아들 코슈트는 민족독립당을 이끌었는데, 이 당은 1905년 연합선거에서 수적으로 가장 강력한 집단을 형성하였다. (역주)

위해 훈련받는다 하더라도, 헝가리군은 물론 국민군이 아닐 것이다. 그러나 독일어 명령은 마자르인 농민의 자식으로 하여금 어떤 타자의 권력을 위해 병역의무를 감수해야 하는지를 분명히 알게 만들고, 직접 눈으로 볼 수 있게 만든다. 수확 때 파업을 하는 농업노동자와 선거 때 반대하는 농민을 진압하기 위해 파견된 계급국가의 군대에 대한 그들의 정확한 본능이 우선 독일어의 군대어에 대한 소박한 증오의 형태로 나타나는 것은 놀랄만한 일일까?

그래서 제국공동체에 대한 투쟁은 지배적 토지소유자계급의 계급이해와 계급이데올로기에서 생긴다. 그들은 천천히 발전해온 마자르인 시민층과 농민대중을 과거 시대의 전통적 사상세계에 머물게 하고, 그럼으로써 지배적 귀족의 이익에 봉사하도록 만든다. 헝가리가 순수한 마자르인의 민족국가를 건설하고, 독자적인 마자르인의 군대를 만들려고 결심했다는 것은 분명하다. 공통의 경제영역은 법적으로 더 이상 존재하지 않는다. 법률상 헝가리는 내일이라도 직접 오스트리아 국경에서 수입관세를 징수할 수 있을 것이다. 헝가리는 법적 가능성을 완전한 현실성으로 만들 것인가?

루돌프 슈프링거조차 헝가리에서는 "몇 사람의 창업자와 소시민적 오만"만이 통일적 관세영역에 반대하고 있다고 생각한다.11) 나는 이것을 오류라고 생각한다. 매우 강한 세력이 헝가리를 오스트리아로부터 경제적으로 분리하도록 강제하고 있다. 1900년 취업자 중 17.5%만이 광산 및 야금, 공업, 상업, 교통에 종사하고, 이에 반해 71.13%가 농업에 종사하였다. 오스트리아와 헝가리의 상품교환은 본질적으로 오스트리아의 공업제품과 헝가리의 농업생산물 및 축산물의 교환이다. 1905년 헝가리로부터 오스트리아로 수출된 상품은 가치에서 보면, 58.2%의 원료. 7.2%의 반제품, 34.6%의 완제품이다. 한편 오스트리아는 헝가리로 동일한 가치에서 보면, 10.3%의 원료, 11.8%의 반제품, 77.9%의 완제품을 수출했다. 이러한 비율은 헝가리의 경제에 어떤 작용을 미칠 것인가?

농업국가는 우선 인구수에 비해 일반적으로 공업국가보다 **적은 가치**를

---

11) Rudolf Springer, *Grundlagen und Entwicklungsziele der österreichisch-ungarischen Monarchie*, 219쪽, (원주)

생산한다. 농업노동은 계절노동이다. 그러므로 농업노동력은 일 년의 많은 부분을 놀린다. 자본주의는 먼저 과거의 가내공업을 — 자신의 필요를 위한 농민의 부업 — 파괴했다. 이 과정은 헝가리에서는 물론 매우 천천히 진행되었다. 오늘날에도 역시 가내직물업은, 아니 가내방적업도 농민가족의 자가수요를 위해 아직 완전히 없어지지 않았다. 그러나 자본주의를 통한 생산력의 발전과 함께 공업생산물은 농촌에 침투하여 과거의 가내작업을 파괴한다. 다른 나라에서 가내작업은 가내공업을 통해 대체된다. 농민과 머슴은 자본가의 하청으로 상품을 만들기 시작한다. 그러나 과거의 가내공업이 시작되었을 때, 헝가리는 오스트리아의 중상주의적 경제정책 하에서 어려움을 겪고 있었다. 헝가리가 아니라 뵈멘, 메렌, 슐레지엔에서 자본주의적 가내공업이 발생했고 그 상품을 헝가리 농민이 구입했다. 그래서 헝가리의 농촌주민은 새로운 것을 통해 대체할 수 없었고, 과거의 부업을 계속했다. 이것은 헝가리의 전체 경제에서 볼 때 사회적 노동의 성과가 적었고 따라서 생산된 가치도 적었음을 의미한다. 이것은 농업이 농촌주민 자체를 부양할 수 없고, 그래서 농촌에서는 생활을 유지할 수 없어 **이주**를 강제하는 작용을 한다. 사실 헝가리로부터의 이주는 매년 증가하고 있다. 유출된 노동력의 가치와 그들이 농촌에서 생산할 수 있는 잉여가치가 전체 경제에서 없어지는 것이다.

헝가리 농업노동자에 대한 **착취**는 매우 크다. 수확이 좋지 않으면 나라의 가장 풍요로운 지역에서도 기아전염병이 퍼진다. 농촌주민의 이러한 어려움은 물론 풍요로운 토지인 자연이 아니라 과도한 착취에 책임이 있지만, 헝가리정부는 이 어려움을 영구화하려고 노력한다. 즉 정부는 농업노동자의 조직화를 방해하고, 모든 파업을 무력으로 탄압하며, 국가 자체가 파업 파괴의 중개를 한다. 노동력의 가격이 매우 낮기 때문에, 전체 경제는 **잉여가치**에 모든 것이 달려 있다.

이 잉여가치의 상당 부분이 이제 **외국**으로 유출되고 있다. 이것은 이미 국가의 대부분이 잉여가치를 외국에서 소비하는 외국의 토지소유자에게 속하기 때문에, 황제의 일가, 뵈멘과 외국의 토지소유자, 오스트리아의 수도원으로 유출되는 것이다.

그러나 이것을 도외시하더라도, 자본의 유기적 구성이 낮은 국가는 유기적 구성이 높은 국가와 상품을 교환할 때 잉여가치의 일부를 외국에 인도할 수밖에 없다. 우리는 이러한 중요한 현상이 일어나는 이유에 관해서 이미 뵈멘의 독일인 지역과 체코인 지역 간 대립을 살펴보면서 언급했다.12) 우리는 여기서 이러한 언급을 다시 참고할 수 있다. 헝가리가 곡물을 면직물과 교환한다면, 면직물보다 곡물에 더 많은 사회적 노동이 대상화되어 있다. 그러므로 헝가리는 오스트리아를 위해 잉여노동을 수행한 것이다.

확실히 여기서 또한 이 법칙은 지대의 현상을 통해 상쇄된다. 헝가리가 오스트리아에게 교환으로 인도하는 곡물이 만일 열악한 토지에서 수확된 것이라면, 이 곡물의 생산에는 동일한 가격의 면직물의 상당량의 생산보다 더 많은 노동이 필요하게 된다. 그러나 헝가리는 더 우수한 토지도 갖고 있고, 더 비옥한 토지에서 수확된 곡물은 경제영역이 아직 필요로 하는 가장 열등한 토지의 산물과 동일한 가격을 갖게 된다. 더 우수한 토지의 산물이 교환되면, 거기에 포함된 노동은 오스트리아가 교환하는 면직물에 포함된 노동보다 더 이상 많지 않으며, 아마 그 이하일 것이다. 그러나 이것을 통해 헝가리가 (자본의 유기적 구성이 낮은 모든 나라가 더 높이 발전된 나라를 위해 수행하듯이) 오스트리아를 위해 수행해야 하는 잉여노동은 감소할 뿐이지 없어지는 것은 아니다. 이것은 이미 **지대**의 상당 부분이 외국으로, 특히 다시 오스트리아로 유출되기 때문만은 아니다. 지대의 상당 부분은 언제나 토지소유자의 저당권자에게 이자로 지불된다.

이러한 방식으로 헝가리의 지대의 적지 않은 부분이 오스트리아의 자본가 손으로 유출된다. 그들은 헝가리의 농업인에게 직, 간접적으로 (저당증권소유자로서) 저당권대부금을 베푼다. 외국자본가의 이러한 수입은 헝가리에서는 과세되고, 더욱이 저당업무가 공통의 발권은행의 수중에 있는 한,13) 국가도 이득의 몫을 가진다. 그러나 저당이자가 사적 자본가에게 유출되는 한, 그것은 대부분 외국으로 유출된다.

---

12) 본서 제18장 참고 (역주)
13) 발권은행은 당연히 국가의 중앙은행을 말한다. (역주)

또한 우리는 다음의 사실을 확인한다. 즉 헝가리에서 생산되는 가치량은 나라의 인구에 비해 작다. 그것은 노동자에 대한 착취가 매우 크고, 잉여가치가 가치의 상당 부분을 차지하지만, 이 잉여가치의 대부분이 외국으로 유출되기 때문이다. **이러한 사실은 국가의 자본축적을 방해할 수밖에 없다.** 게다가 생산수단의 소유자가 국내에 남는 부분의 잉여가치를 어떻게 사용하는가 하는 방법의 문제도 있다. 자본가는 잉여가치를 두 부분으로 나눈다. 그는 일부를 소비하고, 다른 부분을 축적한다. 즉 그는 잉여가치를 다시 자본으로 전화하고, 노동력과 생산수단을 구입하기 위해 사용한다. 우리는 축적된 잉여가치의 전체 잉여가치에 대한 비율을 **축적률**이라고 부른다. 축적률이 높을수록, 국가의 자본량은 더 빨리 증대한다. 산업자본가가 그들 손에 들어온 잉여가치의 대부분을 토지소유귀족보다 더 많이 축적한다는 사실은 이제 잘 알려진 경험이다. 고도로 발달한 나라에서는 미국과 러시아의 곡물경쟁이 토지소유자에게도 또한 경제적 감각을 주입시킬 수도 있고, 지배적 자본가계급이 토지소유귀족을 그들의 이데올로기로 채워 이윤에 대한 욕망을 전염시킬 수도 있다. 그러나 헝가리는 확실히 아직 그러한 상황에 이르지 못했다. 마자르인 귀족은 확실히 아직도 매년 약탈한 잉여가치의 대부분을 낭비하고 있다. 그리고 국가의 전체 잉여가치의 대부분이 이 계급의 손으로 유입되기 때문에, 헝가리의 축적률은 언제나 매우 낮고, 따라서 자본량의 증대도 매우 천천히 이루어지고 있다.

이러한 사실은 국가 전체의 문화적 빈곤으로 표현된다. 당연히 마자르인은 수도의 훌륭한 발전을 즐겨 거론한다. 그러나 부다페스트(Budapest)와 다른 몇몇 도시의 성장만으로 전국의 문화적 후진성을 반박할 수 없다. 게다가 바로 수도의 외면적인 훌륭한 성장 속에 국가의 경제적 병이 반영되어 있지 않을까 하는 것이 큰 문제이다. 대도시는 바로 무엇보다 잉여가치 소비의 중심이다! 수도의 훌륭함은 낮은 축적률의 외면적 현상형태이다! 향락의 부다페스트가 모든 오스트리아 사치산업의 가장 중요한 고객이다!

헝가리의 국민경제가 1867년 이후 강력한 진보를 이루었다는 것은 의심의 여지가 없다. 그러나 헝가리를 동일한 인구수의 다른 발전된 산업국가와 비교하면, 헝가리는 가난하고 문화적으로 뒤져 있고, 납세능력도 적어 보인다. 헝가리 국채의 대부분은 여전히 외국, 특히 오스트리아 자본가의 수중에 있다. 지금도 여전히 헝가리에서 근대적 산업경영은 오스트리아 자본의 국내유입을 통한 방식으로만 이루어질 수 있을 뿐이다.

    이러한 사실은 헝가리로 하여금 산업발전을 전체 경제영역의 이익으로서 생각하게 만든다. 따라서 헝가리는 오늘날 이미 중상주의적 정책의 모든 수단을 이용하고 있다. 헝가리는 보조금을 통해서, 세금우대를 통해서, 철도운임정책을 통해서, 외국자본을 국내로 끌어들이려고 노력한다. 또 헝가리는 장려관세를 통해 산업발전을 촉진시키기 위해 오스트리아와 다른 관세영역을 추구하고 있다. 확실히 헝가리의 산업발전은 외국자본이 국내로 유입할 때만 가능하고, 따라서 획득된 산업이윤은 우선 외국자본가에게 흘러갈 것이다. 그러나 외국 산업자본이 서서히 국내 자본화되는 것은 모든 국가의 경제사가 증명하는 오랜 경험이다. 그래서 오스트리아에서도 기업을 설립한 영국, 벨기에, 제국독일의 자본은 결국 오스트리아적인 자본이 되든지 아니면 오스트리아 자본에 의해 대체되는 것이다. 우리는 외국자본의 이러한 국민화 현상을 최근 수십 년 동안 이탈리아에서, 그리고 미국에서 더 큰 규모로 볼 수 있었다. 헝가리에서도 기업을 설립한 외국자본은 결국 시민권을 얻게 될 것이다. 오늘은 뵈멘에서 면방적업을 경영하고, 내일은 헝가리에서 면방적업을 경영할 콘가(Kohns)와 폴락가(Pollaks)는 비인보다 부다페스트에서 더 쾌적함을 느낄 것이다.

    따라서 오스트리아와 헝가리 사이의 관세경계의 설립은 먼저 국가의 필요로서 나타난다. 전체 사회적 지위가 공적 행정에 기초한 사회계층은 이러한 설립을 그 자체로서 바로 느낀다. 즉 직업정치가, 신문기자, 관료, 마자르귀족의 젊은 자식들이 그러한데, 이들은 날 때부터 국민의 지도자로서 입법부에 등장하고, 군청의 행정에서 녹을 먹는 한직에 앉아 있다. 마찬가지로 전체 지식인층이 국가이익의 담지자가 된다. 산업발전이 나라의 번영을 높일 것이라는 인식은 지식인계급의 과거의 역사적 이데올로기와 결합한다. 지식인 계급은 독립된 헝가리 국가의 건설과 오스트리아로부터의 완전한 분리 속에서

"비인"에 대한 승리와 자유의 승리를 본다.14) 그래서 지식인층도 독자적인 관세영역의 사상에 사로잡혔다. 이것은 지식인층의 정치권력이 매우 강력한 모든 경제적 후진국에서와 같이, 헝가리에서는 그 만큼 더욱 중요하다.

독자적인 헝가리의 관세영역을 둘러싼 투쟁에서 지식인층은 헝가리 부르주아지와 결합했다. 그들은 관세경계의 설립을 통해 풍부한 초과이윤의 기회, 상품의 더 풍부한 판매, 자본의 매력적인 투자영역, 생산물의 더 확실한 판로를 기대했다. 공장주와 상인은 오스트리아에 대한 보호관세를 위해 투쟁하는 군대의 핵심간부이다. 이들 사회계층의 영향력은 매우 크다. 우선 이제까지의 선거권은 도시에 유리하였다. 그리고 도시인구의 내부에서는 부르주아지가 경제적 실력과 사회적 명성 덕분에, 자본주의가 아직 소시민층의 반항을 불러일으키지 않는 한, 모든 곳에서 지도력을 갖고 있었다. 헝가리는 시민층이 정치적으로 부르주아지로부터 일시적으로 분리하는 발전단계(오스트리아는 이미 80년대 초에 도달했던)에 아직 도달하지 못했다. 그러므로 소시민층은 관세분리의 투쟁에서 부르주아지에 종속적이었다.

그러나 지식인층과 부르주아지는 오늘날 이미 헝가리에서 강력한 영향력을 갖고 있지만, 만일 아직도 토지소유귀족의 전체 권력과 대립한다면, 오스트리아로부터 경제적인 분리를 관철하기 어려울 것이다. 신사층은 오늘날에도 여전히 헝가리의 지배계급이다. 확실히 신사층은 현재 더 이상 통일적인 계급이 아니다.15) 그 중 일부는 지식인층, 부르주아지, 정치가, 언론인, 군청직원 등으로, 우리는 이미 관세분리의 지지자로서 알고 있다. 다른 일부는 부르주아지와 결혼을 통해 인척관계가 되거나, 은행 및 공업적 기업의 임원이 되었다. 그러나 많은 소귀족은 고급 귀족과 마찬가지로 곡물 및 고기의 수출에 이해가 달려 있다. 이러한 이해가 얼마나 큰 것인가는 다음의 숫자가 증명

---

14) 절대주의 하에서 확실히 헝가리의 신분들은 관세영역의 공동체를 만들려고 노력했다. 그러나 이것은 귀족이 면세특권을 포기하려고 하지 않았기 때문에 거부되었다. 슈바르첸베르크 내각이 비로소 혁명 후에 관세경계를 폐지했다. 그 동안 신분적 투쟁의 개별 요구는 잊혀졌다. 단지 오스트리아로부터의 완전한 분리를 민족투쟁의 목표로 보는 일반적 분위기만이 남았다. (원주)

15) Springer, 같은 책, 64쪽 참고 (원주)

한다. 1904년 헝가리의 수출통계는 다음과 같다.

〈표 25-1〉 헝가리의 수출, 1904년

	생산량(100Kg)	수출총량(100Kg)	오스트리아에 대한 수출(100Kg)
밀	39,984,951	3,944,680	3,932,307
호밀	11,663,819	2,056,342	2,056,035
보리	11,365,234	2,583,398	1,821,749
귀리	9,823,997	2,064,834	2,052,820
옥수수	17,974,937	2,243,104	2,097,986

게다가 헝가리는 같은 해 719,365,300Kg의 밀가루를 수출했는데, 그 중 612,183,400Kg이 오스트리아에 대한 수출이었다. 오스트리아에 대한 곡물수출은 밀가루수출이 증대하는 동일한 양만큼 감소하고 있다. 또 오스트리아에 대한 가축수출은 매우 크다. 1904년의 숫자는 다음과 같다.

〈표 25-2〉 헝가리의 가축수출, 1904년

	총수출(마리)	오스트리아에 대한 수출(마리)
소	301,668	251,782
돼지	372,975	372,635

여기에 더해 가축생산물과 유지제품 등 상당한 양의 수출이 있다. 이 숫자는 관세분리를 통해 얼마나 많은 이익이 헝가리 농업과 축산에 떨어질 것인가를 충분히 증명하고 있다. 이러한 생산물의 상당한 부분은 판로를 외국에서 찾는다. 그리고 오스트리아 시장의 거대한 판로에 비하면, 헝가리의 농업제품과 축산물을 구입하는 다른 나라의 양은 무시할 정도이다.

관세분리는 헝가리의 토지소유귀족에게 지대저하로 위협한다. 그러나 그 뿐만이 아니다! 관세영역의 분리는 토지가격의 하락을 가져올 것이다. 토지가격은 자본화된 지대일 뿐이므로, 그것은 두 요소, 즉 우선 지대에, 그리고 이자율에 의존한다. 지대가 하락하면, 토지의 가치는 적어지고, 토지의 가격은 하락한다. 만일 이자율이 올라가면, 동일한 지대는 더 적은 자본의 이자액에 상응하기 때문에, 다시 토지가격은 하락한다. 이제 관세분리는 헝가리의 지대를 하락시킬 뿐만 아니라, 분명히 이자율을 올릴 것이다. 그러므로 토지가격은 이중의 이유에서 하락할 것이다. 그것은 토지소유계급에게는 자본상실로 강력하게 작용할 것이다. 게다가 헝가리공업의 더 급속한 발전은 화폐자본에 대한 커다란 수요와 함께 저당이자율을 올릴 것이다. 따라서 하락한 토지가격과 저하된 지대에도 불구하고, 농업의 부채부담은 적지 않을 것이다! 이러한 사실의 의미를 명백히 기억한다면, 헝가리 지배계급이 관세분리를 실현하고자 진정으로 생각하고 있는지 솔직히 의심해 볼 수도 있을 것이다.

관세분리가 한편으로 토지소유자에게 손해를 주더라도, 다른 한편으로 그들 중 수많은 사람들에게 많은 이익을 줄 것이라는 사실은 물론 부정할 수 없을 것이다. 특히 이것은 농업 관련 산업의 발전을 촉진할 것이다. 설탕산업과 맥주양조업은 관세경계의 보호 아래 있었기 때문에, 최근 몇 년 동안 더 빨리 발전할 수 있었다. 농업 관련 산업으로서 규칙적으로 등장하는 이러한 산업의 발전은 바로 대토지소유자의 이익이 되었다. 사실 헝가리정부는 바로 이러한 산업을 무엇보다 오스트리아에 대한 수입으로부터 보호하려고 했다. 그리고 이것은 아마 이 목적에 도움이 되는 조치를 위한 투쟁에서 헝가리 토지소유자의 일부를 관세분리의 강령에 묶어두려는 것이다. 그러나 이것은 사실상 별로 중요하지 않다. 오스트리아의 헝가리에 대한 설탕수출은 1905년 단지 32,972,700Kg, 맥주와 꿀술(Met)의 수출은 단지 28,891,700Kg에 불과했고, 오스트리아는 이미 이들 상품을 헝가리로부터 거의 그만큼 수입하고 있었다. 그래서 오스트리아에 대하여 보호관세를 통해 농업 관련 산업을 장려하려는 희망은, 토지소유귀족의 경제적 이해가 관세분리와 충돌한다는 사실을 본질적으로 감소시키지 못했다.

헝가리가 오스트리아에 대한 경제적 공동체의 폐지를 경솔하게 결심하고, 어느 맑은 날 헝가리의회가 저항 없이 오스트리아에 대한 관세경계의 설립을 결의할 것이라고 믿는 사람에게는, 그러한 숫자가 잘못을 지적해줄 것이다. 격렬한 투쟁 없이 헝가리에서 관세분리문제는 결코 결정될 수 없을 것이다. 그러나 모든 이러한 사실에도 불구하고, 헝가리가 이 투쟁에서 결국 관세분리를 결정할 것이라는 사실에는 가능성이 있다!

확실히 관세분리는 헝가리의 대토지소유자와 중간 규모의 토지소유자의 이해와 대립한다. 그러나 이들 계급의 **계급이데올로기**는 관세분리에 찬성한다. 380년 동안 마자르인 귀족은 오스트리아 절대주의에 대하여 계급투쟁을 수행해왔다. 이렇게 수백 년 동안 헝가리국가의 완전한 독립과 오스트리아로부터의 완전한 분리가 모든 정치세력의 궁극적 목적이라는 이데올로기가 마자르인 신사층 속에서 배양되었다. 우리는 이러한 이데올로기를 과소평가해서는 안 된다! 이것은 이미 언젠가 특권을 위한 귀족의 신분투쟁을 그것의 완전한 반대물인 시민적 권리의 평등을 위한 혁명적 투쟁으로 전화시켰다. 그 힘은 오늘날 아직 소진되지 않았다. 이러한 사상적 세계 속에서 마자르인 지배계급의 청년은 교육받으며, 모든 사회생활과 모든 정신문화를 그것을 통해 섭취한다. 이것만이 수백 년에 걸쳐 마자르인 귀족의 정치투쟁에 형식과 내용을 주었다. 이 이데올로기는 확실히 계급의 이해로부터 생긴다. 그러나 일단 형성되어 사백 년 동안 끊임없는 투쟁 속에서 계속 강화되고 마자르인 귀족의 의식을 꽉 채워왔기 때문에, 그것은 변화된 계급이해와 더 이상 상응하지 않더라도, 오늘 내일에 그들의 의식으로부터 불식되지는 않는다. 확실히 마자르인 귀족의 대부분은 관세분리에 대해 반대할 것이다. 동시에 농업인과 축산농가 만이 아니라 지식인, 직업정치가, 언론인, 헝가리 도시들의 부르주아지, 소시민층은 독자적 관세영역을 위한 투쟁에서 앞장서는 사람들이 될 것이다. 그러나 귀족의 저항을 귀족 자신의 이데올로기가 분쇄할 것이다. 그들은 자신의 구호의 덫에 걸려있다! **부르주아지의 계급이해는 귀족의 계급이데올로기와 동맹함으로써 귀족의 계급이해에 대해 승리할 것이다.**

법적으로 독자적 관세영역은 이미 존재한다. 사람들은 아마 우선 공허한 법적 형식, 즉 양국이 서로 자유무역을 보장한다는 통상조약을 통해 무역동맹을 대체함으로써 만족할 것이다. 그러면 우리는 아마 두 세 개의 상품에 대하여 — 농업 관련 산업! — 관세를 징수할 것이다! 그러나 우리는 단지 관세분리를 시작할 수 있겠지만, 내적 논리가 그 후 상업정책적 조치 그 자체를 벗어날 것이다! 어떤 무가치한 계기가 제국의 다른 절반에 대한 경제적 요구에 활력을 주기 위해 관세를 인상하려고 한쪽의 국가를 규정한다. 그러면 다른 쪽의 국가도 대항조치로 대응한다. 흥분한 여론은 인접국가로 하여금 양보하도록 하기 위해 양쪽에 강력한 수단의 적용을 요구한다. 이쪽에서는 "헝가리로부터 떠나라"고 말하고, 저쪽에서는 "오스트리아로부터 떠나라"고 외친다. 투쟁을 이용하려는 계급은 — 오스트리아에서는 농업인, 헝가리에서는 상업 및 공업자본 — 투쟁을 더욱 부채질한다. 그래서 "상호 호혜주의"와 "보복조치"의 길은 경제영역을 완전히 분리하게 만든다. 오스트리아와 헝가리가 평화적으로 매년 통상조약을 서로 갱신하고, 그것을 통해 언제나 다시 완전한 자유무역을 보장하고, 나아가 일치된 통상조약을 관세외국(Zollausland)과 체결(왜냐하면 이것도 양국 간 자유로운 상품교환의 전제이기 때문에)할 수 있을까 — 대륙의 모든 국가가 관세를 통해 국경을 폐쇄하고, 제국의 양부분에서 영향력 있는 계급이 관세분리를 요구하고, 관세영역의 통일에 이익을 가진 헝가리의 유일한 계급이 수백 년에 걸쳐 오스트리아에 대한 투쟁과 분리만을 생각하고 있음에도 불구하고?

그래서 사태는 **제국의 절반의 완전한 분리**로 발전되고 있다. 관세영역의 분리가 실현된다면, 또한 "실무적인" 사항의 공동체, 즉 공통의 군대나 공통의 대외정책도 유지할 수 없을 것이다. 여기서 비로소 이원주의(Dualismus)가 불가능하다는 사실이 가장 어리석은 눈에도 분명하게 되고, 여기서 비로소 루돌프 슈프링거가 훌륭하게 증명했듯이 **의지의 통일 없는 기관공동체**(Organgemeinschaft)는 불가능하다는 사실이 나타난다.[16] 오스트리아와 헝가리는 서로 대립하는 다른 이해와 다른 의지를 가진 다른 국가이다. 그러나 이러한 다른 의지를 한 사람의 외무장관, 한 사람의 대사, 한 사람의 영사가 대표하고, 다른 이해를 하나의 군대가 지켜야 한다는 것이다! 동일한 문제에 관하여 서로 대립하는 두 의지가 하나의 기관을 이용한다면, 이 기관을 둘러싸고

---

16) Springer, 같은 책, 153쪽 (원주)

투쟁하거나 결국 이 기관을 분열시킬 수밖에 없지 않을까? 오스트리아와 헝가리를 관세분할선을 통해 나누어진 독자적인 경제영역이라고 생각하는 사람은, 외교정책은 경제정책의 수단 그 자체이기 때문에 그때 공통의 외교정책이 어떻게 가능할 것인가 하고 묻는다! 이원주의의 문제들(관세영역, 소비세공동체 등)이 망각되는 날에, 또한 실무적인 사항들(군대제도, 대외정책)의 통일도 사형선고를 받을 것이다. 그러면 군주의 인격 이외에 공통적인 것은 아무 것도 남지 않을 것이다. 그러나 군주도 또한 국가의 기관일 뿐이며, 그도 역시 기관공동체는 의지공동체 없이는 불가능하다고 느낄 것이다. 오스트리아와 헝가리는 독자적 경제영역으로서 다른 외교정책과 다른 동맹을 필요로 하고, 다른 우방과 다른 적을 갖는다. 헝가리왕국은 오스트리아황제의 동맹자와 싸워야 하는가? 오스트리아황제는 헝가리와 적대관계에 있는 나라와 동맹을 체결할 것인가? 어느 국가가 자신의 의지를 공통의 군주를 통해 관철시킬 것인가? 오스트리아황제의 의지와 헝가리국왕의 의지 중 어느 것이 개개인 속에서 관철될 것인가? 외교정책과 경제정책의 문제는 제국의 절반을 이루는 쌍방에게 스웨덴과 노르웨이의 경우와 비교할 수 없을 만큼 어렵고 얽혀있다. 더욱이 스웨덴과 노르웨이의 경우에서도 나타났듯이, 이질적인 이해를 가진 독자적인 두 나라의 인적 연합은 영속적인 조직으로 될 수 없다. 합스부르크가는 베르나도테가의[17] 운명 앞에 정말 직면한 것인가?

이원주의가 제국의 쌍방을 완전히 분리시킬 것이라고 확신하는 사람은, 왕관도 또한 이 사실을 인식하고, 왕관이 대 터키전쟁의 전리품인 협정을 파기하지 않을 것이라는 사실을 고려해야 한다. 오스트리아와 헝가리를 서로 분리하려는 힘이 강할수록, 그만큼 헝가리를 "다시 정복"하려는 희망도 더 활발해진다. 왕관은 이것을 할 수 있을까?

관세분리의 첫 번째 작용은 헝가리에서 **계급대립**의 첨예화일 것이다. 우선 먼저 우리가 알고 있듯이, 관세분리선의 설정은 격심한 계급투쟁 없이는 관철될 수 없다. 분리된 관세영역으로 나아갈 때, 각각의 관세를 확정할 때, 모든 통상조약을 체결할 때, 적어도 헝가리의 **토지소유자**의 일부는 어려움

---

17) 베르나도트가(Haus Bernadotte)는 스웨덴 왕실의 이름이다. (역주)

에 직면한 계급이익을 위해 투쟁할 것이다. 그들에 대한 투쟁에서 부르주아지, 지식인, 이데올로기 주창자는 모든 계급에서 일어선다. 지배계급의 통일은 파괴된다. 훨씬 중요한 것은 지배계급에 대한 하층계급의 저항이 매우 빨리 새로운 힘과 새로운 형태를 갖게 된다는 사실이다. 헝가리의 급속한 산업화 시대는 "창업자시대" (Gründerperiode)를 통해 시작되고, 그것은 어디서든 마찬가지이지만, 헝가리에서도 **소시민층**의 시기와 도덕적 분노를 불러일으킬 것이다. 급속한 산업화는 많은 소시민적 존재로부터 토대를 빼앗을 것이다. 잘못되고 성급한 신생 기업의 수많은 파산이 많은 소시민을 파산시킬 것이다. 보호관세의 결과로 인한 공업생산물의 가격상승과 도시 및 산업중심지에서 임대가격의 상승은 소시민층의 불만을 불러일으킬 것이다. 늦어도 관세분리의 실시 몇 년 후 — 아마 더 일찍! — 헝가리는 중산계급정책 (Mittelstandspolitik), 부르주아지에 대한 소시민층의 반란, 슈나이더(Schneider)와 루에거(Lueger)를 가지게 될 것이다.[18] 동시에 **산업노동자**도 강해진다. 노동시장에서 증대하는 수요는 노동자의 힘을 강화하고 조직을 성장시켜, 노동자는 산업발전의 과실에 대한 몫을 요구한다. 그러나 지배계급은 노동시간의 단축과 임금의 상승이 젊은 헝가리 산업에 손해를 입힐까 두려워한다. 그러므로 그들은 국가권력의 모든 수단을 이용하여 노동자의 투쟁을 방해하려고 노력한다. 그러나 도시보다 농촌에서 더 빨리 계급대립이 성장할 것이다. 관세분리는 헝가리의 농업인과 축산업자에게 상당한 경제적 손실을 의미한다. 그들은 **농업노동자**의 무거운 어깨 위에 관세분리의 비용을 전가하려고 시도하며, 가장 값비싼 민족적 재산인 농업노동자에 대하여 비열한 예외법을 적용하고, 모든 임금인상을 거부할 뿐 아니라 오히려 임금인하를 시도하려고 할 것이다. 이것은 동시에 보호관세와 창업자시대의 호경기가 농업노동자들이 구매하는 모든 공업제품을 비싸게 만들 때, 더욱 그들을 어렵게 만든다.

---

18) Ernst Schneider는 1881년 "오스트리아 보호협회"를 세운 정밀공학자이다. 이 협회는 1882년 "오스트리아 개혁협회"로 이름을 바꾸고, 대중을 정치화하는 데 큰 역할을 수행했다. Lueger도 함께 일했지만, 그러나 슈나이더는 열렬한 반인종주의자로 루에거와 구별되었다. (역주)

그리하여 발전하는 산업자본주의는, 모든 곳에서 그렇게 만들었듯이, 헝가리에서 격렬한 계급투쟁을 해방시킬 것이다. 이것은 민족이 국가적 독립을 위한 투쟁에서 결정적 승리를 쟁취하고, "비인"에 대한 투쟁에서 사람들이 갖고 있던 긴장이 마침내 해소될 때, 더욱 그렇게 될 것이다. 이제 계급투쟁을 위한 길이 열리고, 이제 헝가리에서 정치투쟁은 과거의 내용을 잊고, 이제 연단은 서로 투쟁하는 계급의 소란으로 가득 차게 된다. 그리고 헝가리에서 가장 발전된 민족인 마자르인이 가장 먼저 이러한 사회적 분화과정의 작용을 느끼게 될 것이라는 사실은 자명하다.

그러나 동시에 산업자본주의의 급속한 발전을 통해 또 다른 과정이 촉진된다. **역사 없는 민족의 자각**이 그것이다. 헝가리는 오스트리아와 마찬가지로 민족적으로 통일된 나라가 아니다. 헝가리의 민족적 크기에 관하여 1900년 공식적 인구조사는 다음과 같은 수치를 나타내고 있다.

〈표 25-3〉 헝가리의 다양한 언어집단의 사람 수, 1900년

모국어	절대 수	전체 인구 중 비율(%)
마자르어	8,742,301	45.4
독일어	2,135,181	11.1
슬로바키아어	2,019,641	10.5
루마니아어	2,799,479	14.5
루테니아어	429,447	2.2
크로아티아어	1,682,104	8.7
세르비아어	1,048,645	5.5
기타	397,761	2.1
총계	19,254,559	100.0

따라서 위의 표에 의하면 헝가리왕국에서는 8,742,301명의 마자르인이 모두 10,512,258명의 다른 민족에 속하는 사람들과 마주하고 있다. 마자르인은 헝가리에서도 소수자이다. 또 여기서 이 통계가 왜곡되어 있어 마자르인이 실제보다 더 크게 나타나고 있다는 사실도 분명하다! 게다가 틀림없이 적지 않은 사람들이 마자르어를 모국어로서 신고했을 것이다. 그러므로 마자르민

족은 실제 마자르어를 말하는 사람들보다는 적을 것이다. 이것은 우선 좋아하는 빵과 국가의 관직을 위해 마자르인이 된 수많은 변절자들에게 해당된다. 이러한 변절자가 어느 정도의 가치가 있을까에 관해서는 오스트리아의 독일인이 잘 알고 있다. 동일한 경우가 유대인에게도 해당된다. 헝가리왕국 유대인의 70.32%가 마자르어를, 25.45%가 독일어를 모국어로 신고했다. 나머지 소수만이 다른 민족으로 신고했다. 우리는 유대인이 발전이 느린 나라에서는 특별히 높은 동화의 단계에 도달하지 못한다는 사실을 기억한다. 그래서 우리는 다음을 기대할 수 있을 것이다. 만일 헝가리의 역사 없는 민족이 독자적인 문화생활에 자각한다면, 뵈멘의 유대인이 체코인으로 되기 시작하듯이, 지벤뷔르겐의 유대인은 루마니아인으로, 오버헝가리의 유대인은 슬로바키아인으로 될 수 있을 것이다. 따라서 어느 경우든 마자르인으로 계산할 수 있는 인구는 공식적 숫자보다 훨씬 적을 것이다.

헝가리 자체에서는 ─ 크로아티아와 슬로베니아를 제외하고 ─ 확실히 8,588,834명의 마자르인만이 8,132,740명의 다른 민족구성원과 마주하고 있다. 여기서 마자르인은 인구의 51.4%를 차지하고, 따라서 근소한 다수자일 뿐이다. 모든 민족의 인구수에서 유대인을 빼보자(헝가리 유대인의 일부만이 완전히 동화되었다고 볼 수 있기 때문에 이것은 정당하다). 그러면 7,994,383명의 마자르인이 모두 7,896,029명의 독일인, 슬로바키아인, 루마니아인, 루테니아인, 세르보크로아티아인과 마주하고 있다. 마자르인이 다수자라는 사실은 이것을 통해 조금 더 약해진다. 인구조사 때 마자르인 행정관청을 통해 민족들에게 가해진 폭력과, 경제적 압력 하에서 경제적 이익을 위해 지배민족에 속한다고 신고한 많은 사람들을 기억한다면, 원래의 헝가리에서도 ─ 크로아티아와 슬로베니아를 제외하고 ─ 마자르인은 소수자에 불과하다고 말해도 좋을 것이다.

이러한 모든 사실에도 불구하고, 헝가리에서는 마자르인과 크로아티아인만이 민족적 권리를 갖고 있다. 다른 모든 민족은 억압되어 있다. 그들의 언어는 관청이나 재판소에서 권리가 없다. 국가는 그들의 오랜 도시에서조차 이름을 빼앗았다. 국가는 그들을 위한 고등학교 및 중학교를 거부할 뿐 아니라, 법률에 반해서조차 그들 민족의 아이들을 마자르어 초등학교에 다니도록 강제한다. 그들은 의회에 대표자를 전혀 가지고 있지 않으며, 관료가 되는 사람도 전혀 없고, 지역이든 군이든 어디서나 그들은 마자르인과 민족적 변절자와 유대인으로 이루어진 패거리에 의해 지배되고 있다. 국가의 도움으로 마자르인만이 권리를 갖고, 그들만이 모든 국가의 관직을 손에 넣을 수 있다. 민족들의 모든 민족적, 정치적 운동은 대역죄로서 간주된다. 러시아가 자신의 민족들을 살육한 범죄를, 프로이센이 자신의 폴란드민족에게 범한 범죄를, 혹은 아마 그보다 더욱 사악한 범죄를, 헝가리에서는 소수자가 국가의 대다수 사람들에게 범하고 있다. 마자르인 지배계급은 이것을 용인할 수 있다. 예속된 민족들은 바로 지배받고 착취되는 계급에 속한, 역사 없는 민족에 불과하기 때문이다.

그러나 역사 없는 민족의 자각과정은 헝가리에서도 시작되었다. 자본주의적 발전의 모든 진보가 이것을 촉진할 것이다. 어떤 정치적 박해도 이 과정을 저지할 수 없다. 오스트리아에서 독일인이 자신의 단독지배를 유지할 수 없었던 반면, 만일 헝가리에서 마자르인이 이제까지 민족들을 억압하는데 성공했다면, 마자르인에게 이것은 단지 국가의 후진성 덕분이었다. 자본주의와 근대국가는 민족들을 모든 곳에서 자각시켰다. 헝가리의 경제적 발전이 산업정책을 통해, 나아가 장차 관세영역의 독립성을 통해 촉진된다면, 오스트리아의 독일인이 체코인과 슬로베니아인에게서 체험했던 바를 마자르인은 루마니아인과 슬로바키아인에게서 체험하게 될 것이다. 오스트리아와 헝가리 사이에 관세구분선이 설정되는 날은 국내에서 마자르인의 단독지배가 종말을 고하는 날이다!

이것이 관세분리 이후의 헝가리의 모습이다. 의회에는 가장 강력한 계급이해에 의해 야기된 국내의 지배계급 간 격렬한 투쟁이 있고, 공장에는 파업이, 가두에는 임금투쟁을 하고 있는 공업노동자의 시위가 있다. 소시민층에는 지배적 정당들에 반대하는 생생하고 증오에 찬 선동이 있다. 농촌에는 끊임없이 유혈 속에서 진압되는 농업노동자의 봉기가 있다. 그리고 전국 모든 곳에는 민족투쟁이 있다. 자각된 민족들은 지배자가 그들에게 범한 부정에 대해 분노하며, 이러한 분노의 두려움 때문에 마자르인 지배계급은 폭력의 정치에 기대고 민족운동에 대한 가장 잔혹한 억압으로 나아간다. 그러면 이것은 다시 억압된 민족의 격정과 분노, 증오를 고양시킨다 — 이것이 왕관에 대한 투쟁을 결판이 날 때까지 싸우게 만드는 헝가리의 모습이다! 그래서 이것이 이원주의의 붕괴로 지배할 수 없게 된 왕관이 굴복되기를 바라는 헝가리의 모습이다!

러시아혁명(1905)의 시대에는 계급대립과 민족대립에 의해 분열된 국가를 단순한 무력으로 굴복시키고자 아무도 감히 시도할 수 없었다. 그러나 국가의 내적인 대립은 다른 권력수단을 왕관에게 줄 것이다. 그것은 베르나도테가의 운명을 체험하지 않으려면 왕관이 이용해야 하는 것이다. 왕관은 두 가지 의지를 가진 기관일 수 없으며, 오스트리아와 헝가리를 지배하고자 한다. 그렇다면 헝가리와 오스트리아가 **하나의** 전체 의지를 가지고, **하나의** 제국을 형성하기를 노력해야 한다. 헝가리의 내적 분열은 왕관에게 그것을 위한 가능성을 준다. 왕관은 제국을 다시 정복하기 위해 헝가리에 군대를 보낼 것이다. 그러나 그 깃발에는, 진짜 보통 평등선거권! 농업노동자를 위한 단결권! 민족자치! 라고 씌어있을 것이다. 그것은 독립된 헝가리 민족국가의 사상 대신 대-오스트리아합중국(die vereinigte Staaten von Groß-Österreich)의 사상, 즉 연방국가(Bundesstaat)의 사상을 제시할 것이다. 이 연방국가에서 각 민족은 자신의 민족적 요건을 독자적으로 배려하고, 모든 민족이 공통의 이해를 지키기 위해 하나의 국가로 합쳐진다. 필연적으로 또 불가피하게 다민족연방국가의 이념은 이원주의의 붕괴에 의해 제국을 파괴할 왕관의 도구가 된다.

루돌프 **슈프링거**가 비인의 학생들에 대한 강연에서 처음으로 이러한 기대를 언급한 이래, 이미 많은 세월이 흘러갔다.[19] 당시 헝가리는 아직 자유당이 지배하고 있었다. 그리고 만일 독립당이 헝가리 제국의회에서 다수파가 될 가능성을 언급한다면 오스트리아에서는 조롱거리가 되었다. 이원주의의

---

[19] 원본에는 이 문장부터 작은 글씨로 인쇄되어 있다. 앞에서도 나왔지만, 루돌프 슈프링거의 논의를 기초로 바우어 자신의 논지를 펼치는 "보론"의 성격으로 이해하면 될 것이다. 원본의 430-432쪽 참고 (역주)

위기에 관해서 당시의 정치가는 아직 아무 것도 보지 못했다. 그러나 슈프링거는 당시 이미 "세속적 사실"을 보았다. 이원주의, 즉 의지의 공동체 없는 기관공동체는 반드시 제국의 해체로 나아갈 것이라고 보았다. 데악(Deák)의[20] 제국체제가 붕괴되면, 왕관은 자신의 지배를 구할 동맹자를 찾아야 하는데, 그것은 마자르인 귀족일 수 없으며 단지 민족들뿐이었다. 이원주의는 존재할 수 없고 절대주의적 제국의 통일은 불가능하였다. 그래서 왕관은 스스로 제국의 지배권을 잃지 않으려면, 자신의 이익을 위해 민족들의 자유로운 자결을 실현시켜야 할 것이다. 비인의 학생들은 명백한 사고과정을 호기심 있게 들었다. 그러나 모든 것은 너무 멀리 있었고, 오랜 군주국은 너무 견고해 보였다. 사람들이 들은 것은 지식인의 공상 이외의 다른 무엇이었을까?

그로부터 얼마 후에 프리드리히 **나우만**(Friedrich Naumann)은[21] 비인에 머물렀다. 나우만도 또한 독자적인 상태의 군주국으로 있던 합스부르크가에게 민주주의 밖에 구원책은 없을 것이라고 예상했다. 체자르주의(Cäsarismus)는 무력에 의해 지지되는 낡은 황제권력과 평등선거권 및 민족해방 이념의 동맹인데, 이것이 나우만에게도 유일한 출구로 보였다. 그러나 그는 합스부르크가가 이 길로 나갈지에 관해서는 의심했다. "나는 오스트리아에서의 정치적 대화에서 다음과 같은 생각을 떨칠 수 없었다. 여기에 한 사람의 나폴레옹이 필요하다! 나폴레옹 1세일 필요는 없고, 나폴레옹 3세로 충분하다. 그러한 오스트리아의 나폴레옹은 우선 지금의 하원을 해산하고, 다음에 인민에게 이렇게 알려야 한다. 즉 나는 잘못 구성된 의회의 부정에 대해 당연한 종말을 준비했고, 이 행복한 한걸음을 위해 국민투표를 통한 주민의 찬성을 발표하고 싶고, 그런 다음 신분제가 아니라 평등선거권에 기초하여 구성된 인민대

---

20) Franz von Deák(1803-76)은 헝가리의 정치가, 변호사, 국가관리로서 1833-36년 헝가리 제국의회에서 자유주의파의 일원이었고, 1839-40년에는 자유주의적 야당의 지도자였다. 1848년 혁명기에 그는 즉각 독립에 대한 요구를 지지했고, 잠깐 동안 법무장관을 지냈다. 1861년 온건 민족주의의 지도자로서 그는 1848년 헌법의 인정을 요구했고, 1867년의 "타협"을 설계한 주역의 한 사람이었다. (역주)

21) Friedrich Naumann(1860-1919)은 독일의 목사이자, 사회정책 분야에서 적극적으로 활동했던 정치가였다. 그는 민족적, 기독교적 사회주의를 옹호했고, 1896년 민주적, 사회적 노선에 따라 국가 및 경제를 개혁하고자 민족사회연합을 설립했다. (역주)

표의회로 통합하고 싶다고 말이다. 불필요한 분규를 피하기 위해 오스트리아의 나폴레옹은 자신의 군대를 갖기를 원한다. 이것은 국가를 위한 혁명일 것이다. 혁명은 이 나라에 유익할 것이다. 그러나 혁명은 일어나지 않을 것이다. 왜냐하면 ― 합스부르크가는 혁명적이 아니기 때문이다."22)

그리하여 이원주의의 위기가 왔다. 슈프링거는 이제 비로소 자신의 사상을 갖고 광범한 대중 앞에 등장했다. 그러나 사람들은, 나우만이 대답한 것처럼, 대답했다. 즉 정당성(Legitimität) 원리의 오랜 담지자인 합스부르크가로부터 혁명적 정책을 기대하는 것은 얼마나 어리석은 일인가! 체자르 없는 체자르주의! 그리고 전체 군주국에서 가장 영향력 있는 단체인 헝가리의회에서 실제적인 권력을 보지 못하는 것은 얼마나 바보 같은가!

그때 군사적 충돌이 일어났다. 헝가리의회의 다수파인 연합여당이 마자르어의 군대언어를 요구했다. 왕관은 그것을 승인하기를 거부했다. 의회 다수파는, 이것이 의회를 마비시켰기 때문에 국왕의 내각에 대하여 신분제의회 투쟁의 오랜 수단으로써 투쟁함으로써, 왕관의 저항을 타파하려고 노력했다. 그때 장관 **크리스토피**(Kristoffy)는23) 보통선거권이라는 구호를 대중 앞에 던졌다. 그리고 **페어바리**(Fejervary)내각은24) 동시에 자랑스러운 헝가리의회를 헝가리 국방군(Honved)25) 사령관 파브리치우스(Fabrizius) 휘하 헝가리 병사의

---

22) Naumann, *Deutschland und Österreich*, Berlin 1900 (원주)
23) Josef Kristoffy(1857-1928)는 1896년 집권당의 성원이었다. 1905년 페어바리 정부에서 내무장관이 되었다. 헝가리의회가 황제에 의한 페어바리 지명에 대한 인준을 거부했을 때, 크리스토피는 의회를 장악한 민족주의 연합에서 지도적 정당인 민족독립당에 반대하는 사회민주당 가운데서 동맹을 찾는 방법으로 보통선거제를 제안하려고 하였다. 그는 경찰감시의 폐지와 도시의 사회주의운동에 대한 승인을 약속하면서 사회민주당의 지도자인 가라미(Garami)와 타협했다. 여기서 사회민주당은 그 자신도 구성원인 민족주의 연합에 대한 압력 대신에 강령의 일부인 보통선거제의 도입을 선택한 것이다. (역주)
24) Geza Fejervary(1833-1914)는 합스부르크 군대전통에 충실한 장군으로, 1867년 "타협"의 수정을 둘러싼 황제 프란시스 요제프(Francis Joseph)와 헝가리동맹 사이의 교착상태기 동안 헝가리의 비의회적 내치정부를 이끌었다. (역주)
25) "Honved"는 말 그대로 "조국의 수호자"라는 뜻으로, 1848년 혁명 때 의용병과 함께 생긴 말이다. 따라서 "Honved"는 1848-1867년 시기는 헝가리 의용병을 말하며,

중대로 쫓아버렸다! 국내의 어떤 손도 움직이지 않았고, 일찍이 그렇게 권력이 대단했던 의회를 보호하기 위한 주민의 아주 작은 가두시위조차 없었다. 여기서 우리는 처음으로 부당한 동맹인 무력과 민주주의의 동맹을 갖게 된다. 합스부르크가는 정말 혁명적이지 않은가? 우리에게는 체자르주의를 위한 체자르가 없는 것일까?

확실히 왕관은 결국 연합여당과, 평화조약까지는 아닐지라도, 휴전을 체결했다. 그러나 왕관은 헝가리에 보통선거권을 도입할 것을 고집했다. 그리고 그것의 실현을 보장하기 위해 오스트리아에서는 노동자층의 압력에 양보한다. 왜냐하면 선거권이 오스트리아에 존재하게 되면, 헝가리의 지배계급은 대중에 대하여 그것을 거부할 수 없다는 사실을 알고 있기 때문이다. 그래서 왕관은 오스트리아의 하원에서 특권층의 저항을 타파하기 위해, 스스로 자신의 권력을 던져버렸다.

개인심리학을 추구하는 사람은 이것을 결코 이해할 수 없다. 선거가 구 선거법에 따라 다시 시행될 수 없다고 선언하고, 헝가리가 평등선거권을 채택하도록 코슈트(Kossuth)와 아포니(Apponyi)에게 요구한 76세의 남자는 실제로 혁명가가 아니다.26) 그러나 관계들은 사람의 희망이나 기분보다 강하다. 최근의 사건은 체자르적 정치의 발단이다. 나는 정치적 예측이 루돌프 슈프링거와 같이 완전히 적중한 사례를 거의 알지 못한다. 민족의 발전과 국가의 운명을 규정하는 경제적 힘들은 모든 사람과 모든 가족을, 비록 그것이 어떤 것일지라도, 자신의 순종적인 도구로 만들 것이다.

1867-1918년 시기는 헝가리 국방군을 일컫는다. 또 1919-1945년 시기에는 헝가리 육군을 가리키는 말이 된다. (역주)

26) 1905년에 선출된 연합은 내각을 거부하고 1867년 "타협"의 수정, 특히 헝가리의 군대자율권과 관련된 수정을 요구했다. 황제 프란시스 요제프는 헝가리에 보통 및 평등선거권의 도입을 제안하는 것으로 대응했다. 이것은 마자르인 지배의 종식을 의미하는 것이었다. 연합은 1906년 황제의 제안을 받아들이고 알렉산더 베케를(Alexander Wekerle)을 총리로 하고 코슈트(Kossuth)를 재무장관으로 하는 내각을 승인했다.

아포니(Count Albert Apponyi, 1846-1933)는 헝가리의 귀족으로 독립당의 지도자 중 한 사람이었다. 교육장관으로서 그는 1907년의 교육법령을 책임지고 시행했다. 이 법령은 교육에서 마자르화 과정을 더욱 촉진하는 것이었다. (역주)

그 후 슈프링거는 우리가 이미 여러 번 언급한 책 <오스트리아-헝가리 군주국의 기초와 발전목표>에서 자신의 사고과정을 서술하였다. 우리는 이 책의 많은 개별적 측면에 관하여 이의를 제기해야 한다. 슈프링거는 한편으로 제국의 양 부분을 완전한 분리로 내모는 힘을 과소평가한 것처럼 보인다. 특히 강력한 현실적인 이해가 관세영역의 분리를 요구하지 않는다는 그의 의견은 분명히 올바르지 않다. 다른 한편으로 그는 헝가리 자체의 발전 속도를 과대평가한 것처럼 보인다. 마자르인은 그가 생각하는 것만큼 사회적으로 분화되지 않았고, 계급으로서 신사층의 분해도 그다지 진행되지 않았다. 특히 역사 없는 민족의 자각과정이 슈프링거가 믿는 것만큼 아직 그렇게 많이 진전되지 않았다. 그러므로 무엇보다 분리를 요구하는 힘들은 "제국이념"보다 아직 더 강력하게 보인다. 또한 우리는 체자르주의적 정치가 유효하게 될 수 있기 전에, 적어도 경제영역의 분리에 대한 최초의 시도를 보게 될 것이다. 그러나 최종 결과는 그것을 통해 조금도 변하지 않을 것이다. 바로 관세분리를 통해 촉진된 헝가리 산업자본주의의 발전은 계급대립과 민족대립을 첨예화하고, 이것을 통해 체자르주의적 정치를 처음으로 가능하게 만들 것이다. 그리고 바로 관세분리는 기관공동체를 완전히 불가능하게 만들고, 이원주의를 완전히 폐지하고, 따라서 만일 왕관이 헝가리에 대한 지배권을 잃지 않으려면 왕관으로 하여금 불가피하게 체자르주의적 정치를 강제할 것이다. 만일 군주국의 동맹이 전반적으로 유지되고, 외적 권력이 군주국의 내적 투쟁을 끝낼 수 없다면, 왕관이 헝가리의 민족들에게 자치를 주고 전체 제국을 다민족연방국가로 전환해야 할 날이 확실히 올 것이다. 그러나 민족자치를 향한 발전은 많은 시간이 걸릴 것이다. 그리고 그것은 제국의 양 부분 사이의 격심한 투쟁을 통해 ― 먼저 완전한 분리로, 다음에 완전한 재통합으로 나갈 것이다. 우리는 이러한 인식이 매우 중요하다는 사실을 계속해서 보게 될 것이다.[27]

오스트리아와 헝가리 사이의 이해대립을 통한 이원주의의 해체가 왕관을 체자르주의적 정치로 강제할 것이며, 산업자본주의를 통해 서로 격렬하게 싸우는 일련의 사회적, 민족적 정당들로 헝가리 사회가 분해되는 것은 그러한

---

27) 작은 글씨체로 인쇄된 부분은 여기서 끝난다. (역주)

정치의 가능성을 만들어낼 것이다. 그러나 동시에 라이타(Leitha)강 서쪽에서 도28) 강력한 힘이 왕관을 이러한 정책으로 압박할 것이다.

오스트리아의 **부르주아지**에게 제국의 통일문제는 경제영역의 통일이 중요하다. 많은 오스트리아의 산업에게, 특히 섬유산업, 의류제조업, 모피제품, 도구, 시계, 재봉용품, 기계용품, 유리제품, 도자기 등의 생산에게 관세분리는 심각한 파국을 의미한다. 헝가리는 전체 오스트리아 산업생산물의 가장 중요한 고객이다. 만일 오스트리아의 공업가가 오늘날 이미 헝가리의 중상주의적 정책의 작용에 관해 탄식하고 있다면, 그리고 관세분리와 함께 헝가리 정부에게 산업육성의 가장 효과적인 도구가 주어진다면, 그 탄식의 소리는 얼마나 더 커질 것인가. 이원주의를 제국헌법을 통해 민족자치의 기초로 대체하려는 사상이 구체적인 모습을 취하게 되면, 그 사상은 오스트리아 자본가계급의 강령이 된다. 그들에게 제국의 민족자치는 경제영역의 통일을 의미한다!

오스트리아의 부르주아지가 계급이익에 의해 추동되는 곳으로, 이번에는 그들의 이데올로기가 알프스지방의 **농민**과 비인의 **소시민**을 내몬다. 모든 전승된 가치에 의해 지배되고 있는 농민과 수도의 호기심 많은 속물은 바로 오스트리아의 "애국자"이고, 낡은 황제사상의 담지자이다. 그들에게 마자르인은 오늘날에도 역시 반란자이며, 헝가리 민족들과의 "흑-황"동맹은 과거 1848년의 옐라치치(Jellačič) 정책의 계속으로서 나타난다.29) 그러나 단지 오스트리아인으로서만이 아니라 가톨릭 교권파로서 그들은 칼뱅파의 귀족과 유대인 부르주아지에 의해 지배되는 독립 헝가리를 증오한다. 헝가리에 대한 중상모략은 소시민의 욕구에 바로 정확히 상응한다. 그들은 결코 목적의식적 계급투쟁에서 분노를 발산할 수 없고, 그 원인을 알 수 없는 괴로움 때문에 언제나 속죄양을 필요로 한다.

---

28) 라이타(Leitha) 강은 도나우 강의 오른쪽 지류이다. 라이타강 서쪽은 오스트리아를 가리킨다. 동쪽은 당연히 헝가리를 말한다. (역주)
29) 흑색과 황색은 1848년 제국 깃발의 색깔이다. Josef Jellačič de Bužim(1801-59)은 민족주의적 크로아티아인 장군으로, 1848년 마자르인에 대한 양보로 크로아티아인이 분노하자, 황제가 크로아티아인을 진정시키기 위해 임명한 제국군대의 장군이었다. 그는 헝가리혁명에 반대하는 황제에게 충성한 크로아티아 군대를 지휘했다. (역주)

마침내 제국이념은 **민족적** 정당들을 획득하게 된다. 헝가리에서 민족대립의 격화는 오스트리아의 민족들에 대한 영향 없이는 그칠 수 없다. 헝가리에서 독일인, 슬로바키아인, 루테니아인, 루마니아인, 세르비아인에 대한 박해는 오스트리아에 있는 그들의 민족동포에게 헝가리에 대한 격렬한 분노를 일으킬 것이다. 헝가리의 모든 피억압민족은 라이타 강 서쪽에 형제들을 갖고 있다. 반면에 마자르인은 ― 부코비나의 작은 소수자를 제외하고는 ― 이쪽에 민족동포를 갖고 있지 않다. 전체 제국에서의 민족자치는 오스트리아의 모든 민족에게 (폴란드인을 제외하고) 마자르인의 이민족지배로부터 수십 만 명의 민족동포를 해방하는 것을 의미한다. 가장 가난한 마을의 체코인 학교 때문에 전국이 분열되기를 바라는 오스트리아의 독일인은, 헝가리에서 이백 만 명의 독일인이 마자르인의 억압에 투쟁할 때, 무관심할 수 있을까? 독일어 지역의 가장 작은 소수자조차 버리지 않으려는 체코인에게 헝가리의 이백 만 명의 슬로바키아인의 운명은 아무래도 상관없을까? 오스트리아의 루테니아인은 헝가리의 오십 만 명의 민족동포를 포기할 수 있을까? 그리고 오스트리아의 크로아티아인, 세르비아인, 루마니아인의 정치적 목표가 라이타 강 동쪽의 그들의 민족동포와 결합하는 것 이외에 무엇이 있을까? 헝가리에서 민족투쟁이 일단 격렬하게 불타오르게 되면, 오스트리아의 모든 민족적 정당은 국경 저쪽의 민족동포를 돌볼 수밖에 없게 된다. 그리고 이들 정당은 민족자치에 기초한 통일적 제국헌법의 사상 이외의 다른 도움을 그들에게 어떻게 줄 수 있을까?

왕관은 이원주의의 붕괴를 통해서 민족자치의 정책으로 강제된다. 이 정책은 오스트리아에서조차 부르주아지, 가톨릭 교권주의, 마침내 모든 민족적 정당에 의해서도 요구된다. 헝가리에서는 피억압민족에 의해 민족자치가 요구되며, 마자르인의 저항은 민족 내부의 계급대립을 통해 타파된다 ― 보덴제(Bodensee)에서30) 오르소바(Orsova)까지 다민족연방국가라는 제국이념은 정

---

30) 보덴제는 현재의 독일과 스위스 경계에 있는 호수 이름, 당시는 오스트리아-헝가리 제국의 오스트리아 서쪽 경계를 가리킨다. 오르소바는 헝가리 동쪽 경계를 가리키는 지역이다. 따라서 "보덴제에서 오르소바까지"는 제국 전체의 지역을 일컫는다. (역주)

말 유토피아일까?

그러나 제국 전체에서 민족문제의 유기적 조정을 위해 추동되는 이러한 모든 힘은 **대외정책**의 필요에서 또 하나의 강력한 동맹자를 획득한다. 각 국가의 제도는 외교정책을 통해 규정된다. 이원주의도 또한, 우리가 보았듯이, 당시 대독일정책을 취한 군주국의 외교정책에 봉사해야 했다. 세단(Sedan)의 전투 이래 외교정책의 필요성은 더 이상 이원주의를 지지하지 않았다. 오히려 이원주의는 특히 오스트리아의 부르주아지가 필요로 하는 외교정책의 중대한 장애가 되었다. 자본주의는 모든 곳에서 지배영역의 확대를, 새로운 투자영역과 새로운 판매시장을 추구한다. 오스트리아의 지리적 위치와 오랜 옛날부터 내려온 상업관계의 역사적 전통은 오스트리아 자본주의에게 발칸반도를 자본주의를 확대하기 위한 자연적 목표로서 할당했다. 모든 자본주의국가의 외교정책을 규정하는 이러한 확장노력은 오스트리아에서는 관세분리를 통해 약화되지 않고 오히려 더 강화될 것이다. 헝가리 시장의 상실 때문에 오스트리아 산업은 발칸에서 보상을 추구할 것이다. 이러한 노력은 헝가리에서 루마니아인과 세르비아인의 억압 때문에 본질적으로 어렵게 될 것이다. 헝가리에서 민족투쟁이 격렬하게 타오르게 될 수록, 그 만큼 마자르인 지배계급의 폭력지배에 관한 소식은 루마니아인과 세르비아인에게 군주국에 대한 격심한 증오를 일깨울 것이다 — 이것은 우리 공업과 상업 그리고 은행의 경쟁자가 발칸에서 아주 교묘하게 이용할 분위기이다. 발칸에서 오스트리아의 경제적 우위를 필요로 하는 자본주의는 이미 헝가리에서 루마니아인과 세르비아인의 해방을 위해 노력해야 할 것이다. 그러나 군주국의 루마니아인과 세르비아인이 민족으로서 구성되면, 사태는 전혀 달라진다. 만일 제국 안에 세르비아와 루마니아에 있는 것보다 더 좋은 루마니아어 학교와 세르비아어 학교가 있다면, 우리의 젊은이들은 더 이상 부카레스트(Bukarest)와 베오그라드(Belgrad)를 바라보지 않게 될 것이며, 오히려 이 가난하고 단지 느리게 발전할 수밖에 없는 나라의 젊은이들은 우리에게 와서 우리를 알게 되고 존경할 것이다. 만일 오스트리아의 루마니아인과 세르비아인에게 그들의 민족문화의 발전을 루마니아왕국과 세르비아왕국에서와 마찬가지로 보장한다면,

군주국은 더욱이 이들 국가로부터 다음의 사실, 즉 군주국이 민족들에게 대경제영역의 거대한 이익을 제공한다는 사실을 높이 평가받게 될 것이다. 그러면 제국은 이들 민족에게 강한 흡인력을 미칠 것이다. 거대 경제영역에 대한 욕구는 중서부 유럽에서 근대 민족국가의 성립으로 이끄는 추진력의 하나였지만, 여기서는 바로 다민족국가의 확대로, 즉 오스트리아 다민족연방국가로 발칸 여러 나라들을 밀접하게 편입할 수 있도록 하는 것이다. 제국의 민족적 평화는 발칸에서 자본주의적 정복을 위한 한 수단이다.[31]

제국의 내적 힘은 민주적 평등과 민족적 해방의 사상을 왕관의 권력도구로 만드는 **체자르주의**로 나아간다. 자본주의의 확대욕구는 어디서든 **제국주의**로, 즉 "제국의 확장자"이고 싶은 왕관 및 전쟁의 명예를 원하는 군대와 새로운 투자영역, 확실한 판매시장이 필요한 자본주의 간 동맹으로 나아간다. **오스트리아에서 체자르주의는 제국주의의 수단이 된다.** 왕관은 발칸반도의 민족들을 지배하려고 하기 때문에, 헝가리의 민족들을 해방할 것이다. 자본주의는 발칸의 민족들을 자신의 착취영역으로 끌어들이려 하기 때문에, 민족자결을 위해 투쟁할 것이다.

유토피아, 유토피아가 아닐까? 나우만이 우리에게 단언했듯이, 합스부르크가는 혁명적이지 않다. 그리고 30년간 존재한 것이 모두 영속적인 것이라고 생각하는 속물은, 유럽의 지도에서 앞으로 어떤 것이 변할 수 있을 것이라

---

[31] 이 사상은 이미 피쉬호프(Adolf Fischhof)의 책 *Österreich und die Bürgerschaften seines Bestandes*, Wien 1869, 33쪽에서 발견할 수 있다. — 또 사람들은 저자가 루마니아사람인 다음의 문장도 읽는다. "북아메리카연합은 처음에는 단지 13개의 개별 국가로 구성되었다. 오늘날에는 45개의 국가로 구성되어 있다! 그리고 이 뒤늦게 들어온 모든 국가들, 전부 32개의 이들 개별 국가는 자발적으로 자유의지로 들어왔다. 도대체 왜? 합중국의 자유, 자치, 발전가능성이 주변에 미친 자연적 흡인력이 이미 저항할 수 없게 되었기 때문이다... 우리는 우리 제국에서 생활하고 있는 민족들에게 유리한 정치적 민족적 경제적 발전의 모든 조건을 주고 보장해야 한다. 우리는 오스트리아라는 강대국의 테두리 내에서 어느 다른 나라에서 사는 것보다 실제로 더 쾌적하게 느낄 수 있는 가능성을 민족들에게 주기 위해 할 수 있는 모든 것을 다해야 한다... 그러면 오스트리아 밖에 사는 모든 작은 지방의 민족들에게도 우리의 정치에 대한 신뢰와 우리 군주국에 대한 공감이 증가할 것이라는 사실을 또한 확실히 기대할 수 있을 것이다." Aurel C. Popovic, *Die Vereinigten Staaten von Groß-Österreich*, Leipzig 1906, 407쪽 이하. (원주)

는 사실을 더 이상 전혀 믿지 않을 것이다. 그러나 이제 관세영역이 분리되고, 이원주의의 붕괴가 왕관의 지배를 문제시하고, 오스트리아의 자본가계급이 가장 중요한 판매시장을 잃고, 헝가리의 민족들이 지배하는 소수자에 반대하는 투쟁을 일으키고, 터키의 해체가 발칸의 민족문제를 해결할 필요를 유럽에게 던지는 날 — 이 날 헝가리 "민족국가"의 헌법은 무가치한 한 장의 종이에 불과하게 된다.

그러나 확실히 이러한 발전에 대해 강력한 반대경향이 작용하고 있다. 존재하는 것의 관성은 분명히 강력한 역사적인 힘이다. 그러나 헝가리 국가에 대한 체자르주의의 투쟁이 어떻게 끝나든, 체자르주의적 경향의 발생은 이미 확실히 제국의 서쪽 절반에서 민족관계의 발전에 매우 유효하게 작용할 것이다. 민족자치를 제국에 실현하려는 세력은 그것을 먼저 라이타 강 서쪽에서 실시해야 한다. 평등선거권은 헝가리에서 왕관이 그것을 필요로 했을 때, 오스트리아에서는 정부의 강령이 되었다. 헝가리의 지배계급을 제압하려는 왕관과 모든 계급, 모든 민족은 오스트리아에서 민족자치를 요구해야 할 것이다. 그러므로 오스트리아의 민족자치는 헝가리에 대한 지배를 잃지 않을까 두려워하는 왕관의 강령으로 될 것이다. 이것은 또한 제국을 이교도의 반란으로부터 구하고자 하는 가톨릭 교권적 농민, 기독교 사회주의적 소시민의 강령이기도 하다. 이것은 또 헝가리의 판매시장에 대해 걱정하고 발칸 여러 나라를 정복하려는 부르주아지의 강령이며, 제국의 다른 절반에서 예속되어 있는 민족동포를 도와주려는 민족들의 강령이기도 하다.

민족자치를 향한 오스트리아의 발전은 오직 헝가리의 관계에만 의존하는 것은 아니다. 국가 내부에서 이러한 방향으로 국가를 추동하는 힘들이 충분히 효과적으로 작용하고 있다. 그러나 이 힘들의 무게는 헝가리문제를 통해 엄청나게 커질 것이다. 오스트리아에서는 틀림없이 오랜 역사과정에서 비로소 민족적 평화에 대한 의지가 민족적 증오를 극복하고, 민족자치의 요구로 구체화될 것이다. 헝가리문제에 대한 고려는 이 과정을 매우 가속화시킬 것이다. 대제국의 존재, 오스트리아 산업의 미래, 라이타 강 동쪽의 수십만 민족동포의 운명이 위험에 처하게 되면, 이제까지 오스트리아 민족들을 분리했던 것은 비웃을 만큼 작아질 것이다.

이러한 발전은 노동자계급으로 하여금 자신의 이익을 위해, 계급투쟁을 위해 필요로 하는 헌법을 오스트리아에게 부여하도록 소유자계급을 강제할 것이다. 이러한 합치는 결코 놀랄만한 우연이 아니라 쉽게 설명될 수 있다. 노동자계급의 헌법강령과 이 오랜 제국의 발전경향을 규정하는 것은 모두 동일한 힘이다. 자본주의적 발전은 오스트리아를 민족문제와 동시에 사회문제 앞에 던진다. 일찍이 오랜 역사적 민족의 지배계급이 역사 없는 민족을 굴복시켰던 반면, 자본주의와 근대국가는 모든 민족을 새로운 문화생활로 자각시켜, 그들을 역사의 무대로 등장시켰다. 이원주의는 역사 없는 민족에 대한 오랜 역사적 민족의 지배를 유지하기 위한 마지막 헌법형태였다. 독일인과 마자르인은 제국을 서로 나누어, 독일인은 폴란드인에게, 마자르인은 크로아티아인에게 지배에 대한 일부 참여를 인정하고, 다른 민족들을 배제하였다. 모든 민족이 자각하고, 어떤 민족도 더 이상 민족적 억압을 참을 수 없게 되면, 그러한 협정은 파기된다. 역사 없는 민족이 더 이상 존재하지 않게 되면, 민족적 지배도 민족적 억압도 없게 된다. 다민족연방국가 속에서 자치민족들이 하나가 된다. 군주국을 다민족연방국가로 전환하는 것은 민족문화공동체를 모든 민족에게 확대하고, 그것을 통해 역사 없는 민족을 새로운 문화생활과 독자적인 정치적 의지로 자각시킨 자본주의적 발전의 결과이다.

우리는 헝가리문제를, 그것이 오스트리아에서 민족투쟁의 **발전경향**에 대한 인식을 위해 중요하다고 생각되는 한, 여기서 다루었다.32) 헝가리문제에 대한 오스트리아 노동자계급의 **입장**은 국가적 발전경향에 대한 분석과 명확히 구별되어야 하는 아주 독자적인 문제이다.

오스트리아의 노동자는 헝가리문제를 무엇보다 스스로의 **헌법정책**의 문제로서 이해했다. 제국의회로부터 외교정책과 군사적 권력수단에 대한 힘을 탈취한 이원주의는 모든 민주적 정당에게 참을 수 없는 것이다. 그러므로 오스트리아의 노동자는 "실무적" 사항들의 공동성을 폐지할 것과, 헝가리로부터 완전히 국가법적으로 분리할 것을 요구해야 한다.

---

32) 이 문장부터 이번 장의 마지막까지 다시 작은 글자체로 인쇄되어 있다. (역주)

우리는 헝가리문제를 또한 **경제정책**의 문제로서 이해할 것을 서서히 배우고 있다. 관세영역의 분리는 오스트리아 노동자계급을 당 신문에서 이제까지 과소평가해온 커다란 위험으로 위협한다. 그것은 우리에게 노동기회의 감소, 비싼 빵과 고기, 오스트리아 산업발전의 지체를 의미한다. 오스트리아 노동자계급은 그러므로 관세영역의 통일의 유지를 요구한다.

국가법적으로는 완전히 독립된 국가이지만 계속 통일된 경제영역으로 결합되어 있는 오스트리아와 헝가리, 이것이 오스트리아 노동자계급의 이익으로부터 주어지는 강령이다.

오스트리아와 헝가리가 통일된 민족연방국가로 재결합하는 것은 노동자계급의 강령이 **아니다**. 그러나 그것이 군주국 지배자의 강령으로 되면, 우리의 과제는 오스트리아 노동자의 현재 이익을 촉진하기 위해 유리한 상황을 이용하는 것이 될 것이다. 그러면 민족자치를 민주적 지방행정의 기초 위에서 획득하고, 통일적 경제영역의 지속적 확보를 위해 투쟁하는 순간이 오게 된다. 그러면 또한 국가의 민주적 **헌법**과 대중의 민주적 **지향**을 위해 체자르주의가 가져온 위험과 투쟁하는 것도 어느 정도는 우리의 과제가 될 것이다. 이렇게 어려운 전술적 과제를 설명하는 것은 이 책의 범위를 넘는 것이다. 그것은 더 이상 민족문제가 아니라, 체자르주의에 대한 프롤레타리아 전술의 일반적 문제가 등장하기 때문이다. 이 점에 관해 말할 수 있는 가장 중요한 것은, 이미 페르디난트 **라살**(Ferdinand Lassalle)이 1859년 다음과 같이 썼을 때, 얘기되었다. "만일 루이 나폴레옹이 매우 중요하고 철저히 민중적인 사항을 받아들여, 바로 이것으로 민중의 마음속을 움직이는 반향을 통해 약간의 인기를 횡령했다면, 우리는 **이러한 약간의 인기를 거절하고**, 따라서 개인적 목적으로부터 성취한 결과를 개인적 목적에 쓸모없는 것으로 만들 것이다. 그러나 보통의 건강한 인간오성에서 볼 때, 어떻게 우리는 스스로 이러한 사항에 반대하여 칼을 뽑을 수 있을까? 어떻게 우리는 이제까지 바라고, 욕구하고, 노력해온 것에 반대하여 투쟁할 수 있을까?"

제6부

민족성원리의 전환

제26장 민족자치와 민족성원리

우리는 제2부에서 민족성원리(Nationalitätsprinzip)가 어떻게 유럽의 전통적 국가조직을 파괴하는 적극적인 힘으로 되었는지를 살펴보았다. 다음에 우리는 그러한 상황에서도 몇몇 다민족국가(Nationalitätenstaat)가 여전히 민족성원리의 돌진에도 불구하고 그럭저럭 자신을 유지해왔음을 확인하고, 이러한 다민족국가의 하나인 오스트리아에 관해 이제까지 충분히 상세하게 고찰해왔다. 그러나 우리는 이들 다민족국가가 실제 앞으로도 더 유지될 수 있을까 하는 문제를 아직 논의하지 않았다. 오히려 우리는 **다민족국가가 그러한 것으로서 존속하는 한**, 이 다민족국가의 내적 관계가 어떤 형태를 띨 것인가 하는 문제만을 제기했다. 여기서 우리는 민족자치(nationale Autonomie)를 향한 발전에 직면했다. 바로 이 연구가 민족성원리의 거대한 힘을 우리에게 보여 주었다. 왜냐하면 민족자치는 **국가 내부적 민족성원리**일 뿐이기 때문이다. 민족성원리가 다민족국가를 파괴하고 그 기초 위에서 독립적 민족국가(Nationalstaat)를 건설할 만큼 충분히 강력하지 않는 한, 이 원리는 다민족국가 안에서 각 민족에게 상대적 독립성을 주는 제도로 나아간다. 우리가 민족성 원리를 우선 **국가형성의 원리**(Maxime der Staatenbildung)로서만 배웠다고 한다면, 이제는 그것을 **국가제도의 규칙**(Regel der Staatsverfassung)으로서도 이해하게 된다.

민족성원리의 이 두 가지 작용형태를 서로 비교한다면 많은 것을 배울 수 있다. 국가형성의 원리로서 민족성원리는 민족에게 국가의 모든 권력수단을 넘겨준다. 국가제도의 규칙으로서 민족성원리는 민족에게 이러한 권력수단을 주지 않는다. 민족자치는 직접적으로는 법질서에 기초하고, 따라서 간접적으로는 모든 법질서를 보장하는 국가권력에 기초하여 보장된 세력범위를 확실히 민족에게 준다. 이러한 법질서를 민주주의적 행정제도를 통해 국가 자체로부터 지키는 것은 확실히 가능하다. 그리하여 국가는 일찍이 민족에게 보장해준 세력범위를, 자신의 행정, 자신의 살아 있는 존재를 파괴하지 않는 한, 더 이상 민족으로부터 빼앗을 수 없다. 그러나 민족자치는 민족에게 고유한 경제영역을 주는 것이 아니라, 민족을 더 큰 국민경제의 일부로서 존속시킨다. 따라서 민족자치는 이것이 노동수단에 대한 배타적 소유(Sondereigentum)에 기초한 사회질서 일반에서 가능한 한도 내에서, 민족문화의 계속적 발전의 기초인 자신의 경제를 더욱 발전시킬 자유로운 권리를 민족에게 주지 않는다. 또 민족자치는 외적인 권력수단인 군사력을, 즉 민족으로서 자신의 존재에 대한 궁극적 안전보장을 민족에게 주지 않는다. 그래서 다민족국가 내부의 민족자치는 단지 민족국가의 불완전한 대용품으로서 나타난다.

이에 반해 다른 점에서 다민족국가 내부의 민족자치는 민족국가보다 더 우월하다. 국가는 결국 필연적으로 영역단체(Gebietskörperschaft)이다. 국가는 많건 적건 독립적이고 자기충족적인 경제영역이기에 적합한, 또한 모든 외적으로부터 방위하기에 전략적으로 적합한 일정한 영역을 포함해야 한다. 따라서 국가는 민족성원리를 결코 순수하게 관철할 수 없다. 국가는 언제나 이민족의 일부를 자신의 권력 아래 복종시켜야 하며, 또 자민족의 일부를 외국의 권력에 양도해야 하기 때문이다. 다민족국가 내부의 자치적 민족은 이러한 모든 것을 배려하지 않는다. 자치적 민족은 경제적, 전략적 통일을 배려하지 않고, 거주지역을 구분할 수 있다. 자치적 민족은 소수파로서 외국의 거주지역에 살고 있는 분리된 민족의 일부를 개인원리(Personalitätsprinzip)에 의해 편입할 수 있고, 그들의 민족적 문화욕구를 배려할 수 있다. 민족성원리는 국가제도의 규칙으로서 적용되면, 국가형성의 원리로서보다 훨씬 순수하게 관철할 수 있다.

그러면 역사적 발전은 어디로 향하고 있는가? 역사적 발전은 다민족국가를 존속시킬 것인가? 그리고 이들 국가 내부에서만 민족성원리는 민족들의 상호관계와 국가에 대한 관계를 유기적으로 조정하는 형태로 관철될 것인가, 그렇지 않으면 민족성원리는 미래에도 국가형성의 원리로서 계속 작용하고 여러 민족을 포함하는 전통적 국가조직을 파괴할 것인가? 오스트리아의 이러한 문제는 우리에게 다음과 같이 들린다. 즉 오스트리아는 독립국가로서 존속하고, 따라서 우리가 지적한 세력들이 자신의 활동을 발전시켜 과거의 오스트리아를 다민족연방국가(Nationalitätenbundesstaat)로 전환시킬 수 있을 것인가? 그렇지 않으면 민족성원리가 오스트리아를 파괴하고, 과거의 제국을 "해체할" 것인가? 우리는 다민족국가를 분해하려는 세력들과 이 다민족국가를 유지하려는 세력들을 연구함으로써 이 문제에 대답해야 한다. 우리는 이 연구를 과학의 공정한 객관성을 갖고 수행할 필요가 있다. 우리의 희망사항은 아래의 연구에서는 전혀 문제가 아니다. 여기서 우리는 이 문제와 관련하여 우선 자본주의사회가 영속할 것이라고 대답하려고 한다. 사회주의사회의 공동사회가 서로 어떻게 구분되는가 하는 문제는 또 다른 문제이다.

외국에서 오스트리아인은 늙은 황제가 눈을 감게 되면 바로 낡은 군주국은 "해체될" 것이라는 의견을 많이 듣는다. 이것은 물론 무지한 사람의 어리석은 관념으로, 그들은 이 군주국의 모습으로 구체화된 실제 권력에 관해 아무 것도 알지 못한다. 오스트리아 존속의 보장은 오늘날에도 고령의 군주에 대한 유럽 국가원수들의 배려와는 전혀 다른 힘이고, 전혀 다른 사실이다.

먼저 모든 **민족**은 오스트리아의 존속에 이해관계가 있다. 그것은 군주국 밖에 민족동포를 거의 갖고 있지 않은 모든 민족에게 해당된다. 즉 오스트리아에 있는 590만 명의 체코인과 120만 명의 슬로베니아인, 헝가리에 있는 870만 명의 마자르인과 200만 명의 슬로바키아인 그리고 170만 명의 크로아티아인에게 해당된다. 이들 민족은 군주국의 붕괴를 전혀 바라지 않는다. 다른 민족들은 — 독일인, 폴란드인, 루테니아인, 세르비아인, 루마니아인, 이탈리아인 — 제국이 붕괴되면, 군주국의 국경 밖에 있는 민족동포와 통일하기를 바랄지 모른다. 그러나 먼저 거론된 1950만 명에게 이러한 희망은 없다. 이들 민족에게는 오늘날에도 여전히 팔라츠키가 **오스트리아의 국가이념**이라고 부른 정치사상이 해당된다. 이들 민족들은 독립적 국가로서 자신의 민족적 존재와 물질적 이해를 효과적으로 확보하기에는 너무 약하다. 이들은 다른 어떤 국가에 있는 것보다도, 어떤 민족도 다른 민족을 지배할 수 없는 다민족으로 구성된 오스트리아에 있는 편이 좋을 것이다. 그러므로 이들은 군주국의 존속을 필요로 한다.

그러나 제국의 다수자인 다른 민족들도 과거의 군주국을 파괴할 수 있는 통일적인 군대를 갖고 있지 않다. 먼저 일정한 계급적 이해가 제국의 붕괴와 충돌한다. 무엇보다 산업적 **부르주아지**는 제국의 존재에 중대한 이해가 있다. 우리는 이백 년 동안의 보호관세정책을 통해 공업을 발전시켰고, 오늘날 군주국의 시장을 확보했다. 보호관세가 폐지되면, 자본과 노동력의 일부는 독일공업이 우리 공업보다 우월한 생산부문에서 철수하여, 오스트리아의 생산에 유리한 조건을 제공하는 생산부문으로 이동할 것이다. 이것은 커다란 가치를 갖는 생산수단과 유능한 노동력을 없앰으로써 심각한 경제공황을 가져올 것이다. 따라서 부르주아지는 자신들의 확실한 착취영역인 제국의 존속을 필요한 경우 무조건 옹호할 것이다. 오늘날 뵈멘의 독일인지역의 많은 공장주는 "매우 독일적"일지 모른다. 제국의 존속이 아직 진정으로 위협받지 않기 때문에 그것은 위험하지 않으며, 또 공장주들이 민족적-국가적 강령을 통해 노동자의 관심을 계급투쟁에서 돌리기를 바라기 때문에 그것은 그들에게 유용하다. 독일제국에 대한 관세국경이 진정으로 위협받게 되면, 부르주아지는 민족적-국가적 사상과의 놀이를 심사숙고하게 될 것이다.

부르주아지가 자신의 계급이해를 통해 군주국의 옹호자가 되었다면, 교권적인 **농민**과 **소시민**은 자신의 계급이데올로기를 통해 군주국의 옹호자가 된다. 농민과 소시민은 오랜 전통에 사로잡힌 인간의 맹목적인 사랑으로 제국에 매달린다. 그들은 여기서 오스트리아의 해체를 마지막 가톨릭 대국의 붕괴로 간주하는 교회의 영향력을 통해 강화된다.

그래서 독일인 부르주아지와 독일인 교권주의자는 군주국의 존속에 이해관심이 있는 민족들 1950만 명과 마주한다. 오스트리아의 붕괴문제를 냉정하게 판단하려는 사람은 특히 적어도 군주국의 인구 절반이 제국의 존속을 분명히 바라고 있다는 사실을 고려해야 한다.

제26장 민족자치와 민족성원리 __487

제국의 **군사력**도 물론 이러한 사실에 기초하고 있다. 적어도 오스트리아 헝가리 군대의 절반은 제국의 존속에 열렬히 찬성할 것이다. 그리고 사람들은 근대의 군국주의가 독자적 조직과 교육을 통해 살아 있는 인간으로부터 의지 없는 기계를, 인민의 군대로부터 인민의 밖에 서 있는 소외된 힘의 도구를 만들었다는 사실을 기억할 것이다. 제국 주민의 절반이 군주국을 위해 싸우고자 한다면, 우리 군대의 간부는 믿음직스러워 할 것이다. 이들에 지지되어 지배자들은 모범적인 전력과 규율의 강화를 통해 다른 사람들에게도 투쟁에 참가하도록 강제할 것이다. 제국이 만일 오늘 자신의 존재를 위해 투쟁해야 한다면 독일인, 폴란드인, 루테니아인, 세르비아인, 루마니아인 병사들도 복종할 수밖에 없다는 사실을, 신중한 사람도 부정할 수 없을 것이다.

제국의 양쪽 절반 사이의 대결과 이 양국 내부의 민족들의 투쟁은 장래 외국으로부터의 간섭의 기회를 제공하게 될 일련의 어려운 위기를 불러일으킬 것이라는 사실도 물론 분명하다. 바로 이것 때문에 우리는 민족자치로의 발전을 단지 매우 고통스럽고 장기적인 과정으로 생각할 뿐만 아니라, 제국에서 민족관계의 유기적 조정과 이원주의의 극복은 성장하는 통찰에서가 아니라 이제까지의 상황을 참을 수 없게 만든 격렬한 투쟁으로부터 생길 것이라는 우리의 확신을 중요하게 만든다. 우리의 확신에 의하면, 많은 외국세력의 간섭이 성공한 것처럼 보이는 상태가 군주국에서도 종종 충분히 존재하고 있다. 그러나 군주국이 계산할 수 있는 국내 세력에 관한 우리의 부정확한 고려에서 보더라도, 군주국은 이 내적 투쟁에서는 붕괴하지 않을 것이라는 사실, 만일 군주국이 붕괴한다면 거기에 살고 있는 민족들에 의해서 분열되는 것이 아니라 어떤 외국 세력의 간섭을 통해 붕괴될 뿐이라는 사실을 분명하게 보여준다. 어떤 외국 세력이 오스트리아 내부에서 제국의 붕괴를 열망하는 세력과 결합할 때, 비로소 제국은 없어질 것이다. 그것을 통해 오스트리아의 다민족문제는 유럽정치의 문제가 될 것이다. 우리가 지금 직면한 문제는 또한 이것이다. 즉 군주국 밖에서 군주국을 폐지하려는 의지를 갖고 있고, 그것을 위한 충분히 강력한 힘을 갖고 있는 세력을 발견할 수 있을까?

우리가 여기서 주목해야 할 첫 번째 국가는 러시아제국이다. 그러나 오래된 생각에 따르면, 군주국은 러시아권력에 대한 대항권력으로서 필요하지만, 러시아의 내적 발전이 낡은 차르제국을 폐지하게 되면 군주국도 붕괴할 것이라는 주장이다. 일찍이 **팔라츠키**는 이미 프랑크푸르트의 1848년 4월의 "제50 위원회"에 대한 유명한 공개서한에서 이렇게 썼다. "오스트리아를 많은 공화국과 소공화국으로 해체하는 것을 생각해보자. 이것은 러시아의 절대군주제를 위해 환영할만한 기초공사이다."[1) 프리드리히 **엥겔스**도 다음과 같은 생각을 피력했다. "러시아혁명의 임박한 승리 앞에서" 오스트리아의 폭발은 재앙을 가져올 것이다. "혁명의 승리 뒤에 폭발은 잉여가 될 것이다. 왜냐하면 그때 잉여가 된 오스트리아는 저절로 붕괴될 수밖에 없기 때문이다."[2)

러시아혁명이 더 이상 미래의 희망이 아니라 현재의 최대 사건인 오늘, 우리는 군주국의 존속에 대한 러시아혁명의 작용을 엥겔스 이상으로 더 명확히 볼 수 있다.

러시아혁명은 1848년의 오스트리아혁명과 마찬가지로 단지 사회적, 정치적 혁명만이 아니라 민족적 혁명이다. 러시아도 많은 민족들을 포함하는 다민족국가이다 — 대러시아인, 폴란드인, 독일인, 스웨덴인과 같은 역사적 민족과 루테니아인, 백러시아인, 리투아니아인, 라트비아인(Letten), 에스토니아인과 기타 많은 소수민족과 같은 역사 없는 민족을 포괄한다. 이 거대한 제국의 역사 없는 민족도 근대 국가와 발전하는 자본주의를 통해 새로운 생활로 자각되었다. 여기서도 변화된 민족적 문화 및 힘 관계와 경직된 법률형태 사이의 모순이 혁명을 추동한다.

19세기 전반 체코인의 역사가 우리에게 제공한 모습이 대러시아제국의 모든 역사 없는 민족에게 오늘날 반복되고 있다. 단지 이들 민족들은 동일한 정도로 자본주의적 변혁과정에 던져진 것이 아니고, 따라서 동일한 높이의 민족적 발전단계에 도달한 것이 아닐 뿐이다. 그러나 결국 러시아의 모든 역사 없는 민족은, 과거 오스트리아의 모든 역사 없는 민족과 마찬가지로, 새로

---

1) F. Palacký, *Österreichs Staatsidee*, Prag 1866, 85쪽 (원주)
2) F. Engels, "Gewalt und Ökonomie bei der Herstellung des neuen Deutschen Reichs", *Neue Zeit*, 제14권 제1호, 687쪽 (원주)

운 독자적 문화생활로 자각하게 될 것이라는 사실은 확실하다. 근대 자본주의는 어디서나 마찬가지로 러시아에서도 문화공동체의 확대를 가져온다. 문화공동체의 확대는 착취되고 종속된 계급으로만 사회가 구성된 민족의 문화적 재 각성을 의미한다.

이 과정이 얼마나 빨리 진행될 것인가 하는 점을 우리는 알지 못한다. 만일 차르권력을 타도하는 혁명이 성공한다면, 이 과정은 매우 가속화될 것이다. 그러나 비록 러시아 절대주의가 다시 한 번 민주주의를 제압하더라도, 그것은 1905년 이후에는 더 이상 영광스런 10월의 날들과 같지 않을 것이다 — 바하(Bach)의 절대주의가 메테르니히(Metternich)의 절대주의와 일치하지 않는 것처럼. 그래서 러시아 제국이 자본주의 없이 존속할 수 없는 것이 확실하듯이, 또한 모든 민족이 새로운 문화적 존재로 자각해가고, 모든 민족의 심리가 자본주의를 통해 변화되며, 또 차리즘에 의한 민족들의 억압도 언젠가 참을 수 없고 불가능하게 될 것이라는 사실도 확실하다. 빠르건 늦건 러시아도 역시 민족자치로 성숙해갈 것이다.

여기서 민족적 발전으로서 나타나는 이러한 사회적 발전이 어떤 국가형태로 나아갈지에 관해서 우리는, 혁명의 사건 한가운데 있는 오늘날, 아직 확인할 수 없다. 그러므로 우리는 여기서 이러한 대변혁이 오스트리아-헝가리 군주국의 존속에 어떤 영향을 미칠까 하는 문제의 검토에 한정할 수밖에 없다.

러시아가 자신의 민족들에게 민족문화의 자유로운 발전을 보장하게 되면, 러시아는 오스트리아 군주국의 전체 슬라브 민족에게 강한 흡인력을 미칠 것이라는 널리 퍼져 있는 견해를 여기서 우선 거부해야 할 것이다. 이 견해는 과거에는 독일 관료층에 의해, 오늘날에는 마자르 신사층에 의해 유포되고 있다. 마자르 신사층은 슬라브 민족의 예속을 군주국의 사활 문제로서 증명하기 위해, 범슬라브주의의 유령으로 지배자를 위협하고 있다. 이 견해는 지배자로부터 자민족에 대한 양보를 강제로 얻어내기 위해, 오스트리아로부터의 이탈이라는 생각을 갖고 즐기는 슬라브인 정치가의 유치한 시위를 통해 지지되고 있다. 실제 체코인, 슬로베니아인, 슬로바키아인이, 군주국이 존재하는 한, 언젠가 러시아제국으로 귀속되기를 크게 갈망하게 될 것이라는 위험은 매우 작다. 범슬라브주의는 처음에는 오스트리아의 젊은 슬라브 민족들의 자각된 민족감정을 활성화시킨 하나의 수단에 불과했다. 19세기의 30-40년대 체코민족의 비참한 상태는 민족감정을 점화시킬 수 없었다. 그래서 사람들은 하나의 대 슬라브 민족이라는 상을 민중들의 눈앞에 마술처럼 만들어냈다. 예를 들어 **콜라**(Kollár)의 시 속에 나타난 범슬라브주의의 사상이 이러한 성격을 띠고 있다. 그러나 개별적 슬라브 민족들이 진보할수록, 그 만큼 더 그들은 스스로의 민족적 특성, 다른 슬라브 민족들과의 차이를 의식하게 되고, 그 만큼 더 통일적인 슬라브 민족이라는 환상은 민족생활의 현실 앞에서 빛을 잃었다. 그래서 체코인 중에서 광신적인 범슬라브주의자인 **하블리첵**(Havlíček)도3) 이미 "체코인은 슬로바키아인이 아니다", "나는 스스로를 체코인으로서 느끼지, 슬라브인으로서 느끼지 않는다"라는 자각적인 말을 했다. 체코인이 오스트리아든 대독일제국이든 독일인의 이민족지배 하에서 살아야 한다면, 그들은 독일인의 이민족지배보다 러시아제국으로의 귀속을 선호할 수도 있을 것이다. 그러나 군주국이 존속할 수 있고 군주국이 민족자치를 향해 발전할수록, 그들은 확실히 군주국의 유지를 계속 옹호하게 될 것이다. 체코인은 어떤 국가조직, 어떤 대 슬라브제국에서 살더라도, 오스트리아에서만큼 강력하게 될 수 없을 것이다.

따라서 군주국은 범슬라브주의의 자각을 러시아혁명의 승리로부터 두려워 할 필요는 없다. 러시아 민족들이 스스로의 자유를 쟁취한다면, 전혀 다른 위험이 군주국을 위협한다. 군주국은 러시아와 두 민족, 즉 폴란드인과 루테니아인을 공유한다. 이 두 민족이 러시아에서 스스로의 **자유**를 쟁취하는 순간, 우리는 그들이 민족적 **통일**을 위한 투쟁을 시작할 의지가 있지 않을까 하는 문제에 직면할 것이다.

러시아혁명의 최초의 성과가 루테니아인의 오스트리아에 대한 관계를 어떻게 변화시켰는가 하는 것은 매우 특징적이다. 러시아의 우크라이나 민족이 자신의 해방을 위한 어떤 희망도 보지 못하는 한, 루테니아인은 오스트리아

---

3) Karel Havlíček(1821-56)은 체코의 언론인이자 풍자시작가로, Havel Borovsk라는 필명을 사용했다. (역주)

제26장 민족자치와 민족성원리 __491

권력의 강력한 지주였다. 그래서 권력소유자는 그들을 믿고, 루테니아인의 민족통일운동에 대한 모든 두려움 없이 루테니아인의 민족적 이해를 폴란드인에게 완전히 양도할 수 있었다. 오늘날 사태는 완전히 다르다. 러시아에서 우크라이나 민족의 자각은 의심의 여지없이 오스트리아의 루테니아인의 부흥과정을 촉진할 것이다. 러시아제국에서 소러시아인이 민족적 권리를 쟁취한다면, 동부 갈리치아의 폴란드인 하위귀족(Schlachta)의 지배는 유지될 수 없을 것이다. 그러면 오스트리아는 끊임없이 위험하게 될 동쪽 국경에 반국가적인 한 민족을 갖지 않으려면, 오스트리아의 루테니아인에게 민족자치를 보장해야 한다.

그럼에도 불구하고 루테니아 민족은 새롭고 생생한 민족문화에 대한 길을 이제까지 비교적 천천히 걸어온 것처럼 보인다. 루테니아인 문제보다 폴란드인 문제가 훨씬 먼저 오스트리아를 일련의 어려운 문제들 앞에 직면하게 만들 것이다.

폴란드문제에 대한 과학적 연구의 기초를 제공한 것은 로자 **룩셈부르크**의 업적 많은 저작이다.4) 폴란드문제는 오늘날 1831년 혹은 1863년과 아주 다르게 고찰되어야 한다고 룩셈부르크는 지적했다. 오늘날 폴란드문제를 고찰하려는 사람은 폴란드왕국의 매우 급속한 산업적 발전이라는 사실로부터 출발해야 할 것이다.

폴란드에서 대공업의 발전은 1850년에서 1870년까지 일어났다. 1851년 러시아와 폴란드 사이의 관세경계의 폐지를 통해, 1862년 이래 철도제도의 발전과 1864년 농노제의 폐지를 통해, 폴란드의 자본주의적 발전은 가속화되었다. 1877년 이래 폴란드 공업은 러시아정부의 보호관세정책을 통해 촉진되었다. 그래서 로지(Lodz)와 그 주변의 직물공업, 소스노비츠(Sosnowitz)지역의 석탄생산과 철생산, 바르샤바지역의 기계제조업과 설탕산업이라는 왕국의 대공업이 탄생했다. 오늘날 폴란드는 페테르부르크와 모스크바의 공업지역 다음으로 러시아제국 중에서 자본주의가 가장 고도로 발전된 지역이다.

그러나 로자 룩셈부르크는 폴란드인 자본가계급의 이익이 러시아로부터

---

4) Rosa Luxemburg, *Die industrielle Entwicklung Polen*, Leipzig 1896 (원주)

폴란드의 분리와 충돌한다는 사실을 지적했다. 왜냐하면 폴란드 공업의 매우 큰 부분이 러시아의 판매시장을 위해 활동하고 있기 때문이다. 공식적 조사에 따르면, 폴란드 공업생산물의 절반은 러시아시장에서 판로를 찾고 있다. 1886년 폴란드의 141개의 대공장은 상품의 53%를 러시아에 판매했다. 1898년 폴란드의 직물공업은 적어도 약 1억 3500만 루블의 가치가 있는 생산물의 50%를 러시아에 수출했다. 주코브스키(Zukowski)에 따르면, 철가공업은 생산물의 5분의 3을 러시아시장에 수출했다. 이러한 공업제품의 수출 대신에 폴란드는 러시아로부터 생활수단과 공업용 원재료의 상당량을 수입하고 있다. 폴란드가 관세장벽을 통해 러시아로부터 분리된다면, 이것은 아마 수많은 기업의 도산을, 폴란드 자본가계급의 많은 부분에게는 경제적 쇠퇴를, 그리고 노동자에게도 취업기회의 감소와 생활수단의 등귀를 의미할 것이다. 그로부터 사람들은 자본주의사회의 존속을 위해서 러시아로부터 폴란드의 분리는 생각할 수 없다고 결론짓는다. 러시아지배로부터 폴란드의 해방은 자본가와 노동자의 이익을 해치고, 폴란드의 자본주의적 발전을 방해하며, 민족문화공동체의 확대를 저해할 것이다. 그러므로 폴란드인은 자본주의사회의 내부에서 하나의 독립적 민족국가를 건설하려는 희망을 영원히 버려야 한다는 것이다.

나는 이러한 사고과정을 매우 중요하게 생각하며 주목할 만한 가치가 있다고 생각한다. 그럼에도 불구하고 그것만으로는 과학이 폴란드문제에 관해 말해야 하는 모든 것을 서술한 것이 아니다. 폴란드의 자본주의적 발전을 통해 자신의 이해가 자본주의사회 속에서 폴란드국가의 재건과 모순되는 계급들이 생기고 있음을 확인하는 것만으로는 불충분하다. 오히려 생산조건의 변화를 통해 어떻게 인간의 정신적 본질, 기분, 기대, 이념이 변화되는지를 연구하고, 민족의 변화된 정신상태가 어떻게 폴란드인 민족국가문제에 대한 대중의 입장을 변화시키는지를 물을 필요가 있다. 각 계급의 정책은 **계급이해**를 통해 규정될 뿐만 아니라, 사회적 생존조건에 의해 산출된 고유한 **계급이데올로기**를 통해서도 규정된다.

자본주의의 발전은 여기서도 농촌으로부터 도시와 공업지역으로의 인민대중의 급속한 이동을 야기한다. 폴란드왕국은 1857년 473만 4천 명의 인구를 가졌는데, 1897년에는 945만 7천 명의 인구를 갖게 되었다. 이 40년 동안에 도시의 인구는 113만 6백 명에서 297만 8천 명으로, 따라서 전인구의 23.5%에서 31.5%로 증가했다. 그러나 도시 내부에서는 원래의 공업지역이 가장 급속히 증가하고 있다. 왕국의 인구는 아래와 같다(표26-1).

따라서 전체 인구의 급속한 증가부분은 폴란드공업의 원래 중심인 대도시에서 살고 있다.

그러나 동시에 도시주민의 구성도 변화했는데, 그 수는 <표 26-2>와 같다5)

〈표 26-1〉 폴란드에서 만 명 이상의 인구를 가진 도시수와 주민수

해	만 명 이상의 도시 수(개)	이들 도시의 주민 수(명)
1857	7	246,000
1872	15	524,000
1897	35	1,756,000

〈표 26-2〉 폴란드 도시인구의 구성

년	수공업자(명)	공업노동자(명)
1855	85,900	56,400
1866	94,900	69,200
1880	104,000-110,000	121,800
1888	124,000	160,000-168,000
1900	130,000-140,000	300,000

따라서 1880년 이후 공장노동자의 수는 이미 수공업자의 수보다 많으며, 오늘날 그 수는 적어도 두 배 정도 크다. 여기서 수공업자로 계산된 사람들 속에 많은 프롤레타리아적 존재와 자본예속적 존재가 포함되어 있음을 기억

---

5) Stanislaw Koszutski, *Rozwoj ekonomiczny krolestwa Polskiego*, Warschau 1905, 201쪽 (원주)

한다면, 우리는 도시와 공업지역에 더욱 프롤레타리아적 성격이 각인되어 있을 것이라고 생각한다.

이제 이러한 사회적 변화는 폴란드인 민족국가의 요구에 대한 폴란드 민중의 입장에 어떤 영향을 미칠 것인가? 여기서 우리에게 관심이 있는 것은 무엇보다 폴란드문제에 대한 **공업노동자**의 입장이다. 우리는 역사적 민족들의 노동자의 경우에는 어떻게 혁명적 분위기로부터 소박한 세계주의(Kosmopolitismus)가, 역사 없는 민족들의 경우에는 어떻게 소박한 민족주의가 생겼던가를 이미 보았다(제20장). 폴란드민족은 이제 주목할 만한 중간적 입장에 있다. 한편으로 폴란드민족은 역사적 민족이고, 억압되거나 착취되는 계급만이 아니라 지배하고 착취하는 계급, 즉 폴란드인 귀족과 오늘날에는 이미 부르주아지를 포함하고 있다. 그러나 다른 한편으로 폴란드민족은 러시아라는 이민족 지배하에 고생하고 있는 예속된 민족이다. 그로부터 민족문제에 대한 폴란드인 노동자의 분열된 입장이 생긴다.

한편으로 폴란드인 노동자는 폴란드인 귀족과 대시민층에 대한 계급대립을 자각하고 있다. 여기서 착취는 이민족 지배와 일치하지 않는다. 체코인 노동자가 독일인 기업가를 위해 노동하는 것에 비해, 폴란드인 노동자에게 직접적인 계급의 적은 ― 언제나 대토지소유자, 그리고 이미 자주 공장주 ― 폴란드인이다. 민족국가의 이상은 여기서는 무엇보다 귀족과 시민층의 이상이다. 노동자는 그들과 어떤 공통성도 갖지 않는다. 오히려 노동자는 러시아인, 독일인, 유대인 노동자 속에서 고난을 함께 하는 동료, 투쟁동료를 발견한다. 그래서 혁명적 본능이 폴란드인 노동자를, **역사적** 민족의 모든 노동자와 마찬가지로, **소박한 세계주의**로 추동한다.

그러나 다른 한편으로 폴란드민족은 러시아인의 이민족 지배 아래 생활하고 있다. 착취를 보증하고, 투쟁하는 노동자에게 경찰과 군대를 파견하여 진압하는 계급국가는 이민족 러시아의 권력으로 나타난다. 혁명적 노동자의 자유에 대한 갈망은 필연적으로 이민족 국가의 명에를 벗으려고 하는 충동을 낳는다. **억압된** 민족의 모든 노동자와 마찬가지로, 이 혁명적 본능이 폴란드인 노동자를 **소박한 민족주의**로 향하게 만든다.

그래서 폴란드인 노동자의 머릿속에는 두 가지 기본적 흐름이 싸우고 있다. 노동자계급의 혁명적 본능으로부터 생긴 이 두 가지 일반적 흐름의 각각이 정치적 강령으로 응축됨으로써, 두 개의 폴란드인 사회주의노동자당, 즉 <폴란드사회당>(Polnische Sozialistische Partei; P.P.S.)과 <폴란드왕국사회민주당>(Sozialdemokratie des Königreiches Polen; S.D.)이 탄생했다. 폴란드인 프롤레타리아 흐름의 대립은 두 사회주의노동자당의 갈등으로서 나타난다. 폴란드인은 역사 없는 민족이 아니라, 피억압민족이라는 내적 모순이 두 사회주의정당의 외적 대립으로 나타난다.

폴란드인 사회주의의 분열을 투쟁하는 동지들의 인격적 책임으로 돌리거나, 한편이 주장하듯이 "맑스적 불관용"의 결과로서, 다른 한편이 주장하듯이 경제적 무지의 결과로서 고발하는 것만큼 어리석은 일은 없다. 폴란드의 두 노동자당은 각각 폴란드인 노동자계급의 투쟁흐름의 일방적 표현이라는 점에서 필연적으로 함께 생긴 것이다. 그러나 폴란드 프롤레타리아 의식의 이 두 측면의 각각이 서로 다른 정당으로 체화됨으로써, 대립이 더 이상 프롤레타리아트의 의식상태가 아니라 **지식인**의 교조주의에 상응할 위험에 처하게 되었다. 아직도 여전히 차리즘이 공적인 조직 속에서 교육받을 수 없도록 만들고 있는 폴란드 노동자계급은, 젊고 이제 막 자각한 모든 프롤레타리아트와 같이 사회주의적 지식인의 지도가 필요하다. 그러나 이들 지식인은 엄격한 시련을 받았다. 즉 직접적 실천 활동으로부터 수십 년 동안 배제되고, 차르의 앞잡이에 의해 외국으로 추방되고, 또 우리 독일인이 우리 역사로부터 잘 알고 있는 주목할 만한 교조주의가 그들에게 배양된 것이다. 폴란드의 지식인은 40년대의 독일 합리주의의 모든 장점, 즉 지식에 대한, 모든 문제의 이론적 심화에 대한 정열적 지향을 가졌고, 모든 순간에 노동자계급의 대사상을 보잘 것 없는 것과 바꾸려고 하는 시민적 "현실정치"의 유치한 정신에 대한 건강한 경멸을 가졌으며, 일단 올바르다고 인식된 목표를 위해 기꺼이 희생할 수 있는 영웅적 결단력을 갖고 있다. 그러나 그들은 또한 악덕도 갖고 있다. 즉 당면한 목표에 전력을 집중하지 못하는 무능력을 나타내고 있으며, 다가올 수십 년 후의 결정을 위해서나 비로소 의미가 있을 이론투쟁으로 오늘 이미 노동자계급의 힘을 분산시키는 경향과, 계급투쟁의 필요성을 이론적 오류의 비판으로 희생시켜버리는 경향을 나타내고 있다. 지식인은 추방의 비참함과 강제된 활동금지를 통해 이러한 덕과 악덕을 몸에 익혀, 이제 노동자계급의 기본적 흐름의 내부 투쟁을 장악한다. 이러한 사실을 통해서만 우리는 서유럽의 노동자가 거의 이해할 수 없는 그러한 예외적 현상을 설명할 수 있다. 즉 차리즘의 권력이 아직 붕괴되지 않았고, 매일같이 노동자계급의 투사가 투옥되거나 죽는 시대에, 바르샤바와 로지의 노동자는 러시아와 폴란드의 관계가 페테르부르크의 입헌의회나 바르샤바의 입헌의회 중 어디서 조정되어야 할 것인가, 그리고 그들은 8시간 노동일을 러시아의 의회(Duma, 듀마)와 폴란드의 의회 중 어디에 요구해야 할 것인가, 폴란드는 러시아의 판로를 필요로 할 것인가 등을 둘러싸고 논쟁하고 있다. 자유와 생활에 대한 항상적 위험 속에서 집회가 열리고, 차리즘과 자본주의가 아니라 사회주의 반대당과 투쟁하기 위해 신문과 소책자를 비밀인쇄소에서 인쇄하는 기묘한 현상이 벌어지고 있다.

폴란드의 노동자대중은 그러나 이 투쟁을 이해하지 못한다. 양당의 보고는 동일한 노동자가 오늘은 S.D.의 연설에, 내일은 P.P.S.의 대변자에게 박수를 보낸다는 점에서 일치할 뿐이다. 이것은 정당들이 탄식하듯이, 폴란드 프롤레타리아트의 미숙함이나 학습부족 때문이 아니다. 개별 노동자는 한편이 다른 편과 마찬가지로 본질의 일면만을 표현하고 있는 데 불과한 정당의 투쟁을 어떻게 이해할 수 있을까? 그러나 이것은 확실히 자본주의적 착취와 국가적 억압이 가져온 폴란드 노동자의 미성숙 때문이다. 그들은 스스로의 계급적 힘을 압살하는 형제간의 투쟁을 종식시킬 수 없다. 그러나 프롤레타리아트가 투쟁 자체를 통해 학습되고, 프롤레타리아 조직이 급속히 성장할수록, 지식인으로 하여금 과거 시대의 추방에서 예리하게 각인된 정식을 매일매일의 계급투쟁에서 시험해보도록 강제할수록, 그 만큼 폴란드 프롤레타리아트의 통일적 계급정책에 대한 필요도 강해진다. P.P.S. 내부에서 "새로운 진로"의 발생은 무엇보다 분열로 더욱 이끄는 것일지도 모르지만, 확실히 폴란드 노동자계급 내부의 통일운동을 강화하기 위한 명확한 표시였다.

그러나 민족문제에서 이러한 통일적 프롤레타리아 정책의 당면 목표는 러시아제국의 테두리 내에서 폴란드의 자치일 뿐이다. 이 자치는 자본주의의 영향 아래 폴란드민족의 문화적 발전을 통해 필연적인 것으로 되고 있다. 자본주의의 발전은 여기서도 또한 문화공동체를 확대하는 경향이 있다. 폴란드 노동자는 1863년의 폴란드 농민과 전혀 다른 연대를 통해 민족과 결합해 있다. 그리고 폴란드 농민도 또한 서서히 민족으로 편입될 것이다. 몇 년 동안 관찰된, 중간 정도의 토지를 소유한 농민과 하위 귀족을 희생으로 한 진보가 여기서도 또한 농업의 자본주의적 전환, 농민의 상품생산으로의 밀접한 편입, 강렬한 문화로의 이행을 위한 기반이 될 것이다. 러시아령 폴란드의 농민은 오늘날 서유럽의 의미에서 근대적 농업인으로 간주될 수는 없겠지만, 자본주의적 발전은 여기서도 분명히 근대적 농업인을 창출할 것이다. 그래서 민족동포의 범위는 모든 자본주의민족과 마찬가지로 여기서도 한편으로 농민의 자식이 노동자로 됨으로써, 다른 한편으로 농민경제의 본질변화와 그것을 통한 농민심리가 변화됨으로써 확대된다. 그와 동시에 실제로 민족적 억압의 작용이 비로소 광범한 인민대중에게 느껴지게 된다. 이제 더 이상 귀족만이 아니라 실제로 광범한 인민대중도 민족문화의 발전과 민족학교의 건설에 **이해관심**을 갖는다. 동시에 광범한 인민대중의 **자기의식**도 높아진다. 모든 억압을 증오하는 그들은 가장 눈에 잘 보이는 형태의 억압, 즉 이민족지배에 대해 참을 수 없을 것이다. 폴란드어의 권리를 둘러싼 투쟁은 이제 그들의 민족투쟁이 된다. 폴란드 사회주의자는 스스로 이러한 요구의 대변자가 되지 않으면 안 된다. 이들 요구는 일찍이 귀족의 요구에 불과했지만, 자본주의의 발전 덕분에 문화공동체의 확대와 대중의 자기의식의 향상을 통해 이제 노동자의 요구가 되고, 곧 이어서 농민의 요구가 될 것이다. 그들이 이것을 대변하지 않는다면, 시민적-민족적 정당들이 노동자를 자신의 추종자로 편입할 것이다. 노동자층의 계급상태로부터 생긴 민족적 요구의 대변자로 되지 않으려는 사회주의정당은, 자신의 첫 번째 의무인 노동자계급을 독립적 정당으로 결집시키는 작업을 소홀히 하는 것이다.

그러나 폴란드 사회주의자가 자민족에게 민족문화의 자유로운 발전을 보장하려고 생각한다면, 이것은 오스트리아를 모범으로 한 원자론적-중앙집권적 제도를 통해서가 아니라, 민족자치를 통해서만 실현될 수 있을 것이다. 오스트리아의 전체 민족의 노동자와 마찬가지로, 러시아의 폴란드인 노동자도 먼저 민족자치를 위해 투쟁해야 한다.

러시아제국의 개별적 부분에서 나타나는 매우 상이한 문화단계는 또한 민족자치를 둘러싼 투쟁으로 폴란드인 노동자를 강제한다. 폴란드의 사회구성은 자본주의가 그 만큼 고도로 발달하지 않은 제국의 다른 지역의 사회구성과 본질적으로 다르다. 대러시아 제국 전체가 하나의 통일적 행정구역을 형성하게 된다면, 폴란드는 제국의 거대한 농민대중의 중압을 통해 모든 진보가 방해되고, 자신의 경제적 발전에 상응한 문화단계보다도 낮은 문화단계에 인위적으로 머물 수밖에 없게 될 것이다. 그러므로 폴란드가 러시아제국의 다른 모든 지역보다도 자본주의적으로 더 진보했다는 상황이야말로, 폴란드의 자치를 둘러싼 투쟁의 추동력이 되고 있다.

민족자치에 대한 폴란드인 노동자의 이러한 욕구를 만족시킬 수 있는 국가법적 형태에 대한 탐구는 우리의 과제가 아니다. 오히려 우리의 관심은 민족자치를 실제 자본주의사회 내부에서 폴란드가 이룬 발전의 결과로서 생각할 수 있는가, 그렇지 않으면 발전이 그것을 넘어 러시아로부터 폴란드의 완전한 분리로 향하는 것인가 하는 문제이다.

먼저 폴란드의 노동자가 러시아제국 내부의 민족자치를 쟁취하는데 성공했다고 가정해보자. 이 경우 러시아령 폴란드의 발전은 자본주의사회 내부의 폴란드문제를 더 이상 복잡하게 만들지 않을 것이다. 노동자와 농민의 계급적 이데올로기에 대한 필요성은 충분히 만족될 것이다. 계급적 이해는 부르주아지와 노동자계급에게 폴란드를 러시아와 여전히 결합되어 있는 연대를 완전히 끊어버리도록 강제할 것이다. 폴란드의 통일이라는 꿈은, 오스트리아의 독일인이 대독일주의적 사상을 완전히 잊어버리지 않듯이, 여기서도 완전히 잊혀지지 않을 것이다. 그러나 이 꿈은 러시아령 폴란드에서는 우선 자신의 직접적인 정치적 힘을 잃을 것이다. 그러면 러시아령 폴란드가 아니라 프로이센령 폴란드로 폴란드문제의 중심이 옮겨질 것이다. 러시아제국이 폴란드에게 민족적 자치를 줄 수밖에 없게 되는 날, 프로이센에서 폴란드인에 대한 억압은 더 이상 참을 수 없게 된다. 이것을 비스마르크(Bismarck)보다 더 일찍이 간파한 사람은 아마 없을 것이다. 비스마르크는 이미 1863년 페테르부르크에서 폴란드에게 우호적인 당과 투쟁했다. 왜냐하면 러시아와 폴란드 사이의 친서는 당시에 이미 프로이센에게 위험해 보였기 때문이다. 민족자치가 러시아에서 실현되는 날, 폴란드문제는 본질적으로 더 이상 러시아의 내적 발전의 문제가 아니라, 프로이센의 내적 문제가 된다. 이러한 발전이 어떤 형태를 띠게 될 지 우리는 알 수 없다. 예를 들어 독일제국이 자신의 제국주의정책을 통해 연루되는 세계대전의 순간에, 폴란드인의 봉기가 일어나고, 이 봉기에 러시아제국과 오스트리아의 폴란드인 지역의 광범한 대중도 자유를 위해 일어날 것이라는 사실은, 확실히 생각할 수 없다. 이러한 일이 과연 일어날 것인가, 이러한 전쟁을 통한 변혁의 시기에 폴란드인도 민족적 통일 국가를 세울 수 있을 것인가에 관해서 오늘 아무도 알 수 없다. 그것에 관해서는 모든 민족은 필연적으로 독립된 국가적 존재를 지향한다는 주제에 관한 재기발랄한 에세이도, 러시아령 폴란드 부르주아지의 계급적 이해에 관한 통찰력 있는 경제적 연구와 마찬가지로, 쉽게 결정을 내릴 수 없다.

    러시아의 폴란드인 노동자가 민족자치를 쟁취하는데 성공하지 못하는 경우, 사태는 완전히 다르다. 그러면 폴란드인민의 민족자치를 위한 투쟁은 그치지 않을 것이다. 폴란드인 노동자를 감옥과 교수대로써 몇 년 동안 억압할 수는 있지만, 그들의 투쟁은 언제나 다시 살아날 것이다. 참을 수 없는 제도와 민족의 문화적 발전 사이의 모순은 계속 다시 혁명으로 발전할 것이다. 민족자치를 둘러싼 이러한 투쟁이 어디로 갈 것인지 누구도 말할 수 없다. 이 투쟁 자체는 민족해방의 사상을 대중의 확실한 재산으로 만든다. 유리한 순간에 그들은 러시아의 테두리 내에서 민족적 자유를 쟁취하려고 했을지 모른다. 그러나 그들은 일찍이 러시아에서 자유를 쟁취하는데 절망할 수밖에 없었다는 사실, 그래서 그들은 적당한 순간에, 아마 전쟁의 순간에, 무기를 들고 민족해방과 민족통일 문제의 최종적 해답을 동시에 구하려고 했다는 사실을 누가 부정할 수 있을까? 그러한 순간에 프롤레타리아트는 러시아의 판매시장이 필요한지 고려하지 않는다. 그렇다면 수십 년에 걸친 투쟁에서 발전된 계급이데올로기는 계급이해의 냉정한 계산보다 강력한 것이다. 폴란드의 농민과 노동자가 러시아의 민주주의에 실망하고, 폴란드의 자유를 위한 피의 투쟁을 다시 한 번 감행해야 한다면, 부르주아지의 저항은 아무런 도움이 되지 않을 것이다. 프롤레타리아 혁명의 순간에 부르주아지는 전체 민족에게 전능하게 된 이데올로기를 감히 거부할 수 없을 것이다.

러시아혁명은 오스트리아에서는 무엇보다 폴란드인 문제이다. 따라서 이러한 고찰은 러시아에서 민주주의가 승리하게 되면 오스트리아는 저절로 붕괴할 것이라는 엥겔스의 의견이 근거 없는 것임을 보여준다. 러시아에서 민주주의가 승리하고 러시아제국에서 민족자치가 실현되면, 오스트리아도 폴란드인과 루테니아인을 위해 스스로 민족자치를 향한 발전을 가속화해야 할 것이다. 그러면 오스트리아에서 민족관계의 유기적 조정을 위한 우리가 이미 잘 알고 있는 경향에 새로운 힘이 더해진다. 그러나 이 경우 더 이상 러시아가 아니라 프로이센에서만 폴란드인의 봉기가 일어날 수 있다. 오스트리아의 붕괴가 국내 폴란드인의 봉기를 통해 일어난다고 생각하면, 이러한 위험은 러시아혁명에 의해서가 아니라 프로이센혁명에 의해 오스트리아를 위협한다. 혁명이 러시아에서 패배한다면, 사태는 전혀 달라진다. 그러면 물론 러시아에서 폴란드민족의 투쟁은 민족혁명으로 전화하고, 상황에 따라서는 오스트리아로 확산될 수 있을 것이다. 러시아혁명의 승리가 아니라 패배에 의해서 군주제의 존속은 위험에 처한다. 그러나 이 경우에도 특별한 세계정치정세가 폴란드인의 봉기를 생각할 수 있도록 만들 때만, 이러한 위험은 존재하게 된다.

물론 우리는 자주 다른 생각에 부딪히기도 한다. 오스트리아에서는 몇몇 정치가가 폴란드문제를 오스트리아 정치를 위해 이용해도 좋다는 견해, 크림전쟁과 1863년의 폴란드봉기 동안에 많은 외교관이 지지했던 견해를 지금도 갖고 놀고 있다. 많은 폴란드의 정치가는 폴란드봉기의 순간에 오스트리아가 러시아에 대해 선전포고하고, 폴란드를 해방시켜, 갈리치아와 폴란드왕국을 통일해 오스트리아 대공이 지배하는 나라로 만들기를 희망했다. 그러므로 이 경우 폴란드문제는 단지 도나우제국의 해소를 가져올 뿐만 아니라, 오스트리아에게 상당한 권력의 증대를 가져다준다. 지금도 자주 오스트리아의 애국자와 폴란드의 혁명가를 기쁘게 하는 이 계획에 대해 나는 전혀 가망 없는 것으로 간주한다. 우선 우리가 알고 있듯이 군주국은 아직 제국의 양쪽 절반 사이의, 즉 개별 민족 사이의 격렬한 투쟁에 직면해 있고, 그렇게 쉽게 민족자치를 실현할 수 없다는 사실과, 따라서 군주국의 내적 관계는 군주국으로 하여금 대담한 외교정책을 허용하지 않는다는 사실을 잊어서는 안 된다. 또한 합스부르크가로 하여금 폴란드나 러시아혁명과 동맹하지 못하도록 만드는 왕조에 대한 강력한 연대감도 잊어서는 안 된다. 나아가 더욱 분명한 것은, 오스트리아가 독립된 폴란드를 다시 만들려고 하면 분명히 러시아 뿐 아니라 독일제국도 적대적으로 될 것이라는 사실, 동시에 이탈리아가 알바니아와 트렌티노(Trentino)의 영유문제를 제기할 것이라는 사실, 그리고 러시아와 오스트리아가 싸우면 확실히 곧 이어 발칸에서도 전쟁이 발발하게 될 것이라는 사실이다. 그리고 이러한 모든 사실은 오스트리아의 민족들에게 어떤 영향을 미칠 것인가? 독일인은 직, 간접적으로 독일제국에 대한 전쟁이 될 이 전쟁에 기꺼이 출정할 것인가? 남부 슬라브인은 슬라브인의 발칸국가들에 대한 전쟁에서 전력을 다해 싸울 것인가? 오스트리아가 자신의 칼을 러시아 혁명을 위해 사용하지 않기를 우리가 바라는 것은 아쉬운 일일지도 모른다. 그러나 우리는 이러한 희망을 영원히 버려야 한다고 다시 한 번 말해야 할 것이다. 그렇지 않으면 매우 분별 있는 정치가가 자신의 희망을 이러한 꿈에 연결시키는 것을 이해할 수 없기 때문이다.

다시 한 번 지금도 자주 언급되는 우발적 사태, 즉 러시아가 폴란드를 해방하고, 갈리치아를 영유한 다음, 러시아령 폴란드와 갈리치아를 폴란드왕국으로 만든다는 희망은 실현되기 어렵다. 잘 알다시피 러시아정부는 70년대, 즉 러시아터키 전쟁 전에 이 계획을 추진했다. 그러나 러시아는 자국의 폴란드인에게 자치를 허용하고 자국 민중들의 자유를 향한 열망을 최소한 어느 정도 충족시키지 않고는, 이러한 길을 추진할 수 없었다. 지금은 민주주의까지는 아니더라도, 더 이상 절대주의라기보다 적어도 헌법을 가진 러시아는 이러한 길을 추진할 수 있을 것이다. 그러나 헌법적인 러시아는 아마 장기간에 걸쳐 오스트리아에 대한 전쟁과는 다른 걱정거리를 갖게 되었다. 다른 모든 이유를 제외하더라도, 러시아의 재정적 궁핍은 이미 이러한 정책에 장애가 되었다. 그리고 이러한 정책은 러시아에게도 위험할 수밖에 없다. 분명히 러시아는 오스트리아에 대해서 뿐만 아니라 독일제국에 대해서도 이 전쟁을 수행해야 한다. 그럼에도 불구하고 러시아제국이 폴란드의 자유와 통일을 실현하기 위해 군대를 한번 출동시킬 것이라는 전혀 가망성 없는 생각은 오늘날에도 계속 들리는데, 이러한 생각은 자신들을 위해 오스트리아가 개입할 것이라는 많은 폴란드인의 기대보다도 훨씬 그럴듯한 것이다. 그러나 그러한 러시아의 정책에서 보면, 오스트리아에서 생활하고 있는 폴란드인과 루테니아인의 해방은 확실히 목적이 아니라 수단일 것이다. 이 정책은 인민을 정복전쟁에 몰아내기 위해 민족적 자유라는 강령으로 인민의 정열에 불을 붙이려는 것이다. 사람들은 폴란드인과 루테니아인에 관해 말하면서 콘스탄티노플(Konstantinopel)과 살로니크(Salonik)를 생각할 것이다. 그러한 정책 속에서 우리가 이제까지 언급해온 과거의 민족성원리가 아니라, 다른 힘으로부터 생긴 아주 새롭고 다른 목적에 봉사하는 민족성원리가 기능하게 될 것이다.

세계정치정세가 새로운 폴란드봉기에 승리를 약속한다면, 러시아혁명의 패배는 자치를 추구하는 러시아제국 내 폴란드인의 투쟁을 완전한 자유와 통일을 위한 혁명으로 전환시킬 수 있다. 러시아혁명의 승리는 폴란드문제를 무엇보다 프로이센문제로 만든다. 그러면 폴란드봉기는 가능한 그대로 머물겠지만 — 프로이센에서 자본주의적-군국주의적 지배가 유지되는 한 — 그러나 독일제국의 힘이 세계정치의 분규를 통해 연루되는 순간에만 가능하게 될 뿐이다. 마지막으로 민주적 혹은 헌법적 러시아가 폴란드인과 루테니아인을 군주국으로부터 분리하기 위해 오스트리아와 전쟁을 시도하는 것은 먼 장래에는 생각할 수 있을지 모른다. 그러나 이것도 단지 러시아가 자본주의적 확장정책을 민족적 해방전쟁처럼 위장하기 위해 폴란드인 및 루테니아인 문제를 이용할 때만 가능하다. 그러므로 시민사회 내부의 러시아혁명은 아직 오스트리아의 폴란드인과 루테니아인을 오스트리아로부터 분리하는 데까지

나가게 하지 못했고, 그것만으로는 엥겔스가 주장한 오스트리아의 붕괴를 가져오지 못할 것이다. 그것을 위한 첫 걸음은 아마 갈리치아의 분리일 것이다. 러시아혁명은 그 자체로 군주국의 존속에 위험을 의미하지 않으며, **동쪽 민족들 사이의 긴장이 커다란 세계정치적 전환을 통해 해결에 이르는 경우에만** 위험을 의미할 뿐이다. 폴란드 및 루테니아 문제가 오스트리아를 해체시키지 않고, 오히려 오스트리아가 분해되어 **자본주의적 확장정책**이 가능하게 되는 대전환을 통해 분열된다면, 폴란드 및 우크라이나 문제는 해결될 것이다. 그래서 우리는 하나의 새로운 과제 앞에 서 있게 된다. 우리는 현대적 제국주의정책과 함께 현대적 대외정책의 본질을 연구해야 한다. 물론 여기서 우리는 개괄적인 묘사로 이 어려운 연구에 약간 기여할 수 있을 뿐이다. 분명히 이 연구는 매우 힘 드는 작업일 것이다. 현대적 대외정책의 뿌리를 연구하고, 이것을 낳은 국내의 사회적 대립을 분명히 함으로써, 우리는 동시에 선진 자본주의국가의 대외정책이 어떻게 민족성원리에 새로운 의미를 부여하는가를 보여줄 것이다. 우리는 이 문제를 제기함으로써, 자본주의사회가 얼마나 민족성원리를 실현할 것이며, 독립된 국가적 존재를 추구하는 민족들의 욕구를 얼마나 충족시킬 것인가를 보게 될 것이다. 이러한 기초 위에서 비로소 사회주의적 다민족정책은 완전히 규정될 것이다.

제27장 자본주의적 확장정책의 뿌리

현대 자본주의국가의 대외정책은 언제나 경제정책의 이익에 봉사한다. 그것은 확실히 국가권력의 압력을 통해 구체적인 경제적 이익을 촉진하려고 한다. 그리고 국가권력은 궁극적 목적을 위해 불가결한 수단이기 때문에, 다음의 사실은 확실히 일어날 수 있다. 즉 국가는 수십 년에 걸쳐 다른 국가들과의 힘 관계를 유지하고 개선하는 정치목표만을 알고 있다는 사실과, 그렇게 획득된 힘 관계조차 경제정책적 목적을 위한 단순한 수단에 불과하다는 점이 수십 년 동안 문제가 되지 않았다는 사실이다. 정치적 권력추구가 그러한 경제정책적 기초로부터 때로 자립화하는 사례를 우리에게 제공하는 것은, "유럽균형의 체제"가 모든 대외정책의 유일한 목표로서 나타났던 거의 반쯤 사라진 시대이다. 그러나 세계정치의 큰 문제 앞에 작은 유럽의 과거 문제가 퇴색된 이래 더 분명해진 것은, 자본주의국가의 권력추구 속에는 언제나 경제정책적 노력이 숨어있다는 사실이다.

자본주의국가의 경제정책은 언제나 자본에게 **투자영역과 판매시장**을 확보해주는 목적에 봉사한다.

자본주의적 국민경제에서는 언제나 사회적 화폐자본의 일부가 산업자본의 유통으로부터 유리된다. 유리된 화폐자본은 은행으로 유입되고, 거기서 다시 생산부문으로 들어간다. 그러나 사회적 생산과정의 한 지점에서 유리된 화폐자본이 사회적 생산과정의 다른 지점에서 노동수단과 노동력의 구매에 사용되기까지는 언제나 얼마 동안의 시간이 지나간다. 그러므로 사회적 화폐자본의 일부는 모든 순간에 활동하지 않고, 휴지하고 있다.

많은 화폐자본이 휴지한다면, 유휴 화폐자본의 생산부문으로의 재유입은 오랜 시간이 걸릴 것이다. 그러면 우선 생산수단과 노동력에 대한 수요가 저하된다. 이것은 생산수단산업에서 가격과 이윤을 하락시켜, 노동조합의 투쟁을 어렵게 만들고 임금을 하락시킨다. 그러나 이 두 가지 현상은 소비재를 생산하는 산업에도 작용한다. 한편으로 노동수단산업으로부터 수입을 얻는 자본가의 이윤이 적어질 것이고, 다른 한편으로 대량실업과 화폐자본의 하락으로 인해 노동자계급의 구매력이 적어지기 때문에, 직접 사람들에게 필요한 재화의 공급은 줄어들 것이다. 이것을 통해 우선 소비재산업에서 가격, 이윤, 임금이 하락한다. 그러므로 화폐자본의 대부분이 자본의 순환으로부터 유리되는 것은 모든 산업에서 가격, 이윤, 임금을 하락시키고, 실업을 증대시킨다.

그러나 이러한 운동이 다시 일어나면, 그것은 바로 자본가와 노동자 모두의 수입을 더욱 감소시키는 힘으로 작용한다. 왜냐하면 만일 모든 상품의 판매가능성이 줄어들면, 바로 자본의 **회전기간**이 늘어나기 때문이다. 그것은 완성된 상품이 구매자를 발견하고, 자본가를 위해 다시 화폐로 전화되기까지 오랜 시간이 걸린다. 사회적 총자본의 많은 부분은 거기서 상품자본의 형태를 취하고, 작은 부분이 생산자본의 형태를 취한다. 다시 말해 자본의 회전기간 중에서 **생산기간**의 부분은 적어지고, **유통기간**의 부분이 커지게 된다.[1] 회전기간이 연장되면, 이제 동일한 자본은 덜 회전하게 되고, 팔을 덜 움직이게 되고, 따라서 산출된 가치도 적어진다. 잉여가치율이 일정하다면, 즉 노동자에 대한 착취가 변하지 않는다면, 산출된 잉여가치의 양은 적어진다. 그러므로 이윤율은 하락한다. 이것을 통해 노동력에 대한 수요도 감소한다. 왜냐하면 상품자본이 아니라 생산자본만이 노동력을 구입하며, 유통기간이 아니

---

[1] 생산자본이란 생산과정에서 운동하는 자본이다. 그러므로 노동수단, 생산의 원료 및 재료에 투자되거나 노동력의 구입에 충당된 자본이다. 상품자본이란 완성된 상품재고의 형태로 체화된 자본이고, 구매자를 기다리고 있다. 자본의 회전기간이란 자본가가 자신의 화폐를 "선불한" 순간부터 완성된 상품과 교환된 화폐가 자신에게 다시 돌아올 때까지의 전체 기간이다. 그것은 자본이 생산에 종사하는 생산기간과 유통기간으로 나누어진다. 유통기간은 또한 판매기간(상품이 완성된 순간부터 그것이 화폐로 전화되는 순간까지)과 구입기간(투입된 자본이 자본가에게 다시 화폐형태로 돌아오는 순간부터 그가 그것으로 다시 노동수단과 노동력을 구입하는 시점까지)으로 구성된다. Karl Marx, *Das Kapital* 제2권, 제1부를 참고 (원주)

라 생산기간에만 자본은 인간의 노동력을 필요로 하기 때문이다.

그러므로 유휴자본과 활동자본, 생산자본과 유통자본, 생산기간과 유통기간 사이의 비율에서 어떤 변화도 자본주의사회의 상을 완전히 변화시킨다. 노동은 모든 가치의 창조자이다. 그러나 자본주의사회는 자본을 노동력의 구매에 사용하는 대신에 자본을 휴지시킴으로써, 사회에서 수행되는 노동의 양을 때로 줄인다. 그것은 한편으로 유휴자본을, 다른 한편으로 실업자를 집적한다. 자본주의사회는 자본을 휴지시키기 때문에 실업자에게 일시적으로 일자리를 제공할 수 없다. 더욱이 노동할 능력과 의욕을 가진 사람들을 놀게 하고, 그들을 생산과정과 유통과정으로부터 배제하기 때문에, 자본을 이용할 수 없다. 결국 자본주의사회는 노동자를 이 세계의 재화로부터 배제함으로써, 부를 증식할 가능성을 스스로 빼앗는다.[2]

이러한 인식은 지금 우리의 목적에 매우 중요하다. 왜냐하면 이제 비로소 우리는 자본주의적 경제정책의 목적을 이해할 수 있기 때문이다. 그것은 자본의 투자영역과 상품의 판매시장을 추구한다. 우리는 이제 그것이 다른 과제가 아니라 본질적으로 **하나의 동일한 과제**라는 사실을 이해한다. 내가 유휴자본을 위한 투자영역을 개척하고 초과이윤을 통해 그것을 생산영역으로 끌어들인다면, 나는 그것을 통해 상품의 판로를 창출한 것이다. 유휴화폐자본이 아니라 생산자본이 상품을 구매하기 때문이다. 생산자본은 먼저 노동수단과 노동력을 구매하고, 노동자에게 작업을 주고, 그것을 통해 소비재의 수요를 증대시킨다. 그것은 소유자에게 잉여가치를 주고, 그것을 통해 그들의 구매력을 높이고, 새롭게 상품의 수요를 증대시킨다. **만일 내가 자본을 위한 투자영역을 개척한다면, 그것을 통해 나는 상품을 위한 새로운 판매시장을 제공하는 것이다.** 그리고 그 반대도 사실이다! 만일 내가 상품을 위한 새로운 판매시장을 개척하면, 자본의 회전기간은 단축되고, 이윤은 증가하고, 이용할 수 있는 자본의 수요는 커지고, 유휴자본은 생산부문으로 유입된

---

[2] 다음의 개념들은 동등하다. 생산의 제한(기술적으로). 수행된 사회적 노동량의 감소(생산영역의 관점에서 경제학적으로). 산업자본의 구입기간의 연장 및 유휴 화폐자본의 증가(유통영역의 관점에서 경제학적으로). (원주)

다. 만일 내가 상품을 위한 새로운 시장을 개척하면, 그것을 통해 나는 자본을 위한 새로운 투자영역을 창출하는 것이다.

이러한 목적을 위한 중요한 수단은 먼저 **보호관세**이다. 관세가 이미 성립된 산업을 외국의 경쟁으로부터 보호해야 한다면, 그것의 직접적 목적은 우선 상품판로의 확보이다. 그러나 간접적으로 이 경우에도 그것은 자본의 투자영역을 확보하는 것이다. 즉 국내 산업이 시장에서 외국과의 경쟁에 패해 시장을 잃는다면, 자본의 일부는 위협받는 산업으로부터 유출되고 유휴자본은 증대할 것이다. 그러므로 관세가 이미 존재하고 있는 산업을 보호해야 한다면, 관세는 직접적으로는 판매시장의 확보를, 간접적으로는 자본의 투자영역의 확보를 추구한다. 보호관세를 통해 국내에 새로운 산업을 창출해야 한다면, 그 반대이다. 그 경우에 먼저 자본은 관세가 보호하는 높은 초과이윤을 통해 생산영역으로 유입된다. 그러나 유휴자본의 일부가 먼저 생산적 투자를 발견한다면, 그것을 통해 상품시장에서의 수요와 직접적으로는 노동수단에 대한 수요가 증대한다. 결국 자본가와 노동자 모두의 구매력이 증대하기 때문에, 소비재에 대한 수요도 증대한다. 그래서 보호관세는 모든 경우에 투자영역의 개척과 판매시장의 확보에 봉사하는 것이다. 그것의 최종 목적은 유휴자본과 생산자본, 자본의 생산기간과 유통기간 사이의 비율을 더욱 유리한 형태로 만드는 것이다.

그러나 이제 유럽문화권의 국가들이 최근 20년 동안에 달성한 자본주의적 발전의 단계에서 보호관세는 과거의 기능을 본질적으로 변화시켰다.[3] 현대의 보호관세는 무엇보다 **카르텔보호관세**이다. 그것은 어느 경제영역의 자본가들에게 외국의 경쟁에 대항하여 관세를 통해 보호카르텔을 체결할 수 있도록 해주는 것이다. 이것이 성공하게 되면 보호관세의 과제는 새롭게 확대한다. 그것은 더 이상 외국과의 경쟁에 대한 국내 시장의 보호가 아니라, 수출의 촉진과 세계시장을 둘러싼 투쟁에 봉사한다. 이 주목할 만한 현상을 이해해보자!

---

3) Rudolf Hilferding, "Der Funktionswechsel des Schutzzolles", *Neue Zeit*, 제21권, 제2책, 274쪽 이하 참고. (원주)

관세장벽의 보호 아래 시장을 완전히 지배하는 하나의 트러스트를 가진 국가를 생각해보자. 이러한 트러스트는 상품의 가격을 어떻게 결정하는가? 그것은 상품을 달성할 수 있는 최고의 가격으로 판매하는 것이 아니라, 오히려 최고의 이윤을 획득할 수 있는 가격으로 판매할 것이다. 상품 100Kg 당 달성하는 이윤은 상품 100Kg 당 가격과 생산비의 차이와 같다. 따라서 총이윤은 판매된 상품량과, 중량단위 당 가격과 비용의 차이를 곱한 것과 같다. 판매된 중량단위수를 q, 중량단위 당 가격을 p, 중량단위 당 비용을 k 라고 한다면, 총이윤 P=q(p-k)이다. 중량단위 당 가격이 높아질수록, 그 만큼 판매된 상품량은 더 적어진다. 그리고 생산할 수 있는 상품량이 적어질수록, 그 만큼 중량단위 당 드는 비용은 더 높아진다. p가 커질수록, 그 만큼 q는 적어지지만, k는 증가한다. 그러므로 트러스트는 생산물의 총이윤 q(p-k)를 가능한 크게 만들도록 가격 p를 결정하려고 한다. 그러므로 p를 너무 높지 않게 정할 필요가 있다. 왜냐하면 그렇지 않으면 q의 감소와 k의 증대가 이윤을 감소시키기 때문이다. 마찬가지로 p를 너무 낮게 정해서도 안 된다. 왜냐하면 중량단위 당 낮은 가격의 경우에는 중량단위 당 이윤이 적어지고, 따라서 판매된 상품량의 증대에도 불구하고, 이윤량은 충분히 크지 않기 때문이다.

트러스트 대신에 독립적 기업들이 협정을 맺고 있는 카르텔을 생각해보자. 그러면 가격결정은 훨씬 복잡하게 된다. 예를 들면 대규모적인 현대적 설비의 공장은 가격을 낮게 결정하려고 할 것이다. 왜냐하면 가격이 낮으면, 판매되는 상품량이 급속히 증대하고, 비용을 급속히 내릴 수 있기에, 그다지 높지 않은 가격을 통해서도 총이윤 q(p-k)를 매우 높게 만들 수가 있기 때문이다. 이에 반해 소규모적이고 기술적으로 뒤진 공장은 높은 카르텔가격을 고집할 것이다. 왜냐하면 이들 공장은 생산을 한꺼번에 증대시킬 수도 없고 비용을 크게 내릴 수도 없기에, 중량단위 당 높은 가격으로밖에 이윤을 증대시킬 수 없기 때문이다. 그러므로 가격결정 시에 카르텔 내부에서 이해관계의 투쟁이 일어난다. 결정된 가격은 권력투쟁의 결과이다. 카르텔가격은 여기서는 가격결정 시에 개별 기업이 행사한 힘들의 합계이고, 각 개별 기업의 힘은 총이윤 q(p-k)가 그들에게 가능한 높게 되도록 p를 결정하는 방향으로 향하고 있다. 그래서 카르텔도 다음의 문제에 직면한다. 즉 판매를 떨어뜨리지 않고, 또 비용을 증대하지 않고, 어떻게 가격을 가능한 한 높게 유지할 수 있을까?

이 문제를 이제 우리는 상품을 외국에서 국내보다 더 싼 가격으로 구매함으로써 해결한다. 카르텔이 자신의 생산물을 외국에서 원가로 판매하기로 결정했다고 가정해보자. 그러면 카르텔은 외국에서 이윤을 얻을 수 없다. 그러나 외국에서의 판매를 통해 대규모로 생산할 수 있고, 그것을 통해 중량단위당 비용을 내릴 수가 있다. 그것을 통해 카르텔은 국내 가격을 높게 유지할 수 있게 된다. 왜냐하면 우리가 알고 있듯이 가격의 인상은 언제나 한편으로 판매량에 대한 고려와 다른 한편으로 비용에 대한 고려와 대립하기 때문이다. 비록 국내 가격이 높고, 따라서 국내에서 판매되는 상품량이 매우 적더라도, 외국에서 싸게 판매함으로써 생산비를 내릴 수 있게 되면, 가격인상을 방해하는 두 요인 중 하나인 비용에 대한 고려는 없어지고, 단지 국내에서 높은 가격으로 팔 수 있는 상품량에 대한 고려만이 남게 된다. 그러므로 값싼 외국판매는 카르텔로 하여금 국내 가격을 통상적인 경우보다 높게 결정하도록 허용하는 한편 동시에 비용을 내리도록 만든다. 그러므로 값싼 외국판매는 국내 시장이윤을 증가시키는 수단이다. 물론 국내보다 적더라도 외국에서 판매되는 상품에 일정한 이윤을 붙여 판매할 수 있다면, 이러한 실천은 훨씬 더 유리할 것이다. 그러나 만일 생산의 확장이 비용을 급속히 하락시키면, 외국에서 원가 이하로 팔더라도, 카르텔에게는 유리하다. 왜냐하면 외국시장에서의 손실은 국내에서 수출을 가능하게 만든 높은 이윤을 통해 상당히 보충되기 때문이다. 이러한 고려는 관세를 통해 보호되는 카르텔이 어디서든 국내보다 외국시장에서 더 싸게 판매되도록 만든다. 이러한 실천은 호경기 동안에는 의미가 적다. 이에 반해 불경기에는 언제나 광범위하게 받아들여진다. 공황이 발생하면, 카르텔은 국내시장에 관한 한, 가격을 내려야 한다. 왜냐하면 호경기 때의 높은 가격으로는 그다지 상품이 판매되지 않으며, 생산의 축소는 비용을 높이고 카르텔기업의 이윤을 내리기 때문이다. **값싼 외국시장의 가능성은 국내에서의 카르텔가격의 인하를 방해한다.** 카르텔은 생산물의 일부를 싼 가격으로 외국에 투매하고, 이러한 외국판매를 통해 다시

대규모로 생산할 수 있게 된다. 따라서 비용은 올라가지 않는다. 이것을 통해 큰 폭의 비용상승 없이 국내가격을 거의 완전히 호경기 때의 높이로 유지할 수 있게 된다. 그러므로 카르텔의 투매수출, 즉 악명 높은 "덤핑"은 관세를 통해 보호되는 카르텔의 가격정책의 피할 수 없는 수단이다.

이러한 가격정책은, 이제 우리가 유휴자본과 생산적으로 투자된 자본 사이의 비율에 주목한다면, 경제 전체에 도움이 되는 것이다. 값싼 외국판매는 생산을 위한 시장, 즉 상품을 위한 판로를 창출한다. 대규모적으로 생산될 수 있기 때문에 자본도 생산부문과 결합된다. 값싼 외국판매는 그러므로 국내 자본을 위한 투자영역을 의미한다. 그러나 유휴자본의 감소는 어디서나 그러하듯이 여기서도 노동력을 포함한 모든 상품에 대한 수요의 증대를 의미하고, 따라서 더 높은 이윤과 가격, 임금을 의미한다. 그래서 우리가 석탄, 철, 설탕을 국내의 소비자에게 판매하는 것보다 더 싸게 외국에 판매하면, 이것은 국내의 경제 전체를 위해 유리하다는 예기치 못한 결과가 된다.

이러한 사실은 이제 거대한 세계경제적 의미를 가진다. 즉 이미 보호관세를 갖고 있는 국가에서 관세의 인하는 더 이상 문제가 되지 않는다. 막강한 자본가단체, 거대한 카르텔로 결합한 자본, 이들 카르텔을 지배하는 대은행은 이제 보호관세에 대해 과거보다 훨씬 강력한 이해관심을 갖고 있다. 그러나 이 가격정책의 희생자는 자유무역국가들이다. 영국의 철강가격, 따라서 영국 철강산업의 경쟁조건은 결코 내적 생산조건에 더 이상 의존하지 않는다. 오히려 그것은 아메리카의 철강트러스트와 독일의 철강업동맹이, 관세를 통해 보호되는 국내시장의 이윤을 증대시키기 위해, 세계시장에서 상품을 싸게 파는 것이 필요하다고 보느냐에 달려 있다. 이것이 영국에서 철과 철강가격의 급박한 변화, 영국산업의 경쟁조건의 급속한 변화, 상당한 가치량의 감소를 가져왔다. 그래서 자유무역국가들도 보호관세로 나아가게 만든다. 보호관세는 먼저 외국의 덤핑수출의 영향으로부터 국내시장을 지키고, 다음에 국내 자본가에게 카르텔을 결성할 가능성과, 자신의 이윤을 증가시키기 위해 스스로 세계시장에서 덤핑수출의 수단조차 사용할 가능성을 준다.

그래서 세계시장에서의 경쟁은 한층 격화되고, 경쟁조건의 추이는 갑자기

돌변한다. 그러므로 모든 경제영역이 경쟁투쟁을 피할 수 있는 판로를 세계시장에서 확보하려고 노력한다. 지속적인 확장, 새로운 판로와 투자영역을 개척하기 위한 지속적인 노력이라는 자본주의의 타고난 경향은 그것을 통해 새로운 힘을 갖는다. 국가적 권력수단은 다양한 방법으로, 즉 식민지를 국내 관세영역으로 정식 편입시키는 것으로부터 "평화적 침입"까지의 방법으로, 이러한 경향에 봉사한다.

우선 **군사적 권력기구**가 이러한 노력에 봉사한다. 군대와 함대는 한편으로 그 영역이 선진 자본주의국가들의 자본의 착취에 종속된 민족들에 대하여 국내자본을 지킨다. 다른 한편으로 군대와 함대는 지배적 자본주의국가를 다른 자본주의국가들의 경쟁으로부터 지킨다.

국가적 권력수단을 통해 보호되는 지배적 자본은 이제 **식민지영역**으로 도도히 흘러들어간다. 거기서 철도, 도로, 운하를 건설하고 은행과 상사를 설립하고 광산을 개발하고, 이들 국가들의 농업생산에 신용을 제공한다. 그래서 우선 자본에게 새로운 투자영역이 열린다. 이것은 동시에 새로운 판로의 개척을 의미한다. 왜냐하면 예를 들어 이집트에 투자하려는 영국 자본은 무엇보다 먼저 영국 상품, 즉 영국의 레일, 철도차량, 기관차, 기계 등을 팔려고 하기 때문이다. 이러한 새로운 판로의 개척은 이제 다시 새로운 투자영역을 의미한다. 만일 영국의 철, 기계, 차량산업이 식민지에 대한 수출을 통해 촉진된다면, 새로운 많은 화폐자본은 영국 자체의 이러한 산업에 투자할 것이다. 이러한 산업에서 생산설비가 확대되고 노동자수가 증가하고 이윤이 증대되면, 자국 내 다른 영국 산업의 상품판로도 확대되고, 따라서 다른 산업에서도 노동의 기회가 증가하고 거기서 새로운 투자영역이 생긴다. 그래서 경제적으로 뒤진 국가들이 유럽 국가의 자본가계급의 착취에 굴복하는 것은 두 가지 계열의 작용을 가진다. **직접적으로는** 식민지국에서 자본을 위한 투자영역의 확보와 그것을 통한 지배국의 산업을 위한 판매기회의 증대이다. **간접적으로는** 지배국 자체에서 자본을 위한 새로운 투자영역과 전체 산업을 위한 판매기회의 증대이다. 그것을 통해 국내의 유휴자본량은 시시각각 감소하게 되고, 국내의 가격, 이윤, 임금은 올라간다. 그래서 자본주의적 확장정책은 전체 경제적 이익으로서 나타난다.

이러한 정책은 또 하나의 의미를 가진다. **이윤율**은 유럽보다 자본주의적 확장정책의 대상인 저발전 국가들에서 특히 높다. 그래서 자본주의적 경쟁은 언제나 이윤율을 균등하게 만드는 경향이 있으며, 자본은 언제나 이윤율이 가장 높은 곳으로 몰려간다. 유럽에서 이러한 이윤율의 균등화는, 질서 있는 행정과 사법을 통해 거대한 경제영역이 창출되고, 그 안에서 자본이 이동의 자유를 향유하게 된 이후, 비로소 가능하게 되었다. 자본주의에 아직 굴복하지 않은 국가에서도 이제 근대적 군대와 함대를 통해 자본이 투자영역을 추구할 수 있는 법률상태가 만들어지고 있다. 그것을 통해 비로소 전 지구가 **이윤율의 균등화** 경향에 복종한다. 질서 있는 행정과 사법의 확립이 유럽 국가 내에서 만든 것을 이제 현대적 군국주의(Militarismus)와 해군확장주의(Marinismus)가 모든 곳에서 창출한다. 유럽 국가의 함대는 동시에 세계경찰이며, 유럽 자본이 투자를 추구할 수 있는 법적 상태를 모든 곳에서 창출한다. 다시 여기서 자본주의적 확장정책은 지배적인 자본주의국가의 전체 인민의 이익으로서 나타난다. 왜냐하면 이윤율은 다른 대륙의 종속적 국가에서 자본주의가 고도로 발전된 유럽보다 높기에, 유럽자본은 일찍이 유럽의 자국에 투자했을 때 획득할 수 있는 것보다 훨씬 많은 잉여가치를 매년 손에 넣기 때문이다. 그러므로 유럽 국민들의 부는 이러한 확장정책을 통해 그 가치가 매우 증대된다.

그래서 우리는 이러한 확장정책의 옹호자에 의해서 계속 반복되는 주장, 즉 좁은 토지에서는 **증가하는 인구**를 부양할 수 없기 때문에 유럽문화권의 자본주의적 국가들은 확장정책을 필요로 한다는 주장을 이해한다. 식민지국이 지배국에 지불해야 하는 잉여가치를 생활수단이나 향락수단의 형태로 지불하는 경우, 예를 들어 곡물, 고기, 커피, 면화, 향료를 지배국에 수출하는 경우, 이것은 충분히 이해할 만하다. 확장정책은 여기서 지배국 인민대중의 식량과 의복에 도움이 되는 재화의 형태로 지배하는 자본주의국가의 부를 바로 직접적으로 증가시킨다. 그러나 종속국이 그러한 재화를 생산하지 않는 곳에서도 확장정책은 간접적으로 동일한 목적에 봉사하는 것처럼 보인다. 왜냐하면 확장정책은 지배국의 부를 증대시켜, 그것을 통해 구매력을 강화하고, 주민의 식량을 위해 필요한 재화를 다른 나라로부터 구매할 수 있도록 해주기 때문이다.

그래서 우리는 이제 비로소 자본주의적 확장정책의 완전한 의미를 이해한다. 새로운 투자영역과 새로운 판매시장을 위한 노력은 자본주의 그 자체만큼이나 오래되었다. 그것은 오늘날의 영국이나 독일과 마찬가지로 르네상스 시기 이탈리아의 자본주의적 도시공화국에도 있었다. 그러나 이 경향은 최근 수십 년 동안에 거대하게 성장했다. 우선 이 경향은 산업자본의 지속적 집적(Konzentration), 현대적 카르텔과 트러스트의 형성, 방어수단에서 공격수단으로 발전한 보호관세, 그것들을 통한 세계시장에서의 경쟁의 격화 등으로 성장했다. 다음에 그것은 현대적 거대은행에서의 자본의 집적이 강력하게 진전되었기 때문이다. 그러나 은행은 유휴자본과 활동자본 간 비율을 이해하며, 자본의 회전기간의 구성을 바로 직접 이자율의 운동 속에서 이해한다. 은행은 아주 의식적으로 모든 경제정책의 목적을 위해 더욱 유리한 형태의 비율을 만든다. 은행은 최대의 조세부담자로서, 최대의 국가채권자로서, 가장 유력한 산업부문의 지배자로서, 자신의 의지를 쉽게 관철할 수 있다. 그러나 은행은 또한 언제나 자유롭게 동원할 수 있는 자본의 크기 덕분에, 종속지역으로의 자본의 이동을 계획적으로 지도할 수 있기 때문에, 비로소 확장정책을 가능하게 만들 수 있다. 현대의 자본주의적 확장정책의 힘은 **자본의 집중**(Zentralisation)에서 — 카르텔과 트러스트에서의 산업자본의 집중, 현대적 거대은행에서의 화폐자본의 집중에서 — 경제적 표현을 발견하는 **생산력의 변화**에 근거하고 있다.

자본주의적 확장정책의 지지자는, 모든 곳에서 이 정책과 투쟁하고 있는 노동자계급에 대하여, 그들 자신의 진정한 이익을 인식할 능력이 없다고 비난한다. 확장정책의 지지자는 다음과 같이 말한다. 새로운 판로와 투자영역의 개척은 노동력수요를 증대시켜, 노동자계급의 이익을 촉진한다. 만일 노동자계급이 현대 제국주의와 투쟁한다면, 그것은 이 정책이 그들의 계급이해와 충돌하기 때문이 아니라, 단지 과거의 이데올로기에 의해 지배되고 있기 때문에 그러할 뿐이다. 더욱이 이러한 이데올로기는 전혀 프롤레타리아적인 것이 아니라, 부르주아적인 것이다. 그것은 과거 부르주아적이고 반노동자적인 맨체스터 자유주의의 사상이라고 말한다. 그러나 경제정책적 체계의 단지 기술 및 수단만을 보고 목적을 보는 데 익숙하지 않은 사람들만이 제국주의에 대한 노동자계급의 투쟁과 중상주의에 대한 자유주의자의 투쟁을 혼동할 수 있다. 우리가 그것의 목적에 주목한다면, 오히려 **현대 자본주의적 확장정책이야말로 우리에게 낡은 자유주의의 상속인으로서** 나타난다. 영국에서 자유무역이 승리했을 때, 영국은 지구상에서 가장 발전된 산업국가였다. 관세경계의 철폐는 영국의 수출을 촉진했고, 영국자본에게 새로운 판로를 개척해주었다. 그것은 또한 영국자본으로 하여금 외국에 투자를 하게 만들었고, 사실상 영국자본은 적지 않은 범위에서 외국에 투자했다. 새로운 판로, 새로운 투자영역, 유휴화폐자본의 생산부문으로의 급속한 유입, 자본의 사회적 회전기간 내부에서 생산기간의 확대, 이윤율의 국제적 평균화, 외국에 대한 투자를 통해 영국자본으로 유입된 가치의 증대 ─ 모든 이러한 목표를 영국은 자유무역을 통해 달성하였다. **목표는 동일하지만, 단지 수단이 변화되었다.** 그 이후 다른 국가는 관세장벽의 보호를 통해 산업을 발전시켰다. 본래 진흥을 위한 관세는 결국 카르텔 보호관세가 되었다. 이 관세는 더 이상 영국 상품을 국내시장에서 보호하지 않을 뿐만 아니라, 영국시장 자체와 세계시장에서 영국상품과 투쟁하는 수단으로 되었다. 영국자본은 어디서 판로를 구하더라도, 또 어디서 투자영역을 추구하더라도, 반드시 다른 자본주의 국가의 경쟁과 맞부딪힌다. 그러므로 다른 모든 국가와 마찬가지로, 영국도 과거의 목표를 달성하기 위해서는 오늘날 다른 길을 걸어야 한다.

과거 영국의 자유무역은 **세계주의적**(Kosmopolitisch)이었다. 그것은 관세경계를 제거하고, 전체 세계를 하나의 경제영역으로 결합하려고 했다. 국제적 분업은 모든 국민을 결합시켰다. 더 이상 무기에 의한 피의 투쟁이 아니라, 평화적 경쟁 속에서 국민들은 자신의 힘을 평가해야 했다.4)

---

4) 여기서 우리가 새롭게 알게 된 **세계주의**(Kosmopolitismus)라는 단어의 다양한 의미를 열거하는 것은 아마 유용할 것이다. 먼저 여기서 **문화적**(kulturelle) **세계주의**라고 불

근대 제국주의는 전혀 다르다. 그것은 모든 국가들로 이루어지는 통일적인 경제영역을 형성하지 못하고, 자신의 경제영역을 하나의 관세경계로 울타리를 친다. 그것은 저개발국가를 개척하고, 거기서 자국의 자본가에게 투자영역과 판로를 확보해주고, 그로부터 다른 나라의 자본가를 배제한다. 그것은 평화를 꿈꾸지 않고 전쟁을 준비한다. 전체 인류를 자유롭고 평화로운 교역과 경쟁으로 결합하지 않고, 다른 나라에 대하여 관세와 함대, 병사로 무장해서 다른 나라를 희생으로 한 자국의 이익을 추구하는 것이다. 그리고 이것이 투쟁하는 이익은 우리가 이미 알고 있듯이 필연적으로 전체 경제적, 전체 국가적 이익으로서, 따라서 서구 민족국가에게는 국민적 이익으로서 나타난다. 경제정책의 **목표**는 코브덴(Cobden)과 브라이트(Bright)의 시대 이후 변하지 않았다.[5] 그러나 자본주의적 경제정책의 **수단**이 변화하면서, 세계주의적 자유주의로부터 **민족적 제국주의**가 생겨났다.

그러나 바로 세계주의적 자유주의는 자신의 깃발 위에 **민족성원리**를 써붙였던 것이다. 바로 그것은 그리스인, 남미의 민족들, 이탈리아인, 마자르인을 위해 국가적 독립을 희망했다. 절대주의적, 봉건적 예속의 굴레를 벗어던

리는 것이 있다. 각 국민은 민족적 특성의 전통적 한계를 극복해야 하며, 모든 국민으로부터 무엇이 옳고, 바르고, 아름다운지를 배워야 한다는 입장이다. 그러므로 문화적 세계주의는 민족주의적 가치평가 방법에 대하여 합리주의적 가치평가 방법을 대치시킨다. 이것의 근본적 입장은 인간의 본질에 근거하고 있다는 사실을 우리는 이미 알고 있다. 그것은 한 나라의 과거의 가치가 혁명적 발전을 통해 전복된 곳에서는 어디나 강하다. 소피스트(Sophist) 시대의 그리스, 스토아(Stoa)와 기독교 시대의 로마, 르네상스 시기의 이탈리아, 마지막으로 근대 자본주의가 낡은 사회를 전복한 모든 곳에서 그렇다. 오늘날에는 노동자계급이 이 문화적 세계주의의 담지자이다. 자본의 확장정책에 봉사하는 자유무역주의적 자본가계급의 **경제적**(ökonomische) **세계주의**는 문화적 세계주의와 크게 다르다. 노동자계급은 이것과 전혀 관계가 없다. 역사적 민족의 젊은 프롤레타리아트의 **소박한**(naive) **세계주의**도 전혀 다른 성격을 갖는데, 우리는 이것에 관해 제20장에서 배웠다. 이러한 세계주의의 세 가지 종류의 개념은 단지 서로 날카롭게 구별될 뿐만 아니라, 그것의 의미를 우리가 뒤에서 배우게 될 **국제주의**(Internationalismus)와 혼동해서도 안 된다. (원주)

5) Richard Cobden(1804-64)과 John Bright(1808-51)는 영국의 공업가이자 정치가였고 경제적 자유주의를 주장한 맨체스터학파의 일원이었다. 그들은 1838년 반곡물법(Anti-Corn Law) 동맹을 창설했다. 그들은 자유방임의 원리를 주장했지만, 공공교육, 평화주의, 상호 인정, 선거개혁을 옹호했다. (역주)

진 모든 국가가 상품시장과 투자영역으로 된 것은 당연한 일이었다. 그래서 영국의 자유주의는, 그릴파쳐(Grillparzer)가 냉소적으로 비웃었듯이,6) "공장 없는 나라들의 해방"을 위한다는 황홀한 전망에 열중했다. 여기에 완전히 변화된 또 하나의 상이 있다! 오늘날 발전된 산업국가의 자본주의에게는 더 이상 저발전영역의 해방이 아니라 굴복만이 판로와 투자영역을 보증한다. 그러므로 **현대 자본주의의 이상은 더 이상 민족국가가 아니라 다민족국가이다**. 그러나 이것은 지배국의 국민만이 명령하고 착취할 뿐, 다른 민족들은 그들에게 아무런 저항 없이 인도되는 다민족국가이다. 그것의 모범은 더 이상 영국의 민족국가가 아니라 대영세계제국이다.

이러한 변화는 새로운 방식의 자본주의적 확장과 함께 자본가계급의 전체 이데올로기가 변할 때, 더 의미를 갖게 된다. 절대주의적 억압에 대하여, 봉건적 착취에 대하여, 중상주의적 강제에 대하여 투쟁했던 자유주의적 시민층은 자유를 사랑했다. 그들은 국민을 위해 투쟁한 해방을 민족들에게 약속했을 때, 자신의 계급적 요구를 통해 규정된 행동의 원칙을 보편적 법칙으로 만들었다. 그러나 근대적 부르주아지는 달랐다. 그들은 자국의 노동자계급을 두려워했고, 필요하다면 폭력을 사용해서라도 자신의 재산과 지배를 방어하려고 했다. 일찍이 피억압계급으로서 그들이 증오한 권력수단은 자신들의 지배를 수립한 이후 그들이 애호하는 가치가 되었다. 이제 그들에게 해방은 유치한 꿈이 되었고, 권력에 대한 의지가 도덕적 의무로 되었다. 그리고 이미 국민들 내부의 계급적대의식으로부터 발생한 이러한 분위기는 자본주의적 확장정책의 매일매일의 실천을 통해 크게 강화되었다. 식민지로부터 유입되는 부에 취해 시민층은 자신의 과거 도덕적 이상에 대해 비웃었다. 수백 만 명을 정치적으로 예속하고 그들의 땅을 약탈하고 무제한적인 초과노동을 강제하는 것을 그들은 처음에는 권리라고 생각하였고, 곧이어 "고등한 문화"를 가진 "우월한 인종"의 의무라고 생각하였다. 이러한 분위기는 **키플링(Kipling)**의 화려한 시 속에 묘사되어, **세실 로즈(Cecil Rhodes)**나 **조셉 쳄벌레인(Josef**

---

6) Franz Grillparzer(1791-1872)는 오스트리아 비더마이어(Biedermeier)시대의 존경받는 극작가이다. (역주)

Chamberlain)과 같은 사람의 연설에서 얘기되고, **르네상스**의 정열적이고 자유로운 인간성에 감격하여, 세계사를 **인종투쟁**의 드라마로 개작하는 것이다.7) 이러한 기반 위에서 민족들의 통일과 해방의 이상은 사라진다. 자본주의적 지배국민이 수백 만의 종속민을 지배하는 것이 성숙한 자본주의의 국가이상이다.

그래서 우리는 여기서, 비록 조잡하고 개괄적인 요약이지만, 어떻게 과거의 부르주아적 민족원리가 국가형성의 새로운 제국주의적-민족주의적 원리로 대체되었는지를 본다. 후기 자본주의의 이상은 더 이상 모든 민족의 해방과 통일 그리고 국가적 독립이 아니라, 수백만의 이민족을 자국의 지배하에 예속시키는 것이다. 국가는 더 이상 자유로운 상품교환에서 평화적으로 경쟁하는 것이 아니라, 언제나 종속민족을 억압하고 자신의 착취영역으로부터 다른 경쟁상대를 몰아내기 위해, 모든 국민들을 이빨까지 무장시키는 것이다. 자본주의사회에서 국가형성의 원리가 이렇게 완전히 전환된 것은 궁극적으로 자본의 집적을 통해 자본주의적 경제정책의 방식이 변화했다는 사실에 기인한다.

우리가 민족성원리에 대한 자본가계급의 이러한 새로운 입장을 완전히 이해하려고 한다면, 자본주의적 확장정책이 통일적인 이익과 전체 경제적 및 국가적 이익에 봉사한다는 착각을 버려야 한다. 우리는 바로 자본주의적 확장정책이 어떻게 국민 내부에 내적 대립을 창출하는지, 제국주의를 둘러싼 투쟁이 어떻게 계급투쟁으로 발전되는지를 증명해야 한다. 그러면 비로소 우리는 어떻게 국민 내부의 내적 계급대립이 국민들 상호간의 외적 대립으로, 즉 한 국민의 다른 민족에 대한 지배로 추동하는지 이해할 것이다.

---

7) Josef Chamberlain(1836-1914)은 영국의 공업가이자 자유당의 지도자로, 1895-1903년 식민지장관을 지냈다. 그는 대영제국의 확장을 촉구했는데, 왕관과 공통언어, 경제적 특권에 의해 통일된 백인식민지의 제국적 연합을 촉구했다. Cecil Rhodes(1853-1902)는 1890-1896년 케이프(Cape) 식민지의 수상에 임명되어 영국의 남아프리카 확장을 이끌었다. (역주)

제28장 노동자계급과 자본주의적 확장정책

　우리는 현대의 자본주의적 확장정책이 모든 수단을 통해 어떻게 궁극적으로 생산자본과 유휴자본, 생산기간과 유통기간 사이의 비율변화 자체에 의해 달성되는가를 살펴보았다. 판매시장을 둘러싼 투쟁은 투자영역을 둘러싼 투쟁과 마찬가지로 이러한 목적에 봉사한다. 그러나 유휴자본의 감소, 생산부문으로의 자본유입의 촉진, 회전기간 내부에서의 생산기간의 연장은 모든 계급의 공동이익으로서 나타난다. 노동자계급 역시 거기서 이익을 본다. 모든 국면에서 자본의 순환으로부터 유리되는 화폐자본의 양이 감소하면, 노동력에 대한 수요는 증가하고, 노동시장에서 노동자의 입지도 커지고 임금도 상승할 것이다. 그래서 노동자의 "생산자로서의 이해"가 보호관세와 확장정책을 옹호한다고 사람들은 생각한다. 현대 자본주의적 정책의 이러한 작용이 노동자계급에게 유리한 것은 확실하다. 그러나 의심스러운 것은 다만 확장정책이 노동자계급에게 불리한, 즉 유휴자본의 감소가 그들에게 이익보다 더 큰 손해를 입힐 수도 있는, **또 다른** 작용을 초래하지 않을까 하는 점이다.
　부르주아 경제학은 현대의 관세정책과 식민지정책이 자본의 **유통**을 변화시키고, 이러한 변화가 가격과 이윤, 임금의 상승경향을 가져왔다고 관찰하였다. 그러므로 그들에게 자본주의적 확장정책은 자본가계급의 이익 뿐 아니라 노동자계급의 이익도 촉진하는 것으로 나타난다. 이러한 관찰은 올바르지만, 불완전하다. 이 관찰은 제국주의의 경제정책이 **생산영역**에서 초래하는 변화를 관찰함으로써 보완되어야 한다. 왜냐하면 자본주의적 확장정책은 유휴화폐자본의 생산영역으로의 유입을 촉진하고, 또 회전기간, 특히 자본의 유통기간을 단축할 뿐 아니라, 오히려 개별 생산부문에 대한 **생산자본의 배**

분을 변화시키고, 그것을 통해 우리 사회의 계급들에게 가치생산물을 배분하는 데 대단히 강력한 영향을 미치기 때문이다.

보호관세는 먼저 사회적 노동에서의 배분의 변화를 일으킨다. 자유무역의 경우 자본은 국내의 자연적, 사회적 생산조건이 더 유리한 생산부문에 배분될 뿐이다. 사회는 다른 생산부문의 생산물을 외국으로부터 구입할 것이다. 이에 비해 보호관세는 사회를 강제하여 국내의 생산조건이 유리하지 않은 재화도 생산하게 만든다. 그것을 통해 관세는 사회적 노동의 생산성을 하락시키고, 그것은 상품가격의 상승으로 나타난다. 그럼으로써 화폐임금의 구매력은 감소하고, 노동자계급은 손해를 입는다. 관세가 **카르텔보호관세**로 되면, 상품은 이 한계를 넘어 더 비싸진다. 왜냐하면 관세의 보호에 의해 트러스트와 카르텔이 형성되고, 시장을 독점적으로 지배하기 때문이다. 이러한 가격상승은 더 이상 노동생산성의 저하가 아니라, 카르텔귀족이 관세 덕분에 대부분을 손에 넣을 수 있는 가치생산물의 변화된 배분에 기초한다. 마침내 카르텔보호관세가 공격적으로 변해 **덤핑수출**을 시작하게 되면, 카르텔화된 생산부문의 상품은 더욱 비싸진다. 이제 국내 판매가 감소하여 비용이 높아지더라도, 비용에 대한 고려는 더 이상 가격상승을 막지 못한다. 그러므로 가격은 외국으로의 저렴한 수출이 없으면 불가능할 만큼 높게 책정된다. 그것을 통해 사회적 가치생산물의 배분은 새롭게 카르텔기업에게는 유리하고 노동자계급에게는 불리하게 변할 것이다. 화폐임금은 변하지 않은 채 상품가격은 올라가고 구매력은 내려가는 것이 노동자계급에 대한 자본주의적 관세정책의 첫 번째 작용이다.

그러나 과연 화폐임금은 변하지 않을까? 보호관세론자는 관세가 생산영역으로의 자본의 유입을 촉진하기 때문에 노동력에 대한 수요도 증대한다고 본다. 그러므로 관세는 임금을 상승시키는 경향이 있다고 본다. 그러나 우리는 보호관세가 사회적 회전기간의 구성을 변화시킬 뿐 아니라, 다양한 생산부문에 대한 생산자본의 배분을 수정한다고 본다. 보호관세는 확실히 유기적 구성이 높고 따라서 노동집약도가 작은 생산부문에 훨씬 많은 자본을 몰리게 만드는 작용을 한다. 다시 말해 이것은 보호관세 없이 이러한 생산부문에서 자본을 흡수할 수 있는 여지를 발견하는 것은 쉽지 않다는 것이다. 불변자본을 많이 필요로 하고 가변자본을 그다지 필요로 하지 않는 생산부문에서 가장 먼저 카르텔화가 진행된다.

이러한 카르텔이 보호관세에 의해 지지되어 수출을 실행하게 되면, 이제 유기적 구성이 낮은 국내 생산부문은 손해를 입는다. 예를 들어 만일 독일의 제철카르텔이 상품을 독일시장에서보다 매우 저렴하게 영국에 판매한다면, 영국의 철가공업은 독일의 경쟁자보다 더욱 저렴한 원료를 이용하게 된다. 철, 강철, 함석, 철사, 파이프, 반제품에서 영국의 수출은 감소하거나 적어도 증가하지는 않는다. 여기서 바로 영국은 독일과 미국의 독점조직의 우월한 경쟁과 충돌한다. 이에 반해 모든 영국의 철가공업의 수출, 즉 기관차, 레일, 기계, 칼, 잡화의 수출은 급속히 증가한다. 마찬가지로 영국의 조선도 강력하게 발전했다. 이러한 영국의 수출의 성장은 독일과 미국이 이 산업에 매우 저렴한 원료를 제공함으로써 가능하였다. 그러나 더 있다! 만일 독일의 카르텔이 독일의 구매자보다 더 저렴한 철과 강철을 영국인에게 제공한다면, 이것은 영국의 공업이 독일의 경쟁자보다 더 저렴한 기계를 이용한다는 사실을 의미한다. 랭카셔(Lancashire)의 직물산업의 경쟁력은 적지 않은 부분이 저렴한 기계에 의존한다. 만일 독일의 철 카르텔이 철 가격을 국내에서 높게 유지하기 위해 철 상품을 외국에 저렴하게 판매한다면, 그것을 통해 독일의 철 가공산업의 경쟁력, 간접적으로는 세계시장에서의 모든 독일 산업의 경쟁력은 떨어진다. 이제 이러한 카르텔보호관세를 통해 손해를 입는 산업은 모두 자본의 유기적 구성이 매우 낮은, 따라서 철 공업보다 노동집약도가 큰 경영부문이다. 보호관세의 영향 하에서 이루어지는 생산자본의 배분을 자유무역 하에서 이루어지는 생산자본의 배분과 비교해보자. 그러면 우리는 자본의 소비가 같을 경우, 다른 산업보다 더 적은 노동력을 고용하는 생산부문에서 대부분의 사회적 자본을 보게 된다. 그러므로 보호관세는 노동력에 대한 수요를 감소시켜, 노동시장에서의 노동자의 상태를 악화시킨다. 아니 그 이상이다! 카르텔보호관세를 통해 촉진된 산업은, 자본이 집적의 최고 단계에 이른 산업이며, 노동자의 이전의 자유를 거의 없애고 노동조합투쟁을 매우 어렵게 만드는 산업이다. 상대적으로 작은 기계공장의 노동자는 고용주에 대하여 라인-베스트팔렌의 어느 용광로나 철공소의 노동자와는 전혀 다른 입장에 있다. 보호관세는 철가공업에 손해를 입히는 "중"공업을 육성하면서, 노동조합투쟁에 불리한 조건을 제공하는 생산부문으로 자본을 이동시킨다!

보호관세가 자본의 유통에 유리하게 작용한다는 것은 확실히 옳다. 그러나 그것은 또한 생산자본의 배분을 변화시킨다. 이것은 한편으로 노동생산성을 저하시키고, 상품가격을 올리고, 화폐임금의 구매력을 저하시킨다. 다른 한편으로 노동집약도가 작은 생산부문으로 자본이 이동하고, 노동력에 대한 수요를 감소시키고, 노동조합투쟁을 어렵게 만든다. 우리가 단지 자본의 유통에 주목하는 한, 보호관세는 전체 인민의 공통된 경제적 이익을 진흥하는 것처럼 보인다. 이에 반해 생산자본의 배분을 고찰하면, 우리는 노동자계급이 보호관세를 평가해야 하는 경우 그들에게는 자본가계급과 전혀 다른 관점이 문제시된다는 사실을 바로 알게 된다.

현대적 보호관세제도의 기초 위에서 이제 자본주의적 확장정책이 성립한다. 이 정책은 무엇보다 먼저 거대한 **군사적 권력수단**을 요구한다. 엄청난 가치액이 군국주의와 해군확장주의에 의해 희생된다. 이제 냉정한 비평가에게 군국주의정책은 그것의 경제적 수익이 경제적 희생보다 더 클 때만 정당화될 수 있다. 이 문제도 이제 노동자계급에게는 부르주아지와 전혀 다른 입장으로 나타난다. 왜냐하면 어디서든 잉여가치보다 노임으로부터 훨씬 많은 부분이 군국주의로 인해 희생되기 때문이다. 해군확장주의와 군국주의의 목적으로 인한 많은 액수의 낭비는 정확히 말해서 사회적 소비의 거대한 증가로 나타난다. 이것은 생산적 노동자의 수를 감소시키고 사회적 소모를 증가시킨다. 따라서 이것은 매우 간단하게 사회적 축적률을 감소시킬 수 있다. 그러나 자본주의국가는 축적률의 감소를 두려워한다. 따라서 군비증강비용을 노동자계급에게 부담시키려고 노력한다. 그것을 통해 축적률의 저하는 방지된다. 왜냐하면 노임보다 잉여가치로부터 훨씬 더 많은 부분을 축적할 수 있기 때문이다. 만일 노동자가 노임의 상당 부분을 세금으로 국가에 양도해야 한다면(소비세! 재정관세!), 노동자의 개인적 소비 대신에 군국주의에 대한 지출이라는 형태의 국가소비가 나타난다. 이에 반해 만일 잉여가치가 군국주의의 비용을 부담해야 한다면, 그렇지 않으면 일부가 축적될 자본은 소모되고 소비된다. 그러나 이미 축적률의 크기에 대한 고려에서 모든 자본주의국가는 — 조세정책을 동일한 방향으로 추구하는 자본주의국가에서의 힘관계를 전혀 도외시한다면 — 간접세와 재정관세를 통해 군대와 함대의 요구를 실현시키려고 한다. 이러한 세금은 소유계급보다 노동자계급에게 훨씬 무거운 부담이 된다. 제국주의가 노임총액을 잉여가치총액과 동일하게 증대시키려 한다고 가정하더라도, 노동자계급은 여전히 소유계급과 동일하게 자본주의적 확장정책에 대해 관심을 갖지 않을 것이다. 왜냐하면 노동자계급은 제국주의의 비용의 상당 부분을 부담해야 하기 때문이다.

군사적 권력수단의 보호를 통해 유럽 자본은 먼 대륙에서 투자를 추구한다. 매년 유럽에서 축적된 잉여가치의 상당 부분이 유출된다. 유럽자본은 미국에서 철도를 부설하고, 남아프리카에서 금광을 추진하고, 이집트에서 운하를 파고, 중국에서 탄광을 개발한다. 대영제국은 매년 외국에 대한 투자를 약 5000만 파운드 스탈링(pound sterling), 즉 약 10억 마르크(Mark)로 증가시켰다(Armitage Smith).[1] 이러한 외국에 대한 자본투자는 국내의 자본투자보다 더 급속히 성장하고 있는 것처럼 보인다. 적어도 영국의 전체 소득은 1865년부터 1898년까지 단지 약 두 배 증가했을 뿐이었다. 반면 외국으로부터의 소득은 같은 시기에 아홉 배나 되었다(Giffen).[2] 또한 독일의 해외 여러 나라에 대한 투자는 매우 급속하게 성장하고 있다. 그것은 1898년 70억 3500만 마르크에서 77억 3500만 마르크였고, 1904년 이미 80억 3000만 마르크에서 92억 2500만 마르크에 달했다.[3] 독일에서 거래된 유가증권 중, 20억에서 25억 마르크가 해외영역에 대한 부분으로 추산된다. 독일의 대은행은 독일의 자본수출(Kapitalexport)을 계획적으로 조직했다.

---

1) George Armitage-Smith(1844-1923)는 자유무역에 관해 많은 저작을 쓴 인물이다. 그의 주저로는 *Principles and Methods of Taxation*이 있다. (역주)
2) Sir Robert Giffen(1837-1910)은 영국의 경제학자이다. (역주)
3) *Die Entwicklung der deutschen Seeinteressen im letzten Jahrzehnt*(제국 해군청에서 수집된 자료), Berlin 1905, 173쪽 (원주)

이러한 자본수출은 이제 유럽 노동시장에서 수요를 저하시킨다. 외국으로 유출되는 자본은, 만일 유출밸브를 열어두지 않았다면, 국내에서 자주 유휴 자본으로 되었을 것이다. 그러나 자본은 결코 장기간에 걸쳐 쉬지 않는다. 그 것은 결국 국내에서도 생산영역으로 들어가는 길을 개척할 것이다. 만일 우리가 이것을 기다리지 않고 외국으로의 자본유출을 가능하게 만든다면, 이 자본은 국내 노동시장에서는 영원히 사라지게 될 것이다. 만일 내가 자본을 갖고 있다면, 이것은 내가 일정량의 사회적 노동을 수행했거나 혹은 노동수단을 소유한 덕분에 임금노동자가 수행한 일정량의 사회적 노동을 취득한 것을 의미한다. 나는 이제 다른 사람이 수행한 일정량의 사회적 노동을 요구하고, 사회적 노동을 살 권리를 갖고 있다. 만일 내가 이제 이 자본을 남아프리카의 금광에 투자하면, 나는 이 권리를 외국인노동에 대하여 관철한다. 그러나 나는 영국인과 독일인 노동자의 노동력이 아니라, 중국인 쿨리(Kuli)를 산다. 그런데 한 나라의 노동부담의 감소는 자본주의사회에서는 그 나라의 노동력수요의 감소, 즉 노동시장에서의 노동자상태의 악화를 의미한다. 따라서 제국주의는 유럽 자본을 외국대륙으로 진출하도록 촉진하는 한, 노동자의 "생산자이익"을 직접 크게 위협한다. 제국주의는 지구상에서 이윤율균등화 경향의 활동공간을 확대하면서, 유럽 노동자를 저발전민족의 저렴한 노동력으로 대체하려고 노력한다. 그러므로 제국주의는 쿠르트 아이즈너(Kurt Eisner)가 일찍이 얘기한 것처럼 "유럽 노동자계급의 전반적 공장폐쇄"를 향한 경향을 의미한다.4)

물론 유출된 자본은 단지 일부만이 가변자본이다. 그것이 불변자본이 된다면, 노동수단을 구매하고, 그 노동수단을 만드는 모국의 산업을 위한 새로운 판로와, 그것을 통한 모국 자체의 자본을 위한 새로운 투자영역을 창출한다. 여기서 다시 노동력에 대한 수요가 증대한다. 왜냐하면 유휴자본의 생산

---

4) Kurt Eisner(1867-1928)는 독일 사회민주주의 운동의 지도자 중 한 사람으로, 1918-19년 혁명기에 바바리아(Bavaria)의 사회주의 정부에서 수상을 지냈다. 그는 1919년 2월 21일 반동들의 백색테러의 광풍 속에서 로자 룩셈부르크, 칼 리프크네히트 등과 함께 암살당했다. (역주)

영역으로의 유입이 모국 자체에서도 촉진되기 때문이다. 그러나 여기서 우리에게 흥미로운 것은 다양한 생산부문으로의 자본의 배분이다. 왜냐하면 만일 어느 유럽 국가의 자본의 일부가 외국으로 유출되고 이 자본의 노동수단에 대한 수요가 그때 유럽 자체에서 사회의 생산설비를 확대시키게 되면, 자본은 모국에서도 다양한 생산부문으로 배분되지만, 그러나 이것은 전술한 제국주의정책을 통해서 가능하거나 촉진된 자본수출 없이 일어날 수 있는 경우와는 다른 것이다. 이 새로운 판로시장을 통해 촉진되는 것은 아주 일정한 생산부문이다. 자본은 무기와 대포 생산의 고향인 조선소와 선박업으로 향하고, 운하와 항만시설에 투자된다. 그것은 자본의 유기적 구성이 높은 생산부문이고, 노동시장에서의 수요가 적은 생산부문이다. 만일 노동자가 노임의 일부를 세금으로 국가에 양도해야 한다면 무기, 선박, 철도재료의 수요는 증대하지만, 노동자의 의, 식, 주를 만드는 산업의 생산물에 대한 수요는 그 만큼 저하된다. 촉진되는 생산부문은 손해를 보는 생산부문보다 노동집약도가 작다.

그러므로 이것은 자본주의적 확장정책의 직접적 작용이다. 한편으로 확실히 유휴화폐자본은 급속히 생산으로 유입된다. 다른 한편으로 자본의 일부는 외국으로 유출되고, 또 국내에 남은 자본은 새롭게 배분된다. 결과적으로 노동집약도가 작은 생산부문이 강화된다. 한편으로 유휴자본이 감소하고 회전기간이 단축됨으로써 국내의 생산자본은 증가한다. 그러나 다른 한편으로 자본수출의 결과와, 모국에 남은 자본이 더 높은 유기적 구성으로 향하기 때문에 생긴 사회적 임금자본의 급속한 감소의 결과, 생산자본이 전반적으로 감소한다.

제국주의가 개척한 신민지 여러 나라에서는 이윤율이 모국보다 더 높기 때문에, 제국주의는 모국을 기본적으로 부유하게 만든다. 그러나 이것은 자본주의사회에서는 자본가계급에게 유입되는 잉여가치 합계의 증대를 나타낼 뿐이다. 노동자계급은 증대하는 사회적 부에 결코 직접 참여하지 못한다. 단지 자본가계급에게 유입된 잉여가치량의 증대가 간접적으로 노동자계급에게도 도움을 줄 뿐이다. 결국 이 잉여가치의 일부가 축적된다. 전체 잉여가치량은 외국에서의 자본투자를 통해 증대하였기 때문에, 축적률이 일정하다면 매년 축적되는 잉여가치량은 증대할 것이다. 모국의 자본가계급이 일 년에 축적하는 잉여가치 합계와, 외국 특히 식민지지역에서의 자본투자를 제외하고 그들에게 유입되는 잉여가치량 중 그들이 축적하게 될 잉여가치량 사이의 차이를 나는 **축적차액**(Akkumulationsdifferenz)이라고 부르겠다. 이 가치액의 상당 부분도 여전히 유럽의 노동자계급에게는 전혀 고려대상이 아니다. 오히려 축적차액의 대부분은 곧바로 외국에 대한 자본투자로 다시 전화된다. 그러나 우리가 알고 있는 것처럼, 외국에 대한 투자로부터 영국의 자본가에게 유입되는 이자와 배당의 대부분은 결코 영국으로 돌아오지 않고, 그대로 외국에 머물며 영국의 외국투자를 증가시킨다. 그러나 축적차액의 일부는 모국 자체에서 생산적으로 축적된다. 이 부분의 일부는 여기서는 가변자본으로 되고, 따라서 모국의 노동력수요를 증가시킨다.

그러므로 자본주의적 확장정책이 노동시장에서 유럽의 노동자상태를 어느 정도까지 개선하는지를 연구하려는 사람은, 자본주의적 국민들에게 억압되어 있는 다른 대륙의 국가들로부터 이들 국민에게 유입되는 거대한 가치량의 전부가 아니라, 이 가치량의 상대적으로 작은 일부를, 즉 유럽 자체에서 생산적으로 투자되고 가변자본의 형태를 취하는 축적차액만을 고찰해도 좋을 것이다. 유럽 자본주의에 의한 다른 대륙의 착취는 분명히 자본주의적 국민들의 부를 증가시킨다. 그러나 이것은 자본주의사회에서는 그것을 통해 그 나라의 노동자계급의 부 전체를 결코 증대시키지 않으며, 더욱이 동일한 정도로 증대시키지 않는다.

마지막으로 문제가 되는 것은 식민지지역으로부터 유럽으로 유입되는 잉여가치액의 절대적 크기만이 아니라, 그것이 어떤 사용가치의 형태로 표현되느냐이다. 만일 억압된 지역들이 곡물과 고기 그리고 면화의 형태로 자본주의 국민들에게 세금을 지불해야 한다면, 노동자계급에게는 가장 유리하다. 이 경우 노동자의 가장 중요한 생활수단의 가격은 내려가고, 따라서 화폐임금의 구매력은 올라간다. 여기서 확장정책은 바로 노동자의 "소비자이익"을 촉진한다. 그러나 바로 이러한 유리한 작용이 제국주의에게는 마음에 들지 않는 것이다. 대영제국에서는 제국주의가 곡물과 고기에 수입관세를 붙이려고 했다. 독일제국에서는 제국주의로부터 가장 많은 이익을 얻는 공업이 농업경영자와 가장 밀접한 동맹을 맺고 융커의 농업보호관세에 동의함으로써 카르텔보호관세에 대한 찬성을 얻어냈다.

그러나 개별자본가 뿐만 아니라 전체 자본가계급이 대단히 정열적으로 갈망하는 재화는 금이다. 새로운 금광의 발견은 언제나 제국주의정책의 가장 중요한 목적이었다. 그것은 언제나 가장 빨리 확장에 유리하게 작용하였다. 새로운 금의 발견은 언제나 새로운 거대한 투자영역, 새롭고 풍부한 판매시장, 자본주의적 생산의 급속한 증대를 의미한다. 그러나 제국주의는 새로운 금광을 개발하고, 도로와 철도, 전신, 증기선항로를 통해 유럽을 가깝게 만들고, 근대적 광산기술을 금광에 도입하고, 마침내 저렴한 노동자를 구함으로써, 금의 생산비를 내린다. 그러나 금의 생산가격이 내려가면, 모든 상품의 생산가격은 올라간다. 최근 상품가격의 급속하고 지속적인 상승이 화폐임금의 구매력을 항상적으로 저하시키고, 생활수단 가격의 상승이 노동조합의 획득물을 노동자로부터 다시 빼앗아버렸다면, 이것은 틀림없이 영국의 제국주의정책이 금의 생산비를 저하시킨 영향을 유럽의 노동자가 적지 않게 받았음을 보여주는 것이다. 세계에서 가장 가난하고 가장 비참한 노동자인 중국인 쿨리에 대한 착취가 여기서 아주 직접적으로 모든 나라의 노동자에게 손해를 입힌다는 사실은, 노동자이익의 국제적 단결을 위한 놀라운 사례가 아닐까?

만일 자본주의적 확장정책이 노동자계급의 상태에 미치는 작용을 연구한다면, 우리는 매우 다채로운 상을 얻게 된다. 한편으로 제국주의는 노동자계급의 복지에 기여한다. 즉 제국주의는 자본의 생산부문으로의 유입을 촉진하고, 자본의 유통기간을 단축하고, 축적차액의 일부를 통해 사회에서 기능하는 자본량을 증대시켜, 노동력수요를 높이기 때문이다. 또한 제국주의는 피억압인민으로 하여금 자본주의 종주국에 곡물과 고기, 면화와 양모 등을 바치게 함으로써, 유럽에서 노임의 구매력을 높이기 때문이다. 그러나 다른 한편으로 노동자계급은 제국주의에 의해 과중한 손해를 입는다. 강력한 카르텔과 트러스트를 육성하는 보호관세를 통해, 정복정책의 비용을 부담해야 하는 재정관세와 간접세를 통해, 마지막으로 금의 생산비의 저하를 통해, 제국주의정책은 노동자의 생활수단 가격을 높이고, 따라서 화폐임금의 구매력은 저하되기 때문이다. 이 정책이 가능하게 만든 외국으로의 대량의 자본유출을 통해, 노동집약도가 작은 생산부문의 육성을 통해, 또 보호관세와 새로운 외국시장의 개척을 통해, 이 정책은 노동시장에서의 수요를 감소시키기 때문이다. 가장 넓게 집적이 진행되는 생산부문으로 자본이 이전하는 것을 통해, 관세에 의한 이러한 집적의 촉진을 통해, 이 정책은 노동조합투쟁을 어렵게 만들기 때문이다.

그로부터 우선 귀결되는 사실은 식민지지역으로부터 유입된 부에 대한 노동자계급의 몫이 소유계급의 몫보다 훨씬 적다는 것이다. 자본가계급은 증가한 부의 대부분을 가진다. 제국주의정책의 모든 유리한 작용이 그들을 돕고, 그들은 모든 혹은 거의 모든 불리한 반작용으로부터 면제된다. 이에 반해 프롤레타리아트는 확장정책의 모든 불리한 반작용만을 감당해야 한다. 제국주의정책이 기여한다고 구실로 삼는 목적, 즉 거대한 자본주의적 경제영역이 증가하는 인민대중에게 식량을 창출해준다는 목적에 실제로 이 정책은 거의 기여하지 못한다. 바로 수에서 가장 급속히 증가하고 있는 계급은 증가하는 부에 대한 몫에서 가장 작게 관여한다. 그러나 식민지에서 모국으로 유입되는 잉여가치액이 자본가와 노동자 사이에 불균등하게 배분될 뿐 아니라, 모국 자체에서도 가치생산물의 배분은 변화되었다. 보호관세가 기업가단체를 형성할 수 있게 만들고, 단결된 자본가들의 손에 거대한 잉여가치액을 장악하게 만드는 반면, 그것은 동시에 노동자의 생활수단을 비싸게 만들고 노동조합투쟁을 어렵게 만든다. 금 생산비의 저하가 실질임금을 저하시키는 반면, 상품가격과 자본주의적 이윤을 높인다면, 이것은 국내에서도 국내 생산수익의 매년 증가분 중에서 가장 큰 몫이 소유계급에게 귀속됨을 의미한다. 더욱이 다른 원인이 가치생산물의 배분을 어떻게 규정하든, 우리가 제국주의적 경제정책의 작용을 고립적으로 관찰해보면, 식민지지역에서 유입된 부에 대하여 자본가가 노동자보다 훨씬 많은 몫을 가지며, 마찬가지로 국내에서 생산된 가치생산물의 배분도 노동자에게 불리하게 된다는 사실을 알게 된다. 그러므로 제국주의는 사회적 부에 대한 노동자계급의 몫을 작게 만들고, 소유계급에게 돌아가는 가치액과 노동자계급이 취득하는 가치액 사이의 비율을 프롤레타리아트에게 불리하게 변화시킨다. 그러므로 제국주의는 노동자의 **착취**를 증대시킨다.

사회적 부에 대한 계급들의 **몫**에 대해 제국주의가 어떤 작용을 미치는지를 묻는다면, 우리는 명확한 해답을 얻게 된다. 그러나 만일 우리가 노동자계급의 복지의 **절대적 크기**에 대한 제국주의의 작용을 추적한다면, 사태는 달라진다. 우선 여기서는 자본주의적 확장정책의 불리한 작용과 유리한 작용이 서로 길항하고, 따라서 노동자계급의 복지는 변하지 않은 채 증대된 모든 부가 소유계급에게 돌아가는 일이 일어날 수 있다. 그리고 일련의 유리한 작용이 불리한 작용보다 더 강력하여, 비록 자본가계급보다 훨씬 작은 이익일지라도, 노동자계급도 자본주의적 확장정책으로부터 이익을 얻는 일이 일어날 수 있다. 마지막으로 그 반대의 경우도 일어날 수 있다. 즉 불리한 작용이 유리한 작용보다 강력하여, 노동자계급의 복지가 제국주의의 영향 하에서 상대적으로나 절대적으로 저하되는 경우다.

제국주의에 대한 노동자계급의 입장은 이러한 모든 요인들에 의해서 규정된다. 노동자계급은 제국주의에 대하여 언제나 냉정하게 대처한다. 그들은 모든 개별적인 경우에 제국주의의 유리한 작용이 실제로 그들에게 희생을 요구하는지를 계산한다. 그들의 신중함은 불신이 된다. 왜냐하면 새로운 판매시장과 투자영역의 개척을 통해 생긴 개별적 작용의 계열이 어떤 힘을 가질지를 미리 계산하는 것은 개별적인 경우에는 어렵게 보이기 때문이다. 그래서 자본가계급이 먼 나라로부터 유입되는 금의 흐름을 생각하고 감격하는 반면, 노동자계급은 냉정하다. 그리고 제국주의가 자본주의적 착취 아래 종속시킨 수백만의 무력한 민족들에 대한 지배를 상상하면서 지배계급은 취해 환호하는 반면, 프롤레타리아트는 신중하다.

제국주의에 대한 노동자계급의 이러한 불신은 그들이 제국주의의 정치적, 일반 문화적 작용을 고려하자마자, 바로 의식적인 적대로 발전한다.

제국주의는 먼저 행정권에 대하여 입법권을 축소한다. 오늘날 영국에서조차 왕권이 다시 강화되었는데, 그 원인은 연합왕국이 점점 더 이상 의회가 지배할 수 없는 대 세계제국의 단순한 일부로 되고 있다는 사실 때문이다. 그러나 동시에 제국주의는 지배자에게 무시무시한 권력수단을 쥐어준다. 제국주의는 전체 국민에게 강력한 군비확충을 강제한다. 제국주의가 편성한 군대는 지배자에게 복종한다. 군대는 이미 오늘은 아프리카에서, 내일은 인도에서 의도적으로 사용되고 있다. 오늘은 흑인종을 뿌리째 없애고, 내일은 다른 나라의 백인병사와 전투하고, 오늘은 외국인노동자의 반란으로부터 금광의 소유자를 지키고, 내일은 거만한 정복자를 징계한 염치없는 이집트농민을 잔인하게 처벌한다. 이러한 군대는 자신의 생각과 자유로운 의지를 가진 사람들로 이루어진 인민군대에는 존재할 수 없다. 그러므로 제국주의적 군대의 이상은 약탈을 좋아하고 모험을 즐기는 용병으로 이루어진 군대이다. 그러나 국가 간 경쟁이 제국주의를 강제하고 군대를 증가시켜, 용병군으로 더 이상 만족할 수 없게 된 나라에서는 물론 전국의 젊은이를 무장시킬 수밖에 없다. 그러나 제국주의는 무장한 인민대중으로부터 인민군대가 성장하지 못하도록, 또한 무장한 인민이 지배자에게 계속 순종적인 도구로 머물도록, 기계적인 훈련의 힘과 제국주의 이데올로기의 주입력으로써 배려한다. 제국주의는 더욱 거대한 군비확충으로 나아가지만, 한편으로 인민군대를 결코 용납하지 않으며 군대제도의 모든 민주화를 방해한다. 그래서 더욱 규모가 커진 무장한 대중을 지배자의 생각에 따라 의지 없는 도구로 만든다. 이것을 통해 제국주의는 민주주의에 대한 위험이 된다.

사람들이 자주 충고하는 것처럼, 노동자계급이 민주적 개혁을 이루기 위해 군대의 민주화투쟁을 단념해야 한다는 것은 부당한 요구이다. 특히 민주적 군대제도는 모든 민주주의의 본질적으로 불가결한 구성요소이며, 보통선거권과 자치적 지방행정에 못지않은 중요한 것이다. 왜냐하면 법률의 배후에는 무력이 있기 때문이다. 완전한 민주주의는 우선 인민의 의지가 법으로 될 뿐만 아니라, 입법하는 인민만이 법률의 타당성을 보장하는 권력을 가진 곳에서만 존재한다. 그러므로 발전한 거대 계급국가에는 진정한 인민군대는 존재하지 않는다. 만일 언젠가 현대의 인민군대가 계급지배의 본질을 숨긴 외피를 폭파한다면, 그러면 사회적 생산은 오늘날 인민군대를 속이고 있는 자본주의적 형태도 버릴 것이다. 제국주의는 군대제도의 민주화를 방해함으로써, 노동자계급의 힘을 줄이고 프롤레타리아트의 미래 희망을 위협하고 있다.

그러나 프롤레타리아트의 정치적 계급이익 뿐만 아니라, 사회에서의 그들의 위치를 통해 규정되는 그들에게 고유한 이데올로기도 제국주의와 투쟁한다. 우리는 이미 제국주의의 이데올로기를 잘 알고 있다. 권력에 취해 거만하고, 고등한 문화의 소유자가 권리를 가진다는 사상이다. 그러나 우리가 이미 알고 있는 것처럼, 노동자계급은 필연적으로 이러한 이념의 세계와 대립한다. 노동자계급은 다른 민족의 예속을 기초짓는 사상 속에서 다시 동일한 논거를 발견한다. 그것은 국내의 계급투쟁에서 스스로의 착취와 억압을 정당화하는 데 사용하는 적의 무기이다. 제국주의의 이데올로기는 동시에 선동가의 이데올로기이다.

그리하여 노동자계급은 계급이데올로기와 함께 경제적, 정치적 이익에 따라 제국주의적 경제정책과 대립한다. 그것을 통해 노동자계급은 특수한(spezifisch) 자본주의적 이익에 대하여 보편적인(allgemein) 인간적 이익을 대표할 수 있다. 노동자계급의 젊은이는 현대의 인민군대의 핵심을 이룬다. 노동자는 이윤의 증가가 정말로 수천 명이나 되는 전도양양한 젊은 사람들의 죽음을 대가로 한 귀중한 선(善)일 수 있는가 하는 문제를 어떻게 잊을 수 있을까? 노동자계급은 자본주의적 이윤추구를 두려운 힘으로서 증오한다. 자본주의적 이윤추구는 우리의 문화재에 참여하려고 하는 노동자계급 자신의 투쟁을 끊임없이 제한하고, 자식들을 착취하고 노인을 굶주리게 하며, 노동자계급에게 오늘은 제한 없는 초과노동을 강제하고 내일은 일거리를 빼앗아 길거리로 내몰고 임금을 저하시키고 생활수단을 비싸게 만든다. 노동자계급은 이 잔혹하고 영원히 탐욕스런 힘이 모든 나라와 모든 민족을 희생시키는 것이 정말로 정당한지의 문제를 어떻게 제기하지 않을 수 있을까?

그래서 노동자계급은 어디서든 제국주의의 적이 된다. 이것은 사회민주당에게 타당할 뿐 아니라, 일련의 특수한 사정 때문에 사회주의가 거의 침투할 수 없었던 나라들의 노동자층에게도 타당하다. 그것은 영국에서는 남아프리카전쟁의 전투소음 한가운데서 보어인을 지지한 노동자이고, 극에 달한 중국인 노예제를 탄핵한 노동자이고, 챔벌레인의 관세계획에 반대한 노동자이며, 대영제국의 가장 위험한 적인 러시아의 패배 이후 주어진 유리한 상황을 제국주의적으로 이용하는 대신 영국 육해군의 군비제한을 요구한 노동자이다.

그래서 독일제국에서도 유능한 사람들에 의해 기획된, 독일 노동자를 제국주의사상으로 물들이려는, 시도가 치욕적으로 실패했다. **나우만**(Naumann)은 사회민주당을 떠나 노동자계급을 자본주의적 권력정책의 사상으로 정복하기 위해 나섰다. 그는 독일의 은행과 거래소 그리고 대상인의 당인 "자유연합"(Freisinnige Vereinigung)에 이르렀다.5)

자본주의적 대 민족국가에서 사람들이 노동자계급의 반민족적 정책이라고 부르는 것은 반제국주의적 정책일 뿐이다. 그러나 바로 이 "반민족적" 정책을 통해 노동자계급은 **민족성원리**와 매우 밀접한 관계를 획득한다. 노동자계급은 제국주의가 민족들의 해방을 자본주의적 이윤추구의 희생으로 삼으려는 모든 민족의 보호자가 된다. 노동자계급의 착취를 증대시키고, 그들의 정치적 힘을 줄이고, 계급의 원칙을 훼손하려는 무법적이고 민족학살적인

---

5) 거래소, 상업, 선박업의 제국주의가 언제나 그렇듯이, 나우만의 제국주의는 다른 점에서는 자유무역주의적이다. 그러나 현대 제국주의는 보통 보호관세주의적이다. 이것은 현대의 금융자본에 의해 수행되고 있다. 즉 은행과 산업 사이의 관계가 더욱 밀접해진다는 사실 덕분에, 이것은 산업보호관세에 관심을 가진다. 이것은 보호관세가 세계시장에서 투쟁의 공격용 무기가 되고 있는 시대에 상응하는 것이다. 나우만이 이끌어내지 못한 결론을 **쉬펠**(Schippel)이 이끌어냈다. 그가 "민병 신봉자"를 조롱하고 식민지정책의 "교조적인" 거부를 비꼬았을 때, 그는 독일노동자에게 제국주의적 정책을 권한 것이다. 나우만에 비하면 그의 정책은 수미일관하다는 장점을 갖고 있다. 물론 이것은 프롤레타리아적이 아니라 자본주의적이며, 사회민주주의적이 아니라 국민자유당적인 정책이었다. 그는 노동자의 "생산자이익"으로 그것을 근거지었다. 그러므로 그는 자본의 회전기간의 변화에서만 유일하게 생산자이익을 보고 있다. 왜냐하면 그는 전체 경제를 오직 자본의 유통의 관점에서 이해하는 것에 익숙해 있기 때문이다. 그는 생산부문 자체에서의 중요한 작용을 전혀 보지 못한다. (원주)
Max Schippel(1859-1928)은 독일의 사회민주주의자로 *Sozialistische Monatshefte*의 기고자였다. (역주)

제국주의에 대한 투쟁에서 노동자계급은 전체 민족의 해방과 자결의 요구를 높이 선언한다.

그래서 우리는 민족성원리의 운명에서 새로운 전환 앞에 다시 섰다. 현대의 생산력의 발전은 자본주의적 경제정책의 방법을 변화시켰다. 새로운 수단을 이용하고 이윤을 증대하려고 갈망하는 부르주아지는 스스로 과거 민족국가의 이상을 배신했다. 더 이상 민족국가가 아니라 제국주의적 다민족국가가 그들이 노력하는 목표이다. 그러나 그렇다고 하더라도 민족해방과 통일의 사상을 잃어버리지는 않았다. 그것은 사회의 대치된 양극에서 다시 생긴 것이다. 제국주의에 대한 투쟁에서 이제 노동자계급은 민족의 해방, 통일, 자결이라는 위대한 요구를 자신의 깃발 위에 쓴다. 부르주아지에 의해 배신당한 민족성원리는 성숙한 자본주의 시대에, 즉 카르텔과 트러스트 그리고 대은행의 시대에, 노동자계급의 확실한 재산이 된다.

제29장 제국주의와 민족성원리

이제까지 우리는 현대의 확장정책이 계급대립을 어떻게 첨예화하고, 또한 그것이 민족성원리에 대한 계급들의 상이한 태도 속에 어떻게 나타나는지를 살펴보았다. 노동자계급은 민족의 정치적 독립이라는 과거 부르주아지의 이상을 계승한 반면, 자본가계급은 한 민족이 지배하는 다민족국가를 실현하려고 노력한다. 그러나 이것은 대외적 경제정책을 둘러싼 계급투쟁이 민족성원리에 대한 계급들의 입장을 변화시킬 뿐만 아니라, 오히려 민족성원리가 계급투쟁의 수단으로 되었다.

이것을 위한 가장 간단한 사례를 우리에게 제공하는 것은 현대 **영국의 제국주의**이다.[1] 챔벌레인이 지도한 대영제국에서의 제국주의운동의 출발점은 관세정책의 문제이다. 많은 영국의 산업, 특히 강력한 철강산업은 관세라는 방파제의 배후에서 외국의 경쟁산업의 발전을 통해, 또한 카르텔과 트러스트의 수출정책을 통해 위협받았다. 불황의 시기에 독일 철강동맹과 미국의 철강트러스트는 스타포드셔(Staffordshire), 클리브랜드(Cleveland), 스코틀랜드(Scotland)의 산업에 의해 세계시장뿐만 아니라 영국시장에서도 위협받게 된다. 그래서 대산업은 보호관세를 추구한다. 보호관세는 외국 경쟁상대의 덤핑수출에 대하여 국내 대산업을 보호하고, 카르텔과 트러스트로의 통합을 가능하게 만들고, 수출촉진이라는 현대적 방법에조차 도움이 되는 수단을 대산업에 준다. 그러나 만일 영국의 대산업이 보호관세를 요구하면, 그들은 강력한 반대이익에 부딪힌다. 외국으로부터의 수입을 통해 원재료가 저렴해지는 산업의 자본가, 즉 보호관세를 통해 생산비가 높아지는 것을 두

---

1) 이 문장부터 다시 작은 활자로 인쇄되어 있다. 원본 492-94쪽 참고. (역주)

려워하는 자본가의 힘과 부딪힌다. 또한 노동자계급과도 부딪힌다. 그들은 보호관세가 의류 및 식료의 가격을 높이고, 자본의 유기적 구성이 높은 산업을 유리하게 만들고, 노동집약도가 높은 산업의 발전을 방해하고, 강력한 기업가조직의 형성을 쉽게 만들고, 그것을 통해 노동조합투쟁을 어렵게 만들 것이라고 두려워한다. 민주주의 국가에서는 없애기 힘든 이데올로기의 힘이 이러한 이익에 더해진다. 어쨌든 영국의 국민대중에게는 코브덴과 브라이트 시대 이후 자유무역이 국민적 믿음이 되었다. 그래서 한쪽에는 수천 명의 자본가가, 다른 쪽에는 영국의 국민대중이 서 있다. 보호관세는 희망이 없는 것처럼 보인다.

거기서 보호관세의 사상은 다른 힘과 결합한다. 백인이 거주하는 광대한 영국식민지인 캐나다, 오스트레일리아, 뉴질랜드, 남아프리카는 독립된 국가이다. 이들 국가는 자국의 젊은 산업을 육성하기 위해 보호관세를 통해 모국과 단절한다. 이들 국가는 정치적, 경제적으로 모국으로부터 더욱 분리되고 있다. 이들 국가가 모국으로부터 완전히 분리되어 대영세계제국이 붕괴할 날은 아직 멀었을까? 국가들을 연합왕국으로 결합하기에는 민족적 귀속감이 너무 약하다. 만일 대영제국이 붕괴하지 않는다면, 모국과 식민지가 이익의 끈을 통해 밀접히 결합되어야 한다. 영국이 낡은 자유무역을 포기하면 이것을 위한 유리한 기회가 주어진다. 모국은 관세경계로 둘러싸여 식민지의 농업과 목축의 생산물을 다른 나라의 경쟁상품보다 낮은 관세로 확보한다. 그 대신 식민지는 모국에게 특혜관세를 보장받는다. 이러한 계획은 식민지의 농업인과 목축업자에게 영국시장을 확보해주고 영국산업에게 식민지시장을 확보해줄 뿐만 아니라, 영국세계제국에게도 존속을 보장하고 영국인에게 자신의 모국과 해외에서 민족적 통일을 보장한다. 만일 노동자가 곡물과 축산에 대한 관세에 찬성한다면, 실현될 수 있는 계획 앞에서 냉정한 **발포어** (Balfour)의 경고는 헛된 것이다.[2] **쳄벌레인**은 현대적 보호관세의 가능성을

---

2) Arthur James Balfour(1848-1930)는 영국의 정치가로 하원에서 보수파의 지도자였다. 그는 1902년 수상이 되어 보수주의와 제국차원의 보호주의를 결합시켰다. 한편 그는 팔레스타인에 유대인을 위한 민족국가의 설립을 지지한 1917년에 발표된 선언문("발

더 잘 이해하였다. 즉 고도로 발달한 자본주의국가에서 자유무역으로부터 보호관세로의 이행은, 대중이 냉정하게 자신의 이익을 고려하는 한, 더 이상 관철될 수 없다는 것이다. 빵과 고기, 의류와 거주의 가격문제가 입을 다물게 한다는 것이다. 여기서 민족적 사상의 힘이 입증된다. "제국적으로 생각하는 것을 배워라!"3) 여러분의 작은 걱정을 잊고 대영세계제국을 생각하라고 챔벌레인은 영국의 노동자에게 호소했다. 여러분의 대제국을 위해, 여러분 국민의 정치적 통일을 붕괴로부터 구원하기 위해, 작은 희생은 어쩔 수 없는 것이라고 호소했다. 고로와 제철소를 가동하면서, 미국의 철강트러스트와 독일의 철강동맹 앞에서 떨고 있는, 그리고 높은 독점이윤을 위해 보호관세영역으로 들어간 행복한 경쟁상대를 질시하고 있는 영국의 대자본가에게 챔벌레인의 호소는 새로운 바람이 그들의 돛을 올려주는 것이다. 결국 민족적 통일의 사상은 대자본가에게 봉사하기 위한 추진력이 되었다.

그러나 영국 제국주의는 모든 다른 제국주의와 마찬가지로 판로를 확보함으로써 자본에게 새로운 투자영역을 창출해주려고 할 뿐만 아니라, 투자영역을 창출함으로써 판로를 개척하려고 했다. 그래서 영국 제국주의는 끊임없이 자본주의적 확장을 추구한다. 영국 제국주의의 최근의 커다란 성과는 남아프리카의 정복이었다. 거기서 넓은 농업지역에 영국의 깃발을 꽂았다. 우선 야생의 흑인종족으로부터 토지를 빼앗고, 다음에 보어인을 굴복시켰다. 넓은 영토에는 철도와 전신선을 놓았다. 그리고 이제 이 나라의 다이아몬드광과 금광에서 많은 부가 그들에게 유입되고, 거기서는 궁핍한 황색인 쿨리가 번쩍이는 보석을 석영으로부터 채취하고 있다. 이러한 모든 것은 영국자본을 위한 강력한 새로운 투자영역과 산업을 위한 새로운 판로를 의미하며, 나아가 ─ 가장 쉬운 일은 아니지만 ─ 투기를 위한 풍부한 기회를 의미한다. 그러나 여기서도 자본은 근로대중의 저항과 마주친다. 근로대중은 보어인과의 대전쟁의 비용을 부담한다. 그들은 유럽의 노동자가 아니라 비참한 쿨리에게 일을 시키기 위해 거액의 자본이 남아프리카로 유출되는 것을 노동시장에서

포어선언" Balfour Declaration)의 저자이다. (역주)
3) "Learn to think imperially!" 원문에는 영어로 씌어져 있다. (역주)

느낀다. 그들은 금 생산비의 인위적 저하가 미치는 작용을 식료품가격이 계속 상승하고 있는 상품시장 속에서 느낀다. 마침내 그들의 관념세계는 보어인의 예속과 중국인의 노예화에 반대하게 된다. 그러나 또한 제국주의는 이러한 장애를 극복할 수 있는 기술을 잘 알고 있다. 이민족의 예속화는 해외에 거주하는 영국 형제들의 욕구이다. 그들을 모국과 밀접히 결합시키려는 사람, 그들을 모국으로부터 분리하지 않으려는 사람은 그들의 요구를 만족시켜야 한다. 대세계제국에서 영국인의 민족적 통일을 바라는 사람은 보어인의 예속과 쿨리의 노예화를 바랄 수밖에 없다. 제국적으로 생각하는 것을 배워라! 여기서 여러분 자신의 걱정을 생각하지 마라! 모국과 식민지의 모든 영국인이 밀접한 연대로 확고히 결합하면, 그들 아래에는 4억의 종속민들, 즉 이집트의 농경주민, 중국의 쿨리, 무엇보다 수백만의 힌두가 있다. 그리고 이러한 덥고 자원이 풍부한 국가들로부터 금이 영국의 지배민족에게 끊임없이 유입된다 — 이것은 영국사회 내부의 작은 대립을 약화시켜버리는 그림이 아닐까? 그래서 여기서도 **자민족의 통일과 이민족에 대한 지배의 사상은 자본주의적 경제정책의 도구**가 된다. 무법적인 정복정책으로 인해 자신의 도덕관을 치욕스럽게 느끼는 노동자대중은 거대한 희생이 자기 계급의 생활수준을 정말로 높이는지에 관해서 냉정하게 검토하려고 하지만, 자본주의적 경제정책의 대변자들은 그들에게 다음과 같이 대답한다. 그러한 냉정한 계산으로 무엇을 할 것인가? 민족적 통일, 민족적 권력, 민족적 지배가 자기 목적이다. 설리(Surrey)가 수익을 올렸는지 미들섹스(Middlesex)에게 묻는 것인가?4) 카르텔이득을 바라는 산업가에게 봉사하기 위한, 초과이윤 때문에 이민족의 젊은 나라들을 욕심내는 금융자본에게 봉사하기 위한, 또 투기욕심이 많은 주식투기자에게 봉사하기 위한 자민족의 통일과 이민족에 대한 지배라는 사상 — 이것이야말로 **제국주의의 민족성원리**이다.5)

---

4) Schulze-Gävernitz, *Britischer Imperialismus und englischer Freihandel*, Leipzig 1904, 79쪽 (원주)

5) 여기까지 작은 활자로 인쇄되어 있다. (역주)

이제 비로소 우리는 자본주의적 확장정책이 현재의 다민족국가를 해체할 것인가 하는 문제로 되돌아올 수 있다. 우리 오스트리아에서 문제는 이것이다. 즉 제국주의는 도나우제국을 붕괴시킬 것인가?

거의 백 년 동안 유럽은 점진적인 **터키제국의 해체**를 목격했다. 오스트리아헝가리가 제국주의적 세계변동의 소용돌이 속으로 말려들어갈 수밖에 없었다면, 터키의 붕괴가 틀림없이 직접적인 계기가 되었을 것이다.

여기서 자세하게 논의할 수 없지만, 어쨌든 터키는 자본주의적 상품생산에 기초한 근대국가를 창출할 수 없었다. 물론 터키도 근대국가의 모든 요소를 안 가질 수는 없었다. 철도망을 자신의 영토에 통과시켰다. 근대적 군대를 창설하고, 또 국채제도도 만들어야 했다. 그러나 철도는 외국자본에 의해 건설되었고, 터키의 채권자는 외국자본가이다. 주민들로부터 강탈된 가치의 일부가 외국자본가, 특히 프랑스와 영국의 자본가의 금고로 흘러들어갔다. 터키의 소자본가 자체는 마찬가지로 터키인이 아니라, 그리스인, 아르메니아인, 스페인에서 추방된 유대인이다. 이들 중 누군가는 뇌물을 통해 당국의 호의를 얻어내는 기술을 알고 있었다. 그러나 그들은 국가를 자본주의적 경제정책으로 강제할 수 있을 만한 계급은 아니었다. 지배계급은 터키의 지주, 공무원, 장교이다. 주민들은 지주에 예속되어 고리대로 신음하고 징세청부인에게 사기당하는 다양한 민족으로 구성된 농민이다.

이제 이들 주민도 서서히 경제적 대변혁의 영향을 받고 있다. 자본주의적 상품을 터키로 운반하는 철도는 이 나라의 과거 원시적인 산업제도를 변화시킨다. 낙후된 농업은 이 나라에 사는 수십만의 사람들에게 식료품을 제공하지 못한다. 그들은 이미 터키를 떠나 인접지역, 즉 세르비아, 루마니아, 그리스, 특히 불가리아로 이주하여, 이들 나라가 유럽인의 눈으로 보면 얼마나 뒤쳐져 있는지 알 수 있겠지만, 터키의 낙후된 관계들과 달리 거기서도 충분히 유리한 사회관계가 존재함을 알게 된다. 그들은 고향으로 돌아가면 자기 나라에 대해 불만을 갖는다. 이렇게 철도와 기독교가 발칸 여러 나라들과 교류를 통해 경제관계를 변화시키면, 머지않아 터키에서도 민족운동이 일어날 것이다. 이것을 위한 직접적인 계기는 이미 존재한다. 즉 불가리아와 세르비아의 농민 위에 터키 지주와 공무원이 앉아 있기 때문이다. 그러므로 여기서도 경제적 착취와 정치적 예속이 이민족지배로서 나타난다. 여기서도 이제 **역사 없는 민족의 자각**과정이 서서히 시작된다. 터키의 민족들 중에서 터키인은 그들의 귀족 때문에, 그리스인은 그들의 시민층과 공무원 때문에, 그리고 루마니아인조차 귀족이 있기 때문에, 이들은 역사적 민족의 성격을 가진다. 이에 반해 세르비아인은 터키의 정복 이래 자신의 귀족을 잃었다. 귀족이 지배민족으로 이동해버렸기 때문이다. 그들은 순수한 농민민족이 되었다. 마찬가지로 불가리아인도 피억압계급만으로 이루어진 민족의 문화적 성격을 갖고 있다. 이것은 이제 이들 민족이 독립된 민족국가를 건설한 이후 변화되고 있다. 서서히 이들의 민족적 공무원층과 시민층, 지식인이 발전하고 있다. 이것은 터키의 민족동포에게도 서서히 영향을 미치고 있다.6)

그래서 이들 민족이 터키에서 생생한 민족문화를 창조할 계급을 형성하게 되면, 터키의 억압은 참을 수 없게 될 것이다.

그렇지만 터키의 경제적인, 따라서 민족문화적인 발전은 매우 시간이 걸릴 것이기 때문에, 터키 땅 위에서 이루어지는 기독교민족들의 민족문화발전이 터키국가를 폭파할 수는 없을 것이다. 터키는 자본주의적 상품생산에 기초한 근대적인 국가로 발전할 수 없기 때문에, 몰락의 운명에 있다. 그러나 터키의 붕괴는 천천히 진행될 것이다. 왜냐하면 낙후된 경제적 발전으로 과거의 국가를 무너뜨릴 수 있는 힘은 매우 천천히 만들어질 수밖에 없기 때문이다. 터키가 살 수 없고 천천히 죽어가고 있다는 주목할 만한 현상은 터키에 자본주의가 없다는 사실로부터 설명된다.

천천히 이루어지고 있는 터키의 내적 발전은 그러나 이제 기독교의 발칸 여러 나라의 정책을 통해 가속화되고 있다. 이들 나라는 터키의 몰락이 마침내 올 것이라는 사실을 알고 있다. 유럽 쪽 터키의 주들이 몰락 이후 그들의

---

6) 유럽 쪽 터키의 주들에는 12명의 불가리아인 의사와 6명의 불가리아인 변호사가 있을 뿐이고, 불가리아인 지식인은 아직 거의 없다. 그러나 이러한 상태는 서서히 사라지고 있다. 불가리아제후국에는 이미 마케도니아 출신 약 400명의 대학교육을 받은 불가리아인이 살고 있다. Brancoff, *La Macédoine et sa population chrétienne*, Paris 1905 (원주)

상속재산으로 되기를 바라고 있다. 그들은 이러한 정복을 위한 기반을 준비하기 위해 터키 내의 민족동포를 민족적 자의식으로 자각시키고, 그 힘을 확장하려고 노력한다. 그래서 터키 내에서 불가리아인, 그리스인, 왈라치아인(Wallachia)인,7) 세르비아인의 격렬한 민족투쟁이 일어난다. 기독교민족 서로 간의 투쟁은 물론 터키인에 대한 공동의 공격을 마비시킨다. 그러나 이 투쟁은 현상에 대한 불만을 높이고, 농촌에 학교제도를 보급시키는 작용을 갖는다. 그것을 통해 역사 없는 민족의 자각과정이 가속화된다. 그러므로 오늘날 이미 다음과 같이 말할 수 있다. 아무리 열강의 저항이 이 과정을 지체시키더라도 유럽 쪽 터키의 붕괴는 결국 피할 수 없을 것이다. 그리스, 루마니아, 세르비아, 불가리아, 보스니아, 이집트가 이전에 터키로부터 해방되었듯이, 마케도니아와 알바니아도 결국 터키의 병든 신체로부터 해방될 것이다.

동시에 아시아 쪽 터키에서도 강력한 변혁이 준비되고 있다. 1902년 독일자본은 코니아(Konia)에서 바그다드를 거쳐 페르시아만까지 철도노선의 건설허가를 획득했다. 철도를 통한 근동아시아의 개발은 무엇보다 터키의 힘을 강화할 것이다. 왜냐하면 더 좋은 교통수단이 통일행정을 비로소 가능하게 만들기 때문이다. 그러나 새롭게 개척된 나라들은 의심의 여지없이 곧바로 선진자본주의국가들의 제국주의의 탐욕스런 시선을 받게 될 것이다. 바그다드철도의 지역에는 풍요로운 나라들이 있다. 바빌로니아는 역사가 우리에게 알려주는 가장 오랜 시대로부터 압바스왕조의 몰락까지 높은 문화의 중심지였다. 호전적인 유목민족이 침공한 이래 무너진 수로망은 근대자본주의의 수단들과 근대기술로 몇 년 이내에 복구할 수 있을 것이다. 그러면 이들 나라는 곡물, 면화, 양모, 나프타유와 같은 형태로 유럽자본을 위해 거대한 잉여가치를 양도할 수 있을 것이다. 자본주의 여러 나라가 이러한 부를 이용하려고 한다면, 여기서 거대한 충돌이 일어날 것이다. 독일자본은 바그다드철도를 건설하고 있다. 러시아는 근동아시아에서 "부동항"을 찾고 있다.

---

7) 왈라치아는 오스만터키의 몰락으로 발칸에서 1829년 독립한 국가로 오스트리아-헝가리와 불가리아 사이에 위치했다. 현재의 루마니아지역이다. 1차세계대전 이후 지도에서 없어진다. (역주)

대영제국도 "중앙오리엔트"에서의 권력배분에 무관심하지 않다. 왜냐하면 대영제국은 이 지역의 서쪽에서는 이집트를, 동쪽에서는 인도를 지배하고 있기 때문이다.

그래서 우리는 결국 터키제국의 붕괴를 초래할 많은 세력이 유럽에서도 또한 아시아에서도 활동하고 있음을 본다. 여기서 제국주의적 정복정책의 거대한 목적이 주어진다. 이러한 변혁은 오스트리아-헝가리에게는 어떻게 작용할 것인가?

먼저 비록 작은 규모지만 오스트리아-헝가리도 정복정책을 추구할 것이라고 생각된다. 오스트리아의 확장정책도 아마 민족적 사상과 결합하려고 노력할 것이다. 어떻게 민족자치의 사상과 그것의 실현이 발칸에 대한 정복수단으로 될 수 있는지 우리는 이미 지적하였다(제25장).

그러나 만일 오스트리아-헝가리가 터키의 유산의 일부에 대해 권리를 주장하면, 다른 국가들, 우선 이탈리아의 저항에 부딪힐 것이다. 이탈리아는 틀림없이 알바니아의 정복을 생각하고 있다. 오스트리아-헝가리와 평화적 통일은 확실히 쉽지 않다. 알바니아가 이탈리아의 것으로 되면, 이탈리아는 아드리아(Adria)해와 지중해를 연결하는 오트란토(Otranto)해협을 양쪽에서 지배할 수 있다. 동시에 우리의 살로니크(Salonik)로 향하는 길은(이 길의 의미는 터키령 근동아시아의 개발을 통해 매우 높아질 것이다) 서쪽에서는 이탈리아령 알바니아에 의해, 동쪽에서는 세르비아 및 확대된 불가리아에 의해 좁아질 것이다. 정복욕에 불타는 이탈리아 제국주의는 국민대중을 쉽게 감동시킬 수 있을 것이다. 이탈리아 제국주의도 민족적 사상과 결합한다. 사람들은 트리엔트(Trient)와 트리에스트(Triest)에 관해 말하고, 알바니아를 생각할 것이다. 사람들은 오스트리아에 대한 투쟁에서 해방을 쟁취한 민족의 역사적 전통에 호소할 것이다. 그래서 이탈리아 국민대중에게 제국주의적 정복전쟁을 민족해방전쟁으로 보이도록 만들 것이다.[8]

---

8) 최근 수십 년 동안의 오스트리아 정치의 어리석음을 배우려는 사람은 오스트리아의 이탈리아인에 대한 관계에 주목할 것이다. 이탈리아인은 역사 없는 민족이 아니라, 역사적 민족이다. 따라서 정치적으로는 오늘날 남부슬라브인보다 우월하다. 그러나

영국인이 거주하는 모든 식민지와 모국을 밀접히 동맹시킨다는 사상이 영국 제국주의에게 자본주의적 확장과 지배의 수단이었듯이, 여기서도 이탈리아령의 완전 회복이라는 이념은 이탈리아의 젊은 자본주의에 새로운 판로와 투자영역을 개척하기 위해, 광범한 인민대중을 운동으로 끌어들이는 수단이다.

터키제국의 붕괴는 그러나 오스트리아-헝가리를 이탈리아에 대한 전쟁으로 연루시킬 수 있을 뿐만 아니라, 오히려 러시아제국과 위험한 이해충돌을 불러일으킬 것이다. 러시아는 "현관열쇠"의 소유, 즉 보스포루스(Bosporus)와 다르다넬스(Dardanellen)의 군사지배를 포기하지 않을 것이다. 오스트리아-헝가리 제국주의가 살로니카를, 러시아가 콘스탄티노플을 원하고, 동시에 기독교의 발칸 국가들이 터키의 유산을 둘러싸고 싸운다면, 오스트리아-헝가리와 러시아 사이의 세력권경계를 평화적으로 확정하는 일은 쉽지 않을 것이다. 러시아 제국주의도 오스트리아-헝가리에 대하여 아마 민족사상을 이용할 것이다. 우리가 이미 말했듯이, 만일 러시아가 콘스탄티노플을 정복하려고 한다면, 그 깃발 위에 폴란드와 우크라이나의 해방을 내세울 것이다. 여기서도 민족통일의 사상이 자본주의적 확장의 수단이다.

그래서 만일 터키제국의 붕괴를 더 이상 멈출 수 없다면, 오스트리아-헝가리에게는 무엇보다 이탈리아와 러시아로부터 위험이 닥칠 것이다. 어려운 국내 투쟁 앞에 서 있는 도나우제국에게 이것이 무엇을 의미할 것인지에 관해서는, 특히 자신의 군대가 다시 한 번 패배한다면, 더 이상 상세하게 설명할

인구가 1866년 이후 매우 작아졌기 때문에, 역사 없는 민족을 희생으로 한 역사적 민족의 대 영토분할조약에 참가할 수 없었다. 그리고 중앙집권적-원자론적 제도가 강자에게만 민족문화적 요구의 충족을 보장했는데, 이탈리아인은 사람 수가 작기 때문에 권력으로부터 배제되었고, 그래서 오스트리아는 그들에게 중요한 민족적 요구를 충족해주지 못했던 것이다. 이것에 대해 부르주아지와 지식인을 가진 이탈리아 국민은 어느 농민민족보다도 훨씬 씁쓸하게 참아냈다. 그래서 오스트리아는 이탈리아 민족에게 다른 민족에 대한 특권을 주었지만, 그럼에도 불구하고 그들로 하여금 격렬한 국가적대성을 몸에 익히게 만드는 예술작품을 연출하고 만 것이다! 그리고 이러한 국가적대성은 이제 이탈리아왕국의 제국주의의 가장 중요한 투쟁수단이 되었다. 그리고 이탈리아 제국주의는 오스트리아령 이탈리아인의 민족투쟁에 관한 과장된 정보로 대중을 선동하고, 그들의 증오를 정복전쟁을 위해 이용하고 있다. (원주)

필요가 없을 것이다.

이러한 경우 마침내 독일제국도 오스트리아에 대한 간섭을 강제할 것이라고 생각된다. 비스마르크가 반복해서 아주 명확하게 설명한 호엔촐렌가(Hohenzollern)의 대독일정책에 반대하는 이유는 해를 거듭할수록 힘을 잃고 있다.9) 독일이 오늘날에도 독일-오스트리아의 정복을 그다지 생각하고 있지 않더라도, 터키의 해체가 가져올 커다란 위기의 시점에 독일제국의 지배자에게 문제는 확실히 오늘과 다를 것이다. 독일이 서쪽 국경으로부터 받는 위험이 해마다 줄어든다는 사실을 우선 우리는 계산해두어야 한다. 프랑스는 인구증가가 적기 때문에 독일에게 덜 위험한 적이 되고 있다.10) 이제까지 프랑스는 자신의 인구수에 관계없는 희생자를 군국주의에 바침으로써 인구감소를 부분적으로 보충했다. 그러나 오늘날 확실히 말할 수 있는 것은, 프랑스의 국민경제가 자본과 소득의 상당한 부분을 러시아의 국가파산을 통해 잃는다면, 프랑스는 재정적으로 더 이상 군비에 거대한 자본을 투여할 수 없을 것이라는 사실이다. 그렇다면 독일제국은 대륙에서 이제까지보다 더 자유롭게 활보할 수 있을 것이다.

그러나 독일 내부에서도 비스마르크가 오스트리아의 존속을 제국에게 필요하다고 설명한 이후, 거대한 변화가 일어났다. 독일국민은 오늘날 다른 어느 국민보다 계급대립을 훨씬 첨예하게 의식하고 있다. 따라서 독일 지배자의 가톨릭에 대한 태도는 달라지고 있다. 문화투쟁(Kulturkampf)의 10년 동안 독일은 가톨릭국민의 수를 증가시키려는 욕심은 없었다. 오늘날 가톨릭교권주의(katholische Klerikalismus)는 사회민주당(Sozialdemokratie)의 공세에 대한 가장 확실한 방파제로 간주되고 있다. 그리고 독일 사회민주당이 성장할수록, 그 만큼 제국의 지배자는 체자르주의의 오랜 전술을 사용하여 임박한 국내의 혁명을 대외적 분쟁을 통해 예방하려고 노력할 것이다. 그리고 독일제국

---

9) 대독일정책이란 프러시아를 중심으로 한 독일제국과 오스트리아의 게르만민족의 통합을 추구하는 정책을 말한다. (역주)
10) 독일제국의 인구는 1875년 4270만 명, 1900년 5640만 명이었고, 프랑스의 인구는 1876년 3690만 명, 1901년 3900만 명이었다. (원주)

의 지배계급이 오스트리아에 거주하는 독일인 형제를 해방하고 모든 독일인에게 가장 중요한 독일통일의 사상을 실현하려고 호소할 때보다, 대중의 눈을 사회문제로부터 돌리는데 더 성공할 수 있는 기회가 있을까?

그러나 이것들 외에 또 하나의 이유가 추가된다. 터키의 붕괴는 독일 제국주의에게도 하나의 목표를 준다. 유럽 쪽 터키의 주들에서는 확실히 독일은 얻을 것이 거의 없을 것이다. 그러나 독일 제국주의자는 아나토리아(Anatoria)와 메소포타미아(Mesopotamia)에 대해서는 오늘날 이미 탐욕스런 시선을 던지고 있다. 그리고 독일 자본주의가 근동아시아에서 판로와 투자영역을 더 열심히 추구할수록, 그 만큼 더 독일 제국은 지중해권력으로서 자각한다. 이것이 이미 얼마나 상당한 정도로 타당한지를 모로코를 둘러싼 투쟁이 그 전년에 보여주었다.[11] 따라서 독일 제국주의가 지중해의 항구를 점유하려는 것은 충분히 생각할 수 있는 일이다. 그러나 지중해로 가는 길은 비인과 그라츠(Graz)를 경유하여 트리에스트로 이어진다. 독일이 이러한 사실과 부딪히게 될 것은 분명하다. 그러면 이탈리아가 트리에스트를 공격할 것이라고 사람들은 생각한다. 프랑크푸르트 국민회의가 1848년 트리에스트에 대한 공격을 독일에 대한 선전포고라고 생각했던 것처럼, 오늘날에도 역시 제국의 지배자는 그렇게 생각할 것이다.

그러나 독일 제국주의를 그렇게 대규모적이고 위험한 정책으로 향하게 하기에는, 지중해를 둘러싼 이익만으로는 결코 충분하지 않다. 대독일주의와 자본주의적 확장사상을 결합시킬 수 있는 또 다른 힘이 추가되어야 할 것이다. 독일 제국주의자가 독일제국을 근동아시아의 위험하고 호전적인 정책으로 향하게 만든다면, 그들은 반드시 독일 노동자계급의 강력한 저항과 만날 것이다. 다른 이익단체도 독일 노동자의 투쟁을 지지할 것이다. 독일의 농업인은 다른 나라의 개척을 기쁘게 받아들이지 않을 것이다. 거기서 생산되는 보리와 보리쌀은 그들의 지대를 위협할 것이기 때문이다. 목적을 숨기지 않는 뻔뻔한 확장정책은 독일에서는 실시되기 어려울 것이다. 독일에서도 자본

---

11) 프랑스에 의한 모로코의 "평화적 침투"에 대항하기 위해 독일제국의 빌헬름 황제가 1905년 3월 31일 모로코의 항구도시인 탕헤르(Tangier)를 방문했다. (역주)

의 확장요구는, 대중을 그 목적에 봉사하도록 만들려면, 민족적 사상을 이용할 수밖에 없다. 즉 영국 제국주의가 선거인에게 4억 명을 지배하는 유일한 영국민족의 제국이라는 현란한 그림을 보여주는 동시에, 철강귀족의 카르텔 이익과 런던 증권거래소의 투기이익을 생각한 것처럼. 이탈리아 제국주의가 북부 이탈리아 산업에 유리한 발칸에서의 판로를 쟁취하기 위해 가리발디의 위대한 전통을 이용한 것처럼. 또 러시아 제국주의가 페테르부르크, 모스크바, 로지(Lodz)의 공장주에게 새로운 시장을 열어주기 위해 폴란드와 우크라이나의 해방과 통일을 선포한 것처럼. 그래서 독일 제국주의도 1848년의 대독일사상의 상속인으로서 나타나야 하며, 만일 독일 제국주의가 유프라테스와 티그리스에서 자본의 새로운 부의 원천을 개척하기 위해 독일 노동자와 농민자식의 생명을 희생하려고 한다면, 대독일 조국을 실현하도록 노력해야 한다.12)

우리는 이제까지 도나우연안의 다민족국가가 어떻게 아주 새로운 위험에 직면하게 되었는지 검토했다. 이러한 위험을 해결하는 힘은 자본의 집적으로 나타나는 생산력의 변화이다. 자본의 집적은 자본주의적 경제정책의 방법을 변화시킨다. 그러나 자본가계급은 이 정책을 반드시 전체 국민의 정책으로서 나타내야 한다. 따라서 그들은 이 정책을 자본주의적 발전 자체를 통해 생기고 강화된 민족의 통일과 해방이라는 사상과 결합시킨다. 제국주의적 민족성원리는 — 자민족의 통일과 해방 그리고 다른 민족에 대한 지배는 — 반드시 자본주의적 경제정책의 권력수단이 된다. 그것을 통해 이 정책은 거대한 자본주의적 민족의 분리된 부분이 함께 생활하고 있는 다민족국가에게는 위험하게 된다. 그래서 우리는 민족성원리에 새로운 힘을 주고, 따라서 과거의 다

---

12) **로르바허**(Rohrbach)는 제국의 범독일주의자에 대해, 그들은 "유럽과 해외에 산재한 독일민족"의 분포지역과 독일정치의 이해지역이 일치한다는 잘못된 관념을 갖고 있다고 비난했다. Paul Rohrbach, *Deutschland unter den Weltvölkern*, Berlin 1903, 80쪽. 로르바허는 바로 순수한 자본주의적 확장정책을 희망했던 반면, 범독일주의자는 자본주의적 확장정책이 민족적 통일정책이라는 외피로 포장되어야만 독일민족의 노동자대중을 감격시킬 수 있다는 사실을, 비록 이해하지는 못했지만, 어렴풋이 느끼고 있었다. 이것은 기본적으로 발포어와 챔벌레인 사이에 존재하는 대립과 동일한 것이다. (원주)

민족국가의 존속을 위험하게 만드는 세력이 활동하는 것을 본다. 그러나 민족성원리는 그 내용과 뿌리에서 보면, 아주 다른 것으로 되었다. 오늘날 오스트리아를 위협하는 위험은 자유주의적 민족성원리의 시대, 예를 들면 1848년에 오스트리아를 위협한 위험과 아주 다른 성질을 가진다.

유럽과 근동아시아에서의 터키제국의 붕괴가 이러한 새로운 위험을 해결할 것이라는 사실 속에서도 우리는 오랜 역사적 발전의 종말을 본다. 도나우제국은 상품생산의 기초 위에서 근대국가가 성장했을 때 발생했다. 독일제국은 극동의 식민지제국을 국가로 변형시켜야 했다. 그러나 생성 중에 있는 이들 여러 나라를 터키인에 대한 투쟁을 위해 서로 긴밀하게 단결시켜야 한다는 새로운 과제가 생겼다. 터키인이 유럽을 침공했을 때 그것이 일어났다. 이제 유럽이 터키를 침공하면, 남동부의 민족문제는 해결되고, 해체의 위험이 이 식민지제국을 위협한다. 그리고 그것의 유산상속인으로 되는 것은 북동부의 독일 식민지제국이다. 이 제국은 터키에 대한 투쟁에서 남동부의 식민지제국이 본래의 과제로부터 멀리 떨어져 있던 수세기 동안에 권력의 기초를 쌓았던 것이다.

그러나 모든 이러한 고찰로부터 알 수 있는 것은, 한가로운 공상이 아니라 강한 역사적 힘이 제국의 존속을 위협하고 있다는 사실의 경향일 뿐이다. 그러나 이러한 경향이 강력한 **반대경향**에도 불구하고 관철될 수 있을 만큼 강한지는 또 다른 문제이다. 오스트리아를 위험하게 할 수 있는 제국주의적 흐름들 중에서, 오늘날 이탈리아 제국주의가 가장 활발하다. 러시아 제국주의는 가장 중요한 국내문제를 해결하고 재정적 어려움을 극복하게 되면, 비로소 입헌적 러시아로 될 것이다. 독일 제국주의 앞에는 또한 매우 강한 방해가 마주 서있다. 급속한 자본주의적 발전과 매우 위험한 계급대립의 나라에서 얼마나 많은 시간이 자본주의적 정책을 위해 기다려줄지에 관해서는 미리 예측할 수 없다. 또 독일 제국주의가 어떤 길로 나아갈지 우리는 아직 알 수 없다. 그러나 독일 제국주의는 브라질 남부에 대해서, 또한 특히 산동반도에 대해서도 시선을 던지고 있다. 여기서 확실히 말할 수 있는 것은 미국의 제국주의적 발전과 일본의 강력한 발전으로 인해, 독일 제국주의의 남미와 중국에 대한 계획은 생각보다 어려워 보인다는 사실이다. 그러나 독일 제국주의가 스스로의 힘을 근동아시아에 집중한다면, 극복해야 할 큰 어려움이 아직 남아 있다. 우선 국내의 어려움으로서 사회적 분열과 둔중한 연방제도가 있는데, 이것은 정복전쟁에 유리하지 못하다. 또한 자국 내에서 폴란드인이 봉기할 위험성이 있다. 그러나 무엇보다 대외적 어려움이 있다. 독일제국이 오스트리아의 영토를 소유하려고 한다면, 슬라브민족과 더욱이 독일인 일부의 격렬한 저항을 억압해야 한다는 사실을 알아야 할 것이다. 프랑스는 대륙에서의 이러한 격심한 권력이동을 전쟁 없이 허용하지 않을 것이다. 독일은 근동아시아에서는 러시아 및 대영제국과, 오스트리아에서는 러시아 및 이탈리아와 충돌할 것이다. 독일을 "포위"하려는 대영제국의 시도는, 만일 독일제국이 지중해권력으로 되고자 한다면 무엇을 기대해야 하는지를 보여준다. 이러한 대담한 정책은 특히 유리한 상황 하에서만, 즉 거대 자본주의적 열강의 한 나라 혹은 몇 나라와 동맹하여 다른 거대 국가에 대해 승리한 후에만 확실히 가능할 것이다.

그러므로 프랑스와 범슬라브주의적 몽상가들이 오늘날 이미 합스부르크의 유산을 갈망하고 있는 독일제국을 비난하는 것은 단지 어리석을 뿐이다. 더 이상 패배를 참을 수 없다는 사실, 대담한 정책이 언제나 계산해두어야 하는 실패는 반드시 독일에서는 국가제도의 문제와 함께 사회제도의 문제도 분명히 제기할 것이라는 사실을 독일제국의 지배자는 잘 알고 있다. 그들은 다른 어떤 것도 가능할 수 없을 때만 오스트리아를 공격할 것이다. 다시 말해 그러한 경우는 이탈리아나 러시아가 전장에서 오스트리아문제를 제기했을 때, 독일 자본가계급이 아직 획득할 수 있는 마지막 착취영역을 잃는 것을 두려워하고, 경제적 정복전쟁이 민족해방전쟁의 형태를 취하는 방식으로만 노동자계급의 저항을 타파할 수 있을 때, 독일제국이 이미 사회혁명의 위험에 직면하여 지배자가 기득권을 구하고자 모든 것을 감행하려고 결심할 때이다. 이러한 세계정치적 상황이 나타날지에 관해서는 오늘날 아무도 알 수 없다. 그러나 우리는 독일 제국주의로 하여금 오스트리아문제를 제기하도록 추동하는 세력의 활동과, 동시에 그것에 반작용하는 그에 못지않은 강력한 세력의 활동을 본다. 이러한 세력과 대항세력 사이의 승부결과를 누구도 예상할 수 없다. 우리는 다만 다음과 같이 말할 수 있을 뿐이다. 즉 독일제국이 언젠가는 무기를 들고 오스트리아문제를 해결하려고 할 것이라는 사실은 충분히 가능하지만, 확실하지는 않다는 것이다.

노동자계급이 오스트리아의 다민족문제에 대해 취해야 할 입장을 완전히 확정하려고 한다면, 이상과 같은 고찰은 반드시 필요하다. 왜냐하면 명백한 사실 앞에서 눈을 감지 않는 사람은 누구나 인정할 수밖에 없겠지만, 많은 개인과 모든 정당에서 오스트리아 붕괴에 대한 희망과 그 결과에 대한 두려움이 민족문제에 대한 입장을 결정하기 때문이다.

오스트리아의 애국주의자들은 이제 도나우제국의 존속을 위해 활동할 수 있는 수단을 알고 있다. 그들은 민족자치를 통해 모든 민족에게 법적 세력권을 보장하고, 민족 간 권력투쟁을 끝내야 한다. 만일 오스트리아의 민족들이 더 이상 외국에 도움을 청하지 않게 된다면, 외국의 제국주의는 정복정책을 위해 자민족의 대중을 획득하기 위한 가장 효과적인 수단을 잃게 될 것이다. 유럽 자본주의가 투자영역과 판매시장을 둘러싼 투쟁에서 자기 나라의 근로대중을 위한 유인책으로서 오스트리아 땅을 이용할 위험을 우리는 민족자치를 통해 줄일 수 있다. 그러므로 민족자치는 반드시 오스트리아의 존속에 이해를 가진 모든 민족, 계급, 정당의 강령이 되어야 한다.

그러나 오스트리아의 붕괴를 자신의 민족적 희망의 충족으로 간주하는 사람들은 이제 그 희망이 얼마나 불확실한 것인지를 안다. 생각이 있는 사람이라면 주어진 국가의 틀 내에서 민족들이 공동생활을 할 수 있는 형식을 발견하려고 노력해야 할 것이다. 세계정치적 대변혁이 이 제국의 땅 위에서 민족문제를 해결할 것이라고 스스로 위안하면서, 오스트리아 민족문제의 해결을 둘러싼 투쟁을 회피하는 것은 누구에게도 허락되지 않는다. 이러한 정책을 오스트리아의 독일인에게 권하는 정당이, 무책임한 사람들에 의해 지도되는 것은 전혀 우연이 아니다. 즉 그러한 사람들은 비스마르크가 일찍이 "유토피아와 교육 부재의 결합"이라고 부른 독일 대학생학우회(Burschenschaft)의 진정한 상속인이다.13)

노동자계급으로 하여금 이 제국의 붕괴에 희망을 걸도록 만든다면, 그것은 노동자계급에게 무책임한 파국정책을 떠맡기는 것이다. 노동자계급은 역사적으로 주어진 기반 위에서 계급투쟁을 수행해야 한다. 그들의 민족정책은 다민족국가에서 공공연한 계급투쟁의 조건을 창출하는 과제에 기여해야 한다. 계급투쟁이야말로 모든 민족의 노동자를 위한 독자적인 민족정책이다.

만일 오스트리아가 아직 자본주의인 사회 속에서 붕괴한다면, 그것은 과거 자유주의적 민족성원리를 통해 분열되는 것이 아니다. 오히려 오스트리아는 자본주의적 확장정책이 민족적 의지를 자신에게 봉사할 수 있도록 할 때만 붕괴할 것이다. 오스트리아의 붕괴는 독일제국, 러시아, 이탈리아 등의 제국주의의 승리를 전제로 한다. 그러나 제국주의의 승리는 이들 국가의 노동자계급의 패배이다. 오스트리아의 노동자계급은 인접국의 자본가계급이 노동자의 계급의식을 압살하고, 현혹된 노동자계급에게 계급이해를 숨기고, 계급이데올로기를 빼앗고, 계급의 힘을 줄이는 것에 성공하는 데 희망을 걸 것인가? 그러나 외국의 프롤레타리아 계급투쟁의 이해만이 아니라, 자국에서의 계급투쟁의 요구가 제국주의의 민족정책과 충돌한다. 만일 승리한 제국주의가 오스트리아의 영토를 점령하고 작은 민족들을 거대한 민족국가로 편입하게 되면, 여기서 두려운 민족투쟁이 — 독일인과 체코인, 독일인과 슬로베니아인, 이탈리아인과 남부 슬라브인, 폴란드인과 루테니아인 사이의 민족투쟁이 오랫동안 모든 계급투쟁을 불가능하게 만들었는데 — 불타오를 것이다. 그러나 노동자계급의 민족정책은 계급투쟁이라는 단 **하나의** 수단과, 민족 전체를 하나의 자치적 민족문화공동체로 편성하는 단 **하나의** 목표를 알 뿐이다. 오스트리아의 노동자는 독일, 이탈리아, 러시아 제국주의에 희망을 걸 수는 없다. 이들 제국주의는 외국의 계급적 형제들의 적이며, 이들의 승리는 이들 지역에서의 형제들의 힘을 감소시킬 것이다. 제국주의적-민족주의적 정책은 노동자계급의 정책일 수 없다.

그래서 오스트리아의 모든 민족의 노동자가 직면한 목표는 민족국가의 실

---

13) Burschenschaft는 1815년 "메테르니히 체제"에 대응하기 위해 예나에서 최초로 설립된 학생단체이다. 구성원들은 명예와 자유, 조국애를 모토로 했다. (역주)

현일 수 없고, 주어진 국가의 틀 내에서의 민족자치 뿐이다. 오스트리아가 계속 존속한다면, 오스트리아 노동자계급의 민족자치는 계급투쟁의 가장 유리한 조건을 창출할 것이다. 그러나 거대한 인접 국가의 군대가 오스트리아 국경을 넘어온다면, 노동자계급은 승리한 제국주의에 대하여 민족투쟁이 계급의 전진을 방해하지 않도록 더욱 민족자치의 요구로 대치할 것이다. 자치적 지방행정에 기초한 민족자치는 노동자계급에게 이러한 기반 위에서 — 이들 민족들이 강제되는 국가의 틀에 관계없이 — 민족들이 공동생활을 영위하기 위한 법칙이다.

오스트리아의 붕괴는 자본주의사회의 내부에서는 단지 제국주의의 작업일지도 모른다. 노동자계급은 제국주의의 승리가 불확실하기 때문에 이 승리에 기초할 수 없다. 노동자계급은 자신의 운명이 오스트리아에서가 아니라 거대 자본주의적 민족 내부에서 결정되기 때문에, 제국주의의 승리를 요구할 수 없다. 또 그들은 제국주의의 승리를 바랄 수도 없다. 왜냐하면 제국주의의 승리는 외국의 노동자계급의 패배를 전제로 하고, 오스트리아 자체의 프롤레타리아트의 전진을 분열시키기 때문이다. 그래서 오스트리아 노동자의 정치적-민족적 강령은 민족자치일 뿐이다. 그러나 오스트리아 노동자계급이 국가적 틀을 주어진 것으로서 받아들이고, 역사적으로 주어진 틀 내에서 민족문제를 해결하려고 노력한다면, 이 국가는 아직 **그들의** 국가가 아니며, 이 국가 내부에서의 해결은 아직 **그들의** 해결이 될 수 없을 것이다. 그러므로 노동자계급은 이 문제의 최종 해결을 자본주의적 제국주의가 아니라, 프롤레타리아 사회주의에서 기대하고 있다.

제30장 사회주의와 민족성원리

　독불전쟁에서 프랑스의 프롤레타리아트는 코뮌으로 대답했다. 러일전쟁에서 러시아의 프롤레타리아트는 혁명으로 대답했다. 미래의 제국주의전쟁도 틀림없이 혁명운동을 해방시킬 것이다. 자본이 판매시장과 투자영역을 둘러싼 투쟁에서 수백만의 병사로 이루어진 근대적 거대 군대를 동원한다면, 자본은 권력의 절정기에 달하게 되지만, 더욱 한발 앞으로 나가면 낭떠러지로 떨어지게 될 것이다. 바로 자본주의적 세계대전은 사회주의적 세계변혁의 서곡이 될 것이다. 그래서 제국주의는 자신의 민족주의적 원리를 결코 순수하게 실현할 수 없을 것이다. 프롤레타리아트가 처음으로 유럽문화권의 거대 자본주의국가에서 정치권력을 획득할 때부터, 새로운 세력이 활동하기 시작하고 이들이 민족들의 공동생활의 법칙을 완전히 변혁할 것이다. 이 새로운 법칙은 무엇보다 우선 전도된 자본주의세계의 과거 법칙과 투쟁할 것이다. 그러나 자본주의적 상품생산이 마침내 봉건적인 장원제에 승리하고, 그들의 국가형성과 국경확정의 원칙을 마침내 — 비록 수세기에 걸친 투쟁의 이후지만 — 순수하게 관철하고, 봉건적 국가조직을 해체시킨 것처럼, 사회주의 사회도 마침내 공동사회의 형성과 경계설정이라는 자신의 원리를 과거 자본주의국가의 폐허 위에 실현할 것이다.

　형식적-법률적으로　고찰하면,　근대국가는　주권을　가진　영역단체(Gebietskörperschaft)이다. 노동자계급이 국가 내의 권력을 획득하고, 노동수단을 국가의 소유로, 국가에 의해 지배되고 지도되는 국가 내부의 협소한 지역적 단체의 소유로 이전한다 하더라도, 이점에서는 아무런 변화도 없다. 미래의 공동사회(Gemeinwesen)도 **주권**이라는 속성 없이 지낼 수 없을 것이다. 이것은 공동사회가 모든 생산과 모든 분배의 최고 지도자라는 사실을 의미한다. 프롤레타리아트는 처음에는 법규범을 변화시키지 않고, 법주체와 법규범의 작용을 변화시킨다. 그러나 그것을 통해 국가로부터 아주 **새로운 사회조직**을 만든다. 근대국가는 상품생산의 하나의 현상형태에 불과한 화폐형태와 함께 비로소 생겼다. 이에 반해 사회주의적 공동사회는 더 이상 조세에 의존하지 않고, 공동사회가 스스로 생산을 지도하고 노동수익을 분배한다는 사실에 기초한다. 이제 국가는 더 이상 조세를 통해 상품생산자의 가치생산물에 대한 몫을 보장하지 않는다. 오히려 국가는 소유자로서, 국가가 사회적 노동수익의 어느 정도를 자신의 목적을 위해 지불할 것이며, 또 공동사회의 개별 성원들에게 어느 정도를 분배할 것인가를 스스로 결정한다. 근대국가는 어디서든 부르주아지의 계급지배의 도구이다. 왜냐하면 상품생산은 자본주의적 상품생산으로서만 사회적 생산의 보편적 형태로 될 수 있고, 따라서 근대국가의 기초인 화폐경제가 보급되기 때문이다. 이에 반해 미래의 사회주의적 공동사회는 계급대립을 폐지함으로써 자본가의 계급지배를 폐지한다. 이제 비로소 진정으로 국민 전체가 전체의지의 형성을 위해 부름을 받는다. 노동자계급은 근대국가를 자기 것으로 만듦으로써, 근대국가를 폐지하고 그것을 아주 새로운 사회조직으로 전환시킨다.

그러나 노동자계급에 의해 지배되는 국가는 그 자신의 본질을 전환함으로써, 근대국가와 대립할 뿐만 아니라 국가일반과도 대립한다. 국가는 지역적 분할구성이 과거 씨족제도를 해체하고 결국 제거함으로써 **영역단체**로서 탄생했다.[1] 형식적·법률적으로 이 점에서는 아무런 변화도 없다. 왜냐하면 미래의 공동사회도 하나의 영역단체로 될 것이기 때문이다. 가장 중요한 생산수단이고 모든 생산의 토대인 토지는 공동사회의 활동의 자연적 기초이다. 그러나 영역단체의 본질은 이제 완전히 변할 것이다. 왜냐하면 오늘날 토지에 대한 국가의 권력 속에 무산자에 대한 소유자의 지배가 숨어 있기 때문이다. 그러나 사회주의적 공동사회는 노동수단의 배타적 소유권을 없앰으로써

---

1) Friedrich Engels, *Der Ursprung der Familie, des Privateigentums und des Staates*, Stuttgart 1900, 105쪽 이하, 149쪽 이하, 177쪽 이하 (원주)

모든 계급지배를 없앨 것이다. 국가의 영토주권은 이제 더 이상 인간에 대한 인간의 지배를 숨기는 것이 아니라, 인간과 사물 사이의 순수한 관계가 된다. 그래서 사회주의적 공동사회는 근대국가와 대립할 뿐만 아니라 모든 역사적 국가형태와 대립한다. 이러한 공동사회를 여전히 국가로 부를 수 있는지는 무의미한 용어법의 문제에 불과하다.

모든 새로운 경제제도는 새로운 형태의 국가제도를 창출하며, 정치조직의 경계설정에 대한 새로운 규칙을 창출한다. 사회주의사회에서 공동사회는 서로 어떻게 구별될 것인가? 사회주의사회에서도 시민들의 민족성이 공동사회의 경계를 규정할 것인가?

우리가 이 문제, 즉 정치적 민족성원리에 대한 사회주의의 관계 문제에 대답하고자 한다면, 사회주의가 비로소 전체 민족동포를 민족문화에 관여하게 만들 것이라는 사실에서 출발해야 한다. 사회적 생산을 통한 주민의 고향상실(Entwurzelung)과 함께, 통일적 교육공동체, 노동공동체, 문화공동체로의 민족의 발전과 함께, 제한된 지역단체는 힘을 잃는 반면 모든 민족동포를 결합하는 연대는 더욱 강화된다. 티롤의 농민은 오늘날 토지의 농민적 특수문화를 통해 자신의 토지사람들과 밀접히 결합되어 있고, 토지 밖의 다른 독일인과 명확히 구별된다. 민족존재의 이러한 사실은 민족의식 속에 반영된다. 티롤의 농민은 자신을 티롤인이라고 느끼지, 독일인으로서는 거의 기억하지 않는다. 티롤의 노동자는 이미 아주 다르다. 그들은 티롤 농민의 특성을 거의 공유하지 않으며, 훨씬 강력한 연대를 통해 독일민족과 결합되어 있다. 사회주의사회는 모든 독일인을 독일문화의 산물로 만들고 독일문화의 진보를 함께 향유할 가능성을 그들에게 줌으로써, 민족 내부의 지방분권주의를 비로소 제거할 것이다. 이러한 발전은 틀림없이 정치적 민족성원리의 힘을 강화할 것이다.

일련의 다른 현상도 동일한 방향으로 나아갈 것이다. 농민대중은 모든 전통에 속박되어 있고, 조상 전래의 가구에 애착을 가지며, 모든 새로운 것을 증오한다. 과거 시대의 가치에 대한 그들의 애정은 정치에도 작용을 미친다. 이것이 그들의 교권적인 심정, 배타적 애향심, 왕실에 대한 애착의 근원이다.

이것이 얼마나 중요한지에 관해서 우리는 오스트리아의 존재를 보증하는 힘들을 검토할 때 살펴보았다. 수백 년 전통의 속박으로부터 해방될 수 없는 농민은 이 국가의 하나의 버팀목이다. 사회주의적 생산양식이 한편으로 대중을 비로소 민족적 문화공동체로 편입함으로써 그들의 민족의식을 강화한다면, 사회주의적 생산양식은 다른 한편으로 민족성원리의 순수한 관철을 방해하는 과거 수세기의 이데올로기에 대한 애착을 없앨 것이다. 그리하여 사회주의적 생산양식은 민족성원리의 추동력을 강화할 뿐 아니라, 그것의 장애물을 제거한다.

그럼에도 불구하고 이러한 모든 것을 통해 민족성원리의 승리만이 준비될 것이다. 이 승리는 자본주의라는 둑이 무너지게 되면 모든 전통적 이데올로기를 넘어 흐르게 될 합리주의의 격랑을 통해 비로소 실현될 것이다. 모든 낡은 것을 없애고 모든 낡은 권위를 타파하고; 마침내 낡은 소유관계를 제거해버리고 자본주의사회로부터 사회주의사회로 이행하는 위대한 과도기에, 낡은 것과 전통적인 것은 성스러운 겉모습을 잃는다. 이제 비로소 대중은 낡은 것을 타파하고 그 폐허 위에 **자신들의** 목적을 위한 새로운 건물을 창조하는 것을 배울 것이다. 이러한 대중의식의 혁명은 비로소 자신의 운명을 스스로 규정할 힘과 자신의 미래에 관한 자유로운 심의와 의결을 통해 스스로 결정할 힘을 대중에게 주는 사회주의사회에서의 일상적 실천에 의해 보장될 것이다. 그리고 이 혁명은 인간문화의 발전을 심의하고 의결하는 인간의 의식적 행위로 만들 것이다. 이 혁명은 모든 개개인에게 민족 전체의 문화재를, 아니 인류 전체의 문화재의 걸작을 주고, 그들을 좁은 지역적 범위의 전통으로부터 완전히 해방하고, 그들의 시야를 넓히고, 비로소 그들에게 **스스로의** 목적을 설정할 수 있고 그 목적을 위한 수단을 현명하게 선택할 수 있도록 만드는 사회주의교육을 통해 가능하게 될 것이다. 그래서 사회주의사회의 인간에게는 특히 과거 시대가 그 시대의 목적을 위해 도입했던 국경도 더 이상 신성한 것이 아닐 것이다. 이제 비로소 모든 민족의 대중은 19세기에는 교양인의 문제에 불과했던 문제, 즉 민족과 국가의 대립으로 현상하는 **내적 공동체**와 **외적 권력**의 관계 문제에 대하여 성숙하게 될 것이다. 민족 내부의 좁은 지역적 단체가 힘을 잃더라도, 민족문화공동체가 모든 민족동포를 밀접히 결합시킴으로써, 민족공동체는 민족동포에게 확실하고 변치 않는 사실이 된다. 그러나 민족동포는 이제 외적 권력을 인류의 목적에 봉사하고 인류의 목적에 적응시켜야 하는 수단으로 이해한다. 그리하여 민족동포 속에서 외적 권력이 내적 공동체에 적응한다는 원칙, 즉 민족성원리의 기본사상이 활성화된다.

민족성원리는 그 **내용**에서 보면, 외적 권력이 내적 공동체를 통합하고 그것에 봉사해야 한다는 원칙을 의미한다. 그러나 **원인**에서 보면 이 원칙은, 노동방식과 노동관계의 전환이 이 원칙에 조응하지 않는 전통적 국가조직에 대해 참을 수 없게 될 때, 동기로서 작용한다. 전통적 소국가가 부르주아지의 필요에 더 이상 조응하지 않게 되고, 그래서 시민층이 민족성원리를 자신의 깃발 위에 썼을 때가 일찍이 그러하였다. 사회적 생산이 자본주의적 형태에서 사회주의적 형태로 전환함으로써, 인간의 정신을 전환시켜 낡은 문화가치를 부정하고, 그들에게 국가의 "자연적" 국경 문제를 해결할 능력을 주게 되면, 다시 그렇게 될 것이다.

그러나 대중이 비로소 자유로운 민족적 공동사회를 목표로 간주할 때, 사회주의는 그들에게 이 목표를 위한 길을 열어줄 것이다. 왜냐하면 사회주의는 필연적으로 민주주의에 기초하기 때문이다. 이러한 민주주의적 공동사회도 전체 의지에 복종하도록 소수파를 강제한다. 이것을 직접적 강제를 통해 행할 것인가, 그렇지 않으면 간접적으로 그들을 노동과정과 노동수익에 대한 몫으로부터 배제함으로써 행할 것인가 하는 문제는 상관없다. 그러나 이러한 공동사회는 그 사회에 속하지 않으려고 하는 민족 전체를 결코 포함할 수 없을 것이다. 민족들의 다수는 민족문화를 완전히 소유하고, 입법과 자치행정에 참가할 권리를 부여받으며, 대중을 무장한다. 그러나 민족들은 자신이 속하고 싶지 않은 공동사회의 멍에에 복종하도록 어떻게 강제될 것인가? 모든 국가권력은 무기의 힘에 기초한다. 오늘날 인민군은 정교한 기구 덕분에 당연히 한 개인, 한 가족, 한 계급의 권력도구이며, 이것은 과거 시대의 기사군대나 용병군대와 아주 동일하다. 그러나 작업장에서도 더 이상 타자권력의 명령에 복종하지 않고 국가의 입법 및 행정에 충분히 참여하고 있는 매우 높은 수준의 문화적 인간으로 구성되는, 사회주의사회의 민주적 공동사회의 군대는 더 이상 어떤 독립된 권력이 아니라 무장한 인민 그 자체이다. 그와 함께 민족적 타자지배의 모든 가능성은 사라질 것이다.

그럼에도 불구하고 현재 우리 사회의 다민족국가는 전체 민족이 열망하는 민족국가를 실현할 힘을 갖고 있지 않을 뿐 아니라, 많은 민족의 대부분의 사람은 과거 시대의 이데올로기의 압력 하에 있고 민족의 문화공동체에 포함되어 있지 않으며 또 민족의 통일 및 해방이라는 이념과 투쟁하고 있다. 뿐만 아니라 민족성원리의 순수한 실현은, 근대국가가 **경제영역**이기도 하다는 사실에 의해서도 방해받고 있다. 따라서 근대국가는 적어도 어느 정도나 독립된 경제영역일 수 있는 영역을 포함하려고 노력해야 하는가? 사회주의적 공동사회가 민족적 구분의 원칙을 순수하게 관철하기 위해, 생산에 대한 어떤 배려도 없이 작게 구분된 경제영역을 포괄하려고 한다면, 노동생산성은 저하되지 않을까?

여기서 우리는 무엇보다 사회주의가 비로소 국제분업을 일관되게 관철할 수 있다는 사실을 기억해야 한다. 단순상품생산은 우선 좁은 범위에서 — 한 도시나 그 주위의 교통영역에서 — 분업을 관철함으로써 인간 노동의 생산력을 크게 증가시켰다. 그리고 자본주의는 커다란 경제영역에서 분업을 관철함으로써 노동의 생산성을 다시금 비약적으로 증대시켰다. 그러나 자본주의는 이미 국제분업의 기초를 만들어냈다. 모든 경제영역에서의 노동생산성과 부는, 각 영역의 주민이 그 지역에서 생산에 유리한 재화만을 생산하고, 자신들에게 필요한 다른 재화를 자신들의 생산물과 교환하면, 증대하게 된다는 정리를 고전파 국민경제학은 이론적으로 기초지었다. 이론적으로 이러한 생각은 반박될 수 없다. 그럼에도 불구하고 자본주의사회는 자유로운 상품교환과 국제분업을 실현하지 못했고 지금도 실현하지 못할 것이다. 왜냐하면 자본주의적 경제정책의 목적은 노동생산성의 최대한 상승이 아니라, 이윤의 최대한 증대이기 때문이다. 자본주의적 경제정책은 이러한 목적을, 노동을 가능한 한 생산적으로 만드는 개별 생산부문에 생산자본을 배분하는 것이 아니라, 생산분야로 유휴자본의 유출을 가속화함으로써 그리고 판매영역과 투자영역을 지속적으로 확대함으로써, 달성하려고 한다. 국제분업의 요구가 자본주의적 경제정책의 요구와 우연히 일치하는 곳에서만 — 예를 들면 이것은 얼마 전의 영국에 해당된다 — 자본주의사회에서 자유무역이 실현될 것이다. 이에 반해 생산수단이 더 이상 자본이 아닌 사회주의사회에서 자본주의적 경제정책은 모든 의미를 잃는다. 따라서 사회주의사회는 국제분업과 그것에 상응하는 개별 경제영역 내부에서의 노동의 분배를 처음으로 실현할 수 있을 것이다. 물론 이것은 한 번에 이루어질 수 없다. 어느 국가가 자유로운 재화교환을 통해 다른 나라의 더 풍부한 철광석을 이용하는 대신 관세경계의 보호 하에 철강업을 육성한다면, 사회주의사회도 이미 존재하는 용광로와 제철소를 갑자기 정지시킬 수 없을 것이다. 그러나 매년 노동하는 사람 수는 증가하고 사회의 생산기구도 증가한다. 사회는 자기 나라에 유리한 생산조건이 존재하는 생산부문에 끊임없이 새로운 노동자와 새로운 생산수단을 공급하고, 자신의 생산물을 다른 나라의 생산물과 교환할 것이다. 그리하여 사회주의적 공동사회는 수십 년 내에 고전파 경제학이 요구한 국가 간 분업을 실현할 수 있을 것이다.

그것을 통해 처음으로 민족성원리를 실현하는 데 가장 어려운 장애가 제거될 것이다. 왜냐하면 이제 가장 작은 민족도 하나의 독립적으로 조직된 국민경제를 형성할 수 있기 때문이다. 큰 민족이 다종다양한 재화를 생산하는 반면, 작은 민족은 모든 노동력을 하나 혹은 몇 가지 재화의 생산에 적용하고 그 밖의 모든 재화는 교환을 통해 다른 나라로부터 획득한다. 그래서 작은 민족은 소규모 생산에도 불구하고 대경영의 모든 장점을 이용한다. 이제 자연이 아주 빈약한 토지의 혜택밖에 주지 않은 지역의 민족도 하나의 독립된 경제적 통일체를 형성할 수 있을 것이다. **리카도(Ricardo)**는 자연에 의해 최악의 조건 밖에 부여받지 못한 경제영역도 국제분업을 통해 자기의 과제를 수행할 수 있다는 사실을 반박하기 어렵게 증명했다. 그러한 경제영역은 다른 모든 국가에서 상대적으로 우월성이 매우 낮은 재화를 생산하고, 이 재화를 다른 모든 경제영역의 생산물과 교환해야 할 것이다. 그래서 국제분업을 통해 문화적 인류(Kulturmenschheit) 전체는 하나의 커다란 유기체(Organismus)로 된다. 바로 이것을 통해 모든 민족의 정치적 자유와 통일이 가능하게 된다. 모든 공동사회가 자급자족하게 되고 자기의 필요를 스스로 충족시켜야 하는 사회에서 민족성원리의 순수한 관철은 불가능하다. 작은 민족, 즉 거주지가 생산에 불리한 조건을 주고 있는 민족에게 민족적 자유는 필연적으로 불가능할 것이다. 이에 반해 국제분업이 모든 민족을 포괄하게 되면, 인류의 정치적 구분을 역사적 문화공동체로 편성하는 데 방해되는 가장 중요한 제한이 붕괴될 것이다.

사회적 노동 내부의 이동도 사회주의사회에서는 아주 새로운 성격을 가진다. 왜냐하면 맹목적으로 작용하는 자본주의적 경쟁의 법칙에 의해 지배되고 의식적인 규칙의 작용을 거의 완전히 빼앗긴 개인들의 이동은 그때 끝나기 때문이다. 그 대신 사회주의적 공동사회를 통한 이동의 의식적 조정이 등장한다. 사회주의적 공동사회는 노동하는 사람의 대다수가 노동생산성을 증대시키는 곳으로 이주자를 끌어당길 것이다. 사회주의적 공동사회는 사람 수가 증가해 토지로부터의 수익이 하락하는 곳에서는 주민의 일부를 이주시키도록 할 것이다. 이렇게 이민의 유출입이 사회에 의해 의식적으로 조정됨으로써, 비로소 모든 민족의 손에 언어경계에 대한 권력이 장악될 것이다. 그리하여 민족의 의지에 반한 사회적 이동이 더 이상 민족성원리를 침해하는 일은 다시는 없을 것이다.

민족성원리의 실현이 사회주의의 승리와 관련되어 있다는 사실은 우연이 아니다. 씨족공산주의의 시대에 공동사회는 — 적어도 본래적으로는 — 민족적으로 통일되어 있었다. 종족이 다른 민족에 의해 예속되어 있던 곳에서조차 공동사회는 우선 자기의 정치조직을 잃지 않고, 단지 공동사회로서 승자의 공동사회에 종속되어 있었고 승자에게 공납의무를 지고 있었던 것에 불과하였다. 과거 공산주의적 민족이 좁은 지역단체로 분해됨과 동시에 비로소 민족의 정치적 분열이 시작되었다. 그리고 민족이 계급으로 나누어지고 민족동포와 예속민으로 나누어짐으로써, 비로소 이민족지배도 가능하게 된다. 지배계급과 피지배계급, 착취계급과 피착취계급의 대립은 역사 없는 민족들에 대한 역사적 민족들의 지배의 형태를 띤다. 사회적 생산이 자본주의적 상품생산의 형태로 발전한 이후, 정치적 지방분립주의(Partikularismus)는 쇠퇴한다. 거대한 경제영역 내부의 분업에 대한 필요가 무수한 소국의 폐허 위에 거대한 민족국가를 세운다. 그러나 동일한 발전을 통해 이민족지배도 참을 수 없게 된다. 역사 없는 민족들도 역사적 생활을 자각하고, 동시에 민족국가의 실현을 추구한다. 마침내 사회적 생산은 자신의 자본주의적 껍데기를 벗어버린다. 이제 비로소 민족 내부의 모든 지방분립주의가 사라지고, 한 민족의 이민족에 대한 모든 지배가 불가능하게 된다. 이제 비로소 분업이 전체 인류를 포괄하기 때문에, 인류를 자유로운 민족들로 정치적으로 편성하는 데 어떤 장애도 더 이상 없다. 인류의 정치적 편성은 자신의 민족적, 문화적 존재를 반영하며, 그 존재는 노동방식과 노동관계의 발전을 통해 규정된다. **정치적 지방분립주의**와 **이민족지배**는 민족적으로는 민족을 민족동포와 예속민으로 분열시키고 민족을 좁은 지역적 단체로 분해하던 시대의, 경제적으로는 정착농업과 노동수단의 배타적 소유권, 장원제를 통해 특징짓던 시대의 정치적 현상형태이다. **민족성원리는 사회적 생산의 시대에 조응하는 통일적, 자치적 민족의 국가형성원리이다.** 19세기 대 민족국가의 건설은 민족성원리를 순수하게 실현할 수 있는 시대의 전조에 불과하다. 바로 근대 자본주의를 통한 문화공동체의 확대가 사회주의를 통한 민족문화공동체 실현의 전조이고, 자본주의적 형태의 사회적 생산이 사회를 통한 그리고 사회를 위한 협동조합적 생산의 전조인 것처럼 말이다.

그래서 사회주의는 모든 민족에게 정치적 통일과 해방의 열망을 실현할 것을 약속한다. 그것은 독일민족에게도 해당된다. 그러므로 독일의 노동자는 독일지상주의자의 유치한 놀이에 가담하지 않으며, 독일 제국주의의 노동자 적대적인 노력에도 가담하지 않는다. 그들은 자본가계급과의 계급투쟁은 민족의 정치적 통일을 둘러싼 투쟁이라는 사실을 알고 있다. 그러므로 독일의 노동자는 독일지상주의적인 모험가의 파렴치한 활동으로부터 멀리 벗어나, 충분한 승리의 확신을 갖고 냉정하게 다음 시인의 말로 독일국민에게 호소한다.

인내하라! 하나가 덮을 그 날이 온다.
모든 독일 땅 위를 덮을 유일한 덮개가!

그러나 민족성원리는 바로 사회적 생산과 국제적 분업의 진보로부터 생겼기 때문에, 곧 이어 그 자체 속에서 한계를 발견한다.

이미 자본주의사회에서 더욱 긴밀하게 된 교통관계가 다양한 국가를 결합한다. 일반적으로 통용되는 이 교통관계의 규칙, 즉 개별 국가의 경계를 넘어 통용되는 법체계가 더욱 필요하게 된다. 자본주의적 경제의 발전, 근대적 대국가의 성립, 해외 식민지지역으로의 유럽 국민들의 권력의 확장이 국가 간 교통관계를 밀접하게 만든 이후, **국제법**(Völkerrecht)이 성립되었다. 국가들은 무엇보다 조약을 통해 그들의 관계를 규제하게 되었다. 과거의 동맹 및 평화조약에 육상 및 해상전쟁의 법에 관한 조약이 추가되었다. 서서히 경제관계도 국가 간 조약을 통해 규제되었다. 그래서 다양한 조약의 체계가 만들어지고, 이것이 근대적 국제법의 기초가 되었다. 즉 국내 및 해외항해, 교역과 관세, 철도교통, 우편 및 전신제도, 도량형 및 동전 그리고 무게에 관한 조약 등이다. 그러나 곧 이어 국제법은 직접적인 경제적 이해의 범위를 넘는다. 그래서 오늘날 국가 간 조약은 위생경찰, 특히 전염병에 대한 투쟁을 규정하며, 소녀매매와 노예매매에 대한 투쟁을 규정한다. 그래서 우리는 조약을 통해 사법과 소송법의 동일한 종류의 규제에 대한 길을 개척하려고 한다. 모든 이러한 조약으로부터 이제 일련의 아주 새로운 조직인 **국제기관**이 생긴다. 즉 조약을 통해 공통의 행정활동을 기초지어야 하는 곳에서, 국가들은 또한 공통의 기관, 즉 국제적인 위임에 의거하여 국가조약을 통해 승인된 과제를 계속적으로 이행하기 위한 관청을 만든다. 이러한 성격을 띤 것으로는 국제위생위원회, 개별 국가의 재무행정을 감독하기 위한 국제적 위원회, 국제하천위원회가 있다. 그렇지 않으면 단지 주권국가만의 권한에 속했을 권리들이 승인되고, 따라서 국가이론이 특수한 국가적 조직인 "유역국가들"로서 이들 위원회를 구성하려고 했다. 그러나 훨씬 중요한 것으로는 국제위원회 아래 이른바 **행정공동체**가 있다. 이들은 1860년대 이래 생겼고, 그것에 대한 가입이 기본적으로 모든 나라에 개방되어 있는 조약에 기초한다. 여기에는 예를 들어 만국우편연합, 국제전신연합, 영업소유권을 보호하기 위한 국가 간 공동체, 문학과 예술의 저작권을 보호하기 위한 국가 간 동맹, 노예약탈에 반대하기 위한 국가 간 연합, 국제적 운송 중앙기관, 상설 설탕위원회 등이 속한다. 이러한 관청의 다수는 이미 사법권을 갖고 있다. 보건위원회와 하천위원회, 만국우편연합과 철도공동체가 그러하다. 그와 함께 1899년 이후 상설적인 중재재판소가 헤이그에 탄생했다.

그래서 이러한 개별 조직이 어느 정도 불완전하다 하더라도, 거기에는 새로운 사회적 유기체의 강력한 맹아가 존재한다. 다양한 국가 사이의 교통관계는 이미 너무 밀접하게 되었기 때문에, 국가법과 국가기관으로는 더 이상 불충분하다. 이러한 발전은 국가법을 넘어 국가 자체를 구속하는 하나의 법체계로 나아가고, 그 활동이 어떤 국경을 통해서도 더 이상 방해받지 않는 기관을 창출한다. 국가 간 조약과 국제기관이 오늘날 이러한 필요를 만족시키고 있다. 그러나 이들은 자신 속에 하나의 내적 모순을 갖고 있다. 국제법공동체는 규약과 기관을 갖고 있지만, 그 자체는 아직 법인으로서 인정되지 않는다. 우리는 규약을 갖고 있지만, 이 규약을 결정하고, 이 규약을 보장하는 권력의 전체의지를 알지 못한다. 우리는 국제기관을 갖고 있지만, 그것을 그 기관으로 만들어야 할 단체를 알지 못한다.

사회주의사회에서 공동사회와 국제기관 사이의 조약은 틀림없이 그 수에서 급속하게 증가할 것이다. 그것을 위해 우선 국제적 분업의 관철의 결과 다양한 공동사회 사이의 교통관계가 증대할 것이다. 그러나 국제적 조정은 오늘날 개개인의 무수한 결정과 행동으로 구성되는 사회적 과정이 다양한 공동사회에 의해 의식적으로 조정되면, 비로소 훨씬 넓은 범위에서 가능하게 되고 또 필요하게 된다. 그래서 예를 들면 대규모적인 이주운동은 국제적 조약에 기초할 수밖에 없다. 마침내 사회주의사회에서는 국제적 교통관계의 계획적 조정이 필요하게 된다. 왜냐하면 그것은 오늘날 개별적 상인이나 개별적 이주자에게 해당되는 모든 실망스러운 기대와 잘못된 계산이 사회주의사회에서는 아주 직접적으로 전체 사회에 해당되기 때문이다. 예를 들면 한 사회주의적 공동사회가 다른 민족의 생산물과 교환해야 하는 하나의 재화를 생산하는 경우, 이러한 기대에서 실망하게 되는 결과를 그려볼 수 있을 것이다. 국제적 분업은 재화의 교환과 교통이 국제적으로 지도되고 조정되지 않으면 불가능할 것이다.

그래서 최종적으로 국가적 조약과 행정공동체만으로는 미래 사회를 더 이상 만족시킬 수 없을 것이다. 어떠한 조직적 전체의지를 보장하지 않고, 또 그 기구를 법인으로 간주할 수 없는 규약으로는 사회를 만족시킬 수 없을 것이다. 미래 사회는 국제법공동체를 최종적으로 법인으로 구성하고, 그것에 상설 대표부를 설치해야 할 것이다. 이것은 민족적 공동사회가 공동사회 사이의 재화교환을 위한 최고 지도권을 위임함으로써, 간접적으로 모든 공동사회의 생산에 대한 최고 지도권을 위임받는 국제기구를 설치할 때, 충분히 이루어질 것이다. 자본주의적 상품생산의 발전이 중세에서 개별적 장원과 도시를 근대국가로 결합시켰듯이, 민족적 공동사회를 넘어선 사회주의사회에서 국제적 분업은 새로운 종류의 사회적 조직, 즉 개별 민족적 공동사회가 편입될 "국가들의 국가"(Staatenstaat)를 창출할 것이다. 그러므로 "유럽합중국"(Vereinigten Staaten von Europa)은 더 이상 꿈이 아니라, 민족들이 오랫동안 노력해왔고 이미 볼 수 있게 된 힘들을 통해 촉진되고 있는 운동의 불가결한 최종 목표이다.

우리가 보았듯이 사회주의는 필연적으로 민족성원리를 실현하게 된다. 그러나 사회주의사회가 민족적 공동사회를 넘어 개별 민족의 공동사회가 편입될 연방국가를 서서히 만듦으로써, 민족성원리는 민족자치로 전환하며, 국가형성의 기준으로서의 민족성원리는 국가제도의 기준으로서의 민족성원리로 전환한다. 사회주의적 민족성원리는 민족성원리와 민족자치의 더 높은 통일이다.

그래서 사회주의적 민족성원리는 시민적 민족성원리와 민족자치의 모든 장점을 하나로 만들 수 있다. 사회주의적 민족성원리는 민족을 공동사회로 조직함으로써, 민족에게 자기입법과 자기행정, 노동수단과 노동수익에 대한 처분권, 무장권력을 준다. 사회주의적 민족성원리는 더욱이 단체로서 설립된 국제법공동체에 민족을 편입함으로써, 민족에게 자신의 영역경계를 넘는 권력을 준다. 예를 들면 만일 사회주의사회는 독일 땅에서는 노동하는 사람의 수가 줄어들어야 노동생산성을 올릴 수 있고, 반대로 남부 러시아에서는 노동하는 사람의 수가 증가해야 노동생산성을 올릴 수 있다고 가정해보자. 그러면 사회주의사회는 독일 인구의 일부를 남부 러시아로 이주시키려고 할 것이다. 물론 독일은 그들에게 문화적 독립성을 보장하지 않고는, 자신의 아들들과 딸들을 동방으로 보낼 수 없을 것이다. 그래서 독일인 이주자는 개별적으로가 아니라, 공법적 단체로서 우크라이나의 공동사회에 들어가게 된다. 민족적 영역단체가 비로소 국제적 공동사회와 하나가 된다면, 계획적인 이주를 통해 이제 외국어를 말하는 인적 단체가 민족적 공동사회 내부에 형성된다. 이것은 많은 측면에서 자신의 민족의 영역단체와 법적으로 결합해 있고, 또 다른 측면에서는 그 땅에 살고 있는 다른 민족의 공동사회와 법적으로 결합해 있는 단체가 된다. 그러므로 사회주의사회는 의심의 여지없이 민족적인 인적 단체와 영역단체의 다채로운 상을 제공할 것이다. 이것은 우리나라의 중앙집권적-원자론적 헌법과 아주 다른 것이며, 오히려 아주 다양하게 편성되었던 중세사회와 비슷할 것이다.

우리는 여기서 다가올 사회의 상상도를 그리려고 하는 것이 아니다. 우리가 그것에 관해 말하려고 하는 것은 본질적으로 추론된 냉정한 판단이다. 사회주의적 생산양식을 통한 인간의 변화는 필연적으로 민족적 공동사회로 인류를 편성할 것이다. 국제적 분업은 필연적으로 민족적 공동사회를 더 높은 질서를 가진 사회적 조직으로 통합할 것이다. 자연을 공동으로 관리하기 위해 모든 민족이 협력하고, 민족들 전체가 민족적 공동사회로 편성되어, 민족문화의 독자적 발전과 자유로운 향유를 보장하는 것 — 이것이 사회주의의 민족성원리이다.

제7부

오스트리아 사회민주당의 강령과 전술

제31장 사회민주노동자당의 민족강령

근대 사회주의는 우선 서유럽의 대 민족국가에서 탄생했다. 따라서 민족문제에 대한 사회주의의 입장도 무엇보다 이들 서유럽 민족의 사회구조와 정치적 입장을 통해 규정되었다.

서유럽 대민족의 노동자계급은 먼저 보수적 계급의 민족주의적 가치평가에 대하여 합리주의적 가치평가를, 또한 민족적 특성의 유지라는 이념에 대하여 민족을 위한 전체 인민의 발전이라는 이념을 대치시켰다. 따라서 이러한 대민족의 노동자계급의 정책은 적극적으로 표현하면 진화론적-민족정책이 된다. 또 소극적으로 표현하면 보수적-민족정책의 거부, 즉 **문화적 세계주의**(kultureller Kosmopolitismus)가 된다(제12장). 그러나 민족을 위한 전체 인민의 발전은 다른 민족에 대한 투쟁으로가 아니라, 민족 내부의 계급투쟁으로 쟁취되어야 한다. 따라서 노동자계급은 자신의 정책의 민족적 내용을 의식하지 않게 된다. 또한 자신의 정책의 민족적 내용을 의식하지 않을수록, 그 만큼 더 노동자계급은 자신의 정책의 소극적 측면, 즉 민족주의적 가치평가, 민족적 역사기술, 보수적-민족정책을 의식적으로 거부하게 된다. 따라서 문화적 세계주의는 프랑스인, 영국인, 독일제국의 독일인들 가운데 투쟁하는 노동자계급의 기본적 분위기가 된다.

이들 민족은 역사적 민족이다. 이들 민족의 노동자는 자기 민족에 속한 소유계급에 대하여 투쟁한다. 소유계급에 대한 투쟁 속에서 노동자는 자신들이 자신의 계급적대자와 함께 민족적 문화공동체의 연대를 통해 결합되어 있다는 사실을 보지 않는다. 보지 않을수록 그 만큼 더 노동자는 다른 민족의 노동자가 자신들의 노동 및 고통의 동료, 투쟁의 동료라는 사실을 분명히 인식하게 된다. 따라서 민족적 차이는 그들의 눈앞에서 희박해진다. 그러므로 그들은 인간성(Humanität)이라는 오래된 사상을 부활시킨다. 그래서 그들 속에는 **소박한 세계주의**(naiver Kosmopolitismus)의 기본적 분위기가 형성된다(제20장). 서서히 이러한 분위기는 의식적인 **국제주의**(bewußter Internationalismus)의 사상으로, 다시 말해 각 민족의 노동자계급의 진보는 모든 민족의 프롤레타리아트의 진보에 의해 조건지어진다는 인식으로 성숙된다. 그리고 인간성의 이념 대신에 모든 민족의 노동자가 갖는 이해의 연대라는 인식이 등장한다.

이러한 인식은 물론 행동으로 이끈다. 즉 각 민족의 노동자는 가능한 한 다른 민족의 ― 그리고 여기서는 다른 국가들을 의미한다 ― 노동자의 투쟁을 지원하려고 한다. 한편 여기서 국제주의라는 사상은 **국가형성**의 강령이 될 수 없다. 민족국가가 이미 틀림없이 존재하고 있기 때문이다. 여기서 노동자는 민족국가를 "자생적인" 국가로서가 아니라 내적 공동체의 외적 권력조직으로서 인식하기 때문에, 민족국가의 적극적인 측면을 보기보다는 민족국가를 계급국가로서, 즉 소유계급의 권력조직으로서 인식하기 때문에, 그것의 부정적인 측면만을 본다. 마찬가지로 여기서 국제주의라는 사상은 **국가제도**의 강령으로까지 응축될 수 없다. 여기서는 이미 민족교육이 존재하고 있기 때문에, 노동자는 이 요구를 따를 필요가 없다. 따라서 노동자는 민족교육 속에 있는 적극적 요소를 의식하지 않을 뿐 아니라, 이 교육을 민족적 문화공동체의 건설을 위한 수단으로서도 인식하지 않으며, 오히려 부정적 측면만을 본다. 노동자는 고등교육을 특권으로서 인식하고, 국민교육을 소유계급의 권력도구로서 인식한다. 마찬가지로 그들은 노동자계급이 관청과 재판소에서 민족어의 사용을 요구해야 할 것인지의 문제도 제기하지 않는다. 왜냐하면 민족어가 국가행정에서 틀림없이 지배적이기 때문이다. 여기서도 다시 노동자는 현상의 부정적 측면만을 볼 뿐이다. 즉 문제인 것은 관청어가 아니라, 소유계급이 노동자를 예속하고 착취하기 위한 도구로서 만든 관청이다.

제국주의에 대한 대립 속에서 비로소 대 민족국가의 노동자의 국제주의가 어느 정도 분명해진다. 물론 여기서도 직접 이민족에 대한 자민족의 관계가 문제가 아니라, 다른 국가들에 대한 자국의 관계가 문제이다. 그러나 제국주의가 민족주의적 지배의 이념을 실현하려고 한다면, 노동자는 제국주의에 대해 민족적 자유의 이념을 대치한다. 민족주의적 원리가 자본주의적 확장정책에 반대하는 투쟁수단으로 되기 때문에, 정치적인 민족성원리는 노동자계급의 이데올로기가 된다. 그래서 유럽의 노동자는 남아프리카전쟁 동안 보어인의 자유와 정치적 독립성을 열광적으로 지지했으며, 또한 인도인에 대한 억압을 비난하고, 의화단의 반란조차 정당한 것으로 간주했다. 자본가계급은 한 민족이 지배하는 거대한 다민족국가를 열망하는 반면에, 노동자계급은 자유로운 **민족국가**라는 과거의 시민적 사상을 채택한다.

따라서 이러한 과거의 시민적 사상은 대 민족국가에서 프롤레타리아 국제주의의 요소가 된다. 프롤레타리아 국제주의의 기본적 분위기는 문화적 세계주의이다. 그 내용은 모든 민족의 노동자의 연대라는 인식이다. 이것이 제국주의에 대한 투쟁을 통해 점점 더 명확하게 됨으로써, 각 민족의 자유와 자결이 모든 민족의 노동자의 요구가 된다. 이러한 모든 요소는 이미 과거 "인터내셔널"의 민족정책 속에서 발견된다. 그러나 거기에는 국가제도의 문제, 민족학교의 문제, 공적 생활에서 민족어 사용의 문제는 전혀 떠오를 수 없었다. 노동자계급이 이러한 문제들에 처음으로 직면하게 된 것은, 사회주의가 민족국가로부터 다민족국가로, 역사적 민족으로부터 역사 없는 민족으로 침투했을 때이다. 그때 노동자계급은 이러한 문제들에 대해 하나의 해답을 제시해야 한다. 그리고 사회주의 이론은 수백만 명의 개별 노동자와 수천 명의 개별 대표자에게 영향을 미치고 이 해답을 최종적으로 규정하는 힘들을 검토해야 한다. 오늘날 국제주의의 과거 정식화가 우리에게 더 이상 충분하지 않고, 따라서 우리가 민족문제에 대한 노동자계급의 관계를 더욱 포괄적, 근본적으로 연구하여 국제주의의 보편적 사상으로부터 일정한 민족강령을 이끌어내려고 한다면, 이것은 궁극적으로 자본주의적 생산양식과 그것을 통해 노동자계급의 사회주의적 신념이 한 국가로부터 다른 국가로 차례차례 전파해갔다는 사실의 결과이다. 처음으로 오스트리아 사회민주당은 구체적인 민족문제에 대한 특수한 프롤레타리아적 입장을 추구했다. 오늘날 이미 러시아제국에서도 국제주의가 구체적인 내용적 규정을 획득하려고 노력하고 있다.

오스트리아에서 한편의 소박한 세계주의와 다른 한편의 소박한 민족주의가 어떻게 점차 의식적인 국제주의로 전화될 것인지 우리는 이미 언급하였다. 이 과정이 어떻게 우선 당신문과 노동자집회에서 불명확한 어법으로 표현되었는지를 보는 것은 흥미로울 것이다.

예를 들어 우리는 최근 오스트리아의 독일인 사회민주당원이 노동자도 **"좋은 독일인"**이라는 견해를 밝히는 것을 자주 듣는다. 그럼에도 불구하고 내가 누군가에게 당신은 좋은 독일인이라고 말한다면, 이것은 바로 당신은 독일인 문화공동체에 속하고 독일문화에 의해 규정되기 때문에 독일인 민족동포와 함께 하나의 성격공동체로 결합되어 있다는 사실을 말할 뿐이다. 이러한 의미에서 노동자는 결코 좋은 독일인이 아니다. 왜냐하면 계급사회에서 **민족적 빈곤**은 노동인민의 대다수가 민족적 문화공동체로부터 거의 완전히 배제되어 있다는 사실에, 즉 소유계급은 노동자계급이 생산하는 물질적 재화뿐만 아니라 프롤레타리아트의 노동에 기초한 민족문화를 자기 것으로 만들고 부당하게도 노동자계급에게 돌려주지 않는다는 사실에 놓여있기 때문이다. 우리가 노동자에게 당신은 오늘 이미 좋은 독일인이라고 권고한다면, 그것은 계급대립을 숨기고, 노동자의 착취를 가리고, 노동자계급의 빈곤을 미화하는 것이다. 사실은 그 반대이다! 노동자는 오늘 전혀 좋은 독일인이 될 수 없기 때문에, 우리는 모든 일하는 사람이 민족문화에 참여하고 그것을 통해 하나의 민족적 문화공동체로 통합될 수 있는 사회제도를 추구하는 것이다. 노동자는 좋은 독일인이 아니다. 그러나 우리는 그들을 좋은 독일인으로 만들기 위해 투쟁한다!

이러한 견해에 대한 반론이 있을 수 있다. 즉 우리는 노동자계급이 오늘날 이미 민족적 문화공동체에 충분히 참여하고 있다고 주장하려는 것이 아니다. 우리는 그러한 견해를 통해 단지 민족문제에 대한 노동자계급의 정치적 입장을 특징짓고, 노동자도 또한 "민족적"임을 표현하려는 것이다. 왜냐하면 소유계급의 정책이 보수적-민족정책인데 반해, 노동자계급의 정책은 진화론적-민족정책이기 때문이다. 사실 오스트리아에서 소유계급의 정책이 권력적 민족정책인데 반해, 노동자계급의 정책은 민족자치의 정책이다. 소유계급은 민족문제의 최종적 해결을, 자민족이 이민족을 지배하는 하나의 다민족국가의 건설을 목적으로 한 자본주의적 제국주의에 기대한다. 이에 반해 노동자계급은 민족투쟁의 종말을 프롤레타리아 사회주의에 기대한다. 다시 말해 모든 민족을 각각 하나의 자율적인 공동사회로 통합하고, 그것이 상위의 사회적 단체로서 조직된 국제법공동체의 일원으로 되는 프롤레타리아 사회주의에 기대한다. 우리는 모든 점에서 노동자계급의 민족정책이 지배하고 소유하는 계급의 민족정책과 얼마나 대립되는가를 본다. 그러면 노동자도 "또한 민족적"이라고 주장하는 것은 의미가 있을까? 모든 점에서 서로 대립하고 있는 **두 가지** 의지방향을 동일한 단어로 특징짓는 것은 합목적적일까? 우리가 이제 노동자계급의 민족정책이라고 부르는 것은 과거 국제주의적 정책의 구체화와 다른 것일까?

그러므로 최근 크게 유행하고 있는 이러한 어법의 내적 가치는 매우 적다. 그럼에도 불구하고 이러한 어법이 출현했다는 것은, 노동자계급이 특히 **소박한 세계주의로**부터 **의식적인 국제주의**로 발전했다는 위대한 진보를 의미한다. 일찍이 우리가 노동자에게 말한 것은, 독일인인가 혹은 체코인인가 하는 것이 문제가 아니라, 우리는 모두 인간이라는 사실이었다. 또한 그 후 우리가 노동자에게 가르친 것은, 우리가 어떤 언어를 말하는가 하는 것은 상관없고, 우리는 모두 착취되고 투쟁하는 노동자라는 사실이었다. 그러나 하나의 이해집단이 더 큰 전체 속에 매몰되더라도, 즉 이러한 이해집단의 개념이 더 넓은 개념 속에 매몰되더라도, 그것만으로 이해집단의 요구를 침묵시킬 수 없다는 사실을 사람들은 서서히 알게 되었다. 독일인 노동자의 국제주의적 정책은 독일인 노동자가 다른 모든 민족의 노동자의 이익을 촉진하지 않고는 자신의 이익도 쟁취할 수 없다는 사실을 나타낼 뿐이다. 우리는 노동자의 민족적 차이를 도외시하지 않으며, 오히려 모든 민족의 노동자가 다른 민족의 노동자의 민족적 문화욕구가 충족되는 데 얼마나 고유한 이익을 갖고 있는지를 보여준다. 그러나 이러한 세계주의로부터 국제주의로의 발전은 국제주의를 이론적으로 정식화하고 기초짓지 못하면 완성되지 않는다. 오히려 이 새로운 사상은 점차 수천 명의 개인의 의식을 정복하고, 그들의 의식 속에 있는 과거 관념을 파괴할 것이 틀림없다. 수십만 명의 머리 속에서 과거의 사상과 새로운 사상이 투쟁하는 가운데 다양한 혼란스런 상황이 생기고, 자주 개개인과 당 — 이 당의 전체의지는 개개인의 의지를 통해 규정된다 — 의 불명확함이 생긴다. 이러한 과도기는 내적 불명확함을 수많은 내용 없는 관용구와 수많은 모순된 어법으로 표현한다. 사람들이 사회민주당도 역시 "좋은 독일인"이고 "또한 민족적"이라고 말한다면, 이것으로 사람들은 사회민주당은 민족적 차이와 민족투쟁이라는 경험적 사실을 도외시하는 것이 아니라 그들도 오히려 민족문제에 대한 일정한 해답을 갖기를 원한다는 사실을 말하려는 것이다. 그러므로 많은 당의 동지들이 그러한 어법을 좋아한다는 사실은, 그들이 위대한 역사과정을 이해하고 있음을 우리에게 가르치는 것이다.

그러나 당의 개별 동지들의 의식 속에서 의식적인 국제주의가 이제 점차 소박한 세계주의를 극복하고 있는 반면, 의식적인 국제주의는 이론적으로 이미 훨씬 이전부터 승리하였다. 이러한 승리는 1899년 브륀의 전체당대회에서 채택된 다음과 같은 민족강령에서 나타났다.

"오스트리아의 민족적 혼란이 민족들의 모든 정치적 진보와 문화적 발전을 마비시키고 있다. 이 혼란은 무엇보다 우선 우리나라의 공적 제도의 후진성 때문이다. 특히 민족분쟁의 지속은 지배계급이 자신의 지배를 확실하게 하기 위한 수단인 동시에, 진정한 민족적 이해의 강력한 표현을 방해하는 수단이기 때문이다.

이러한 이유에서 당대회는 다음과 같이 선언한다.

오스트리아의 민족문제와 언어문제를 평등한 권리와 동등권 및 이성이라는 관점에서 최종적으로 조정하는 것은, 특히 프롤레타리아트의 사활적 이해가 달린 문화적 요구이다.

이러한 조정은 단지 보통, 평등, 직접 선거권에 기초하여 구성되고 국가와 영방들의 모든 봉건적 특권이 제거된 진정한 민주주의적 공동사회에서만 가능할 뿐이다. 왜냐하면 이러한 공동사회에서 비로소 진정으로 국가와 사회를 유지하는 요소인 노동하는 계급들이 발언기회를 가질 수 있기 때문이다.

오스트리아에 살고 있는 모든 민족의 민족적 특성의 육성과 발전은 단지 평등한 권리를 기초로 해서만, 그리고 모든 억압의 폐지를 통해서만 가능하다. 그러므로 무엇보다 먼저 모든 관료제적-국가적 중앙집권주의과 함께 영방들의 봉건적 특권이 타파되어야 한다.

오스트리아에 민족적 불화 대신에 민족적 질서를 가져올 수 있는 것은 이러한 전제 아래에서이며, 또한 이러한 전제 아래에서 뿐이다. 더욱이 이때 다음과 같은 지도적인 원칙들이 승인될 필요가 있다.

1. 오스트리아는 민주주의적 다민족연방국가로 개조되어야 한다.
2. 역사적 황실직할지 대신에 민족적으로 구분된 자치행정단체가 만들어지고, 그것의 입법과 행정은 보통, 평등, 직접 선거권에 기초하여 선출된 민족의회를 통해 수행된다.
3. 동일 민족의 전체 자치행정조직은 함께 하나의 민족적으로 통일된 단체를 만들고, 이 단체가 자신의 민족적 안건을 완전히 자율적으로 처리한다.
4. 민족적 소수자의 권리는 제국의회에 의해 결의될 특별한 법률을 통해 보장된다.
5. 우리는 어떤 민족적 특권도 인정하지 않기 때문에, 국가언어에 대한 요구를 거부한다. 어느 정도까지 매개언어를 필요로 하는지에 관해서는 제국의회가 결정할 것이다.

당대회는 오스트리아의 국제주의적인 사회민주당의 기관으로서 이러한 지도적 원칙들의 기초 위에서 민족들의 타협이 가능할 것이라는 확신을 표명한다.

당대회는 모든 민족의 민족적 생존과 민족적 발전의 권리를 인정한다는 사실을 엄숙하게 선언한다.

그러나 민족들이 자신의 문화를 진보시킬 수 있는 것은 서로에 대한 미세한 분쟁이 아니라 서로의 밀접한 연대 속에서만 가능하다는 사실과, 특히 모든 민족의 노동자계급은 모든 개별 민족의 이해와 함께 전체의 이해를 배려함으로써 국제주의적 투쟁의 동료 및 형제와 결합할 수 있고, 자신의 정치적, 노동조합적 투쟁을 통일과 단결로 이끌어야 한다는 사실을 당대회는 엄숙히 선언한다."[1]

이 강령의 중대한 결함은 오스트리아의 민족문제를 포괄적 연관 속에서 파악하지 못했다는 점이다. 사회민주당의 민족강령은 구체적 요구를 사회 속

---

1) 이 인용문도 작은 활자체로 되어 있다. 원문 527-28 참고. (역주)

에서의 노동자계급의 입장으로부터 도출해야 하는 동시에, 오스트리아의 특정한 민족문제를 커다란 사회문제 속에 배치해야 한다. 이러한 시도가 이루어지면, 노동자계급의 사회주의적 정책은 그들에게 고유한 민족정책 — 오스트리아에서 노동자계급의 헌법정책과 행정정책은 이 민족정책의 단순한 수단으로서 봉사한다 — 으로서 불가피하게 정식화될 것이다. 이것을 통해 이 정치적 민족강령은 더욱 폭넓은 내용을 갖게 될 것이다. 왜냐하면 노동자계급은 역사적으로 주어진 투쟁의 기반 위에서 자신의 계급투쟁을 자유로이 수행할 수 있는 제도를 요구하는 데 만족할 수 없기 때문이다. 그 이상으로 그들은 계급투쟁에서의 승리가 민족들에게 어떤 정치제도를 약속하는지에 대해서도 민족들에게 말해야 한다. 사회민주당의 민족강령은 민족성원리에 대한 노동자계급의 입장을 특징지어야 할 뿐만 아니라, 이 민족성원리의 문제를 회피할 수 없다는 사실은 브륀의 당대회에서도 나타났다. 이 당대회에서 폴란드인 노동자와 루테니아인 노동자의 대의원은 자기 민족의 정치적 통일과 독립이야말로 자신들의 투쟁목표이며, 또한 앞으로도 계속 그럴 것이라고 강령적으로 설명했다.

따라서 이 결의는 본질적으로 당면한 민족강령을 표현하는데 불과하다. 처음 세 가지 원칙에서 민족자치의 사상이 다행히 표명되어 있다. 민족적 소수자의 권리를 다루고 있는 네 번째 원칙은 문제가 있다. 처음의 초안은 민족적 소수자의 **보호**만을 논의했지, **권리**에 관해서는 논의하지 않았다. 대의원들은 당대회에서 이러한 보호는 민족관계의 중앙집권적-원자론적 조정에 상응하는, 더욱이 국민을 헌법에 보장된 권리에 기초하여 입법과 행정의 개입으로부터 "보호한다"는 저 자유주의적 변종에 상응하는 것임을 명백히 느끼고 있었다. 따라서 민족적 소수자의 "보호"를 "권리"로 바꾸었다. 보고자 **젤리거**(Seliger)의 최종보고는, 우리가 이것을 솔직하게 말하지 않으면 이 경우에 소수자의 구성을 하나의 단체로서 생각할 수밖에 없다는 사실을 아주 명백하게 표명했다.[2] 그래서 우리의 민족강령에는 하나의 균열이 생겼다. 우리

---

[2] "**보호**라는 단어가 민족적 소수자에게 인정되어야 한다는 사실을 완전히 포괄하지 못했다는 것은 이미 어제 지적되었다. 다수자에 대한 민족적 소수자의 민족적 활동과

는 민족적 소수자의 문제에 대답하지 못하고, 이 문제를 결정할 권한을 누가 가져야 할 것인지를 설명하는데 그쳤다. 이 문제를 회피하려는 불안감은 충분히 이해할 수 있다. 그럼에도 불구하고 당은 소수자강령 없이는 존재할 수 없다. 왜냐하면 민족적 소수자야말로 끊임없이 가장 격렬한 민족투쟁의 대상이 되고 있기 때문이다. 노동자계급은 이 문제에 대하여 민족적 소수자를 개인원리에 기초한 공법적 단체로서 구성한다는 요구 이외에는 해결책이 없음을 나타냈다고 우리는 생각한다. 브륀에서 이러한 요구가 채택될 수 없었던 것은, 민족적 소수자문제의 특별한 위험성 때문만이 아니라, 당대회에서는 국가행정과 아주 무관한 순수한 개인원리밖에 문제가 되지 않았기 때문이다. 개인원리의 지지자는 민족들이 예를 들면 종교공동체와 같이 공적 행정과 관계없이 구성될 수 있다고 생각하였다. 예를 들면 슬로베니아인 사회민주당은 그들의 강령초안에서 매우 분명하게 "영역은 단지 순수하게 행정적 성격만을 가지며 민족관계에 대한 어떤 영향력도 없다"고 설명했다. 브륀의 당대회 후에 출판된 루돌프 슈프링거의 <국가를 둘러싼 오스트리아 민족들의 투쟁>이라는 저서에서 처음으로 민족적 소수자의 자치를 포기하지 않고, 어떻게 공적인 지방행정이 직접 민족들의 손에 장악될 수 있을지가 논의되었다.

강령의 다섯 번째 원칙은 우리에게는 그렇게 중요하다고 생각되지 않는다. 매개어는 노동자계급이 반드시 그 해결책을 국가에게 주어야 하는 국가적 필요사항이지만, 그것의 이행을 사회민주당의 강령이 요구해야 하는 프롤레타리아 필요사항은 아니다.

따라서 당이 가까운 미래에 당의 민족강령을 재검토할 수밖에 없는 시기가 되면, 당은 다시 한 번 당의 오스트리아 헌법강령을 노동자계급의 일반적

문화적 발전을 보호하는 것이 중요할 뿐만 아니라, 이러한 민족적 소수자에게 일정한 권리를 인정하기 위해 노력을 다하는 것이 중요하다. 왜냐하면 우리는 바로 이제까지 존재해온 지역공동체를 파괴할 수 없기 때문이다. 민족적 소수자도 지방자치체 행정에 특별한 이해를 갖고 있다. 따라서 여기서 이러한 소수자가 제한된 지역에서 그들과 가장 가까이에 있는 공적 이해의 조정과 관련하여 어떤 권리를 향유할 것인지를 확정해야 한다." *Verhandlungen des Gesamtparteitages der Sozialdemokratie in Österreich, abgehalten zu Brünn*, Wien 1899, 105쪽 (원주)

인 사회적 강령으로 배열하고, 당의 계급투쟁과 그 목표의 민족적 내용을 표명해야 할 것이다. 더욱이 당은 민족적 소수자의 자치요구를 통해 헌법강령 자체를 보완해야 할 것이다. 우리 연구의 성과를 간단하게 강령의 형태로 종합해야 한다면, 예를 들어 다음과 같이 정식화할 수 있을 것이다.

"I. 자본주의사회에서 노동자계급은 민족적 문화공동체로부터 배제되어 있다. 지배하고 소유하는 계급만이 민족적 문화재를 자신의 것으로 만든다. 사회민주노동자당은 민족문화, 즉 전체 인민의 노동의 산물을 전체 인민의 소유물로 만들고, 그것을 통해 모든 민족동포를 하나의 민족적 문화공동체로 통합하고, 비로소 민족을 문화공동체로서 실현하기 위해 노력한다.

노동자계급이 고임금과 노동시간단축을 위해 투쟁하고, 프롤레타리아트의 자식들도 자신의 민족적 문화재를 향유할 수 있도록 학교제도의 건설을 희망하고, 완전한 출판의 자유와 결사의 자유 그리고 집회의 자유를 요구한다면, 노동자계급은 민족문화공동체의 확대 조건을 위해 싸우는 것이다.

그러나 노동자계급은 자본주의사회에서는 노동하는 사람이 민족문화의 완전한 향유를 결코 달성할 수 없음을 알고 있다. 그러므로 그들은 정치권력을 획득하고 노동수단을 배타적 소유로부터 사회적 소유로 전환하려고 한다. 사회적 소유와 협동조합적 생산에 기초한 사회에서 비로소 전체 인민은 함께 민족문화를 향유하고 민족문화의 형성을 위한 공동작업에 참여할 수 있게 된다. 그러므로 민족은 완전하고 진정으로 스스로 결정하는 문화공동체가 되기에 앞서 먼저 노동공동체가 되어야 한다.

따라서 노동수단의 사회화가 목표이며, 계급투쟁은 노동자계급의 민족정책의 수단이다.

II. 이러한 계급투쟁에서 각 민족의 노동자는 화해할 수 없는 적으로서 자민족의 소유계급과 대치한다. 이에 반해 각 민족의 노동자의 경제적, 정치적, 문화적 진보는 다른 모든 민족의 프롤레타리아트의 경제적, 정치적, 문화적 진보를 통해 조건지어진다. 따라서 각 민족의 노동자계급은 모든 민족의 소유계급에 대하여 투쟁하고 모든 민족의 노동자계급과 밀접히 동맹하는 것을 통해서만, 자신의 경제적, 정치적 해방과 자신의 민족문화공동체에 대한 편입을 이룰 수 있다.

III. 오스트리아에서 이 계급투쟁은 중앙집권적-원자론적 제도를 통해 방해받고 있다. 이 제도는 모든 민족에게 국가 내 권력을 둘러싼 투쟁을 강제한다. 소유계급은 자신의 계급투쟁과 경쟁투쟁을 민족투쟁의 형태로 치장하면서 이 권력투쟁을 악용한다. 그것을 통해 그들은 계급대립을 숨기고, 착취되고 예속된 광범한 인민대중을 그들의 지배관심에 봉사하게 만든다. 따라서 중앙집권적-원자론적 제도는 이제 국가적 중앙집권주의의 형태로 나타나든 혹은 황실직할지 연방주의의 형태로 나타나든, 모든 민족의 노동자에게 참을 수 없게 된다. 모든 민족의 노동자계급은 각 민족에게 법적으로 보장된 세력영역을 할당해 줌으로써, 민족들의 권력투쟁을 끝내는 제도, 즉 모든 민족에게 자신의 문화를 자유롭게 계속 발전시킬 수 있는 가능성을 주고, 모든 민족의 노동자를 자신의 민족문화에 참여할 수 있게 만드는 제도를 요구해야 한다. 그러므로 사회민주노동자당은 다음과 같은 원칙에 따라 오스트리아를 완전히 바꿀 것을 요구한다.

1. 오스트리아는 민주주의적 다민족연방국가로 개조되어야 한다.
2. 역사적 황실직할지 대신에 민족적으로 구분된 자치행정단체가 만들어지고, 그것의 입법과 행정은 보통, 평등, 직접 선거권에 기초하여 선출된 민족의 회를 통해 행사된다.
3. 동일 민족의 전체적 자치행정지역은 함께 하나의 민족적으로 통일된 단체를 만들고, 이 단체가 자신의 민족적 안건을 완전히 자율적으로 처리한다.
4. 각 자치행정지역 내부의 민족적 소수자는 자신의 학교제도를 완전히 자치적으로 운영하고 관청과 재판소에서 민족동포에게 법률적 도움을 주는 공법적 단체로서 스스로를 구성할 수 있다.

IV. 노동자계급은 역사적으로 주어진 국가의 틀 내에서만 계급투쟁을 수행할 수 있다. 노동자계급은 민족문제의 해결을 제국주의적 세계변동의 불확실한 승리에 기대하지 않는다. 왜냐하면 제국주의의 승리는 자본주의적 인접 대국가에서의 노동자계급의 패배를 전제하며, 또한 오스트리아 자체에서 격렬한 민족투쟁을 점화시켜 이것이 계급투쟁을 지연시키고 따라서 모든 민족의 문화적 발전을 지연시키기 때문이다.

노동자계급은 자본주의적 제국주의가 아니라 프롤레타리아 사회주의로부터 모든 민족의 정치적 통일과 자유의 실현을 기대한다. 그 이전의 모든 새로운 사회제도와 마찬가지로, 사회주의적 사회질서도 공동사회의 형성과 경계구분의 원칙을 완전히 변화시킬 것이다. 이것은 봉건제도와 초기 자본주의의 시대로부터 계승한 다민족국가를 오늘날에도 여전히 결합하고 있는 세력들을 없앨 것이다. 또 사회주의적 사회질서는 인류를 민족으로 구분된 공동사회로 편입할 것이며, 이 공동사회는 노동수단을 소유하고 민족문화의 계속적인 발전을 자유롭고 의식적으로 조정할 것이다.

그러나 동시에 사회주의사회는 국제적 분업을 실시할 것이다. 따라서 사회주의사회는 독립적인 민족적 공동사회를 수많은 국제적 행정공동체로 결합시키고, 이것들을 마침내 하나의 법인으로서 구성되는 국제법공동체의 기관으로 만들 것이다. 그래서 사회주의사회는 민족적 공동사회를 자율적 구성단위로 만들면서, 그것을 하나의 거대한, 새로운 종류의 국제적 공동사회로 점차 편입해갈 것이다. 자연에 대한 공동 관리를 위해 모든 문화인류를 통합하고, 동시에 자신의 민족문화를 향유하고 민족문화의 계속적인 발전을 의식적으로 조정하는 자율적인 민족적 공동사회로 인류를 편입하는 것이 국제주의적인 사회민주당의 민족적인 최종 목표이다."

제32장 정치적 조직

사회민주당의 민족강령은 모든 민족의 계급의식이 있는 노동자의 공유재산이다. 그러므로 오스트리아에서 모든 민족의 노동자를 하나의 통일적인 당으로 조직하는 것은 가능하다. 그럼에도 불구하고 오스트리아에서 국제주의적인 노동자당은 지역별 집단이 아니라, 민족별 집단으로 편성되어 있다. 즉 오스트리아 사회민주당은 독일인, 체코인, 폴란드인, 루테니아인, 남부 슬라브인, 이탈리아인의 각 사회민주노동자당으로 구성되어 있다. 이러한 편성은 이론가들에 의해서 제출된 것도 아니고, 빔베르거 당대회(Wimberger-Parteitag)에 의해 결정된 것도 아니었다. 오히려 비독일계 민족들의 젊은 사회민주당이 그때까지 통일적이었던 당으로부터 더욱 첨예하게 자립하게 되자, 마침내 당에서 완전히 분리하게 되는 사태를 막기 위해, 1897년의 당대회는 이러한 편성을 할 수 밖에 없었다. 반대로 빔베르거 당대회의 작업은 다양한 민족으로 이루어진 사회민주노동자당의 분리가 아니라, 유기적 연합화를 지향한 것이었다.

국제주의적인 당이 민족별 집단으로 편성될 수밖에 없는 필연성은 어떻게 설명할 수 있을까? 여기서 무엇보다 먼저 우리는 국가 내부의 민족자치를 열망하기 때문에, 당내 각 민족의 노동자에게도 자치를 주어야 한다는 생각을 거부해야 한다. 우리는 당내 논쟁에서 이러한 잘못된 논거를 자주 만난다. 예를 들면 체코인 동지들은 민족자치를 노동조합조직 속에서 실현하려는 그들의 요구를 브륀강령을 기초로 하여 주장하고 있다. 그럼에도 불구하고 이러한 논거는 설득력을 가질 수 없다. 왜냐하면 국가, 당, 노동조합과 같은 서로 다른 종류의 사회적 조직은 서로 다른 조직원칙을 필요로 하기 때문이다. 따라서 오스트리아에서 국제주의적인 사회민주당이 필연적으로 민족별 집단으로 편성될 수밖에 없다면, 이것은 당이 국가 내부의 민족자치를 열망하고 있다는 사실로는 설명할 수 없다.

이러한 당의 편성은 무엇보다 우선 당이 선동(Agitation)을 행할 경우 민족마다 다른 수단을 사용할 수밖에 없는 사실에서 유래한다. 당은 집회, 신문, 조직에서 모든 민족의 노동자에게 각 민족의 언어로 얘기해야 한다. 그래서 당은 모든 민족의 노동자를 위해 특별한 연설가, 조직가, 문필가를 필요로 한다. 그 결과 당조직은 당연한 것이지만 언어별, 민족별로 서로 다른 집단으로 편성되었다. 그러므로 민족별 집단으로 구분하는 조직규약은 당의 일상생활에서 불가피한 사실로 되었음을 나타내는 것에 불과하다.

더욱이 각 민족은 민족마다 서로 다른 사회적 구성과 문화적 발전을 표현하는 상이한 정당들로 나누어져 있다. 전체 노동자계급이 동일한 수단을 사용하여 동일한 목표에 도달하고자 노력한다고는 하지만, 상이한 민족의 노동자는 각각 다른 정당들로 대치하고 있다. 그러므로 서로 다른 민족의 노동자는 다른 투쟁과제를 제기한다. 체코인 노동자는 독일인 노동자와 아주 다른 정당들로 대치하고 있기 때문에, 아주 다른 투쟁을 수행해야 한다. 따라서 프롤레타리아트의 대열은 정치투쟁에서 사실상 투쟁하는 사람들의 민족성에 따라 서로 다른 집단으로 나누어진다. 이때 조직규약은 실제적 구분의 형식적 편성과 일치해야 한다.

그러나 이러한 모든 이유의 배후에는 또 하나의 중대한 이유가 숨어 있다. 사회주의는 그것을 수용한 모든 민족에게는 민족의 전통적 이데올로기와 대립하고 그것과 투쟁함으로써 민족의 전체 역사와 관련을 맺는다. 따라서 독일인 동지들의 사회주의적 사상세계는 폴란드인 동지들 혹은 이탈리아인 동지들의 사상세계와 원칙적으로 일치하지만, 개별적 측면에서는 다르게 된다. 그래서 각 민족의 내부에는 더 작은 사회주의적 문화공동체와 민족별 사회주의적 성격공동체가 생기게 된다. 그리고 이 민족별 사회주의적 성격공동체는 전체 민족적 성격공동체는 물론 전체 사회주의적 성격공동체로부터 마찬가지로 현저하게 구별된다. 사상, 분위기, 기질에 따라 다른 민족의 동지들은 서로 완전히 동질적이지 않기 때문에, 개별적인 경우에도 완전히 동일한 결정을 내리지 않는다. 이러한 이유에서도 프롤레타리아 대열의 실제적인 편성이 생기게 된다. 조직규약이 실제적인 구분에 적응하게 되는 것은, 이 조직규약이 당 내부의 상이한 내적 공동체를 조직의 특별한 구성요소로서 인정할 때뿐이다.

따라서 당내 각 민족의 노동자의 권력투쟁이 걱정스럽지만 않다면, 비록 모든 민족의 노동자의 투쟁목표와 투쟁수단이 동일하더라도, 당을 민족별 집단으로 구분하는 것은 당에게 적절한 조직원리라고 우리는 생각한다.

이러한 모든 이유와 함께 비로소 편성의 공식적 원리가 주어진다. 그러나 여기서 문제가 되는 것은 개별 민족집단에게 어떤 기능을 할당하고, 전체당(Gesamtpartei)에게 어떤 기능을 할당할 것인지 하는 점이다. 당의 민족별 편성이 빔베르거 당대회에서 결정되었을 때, 사람들은 틀림없이 오스트리아 사회민주당을 단지 민족별 집단으로 편성된 하나의 통일적인 당으로 계속 머물러야 하는 것으로 전제한 다음, 이러한 기능의 분할을 생각하였던 것이다. 이러한 생각에 따르면 전체당에 대한 개별 민족집단의 입장은 대 민족국가 내부의 당에 대한 지역집단의 입장과 본질적으로 다르지 않다. 이에 반해 최근 그것과 다른 견해가 점차 퍼지고 있다. 즉 개별 민족의 사회민주당 집단은 더욱 독립된 당으로 되고, 전체당은 단지 이들 독립된 당들의 동맹으로 나타난다. 이들 당은 보통 협력하지만, 그러나 그들이 다른 태도를 취할 문제가 나타나면, 예를 들어 소수파는 다수파에게 따르지 않고 각 당이 다른 민족의 동지들과 대립하더라도 독립적으로 행동한다는 견해이다. 이것이 예를 들면 1905년 브륀의 지방자치단체선거의 경우 독일인과 체코인 동지들이 지방자치단체의 의석을 둘러싸고 적대적으로 투쟁하고, 독일인 노동자가 독일인 시민층과 함께 체코인 노동자와 체코인 시민층에 반대하여 투표하는 사태로 이끈 견해이다. 오스트리아 당의 최근 발전을 추적하는 사람은 우리가 다음의 문제, 즉 민족별로 편성된 하나의 통일적인 당인가 아니면 독립적인 민족적 당들의 느슨한 동맹인가 하는 문제 앞에 서있음을 의심할 수 없을 것이다.

이미 1897년의 당대회가 이러한 양자택일의 문제에 대해 결정을 내렸다고 쉽게 생각할 수 있다. 실제로 동지 **네멕(Němec)**이[1] 당시 표현했듯이 "다양한 민족으로 구성된 오스트리아 사회민주당이라는 통일적인 당"만을 창출하려고 한다면, 당대회는 자신의 과제를 완전히 해결한 것이 아니다. 왜냐하면 당대회는 전체당의 연합주의를 위해 노력하는 것에 불과하기 때문이다. 당대회는 전체당에게 통일적인 기관을 주었다. 즉 전체당대회, 전체당대표자회의, 상설 전체당집행부가 그것이다. 이에 반해 당대회는 개별 지역, 선거구, 주 등의 민족적으로 구분된 동지들의 연합주의를 위해서는 노력하지 않았다. 그럼에도 불구하고 다음 1899년의 전체당대회는 개별 지역과 선거구의 동지들의 유기적인 연합주의에 첫걸음을 내딛기를 결정했다. 그것은 다음과 같은 결정이다.

"지역적 관계를 유지하는 것이 완전히 불가능하지 않은 모든 선거구에서는, 모든 종류의 공적 선거를 위한 동지들의 조직은 민족별 집단에 의해서 구분되는 것이 아니라 공동으로 통일적으로 운영되어야 한다."

"1897년 비인의 당대회의 결정에 따라 사회민주당을 민족별 집단으로 편성한 결과, 아주 새로운 조직형태가 생겼다. 이 새로운 조직형태는 보편적 이해를 가진 문제, 특히 정치적 이해관계가 문제로 되는 곳에서는 하나의 통일적인 공동행동을 보장하기 위한 조직형태를 더욱 긴급하게 확충할 필요가 있다. 따라서 당대회는 모든 주조직, 선거구조직, 지구조직에서 민족별 집단이 정치조직을 공동으로 통일적으로 운영하기 위해 서로 대표를 보낼 것을 결정한다."

현실적으로 통일당(einheitliche Partei)이 되기 위해서는 이러한 결정만으로는 충분하지 못하다는 것은 분명하다. 왜냐하면 이 경우에도 조직은 당연히 서로의 힘에 따라 행동하기 때문이다. 따라서 통일당은 (최근 이 년 간의 역사가 이것을 명백하게 나타냈듯이) 개별 선거구와 지역에서도 그 권한 내에서의 결정이 민족성과 관계없이 모든 동지를 구속할 수 있는 영속적인 기관 없이

---

[1] Antonin Němec(1858-1926)은 금속노동자 출신으로 체코 사회민주당의 지도자였고 당 기관지의 편집장을 지냈다. 네멕은 사회주의 인터내셔날의 집행부 위원을 지냈고, 1907년부터 1918년까지 제국의회 의원을 지냈고, 이후에는 1925년까지 체코슬로바키아 의회의 의원을 지냈다. (역주)

는 존재할 수 없다. 실제 이미 1903년 비인의 당대회에서는 비인 선거구조직으로부터 선거구 내부의 민족별 집단을 서로 더욱 긴밀하게 결합하려는 하나의 제안이 신청되었다. 그렇지만 당대회는 이 제안을 채택하지 않고, 브륀에서 결정된 규정을 상기하는데 만족했다. 그래서 오스트리아 사회민주당의 조직은 모순에 가득 찬 조직일 수밖에 없었다. 말하자면 당의 최고지도부 — 전체당대회와 전체당대표자회의 — 속에 우리는 모든 민족의 동지들을 구속하는 결의를 다수결로 정하는 통일기관을 갖고 있다. 이에 반해 우리는 지역, 선거구, 주에서는 서로 독립적으로 활동하고 서로 힘관계에 따라 행동하는, 어떤 영속적인 공동기관도 갖지 않는 독립된 민족별 조직을 갖고 있다. 우리가 하나의 통일당으로 발전하기 위해서 우리는 당의 행정구역 속에도 지역 혹은 선거구에서 전체당에 관계하는 일정한 문제에 대해 다수결로 결정하고, 이 결정을 그 지역 혹은 선거구의 모든 동지들에게 적용할 공동기관을 필요로 한다. 이에 반해 우리가 독립적인 민족당들의 느슨한 동맹으로 발전한다면, 전체당대표자회의와 전체당대회에서도 다수결원칙을 유지하기가 매우 어려울 것이다. 실제 신문에는 이미 전체당대회를 폐지하자는 제안이 나타나고 있다. 민족별 집단이 각각 분리된 지역에 근거하여 독립적으로 방해받지 않고 성장한다면, 이들 집단을 당의 정점에서 장기적으로 구속하기는 매우 어려울 것이다.

그럼에도 불구하고 당의 발전은 장래의 당대회가 과거의 조직규약을 개선할 것인가 혹은 보완할 것인가에 달려있다고 결론짓는 것은 매우 잘못일 것이다. 그 반대이다. 당이 민족별 집단의 밀접한 통일로 발전한다면, 당은 조직의 합목적적 형태를 이미 발견한 것이다. 그러나 각 민족집단으로부터 독립된 정책을 갖는 독립당이 발전한다면, 가장 우수한 조직규약을 갖고 있더라도 당의 분해를 저지할 수 없을 것이다.

오스트리아 사회민주당의 발전은 조직규약에 달려있지 않다. 그것은 또한 강령의 문제도 아니다. 왜냐하면 강령의 문제에 관해서는 — 예를 들면 각 민족집단의 내부에서도 모든 동지들이 하나의 의견으로 일치되지 않는 민족적 소수자문제에 관한 일정한 견해 차이를 도외시 한다면 — 모든 민족의 노동자가 일치하고 있기 때문이다. 오스트리아의 노동자당이 민족별로 편성된 하나의 통일적인 당으로 유지될 것인가 그렇지 않으면 독립된 민족당들의 느슨한 동맹으로 발전될 것인가 하는 것은, 오히려 오스트리아의 노동자당과 오스트리아의 개별 민족집단이 공통의 강령을 기초로 하여 **구체적인 일상의 민족문제**에 대해 어떤 입장을 가질 것인지에 달려 있다. 따라서 이 문제는 민족적 **전술**의 문제이다. 오스트리아의 사회민주당이 오스트리아의 민족적 권력투쟁에 대한 전술을 결정하려고 한다면, 당의 통일보다 더 중요한 문제는 없다.

제33장 노동조합에서의 민족문제

　　노동조합운동의 역사는 자본주의적 발전의 역사를 반영한다. 모든 도시가 독자적인 상품시장과 노동시장을 갖는 하나의 독립적인 기구인 한, 또 소영업적인 노동자의 시선이 자신의 도시영역의 경계를 넘지 않는 한, 노동자는 **지방적인 직업조합**으로 조직된다. 그러한 성격을 띤 것이 18세기 영국의 직업조합(trade club)이었다. 또한 모든 개별 도시가 하나의 매우 커다란 자본주의적 경제영역의 경제적 활동으로 더욱 밀접히 편입하게 될수록, 또 자본과 노동력의 이동을 통해 전체 경제영역이 하나의 통일적 노동시장으로 될수록, 그리고 마침내 경기변동을 통해 고용과 해고의 커다란 영향을 받게 된 대공업의 노동자가 교통수단과 신문제도의 발전을 통해 전국의 직업동료와 밀접한 관계를 갖게 되고, 자신의 진보는 전체 경제영역의 직업동료의 진보를 통해 조건지어진다는 사실을 이해하게 될수록, 그 만큼 더 지방조직은 그에게 불충분한 것이 된다. 우선 느슨한 **지방적 직업조합의 연합**, 즉 처음에는 전체의 대표나 상근직원을 갖지 않고 매년 공통의 문제를 하나의 다른 지방적 단체, 즉 지부(governing branch)에 의해 처리하게 하는 지역조직의 느슨한 연합이 형성된다. 점차 이러한 연합조직은 통일적인 제도와 정책, 공통의 금고를 가진 **커다란 제국적 조직**으로 변모하고, 일찍이 독립된 지방조직은 비교적 작은 기능밖에 갖지 않는 단순한 지역집단으로서 그 속에 편입된다.[1] 오스트리아에서도　노동조합조직은　지방조직(lokaler　Verein)과　**주조직** (Landesverein)으로부터 **제국연합조직**(Reichsverband)(지방조직과 주조직의 동맹)

---

1) Sidney and Beatrice Webb, *Theorie und Praxis der englischen Gewerkvereine*, Stuttgart 1898, 1쪽 이하, 64쪽 이하 (원주)

으로, 그리고 이것으로부터 통일적인 **제국조직**(Reichsverein)으로 발전했다.

모든 민족의 노동자를 통일적인 제국조직으로 결집하게 된 노동조합운동의 지속적인 집중화는 마침내 노동조합으로 하여금 민족문제에 직면할 수밖에 없게 만들었다. 나아가 노동조합에 중앙집권적 조직형태를 강제한 동일한 자본주의적 발전은 노동자 속에도 민족의식과 민족감정을 자각시켰다. 이미 1896년 제2회 노동조합회의에서 이러한 관련이 명확하게 나타났다. 왜냐하면 이 회의는 중앙집권적 제국조직의 통일적 실현의 문제와 동시에 노동조합운동 최고지도부의 민족적 분열의 문제를 드러냈기 때문이었다. 1897년 "체코-슬라브 노동조합위원회"가 프라하에서 설립되었다. 그러나 이 위원회는 지방조직과 주조직 그리고 이들의 느슨한 동맹에 대한 통일적인 제국조직의 승리를 저지할 수 없었다. 그래서 자본주의적 발전은 한편으로 개별 영업 혹은 개별 직업집단의 노동조합을 국제적으로 통일하게 만들었고, 다른 한편으로 노동조합운동의 최고지도부에서 민족적 분열을 낳았다. 그리하여 노동조합의 전체 운동의 제도는 개별 전문직 조합의 제도와 모순에 빠지게 되었다. 한편에서는 민족적 분열이, 다른 한편에서는 국제적 통일이라는 모순이다. 처음에는 전체 운동이 자신의 제도를 거대한 중앙적인 전문직조합의 조직원리에 적응시키는 것처럼 보였다. 1904년 프라하의 노동조합위원회는 "오스트리아 노동조합위원회"로 대표되는 국제적인 전체 운동에 직접 편입할 시기가 임박했다고 생각했다. 1904년 성탄절에 브륀에서 열린 체코인 당 회의와 함께 후퇴적인 운동이 시작되었다. 체코인 노동조합원의 일부는 그 이후 노동조합운동의 내부에서도 "민족자치"를 원칙적으로 요구했다. 즉 모든 민족의 노동자에게 특별한 자치적 노동조합위원회가 존재해야 한다는 것이다. 또 제국노동조합위원회는 민족별 노동조합위원회의 대표자로 구성되어야 했다. 이 전체 운동의 제도에 개별 직업조합의 제도가 적응되어야 했다. 따라서 민족별 노동조합과 그 연합이 설립되어야 했다. 국제적 제국조직이 존속하고 있는 곳에서, 모든 민족의 노동자에게는 거주지를 배려하지 않고 국제적 조직의 내부에 완전한 자치가 주어져야 했다. 그들은 자신들의 언어로 씌어진 전문지를 독립적으로 발행하고, 자신들의 편집자와 서기 그리고 유급대표자를 선출하고, 자민족의 직업동료만이 참여하는 파업을 결정해야 했다.[2] 이러한 요구를 제기한 그들의 강령은 1905년 12월 비인에서 열린 노동조합 임시회의에서 찬성 2364 대 반대 19만 7202로 부결되었다. 반면 3만 686명의 노동조합원을 대표하는 사람들이 투표에 기권했다. 체코인 노동조합원의 일부는 이 결정에 따르지 않았다. 조직형태를 둘러싼 투쟁은 모든 개별 전문직 조합의 내부로 침투하였다. 체코인 노동자의 일부는 개별적인 국제적 제국조직으로부터 탈퇴하여 체코인의 반대파조직을 설립했다.

국제적 노동조합운동에 반대하는 선동을 정당화하기 위해 체코인 노동조합원들은 다음과 같은 사실을 거론했다. 즉 개별적 제국조직은 체코인 노동자의 언어적 필요를 배려하지 않는다. 예를 들면 제국조직은 체코어지역의 지역집단의 경우에서도 조직당국에 독일어로 씌어진 규약을 제출하거나, 혹은 체코어의 지역집단에게 독일어 가입용지를 보냈다는 것이다. 그 자체로서는 중요하게 생각되지 않는, 노동조합 주서기의 국제적 회의에서 논의된, 체코인 노동자의 대표문제를 통해서도 이러한 분위기는 더욱 조장되었다. 체코인 동지들이 이 대표문제를 중시한다면, 그것은 마치 민족투쟁에서의 진정한 목표를 알지 못하기 때문에 자신들의 과대망상을 뻔뻔스럽게 표명하고 자신들의 분노를 공허한 시위로 표현하는 민족적 소시민층의 분위기와 사상세계처럼 보일 수 있는 것이다.

그럼에도 불구하고 노동조합운동 내부의 민족자치를 요구하는 체코인 동지들의 지향을 소시민적·민족적 사고방식으로부터 설명하려고 한다면, 그것은 공정하지 않을 것이다. 우리는 체코인의 선동의 직접적인 **동기**와 **형태**를 거기서 작용하는 **원인**과 혼동하는 잘못을 피해야 한다.

이러한 원인을 추적하면, 우리는 우선 다언어의 주에서는 모든 **중요한 지역대립**이 민족대립의 형태를 띨 가능성이 있다는 사실을 발견한다. 예를 들면 뵈멘의 체코인 지역의 금속노동자가 낮은 조합비를 도입하려고 희망하는

---

[2] 1905년 10월 15일 브륀에서 열린 공동 회의에서 발표된 프라하 노동조합위원회의 성명을 참고. 이 분쟁문제에 관한 자료는 *Protokoll des außerordentlichen österreichischen Gewerkschaftskongreßes*, Wien 1905에 수록. (원주)

반면, 다른 공업지역의 직업적 동료는 높은 조합비를 합목적적인 것으로 간주한다면, 혹은 오스트라우(Ostrau) 광산지역의 광산노동자가 조합본부를 자신들의 지역에 설치할 것을 요구하는 반면, 다른 광산지역의 동지들은 뵈멘의 독일인 지역의 노동조합의 지도를 계속 받고자 한다면, 이러한 대립은 민족들의 권력투쟁과 어떤 관계도 없고 민족적으로 통일된 노동조합 내부에서도 불가피한 지역적 대립에 불과하다.

그러나 수십 년 동안 공적 생활이 민족투쟁의 소음으로 채워진 오스트리아에서는 다른 민족의 정당들이 서로 대치하고 있는 모든 분쟁은 민족분쟁으로 관찰되며, 그것은 민족적 권력투쟁의 모든 이데올로기에 의해 더욱 조장된다. 그래서 노동조합 내부의 많은 이해투쟁과 의견대립이 민족적 가면을 쓰게 된다. 이제 그러한 대립은 노동조합의 민족적 분열을 결코 **정당화할** 수 없다. 특별 서기국이 체코 공업지역의 동지들을 거부하지 않는다면, 예를 들면 작센지방 혹은 바이에른왕국의 동지들이 자신의 전문직노조로부터 탈퇴하지 않는 것과 마찬가지로, 동지들도 제국조직을 파괴할 수 없는 것이다. 왜냐하면 다수자의 유급 서기를 임명하는 권한은 그들에게는 없기 때문이다. 노동조합비의 금액에 관한 표결에서 체코인 동지들의 제안이 부결되었다고 해서, 체코인 동지들은 제국조직으로부터 탈퇴해서는 안 된다. 이것은 예를 들면 동프로이센 혹은 라인란트-베스트팔렌의 동지들이 같은 동기에서 독일인 노동조합조직을 파괴해서는 안 되는 것과 마찬가지이다. 어떤 노동조합투쟁도, 어떤 민주주의적 조직도 소수자가 자제해야 하는 규율 없이 존속할 수 없다. 소수자가 다수자와 다른 민족의 동지들로 구성되어 있더라도, 소수자는 이러한 의무로부터 면제되지 않는다. 그래서 지역적으로 중요한 대립도 노동조합에서의 민족적 분열을 정당화할 수 없다. 그러나 이러한 대립으로부터 민족적 분열을 **설명할** 수 있다. 왜냐하면 일찍이 직업조합 내부에서 이해대립 투쟁 혹은 의견대립 투쟁을 이민족의 적과 힘을 겨루는 민족투쟁으로 느끼고 평가해서 줄곧 투쟁해온 노동조합위원회는, 노동조합에서도 그러한 투쟁을 민족적인 것으로 받아들이기 때문이다.

그러나 제국조직이 다양한 민족의 노동자를 많이 포함하게 되면, 민족적 주장이 노동조합운동에서도 커질 수밖에 없게 된다. 우리가 알고 있듯이 오스트리아에서 가장 발전된 공업지역은 대부분 독일민족의 이주지역이다. 따라서 독일인 노동자가 가장 일찍 노동조합에 가입하고, 그들이 먼저 대부분의 노동조합조직의 지도권을 장악했던 것은 쉽게 설명할 수 있다. 이제 많은 체코인 노동자가 노동조합조직에 가입하고 있는데, 그러나 그들은 여기서 독일민족의 대표자들을 발견한다. 작업장에서 독일인 자본가에 의해 착취되고 독일인 직원에 의해 명령받고, 또 계급국가에 의한 지배를 독일인 관리와 재판관, 장교를 통해 받고 있는 체코인 노동자에게, 노동조합의 독일인 지도권은 그들이 증오하는 **독일인의 이민족지배**의 일부로 보일 수밖에 없지 않을까?

이에 반해 노동조합은 모든 구성원이 조직의 전체의지의 형성에 동등하게 참여하고 있기 때문에, 어떤 지배도, 따라서 어떤 이민족지배도 존재하지 않는 자치적인 민주적 조직이라는 반론이 있을 것이다. 그러나 우리는 민주주의가 제도에 있을 뿐만 아니라, 심적 태도에도 의존하는 것임을 잊지 말아야 한다! 노동조합의 훈련을 충분히 받아 자기의 의지를 관철시키는 방법에 숙달한 노동조합원은 조직 속에서 어떤 지배도 알지 못한다. 그러나 매년 새롭게 노동조합운동에 뛰어드는 아직 훈련되지 않은 많은 노동조합원은 그들이 가입한 거대한 제국조직을 지배조직으로 본다. 왜냐하면 이 거대한 제국조직은 그들에게 경제적 이익을 약속하지만, 그들은 이 기구를 이해할 수 없고, 전체의지는 그들에게 외적 권력과 같이 보이기 때문이다. 그들이 조직의 대표자를 지배자로 본다면, 이민족의 "지도자"는 이민족지배의 인격화로 보일 수밖에 없다. 오스트리아 노동조합 내부의 민족투쟁이 바로 노동조합의 훈련을 전혀 받지 않은 수천 명의 노동자가 노동조합에 가입하게 된, 노동조합의 급속한 성장기에 일어난 것은 결코 우연이 아니다. 공정한 입장에 선다면 우리는 다음의 사실을 인정할 수밖에 없다. 즉 민족적 구별화의 노력은 노동조합조직을 추진하는 동지들의 악의와 몰이해에서 일어난 것이 아니라, 일부 체코인 프롤레타리아트의 분위기와 사상, 특히 최근 노동조합에 처음으로 참가했기 때문에 아직 노동조합의 훈련을 받지 못한 노동자와 노동조합에 가

입할 노동자 등 수천 명의 체코인 프롤레타리아트의 분위기와 사상을 표현한 것이다.[3]

그러나 노동조합 내부에서 민족자치에 대한 지향은 다른 일련의 원인을 통해 더욱 강화된다. 노동조합의 편성은 특히 **정당**에 대한 관계에도 영향을 미친다. 많은 노동자가 사회민주당원이고 동시에 노동조합원인 곳에서는 당과 노동조합 사이에 밀접한 관계가 있다. 당도 노동조합도 책임자와 직원을 가진 특별한 기관을 창출한다. 그러나 불완전한 민주주의, 즉 책임자가 자신의 조직을 지배하는 곳에서는 당과 노동조합의 대립이 일어날 수 있다. 이에 반해 책임자의 의지가 다름 아닌 위임자인 프롤레타리아 대중의 의지의 표현인 곳에서는 당과 노동조합 사이에 어떤 대립도 존재하지 않는다. 그렇지만 한편으로 계급국가와 싸우기 위해 당을 조직하고, 다른 한편으로 다시 자본가와 싸우기 위해 노동조합을 구성하는 것은 동일한 노동대중이다. 오스트리아에서 이제까지 당과 노동조합의 통일은 다른 어느 나라에서보다도 더 잘 실현되었다. 그러나 최근 우리는 당과 노동조합 속에서 서로 대립하는 발전경향을 본다. 당은 점점 첨예하게 서로 분리되고 더욱 독립적인 당들로 되어 가는 자율적 민족집단으로 편성되고 있다. 이에 반해 동일한 시기의 노동조합운동에서는 지방조직과 주조직이 국제적인 제국조직으로 흡수되었다. 결국 당에서는 민족적 구별화가, 그리고 노동조합에서는 민족을 넘는 통일이 진행된 것이다. 오늘날 오스트리아에서 정치조직은 프롤레타리아 소수의 핵심부대만을 포괄하고 있는 반면, 노동조합은 동지들의 대부분을 조직하고 있기 때문에 이제까지 당의 가장 강력한 기관이었다 ― 노동조합은 소재(Materie)이고 당은 형식(Form)이지만, 그것은 **헤겔**적인 의미에서 무내용적인 형식(wesenlose Form)으로서의 형식이 아니라, **칸트**적인 의미에서 내용의 규범

---

[3] 이미 일찍이 그와 유사한 경험을 다른 나라에서도 체험했다. 예를 들면 많은 산업부문에 속한 스코틀랜드와 아일랜드의 노동자는 오랫동안 영국의 노동조합에 가입하기를 거부했다. 왜냐하면 그들은 "잉글랜드에 의해 통치되는" 것을 바라지 않았기 때문이다. 1889년 이후 처음으로 영국의 모든 거대한 노동조합은 자신의 활동범위를 스코틀랜드와 아일랜드에까지 미치는데 성공했다. Webb, 같은 책, 73쪽 이하를 참고 (원주)

(Gesetz des Inhalts)으로서의 형식이다. 그러나 이러한 상태는 정치조직과 노동조합조직의 대립적인 발전 때문에 불가능하다. 체코인 사회민주당은 더욱 독립적인 당이 되고 있다. 그러나 체코인 동지들은 특별한 노동조합조직을 갖지 않고 국제적인 제국조직에 편입되어 있기 때문에, 체코인 사회민주당은 독립적인 당으로서 어떤 대중조직도 갖지 않는다. 그것은 육체 없는 정신, 소재 없는 형식에 불과하다. 그래서 오스트리아 사회민주당이 독립적인 민족정당들로 끊임없이 분해되고 있기 때문에, 노동조합 내부에서도 민족자치를 실현하려는 경향이 필연적으로 생기고 있다. 이 운동의 담지자는 이제 더 이상 단지 독일인 책임자에 의해 지도되는 제국조직을 이민족지배의 도구로 생각하는 훈련받지 않은 노동자대중만이 아니라, 바로 체코인 노동자계급의 중심부대, 즉 그들 전체 존재가 정치적 노동운동의 사상과 열의에 충만해 있는 동지들인 것이다.

　노동조합운동의 편성이 당조직과 다른 원칙에 불가피하게 따를 수밖에 없다는 것은 물론 올바르다. 조직규약이 당을 민족별 집단으로 구분한다면, 이 민족별 집단은 조직의 구성요소로서 당 내부의 더 긴밀한 공동체를 구성하게 된다. 이에 반해 노동조합은 고유한 편성법칙을 갖는다. 노동조합은 직업, 영업부문, 공업집단 등에 따라 편성된다. 당의 내부에서는 우리가 이미 보았듯이 독일인, 체코인, 폴란드인이 당연히 서로 분리되어 있기 때문에, 조직규약도 이 사실에 적응해야 한다. 이에 반해 노동조합에서 재봉직인은 제화직인과 구별되고, 금속노동자는 목재노동자와 구별되어야 한다. 우리가 당 내부에서 민족자치를 실시했다는 사실은, 우리가 노동조합운동에서도 민족자치를 실시할 수 있고, 또 해야 한다는 사실을 증명하지 않는다. 그럼에도 불구하고 오스트리아와 같이 당과 노동조합 사이에 밀접한 관계가 존재하는 곳에서는, 당의 제도가 노동조합의 제도에 영향을 미칠 수밖에 없다. 이 점은 부정할 수 없다. 오스트리아의 노동운동은 오늘날 모순적인 상태로 향하고 있는 것처럼 보인다. 노동조합으로 조직된 노동자대중은 당의 육체이다. 노동조합원은 민족성의 구별 없이 제국조직에 통합되어 있다. 이에 반해 당은 점차 많은 독립적인 민족정당으로 분해되고 있다. 하나의 통일적인 국제적 노동조합조직은 어떻게 동시에, 자주 함께 투쟁하고, 자주 나란히 투쟁하고, 때로는 서로 투쟁하는 여섯의 독립적인 민족적 노동자당의 기초가 될 수 있을까? 하나의 육체에 여섯의 혼이 머물 수 있을까? 또한 한 내용의 여섯 형식이 규범이 될 수 있을까? 당이 민족별 집단으로 편성된 당으로 되더라도, 일찍이 존재하고 지금도 여전히 존재하는 있는 하나의 통일적인 당으로 존속한다면, 당의 제도와 노동조합의 제도 사이에는 어떤 모순도 존재하지 않을 것이다. 그러나 오스트리아 사회민주당이 여섯의 독립적인 당으로 분해된다면, 오스트리아 노동운동에는 단 두 가지의 길밖에 남지 않는다고 나는 생각한다. 그것은 노동조합조직이 정치적 노동운동의 필요에 적응하는 길, 즉 통일적 노동조합이 독립된 민족별 조직으로 분해하여 각 민족의 내부에서 민족별 노동조합운동이 민족별 노동자당의 육체를 형성하는 길이거나, 아니면 노동조합이 국제적 조직을 유지함으로써 정치적 노동운동에 대한 긴밀한 관계를 해소하고, 여섯의 사회민주당으로부터 분리하여 통일적인 국제적 노동조합조직으로서 존속하는 길 둘 중 하나이다.

오스트리아의 노동자는 어느 길을 갈 것인가? 이 문제는 무엇보다 **노동조합의 필요**의 관점에서 검토되어야 한다.

우리의 연구가 출발해야 하는 사실은 모든 민족의 노동자가 공유하는 경제적 이해의 연대이다. 체코인 파업파괴자가 독일인 노동자의 등을 공격한다면, 독일인 노동자는 고임금을 쟁취할 수 없다. 체코인 노동자의 저임금 때문에 자본이 체코지역으로 유출될 수밖에 없다면, 독일인 노동자는 스스로 쟁취한 고임금을 유지할 수 없다. 따라서 한 경제영역의 자본가들이 서로 경쟁하는 한 — 따라서 하나의 통일적인 경제부문 내부에서 경쟁하는 한 — 각 민족의 노동자의 진보는 모든 민족의 노동자의 진보에 의존한다. 노동자는 일찍이 지방적 노동조합으로 조직되어 있었을 적에도 이미 이 사실을 인식했다. 그러므로 파업이 일어나면 이러한 지방적 조직은 서로 자발적인 기부를 통해 지원했던 것이다. 그러나 물론 이러한 부정기적인 원조로는 불충분하다는 것을 알고, 공통의 투쟁기금을 필요로 하게 되었다. 그래서 국가의 입법이 허락하는 한, 전체 경제영역을 포괄하고 통일적인 기금을 갖는, 더욱이 전체 경제영역의 산업노동자의 공동재산으로 임금투쟁을 수행하고 있는 동료들을 지원하는, 거대한 제국조직이 탄생하였다.

그러나 노동조합은 파업을 통해 실업자의 기능을 그 반대물로 전환시켰을 뿐만 아니라, 실업자부조를 통해 실업의 경제적 기능도 변화시켰다(제20장). 이 실업자부조도 통일적 재정을 가진 거대한 중앙조직에 의해서만 실현가능할 뿐이다. 노동조합의 활동지역이 작을수록, 노동조합은 지방적 공황, 생산의 갑작스런 변화, 개별 경영의 휴업에 대해 그 만큼 더욱 민감해진다. 작은 지역에서 혹은 비교적 소수의 조합원 밖에 없는 지역에서 활동하는 노동조합은 지방적 의미밖에 갖지 못한 미세한 사건의 발생을 통해서도 실업자를 부조할 능력을 쉽게 상실해버린다. 이것은 다른 부조에 대해서도 해당된다. 여행부조금, 질병부조금, 사망부조금, 구급부조금 등을 지불하는 노동조합은 보험회사와 마찬가지로 가능한 넓은 지역을 포괄하려고 노력해야 한다.

따라서 노동조합조직의 최초의 법칙은 **재정의 집중**이다. 우선 경제영역 전체의 전문적 직업조합원의 조합비가 **하나의** 금고로 유입되어야 하며, 게다가 이 조합비가 파업지원, 실업자부조, 기타의 부조를 위해 사용되어야 한다. 그런데 재정이 집중되었음에도 불구하고 노동조합정책의 지도를 하나의 중앙집행기관에 위임하지 않고, 노동조합 내부의 개별 지방적 집단에 자치를, 즉 독립적인 노동조합정책의 권리를 그대로 남기려는 시도가 반복되었다. 그렇지만 이 시도는 계속 실패로 끝났다. 다양한 경험을 알고 있는 **웹**의 다음과 같은 평가는 매우 교훈적이다. "지부의 돈을 전체 조직의 공동금고에 입금하고 전체 구성원의 회비를 동일한 방법으로 조직의 공동금고에 채움으로써, 어떤 지방지부도 전체 조직을 전쟁에 연루시킬 수 없다는 결론이 필연적으로 나온다. 재정의 집중은 전쟁을 수행하는 조직에서는 행정의 집중도 필요로 한다. 이 사실을 충분히 인식하고 있는 노동조합은 특히 지급능력이 있는, 따라서 안정적인 존재로서 증명된다. 기금이 집중되었음에도 불구하고…… 지방의 지도부의 권리가 남아있는 곳에서는 약체와 모순된 충고, 재정적 파산이 그 결론이다."[4]

---

4) Webb, 같은 책, 83쪽 (원주)

재정의 필수적인 집중은 반드시 **통일적 행정**과 **통일적 노동조합정책**을 요구한다.

이러한 인식은 영국의 노동자에게 쉽지 않은 것이었다. 영국의 노동자는 지금도 국가 내부에서 자치적 지방행정의 강화를 요구한다. 때문에 국가 내부에서 실현하려고 열망하는 것을 노동조합 내부에서 실현하려는 오류를 영국의 노동자도 완전히 피할 수 없었던 것이다. 그러나 영국의 노동자는 쓰라린 훈련을 통해, 즉 많은 희망의 좌절을 통해 노동조합의 제도가 국가의 제도와는 다른 법칙을 따른다는 사실을 결국 이해하게 되었다. 오늘날 오스트리아의 노동자도 마찬가지이다. 오스트리아의 노동자도 국가 내부의 민족자치를 요구하고 있다. 그러나 그들은 국가의 강제조직에 상응하는 제도를 프롤레타리아 투쟁조직에도 강제하려는 오류를 피해야 할 것이다.

그래서 우리는 먼저 노동조합활동을 민족자치를 배제해야 하는 영역에 한정할 필요가 있다. 그 영역은 노동조합의 **국제적인 경제적 과제**이다. 우리는 이 과제를 수행하기 위해 통일적인 재정, 통일적인 행정, 통일적인 노동조합정책을 가진 국제적 제국조직이 필요하다.

그럼에도 불구하고 이것만으로 노동조합의 활동을 모두 논의한 것이 아니다. 노동조합은 오히려 적극적으로 구성원을 교육시켜야 한다. 이러한 과제는 노동조합이 강연, 순회강연회, 학습과정 등을 통해 각 민족문화의 일부를 구성원들에게 제공하려고 노력함으로써 이루어진다. 여기서 우리는 **민족적으로 상이한 노동조합의 과제**에 직면하게 된다. 여기서 또한 노동조합 내부에 민족자치를 위한 여지를 발견하게 된다. 어느 지역에서 독일인 노동자와 체코인 노동자가 함께 일하고 있다면, 각 민족의 노동조합원은 어느 정도 자민족의 강연회제도와 학습회제도를 자력으로 조직할 수 있다. 그러나 이러한 목적을 위해서는 특별한 민족별 지역집단만으로는 충분하지 않고, 통일적인 지역집단 내부의 민족별 학습위원회 자체도 필요하다.

그렇다면 어떤 어려움도 없다. 국제적인 경제적 과제를 위해서는 통일적인 국제적 노동조합이, 민족별 교육과제를 위해서는 노동조합 내부의 민족자치가 각각 적합하다. 오히려 어려움은 **국제적 노동조합의 경제적 과제를**

위해 민족별 수단을 적용해야 하는 곳에서 비로소 시작된다. 노동조합은 회화와 문서를 사용할 때 각 민족의 노동자에게 각 민족어로 말해야 한다. 노동조합은 각 민족의 노동자를 위한 특별한 전문지, 특별한 연설가와 조직가를 필요로 한다. 여기서 다음과 같은 문제, 즉 체코인의 전문지는 전체 조직의 기관지이어야 하는가 아니면 체코인 동지들의 의지만을 표현해야 하는가, 또 체코지역에서 활동하는 대표자를 임명하는 것은 전체 조직이어야 하는가 아니면 체코인 노동조합원이어야 하는가의 문제가 생긴다. 이 경우 통일적 행정과 통일적 노동조합정책의 필요성은 노동조합 내부의 민족자치와 무조건 대립한다. 오스트리아의 노동자가 많은 영국 노동조합의 경험을[5] 다시 한 번 스스로의 몸으로 체험해야 한다면, 매우 슬픈 일이 될 것이다. 통일적 재정과 통일적 노동조합정책의 필요성은 노동조합행정 내부의 자치를 무조건 배제한다. 국제적 노동조합의 편집자, 직원, 유급대의원은 통일적인 노동조합정책의 핵심이어야 하며, 또한 그렇게 계속 유지되어야 한다. 그들은 국제적 노동조합에 의해 임명되고, 또 그것에 책임을 져야 한다. 그러나 다른 한편으로 국제적 노동조합에 의해 임명된 유급직원이라 하더라도 뵈멘의 체코지역에서 활동해야 하는 경우에, 체코인 노동조합원과 매우 밀접한 협력관계로 신뢰를 주어야 하고, 또한 이러한 직원을 효과적으로 통제할 수 있는 것은 체코인 노동조합원뿐이다. 이것은 부정할 수 없는 사실이다. 노동조합의 직원을 임명하고 그들에게 보수를 지불하고 그들을 면직할 수 있는 것은 전체로서의 노동조합조직이다. 그러나 노동조합의 이해 자체는 이들 직원이 활동하고 있는 지역의 민족집단에 의한 감독과 통제를 요구하고 있다. 이러한 원칙은 모든 제국조직에서 동일하게 실현될 수 없을 것이다. 오히려 실현의 수단은 노동조합의 구성원수와 재정적 기반, 그리고 다양한 언어지역에 대한 노동조합의 영향력에 의존한다. 대규모의 노동조합은 활동영역을 분할할 때, 선동지역, 군, 지역을 가능한 민족별로 구분함으로써, 이러한 원칙을 아주 쉽게 관철할 것이다. 또한 노동조합이 모든 혹은 몇 개의 선동지역에 직원이나

---

[5] 노동조합 내부의 자치의 원칙을 갖는 영국의 기계공, 석공, 벽돌공의 경험에 관해서는 Webb, 같은 책, 83쪽 이하 참고 (원주)

유급대의원을 배치할 수 있는 행복한 상태에 있다면, 이들 직원은 제국조직에 의해 임명되고 이 제국조직으로부터 지시받게 될 것이다. 지역집단에 의해 선출된 지역선동위원회는 이들 직원을 면직할 권한을 갖지 않지만, 이들 직원을 지시하고 통제할 권한을 가진다. 이들 직원이 제국조직으로부터 받는 지시에 반대하든가, 아니면 그들이 제국조직의 행정부의 신임을 받고 있음에도 불구하고 지역선동위원회의 신임을 받지 못함으로 인해 통제위원회의 지시를 관철할 수 없다면, 조합대회, 즉 제국조직의 대의기관만이 이러한 분쟁을 조정하는 권한을 가진다.

마찬가지로 각 노동조합 기관지의 편집자도 전체 조직으로부터 임명되고, 그로부터 지시를 받는다. 그러나 동시에 각 노동조합 기관지가 민족별 기관지의 발행을 결정하면, 해당 민족의 동지들에 의해서만 선출되는 기관지위원회가 설치된다. 중앙행정부로부터의 지시에 구속되는 편집자가 민족별 기관지위원회의 요청을 만족시킬 수 없음으로 인해 민족별 기관지위원회가 이 기관지에 대해 불만을 가진다면, 이 위원회는 전체 조직의 의회에 그들의 어려움을 제기한다. 이러한 방법으로 노동조합행정과 노동조합정책의 통일이 보장되는 동시에, 모든 민족집단도 자기 지역의 노동조합활동에 영향을 미칠 수가 있게 된다. 확실히 노동조합직원은 그를 통제하는 민족집단을 만족시킬 수 없다면, 오랫동안 자신의 직무를 수행할 수 없다. 그러한 조직이 있다면 마찰 없이 활동할 수 없을 것이다. 그러나 이러한 마찰은 민족적 대립의 특수한 성격을 통해서가 아니라, 전체 이해와 집단 이해라는 보편적 대립을 통해서 일어난다.6)

---

6) 이러한 대립은 모든 프롤레타리아 이해의 연대성에도 불구하고 존재한다. 모든 광산노동자, 아니 오스트리아의 모든 노동자는 예를 들어 오스트라우(Ostrau) 광구의 광산노동자가 고임금을 받는 데 고유한 이해를 갖고 있다. 따라서 오스트리아의 모든 노동자는 오스트라우에서 가능한 한 많은 유능한 노동조합 선동가와 조직가가 활동하기를 바란다. 그럼에도 불구하고 광산노동자의 전체 조직은 일정한 시기에는 광산노동자조합의 가장 유능한 성원을 다른 광구에 파견하는 편이 더 목적에 부합한다고 생각할 수도 있을 것이다. 반면에 오스트라우의 광산노동자는 물론 간접적으로는 그들의 이해와 일치하는 전체 이해보다 그들의 직접적인 지방적 이해를 더 적극적으로 느끼기 때문에, 전체 조직의 모든 힘이 자신의 광구에 집중하기를 바라는 것은 얼마

우리는 이러한 종류의 노동조합의 제도원칙에 관하여 그 이상으로 제안할 필요가 없을 것이다. 노동조합규약에 관한 **개요**는 우리 작업의 구상이 아니다. 그러나 우리는 노동조합의 투쟁조건 그 자체의 검토로부터 개별 노동조합이 이용해야 하는 **방법**, 즉 민족적 차이라는 사실과 통일적 노동조합투쟁의 필요성을 동등하게 고려하는 **방법**을 이끌어내고자 했다. 그래서 우리는 다음과 같은 요구에 이르게 되었다. **노동조합의 국제적인 경제적 과제를 위해서는 통일적 행정을! 노동조합의 문화적 교육과제의 영역에서는 민족자치를! 마침내 통일적인 국제적 행정, 특히 국제적인 경제적 과제를 달성하기 위해 민족적으로 다른 수단을 이용해야 하는 노동조합활동의 영역에서는 특별한 민족별 통제를!** 우리는 이러한 요구를 충족시키는 노동조합제도의 상을 그렸지만, 그것은 예를 들면 보편적 원칙에 구체적인 형태를 주기 위한 것은 아니었다. 개별 노동조합이 각각의 특수한 노동조건에 따라 이 보편적 원칙을 다른 형태로 변형할 수밖에 없다는 사실은 저절로 이해될 것이다.

이러한 원칙은 이제 개별 노동조합의 조직에서만이 아니라, 노동조합적 전체 조직의 구성에서도 관철될 수 있다.

노동조합적 전체운동의 중심기관은 **노동조합위원회**와 **노동조합회의**이다. 이들 기관은 노동조합조직의 통일적 발전에 모든 노력을 다하고, 개별 전문직조합의 사소한 분쟁을 조정하고, 중대한 투쟁의 경우에는 개별 노동조합이 서로 지원을 아끼지 않으며, 탄생되었지만 아직 무력한 조직을 조언해주고 행동으로 도와준다. 마침내 이들 기관은 국가와 기업가연합에 대하여 전체 노동조합운동의 이해의 대표로서 노력을 다한다. 이들 기관에서는 **국제적인 경제적 과제**만이 중요할 뿐이다. 민족자치의 관철은 여기서는 **불필요하다**. 아니 불필요할 뿐만 아니라, 여기서 민족자치는 **불가능하다!** 모든 산

든지 있을 수 있는 일이다. **논리적**으로 모든 노동자의 이해는 동일하다. 그러나 **심리적**으로 그들 사이에는 다양한 이해대립이 존재한다. 왜냐하면 그들은 언제나 당면한 지방적 이해가 전체 이해보다 더 중요하다고 느끼기 때문이다. 전체 이해는 오랜 시간을 거친 후에야 비로소 모든 지방적(혹은 민족적) 집단의 진정한 지방적 이해라는 사실임이 증명된다. (원주)

업부문과 모든 공업집단에서 집중된 재정, 통일적 행정과 통일적 정책을 가진 국제적인 하나의 노동조합이 필요하다는 사실을 우리가 인식한다면, 우리는 그러한 노동조합조직을 두 개의 자율적 노동조합위원회의 지도에 맡길 수도 없고 또 두 개의 자율적 노동조합회의의 결의에 따를 수도 없다. 노동조합 전체운동의 최고지도부에서의 민족자치와 개별 직업조직에서의 국제적 통일은 심각한 모순을 낳기 때문이다. 오스트리아의 노동조합운동은 단 **하나의** 노동조합회의에 의해서만 법률을 받을 수 있으며, 단 **하나의** 노동조합위원회에 의해서만 지도받을 수 있다.

그러나 통일적 행정이 민족별로 구별된 수단을 이용하는 곳에서는, 확실히 민족별로 구별된 관리도 합목적적이다. 제국노동조합위원회의 체코어 간행물을 읽는 것은 체코인 노동조합원뿐이다. 따라서 마찬가지로 이 간행물을 관리할 수 있는 것도 그들뿐이다. 노동조합위원회의 체코어 기관지의 편집자는 체코인 노동조합원 혹은 전체적인 노동조합회의에 의해서 임명된다. 왜냐하면 이 기관지는 보통의 경우 더 이상 전체 운동의 기관지가 아니라, 전체 운동 내부의 한 민족집단의 기관지에 불과하기 때문이다. 그러나 노동조합회의의 체코인 대의원들이 특별한 체코어 기관지위원회를 선출할 권리를 갖는 동시에 전체 운동의 체코어 기관지가 이 위원회의 관리에 복종한다면, 그것은 합목적적일 것이다. 체코어 기관지의 편집자는 전체적인 노동조합회의와 제국노동조합위원회의 지시에 구속되어 있다. 그러나 이 편집자가 체코어 기관지위원회의 희망을 충족시킬 수 없다면, 분쟁당사자들은 스스로의 희망과 어려움을 노동조합회의의 결정에 맡기게 된다.

제국 노동조합위원회는 활동분야를 가능한 한 민족별로 구분된 많은 선동지역으로 분할한다. 이 선동지역의 기관은 제국 노동조합위원회에 의해서 임명된 유급의 **주 노동조합서기**와 이 주의 노동조합 지역집단에 의해 선출된 **주 노동조합위원회**이다. 따라서 국제적인 경제적 기능들은 제국위원회라는 하나의 기관과 그 지시에 따라 수행된다. 여기서 주 노동조합위원회의 직무는 노동조합서기의 관리에만 한정되지 않는다. 이에 반해 순수한 지방적 문제 — 임금투쟁의 지도는 여기에 속하지 **않는다** — 에서는 주 노동조합위원회가 자치적으로 수행한다. 따라서 예를 들면 뵈멘의 체코지역의 주 노동조합위원회는 임금투쟁에 관해서는 자치적으로 결정할 수 없고, 노동조합서기의 활동을 감독하고, 전체적인 노동조합회의와 제국위원회에 관찰 및 보고하는 임무만을 갖는데 불과하다. 이에 반해 주 노동조합위원회는 선동활동, 보고자의 파견, 노동조합의 학습회제도 등을 자율적으로 운영한다. 다언어 선동지역에서 이러한 임무는 주 노동조합위원회의 민족별 분파에 할당될 것이다.

마침내 개별 지역에서 모든 노동조합은 하나의 통일을 형성한다. 이 통일은 "**총회**"로 대표되고, 아마 더 큰 지역에서는 **노동조합카르텔**로서 구성될 것이다. 국제적인 경제적 문제에 관한 총회의 결정은 민족의 차이와 관계없이 그 지역의 모든 노동조합원을 구속한다. 이에 반해 민족적으로 구별된 문제(예를 들면 강연회제도, 노동자학교 등)에 관해서는 민족별 지역집단과 다언어 지역집단의 민족별 학습회에 의해 대표되는 민족별 분파가 결정한다.

전체적 노동조합조직의 제도에 관한 이러한 개요는 노동조합원에게 몇 가지 제안을 하려는 것이 아니다. 그것은 우리의 사명이라고 생각하지 않는다. 그것은 단지 통일적 노동조합조직이 국제적인 통일적 행정, 민족적 통제와 민족적 자치라는 원칙을 어떻게 통합할 수 있을까를 구체적으로 보여주려고 했을 뿐이다.

이 원칙은 우리가 이미 보여주었다고 생각하듯이, 노동조합운동의 조건들 그 자체 속에 기초하고 있다. 즉 노동조합은 완전한 민족자치를 실현할 수 없다. 우리는 국가 내에서도 국가적 활동의 모든 영역에서 민족들을 위해 완전한 민족자치행정을 쟁취하려고 하지 않는다. 어떤 사회민주당원도 예를 들어 오스트리아 내부의 각 민족의 거주지역이 하나의 독립된 관세영역으로 되기를 요구하지 않으며, 또한 각 민족이 독자적인 사법과 소송법을 갖게 되기를 요구하지 않는다. 그러나 우리는 각 민족이 국가 내부에서 스스로의 교육제도와 수업제도를 자유로이 운영하고, 스스로의 민족문화의 발전에 자립적으로 노력할 수 있는 상태를 요구한다. 이러한 영역들에서 우리는 민족들에게 노동조합 내부의 완전한 자치를 보장하려고 한다. 즉 각 민족의 노동조합원은 노동조합 내부에서 스스로의 강연회제도, 도서관제도, 학습회제도를 각각 자립적으로 운영할 수 있다. 이러한 문제에서 민족별 지역집단과 다민족 지역집단의 민족별 학습회, 즉 제국조직 내부의 민족별 지역조직, 총회(노동조합카르텔)의 민족별 분파와 주 노동조합위원회는 완전히 자치적 성격을 가질 수 있다. 무엇보다 이러한 민족자치가 실시될 수 있는 영역은 노동조합 활동의 적은 부분뿐이다. 그러나 이것은 노동조합이 경제적 과제에 봉사하는 것이고, 교육활동과 학습회활동에 직접 적용할 수 있는 노동조합의 힘은 적은 부분밖에 없다는 사실에 기초한다. 그럴수록 그 만큼 더 노동조합투쟁의 **간접적인** 사회교육적 활동이 중요해진다. 노동조합은 노동자를 위해 고임금과 노동시간단축을 쟁취하는 동시에 작업장에서 자의적 지배를 타파하고 노동자의 자기의식을 강화함으로써, 노동자로 하여금 비로소 민족문화에 참여하는 능력을 쟁취할 수 있도록 만든다. 우리가 민족자치를 요구한다면, 그것은 우리에게 프롤레타리아 계급투쟁의 수단일 뿐이다. 민족자치를 자기목적으로 하는 사람과 민족자치의 공허한 형식을 위해 노동조합의 투쟁조건에 상응하지 않는 조직형태를 노동조합에 강제하려고 하는 사람은, 노동자계급의 사회적 진보를 방해하는 사람인 동시에, 전체 인민을 처음으로 민족문화공동체에 편입하는 과정을 방해하고 **반민족적** 정책을 추구하는 사람이다. 우리는 노동조합투쟁의 필요성에 가능한 한 완전히 합치하는 노동조합제도를 건설하기를 원하며, 그러한 희망에서 우리는 **민족적으로 형식적이고 상투적인 정책**에 맞서 **진화론적-민족정책**을 제시한다.

우리가 민족별 노동조합의 문제를 모든 민족의 노동자의 진정한 민족적 이해와 일치하는 노동조합투쟁의 이해라는 관점에서 결정한다면, 결국 민족별 노동조합의 분열이 아니라 더욱 명확한 집중으로 발전해갈 것이다. 노동조합은 각 민족의 노동자에게 학습과정과 도서관의 자치를 보장해줄 수 있고, 또한 각 민족의 노동자에게 그들의 언어로 출판될 노동조합의 간행물과 그들의 말로 수행될 선동 등에 대한 특별한 통제권을 허용할 수 있다. 그러나 노동조합은 **하나의** 기관이 노동자의 경제투쟁을 통일적으로 지도하고, 전체의 기관만이 공통의 투쟁자금을 자유로이 사용할 수 있다는 사실을 유지해야 한다.

그러나 사람들은 우리의 노동조합조직의 문제에 관하여 어떤 식으로든 결정할 것이다. 노동조합원은 노동조합 이해의 단순한 인격화가 아니다. 노동조합원도 주변의 문화적, 민족적, 정치적 분위기와 원망으로 채워진 "모순을 잉태한 사람들"이다. 우리가 이미 보았듯이 노동조합 내부의 민족자치를 둘러싼 체코인 동지들의 투쟁은 체코인 노동자계급의 사회적 혹은 정치적 생활 속에 뿌리박은, 결코 과소평가해서는 안 될, 현실적 추진력에서 생긴다. 이러한 추진력은 하나의 통일적인 오스트리아 노동조합조직의 건설을 방해할 만큼 매우 강력한 것이 될 것인가?

우리는 아직 훈련되지 않은 체코인 노동자가 자신의 직업조직에서의 독일인의 지도를 **이민족지배**로 간주할 수 있다는 점에서 그러한 추진력의 하나를 보았다. 그러나 자본주의는 오늘날 체코인 언어지역의 대부분을 넘어 매우 급속하게 지배권을 확대하고 있다. 그것을 통해 한편으로 체코인 부르주아지와 관료층이 형성되고, 자본주의적 착취와 정치적 억압이 체코인 노동자에게도 더 이상 이민족지배의 형태로 나타나지 않기 때문에, 체코인 노동자는 자신의 노동조합에서의 이민족 지도부에 대하여 반대할 필요성을 덜 느끼게 되었다. 다른 한편으로 자본주의적 발전의 결과 체코인 노동자 대중은 노동조합에 가입하는 동시에, 점차 노동조합행정의 제도를 이해하고 거기에 참여하는 방식을 배우게 되었다. 따라서 그들은 더 이상 노동조합 안에서 어떤 지배조직을 보지 않고, 행정에 동등하게 참여하는 협력관계를 보게 되었다. 그래서 자본주의적 발전과 그 결과로서 성장한 대중에 대한 노동조합적 훈련은 노동조합에서의 이민족지배라는 착각을 타파하게 될 것이다.

따라서 장기적으로 보면 오스트리아의 노동조합조직은 이러한 측면에서 전혀 위험이 없다. 더욱이 우리가 체코인 노동자의 언어적 필요에 대한 충족을 더 쉽게 이해할수록, 그 만큼 이러한 위험은 더 쉽게 극복될 것이다.

정치적 조직의 발전이 우리의 노동조합에 가져온 위험은 아주 심각한 것이다. 그러나 이러한 위험이 있다고 해서 노동조합의 조직형태를 다언어지역에 합목적적으로 적응시킬 필요는 없다. 중앙집권적으로 지도되는 국제적인 조직은 여섯의 독립적인 정당의 토대를 형성해서는 안 된다! 독일인 사회민주당원과 체코인 사회민주당원이 하나의 당을 형성한다면, 양자는 노동조합에서도 가장 중요한 지위에 가장 적합한 사람을 배치할 수 있을 것이고, 또 체코인 노동조합원은 독일인 노동조합원에게, 독일인 노동조합원은 체코인 노동조합원에게 자기 조직의 지도를 위임할 수도 있을 것이다. 그러나 오스트리아 사회민주당이 일련의 독립적인 민족노동자당으로 분해되고 일상적인 민족문제에 대해 서로 다른 방법으로 자신의 태도를 결정하게 된다면, 노동자층 내부의 민족투쟁은 불가피하게 노동조합에서는 물론이고 모든 지역집단과 모든 작업장에서도 벌어지게 될 것이다. 더욱이 모든 선거와 모든 규약의 심의, 모든 지역집단의 설립에서도 민족투쟁이 일어날 것이다. 이러한 상황에서 오스트리아 노동자층의 모든 힘을 통일적으로 지도하고 명확히 집중화된 노동조합조직으로 총괄할 수 있을까?

물론 아직 하나의 출구가 열려 있다. 그것은 노동조합을 정치적 노동운동으로부터 완전히 분리시키는 것이다. 그러나 이러한 노동조합의 **중립화**에 대해서는 다른 나라에서도 매우 중요한 이유의 반대가 제기되었을 뿐만 아니라, 오스트리아에서도 아주 특별한 이유의 반대가 있다. 오스트리아에서 모든 실제적이고 지역적인 대립은 민족투쟁의 형태를 띠기 때문에, 조정할 수 없게 될 위험이 언제나 존재한다. 노동조합원이 사회민주주의의 정신으로 충만하고, 민족적 외피의 배후에서 실제적인 사회적 대립을 발견하여 노동자층 내부의 민족문제를 해결하고, 계급으로서 프롤레타리아트의 구성을 실현**하려는** 사회민주당원에 의해 지도되는 경우에만, 이러한 위험은 극복될 수 있다. 그러나 노동조합을 위해 중요한 공헌을 할 수 있는 것은, 민족적 시민층의 권력투쟁에 대한 대중의 참여를 저지하고 민족적 권력투쟁의 이데올로기로부터 대중을 분리할 수 있는 통일적인 사회민주당뿐이다. 민족적으로 증오하고 소시민적-민족적 이데올로기로 가득 찬 노동자는 노동조합조직에서 평화적, 합목적적으로 협동할 수 없다.

그리하여 우리의 연구는 불가피하게 하나의 명확한 결론에 이르렀다. 노동조합투쟁의 필요는 민족성의 차이 없이 오스트리아 노동자계급의 모든 힘을 통일적으로 지도하는 제국조직으로 통합하는 것뿐이다. 이러한 조직의 형성과 강화를 방해하는 사람은 노동조합투쟁을 어렵게 하는 사람이다. 그러나 국제적인 노동조합조직은, 오스트리아의 모든 민족의 노동자가 유일한 당에서 자신의 정치적 대표를 발견할 때만, 어렵지 않게 발전할 수 있으며 또 민족적 어려움을 극복할 수 있을 것이다. 그러나 오스트리아 사회민주당이 하나의 통일적인 당으로 존속하게 될 것인지의 여부는 한편으로 민족적 일상문제에 대한 자신의 입장, 자신의 민족적 전술에 달려있다. 당의 전술은 또한 노동조합조직의 미래를 결정한다. 우리가 당의 통일을 파괴하고, 노동자를 민족적 권력투쟁의 분위기와 사고방식의 영향 아래 예속시키는 전술을 결정한다면, 우리는 노동조합의 민족적 분열을 저지할 수 없을 것이다. 오스트리아의 노동자는 그러한 결정의 대가를 수백만 크로네의 임금손실로, 수천 시간의 잉여노동으로 지불해야 할 것이다. 형식적이고 상투적인 민족정책은 자민족 문화에 대한 높은 참여를 지향하는 노동자계급의 투쟁을 방해하고, 노동자계급의 민족문화공동체로의 편입을, 전체 인민의 민족으로의 발전을 지체시킬 것이다.

제34장 사회민주당의 전술

　사회민주당은 이중의 과제를 갖고 있다. 사회민주당은 먼저 프롤레타리아트 속에서 잠자고 있는 힘을 자각시켜 프롤레타리아트의 잠재적 에너지를 역동적인 것으로 전환시켜야 한다. 사회민주당은 프롤레타리아트의 계급의식을 자각시킴으로써, 즉 노동자대중의 분노와 피착취인민의 혁명적 본능을 계급대립의 명확한 인식으로 응집시키고 대중을 목적의식적 계급투쟁으로 교육함으로써, 이 과제를 수행한다. 이러한 방식을 통해 어찌할 줄 모르는 프롤레타리아 대중으로부터 통일적인 전체의지를 가진 통일체, 즉 하나의 권력이 형성된다. 사회민주당의 이러한 **사회교육적** 활동이 프롤레타리아 권력의 기초를 이룬다.
　사회민주당의 두 번째 과제는 사회교육적 활동을 통해 계급적 본능의 소재로부터 만들어진 힘을 사회적 세력들 사이의 투쟁에 투입함으로써 프롤레타리아트의 이해에 기초하여 국가와 사회를 개조하는 것, 다시 말해 최종적으로 노동자계급이 정치권력을 장악함으로써 사회제도의 변혁에 착수하는 것이다. 이것은 사회민주당의 **정치적** 과제이다.
　자본주의적 발전의 **첫 번째** 단계에서 사회민주당의 사회교육적 활동과 정치적 활동은 일치한다. 노동자계급은 처음에는 주민의 일부를 이룰 뿐이다. 그리고 사회민주당도 노동자계급의 일부일 뿐이다. 이 단계에서 노동자당의 과제는 계급국가와 계급사회의 비판에 불과하다. 이러한 비판을 통해 사회민주당은 프롤레타리아 대중을 혁명적 신념과 목적의식적인 혁명적 의지를 갖도록 교육한다. 그러나 이러한 사회교육적 활동을 통해 사회민주당은 또한 정치적 과제를 수행한다. 그리하여 프롤레타리아트의 혁명적 운동에 대한 두려움은 지배자로 하여금 노동자계급에 대하여 최초로 양보하게끔 만든다.

자본주의적 발전의 **두 번째** 단계에서 노동자계급은 아직 다수파를 형성하지는 않지만, 주민 중 가장 많은 수의 계급이 된다. 사회민주당은 이미 시민적 정당에게 위험한 존재가 된다. 시민적 정당은 노동자의 표를 얻기 위해, 또 노동자 선거인을 사회민주당에 빼앗기지 않기 위해, 노동자계급의 몇 가지 요구를 대변할 수밖에 없게 된다. 시민적 정당은 어떤 밀집된 대중이 아니라, 그들이 대표하는 계급적 이해를 통해, 또 그들이 나타내는 계급적 이데올로기를 통해 나누어져 있다. 사회민주당은 아직 프롤레타리아트만의 인정을 위해 투쟁할 만큼 충분히 강력하지 못하다. 그렇지만 사회민주당의 힘은 현재 프롤레타리아트에게 가장 적대적으로 대치하고 있는 시민적 정당을 지배로부터 멀게 하고, 프롤레타리아트의 구체적 일상요구를 ― 정치개혁, 노동자보호입법 등 ― 실현하려는 시민적 정당의 승리를 도울 수 있을 만큼 이미 충분히 강력하다. 따라서 사회민주당은 의회의 표결에서 후자의 시민적 정당을 지지한다. 사회민주당은 그러한 시민적 정당과 하나의 동맹이나 진영을 결성한다. 사회민주당은 마침내 이들 정당과 함께 정부여당을 형성하고, 자신들의 대표를 정부에 파견할 것을 결의한다. 그래서 자본주의적 발전의 두 번째 단계에서는 프롤레타리아트가 이미 획득한 권력을 가능한 합목적적으로, 가능한 성공적으로 사용하려는 노력으로부터 **정치적 수정주의**(Revisionismus)의 전술이 생긴다.

그러나 노동자계급은 이러한 정책에 참을 수 없다. 노동자계급은 이러저러한 정당과 대립하는 것이 아니라, 계급국가와 자본주의사회 전체와 대립한다. 국가가 법률을 통해 개별 노동자층의 운명을 조금 개선할지라도, 노동자계급은 착취라는 사실에 반대할 수밖에 없다. 민주적 정부가 노동자에 대한 행정적 업무를 조금 부드럽게 할지라도, 노동자는 군대와 관청, 재판소에서 시민국가가 계급국가일 수밖에 없다는 사실을 배운다. 분노한 젊은이가 신성한 소유를 침범하는 파업은 그러한 대립을 분명하게 만든다. 자본주의적 계급국가는 자본주의적 소유의 보호를 포기할 수 없다. 또한 노동자계급도 깨진 유리창을 사람의 생명으로 대속해야 한다는 사실을 이해할 수 없다. 사회민주당이 더 이상 소유계급의 모든 정당과 대립하는 것이 아니라 어느 때는 이 정치집단과, 어느 때는 저 정치집단과 차례로 제휴한다면, 또 사회민주당이 여당의 일부를 형성하여 정부 자체에 참여한다면, 노동자대중은 사회민주당을 시민적 정당과 본질적으로 동일한 것으로서 간주하고, 사회민주당 그 자체를 자본주의 국가의 제도로 생각하게 될 것이다. 그래서 사회민주당은 계급국가의 관리 혹은 장교가 노동자에 대해 범하는 모든 부정과, 계급국가의 법률이 노동자계급에게 행사하는 모든 불공정, 그리고 자본주의사회에서 노동하는 인민을 고통스럽게 만드는 모든 빈곤과 착취 등에 대하여 함께 책임을 지게 될 것이다. 결과적으로 프롤레타리아트의 혁명적 본능이 명확한 계급의식으로 발전하는 것이 정체할 것이다. 시민적 정당들은 노동자의 표를 쉽게 획득할 것이다. 왜냐하면 시민적 정당들은 사회민주당과 동맹하면서 노동자계급에게 이러저러한 개량을 제공했기 때문이다. 이러한 사회민주당의 정치행동은 더 이상 계급의 유산을 둘러싼 대투쟁으로서가 아니라, 개별 이해집단을 위한 작은 부분적 성과를 둘러싼 미세한 거래로 나타난다. 결과적으로 많은 대중은 불쾌한 마음으로 이러한 정치행동으로부터 이반하고 완전히 정치적으로 무관심하게 된다. 또한 가장 우수한 인재와 행동력이 있는 인재는, 사회민주당이 그들의 혁명적 신념을 대표하지 못하고 그들의 혁명적 의지를 구현하지 못한다는 이유로, 무정부주의(Anarchismus)나 반의회주의적인 급진적 노동조합주의(Syndikalismus) 진영으로 몸을 던진다. 그래서 정치적 수정주의는 사회민주당의 힘을 가능한 성과 있게 이용하려는 노력 속에서 프롤레타리아트를 계급으로서 형성하는 것을 방해하고, 프롤레타리아트의 힘이 솟아나오는 원천을 고사시킨다. 사회민주당의 정치적 과제, 즉 **권력이용**이라는 과제의 조건으로부터 정치적 수정주의가 생긴 것처럼, 사회민주당의 사회교육적 과제, 즉 **권력형성**이라는 과제의 조건으로부터 비타협적 전술에 대한 경향이 생긴다. 이 두 경향은 자본주의적 발전의 이 단계에서는 사라지지 않는다. 수정주의는 반복해서 새로운 형태로 탄생하고, 그것은 반복해서 비타협주의에 의해 극복된다. 이 두 경향의 투쟁과 당 전술의 동요

속에서 자본주의국가 내부에서의 프롤레타리아 당의 권력이용의 조건과 권력형성의 조건 사이의 대립이 표현된다. 이 대립은 노동자계급이 자본주의적 계급국가의 내부에서 생활해야 함에도 불구하고 그것을 감수할 수 없다는 사실에 궁극적 근거를 가지고 있다.

이러한 어려움은 자본주의적 발전의 **세 번째 단계**에서 비로소 극복된다. 이 단계에서 프롤레타리아트는 이미 주민의 압도적 다수를 이룬다. 프롤레타리아트에 의한 정치권력의 획득은 소유계급에게 이미 절박한 위험으로서 나타난다. 시민적 정당들은 사회민주당에 반대하여 긴밀하게 단결한다. 일찍이 그들을 분리했던 것은 이제 그들의 이윤, 이자 그리고 독점이윤을 위협하는 위험과 비교하면, 훨씬 작게 보인다. 그래서 자본주의적 발전의 가장 높은 단계에서는 처음과 마찬가지로 사회민주당은 다시 모든 소유계급, 모든 국가적 권력조직과 투쟁하게 된다. 여기서 정치활동과 사회교육활동은 다시 일치하게 된다. 계급투쟁의 이 단계는 노동계급에 의한 정치권력의 획득과 함께 끝난다.1)

---

1) 자본주의적 생산양식의 발전단계를 통한 프롤레타리아 전술의 한정성을 매우 적절하게 도식화한 이 **삼단계**의 연구를 우리는 루돌프 **힐퍼딩**의 뛰어난 논문 "Parlamentarismus und Massenstreik"(의회제도와 대중파업, *Neue Zeit*, 제23권 제2호, 804쪽 이하)에서 차용한다.

당연히 국가와 시민적 정당들에 대한 사회민주당의 입장은 자본주의사회의 발전단계를 통해서 뿐만 아니라, 기타 요소들, 특히 프롤레타리아트를 종속시키는 **국가제도**와 민족의 전통적 **정치이데올로기**의 특성을 통해서도 규정된다. 한 나라의 프롤레타리아 운동의 특성을 단 하나의 구성요소만으로 모두 설명하려는 것은 확실히 잘못일 것이다. 그러나 사회현상에 관한 과학적 연구를 전체적으로 포기하지 않는다면, 결과적으로 생긴 운동을 각 구성요소로 분해하는 것도 불가피하다.

예를 들면 **독일제국**에서 수정주의적 전술은 **두 번째 단계**에서는 가능하지 않았다. 왜냐하면 그것은 노동자계급의 정치적 무권리상태에 의해서 저지되었기 때문이다. 그러나 오늘날 북부독일은 이미 **세 번째 단계**에 도달했다. 노동자의 수가 매우 커지고 매우 급속하게 성장하며, 계급의식도 활성화되고 있기 때문에, 노동자계급에 대한 모든 정치적 양보는 소유계급의 지배, 융커의 지대, 카르텔재벌의 독점이윤을 직접 위협하고 있다. 프로이센의 노동자는 그들이 프로이센의 입법에 완전 평등하게 참여하지 않는 한, 어떤 수정주의적 정책도 수행할 수 없다. 소유계급은 그들에게 이 참여권리를 줄 수 없다. 왜냐하면 프로이센 영방의회가 보통, 평등, 직접 선거권에 기초하여 선출된다면, 사회민주당은 그 만큼 멀지 않은 시기에 다수파로 될 것이기 때

오스트리아 사회민주당의 전술적 문제를 이해하려면, 우리는 다음의 사실, 즉 오스트리아도 이미 자본주의적 발전의 두 **번째 단계**에 도달했다는 사실로부터 출발해야 한다. 모든 시민적 정당은 프롤레타리아 선거인의 표를 획득해야 하기 때문에, 노동자계급의 몇몇 요구를 대변하는 결정을 하지 않을 수 없다. 사회민주당은 오늘날의 의회에서 이미 상당한 세력이다. 사회민주당이 자신의 투표를 통해 서로 투쟁하고 있는 시민적 정당들 중 한 집단을 다수파로 만들 만큼 충분히 강력해지면, 바로 사회민주당도 최근 프랑스 사회민주당과 이탈리아 사회민주당을 몹시 동요시켰던 어려운 문제에 직면하게 될 것이다.

그러나 프롤레타리아트의 새로운 투쟁조건이 **국가**에 대한 노동자대중의 관계를 변화시킬 수 있기 전에, 이 새로운 투쟁조건이 **민족**들의 권력투쟁에 대한 사회민주당의 관계를 변화시킨다. 오스트리아에서 정치적 수정주의가 나타낸 최초의 형태는 **민족적 수정주의**라는 형태이다. 민족적 수정주의는 아직 당내의 한 집단으로까지는 실체화되지 않았지만, 오스트리아 프롤레타리아트의 개별 대의원의 의식 속에서 서로 다투고 있는 의지방향의 하나로서 이미 작용하고 있다.

오스트리아 사회민주당은 자본주의적 발전의 첫 번째 단계에서는 민족들의 권력투쟁에 전혀 관여하지 않았다. 그러나 노동자당의 권력이 성장하고, 노동자당이 모든 노동자층의 대표자로, 따라서 노동자층의 민족적 이익의 대표자로 될수록, 또한 의회에서 노동자당의 대표가 강력해지고, 노동자당이

문이다.
　정치적 수정주의가 독일에서 가능하게 되었을 때, 독일 노동자계급은 사회주의자진압법(Sozialistengesetze) 하에 있었다. 그러나 오늘날 정치적 수정주의는 더 이상 가능하지 않다. 왜냐하면 더 이상 프롤레타리아트의 개별 요구가 아니라, 국가 그 자체에 대한 지배가 문제로 되기 때문이다. **영국**에서는 반대이다. 대영제국은 경제적으로는 이미 세 번째 단계에 들어서 있지만, 정치적으로는 아직 두 번째 단계에 그치고 있다. 영국의 노동자대중은 아직 시민적 정당들을 따르기 때문에, 소유계급의 계급지배는 위험에 빠지지 않는다. 영국에서는 프롤레타리아트의 개별 경제정책적 혹은 사회정책적 요구를 둘러싸고 투쟁할 뿐이다. 이에 반해 **프랑스**와 **이탈리아**는 경제적으로도 정치적으로도 두 번째 단계의 성격을 띠고 있다. (원주)

의회에서 당파구성과 권력배분에 더 많은 책임을 지게 될수록, 그 만큼 더 노동자당은 민족적 권력투쟁으로 끌려들어갔다. 그러면 각 민족의 사회민주주의자는 그들에 의해 대표되는 노동자계급의 민족적 이해를 둘러싼 투쟁에서 자민족의 시민적 정당들을 자신의 동맹자로 간주하는 반면, 다른 민족의 모든 정당을 자신의 적으로 간주하게 된다. 어느 민족의 사회민주주의자는 우선 선거에서 자신의 민족적 요구를 이행할 수 없다고 생각하고, 다른 민족의 동지들에 반대하여 투표한다. 그리고 후에 그들은 자민족의 시민적 정당들과 하나가 돼서, 적대적 민족의 시민층과 노동자층에 반대하여 투표한다. 더욱이 그들은 마침내 자민족의 시민층과 제휴하여 지역과 주에서 공동으로 통치하는 동시에, 민족적 소수자를 공동으로 지배한다. 주민은 정치투쟁에서는 더 이상 민족별 집단으로 편성된 계급이 아니라, 계급적 정당으로 구성된 민족으로 구별된다. 계급대립은 민족 내부의 정당들을 구별하지만, 그러나 계급적 이해와 계급적 이데올로기의 공통성은 더 이상 모든 민족의 계급적 동포를 결합시키지 않는다.

    이러한 정책은 수정주의정책 일반의 개별적 사례에 불과하다. 왜냐하면 수정주의정책의 본질은 사회민주당이 더 이상 시민적 국가와 모든 시민적 정당에 대한 대립을 고집하지 않고, 시민적 국가를 공동으로 통치하기 위해 시민적 정당들의 일부와 동맹한다는 점에 있다면, 민족적 수정주의의 정책도 각 민족의 사회민주당이 다른 민족에 대한 공동의 권력투쟁을 수행하기 위해, 경우에 따라서는 다른 민족을 공동으로 지배하기 위해, 자민족의 시민적 정당들과 동맹하는 방향으로 나아가기 때문이다.

    민족적 수정주의는 먼저 과거의 **역사 없는 민족들**의 사회민주당 내부에서 등장한다. 여기서 민족적 수정주의는 이러한 민족들의 젊은 프롤레타리아트의 분위기를 지배하는 소박한 민족주의와 결합한다. 민족적 수정주의는, 오직 혹은 압도적으로 억압되고 착취되는 계급들로 구성된 민족들이 중요한 민족적 권리를 갖고 있지 않다는 사실 때문에, 강력한 것이다. 독일인 공업지역에서 일거리를 찾아야 하는 수천 명의 체코인 노동자가 그 지역에서 자식들을 위한 초등학교를 발견하지 못한다면, 또 독일인 부르주아지가 금권정치적인 지역의회선거권 덕분에 체코민족이 주민의 대부분을 구성하는 도시를 지배하면서 체코인 노동자의 자식들을 위한 중학교를 거부한다면, 그리고 체코인 노동자가 관청과 재판소에서 자신의 언어를 사용할 권리를 갖지 못한다면, 체코인 노동자당이 체코인 프롤레타리아트의 민족적 필요를 충족시키기 위해 투쟁해야 하는 것은 당연한 일이다. 그러한 투쟁을 수행하기 위해 체코인 노동자당은 민족적 권력투쟁에 관여하게 된다. 결과적으로 민족적 권력투쟁의 이데올로기가 노동자층에 침투하게 된다. 바로 사회민주당은 프롤레타리아트의 민족적 요구, 즉 초등학교와 중학교에 관심을 가질 뿐만 아니라, 김나지움과 대학에도 관심을 갖게 된다. 또한 사회민주당은 관청의 창구업무언어에 관심을 가질 뿐만 아니라, 내부관청어에도 관심을 갖게 된다. 민족적 권력투쟁에서 체코인의 시민적 정당들은 체코인 사회민주당의 자연스런 동맹자가 되고, 다른 민족의 모든 정당은 자연히 적이 된다. 그리고 오스트리아에서 민족문제는 언제나 가장 시급한 문제이기 때문에, 모든 정치문제는 민족적으로 가치가 평가된다. 그러므로 전체 체코민족은 때로 계급별 분파로 분열하는 경우가 있지만, 하나의 통일된 정치단체로 나타난다.

민족적 수정주의는 점차 과거 **역사적 민족**의 프롤레타리아트 속에도 침투한다. 여기서 민족적 수정주의는 이민족의 임금압박자와 파업파괴자에 대한 독일인 노동자의 천박한 증오와 결부된다. 또한 민족적 수정주의는 시민적 요소의 민족주의, 특히 시민적 민주주의에서 프롤레타리아 민주주의로 발전한 영향력이 큰 지식인의 민족주의에 의해 육성된다. 그러나 그것의 가장 강력한 추진력은 역사 없는 민족의 사회민주당이 취하는 수정주의정책에 대한 반작용이다.

역사 없는 민족의 자각은 정치생활에서 이들 민족의 힘의 지속적인 성장으로 나타난다. 프롤레타리아트의 입장에서 보면, 이 현상은 결코 슬퍼할 만한 일은 아니다. 왜냐하면 지배계급을 갖지 못한 민족들은 문화를 갖지 못하고 무력했기 때문이고, 노동인민이 그 시대의 문화로부터 배제되고 국가 내부에서 권력 없는 상태에 놓여 있었기 때문이다. 따라서 역사 없는 민족의 힘의 성장은 하층계급의 사회적, 정치적 도약을 반영한다. 그러나 무지했고 그래서 민족적 권력투쟁의 이데올로기에 의해 영향을 받는 사람들, 즉 모든 현상을 직관적으로 파악할 뿐 개념적으로 파악할 수 없고 또 민족적으로 가치를 평가할 뿐 사회적으로 가치를 평가할 수 없는 사람들은 이러한 연관을 이해할 수 없다. 이러한 사람들에게 다른 민족의 힘의 성장은 자민족의 힘의 쇠퇴로 보인다. 그리고 이제 독일인 노동자는 체코인 동지들이 체코민족의 권력투쟁에 무관심하지 않고 체코민족의 힘을 의식적으로 발전시키는 것을 본다. 결과적으로 독일인 노동자도 마찬가지로 행동하려는 기분이 들지 않을까? 독일인 노동자도 민족적 권력투쟁을 독일인과 함께 수행하고, 독일인민의 민족적 재산을 옹호하기 위해 독일인의 시민적 정당과 제휴하기를 결정하지 않을까?

모든 민족에게 수정주의적 운동은 결국 민족적 이데올로기의 영향력을 통해 강화될 것이다. 각 시대의 지배적 이념은 그 시대의 지배계급의 이념이다. 프롤레타리아트도 시민층의 민족적 이데올로기의 힘으로부터 벗어날 수 없다. 시민적 정당은 이러한 사실을 충분히 이용할 줄 안다. 시민적 정당은 사회민주당이 민족의 운명에 대해 무관심하거나 민족적으로 배신한다고 비난함으로써, 프롤레타리아트의 시민적 민족주의를 지지하는 일부 사람들을 계급투쟁으로부터 멀어지게 만든다. 이러한 비난은 정치적 계급투쟁에서 프롤레타리아트에 반대하는 소유계급의 가장 위험한 투쟁수단이다. 우리는 민족적 권력투쟁에 참가하기를 결정한다면, 소유계급으로부터 이 가장 강력한 무기를 빼앗을 수 없을 것이다. 민족적 수정주의의 전술은 이러한 방법으로 사회민주당의 가장 중요한 과제, 즉 모든 시민적 정당으로부터 노동자층을 분리하고 프롤레타리아트를 계급으로서 형성하는 과제에 봉사하지 못할 것이다.

그러나 민족적 수정주의가 오스트리아의 정치적 힘관계에서 필연적으로 생기는 것과 마찬가지로, 그것과 투쟁하는 반대경향도 그로부터 필연적으로 생긴다. 왜냐하면 수정주의의 전술은 프롤레타리아트의 힘을 해치기 때문이다.

우선 민족적 수정주의는 **당의 통일**을 파괴한다. 독일인 동지들이 체코인 동지들과 마찬가지로 자민족의 권력투쟁에 참가하고, 민족의 적에 대하여 자민족의 시민적 적과 제휴한다면, 양자가 민족투쟁의 장에서 서로 독립적으로, 때로 적대적으로 나아간다면, 독일인 사회민주당원과 체코인 사회민주당원은 더 이상 하나의 당 테두리 속에 존재할 수 없게 된다. 당이 독립된 민족별 노동자당으로 분열하는 것은 노동자계급의 상당한 힘의 손실을 의미한다. 오스트리아 사회민주당의 위대한 명성은 적지 않게 이 당이 모든 시민적 정당을 좌초하게 만든 민족적 어려움을 극복할 줄 안다는 사실에 의거한다. 오스트리아 사회민주당의 힘은 적지 않게 모든 민족의 프롤레타리아트의 통일적 행진에, 즉 오스트리아 사회민주당이 어떤 경우에도 모든 민족의 시민적 정당에 대해 모든 민족의 같은 노동자를 대치시킬 수 있다는 사실에 의거한다. 우리는 비인과 그라츠(Graz) 그리고 브륀과 라이헨베르크(Reichenberg)에서는 독일인 선거권의 적에 대해, 프라하에서는 체코인 선거권의 적에 대해, 트리에스트(Triest)에서는 이탈리아인 선거권의 적에 대해, 승리했다는 사실을 잊어서는 안 된다! 독립적인 민족적 정당들이 하나의 통일적 행동으로 결집할 수 있다고 생각해서는 안 된다! 오스트리아에서 모든 정치적, 경제정책적, 사회정책적 문제는 민족적 의의를 띠게 된다. 시민층의 민족적 권력투쟁의 분위기와 사상에 완전히 지배되고 있는 체코인 사회민주당은 체코민족으로부터 그렇게 많은 민족적 희생을 요구하는 선거법개정투쟁에서 자신의 의무를 다할 수 있을까?

그러나 민족적 수정주의는 당의 통일을 파괴할 뿐만 아니라, 우리가 이미 알고 있듯이, **노동조합운동의 통일을**, 그리고 아마도 **협동조합운동의 통일**을 파괴할 것이다. 오스트리아의 독일인 사회민주당 내부의 민족적 수정주의자들이 노동조합을 파괴하는 체코인 동지들의 정책을 비난한다면, 그들은 자신의 정책의 필연적 결과와 투쟁하는 것이다! 민족적 수정주의는 프롤레타리아 경제투쟁의 조건에 적합하지 않은 형태를 강제함으로써, 노동자계급의 경제적 힘을 줄이고 노동자계급에게 중대한 경제적 희생을 부과하게 된다.

그러나 민족적 수정주의는 이미 쟁취한 프롤레타리아 힘의 합목적적인 이용을 어렵게 할 뿐 아니라, 계속적인 권력형성의 과정을 방해한다.

민족적 발전의 현상은 사회적, 정치적 발전과 관계없는 독립적 생명을 가진 것이 아니라, 국가와 사회의 특유한 발전형태를 표현한다. 사회민주당이 민족적 현상을 민족적 권력투쟁의 관점에서 평가하려고 한다면, 그 평가는 드물지 않게 사회민주당에게 특유한 사회적, 정치적 요구와 모순에 빠지게 될 것이다.

민주주의는 다수자지배이다. 우리 민족의 권력이 소수자의 특권에 의거하고 있는 곳에서 우리는 어떻게 결정해야 할 것인가?

프롤레타리아트는 모든 금권정치와 투쟁한다. 우리 민족의 권력이 대토지 소유자와 부르주아지의 특권에 의거하는 있는 곳에서 우리는 어떻게 결정해야 할 것인가?

노동자계급은 토지에 대한 인간의 지배력에서 토지 없는 사람들에 대한 토지소유자의 지배를 은폐하는 법질서를 비난한다. 우리는 이민족 이주자에 대한 우리 민족구성원인 토착주민의 지배를 어떻게 평가해야 할 것인가?

모든 민족의 노동자계급의 진보는 다른 민족의 프롤레타리아트의 발전을 통해 한정된다. 우리는 다른 민족의 노동자의 문화적 발전을 지원해야 할 것인가, 그렇지 않으면 우리 민족의 힘에 대한 침해로서 투쟁해야 할 것인가?

프롤레타리아트는 "출생과 성별, 소유와 출신의 특권과 마찬가지로 민족의 특권"을 비난한다. 그러나 모든 민족적 권력투쟁의 최종 목표는 다른 민족에 대한 자민족 지배의 유지 혹은 정복이다.

그리하여 사회민주당은 수정주의 전술을 통해 독특한 상태에 빠진다. 사회민주당은 민족적 권력투쟁에 관여하지만, 그러나 경제적 착취와 정치적 억압의 기초 위에 서 있기 때문에, 민족적 폭력을 용인하는 시민적 정당만큼 극단적으로 나갈 수는 없다. 사회민주당이 정치개혁과 사회개혁을 쟁취하기 위해 시민적 정당과 동맹한다면, 사회민주당은 언제나 이 동맹의 가장 급진적이고 활동적인 집단으로서, 즉 이 동맹의 다른 집단을 선도하는 집단으로서 나타난다. 이에 반해 어느 민족의 사회민주주의자가 민족적 권력투쟁을 수행하기 위해 자민족의 시민적 동포와 동맹한다면, 사회민주당은 동맹정당 중 가장 온건한 집단으로서 나타난다. 이때 시민적 정당은 사회민주당보다 더 급진적으로 보이게 되고, 그들의 모든 요구가 승리하게 된다. 사회민주당은 자신의 깃발 아래 우리 사회의 혁명적 계급, 즉 "급진적 사슬"을 갖고 있는 계급을 결집하려고 한다. 이러한 사회민주당의 역사적 입장과, 정치생활을 거의 언제나 지배하고 거의 완전히 충족시키는 중요한 문제에서 다른 정당과 단지 **온건함**과 **신중함**을 통해서만 구별되는 하나의 당으로서 나타나는 것은 어울리는 것일까?

그러나 우리의 민족정책이 시민층의 정책으로부터 단지 온건함의 정도를 통해서만 구별된다면, 우리와 민족적 정당 사이에는 더 이상 어떤 질적 차이도 존재하지 않고, 단지 양적 차이만이 존재할 것이다. 그렇다면 우리의 길이 시민적 민족주의자의 길과 분리되는 곳에서도, 우리는 민족적 권력투쟁에서 어디까지 시민층을 추종해야 할 것인가 하는 점이 구체적인 개별적 사례에서 언제나 문제가 될 것이다. 그래서 민족적 수정주의는 동요하기 쉽고 불확실하고 소심한 전술로 이끌며, 피착취자와 무산자가 세계의 보물을 획득하는 데 대중정당에 가장 어울리지 않는 투쟁방법으로 이끈다.

그리하여 민족적 수정주의는 당에 유해하다. 이 민족적 수정주의에 대해 필연적으로 대치할 수 있는 것은 **원칙적인 국제주의적 전술**의 지향이다. 즉 민족문제의 결정을 회피하지 않고 프롤레타리아 대중을 민족적 권력투쟁으로부터 분리해내는 투쟁방법과, 오히려 시민층의 민족적 권력투쟁에 대해 사회민주당의 민족강령 원칙을 대치함으로써 점차 우리 강령의 요구를 대중의 확실한 재산으로 만드는 투쟁방법으로의 지향이다.

예를 들면 체코어를 내부 관청어로 하려는 체코인 시민층의 요구가 문제로 된다면, 독일인 사회민주주의자와 체코인 사회민주주의자는 다음과 같은 입장을 보일 것이다. 즉 이 문제의 해답은 두 민족의 외적 크기는 물론 문화적 발전에 의존하지 않는다. 또 내부 관청어를 둘러싼 투쟁은 노동자계급의 이해에 달린 것이 아니라, 단지 지식인 내부의 경쟁투쟁을 숨길 뿐이다. 그들이 어떤 언어를 사용하더라도 관료제적 행정은 노동자계급에게 타자지배를 의미한다. 따라서 관료제적 행정을 민주적 자치행정으로 바꿈으로써 민족문제를 해결할 수 있다.

뵈멘에서 행정구역과 재판관할구역을 민족별로 구분하려는 독일인 시민층의 요구가 문제로 된다면, 체코인 사회민주주의자는 체코인 시민층과 대립할 것이다. 체코인 사회민주주의자는 주를 분열시키는 그러한 어리석은 제안에 대해 민족을 분열시킨다는 더 심한 비난으로 대응할 것이다. 또한 그는 언어영역의 법적 구분이 민족별 자치행정의 필연적인 전제임을 보여줄 것이다. 한편 독일인 사회민주주의자는 독일인 시민층에 대해 뵈멘에서 스스로 요구하고 있는 것을 슈타이어마르크나 티롤에서는 소수자에 대하여 거부하고 있지 않은가 하고 비난할 것이다. 그리고 독인인 사회민주주의자는 법적으로 구별된 민족들의 거주지역에서 민주적 지방행정이 실시되지 않으면, 민족구별은 무의미하다는 사실을 보여줄 것이다. 또한 독일인 사회민주주의자는 민족적 구분이 민족별 자치행정의 기초가 되고, 민족적 소수자를 예속하기 위한 수단으로 되지 않기를 요구할 것이다.

민족적 소수자의 권리에 관해 논쟁한다면, 독일인 사회민주주의자와 체코인 사회민주주의자는 자민족의 시민층에 대하여, 스스로가 자기 지역의 이민족 소수자로부터 권리를 빼앗고서 자민족 소수자의 무권리상태를 비난할 자격은 없다고 비난할 것이다. 또한 그들은 자신의 민족적 소수자의 손해로 인한 자민족 인구수의 감소를 불평하면서도, 자민족의 성장이 자본주의적 착취의 파괴적 작용을 통해 어떻게 방해되더라도 태연하게 방관하는 시민층을 비난할 것이다. 더욱이 그들은 이민족 이주자에 대한 억압이 소작인에 대한 토지소유자의 지배로부터 생기고 있음을 보여주는 한편, 모든 민족의 프롤레타리아트는 다른 민족의 노동자계급의 진보를 통해 발전될 수 있음을 보여줄 것이다. 마지막으로 그들은 민족들의 자치조직의 형성만이 어려운 민족적 소수자문제를 평화적으로, 더욱이 모든 민족에게 이익이 되도록 해결할 수 있음을 증명할 것이다.

그래서 우리는 소유계급이 계급투쟁과 경쟁투쟁을 민족적 권력투쟁의 형태로 은폐한다는 사실을 보여줌으로써, 비로소 **민족투쟁의 사회적 뿌리**를 발견하게 된다. 이렇게 프롤레타리아 계급투쟁만이 모든 민족에게 자유로운 자치행정을 쟁취하게 해주고, 사회주의만이 민족적 문화공동체를 실현하고 민족성원리를 관철할 수 있게 해준다는 사실을 증명함으로써, 비로소 우리는 **계급투쟁의 민족적 내용**을 밝히게 된다. 보통 우리는 프롤레타리아트의 통일을 일치된 투표를 통해 확증할 수 있다. 그러나 비록 체코의 동지들이 체코 시민층과 함께 투표하고 독일인 사회민주주의자가 독일인 시민층과 함께 투표하더라도, 위에서의 논의가 통일된 프롤레타리아 정책의 불가능성은 단지 중앙집권적-원자론적 국가제도의 모순으로부터 생긴다는 사실을 보여준다면, 또한 다양한 민족의 프롤레타리아트 사이의 분열은 각 민족의 노동자계급과 그 민족의 소유계급을 구별하는 거대한 분열보다 훨씬 작다는 사실을 분명하게 보여준다면, 이러한 투표행동은 프롤레타리아트 운동의 통일에 더 이상 위험한 것이 아니다.

이러한 정책은 프롤레타리아트의 힘을 증대시킨다. 이러한 정책은 당의 통일을 보장하고, 노동조합과 협동조합의 순조로운 통일적 건설을 보장한다. 또한 이러한 정책은 시민적 정당에게 우리의 민족강령에 대한 입장을 강제하고, 민족자치의 실현을 준비하게 해준다. 이 정책은 민족들의 성장과 문화적 발전이 민족적 분쟁보다 훨씬 정치적, 경제정책적 그리고 사회정책적 조치에 의존한다는 사상을 대중의 것으로 만들고, 그것을 통해 많은 민주적, 사회정책적 개혁을 촉진하는 동시에, 카르텔재벌과 농업경영자 그리고 동업조합의 반노동자적 경제정책을 방해하도록 만든다.

그러나 원칙적 정책(prinzipielle Politik)은 프롤레타리아 계급의식의 발전을 촉진하고, 따라서 노동자계급의 힘의 미래적 증대를 위한 기초가 된다. 왜냐하면 이제 우리는 더 이상 다른 정당과 같이 민족적 정당이 아니며, 우리의 민족정책도 시민적 민족정책과 양적으로는 물론 질적으로도 다르게 나타나기 때문이다. 원칙적 정책은 노동자대중의 지지를 확실하게 만들고, 프롤레타리아트의 혁명적 신념과도 일치한다. 왜냐하면 이제 우리는 더 이상 민족투쟁의 장에 등장하는 모든 정당 중에서 가장 온건한 당이 아니라, 가장 급진적인 당이기 때문이다. 우리만이 모든 민족의 문화공동체의 확대를 쟁취할 수 있고 또 그것을 바랄 수 있기 때문이다. 우리만이 전체 인민을 민족적 문화공동체로 편입하고, 모든 민족에게 정치적 통일과 자유를 보장하려고 하기 때문이다.

그러나 정치적 수정주의가 자본주의적 발전의 두 번째 단계에서 없어지지 않고 언제나 새롭게 혁명적인 비타협적 전술에 의해 극복되어야 하듯이, 오스트리아에서도 이 발전단계의 민족적 수정주의는 민족자치가 실현되지 않는 한 사라지지 않는다. 민족적 수정주의와 원칙적인 국제주의적 전술 (prinzipielle internationale Taktik)의 대립은 노동자계급이 중앙집권적-원자론적 국가제도에 복종하면서도 그것에 참을 수 없다는 사실로부터 생긴다. 중요한 것은 원칙적 전술의 대표자가 어떤 순간에도 민족적-수정주의적 운동이 프롤레타리아 운동의 통일을 파괴하지 못하도록 할 만큼 충분히 수적으로 많고 활동적이라는 점뿐이다.

우리가 민족문제에 대한 입장을 회피하고 우리 진영 내부의 의견 차이를 숨긴다면, 우리는 오스트리아 사회민주당의 통일을 지킬 수 없다. 오히려 원칙적 토론을 통해 조직된 당의 동지들의 의견 차이를 분명히 하고, 그들에게 이 어려운 논쟁문제에 대해 익숙하게 만들고, 결정을 내리는 것이 중요하다. 우리는 이러한 방법에 의해서만 천천히 모든 민족의 사회민주주의자의 의견일치에 도달할 수 있다.

우리는 먼저 민족적 소수자를 공법적 단체로서 조직하는 요구를 내세우면서 우리의 **민족강령**의 분열된 틈을 메워야 한다. 둘째, 우리는 우리 의회의 대표자와 우리 당신문이 **원칙적인 국제주의적 전술**에 의무적으로 책임을 지도록 해야 한다. 이러한 방식으로 행동의 통일이 확보되면, 우리는 원칙적인 국제주의적 전술을 우리의 **정치조직에도 적용**해야 한다. 우리는 개별 지역과 선거구, 주에서 다양한 민족의 사회민주당조직의 유기적 연합을 위해 노력을 다해야 한다. 다양한 민족의 조직이 활동하고 있는 모든 지역과 선거구, 주에는 하나의 전체조직(Gesamtorganisation)이 존재하고, 이 전체조직은 각각의 민족별 조직에서 조직된 동지들 수에 따라 대표되어야 한다. 공적 선거에서의 당의 활동, 시위 등에 관한 전체조직의 결정은 민족의 구별 없이 모든 당의 동지들을 묶는다. 그 밖의 다른 점에서 민족별 조직의 자치는 불가침 상태로 유지된다. 마지막으로 **노동조합운동**의 통일적인 중앙집권적 발전과

소비조합의 국제적 조직이 확보되어야 한다. 이러한 기초 위에서 협조를 쟁취하는데 성공한다면, 1897년과 1899년의 당대회에서 개척된 작업이 완성되고, 오스트리아의 프롤레타리아트는 하나의 강력한 전체조직으로 융합하게 될 것이다. 그리고 **하나의** 전체의지가 전체조직을 지배하지만, 그것은 각각의 민족별 조직의 성장을 방해하는 것이 아니라 민족별 조직을 강력하게 촉진할 것이다.

그러나 비록 그러한 협조에 성공하지 못하고 또 민족적 수정주의가 실제로 당을 완전히 독립된 다수의 민족별 노동자당으로 분열시키더라도, 이러한 분열은 일시적인 것으로 그칠 것이다. 민족적-수정주의적 정책의 유해한 작용이 눈에 보이게 되면, 개별 사회민주당 내부에서 수정주의에 대한 반대운동이 즉각 강력해질 것이다.

노동조합원은 이러한 반대운동의 핵심부대가 될 것이다. 노동조합원은 당의 분열이 노동조합의 분열을 가져올 것을 즉각 이해하게 될 것이다. 프롤레타리아트의 **혁명적 신념**으로 충만한 사람들, 혁명적 사회민주당이 다른 정당들처럼 민족적 정당이 되더라도 시민적 정당과 단지 정치적 온건함을 통해 구별된다는 사실에 대해 참을 수 없는 사람들이 그러한 노동조합원과 동맹할 것이다. 민족적 수정주의는 단지 소수의 노동자층에게만 민족적 이익을 가져다 줄 뿐이고, 반면에 전체 프롤레타리아트의 힘을 감퇴시켜, 전체 민족의 문화적 발전을 방해한다는 사실을 충분히 잘 알 수 있는 **냉정한 사람들**이 그들에게 가담할 것이다. 마침내 오스트리아의 미세한 민족투쟁을 우리 시대의 모든 문화국가가 경험하고 있는 커다란 사회적 변혁과정의 하찮은 동반현상으로서 파악할 수 있는 **지식인**이 그들에게 가담한다. 이러한 방향의 힘은 오스트리아가 점차 민족자치로 발전함으로써, 또 자본주의적 발전의 세 번째 단계로 접근함에 따라 계급대립이 첨예화됨으로써, 마침내 외국 프롤레타리아트의 사상세계가 오스트리아 노동자에게 영향을 미침으로써, 강력하게 될 것이다. 왜냐하면 오스트리아 사회민주당이 민족적 권력투쟁의 이데올로기로 충만해 있는 반면, 런던, 베를린, 파리, 로마에서는 제국주의에 대한 투쟁에서 국제주의적 연대의 사상이 더욱 결정적으로 되고 있다면, 우리 자신은 비록 형식적으로는 프롤레타리아 국제주의의 사회로부터 배제되지는 않았을지라도, 정신적으로는 배제되었기 때문이다.

그러나 프롤레타리아 운동의 통일을 유지할 것인가, 그렇지 않으면 당과 노동조합이 분열되고 냉혹한 투쟁을 거쳐 민족적 파편의 재통합을 비로소 달성할 것인가는 오스트리아 노동자계급에게 무관심할 수 없는 문제이다.

우리는 독일민족의 조직된 당의 동지들 중 압도적 다수가 당과 노동조합의 통일을 바랄 것이라고 확신한다. 이러한 동지들은 민족적 수정주의가 불가피하게 프롤레타리아 운동을 분열로 이끈다는 사실을 우려할지 모른다! 그러나 민족적 수정주의는 최근 오스트리아에서 독일인 사회민주당의 내부에서도 강화되었다. 당신문에서의 민족문제에 대한 불확실하고 동요하는 평가와 많은 불명확한 미사여구 속에서 민족적 수정주의는 최초의 표현을 발견했다. 다음에 민족적 수정주의는 매우 많은 동지들의 생각을, 민족적 권리를 둘러싼 체코인 노동자층의 투쟁이 독일인 사회민주당에게도 나쁘지 않다는, 견해로 바꾸게 만들었다. 그래서 우리의 당신문은 당초 이 투쟁을 무시했고, 몇몇 독일인 동지들도 이 투쟁에 반대했다. 독일인 사회민주주의자와 체코인 사회민주주의자가 서로 완전히 분열해서 행군하고, 공적 선거에서 어느 도시의 독일인 소수자가 체코인 다수자의 결정에 더 이상 구속받지 않겠다고 생각하고, 조직된 동지들의 다수파가 결정한 행동(전술적으로 옳은가 그른가에 관계없이)에서 일탈하더라도, 그러한 생각과 행동은 아주 일관된 것으로 보였다. 우리가 이러한 길을 거쳐 어디로 가고 있는가 하는 것은, 몇몇 지역의회선거에서 독일인 노동자가 독일인 시민층과 함께 체코인 노동자와 체코인 시민층에 반대하여 투표했을 때 나타났다. 우리는 이러한 현상을 이해해야 하지만, 결코 인정할 수 없다. 독일인 사회민주당의 내부에도, 체코인 사회민주당이 이미 많은 사람들을 획득한 그러한 전술을 따르는 동지들이 있다. 그렇지만 당 내부에서는 **독일인과 체코인 사이의 대립은 전혀 문제가 되지 않으며, 단지 민족적-수정주의적 전술과 원칙적인 국제주의적 전술 사이의 투쟁이 문제가 되고 있을 뿐이다. 그리고 이 대립은 사회민주당의 각 민족집단 내부에서 결판내야 할 문제이다. 우리 자신의 대열 속에 있**

는 민족적 수정주의를 타파하지 않으면, 우리는 당과 노동조합을 분열시키고 있는 몇몇 체코인 동지들의 정책과 효과적으로 투쟁할 수 없다! 독일인 사회민주당은 당과 노동조합의 통일을 옹호하려면, 몇몇 체코인 동지들의 민족적-수정주의적 전술에 대하여 원칙적인 국제주의적 전술로 대치해야 한다.

이러한 정책 때문에 우선 많은 의석이 위협받게 될지도 모른다. 그러나 이러한 의석이 노동자계급의 경제적, 정치적 힘의 쇠퇴를 통해 획득된 것에 불과하다면, 이러한 의석은 쓸모없는 것이다. 그러나 프롤레타리아 대중의 혁명적 신념에서 생기고, 그들의 계급적 이익을 촉진하고, 그들의 계급적 도덕을 표현하는 정책은 반드시 프롤레타리아 대중의 박수갈채를 받게 될 것이다.

우리를 민족적으로 무관심한 사람, 아니 민족적 이익에 대한 배신자로 비난하는 사람들의 중상모략에 대해, 우리가 민족의 발전과정에서 프롤레타리아 계급투쟁의 역사적 과제를 이해한다면, 우리는 조금도 두려워할 필요가 없을 것이다.

씨족공산주의의 해체 이래 민족은 민족동포와 민족의 예속민으로 구별되고, 단지 느슨하게 결합된 제한된 지역적 집단으로 분해되었다. 비로소 사회적 생산의 발전이 다시 전체 민족을 하나의 통일적 문화공동체로 통합하였다. 우리는 자본주의사회 내부의 계급투쟁을 통해 민족문화공동체를 확대하고, 마침내 사회적 생산의 자본주의적 외피를 폭파함으로써, 통일적이고 자치적인 민족적 교육공동체, 노동공동체, 문화공동체를 실현할 수 있는 발전국면에 서 있다.

민족의 예속민에 대한 민족동포의 지배는 역사 없는 민족을 역사적 민족의 **이민족지배**에 복종시켰다. 민족이 제한된 지역적 집단으로 분해하는 것에 민족의 국가적 분열, 즉 정치적 **분립주의**의 기초가 있다. 사회적 생산의 발전이 비로소 민족성원리, 즉 내적 공동체가 외적 권력의 기초로 되는 요구를 낳는다. 민족성원리를 아직 국가형성의 원리로서 관철할 수 없는 곳에서, 우리는 이미 자본주의사회의 내부에서 민족성원리를 국가제도의 준칙으로 만듦으로써 이러한 발전국면에 헌신한다. 우리는 마침내 사회적 생산을 자본주의적 형태로부터 해방하여, 모든 민족에게 하나의 통일적이고 자유로운 공동사회의 존속을 보장함으로써, 민족성원리의 최종적 승리를 쟁취할 것이다.

　이렇게 우리는 프롤레타리아트를 계급국가와 계급사회에 반대하는 투쟁으로 이끌면서 우리의 민족적 과제를 해결한다. 그러므로 프롤레타리아 계급투쟁의 하나의 요구인 원칙적인 국제주의적 정책은 우리 민족정책의 하나의 수단이다. 우리는 우리의 민족적 문화재를 전체 인민의 재산으로 만들고, 우리 민족으로 하여금 통일과 자유를 쟁취하도록 하기 위해, 모든 민족의 프롤레타리아트를 통일적 의지를 가진 하나의 강력한 단체로 통일해야 한다.

역자 해설

오토 바우어의 <민족문제와 사회민주주의>는 거의 100년이 된 책이지만, 고전으로서는 물론 지금도 최고의 책이다. 오스트로 맑스주의자로서, 혁명가로서 성공하지 못했다는 이유 때문에 오랫동안 세인의 주목을 받지 못했을 뿐, 바우어의 본서는 민족문제에 관한 한 최고의 책이다. 동서냉전이 끝나고 현실사회주의든, 정통맑시즘이든, 유로코뮤니즘이든 모든 이데올로기가 붕괴된 이후 바우어가 제대로 보이기 시작했다. 오히려 동서냉전질서와 이데올로기에 가려져 있던 민족문제가 다시 발흥하면서 바우어의 본서가 새로운 조명 속에서 주목받게 되었다. 그것은 본서의 번역상황을 보는 것만으로 충분하다. 서구어로 된 최초의 번역은 1979년의 스페인어 번역이다. 그 다음은 1987년의 프랑스어 번역이다. 최근 들어 이탈리아어 번역(1999)과 영어 번역(2000)이 차례로 출판되었다. 일본어 번역은 2001년에 이루어졌다.

최근 들어 세계 각국에서 앞 다투어 번역되고 있는 본서의 고전적 위상에서 볼 때, 한국어로 된 번역도 반드시 필요하다. 본서의 저자인 오토 바우어는 당대 최고의 맑스주의자임에도 불구하고, 맑스와 엥겔스, 레닌은 물론이고 수많은 서구 맑스주의자와 달리 우리나라에 전혀 소개되지 않았기 때문이다. 또한 본서는 맑스주의를 떠나 민족문제에 관한 저작 중에서도 가장 내용이 풍부하고, 오늘날 보더라도 여전히 배울 것이 상당히 많음에도 불구하고, 한 번도 우리에게 소개되지 않았다. 이러한 민족문제에 관한 최고의 이론서이자 고전인 오토 바우어의 본서를 한국어로 번역, 소개하는 것은 큰 의미가 있을 것이다.

민족문제에 대한 논의의 출발은 바우어의 본서에서 출발한다. 본서는 민족의 역사에 관한 최고의 이론서이기 때문이다. 본서는 민족의 역사를 분화과정과 통합과정이라는 양 측면에서 동시에 분석하고 있다. 또한 민족의 성격을 운명공동체나 언어공동체의 측면에서만이 아니라 역사적으로 구성된 문화공동체의 측면에서 다루고 있다. 나아가 다양한 민족이론들과 대결하고 있다. 즉 민족의 형이상학적 이론(민족적 유심론과 민족적 유물론), 민족의 심리학적 이론(심리학적-주지주의적 이론과 심리학적-주의주의적 이론), 민족의 경험주의적 이론 등을 비판하면서 자신의 유물사관(경제사적 분석)에 입각한 합리적 민족이론을 대안으로 내세운다. 한 마디로 민족을 운명공동체로부터 생긴 성격공동체로서 파악한다. 그러면서 합리주의적 가치평가를 기초로 민족주의적 가치평가를 비판하고, 진보적 민족정책을 토대로 보수적 민족정책을 비판한다. 또 지역원리에 기반한 자치냐 개인원리에 기반한 자치냐 하는 실천적인 논쟁까지 다루고 있다. 이것을 위해 바우어는 당시 과학 발전의 최고의 지식(생물학에서 사회학까지)을 활용하여 분석하였고, 다양한 분과 학문들을 종합적으로 적용하여 분석하였다. 무엇보다 전 유럽의 역사를 아우르는 방대한 설명과 분석은 본서를 최고의 지적 수준으로 끌어올려 주고 있다.

이렇게 본서는 민족에 관해서 논의할 수 있는 거의 모든 측면을 다루고 있어 과거는 물론 오늘날의 민족문제를 생각하기 위한 다양한 재료를 본서 속에서 지금도 여전히 발견할 수 있다. 우리는 본서를 다양한 접근방식 및 문제의식 속에서 읽을 수 있다. 한편 오스트리아 역사 및 유럽사와 맑스주의 및 사회주의 역사의 역사적 문맥 속에서, 나아가 맑스주의 이론의 새로운 가능성이라는 관점에서도 읽을 수 있을 것이다. 또 오늘날까지도 계속되고 있는 민족 간 분쟁을 재해석하는 관점에서도 읽을 수 있을 것이다. 우리는 바우어의 이 저작이 그러한 다양한 독서방식을 촉발한다는 점에서 진정으로 고전에 어울린다고 평가할 수 있을 것이다. 아니 현재까지도, 아니 현재야말로 그 진가를 발휘하고 있는 본서는 고전으로 볼 필요도 없을지 모른다.

본서의 저자인 오토 바우어는 1881년 9월 5일 비인에서 태어났다. 아버지는 유대인으로 부유한 공장주였다. 비인대학에서 법학생으로 공부하면서 사회주의 서클에 참여했다. 이 서클에는 훗날 오스트로 맑스주의자로 불리게 될 인물들이 많이 있었다. 그들은 당시 사회주의자가 직면했던 다양한 문제에 관해 논의했고,

각자의 문제들에 관해 깊이 있게 공부했다. 특히 베른슈타인이 제기한 맑스주의의 수정과 수정주의논쟁으로 촉발된 과제, 즉 맑스주의를 단순히 옹호하는 것만이 아니라 시대의 요구에 맞춰 발전시켜야 한다는 과제가 그들의 관심사가 되었다. 그들은 각자 나름의 분야를 갖고 있었다. 예를 들면 칼 레너는 국가법학, 막스 아들러는 철학, 힐퍼딩은 경제학 그리고 바우어는 사회학이었다. 그들은 신칸트학파나 마하주의의 영향을 받는 등 맑스주의의 기존 틀과 방법론에도 불구하고, 유연한 자세로 맑스와 엥겔스가 남긴 문제들을 다루었다. 바우어는 1차대전 이후 오스트리아 사민당의 사실상 최고지도자가 되었고, 공산주의(소련식 볼쉐비즘)나 개량주의 어디에도 속하지 않는 민주주의적 사회주의의 길을 추구했다. 바우어의 민주주의적 사회주의의 노선은 오스트로 맑스주의라고 불려진다. 바우어는 국민의회 선거에서 약 40%를 득표한 현실에서 오스트리아 사민당을 이끌고 의회를 통해 권력을 장악하려고 했다.

바우어는 본 저작 때문에 일반적으로 민족문제의 전문가로 간주되지만, 사회주의자로서 경제학, 사회학, 정치학, 역사학의 분야에 걸쳐 폭넓은 이론적 활동을 수행했다. 1912년 이후 오스트리아 사민당 중앙기관지 <아르바이터 차이퉁>의 편집위원이 되어 언론인으로서도 활약했다. 1920년대부터는 당대회에서 중요한 보고자로서 등단했다. 그의 저서, 논설, 연설, 편지 등은 오늘날 <오토 바우어 저작집>(Otto Bauer Werkausgabe, 전 9권)으로 정리되어 있다. 본서 <민족문제와 사회민주주의> 이외의 주요 저작에는 다음과 같은 것들이 있다.

  Der Weg Zum Sozialismus, Wien 1919
  Bolschewismus oder sozialdemokratie?, Wien 1920
  Die österreichische Revolution, Wien 1923
  Zwischen zwei Weltkriegen?, Bratislava 1936

본서 <민족문제와 사회민주주의>는 원래 바우어가 25살 때 쓴 대학 학위논문을 발전시킨 것이다. 본서는 젊은 오스트로 맑스주의자로서 활동하던 당시 바우어의 기념비적 작품이며, 또한 그의 생애에 걸친 주저이기도 하다. 본서의 출판을 통해 바우어는 일약 민족문제의 탁월한 전문가로 주목을 받게 되었다. 바우어는 본서 이외에도 소책자, 저서, 많은 논문을 발표하고, 오스트리아 민족문제의 역사에 관한 고찰을 심화시키고, 그때그때의 정세의 변화에 따라 민족문제에 관해 새로운 논의를 제기하였다. 그러나 본서가 민족문제에 관한 그의 대표적 저작을 이루고, 원점을 이룬다는 것은 틀림없다.

바우어가 본서를 구체적으로 구상하기 시작한 것은 늦어도 1906년 초, 그의 박사학위 취득 전후의 시기였다. 1906년에 그는 오스트리아 사민당 내 독일인과 체코인의 대립 격화를 우려하면서 맑스주의자로서 실천적 과제에 대응하기 위해 민족문제에 관해 "논문이나 소책자를 몇 가지 쓰려고 결심했다"라고 적고 있다. "논문이나 소책자"라는 당초의 예정은 본서에서 보듯이 그것을 훨씬 넘는 대작으로 발전했다. 본서를 본격적으로 쓴 것은 아마 1906년일 것이다. 왜냐하면 본서 제1판 서문에서 바우어 자신이 1906년에 저서의 대강을 쓰고 인쇄에 부쳤는데, 외적인 사정으로 출판이 지연되었다고 서술하고 있기 때문이다. 그는 같은 해 박사학위를 취득했지만, 이 박사논문을 위해 본서의 문화 및 역사에 관한 장의 몇 부분을 쓰고 있었다. 이 시기 바우어는 아버지의 희망에 따라 변호사자격을 취득했기 때문에, 법원에서 사법연수생의 생활을 보내야 했다. 시간적인 제약에도 불구하고, 바우어는 열심히 본서를 집필했다고 얘기하고 있다. 본서집필과 관련된 바우어의 노트나 초고, 저작계획 등은 오늘날 소실되었기 때문에, 본서의 성립경위에 관해서는 유감이지만 그 이상 자세하게 알 수가 없다.

본서에서 바우어는 다민족국가인 합스부르크제국과 제국 내의 노동운동이 직면했던 민족대립이라는 어려운 문제에 부딪혔다. 이와 동시에 민족문제의 분야에서 맑스주의를 발전시켜야 한다는 의욕적인 문제의식을 설정했다. 제1판 서문에서 바우어는 이 점과 관련하여 "새로운 연구 분야에서 맑스의 방법을 시도"한다고 서술하였고, 본서를 "하나의 <맑스연구>"로서 자리매김하였다. 따라서 본서는 실천의 책인 동시에 이론의 책이기도 하다. 본서는 단지 오스트리아의 민족문제를 논하는 것에 그치지 않고, 민족문제의 체계적 이론화를 시도한 책이다. 즉 민족의 본질에 관한 엄밀한 고찰에서 시작하여 자본주의와 근대국가에서의 민족의 문제를 논의했다. 계속해서 바우어는 다민족국가인 합스부르크제국 오스트리아에서 민족문제가 생긴 원인을 설명하고, 해결책으로서 민족자치를 제기했다. 나아가 당시 제국주의와 관련하여 민족문제를 고찰하고, 마지막으로 사회민주당의 민족강령을 논의하고 노동운동 및 사회주의운동의 실천지침을 제시했다.

본서의 배경을 이루는 것은 20세기 초 합스부르크제국의 상황이다. 합스부르크가가 통치한 지역은 다양한 인종으로 구성되었기 때문에, 근대 오스트리아 민족문제의 역사적 원인으로 되었다. 19세기의 합스부르크제국은 현재의 오스트리아, 체코, 슬로바키아, 헝가리, 슬로베니아, 크로아티아를 포함하고, 나아가 이탈리아, 폴란드, 세르비아, 루마니아, 우크라이나의 일부를 자신의 영토로 포괄하였다. 이 광대한 영토 속에서 독일인, 이탈리아인, 마자르인(헝가리인), 폴란드인, 체코인, 슬로바키아인, 우크라이나인, 루마니아인, 슬로베니아인, 크로아티아인, 세르비아인 등이 함께 살았다. 더욱이 유대인이 제국 전체의 도시에서 생활하였다(동부에서는 농촌에도 거주하였다).

19세기는 18세기에 싹튼 민족주의가 전 유럽을 뜨겁게 달군 시대였다. 프랑스를 전형으로 하는 유럽 각국은 절대주의시대에 이미 나라 안의 주민통합을 진행하여 국민국가로서의 체제를 정비했다. 아직 국민국가를 갖지 않은 민족들의 민족주의는 자신들의 국민국가 건설을 목표로 했다. 합스부르크제국은 독일인이 지배하는 제국이었지만, 독일인은 전체 주민의 4분의 1 정도를 차지할 뿐이었다. 광대한 영토에 생활하는 다양한 민족을 독일인화해서 제국 전체를 독일적인 국민국가로 만드는 것은 불가능했다. 합스부르크제국의 내부에서는 선진국의 영향을 받은 지식인의 활동과 자본주의의 발전에 의해 비독일인의 민족주의운동이 활성화되었다. 그러나 19세기 후반 합스부르크제국은 외부세력과의 관계에서 서서히 힘을 잃어갔다. 프로이센의 성장은 소독일주의를 고무하였고, 오스트리아를 중심으로 한 대독일주의는 후퇴할 수밖에 없었다. 이러한 흐름 속에서 헝가리의 민족주의자는 자신의 지역 내에서 내정의 완전한 자치권을 인정받는데 성공했다 (Ausgleich, 1867년의 '타협'). 합스부르크제국은 헝가리왕국과, 그 밖의 다른 부분을 의미하는 오스트리아제국이라는 이중제국이 되었다(오스트리아-헝가리제국).

이 시점에서 민족들의 민족주의는 합스부르크제국으로부터 분리 독립하는 것보다는, 제국의 틀을 유지하면서 그 내부에서 자기 민족의 지위를 향상시키려고 노력하는 것이었다. 그러나 국제관계의 급변은 1차세계대전을 가져오고, 1918년 독일-오스트리아의 패배, 합스부르크제국으로부터 민족들의 분리 독립, 독일계 주민에 의한 (축소된)오스트리아국가의 건국이라는 사태를 초래했다.

1889년 창당된 <오스트리아 사회민주노동자당>은 이러한 복잡한 민족문제를 안고 출발했다. 1899년 브륀에서 지역자치를 통한 연방주의를 골자로 하는 민족강령을 채택하고, 당조직도 연합당조직으로 변경하여 소수민족의 대표들을 보호하고자 하였다. 그러나 브륀의 민족강령은 사민당 내부의 논쟁을 끝내지는 못했다. 1907년 체코인당은 당원과 노동조합원의 결합을 결정하고 노동조합의 분열에 착수했다. 1911년 총선거에서 체코인당은 분리주의의 후보를 내세움으로써 연합당에 머무르려고 하는 후보(중앙파)와 서로 경쟁했다. 1912년 연합당 지도부는 분리주의의 체코인당을 추방하고, 중앙파의 체코인 사회민주노동자당을 연합당의 일부로서 인정했다. 노동조합도 1912년에는 철도노동자의 조합이, 1913년에는 담배노동자의 조합이 분열했다. 폴란드인당도 1905년 러시아혁명 이후에는 국가부흥을 지향하게 되고, 오스트리아의 연합당으로부터 이탈했다. 합스부르크제국의 민족별 분해 경향은 오스트리아 사민당 내부에서도 진행되었던 것이다.

브륀에서의 민족강령 채택 후에도 당내에서 민족문제의 논의가 결말이 나지 않자, 바우어는 본서에서 아들러를 필두로 하는 당 지도부의 기대를 받고 민족문제에 관한 논의의 쐐기를 박고자 본서를 출판했다. 본서 가운데서 바우어는 자신의 생각이 레너의 구상을 계승한 것임을 지적하고 있다. 즉 지역주의적 관점에 선 브륀강령(연방주의)을 기본적으로 인정하면서도 그것의 보완을 제기한다. 다시 말해 지역주의적 자치로는 해결될 수 없는 민족혼재지역에 대해 "문화적 민족자치"(개인원리에 의한 자치)를 적용할 것을 주장한다. 바우어는 개인의 자주적 신고에 기초한 민족대장을 작성하고, 지역에 기초하지 않는 민족의 공법적 단체에게 민족의 문화 및 교육행정을 위임할 것을 주장한다. 이 "문화적 민족자치"는 소수민족의 권리보장을 의미한다. 이렇게 본서의 궁극적 과제는 오스트리아 노동운동의 장애가 되고 있던 합스부르크제국의 민족문제에 대한 해결이었다. 그리고 "문화적 민족자치"는 소수민족의 학교와 공용어의 문제를 민족적 요구로 했던 당시 오스트리아의 현실에 따른 것이었다.

바우어의 책은 공통의 언어가 아니라, 민족적 성격을 민족의 고유한 특징으로 보았다는 점에서, 그 후 많은 비판을 받게 되지만, 그러나 동시에 맑스주의에서 가장 상세하고 체계적으로 민족에 관해 고찰한 저작으로서 주목을 받게 된다. 특히 민족을 역사적 변화 속에서 이해하고, 자본주의의 발전과 함께 근대적 민족의 성립을 설명하고, 나아가 맑스주의의 기계론적 통설과 달리 장래 민족이 융합, 소멸하는 것이 아니라 오히려 전면적으로 개화할 것이라고 지적한 바우어의 관점은 오늘날까지도 흥미롭다.

 1914년 제1차세계대전이 발발하자 바우어는 장교로 종군했다. 그리고 러시아에서 포로가 되어, 대전 말기까지 시베리아의 포로수용소에서 생활해야 했다. 러시아의 2월혁명을 기회로 바우어는 포로생활에서 해방되어, 1917년 9월에 비인으로 돌아왔다. 돌아온 후 바우어는 오스트리아 사민당 내의 전쟁반대파인 좌익 소수파에 가담하여 지도자가 되었다. 그는 합스부르크제국의 해체가 있을 수 있다면 그것은 제국주의전쟁의 결과로서 가능할 것이라고 본서에서 서술했지만, 전쟁 후인 이제는 민족혁명의 시기가 가까워졌다고 인정했다. 그때까지도 민족자치강령을 고집하던 당내 우파인 레너에 반대하여, 그것은 과거 평화시대의 해결책이고 각 민족은 민족자치에 더 이상 만족하지 않는다고 비판했다. 그리고 그들은 "좌익민족강령"(1918년 1월)을 기초하여 민족의 민주주의적 권리로서 민족자치권을 주장했다. 그때 바우어는 민족자치권을 승인함으로써, 각 민족의 신뢰관계를 확립하고 각 민족의 우호적인 동맹관계를 유지하기를 희망했다. 바우어 등 좌파의 입장은 처음에는 당내에서 소수파에 불과했지만, 그러나 오스트리아의 패전이 짙어진 1918년 10월 3일, 결국 오스트리아 사민당의 의원단은 바우어의 좌익민족강령을 채택하기에 이른다. 이 과정에서 바우어는 빅토르 아들러의 뒤를 이어 사회민주당의 지도자로서 두각을 나타내게 되었다.

 10월 들어 바우어는 독일계 오스트리아인에 의한 민족자결권 행사의 방식으로서, 독일계 오스트리아(오늘날 오스트리아의 원형)가 독일과 합방(Anschluß)할 것을 명확히 제기했다. 바우어는 다음과 같이 말했다. 즉 각 민족의 국가적 독립 지향이 강하고 제국의 해체가 불가피하다면, 독일계 오스트리아의 합방은 사회주의를 위한 객관적 조건을 갖춘 민주주의적 독일로서 우리가 참가하는 것을 의미한다고 바우어는 소국인 독일계 오스트리아가 경제적 생존능력을 갖지 못했고, 따라서 사회주의를 실현하기 위한 객관적 조건을 결여하고 있다고 생각했던 것이다.

그러나 10월 21일 합스부르크제국을 구성하는 각 민족이 독립해가는 상황에서 독일계 오스트리아 국가의 수립이 선언되었다. 30일에 사민당의 레너를 수반으로 한 연합정부인 국무회의가 만들어졌다. 바우어는 이 정부에서 외무장관을 맡았고, 이어서 사회화위원회의 위원장을 겸임하게 되었다. 외무장관으로서 바우어는 신생국가의 국경분쟁과 식량 및 연료위기에 대처하는 한편, 독일계 오스트리아가 독일과 합방하기 위한 외교를 추진했다. 그러나 독일의 반응은 소극적이었고, 또한 전승국인 프랑스의 강한 반대에 부딪쳐 바우어의 합방외교는 좌절되었다. 1919년 9월 합방금지 조항을 포함한 상제르망 강화조약이 체결되었다.

합방외교가 좌절된 뒤에도 합방은 바우어 외교정책의 중요한 목표였다. 바우어는 사회주의는 경제적 생존능력이 없는 소국 오스트리아에서는 실현불가능하며, 오스트리아의 노동운동에게는 합방이 사회주의를 실현하기 위한 전제조건이라고 생각했다. 바우어가 기초한 1926년의 오스트리아 사민당 린츠강령에는 평화적 수단을 통해 합방을 실현하기 위해 노력한다는 목표가 들어갔다. 그러나 1930년대 대불황과 함께 독일에서 나찌가 정권을 장악한 이후, 바우어는 합방 목표를 취소할 수밖에 없었다. 1933년 10월에 개최된 당대회에서 사민당은 린츠강령에서 합방의 조항을 삭제했다. 그렇지만 바우어는 나찌독일과의 합방에 대해서는 반대할 수밖에 없었지만, 합방 자체에 대해서는 오스트리아가 사회주의를 실현하기 위해 반드시 필요한 전제조건으로 간주했다. 1934년 2월 오스트리아 파시즘정권에 대항한 봉기에 실패한 후, 바우어는 망명하게 되었다. 계속해서 1938년 나찌는 오스트리아를 합병했다. 그 직후에 열린 망명사회주의자의 모임에서 바우어는 나찌에 의한 합방을 기정 사실로 받아들이고, 전체 독일혁명을 통한 오스트리아 노동자의 해방을 호소했다. 그러나 바우어는 기대한 전체 독일혁명을 보지 못하고, 1938년 여름 망명지 파리에서 객사하였다.

오스트로 맑스주의자의 민족이론은 카우츠키 등 제2인터내셔날의 지도적 이론가들로부터 높은 평가를 받았다. 카우츠키는 두 번에 걸쳐 본서에서 개진된 바우어의 민족문제 이해를 비판했지만, 그럼에도 불구하고 레너와 바우어의 제안을 높이 평가했다.

오스트리아와 마찬가지로 다민족이 공생하는 러시아에서도 오스트로 맑스주의자의 문화적 민족자치론은 큰 영향을 주었다. 유대인노동자총동맹인 분트의 지도자 메뎀은 1906년의 저작 <사회민주주의와 민족문제>에서 볼쉐비키를 비판하고 문화적 민족자치론을 전개했다. 멘쉐비키도 또한 민족정책으로서 문화적 자치론을 받아들였다. 레너의 <국가와 민족>은 1906년에 러시아어로 번역되었고, 바우어의 본서도 1909년에 러시아어로 번역되었다. 레닌은 문화적 자치론의 배후에 오스트로 맑스주의자의 민족이론이 있음을 알아채고, 그것이 연합당적 당조직론과 관련이 있는 것이라고 생각했다. 레닌의 지시로 1913년 스탈린은 <맑스주의와 민족문제>를 집필했다. 이 논문은 주요한 논적으로서 레너와 바우어를 지목하고, 그들을 "가면을 쓴 민족주의"라고 비난했다. 스탈린의 비판은 레너와 바우어의 논의에 내재한 것은 아니었지만, 러시아혁명에 성공한 볼쉐비키의 권위와, 오스트리아 사민당 자신이 문화적 민족자치정책을 버리고 독일인국가의 건설로 나아갔다는 역사적 이유 때문에, 스탈린의 비판은 유효한 것으로서 받아들여지게 되었다.

제2차대전 후 제2공화국 초대 대통령으로서 그리고 영세중립국 오스트리아의 기초를 쌓은 인물로서 국제정치사상 확고한 지위를 차지한 레너에 비해, 바우어의 존재는 잊혀졌다. 제2차대전 후에 바우어가 주목받게 된 것은 1970년대 후반부터 80년대 전반이었다. 이 바우어르네상스라고 불리는 시기의 바우어연구는 양차대전 사이의 오스트리아 사민당 좌파의 지도자로서 그의 활동에 초점을 맞춘 것이었다. 바우어는 소비에트 맑스주의도 서구 사회민주주의도 아닌 제3의 길을 탐색한 인물로서 평가받았다. 그러나 이 바우어르네상스는 잠깐이었다. 소비에트 맑스주의가 권위를 잃게 되면서, 그것과 서구 사회민주주의의 중간적 존재라는 의미도 상실되었기 때문이다.

좌파정치가로서 바우어 상을 대신해 주목을 끌게 된 것이 민족문제 연구자로서 바우어이다. 본서 <민족문제와 사회민주주의>도 새로운 조명 속에서 주목받게 되었다. 그것은 본서의 최근 세계적인 번역상황을 보는 것만으로 충분하다. 오늘날의 민족문제를 생각하기 위한 다양한 재료를 본서 속에서 지금도 여전히 발견할 수 있다. 민족문제는 계속되고 있기 때문이다.

민족문제와 관련하여 최근에도 동구사회주의의 붕괴 이후 벌어진 일련의 비극적 사태, 특히 유고슬로비아와 체첸에서 일어난 인종청소라는 사태를 접하면서 민족이라는 문제가 얼마나 해결하기 곤란한 것인가를 다시 한 번 느끼게 된다. 또한 가까이 중국의 동북공정이나 티베트 문제를 보면서도 마찬가지이다. 특히 동북공정은 한국 민족과 어떻게든 관계될 수밖에 없는 중요한 문제이다. 지금은 남한이라는 지리적 제한 때문에 크게 문제가 부각되지 않을 뿐이지, 연변의 조선족동포나 러시아 등지의 고려인 문제는 어차피 우리가 해결해야 할 과제이다. 조금 성격이 다르지만 미국 등지의 재외교포문제도 계속 문제가 될 것이다. 이중국적 문제는 단지 감정적인 차원으로 끝날 문제가 아닐 것이다. 한편 외국인노동자나 외국인여성과의 결혼으로 인한 문제도 앞으로는 새로운 차원의 민족문제로 등장할 것이다.

우리에게 최고의 민족문제는 바로 한반도의 통일문제이다. 멀리 갈 것도 없이 북한 문제는 최대의 난제이다. 남북한 통일은 어떤 식으로든 치르게 될 것이지만, 우리는 전혀 준비를 못하고 있다. 단지 민족동포와 한민족이라는 추상적 구호 이상은 생각하지 않으려고 한다. 한반도 통일에서 민족통합의 현실적 접근을 바우어의 '역사적으로 구성된 성격공동체'의 문제의식을 빌려올 수도 있을 것이다. 바우어는 민족은 역사적, 사회적 산물이지, 운명적인 것이나 자연적인 것이 아니라고 주장한다. 따라서 민족을 결정변수로 해서 무엇을 설명할 수는 없고, 반대로 민족은 설명되어야 하는 역사적, 사회적 현상일 뿐이라는 것이다. 이러한 바우어의 문제의식은 민족문제를 고정되고 적대적인 관점이 아니라, 가변적이고 자유주의적인 관점에서 합리적으로 접근가능하게 만든다.

또한 민족문제의 현상은 이름을 바꾸어 다양한 형태로 계속 나타나고 있다. 민족문제는 현대에 와서 한편으로는 다문화현상으로 나타난다. 인종적, 민족적 문제가 어느 정도 안정되면, 사회는 다문화현상을 표출한다. 최근 들어 세계화현상과 관련한 문화연구가 붐을 이루고 있는데, 다문화주의(multiculturalism)에 관한 논의를 위해서도 바우어를 살펴볼 필요가 있다. 바우어의 본서는 다민족사회의 문제를 다루지만, 바우어의 통찰은 오늘날의 다문화사회에 적용할 수 있게 해 준다. 바우어가 본서를 쓴 당시의 비인이야말로 세계의 수많은 민족과 문화 및 예술이, 그리고 문제가 뒤엉켜 있었던 다문화의 산실이었다.

다른 한편으로 탈민족주의 혹은 탈국가주의 논의와 연결시킬 수도 있다. 민족이니 국가니 하는 개념이 이른바 "근대"의 산물이고 따라서 이제는 그것을 넘어서자는 주장들이 많이 나오고 있다. 말은 좋고 문제의식은 소중하지만 사회적, 역사적 현상이라는 것이 하루아침에 방향을 바꾸기는 쉽지 않다. 민족과 국가, 민족국가라는 현상을 어떻게 합리적으로 이해할 것인가에 따라 그것을 극복하는 방향도 올바르게 설정될 수 있을 것인데, 여기서도 바우어의 민족국가에 대한 분석은 음미해볼 만하다. 아무쪼록 이 책이 민족문제와 관련된 우리의 많은 토론에 보탬이 되었으면 또한 즐거울 것이다.

찾아보기

(ㄱ)

가내공업　88
가우치 내각　334, 425
가톨릭교권파　476
가톨릭교권주의　437, 543
가톨릭교리　158
가톨릭교회　20
개인원리　308, 386
개인의 민족성　168
게르만 민족　65
게르만인　32
게르만인의 대이동의 시대　70
게오르그 에멀링　12
게하르트 하우프트만　123
결혼연령　381
경쟁　130
경제영역　378
경제영역의 통일　476
경제적 세계주의　516
경험주의적 심리학　38
계급구성의 변화　28
계급국가　208
계급의 국제적 연대　343
계급적 동료　34
계급적 성격공동체　35
계급적 증오　297
계급투쟁　20, 184
계급투쟁의 민족적 내용　615
계몽적 절대주의　254
계몽주의　113
계몽주의의 시대　113
고비노　153
고전시　114
고지 독일어　65
고트인　63
고트프리트 폰 스트라스부르크　83
공동소유　60
공동체　158
공업가　19
공장　119
공적 공동사회　351
공통문화　65
공통언어　23, 63
공황　129
과학　32
관료귀족　210
관료제　200
관세분리　463
괴테　114
교양인　107
교육공동체　141, 167, 619
교통　63
교통공동체　65
교통관계　68
교황권과 황제권 사이의 대투쟁　204
국가들의 국가　562
국가시민　119
국가공민　253
국민　19

국민군　122
국왕권력　19
국제기관　560
국제법　560
국제법공동체　561
국제분업　556
국제사회주의　28
국제적 노동조합운동　586
국제주의　516
국제주의적인 계급정당　344
국제주의적인 노동조합운동　344
국제주의적인 정치적 계급투쟁　344
군국주의　513
군국주의적 소국가　200
군대제도　57, 66, 122
궁정　18
궁정귀족　18
궁정도덕　19
궁정사회　18
궁정서사시　83
궁정시인　82
궁정어　82
궁정예절　18
그리스인　32
그릴파쳐　517
근대 국가　88, 200
근대 자본주의　124
근대 제국주의　516
근대 자본주의 시대　19
근로자와 향유자의 일치　135
금융귀족　210
금융자본　537
기독교　71
기사계급　67, 70
기사군　67
기사도　78

기사문화공동체　83

(ㄴ)

나폴레옹 1세　213
네덜란드　23, 84
네멕　581
노년체코당　324
노동공동체　141, 619
노동수단의 배타적 소유　133, 137
노동운동　17, 28
노동일의 연장문제　339
노동자계급　9, 127
노동자계급의 사회정책　197
노동자계급의 헌법강령　350
노동자의 국제주의　342
노동자의 문화수준　342
노동자정당　29
노동조합　578
노동조합운동　586
노동조합운동의 역사　584
노동조합의 국제적 경제과제　596
노동조합의 문화적 교육과제　596
노동조합의 민족적 분열　587
노동조합카르텔　598
노르웨이인　23
농민　22, 66
농민계급　70
농민의 방언　82
농업노동　84
농업민족　209
농업인　120
농업입법　109
농업협동조합　120
농장영주제　87
니이부어　441
니콜라우스 프란게판　233

(ㄷ)

다민족국가　12, 208
다민족연방국가의 이념　471
다언어국가　250
다윈　42
다원주의　26
단순상품생산　85
단테　269
당내 자치　416
당조직의 문제　400
대-오스트리아합중국　471
대경영의 시대　128
대독일주의　317
대외정책　9
대중현상　150
대토지소유자　428
덤핑수출　511
데악　472
데어 탄후저　229
데카르트　16
덴마크인　23
도브로프스키　258
도시　83
도시귀족　19, 83
독립국가　390
독일 계몽주의　115
독일 관청어　94
독일 사회민주당　193
독일 상인　84
독일 왕권　232
독일 통일어　94
독일-체코의 헌법투쟁　285
독일문제　317
독일문학　112
독일민족　65, 70
독일연방　234

독일의 근대국가　202
독일의 통일　207
독일인 국가　249, 317
독일인의 대식민운동　228
독일제국　126
동게르만인　70
동방 및 남방 식민　71
동업조합　85
동일권리단체　392
동프로이센인　33
동화과정　409
동화유대인　408
동화작용　408

(ㄹ)

라마르크　50
라살　421, 481
라우베르크　280
라이마르 데어 츠베터　229
라이프니츠　247
람프레히트　80
러시아　9
러시아의 발칸정책　210
러시아인　23
러시아혁명　11
레싱　114, 178
레오 요르단　25
레오폴트 1세　247
로마인　32
로마제국　70
로자 룩셈부르크　492
루돌프 슈타믈러　157
루돌프 슈프링거　308
루돌프 힐퍼딩　9, 13
루소　219
루이 11세　202

루터 91
루테니아인 252
루트비히(야겔로왕조의) 232
루트비히 폰 바덴 109
룩셈부르크가 95, 231
뤼거 290
뤼멜린 170
르난 207
르네상스 92
리카도 421

(ㅁ)

마르틴 루터 95
마리아 테레지아 247
마자르인 67
마자르인 귀족층 318
막스 아들러 9
막시밀리안 1세 95, 233
맑스 칼 9, 49
맑스-연구 9
맑스의 가격이론 282
맑스주의 26
맑스주의적 역사관 22
맑스주의적 역사파악의 방법 14, 152
매뉴팩처 119
메렌 237
메테르니히 272
명문시민 83
모리츠 바그너 54
모험상인 105
문화공동체 22, 619
문화와 노동 관계에 관한 이념 354
문화유산 53
문화의 물질적 내용 140
문화의 분화과정 22
문화재 22

문화재의 전승 146, 421
문화적 세계주의 190, 566
문화적 자결 136
문화적 혼혈아 149
문화적 세계주의 515
문화투쟁 543
미국 214
민족 21, 168
민족 분해 165
민족-국가적 운동 212
민족감정 172
민족강령 353, 574
민족경제 153
민족계급 81
민족공동체 9, 221
민족교육 108, 135
민족국가 9, 58
민족단체 392
민족대장 386
민족동포 35
민족동포와 예속민간 분할 141
민족들의 관계의 유기적 조정 308
민족들의 연방국가 353
민족들의 정신문화의 차이 140
민족들의 차이 138
민족문제 9
민족문화 17, 61, 82
민족문화공동체 28
민족문화에 대한 대중의 참여 379
민족문화에 전체 인민의 참여 134
민족성원리 12, 207
민족에 관한 형이상학적 이론 161
민족의 개념 32
민족의 경험주의적 이론 207
민족의 공산주의 141
민족의 권력수단 211

636

민족의 노동양식　153
민족의 문화재　141
민족의 심리학적 이론　161, 207, 207
민족의 역사　176
민족의 예속민　82
민족의 운명　55
민족의 자결　350
민족의 장래 역사　138
민족의 정치적 통일　213
민족의 통일　141
민족의 형이상학적 이론　207
민족의식　81, 169
민족의회　392
민족이데올로기　32
민족이론　27, 162
민족적 교육제도　135
민족적 군의회와 군대표기관　443
민족적 권력정책　314, 345
민족적 다양성　29
민족적 대립　279
민족적 문화활동의 생산성　378
민족적 부분국가　357
민족적 성격　17, 34
민족적 성격의 물신주의　160
민족적 수정주의　607
민족적 역사관　168
민족적 유물론　43, 152, 207
민족적 유심론　38, 153, 207
민족적 자치　350, 395
민족적 자치행정　390
민족적 전술의 문제　583
민족적 정복　385
민족적 제국주의　516
민족적 증오　287
민족적 착취　399
민족적 통각　79, 140, 190

민족적 통일　197
민족적 특성　190
민족적 특수성　29, 190
민족적 평가　150
민족정신　37
민족정책　9, 176
민족주의　15
민족주의적 가치평가　176
민족주의적 선동　18
민족주의적 역사관　22
민족투쟁　149, 210
민족투쟁의 사회적 뿌리　614
민족투쟁의 시기　32
민족학교의 문제　326
민족혁명　210
민족혼　37
민주주의　123
민주주의적 사회주의　134

(ㅂ)

바게호트　32
바그너　176
바데니　327
바이에른인　63
바이즈만　42
바하　272
반달인　63
반유대주의　408
반종교개혁　101, 106
발터 폰 데어 포겔바이데　80
발포어　535
백작령　19
베르나도테가　471
베르너 좀바르트　36
벡커린　111
벤드인　72

벨거인　69
보수적-민족정책　189
보스니아　11
보통선거권　12
보편주의　39
보호관세　508
볼프람 폰 에센바하　90
봉토국가　201
봉토영주　74
뵈멘　54
뵈멘왕국　229
부분국가　390
부분민족　54
부불노동　66
부족들　63
분리주의자　400
분트　415
분화경향　54
벨쉐　154
브록하우젠　439
브륀의 당대회　353
브륀의 오스트리아 사회민주당 전체당대회　334, 571
브리튼인　32
비동화유대인　408
비쉬　192
비스마르크　176, 500
빅토르 아들러　335
빈츄가우인　165
빌헬름 분트　24
빔베르거 당대회　353, 578

(ㅅ)

사라센인　32
사회　158
사회구성　25

사회민주노동당　9
사회민주당　9
사회민주당의 민족강령　572
사회민주당의 사회교육적 활동　603
사회민주당의 정치적 과제　603
사회민주주의　11
사회적 가치생산물의 분배문제　338
사회적 노동　141
사회적 노동의 구성 변화　275
사회적 소유　133
사회적 차별　60
사회적 힘들　156
사회정책　383
사회주의　28
사회주의 이데올로기　28
사회주의사회　128
사회주의사회의 문화공동체　141
사회주의적 다민족정책　504
사회주의적 민족교육　140
사회주의적 민족성원리　562
사회주의적 생산양식　131
사회주의적 정책　197
사회혁명　263
산업부르주아계급　403
산업예비군　129
30년전쟁　106
상대적인 성격공동체　37
상인　84
상품생산　81
상품생산사회　138
상프랑크인　68
생산력　117
생산력의 진보　124
생산수단의 사적 소유와 개인적 생산　167
생산수단의 사회화　134

생산양식과 소유의 역사　167
생산적 노동　129
생존투쟁　55
생활양식　25
샤미소　148
샤일록　403
샤파릭　269
성 벤치슬라브　241
성격공동체　14
성적 도태　51, 422
세르보-크로아티아어　23
세르비아　11
세습귀족　83
세실 로즈　517
세익스피어　16
소농　85
소독일주의　318
소박한 민족주의　336
소박한 세계주의　337, 516
소비조합의 국제적 조직　617
소시민적 민족정책　292
소시민적-동업조합적 시대　128
소시민층　288
소작인　85
수공업자　84
수동적 통각　173
수업언어　259
수정주의　193
쉥켄도르프　213
슈멜링　317
슈바르첸베르크　319
슈타디온　273
슈타이어마르크인　165
슈탈부인　191
슐레징거　358
스토제도브스키　245

스톨리핀 쿠데타　11
스페인인　103
스피노자　421
슬라브인　33
슬로베니아인　23
시높티쿠스　353
시민　83
시민계급　83
시민문화　92, 115
시민사회　9
시민적 계몽주의　158
시민적 국가　253
시민적 문화공동체　115
시민적 민족성원리　562
시민적 민주주의　337
시민적-민족적 정당　287
시민층　20
시민학교　135
시민혁명　119
시장　86
식민과정　72
식민자　71
식민지영역　512
신분　83, 234
신분들의 동맹　239
신분위원회　234
신분적 통합운동　234
신분제국가　235
신분제도　83
신분제의회　107, 119, 244, 447, 473
신성로마제국　205
신화적 인과율개념　44
실러　112
실업자　129
실체적 인과율개념　44
심리학적 민족이론　170

찾아보기 __639

심리학적 분석　18
심리학적-주의주의적 이론　207
심리학적-주지주의적 이론　207
씨족공산주의 시대　61, 151
씨족제　57

(ㅇ)

아라비아인　67
아른트　213
아바르인　67
아일랜드인　207
아임　426
안드라시 선거개혁안　12
알레만인　63, 64
알브레히트 5세　231
알사스인　33
앵글로색슨인　24
아겔로왕조　232
언어　68
언어공동체　22
언어문제　256
언어의 통일　94
언어적 경계　359
언어적 섬　359
언어적 통합　23
에트루리아인　32
엥겔베르트 페르너슈토르퍼　337
엥겔스 프리드리히　137
여가의 증가　134
여성노동자　382
역사 없는 민족　13
역사 없는 민족의 자각　28, 252
역사적 법학파　37
역사적 현상　168
역사적 민족　11
연방국가　323, 356, 390

연방주의　285
영국　84
영국의 제국주의　534
영국인　25
영방　204
영업입법　109
영주　66
영주 권력과 신분들의 투쟁　234
영주계급　19, 66
영주적-귀족적 국가　253
영주적-시민적 계급국가　254
예속된 민족의 부르주아지　210
옐라치치　476
오스트리아　126
오스트리아 민족투쟁의 역사　424
오스트리아 사회민주노동자당　401
오스트리아-헝가리　12
오스트리아국가　221
오스트리아의 민족문제　304
오스트리아의 부르주아지　317
오스트리아의 이중행정　438
오코넬　271
오토 1세　203
오토칼 2세　229
오피츠　111
외국시장　510
외국인의 특질에 대한 혐오　174
외적 권력과 내적 공동체의 대립　222
요제프 2세　255
요한 아돌프 폰 슈바르첸베르크　241
용병제　200
우크라이나인　23
우편제도　93
운명공동체　14
울리히 폰 튀를린　229

울리히 폰 후텐　94
원민족　58
원자적, 개인주의적 사회관　159
원칙적인 국제주의적 전술　613, 616
유대교　36
유대민족의 민족자치문제　416
유대인　33
유대인 문제　422
유대인 민족운동　408
유대인의 문화적 적응　405
유대인의 민족자치　401
유럽합중국　562
유목농업　167
유목민족　47
유물론　45
유물사관　49, 154
유물사관에 입각한 민족이론　208
유산계급　115
유아사망률　382
융만　269
융커　110
의식적인 국제주의　570
의지　142
의지 방향　143
의지 방향의 차이　143
이데올로기　20
이동경작　57
이민족지배　210
이원주의의 문제들　466
이윤율의 균등화 경향　513
이중 언어제도　393
이중지배　235
이중행정　235
이탈리아　69
이탈리아 도시공화국　200
이해공동체　175

인간주의(휴머니즘)　92
인간주의적 교양인　107
인간주의철학　158
인과율개념　44
인과율적 관찰방법과 목적론적 관찰방법의 대립　222
인과율적 규정성　220
인과율적 설명　36
인민집회　60
인적 단체　386
인터내셔널　29
일리리아운동　23
1848년 프랑크푸르트의회　317
1848년의 혁명　192
1867년 타협　316
임금인하자　287
입헌군주제　192
잉여노동　134

(ㅈ)

자기행정　351
자본구성의 변화　303
자본수출　523
자본의 유기적 구성의 고도화　303
자본주의　28, 87
자본주의 민족　103
자본주의 사회　133
자본주의의 국가이념　311
자본주의적 가내공업　85
자본주의적 공장　86
자본주의적 도매상인　85
자본주의적 매뉴팩처　86
자본주의적 상품생산　200
자본주의적 생산양식　129
자본주의적 착취　115
자본주의적 확장정책　13, 504

자본주의적 농업　19
자연경제　24, 402
자연공동체　51, 146
자연도태　51
자연도태설　46
자연적 유전　146
자유로운 민족성 선언　386
자유무역　105, 515
자유주의　311
자유주의의 국가이념　311
자유직업인　108
자치　323
작센인　63
장원제　65
재판제도　58
저지 독일어　65
적극적 통각　173
전체당　10
전체의지　617
절대적인 성격공동체　37
절대주의　20
절대주의국가　107, 221
절대주의의 국가이념　311
젊은 부르주아지　187
젊은 시민층　257
정신생활　20
정주경작　63, 73
정주농업　167
정치공동체　22, 58
정치적 노동운동　601
정치적 분립주의　619
정치적 수정주의　604
정치적 자연주의　220
정치적 합리주의　220
제국주의　13
제국주의의 민족성원리　537

제노바인　103
제후국　204
젠트리(신사층)　20
조방농업　64
조셉 챔벌레인　517
종교개혁　20, 93
종교공동체　389
종족공국　203
종족국가　203
종족집단　57
주코브스키　493
줄기민족　54
중계무역　104
중산층정책　196
중상주의정책　109
중세의 국가　200
중앙집권적 관료행정　119
중앙집권적 민족통일국가　202
중앙집권적-원자론적 국가이론　311
중앙집권적-원자론적 이해　308
중앙집권주의　285
중앙집권주의와 연방주의의 대립　237
지기스문트황제　231
지방귀족　19
지방분립주의　82
지배계급　28, 81, 115
지배계급 문화의 통일　152
지식인　176
지역단체　356, 386
지역원리　308
지역유지　289
지역적 종족공동체　164
지주계급　19
직업계급　275
직업공동체　35
직업노동　25

직인운동 86
진화론적-민족정책 193
짐멜 153

(ㅊ)

체자르 35
체자르주의 472
체코민족 149, 241
체코의 민족문화 245
체코인 149
체코인 노동자 293
체코인 부르주아지 299
체코인 소시민 293
초기자본주의 시대 19
초등학교 115
친족제 57
칠러탈인 165
침벨인 70

(ㅋ)

카롤링 왕조 67, 87
카르텔 131
카르텔가격 510
카르텔보호관세 508
카우치치 306
카이츨 426
카테인 62
칸트 14
칼 5세 205
칼 레너 12
칼 카우츠키 14
칼대제 202
칼뱅파 476
케슬러 144
켈트인 32
코르네유 16

코브덴과 브라이트의 시대 516
코슈트 455
콘라트 2세 203
콜라 269
쿠르트 아이즈너 524
퀘르버내각 334
크라마슈 395
크렘지어 헌법위원회 273
크로아티아 23
크로아티아인 23
크리스토프 콜럼부스 103
크리스티안 프리드리히 볼프 110
클로비스 64
키르초프 207
키플링 517

(ㅌ)

타자권력 211
타자지배 323
타키투스 34
터키 207
터키인 209
터키제국 210
토마시우스 110
토지기근 64
토지소유귀족층 319
토지영주제 87
통각 79, 140, 190
통각의 태만 288
통상로의 대이동 103
통일당 581
통일독일어 114
통일(언)어 93, 269
통합과정 22, 27, 54
통혼 63
퇴니스 158

찾아보기 __643

투간-바라노프스키 13
투자영역 507
튀링겐인 33
트라이취케 213
트러스트 131
트리엔트 종교회의 101
티롤의 농민 33
티롤인 165

(ㅍ)

파사이어인 165
파업파괴자 287
파행적 민주주의 352
판매시장 507
팔라츠키 208
페르디난트(합스부르크가의) 232
펠첼 364
포르투칼인 103
포메른인 33
폴란드 229
폴란드문제 492
폴란드인 207
폴란드인 사회민주당 400
푸스터인 165
프랑스 시민계급 19
프랑스귀족 19
프랑스인 25
프랑스혁명 36
프랑크인 63
프로테스탄티즘 20
프롤레타리아 계급정책 345
프롤레타리아 계급투쟁 196
프롤레타리아 국제주의 618
프롤레타리아 합리주의 186
프롤레타리아트 184
프롤레타리아트의 경제정책 195

프롤레타리아트의 민주주의정책 194
프롤레타리아트의 의식적인 국제주의적 정책 338
프롤레타리아트의 학교정책 194
프리드리히 2세 107
프리드리히 3세 95
프리드리히 나우만 472
프리드리히 리스트 217
프리드리히 바르바로사 231
프리슬란트인 24, 62
프세미셀 오타칼 2세 231
프세미셀가 229
플랜타지네트 왕가 20
피에르 듀엠 15
피히테 38, 135, 155, 192
필립 6세 202
필연의 왕국에서 자유의 왕국으로의 인류의 비약 351
필요노동시간의 단축 134

(ㅎ)

하브리첵 268
하블리 491
하이네 179
하이니쉬 380
하인리히 사자왕 204
하첵 53
하프랑크인 68
학교개혁 258
학교제도 91
한스 라우렌베르크 113
한스 작스 196
한자동맹 105
한자상인 105
합리주의적 가치평가 178
합리주의적 심리학 38

합스부르크 군주국   11
합스부르크가   231
합스부르크왕조   11
해군확장주의   513
행정공동체   560
헌법강령   574
헌법문제   323
헝가리   12, 229
헝가리 귀족의회   11
헤루스케인   62
헤르더   179
헤르만 파울   26
헤르체고비나   11
헤르크너   383
헤르트비히   41
헤르프스트   358
헨리 7세   105
헬베티아인   69
혁명적 부르주아지   222
혁명적 시민층   257
혁명적-시민적 국가이론   311
현실적 인과율개념   46
혈연공동체   63, 141
혈통공동체   146
협동조합   91
협동조합적 생산   167
협업   119
호엔바르트   318
호엔슈타우펜 시대   73
홉스   311
화폐경제   402
확장정책   11
후스파   228
후스파전쟁   239
흑-황동맹   476

옮긴이: 김정로

고려대학교 사회학과 학사 및 석사
베를린 훔볼트대학교 박사과정
성균관대학교 사회학박사

<논문>
산업사회의 구조변동을 둘러싼 논쟁과 생활양식분석
부르디외와 생활양식분석
맑스주의와 소비문화
맑스의 방법론 연구
과학과 사회주의

<저서 및 역서>
현대사회와 소비문화(공저)
정보사회의 빛과 그늘(공저)
라이프스타일(역서)
맑스의 과학, 이데올로기, 비판(역서)
자본론 논쟁(역서)

민족문제와 사회민주주의

초판 제1쇄 찍은날 : 2006. 12. 10
초판 제1쇄 펴낸날 : 2006. 12. 20

지은이 : 오토 바우어
옮긴이 : 김　정　로
펴낸이 : 김　철　미
펴낸곳 : 백 산 서 당

등록 : 제10-42(1979.12.29)
주소 : 서울 은평구 대조동 185-71 강남빌딩 2층
전화 : 02)2268-0012(代)
팩스 : 02)2268-0048
이메일 : bshj@chollian.net

※ 저작권자와의 협의 아래 인지는 생략합니다.

값 35,000원

ISBN　89-7327-388-4　03340